汕尾市城区年鉴

SHANWEI SHI CHENGQU YEARBOOK

2020

汕尾市城区人民政府地方志办公室　编

方志出版社
Publishing House of Local Records

图书在版编目（CIP）数据

汕尾市城区年鉴. 2020 / 汕尾市城区人民政府地方志办公室编. -- 北京 ： 方志出版社，2020.12

ISBN 978-7-5144-4731-6

Ⅰ. ①汕… Ⅱ. ①汕… Ⅲ. ①区（城市）-汕尾-2020-年鉴 Ⅳ. ①Z526.54

中国版本图书馆 CIP 数据核字（2020）第 265880 号

汕尾市城区年鉴（2020）

编　　者：汕尾市城区人民政府地方志办公室

责任编辑：陈　菁

出 版 者：方志出版社

地址　北京市朝阳区潘家园东里 9 号（国家方志馆 4 层）

邮编　100021

网址　http://www.zgfzcb.cn

发　　行：方志出版社图书经销中心

电话（010）67110500

经　　销：各地新华书店

印　　刷：深圳市金丽彩印刷有限公司

开　　本：889×1194　　1/16

印　　张：24

字　　数：627 千字

版　　次：2020 年 12 月第 1 版　2020 年 12 月第 1 次印刷

印　　数：0001~1000 册

ISBN 978-7-5144-4731-6　　定价：300.00 元

汕尾市城区地图

审图号：粤S（2018）033号
广东省国土资源厅 监制

2019年1月25日，中国共产党汕尾市城区第八届委员会第八次全体会议召开
（区档案馆　提供）

2019年2月25日，汕尾市城区第八届人民代表大会第四次会议召开
（区人大办　提供）

2019年2月24日，中国人民政治协商会议汕尾市城区第五届委员会第四次会议召开　（区政协办　提供）

2019年1月29日，区委、区政府召开市城区脱贫攻坚专项巡察反馈会　　（区档案馆　提供）

2019年11月11日，区委召开主题教育调研成果交流会暨区委领导班子对照党章党规找差距专题会
（区档案馆　提供）

2019年5月8日，市长杨绪松（左二）在市委常委、区委书记李庆新（右二）的陪同下到捷胜检查指导拆违工作
（孙实　摄）

2020年1月20日，市长逯峰（右一）在区长罗光钊（左三）的陪同下，在城区奎山经贸市场调研年关市场情况
（孙实　摄）

2019年12月31日，市委常委李庆新（右一）、市人大常委会副主任吴友琛（左二）、副市长林军（左三）等领导参加第二届晨洲蚝文化节活动　（孙实　摄）

2019年2月28日，区人大代表到捷胜镇沙坑村开展新农村建设项目调研活动　（区人大办　提供）

2019年2月24日，区政协委员到红草高新区开展调研活动　（区政协办　提供）

红草高新区信利工业园区（何夏逢 摄）

红草高新区海珍科教中心 （何夏逢 摄）

红草高新区前瞻研究院 （何夏逢 摄）

红草高新区比亚迪实业有限公司 （何夏逢 摄）

汕尾市城区明研种养专业合作社位于城区红草镇,成立于2011年8月8日。种植面积360亩，有多功能温室蔬菜大棚、简易大棚、果园、标准化冷库、农产品加工场地等，是集蔬菜种植、销售、培训于一体的现代化农业省级示范点，是汕尾市首家无土栽培（有机培、水培）肥水一体化的省级示范合作社。该社被省农业厅评为“广东省农民专业合作社示范单位”，被省科技厅和省农业厅认定为省农民专业合作社农村科技工作站、广东农村信息直通车工程信息服务站。

蔬菜大棚

芫茄

罗勒菜

大白菜

番茄

包心菜

黄瓜

苦瓜

芹菜

生姜

水稻

蔬菜播种

汕尾市现代健康农业科技发展有限公司是一家致力于农业技术开发、果蔬种植、畜牧养殖及农副产品加工销售一体化的农业现代化科技企业。拥有果蔬嫁接、栽培种植示范基地260亩，聘任广东省农业科学院高级园艺师作为技术指导，组建了农业技术团队，通过利用沼气资源施肥、秸秆生物反应堆、虫害物理防控、生物防控等绿色高效栽培技术，实现农业产业升级和可持续发展的良好生态效益。

拳头品种红铃水果木瓜，是广州市果树科学研究所研究的优质木瓜新品种，具有产量高、果品好、营养价值比其他木瓜品种优越等特点。

红铃水果木瓜

红铃水果木瓜及制成品

麒麟西瓜

冰菜棚

波尔山羊

菜心

番茄园

黄瓜

苦瓜棚

青瓜

甜玉米

（区档案局　提供）

2019年休渔期结束后，渔民出海满载而归
（孙实　摄）

2019年12月31日，汕尾市城区第二届“晨洲蚝”文化节表演活动（孙实　摄）

2019年5月2日，汕尾市城区第二届特色产品推介会　（何夏逢　摄）

海上栈道——城市新姿一角 （陈鹏飞 摄）

滨海大道新城一角 （陈烈远 摄）

滨海大道夜景一角 （陈鹏飞 摄）

滨海新城一角——保利金町湾 （何夏逢 摄）

汕尾大道改造后新姿
（何夏逢　摄）

汕尾市区香江大道新姿
（何夏逢　摄）

滨海大道新姿　（何夏逢　摄）

保利金町湾旅游区　　（区档案馆　提供）

国家AAAA级旅游景区铜鼎山旅游区之铜鼎
（何夏逢　摄）

国家AAAA级旅游景区凤山祖庙旅游区之凤仪牌坊
（何夏逢　摄）

品清湖——中国第一大潟湖、亚洲第二大潟湖　　（陈鹏飞　摄）

革命遗址

何香凝掩蔽旧址（成兴大院）（何夏逢　摄）

抗日战争时期中共海陆丰中心县委旧址（沁园）（何夏逢　摄）

柳亚子掩蔽旧址（胜昌大院）（何夏逢　摄）

全国第一个镇级苏维埃政府——汕尾市苏维埃政府遗址（东南楼）（何夏逢　摄）

白字戏剧照（汕尾市城区梅盛剧团）　（何夏逢　摄）

西秦戏剧照　（何夏逢　摄）

正字戏剧照　（何夏逢　摄）

汕尾渔歌之凤山渔唱　（何夏逢　摄）

钱鼓舞　（何夏逢　摄）

城区美食

菜茶

草粿

炒灯螺

豉汁炒蛏子

粿卷

蚝煲

蚝仔烙

黄蜂斗

马鲛鱼丸

鳗鱼粥

南软

牛腩粿

湿斗

石针粿

咸虾蛄

薯粉签

（区档案馆 提供）

汕尾市城区人民检察院

SHANWEI SHI CHENGQU RENMIN JIANCHAYUAN

2019年3月5日，市委常委、区委书记李庆新（右一）、区委副书记郑良斌（右二）到城区检察院调研指导工作

为严打黑恶犯罪，城区检察院认真做好案件提前介入工作，多次与侦查机关进行会商，确保案件质量

2019年9月10日，区检察长林建新（右一）带队前往沙角尾勘察，认真开展公益诉讼工作

2019年5月，城区检察院联合区教育局对城区多所中小学校进行走访，认真落实最高检察院“1号检察建议”

2019年10月16日，城区检察院组织全院干警前往海丰新山村开展红色教育

汕尾市城区人民法院

SHANWEI SHI CHENGQU RENMIN FAYUAN

8月15日，市中级人民法院代院长陈润霖（右二）到区人民法院调研

6月26日，举办“美丽城区 绿色无毒”禁毒专题讲座

8月10日，举行人民陪审员就职宣誓仪式

9月7日，公开开庭审理某恶势力犯罪集团一案

9月12日，拍摄快闪视频《我和我的祖国》时，区人民法院法官进行宪法宣誓

12月24日，开展法院公众开放日活动

汕尾市城区公安分局

SHANWEI SHI CHENGQU GONGANFENJU

2019年9月24日，广东省公安厅党委委员、副厅长石保江（左二）带领省公安厅相关人员到城区公安分局新区派出所开展以“学先进、强能力、保大庆”为主题的新中国成立70周年大庆安保战时慰问活动，并召开座谈会，为奋战在安保一线的全体民警、辅警送上关怀慰问

2019年10月26日，区公安分局召开“不忘初心 牢记使命”主题教育专题党课。图为城区人民政府副区长，分局党委书记、局长叶伟健给全局党员民警讲授题为《铭记党史，不忘初心，牢记使命》的党课

2019年11月8日下午，区公安分局政委陈业伟带领警务保障室全体民警、辅警、职工前往汕尾市图书馆参观“不忘初心 牢记使命”主题教育档案文献展，并与保障室全体民警、辅警、职工在展厅合影

2019年10月19日，城区公安分局领导班子和各室所队主要负责人员在东涌镇铜锣寨村革命活动旧址前，重温入党誓词并庄严宣誓

2019年10月13日，城区公安分局在六楼会议室召开党委理论学习中心组学习教育会，城区人民政府副区长，分局党委书记、局长叶伟健（主席台正中）主持会议并讲话，分局党委委员、纪委书记欧作为（主席台左二）作主题发言

2019年9月29日晚上，城区公安分局巡警大队队员在市区街面开展路面巡逻防控，进一步提高路面见警率和管事率

2019年12月，中央宣传部、公安部授予城区公安分局治安管理大队教导员兼分局便衣队负责人颜海龙全国"最美基层民警"称号

2019年9月29日，城区公安分局巡警大队在市区路面开展社会面巡逻防控工作，进一步提升公安机关社会治安管控能力，为新中国成立70周年大庆活动保驾护航

汕尾市城区卫生健康局

SHANWEI SHI CHENGQU WEISHENGJIANKANGJU

2020年9月6日，副区长胡春莲（左四）、区政府办公室副主任王清红（左三）、区卫健局局长卢立对（左二）前往城区马宫街道社区卫生服务中心指导创卫迎评估工作

2020年9月14日，区委常委、组织部部长孔卓文（中间）前往凤山街道臻味馆督导迎国家技术评估示范点打造工作

2020年9月1日，区委、区政府四套领导班子成员及区直部门负责人参加全区创文创卫工作迎检冲刺会

2020年8月28日，区人民政府召开迎接国家技术评估工作会议，副区长胡春莲（正中）主持会议

2020年4月27日，举办第32个爱国卫生月暨病媒生物防制统一行动日活动，副市长余红（左三）、区长罗光钊（左二）、副区长胡春莲（左一）参加活动

2019年11月28日，在罗马广场举行卫生监督志愿者上岗启动仪式

2020年10月19日，国务院督查组督查城区马宫渔港卡口新型冠状病毒肺炎防控工作

2020年10月3日，省卫健委主任段宇飞（左五）带队督查城区新型冠状病毒肺炎防控集中隔离酒店排查工作情况

2020年1月21日，区长罗光钊（正中）主持召开关于防控新型冠状病毒肺炎紧急工作会议

2020年1月24日（除夕），城区卫健系统组织医务人员到车站卡口开展新型冠状病毒肺炎防控工作

2020年春节期间，城区卫健系统组织复学返校教学职工核酸检测

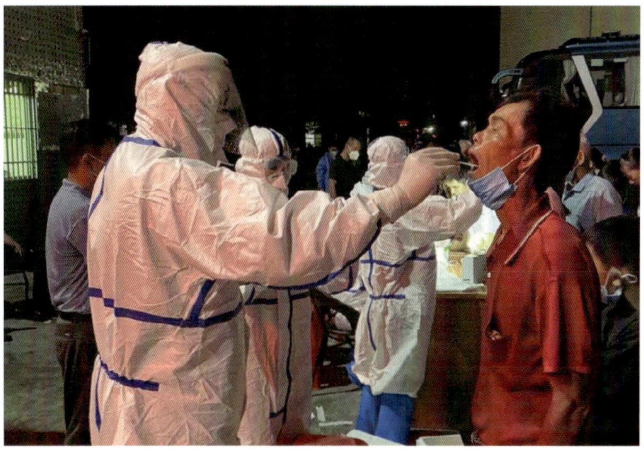

2020年8月14日，城区卫健系统医务人员支援陆丰市抗击新型冠状病毒肺炎疫情

2020年10月11日，省卫健委副主任张玉润（右三）带队督查城区秋冬季新冠病毒疫情防控工作

2020年2月2日，区长罗光钊（右二）到各物业小区检查指导新冠病毒疫情防控工作

2020年2月9日，城区卫健系统医务人员奔赴湖北支援抗击新冠病毒疫情

2020年3月20日，举办城区卫健系统医务人员“欢迎援鄂抗疫英雄回家”活动

2020年10月14日，城区开展秋冬季新冠肺炎疫情防控应急模拟演练，全力筑牢疫情防控“铜墙铁壁”

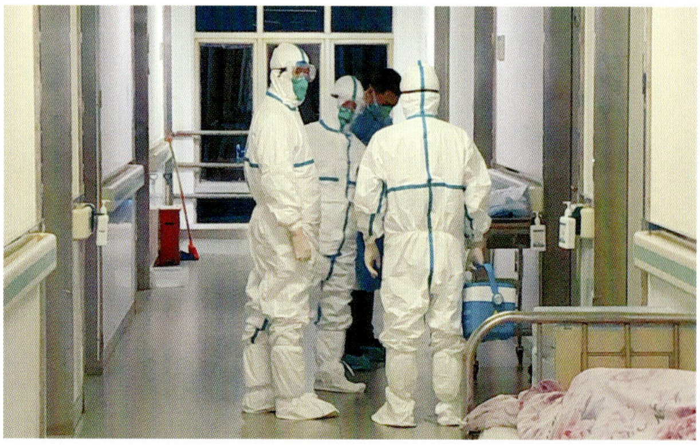

2020年1月17日，城区卫健系统医务人员在逸挥医院抗击新冠肺炎

汕尾市城区教育局

SHANWEI SHI CHENGQU JIAOYUJU

区领导到香洲中心小学参加庆“六一”活动

2019年3月19日，中共汕尾市城区委教育工作领导小组办公室挂牌成立

2019年是新中国成立70周年,是全面建成小康社会、实现第一个百年奋斗目标的关键之年。城区教育系统坚持以习近平新时代中国特色社会主义思想为指导，以教育现代化先进区作为新的起点，加快推进优质发展，不断深化教育体制改革，努力改善办学条件，全面推进素质教育，着力提高教育教学质量，多措并举促进城区教育事业发展。

2019年新中国成立70周年文娱晚会暨庆祝第35个教师节表彰大会

2019年感动城区年度教师评选决赛现场

2019年4月27日，城区举行“青春心向党·建功新时代”校园社团文化交流活动

2019年5月18日，区教育局党支部开展“我和我的祖国”主题党日活动

汕尾市城区市场监督管理局

SHANWEI SHI CHENGQU SHICHANGJIANDUGUANLIJU

2019年3月3日上午，汕尾市城区市场监督管理局举行成立挂牌仪式

2019年12月26日，区长罗光钊（左二）等领导到城区农贸市场检查创国卫工作

2019年6月22日，区委常委、常务副区长曾向镇（左一），区市场监督管理局局长王建忠（右二）带队检查深汕中心医院工地食堂

2019年11月21日，区委常委、常务副区长曾向镇（办公桌正中）主持召开全区食品安全工作会议

2019年，城区市场监督管理局局长王建忠（右三）带队检查农贸市场

2019年，城区市场监督管理局加强食品经营单位检查工作

2019年，城区召开秋季学校（幼儿园）食品安全工作会议

2019年，城区市场监督管理局加强肉类产品“两证”检查

2019年9月11日，城区市场监督管理局加强特种设备检查

2019年10月10日，广东省市场监督管理局对城区农贸市场进行抽样检查

国家税务总局汕尾市城区税务局

GUOJIA SHUIWUZONGJU SHANWEI SHI CHENGQU SHUIWUJU

2020年5月9日，城区税务局党委书记、局长郑亮（左）听取人大代表对税务工作的意见建议

2020年5月8日，税务人员深入企业开展减税降费政策宣传辅导

2019年2月21日，城区税务局开展便民办税春风行动减税降费宣传活动

2019年3月16日，城区税务局举办汕尾市第十六届“税务杯”少年儿童围棋赛

2019年10月29日，城区税务局妇女委员会开展“不忘初心、牢记使命”主题教育巾帼志愿者活动

汕尾市城区人力资源和社会保障局

SHANWEI SHI CHENGQU RENLIZIYUANHESHEHUIBAOZHANGJU

区人社局党支部开展“温誓言、守初心、担使命”主题党日活动

区人社局参加人社系统练兵比武竞赛活动

区人社局到红草镇南汾村协助开展疫情防控排查工作

区人社局举办“工伤保险走进工地”主题普法活动

区人社局举办2019年高校毕业生暨精准扶贫专场招聘会

区人社局组织召开2019年城区建设工程岁末年初根治欠薪暨安全生产工作会议

汕尾市城区科技工业和信息化局

SHANWEI SHI CHENGQU KEJIGONGYEHEXINXIHUAJU

2019年6月18日，科技工业和信息化局召开班子扩大会议，组织“不忘初心、牢记使命”学习会，总结2019年上半年工作情况并部署接下来的工作计划

2019年7月6日，在该局六楼会议室全体党员参加“中共十九大会议精神”学习会

2019年7月9日，在泰林酒店会议室举办城区各镇（街道）、规模上企业“2019年汕尾市城区制造业企业情况综合数据采集业务培训班”

2019年9月22日，结合红色廉政文化教育主题，该局组织在职党员前往铜锣寨革命旧址参观，接受红色廉政文化教育

2019年11月9日，由市创卫办、城区创卫办主办，科技工业和信息化局与相关单位在慈云山公园，联合举行“企业携手 聚力创卫”市区企业助力创建国家卫生城市誓师大会

汕尾市城区文化广电旅游体育局

SHANWEI SHI CHENGQU WENHUAGUANGDIANLVYOUTIYUJU

2019年5月1日，城区举办汕尾市城区第二届特色产品推介会

2019年汕尾市“创卫有约　健康同行”全民健身徒步活动

2019年第二届东涌村“和谐杯”足球赛暨群众文体活动

“巾帼心向党　礼赞新中国”汕尾市城区庆祝国庆汕尾渔歌专场演出

2019年乐韵飞扬歌盛世——贺中秋迎国庆民乐专场演出

2019年中华妈祖文化旅游节暨纪念妈祖诞辰1059周年系列活动

汕尾市城区农业农村和水利局

SHANWEI SHI CHENGQU NONGYENONGCUNHESHUILIJU

2020年5月16日，市委常委李庆新（左四）、副市长林军（左二）调研景观示范带建设情况

区长罗光钊（正中）巡视河道

渔业增殖放流活动之一

2019年4月29日，召开汕尾市城区“清四乱”“五清”工作会议

农机安全监理

农产品质量安全抽样

农产品质量安全农药残留检测分析

农业技术推广

农资店例行检查

2020年7月20日，举办原省库渔船拆解、“三无”渔船销毁现场会

汕尾市城区住房和城乡建设局

SHANWEI SHI CHENGQU ZHUFANGHECHENGXIANGJIANSHEJU

2019年8月5日，副区长陈景元（正面中）、区住建局局长刘宗锐（右三）和市住建局领导调研市区老旧小区创文创卫工作

2019年6月30日，市人大代表到东涌镇安华村委石奎村调研工作

2019年10月31日，在区住建局会议室召开PPP项目采购确认谈判工作小组会议，副区长陈景元参加会议

2019年7月19日，区住建局召开建筑施工安全生产座谈会

2019年4月28日，区住建局会同市相关部门检查指导危房改造工作

2019年7月1日，区住建局党总支部开展党日活动

汕尾市城区城市管理和综合执法局

SHANWEI SHI CHENGQU CHENGSHIGUANLIHEZONGHEZHIFAJU

2019年3月6日，在城区慈云山公园开展以“争当‘门前三包’合格履责人”为主题的系列宣传活动，图为副市长余红（右四）、区长罗光钊（左四）等市、区领导及有关部门负责人、城区各类志愿者近1000人参加启动仪式

2019年3月8日，区城管局举行成立揭牌仪式，副区长陈景元（左五）出席揭牌仪式

2019年2月19日，区城管局联合多部门拆除海滨大道违建，拆除面积约2000平方米

2019年5月16日，区城管局联合相关部门依法对新港街道芳荣村委埕寮村与石角村交界处的违建实施强制拆除

2019年11月9日，市城区举行庆祝广东省第二十六届环卫工人节暨表彰大会活动。副区长陈景元（后排中）出席活动

2019年9月22日，区城管局全体党员参观海丰新山村红色文化馆，缅怀先烈的丰功伟绩

汕尾市城区退役军人事务局

SHANWEI SHI CHENGQU TUIYIJUNRENSHIWUJU

2019年3月8日，汕尾市城区退役军人事务局成立挂牌仪式

城区组织开展2019年度“八一”拥军慰问活动

2019年度汕尾市城区退役军人全员适应性培训开班仪式

2019年8月1日，城区退役军人事务局成立“我是老兵”志愿服务队

2019年4月1日，城区启动悬挂光荣牌仪式

汕尾市城区医疗保障局

SHANWEI SHI CHENGQU YILIAOBAOZHANGJU

2020年7月9日，省医保局党组书记、局长肖学（一排左四）带队实地走访城区医保局

2019年3月6日，城区医疗保障局挂牌成立

2019年9月29日，召开全区2020年度城乡居民医疗保险参保缴费征收动员会

2019年11月，区医保局举办城区2020年度城乡居民医疗保险参保征缴宣传活动

2020年7月4日，区医保局党支部开展主题党日活动

2020年8月28日，由区医保局承办的“医保大篷车”第四期活动在信利国际有限公司开展

汕尾市社会保险基金管理局市区分局

SHANWEI SHI SHEHUI BAOXIANJIJINGUANLIJU SHIQUFENJU

市区社保分局党支部召开民主生活会，市人社局副局长刘燕超（左五）到会指导

市区社保分局党支部开展“不忘初心、牢记使命”主题教育集中学习活动

2019年1月25日，市区社保分局联合城区人社局举办城区机关事业单位养老保险制度改革培训工作会议

2019年6月24日，市区社保分局开展2019年“工伤保险走进扶贫车间”主题普法宣传活动

市区社保分局协助红草社区开展创文创卫活动

汕尾市城区妇女联合会

SHANWEI SHI CHENGQU FUNVLIANHEHUI

2019年春节期间，区妇联开展慰问困难家庭活动

2019年6月21日，区妇联在城区坎下城举办“万名母亲齐行动　抵制毒品进家庭”禁毒宣传活动

2019年6月，区妇联组织巾帼志愿者开展禁毒宣传进社区活动

2019年3月，区妇联在市城区碧桂园社区举办“弘扬好家风　传承好家训”故事分享会

2019年6月1日，区妇联在新港街道举办“喜迎六一　关爱儿童”活动

2019年10月，区妇联以“祝福祖国繁荣昌盛”为主题在城区凤山妈祖广场举办放飞白鸽活动

中国共产主义青年团汕尾市城区委员会

ZHONGGUO GONGCHANZHUYI QINGNIANTUAN SHANWEI SHI CHENGQU WEIYUANHUI

2019年3月26日，召开共青团汕尾市城区第六届委员会第二次全体（扩大）会议

2019年12月22日，召开中国少年先锋队汕尾市城区第一次代表大会

2019年5月8日，团区委举办“融入粤港澳大湾区建设　共商青年发展新机遇”暨汕尾市城区“青春心向党·建功新时代”主题实践活动

2019年12月5日，以“青春心向党·建功新时代”为主题，汕尾市在城区举办第二届中学生十八岁成人礼示范性活动

2019年9月30日，团区委举办“我与祖国共奋进”主题团日活动

汕尾市城区政务服务中心

SHANWEI SHI CHENGQU ZHENGWUFUWUZHONGXIN

2019年6月6日，市委常委、区委书记李庆新（右二）等区领导到区政务中心检查指导工作

2019年8月26日，区委常委、组织部部长孔卓文（正中）到区政务服务中心宣布政务中心领导任职决定

2019年9月2日，副区长余正茂（办公桌正中）到区政务服务中心检查指导工作

2019年10月28日，市局领导到区政务服务中心指导工作

2019年6月15日，区政务中心组织“我和我的祖国”主题党日活动

汕尾市公共资源交易中心城区分中心

SHANWEI SHI GONGGONGZIYUANJIAOYIZHONGXIN CHENGQUFENZHONGXIN

2019年11月27日，城区全面加强应用网上中介服务超市暨业务培训工作会议召开

2019年11月27日，副区长余正茂在城区全面加强应用网上中介服务超市暨业务培训工作会议上讲话

2019年，由于机构改革，汕尾市公共资源交易中心城区分中心（以下简称中心）由原归属区政府办公室管理调整为归属区政务服务数据管理局管理，属汕尾市公共资源交易中心分支机构，业务接受其指导。中心主要职能是组织实施区政府集中采购项目采购工作和网上中介服务超市日常运营。核定事业编制5名，设主任1名，副主任1名，内设综合信息股、综合交易股、政府采购股3个副股级机构。2019年，在区委、区政府的坚强领导和区政务服务数据管理局的有力指导下，坚持以习近平新时代中国特色社会主义思想为指引，深入贯彻中央、省委、市委、区委决策部署，以“数字政府”改革建设为抓手，不断深化区公共资源交易“放管服”改革，各项工作均取得较好成绩。

2019年9月21日，该中心参加区数据局党组组织的“不忘初心　牢记使命”主题教育党日活动

东涌镇

DONGYONG ZHEN

市委书记张晓强（左一）到东石村调研

石洲村开展精准扶贫工作

2020年度宝楼荔枝节

东石村大陂头村民小组爱心食堂

广汕铁路建设现场

深汕中心医院建设现场

红 草 镇

HONGCAO ZHEN

2019年10月1日，红草镇举行庆祝中华人民共和国成立70周年升国旗仪式

2019年4月16日，区长罗光钊（左一）到红草镇新村调研红色遗址

2019年8月28日，市委组织部部长黎明（正对右一）到红草镇调研指导基层党组织建设工作

2019年8月2日，召开中共红草镇委第十六届第四次会议

2019年8月17日，红草镇开展慰问贫困户活动

2019年10月23日，红草镇积极组织广汕铁路征地拆迁工作

捷 胜 镇

JIESHENG ZHEN

2019年12月9日，全国政协委员、广东省政协副主席、致公党广东省委员会主委黄武（右二）率队到该镇开展脱贫攻坚民主监督工作调研活动

2019年1月21日，全市村级组织活动场所暨党群服务中心改造升级现场会在捷胜镇南门外、军船头村召开，市委常委、组织部部长黎明（左四），市委常委、城区委书记李庆新（左三）等领导参加会议

2019年5月1日，市、区领导到城区第二届特色产品推介会考察

2019年5月30日，广州市增城区人大常委会主任黄贤青（右三）带队到捷胜镇沙坑村参观交流新农村建设

马宫街道

MAGONG JIEDAO

2019年1月13日上午，区委副书记、政法委书记郑良斌（左三）到金町村——“全国民主法治示范村”指导工作

2019年10月1日，马宫街道举行庆祝新中国成立70周年升旗仪式

2019年12月12日，马宫街道开展《习近平新时代中国特色社会主义思想学习纲要》宣讲活动

2019年12月11日，马宫街道召开精准扶贫工作会议

2019年12月24日晚，汕尾渔歌专场走进马宫街道演出

凤山街道

FENGSHAN JIEDAO

2019年，凤山街道机关党支部到城区鼎盖山革命烈士陵园开展“缅怀先烈、不忘初心”主题教育活动

2019年，凤山街道开展禁毒宣传志愿者活动

2019年端午节当天，凤山街道开展龙舟竞赛活动

香洲街道

XIANGZHOU JIEDAO

2019年9月16日，市、区领导调研市高级技工学校建设项目

2019年6月18日，香洲街道召开创国卫迎评冲刺大会

2019年11月28日，香洲街道排查整治辖区内消防隐患行动

2019年7月1日，香洲街道举行重温入党誓词活动

2019年11月3日，香洲街道在西洋村召开征地工作会议

新港街道

XINGANG JIEDAO

2019年5月20日，市委常委、区委书记李庆新（右一），副区长余正茂（右二）到新港渔村调研

2019年9月2日，区委、区政府在新港街道召开拆除违法建筑座谈会

2019年7月1日，城区委副书记、区长罗光钊（左三）到新港街道检查禁毒工作

2019年10月1日晚，新港街道开展消防安全专项整治行动

2019年3月5日，新港街道召开禁毒誓师大会，打响禁毒人民战争

汕尾农村商业银行股份有限公司

SHANWEI NONGCUN SHANGYE YINHANG GUFEN YOUXIAN GONGSI

2019年3月17日，汕尾农商银行党委、工会、团委联合组织开展“红色芬芳　巾帼建功”——庆“三八”红色教育之旅

2019年5月22日，汕尾农商银行联合中国人民银行汕尾市中心支行举办以“科技强国　科普惠民”为主题的宣传活动

2019年5月26日上午，汕尾农商银行在汕尾市体育馆举行主题为“当好主人翁　建功新时代”第一届职工趣味运动会

2019年12月3日，汕尾农商银行与国金黄金股份有限公司全资子公司——广东黄金谷实业有限公司举行代理贵金属业务签约仪式

2019年12月19日，汕尾农商银行与汕尾市新的社会阶层人士联合会及粤财普惠金融（汕尾）融资担保股份有限公司签订三方合作框架协议

汕尾农商银行足球代表队获得汕尾市第二届职工运动会足球比赛市直单位五人制组别冠军

汕尾中学

SHANWEI ZHONGXUE

2019年9月23日，市委常委、区委书记李庆新（右一）考察学校

2019年12月5日，广东教育学院教授杨必成（右三）一行访问学校

2019年10月28日，汕尾中学创建书香校园启动仪式

2019年12月4日，2019年汕尾市第二届中学生十八岁成人礼示范性活动在该校举行

2019年12月27日，汕尾中学艺术节元旦晚会

2019年9月9日，汕尾中学庆祝2019年教师节暨优秀教师表彰大会

新 城 中 学

XINCHENG ZHONGXUE

2019年度，新城中学获得三个省级课题立项

新城中学党总支举行2019年第1期红色基金颁发仪式

2019年12月，该校举行高三学生18岁成人仪式

2019年度新城中学校园文化艺术节暨校运会

2019年7月16日，新城中学党总支组织部分党员、入党积极分子到陆丰金厢镇周恩来活动旧址和渡海处、陆河新田镇激石溪革命根据地开展“重温红色历史，明悟党员初心”主题党日活动

2019年9月，歌曲《我们是光荣的政协委员》获新城中学“校园月度教师特别提名奖”

广东纶正律师事务所

GUANGDONG LUNZHENG LVSHI SHIWUSUO

林海鹰，广东纶正律师事务所主任、律师，2008年执业至今。现任汕尾市律师协会副会长、汕尾市人民监督员，2016—2019汕尾市人大常委会立法咨询专家；2015年获汕尾市“三八红旗手”称号，2016年获广东省“三八红旗手”称号，2019—2020年获广东省律师行业优秀共产党员，当选十三届广东省妇女代表大会代表

广东纶正律师事务所一直秉承不断创新、追求卓越的现代法律理念，本着“客户第一、精英服务”的宗旨，先后为汕尾市城区政府、汕尾市多个行局及多家企事业单位担任法律顾问，为不同需求的客户提供优质的法律服务，通过常年专业的法律服务在客户中树立了优质律师所形象，在业界及群众中赢得了良好声誉。

广东纶正律师事务所于2016年4月经广东省司法厅批准正式成立，是由林海鹰律师创办的个人律师事务所，位于广东省汕尾市城区城南路城区法院对过盐属小区B栋18号。事务所拥有多名资深执业律师并配备行政内勤人员，是一个专业型、学习型、务实型团队。

业务领域：担任政府、事业单位、公司、个人的常年法律顾问；代理各种类型的民商事案件；代理行政诉讼案件；担任刑事案件的代理人、辩护人；担任各类仲裁案件的代理人。

广东纶正律师事务所多数律师毕业于国内知名的法律院校，其中有多人具有多年的执业经验。追求卓越、崇尚团队合作的理念和文化以及全所统筹的体制使得广东纶正律师所成为一个紧密合作、团结统一的律师事务所。

广东纶正律师事务所前台接待处

广东纶正律师事务所女律师团队

广东纶正律师事务所律师团队的部分律师在认真研讨案情

汕尾市五丰海洋生物科技有限公司

“淡水鱼胶原蛋白肽粉”国内贸易行业标准制定企业

汕尾市五丰海洋生物科技有限公司成立于2006年，是一家集研发、生产、销售于一体的高新技术企业。

公司与华南理工大学研究团队合作，建有年生产加工量可达500吨的鱼胶原蛋白肽粉产业链基地。以罗非鱼鱼皮、海产品等为原料，应用自主知识产权的生物酶解技术，生产鱼胶原蛋白肽等产品，应用于食品、保健食品、化妆品以及医药行业。公司本着“严明、诚信、创新、共赢”的经营理念，促进合作共赢，公司建立企业+研发+基地+营销体系的经营模式，提升产业配套能力和综合竞争力。

海固康小分子胶原蛋白肽固体饮料

五丰海洋益生元胶原蛋白肽固体饮料

鱼胶原蛋白肽

中华人民共和国国内贸易行业标准

发明专利

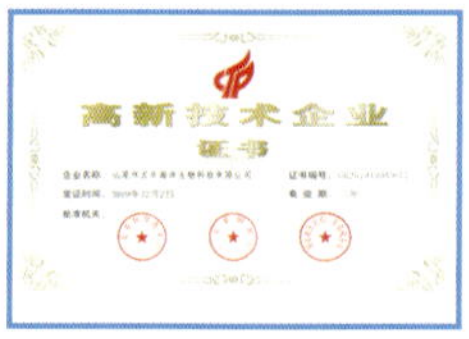

高新技术企业

科技创新 引领未来

广东省现代农业产业园

汕尾市城区水产产业园是广东省2019年第一批现代农业产业园，总投资20040万元，围绕推进农业供给侧结构性改革这一主线，立足水产这一优势特色产业，总体布局“两区三心多基地”。其中海洋生物活性肽创新产业化中心由我司参与实施，总投入1194万元，紧紧围绕汕尾本地丰富的水产资源，建设海洋生物活性肽的创新、研发及产业化基地。

五 丰
OOD HARVEST

汕尾市五丰水产食品有限公司

广东省农业龙头企业

公司成立于2003年11月，注册资本4000万元，是汕尾市具有规模化的水产品加工企业和广东省农业龙头企业之一。公司位于市城区埔边工业区，总资产25760万元，占地面积84000多平方米，建筑面积15500平方米。公司现有员工236人，其中，技术人员18人，中、高级技术职称以上技术人员12人。拥有4条现代化的罗非鱼生产线、1条自动化的南美白对虾生产线、2条带鱼加工生产线，年设计加工水产品25000吨。

公司自2004年建成投产以来，已先后被授予“农业部水产健康养殖示范场”“广东省现代产业500强”“广东省中小企业创新示范基地”“省级现代农业园区”“广东省清洁生产企业”“广东省农业科技创新中心”荣誉称号。公司获得美国ACC认证、“HACCP验证证书”、“FDA卫生注册证书”、欧盟注册认证和“ISO9001：2015国际质量体系证书”。公司2017年获得广东省科技进步三等奖，2018年获得广东省农业科技推广二等奖。

一直以来，公司以“严明、诚信、创新、共赢”的经营理念，实行“公司＋基地＋农户”的经营模式，带动汕尾地区发展成为广东省罗非鱼养殖出口基地之一。

公司资质

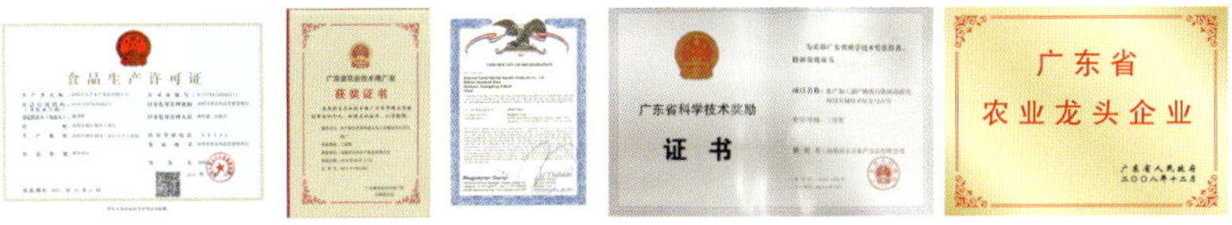

主要产品

条冻罗非鱼

浅去皮罗非鱼片

生产工艺

广东正上工程管理有限公司

GUANGDONG ZHENGSHANG GONGCHENG GUANLI YOUXIAN GONGSI

广东正上工程管理有限公司于2010年2月8日注册成立，地址在汕尾市区汕尾大道西侧金宝城豪庭1栋21层。公司具有建筑工程、市政公用工程施工总承包资质、招标代理AAA等级资信、房屋建筑工程监理甲级资质、市政公用工程监理乙级资质、工程造价咨询企业资质、人防工程监理资质、工程咨询（投资）资质。公司现有员工约80人，具有技术、经济中高级职称人员30余人，其中注册监理工程师、注册建造师、注册造价师、注册咨询工程师（投资）30余人。公司办公场所约500平方米，宽敞明亮，环境舒适，设施配备齐全，内部管理制度完善。

公司于2018、2019年先后成立了广东正上工程管理有限公司团支部、党支部。连续取得了守合同重信用企业、A级纳税人企业、广东省监理协会常务理事单位、广东省建筑业协会会员单位（招投标协会委员单位）、广东省政府采购理事单位、广东省招标投标协会会员单位、广东省工程咨询协会会员单位、汕尾市建筑业协会常务副会长单位称号。

海丰县海龙投资大厦建设项目

海丰县妇幼保健院新院建设升级扩建工程（第一标段新建医技保健楼）项目

金宝城豪庭

汕尾碧桂园项目C地块小学项目

汕尾富力悦禧花园监理工程项目

编辑说明

一、《汕尾市城区年鉴》是由中共汕尾市城区委、汕尾市城区人民政府主办，汕尾市城区人民政府地方志办公室组织编纂的资料性综合年鉴。2013年创鉴，每年出版一卷。《汕尾市城区年鉴（2020）》（以下简称本年鉴）以马克思列宁主义、毛泽东思想、邓小平理论、“三个代表”重要思想、科学发展观和习近平新时代中国特色社会主义思想为指导，坚持辩证唯物主义和历史唯物主义的立场、观点和方法，存真求实，记述2019年汕尾市城区自然、政治、经济、文化和社会等方面的基本情况，为广大读者了解和研究汕尾市城区提供基本资料，同时也为续修《汕尾市城区志》积累史料。

二、本年鉴采用分类编辑法。鉴于对年鉴部分内容进行重新分类编排，本年鉴增设次分目，即主体内容由类目、分目、次分目、条目4个层次构成，以条目为表现内容的基本形式，个别条目内容较多则分段表述，并在文内用楷体标明各段资料的主题。

三、本年鉴在保持基本框架相对稳定的前提下，对部分内容进行调整。其中：“汕尾市城区概况”类目易名为“区情概览”；“政治”类目“汕尾市城区人民政府”分目下设的“信访工作”调入“社会生活”类目作分目，“档案、地方志工作”调入新设的“文化·卫生”类目作为分目；“中共汕尾市城区纪律检查委员会、汕尾市城区监察委员会”分目易名为“纪检·监察”；“群团组织”分目易名为“群众团体”；“军事”类目下新设“退役军人事务”分目；“社会生活”类目下新设“应急管理”分目；新设“经济”类目，将原“经济监督与管理”“农业农村和水利”“工业·信息化”（其中的工业部分）、“交通·城乡建设”“商贸流通·服务业”“财政·金融”“旅游·科技·文化·体育”（其中的旅游部分）7个类目并入“经济”类目作为分目。其中：“经济”类目“经济监督与管理”分目下设的原“国土资源管理”易名为“自然资源管理”，原“安全生产监督管理”调入“社会生活”类目易名为“应急管理”分目，合并原“工商行政管理”“食品药品监督管理”易名为“市场监督管理”；原“商贸流通·服务业”易名为“商贸服务业”；原“农业农村和水利”易名为“农业·水利”；原“交通·城乡建设”易名为“城乡建设”。新设“文化·卫生”类目，将原“旅游·科技·文化·体育”（其中的科技、文化、体育部分）、“工业·信息化”（其中的信息化部分）、“卫生·人口计划生育”3个类目并入“文化·卫生”类目作为分目。其中：“文化·卫生”类目下新设“数字政府改革与建设”分目，“卫生·人口计划生育”分目易名为“卫生健康”。新设“区委文件一览表”，“区政府主动公开文件目录”易名为“区政府文件一览表”，一并归入新设的“附录”类目。

四、本年鉴记载内容为2019年汕尾市城区基本情况。共设有特载、年度关注、大事记、区情概览、政治、法治、军事、经济、文化·卫生、社会生活、镇（街道）、荣誉奖项、附录13个类目，共60多万字。同时,组编部分彩色图片，进行直观记载。

五、本年鉴稿件由市直、区直各有关单位、各镇（街道）提供，并标示撰稿单位或撰稿人姓名，经区年鉴编辑部编辑和初审后由各撰稿单位领导审核，并经区年鉴编委会终审定稿。

六、本年鉴统计数据由于来源与统计口径的不同，有的数据可能不一致，使用时以城区统计局公布的数据为准。各镇、街道（含各村、社区）陆地面积供参考，不作权属依据。

汕尾市城区年鉴编纂委员会

主　　任： 罗光钊

常务副主任： 郑良斌　余正茂

执行副主任： 余少杰　马长乐

委　员（排名不分先后）： 陈嘉涛　林建新　罗方俊　王惠民　吴小臻　吴惠艺　施友隆　王茂松　黄汉家　王晓卫　许争荣　黄思平　陈小凯　游建雄　曾昭谋　詹胜聪　吴秋业　卢立对　李树荣　刘宗锐　陈伦庭　黄　超　刘克涛　朱昌明　罗覃呈　陈焕明　王建忠　陈永潮　叶朝阳　马起凤　王金鸿　郑　亮　翁金荣　曾远通　陈宏开　吴春磊　杨凯彬　罗绵龙　黄思达　林创龙

汕尾市城区年鉴编辑部

主　　编： 余少杰

副 主 编： 陈烈进

执行主编： 许争荣

张子贺

编　　辑： 陈春杰

编　　务： 陈春杰

《汕尾市城区年鉴（2020）》撰稿人名单

（按姓氏笔画排序）

王少贞	王利捍	王泽扬	王俊伟	王晓珊	王雪莹	方灿杰	石巧芳	卢小远
叶秋洁	叶惠珍	叶锦文	史银玲	冯振炯	庄保平	刘东生	许健民	孙冬奇
巫少云	李映慧	李嘉琦	肖晓东	吴细彬	吴春满	吴振业	何秀泉	何梓阳
余禹志	张义思	张永聪	张怡苗	张桂嘉	张思聪	陈历明	陈汉森	陈宇星
陈若谷	陈泓介	陈春杰	陈贵层	陈晓晓	陈常辉	范静静	林义彬	林木寿
林永钟	林伊露	林映萍	林晓曼	林晓勤	林海彬	林培歆	林清扬	林惠清
卓　越	国子敖	罗玢琦	罗思琦	周贵罕	郑梦霞	胡炯森	柯腾峰	钟华城
施长文	姚秋敏	侯　月	翁穗妮	黄世涛	黄建军	黄映珠	黄振启	黄嘉珊
黄嘉聪	彭津爵	曾于蓝	曾大晋	曾小倩	曾丽妮	曾俊杰	赖静维	蔡子良
樊伟盈	黎元元	颜秋萍	颜烈敏	魏孝佳				

数字城区（2019）

主要经济指标	单位	绝对值	比上年增长（%）
地区生产总值（含市直）	亿元	277.74	8.0
第一产业增加值	亿元	26.86	4.8
第二产业增加值	亿元	99.26	11.1
第三产业增加值	亿元	151.62	6.1
人均地区生产总值	元	65507	7.3
规模以上工业增加值	亿元	78.65	18.7
农林牧渔业总产值	亿元	42.84	4.7
固定资产投资总额	亿元	170.19	29.2
社会消费品零售总额	亿元	101.40	7.0
外贸出口总额（本级）	万元	62403	-12.7
外贸进口总额（本级）	万元	25426	-0.3
实际利用外商直接投资	万元	11923	182.3
一般公共预算收入（本级）	万元	63682	9.1
一般公共预算支出（本级）	万元	259361	11.7
全体常住居民人均可支配收入	元	25863	8.1
城镇常住居民人均可支配收入	元	28685	7.8
农村常住居民人均可支配收入	元	16850	9.8
第一、第二、第三产业构成		9.67∶35.74∶54.59	

目　　录

法治

军　事

经　济

文化·卫生

社会生活

镇（街道）

荣誉奖项

附　录

特　载

TEZAI

政府工作报告

——2019年2月26日在汕尾市城区第八届人民代表大会第四次会议上

汕尾市城区人民政府区长　罗光钊

2018年工作回顾

过去一年，区政府在市委、市政府和区委的坚强领导下，在区人大和区政协的监督支持下，认真学习贯彻习近平新时代中国特色社会主义思想和中共十九大精神，坚持新发展理念，贯彻高质量发展要求，统筹推进稳增长、促改革、调结构、惠民生、防风险各项工作，推动经济社会持续平稳健康发展，较好地完成区八届人大三次会议确定的目标任务。

2018年，全区总体经济运行稳中有进，实现地区生产总值118.58亿元，增长8.1%；农业总产值38.24亿元，增长4.7%；规模以上工业增加值19.03亿元，增长7.6%；社会消费品零售总额111.51亿元，增长9.8%；固定资产投资67.53亿元，增长20.1%；一般公共预算收入5.84亿元，增长16.8%；三次产业比重优化调整为20.2∶29∶49.9。营商环境持续优化，政务服务水平和行政审批效率稳步提高，“中国县级政府政务诚信综合水平百强县”的金字招牌越擦越亮。城市管理取得新突破，“创文”“创卫”成效明显；污染防治力度空前，城乡居住环境持续改善，社会主义新农村建设扎实推进，人民生活水平不断提高，城镇居民、农村居民人均可支配收入分别增长7.0%、9.0%。高质量完成国防动员演练，扎实做好优抚安置和双拥工作。人民群众的获得感、幸福感、安全感不断增强。

一年来，主要做了以下工作：

一、大力发展实体经济

把着力点放在打基础、利长远工作上，坚定不移推动经济高质量发展。

壮大市场主体规模。认真执行省、市“实体经济新十条”“外资新十条”等措施，抓好“小升规”，扩大规模以上企业总量，新增培育“四上”企业26家，完成“个转企”324户，超额完成年度任务。改善营商环境，推进“放管服”改革，实施“多证合一”，清理规范中介服务事项11件，公布取消20个单位的证明事项166件。激发市场内在活力，新登记各类市场主体4550户、注册企业528家，注册资本（金）增长近700%。做好区第四次全国经济普查，清查有效法人单位数4982个，比“三经普”增长227%；清查个体经营户20888户，增长51.3%。

深入实施创新驱动。科技创新指标大幅度增长，城区（含市直）专利申请量2062件、增长33.1%，专利授权量1602件、增长249.8%。新增国家高新技术企业5家，新建省级工程中心2家，省级新型研发机构1家，省级两化融合贯标企业2家，培育入库省级科技型中小企业15家。在第七届中国创新创业大赛中，我区有1家企业荣获国赛优胜奖，有2家企业分别荣获省赛一、二等奖。

促进有效投资增长。扎实推进重点项目建设，全区重点建设项目74个，完成投资158.13亿元，完成投资额比上年翻了一番，投建进度位列全市第一。其中，比亚迪、星河湾等31个项目超额完成年度任务，信利半导体新建工厂等7个项目竣工投入使用。强化普惠金融“村村通”工作机制，推进金融服务农村和实体经济发展，正确引导社会资本流向，打击非法集资，有效防范金融风险。

做大做强现代农业。以深化农业供给侧结构性改革为主线，多措并举发展现代农业。在全市率先完成农村土地确权颁证工作，完成农村集体经济资产清产核资242个。完善省级现代农业“五位一体”示范基地建设，大力推广优质高产品种，农作物良种覆盖率达90%以上。新增农业企业、家庭农场、农民专业合作社、“名特优新”农产品企业共38家。扶持发展远洋捕捞生产和高效生态养殖，海水养殖产量12.55万吨，增长4.7%。

二、加快中心城区扩容提质

以强烈的首位度、排头兵意识，着力拓展空间布局，攻坚“创文”“创卫”，城市开放度、舒适度、美誉度不断提高。

延展城市发展空间。强力推进土地征储，签订征地协议1.43万亩，完成交地0.53万亩，中心市区建成面积拓宽至33平方公里。协同推动市区对外交通连接和内部交通网络疏通，快速推进并完成海汕公路西闸至埔边段综合改造工程、海滨大道西段市政工程主干道的征地拆迁，为“北扩”“西延”夯实基础；协助升级改造香江大道、海滨大道中、红海湾大道、汕尾大道中等城市主干道4条，红海东路、文明路等市政道路7条；推进金鹏路西段等“断头路”建设10条；完成修建背街小巷20条；完成建设农村公路硬底化7.55公里。

强力推进文明建设。投入2亿多元，完善基础设施和文化环境建设。关闭拆除一批碎石厂、洗砂场，取缔拆除一批非法广告设施、违章建筑、乱摆摊点，整治整改一批废品收购站、食品药品生产经营单位和娱乐场所；加强交通秩序整治，落实交通安全“两站两员”，强化日常巡查监管，规范车辆停放，有效遏制交通乱象。发动全区志愿者积极开展“创文”志愿服务活动6036场次。构建“区级实践中心—镇街实践所—村社实践站”三级架构体系，设立区新时代文明实践中心1个、镇（街道）文明实践所7个、村（社区）实践站80个，建立善美讲坛、惠民广场、文化长廊、百姓舞台、文明驿站等225处，搭建理论宣传、教育服务、文化服务、科技科普、健康体育服务等5个平台。开展惠民文化活动548场次，大力弘扬社会主义核心价值观。

打造健康卫生城区。进一步巩固“创省卫”成果，严格落实“门前三包”，深入开展环境卫生整治，落实病媒生物防制措施，杜绝“脏乱差”现象。启动创建省健康促进区，广泛开展戒烟、限酒等系列健康教育宣传活动，全年新增申报无烟单位68个，省卫生村通过考核验收8个。加强畜禽疫病防控，实现非洲猪瘟疫情“零发生”。

三、统筹协调城乡发展

坚持推动农村现代化，扎实实施乡村振兴战略，积极开展社会主义新农村和生态宜居美丽乡村建设，促进精准扶贫、精准脱贫。

稳步推动新农村建设。强力推进产业、文化、人才、生态、组织五个方面振兴工作。完成省下达我区省定贫困村创建社会主义新农村建设资金8283万元，支出率达92.0%，位居全省前列。筹集贫困村创建新农村建设资金1.24亿元，投入1.02亿元。完成9个省定贫困村的村庄规划编制和99个基础设施建设项目。全域推进农村人居环境整治工作，46个非贫困村每村配套100万元同步开展“三清理三拆除三整治”，完成建设生态宜居村7个；启动建设“一村一主题公园”，开工18个、完成8个；推进“厕所革命”，建成公厕66座，完成“一村一厕”任务。

创新推动产业振兴。大力发展“一镇一业、一村一品”，举办首届特色产品推介会和首届晨洲蚝美食文化节，推动地方特色产业发展。捷胜镇军船头村沙葛种植、红草镇晨洲蚝养殖等6个产业项目率先推行“企业+合作社+基地+农户”模式，并取得初步成效；捷胜镇大流村桑葚酿酒合作社和东涌镇洪流村“农家乐”、东石村农业产业田园综合体3个产业项目正在加紧推进。捷胜镇5个贫困村和东涌镇宝楼村、赤古村、龙溪村利用“互联网+”建设电商服务站，与“汕美手礼网”“邻居合伙人”等电商平台合作推介地方特色产品。

扎实推进脱贫攻坚。新时期（2016—2018年度）上级下达我区精准扶贫开发资金9746万元，已支出8123万元，支出率83.3%，达到资金支出进度要求。100%完成2018年度脱贫任务259户1053人，并全部落实“八有”保障。

四、打好污染防治攻坚战

牢固树立绿色发展理念，以坚定决心和有力举措坚决打好污染防治攻坚战。

完善环保基础设施。投资9072.6万元，用于建设垃圾污水设施设备和农村环境整治工程。其中，新建垃圾收集屋102个、镇级简易垃圾转运站8

座；完成大伯坑垃圾填埋场综合整治工程。配合市有关部门加快市区排污管网升级改造，加快南区污水处理厂一期工程及配套管网、北区污水处理厂一期工程的建设；完成宝楼水库、赤岭水库、琉璃径水库的饮用水水源地规范化建设。

大力整治水体污染。全面推进河（库）长制、湖长制工作，各级河长共开展巡河 1322 次，强化河湖排污口巡查管控，健全日常管护保洁机制，开展“五清”专项治理，初步实现“河畅”目标。拆除品清湖（河）和奎山河上游流域非法养猪场 97 家、猪舍约 70000 平方米；完成奎山湖周边住宅区污水管网改造；建设村级污水处理系统 11 个。配合市做好奎山湖、奎山河黑臭水体治理。抓好中央环保督查“回头看”和省环保督查问题整改，率先在全省完成市级饮用水水源地生活面源污染问题“清零”。

推进林地山体修复。有序推进全区林地山体、沿海防护林带生态修复，全区森林覆盖率 43.4%。完成建设森林碳汇重点生态工程 21218 亩，生态景观林带建设 11 公里、660 亩，森林抚育面积 50324 亩。海汕公路两侧绿化美化及山体修复建设 3955 亩。创新推行“山长制”，清明节期间森林火灾宗数下降 84.3%，防火工作得到省委省政府的表扬。

五、深化体制机制改革

坚持向改革要动力，着力突破发展瓶颈，优化提升政府管理能力。

推进教育管理体制改革。优化学校布局调整，创新推进中小学教师“县管校聘”管理体制，撤并“麻雀学校”15 所，交流轮岗校长及中层干部 20 人、教师 411 人，学校结构、教师队伍和教育资源得到合理配置，有力促进教育现代化的成功创建。省政府正式授予我区“广东省推进教育现代化先进区”称号。

深化医药卫生体制改革。加快推进区医疗集团建设，构建“一中心、多支点、全覆盖，能防能治能救命”的医疗卫生服务体系。启动全区居民免费健康体检，建立居民健康电子档案 316313 份。扎实推进家庭医生签约服务，实现家庭医生常住人口签约人数超 14 万人，重点人群签约人数超 6 万人。实施集团总院医疗技术下沉基层分院帮扶试点工作，建立双向转诊绿色通道，全年上转患者 2763 人次，下转患者 444 人次，初步实现分级诊疗。

落实环卫管理体制改革。按照“两级政府、三级管理”的城市管理体制，下放 5 个基层环卫站管理职能到市区街道办事处，建立健全垃圾清运和日常保洁网格化机制，做到全覆盖、无死角，确保城市清扫保洁率 98%以上、道路机械化清扫率 50%以上、垃圾“袋装化”普及率 90%以上、生活垃圾无害化处理率 96%以上，垃圾实现“日产日清”，全面改善卫生环境。

六、着力保障和改善民生

坚持以人民为中心的发展思想，加大民生领域投入，推动基本公共服务均等化、优质化，持续增强人民福祉。

提升基本保障水平。积极推动就业创业，启动实施“粤菜师傅”工程，举办企业用工招聘会 24 场次，新增就业人数 7173 人，帮扶城镇下岗失业人员实现再就业 2535 人，城镇登记失业率控制在 2.35%以内。持续推进社保扩面，全区城乡居民基本养老参保人数 90580 人，超额完成目标任务。兜住民生底线，按要求提高各项救助标准。实施“银龄安康”行动，为 60 周岁老年人续保意外伤害保险 4.4 万名；完成改造贫困残疾人居家环境无障碍设施 75 户。着力做好流浪乞讨人员和流浪精神病人救助救治工作。

提高公共服务能力。完善公共体育设施建设，新建社区康园 2 个，配套健全健身点 338 个；举办或协办大型体育健身活动 16 场次，全力推进全民健身。强化消防能力建设，完成村（社区）微型消防站建设 66 个，捷胜镇率先组建镇级专职消防队。完成区图书馆和区文化馆升级改造；建成社会主义核心价值观主题广场（公园）14 处；全面建成镇（街道）综合文化站 7 个、村（社区）综合性文化服务中心 94 个。省、市、区十件民生实事全部按标准落实或有序推进。

挖掘推广特色文旅。全面整合旅游资源，挖掘打造得道庵、龟龄岛、坎下城、黎明洞等特色景点，开辟红色寻根之旅、民俗祈福游、生态康体休闲游等精品旅游线路。全年接待外来游客 240.51 万人次，增长 24.3%；创旅游收入 13.8 亿元，增长 29%。大力推广地方特色文化，汕尾渔歌上省晋京展演，白字戏《公烛》获得广东省群众戏剧曲艺花会金奖。

七、强力推进平安城区建设

坚持创新社会管理，以创新城乡社区治理专项改革先行点工作为契机，以点带面，积极构建共建共治共享社会治理格局。

强化治安防控。完成重点场所更换高清监控摄像头965个、高空瞭望云台3套，建造人脸数据采集卡口7个，实现重点场所数据防控全面覆盖。保持打击刑事犯罪高压态势，全年立刑事案件447宗，下降8.6%；侦破刑事案件379宗，破案率提高16%；查处治安案件600宗，下降12%，实现各类案件“低发高破”，全区治安形势稳定良好，群众安全感测评结果位居全市第一。

深化禁毒工作。结合“大走访、大排查、大整治”活动，坚持海陆并进、查堵结合，持续深入开展禁毒人民战争，增加禁毒投入，提高举报追逃奖励标准，加大对吸毒人员的收戒力度，完善“6·27”“8·31”工程。强力推进港口海域禁毒专项整治，严查往来船只，清理拆除私建码头26个，有效遏制毒品流通。关键毒情指标明显持续下降；外省外市破案指向（中转集散）城区案件下降260%；收戒吸毒人员601人，新滋生吸毒人员数下降31.7%，实现连续三年下降。

强力扫黑、铁腕除恶。组织开展10年警情“大起底”、旧案旧件“大翻查”、网络舆情“大扫描”、“一村（社区）一研判”等系列活动，打掉涉黑恶团伙12个83人，推动扫黑除恶专项斗争向纵深发展。逐步化解信访积案，全年进京、上省、到市、来区上访批次下降40.4%、人次下降56.2%，信访事项回复率100%、办结率100%。圆满完成各个重大敏感节点维稳安保任务，被列为广东省9个“维稳工作示范点”之一。

有效防范生产安全事故。强化重点行业领域及重点时段安全生产大检查和隐患整治，坚持滚动循环复查“二合一”“三合一”等重点消防隐患场所，全年安全生产事故发生起数和死亡人数分别下降58.8%和60.0%，实现中小学生溺亡事件“零发生”，安全生产形势持续稳定向好。2017—2018年度，我区荣获“全国平安渔业示范区”称号。

八、着重优化政府自身建设

坚持为民情怀，加快政府职能转变，着力提升政务服务水平，增强政府执行力和公信力。

加强学习提高站位。以“大学习、深调研、真落实”活动为抓手，推动“两学一做”学习教育常态化、制度化，树牢“四个意识”，坚定“四个自信”，坚决做到“两个维护”，深入学习贯彻中共十九大精神、习近平总书记系列重要讲话以及习近平总书记视察广东重要指示精神，组织召开区政府常务（扩大）会议专题学习15次，举办政府党组理论中心组（扩大）学习27次，进一步提高政治站位，扎实推进政府自身建设。围绕贯彻落实“四个走在前列”要求和习近平总书记视察广东重要讲话精神，组织开展多项专题调研，并形成调研报告及整改实施方案，切实推动习近平总书记重要讲话精神在汕尾落地生根、结出丰硕成果。

着力提升行政效能。推进行政审批制度改革，持续深化“一门式一网式”政府服务模式改革工作，全力推进财政预算编制执行监督管理改革，努力构建“廉洁、高效、规范、便民”的政务服务工作长效机制。全年受理群众咨询各类审批和服务事项35437件，办结34492件，办结时间缩短30%以上，切实打通群众办事 “最后一公里”。

加强民主法治建设。认真执行区人大及其常委会决议决定，定期向区人大常委会报告工作，自觉接受区人大依法监督、区政协民主监督，广泛听取人民团体意见，积极研究办理人大代表建议和政协委员提案。全年办理人大代表建议10件；承办市交办人大议案、政协提案36件，办复率100%。积极推进法治政府建设，落实行政机关负责人出庭应诉制度，推动政务公开。全面实施“七五”普法规划，广泛开展群众性宣传活动281场次，成功创建省级“民主法治村（社区）”48个，其中马宫金町村被评为“全国民主法治示范村”。在法治广东考核和全省综治考评中，我区普法工作均获满分，两项考核考评的单项工作排名并列全省第一。

强化廉洁政府建设。落实党风廉政建设主体责任，认真贯彻全面从严治党新要求，一以贯之纠正“四风”，持续用力正风肃纪，保持惩治腐败高压态势，查处“为官不为”问题66人。严格执行中央八项规定精神，严控“三公”经费，主动接受群众、媒体和审计监督，着力打造一支为民务实、高效担当、廉洁守法的钢铁队伍，大力营造风清气正的政务环境。

此外，人民武装、海防与打私、应急管理、人防、外事侨务、对台、档案、修志、民族、宗教、残联、侨联等工作全面扎实推进。

各位代表，过去一年的成绩来之不易，这是运用习近平新时代中国特色社会主义思想指导工作实践的结果，是省委、省政府，市委、市政府和区委坚强领导的结果，是区人大、区政协监督支持的结果，更是全区干部群众风雨同舟、众志成城、艰苦奋斗的结果。在此，我代表区人民政府，向全区广大工人、农民、知识分子、干部职工，向驻汕人民解放军、武警官兵、人民警察和各民主党派、人民团体、社会各界人士表示诚挚的敬意！向长期关心支持城区发展的港澳台同胞、海外侨胞表示诚挚的感谢！

我们也清醒地认识到，我区经济社会发展还存在许多不平衡不协调的问题。一是高质量发展任务艰巨。全区生产总值仅占全市12%，特别是规模以上工业企业仅有44家，规模以上工业增加值仅占全市8%，行业龙头企业、高新技术企业少，产业结构总体处于中低端，创新引领能力较低，传统产业转型升级缓慢，实体经济发展环境困难重重。二是城市智能化精细化水平不高。中心城区智能设施仍不完善，“网格化”管理亟需加强，乱搭乱建、乱摆乱放、违法建设等问题还比较突出，“创文”“创卫”常态化长效化管理机制有待进一步健全。三是基本公共服务短板突出。城乡融合发展不平衡不充分，市区街道与周边乡镇发展差距较大，民生基础配套设施不足，公益性、普惠性学前教育资源短缺，基层医疗卫生资源少、水平低，镇村道路交通、地下管网、信息工程等相对落后，环卫、社会福利等欠账较多。四是社会治理压力较大。影响社会稳定的各类风险隐患较多，基层自治能力有待加强，社会矛盾纠纷易发、多发，生产安全、消防安全、食品药品安全等形势依然严峻。五是政府职能转变还不到位。有的政府工作人员缺乏服务意识和责任担当，市区“一盘棋”思想不够牢固，“放管服”改革仍需深化，事中事后监管仍需加强，营商环境仍需提升。对于这些问题，我们将采取更加深入人心、行之有效的措施加以解决。

2019年工作安排

2019年是中华人民共和国成立70周年，是全面建成小康社会关键之年；是城区全面贯彻落实中共十九大精神和学习贯彻落实习近平总书记系列重要讲话和对广东工作一系列重要指示精神，实施“十三五”规划的攻坚之年；是城区三十而立整装再出发，推动经济社会高质量发展的起始之年。

站在新起点，迎来新征程。习近平总书记对广东提出四个方面工作要求的新使命，强调把缩小粤东粤西粤北地区与珠三角发展差距作为区域协调发展的紧迫任务，为我们凝心聚力、振兴发展注入强劲动力。党中央、国务院大力推进“一带一路”建设，对粤港澳大湾区建设作出顶层设计，我们作为毗邻粤港澳大湾区的东岸城市，将享受最直接、最便利的辐射带动和外溢红利。

省委、省政府提出广东全域参与粤港澳大湾区建设，构建“一核一带一区”区域发展新格局，明确把沿海经济带作为新时代广东发展的主战场，我们将作为承东接西重要战略支点。省委李希书记提出把汕尾建成沿海经济带的靓丽明珠，奋力走出一条革命老区高质量发展的新路子，尤其是《海陆丰革命老区振兴发展规划》的出台，明确把海陆丰革命老区建设成为全国革命老区振兴发展示范区、红色文化传承和红色旅游示范区、革命老区参与“一带一路”建设示范区，汕尾将在财政、投资、产业、金融、土地、人才等方面享受一揽子政策扶持。

市委、市政府高度重视中心城区发展，在重大产业布局、基础设施建设、教育医疗等社会事业发展和财力保障上给予城区大力倾斜和支持，着力提高中心城区首位度，打造全市政治、经济、文化、教育、医疗、商贸“六个中心”。机遇当前，乘势而上，我们要以强烈的责任感、使命感、紧迫感，解放思想、转变观念、抢抓机遇、迎头赶上，要不断提高人民群众获得感、幸福感、安全感，保持经济持续健康发展和社会大局稳定，为全面建成小康社会收官打下决定性基础，努力创造无愧于新时代的新业绩。

2019年政府工作的指导思想是：以习近平新时代中国特色社会主义思想为指导，全面贯彻中共十九大和十九届二中、三中全会、中央经济工作会议精神，学习贯彻落实习近平总书记系列重要讲话和对广东工作一系列重要指示精神，深入落实省委十二届六次全会精神、李希书记到汕尾调研时的指示要求和市委七届八次全会、区委八届八次全会精神，统筹推进“五位一体”总体布局，协调推进“四个全面”战略布局，坚持稳中求进工作总基调，坚持新发展理念，坚持以供给侧结构性改革为主线，坚定不移深化改革开放、推动高质量发展、提高发展平衡性和协调性、加强党的领导和党的建设，扎实推进“五化”“五城”各项工作，全力打好“六大攻坚战”，加快实现“四大提升”，奋力打造“首善之城、大美之区”，为把汕尾建设成为沿海经济带靓丽明珠作出新的更大贡献，以优异成绩向中华人民共和国成立70周年献礼。

2019年全区经济社会发展主要预期目标是：地区生产总值增长7.5%，农业总产值增长4.5%，规模以上工业增加值增长9.0%，固定资产投资增长12.0%，社会消费品零售总额增长8.5%，一般公共预算收入增长9.0%，外贸进出口总额增长3.0%，全体居民人均可支配收入增长7.0%，城镇登记失业率控制在3.0%以内，节能减排约束性指标完成市下达的年度计划。

为实现上述目标，重点做好以下八大方面工作：

一、积极融入粤港澳大湾区建设，全面提升中心城区首位度

——高位谋划，科学布局，成为汕尾融入大湾区建设的排头兵。要深究细研有关粤港澳大湾区的政策要求，用足用好《关于进一步促进粤东西北地区振兴发展的决定》《海陆丰革命老区振兴发展规划》两个文件，分类细化产业共建、科技创新、基础建设、营商环境、生活环境等领域的任务目标，科学制定贴合城区实际的系列实施方案，狠抓工作落实。

——广开门户，扩大开放，成为承接大湾区优势资源的试验田。既要抢抓省和市推进高铁、高速公路、城际线、港口等重大交通基础设施建设的契机，全面对接大湾区交通基础设施建设，积极融入大湾区综合交通网络。又要主动对接大湾区高端产业、高新技术、雄厚资本和顶级人才，充分发挥政策、土地、资源、环境等优势，吸引这些产业、人才、技术、资金、信息等向我区外溢辐射。尤其要发挥龙头企业的牵引作用，争取新一代信息技术、高端装备制造、生物医药、新材料、海洋经济等重大领域的项目、企业、人才落户城区。

——对标先进，提升形象，成为大湾区城市群优质生活的后花园。对标广州、深圳等发达地区的先进管理模式，持续推进“放管服”改革，加快“数字政府”建设，打造公开公平公正的制度环境和营商环境。着力优化相关城市配套设施与服务，引进高端休闲旅游产品；实施更优人才政策，积极引入大湾区优质教育和医疗卫生资源，深化社会治理合作，提高公共服务水平，提升城市功能，打造高品质生活示范区。

二、培育壮大特色优势产业，联动推进实体经济提质增效

——壮大地区经济规模。充分利用好国家、省有关帮扶企业和促进经济结构优化升级的各种优惠政策，落实减税降费、“实体经济新十条”“民营经济十条”等政策，配套制定贴合城区实际的经济扶持措施，切实为企业“减负”，推动民营经济健康发展。鼓励企业以“机器换人”和“上云上平台”方式，加快实施技术创新和技术改造，提高产品的质量及技术含量，提升企业在市场中的竞争力。持续开展“暖企”行动，切实解决企业发展、创新过程中的痛点、难点、堵点，助推企业发展。加快市场主体建设，按产业特色和规模实施分类培育，大力培育“四上”企业，积极促成一批“个转企”，打造一批核心竞争力强劲的优势企业。

——推进农业现代化发展。大力推广“龙头企业+合作社+基地+农户”模式，引导农村土地经营权有序流转，培育出一批新型农业经营主体。打造“农业+旅游”模式，鼓励田园综合体建设，延展农业产业链，加快推动农产品精深加工、流通服务、休闲旅游等一、二、三产业融合发展，力促现代农业产业园区在6月底前通过省级验收。加大对农产品推广的政策扶持，高水平举办各种特色产品宣传推介活动，大力支持红草镇“晨洲蚝”、东涌镇“宝楼姜”等特色优势农产品做大做强。加强同省内外高校、研究所交流，开展农业科研、技术推广、人才培养，增加农业科技支撑力。培育新型职业农民，构建一支有文化、懂技术、善经营、会管理的新型职业农民队伍。发展壮大海洋渔业，依托马宫港海洋资源和区位优势，加快推进海港码头建设项目落地，规划建设海产品交易中心和冷链物流基地，打造集中、整合、多元、专业的贸易链，加快推进蓝色经济发展。

——推动工业聚集发展。以红草工业园区为载体，全力推进产业共建，建立优势互补、互利互惠、利益共享、共同发展的长效机制，主动承接粤港澳大湾区产业转移，重点以比亚迪新能源汽车、信利光电等企业为龙头，强化产业链招商，聚焦新能源汽车、电子信息、生物医药等产业领域，力争引进落地一批投资额5000万元以上产业项目。

——促进现代服务业繁荣。加快推动城区香港商会大厦规划建设，打造经济合作平台、民营企业总部基地、民营经济服务中心，促进总部经济发展。做好旅游顶层设计，优化旅游产业布局，重点挖掘和利用滨海、生态、红色革命等资源，打造一批旅游示范点、示范区。依托凤山祖庙旅游景区，与三马路骑楼文化和“关帝庙”民俗传统文化连片开发、融合发展，打造一条极具地方特色的民间文化风情街。激活零售餐饮消费市场，着力重塑二马路历史商贸繁荣景象，大力打造购物一条街；发挥海产品资源优势，创建海产品一条街。

三、发力基础建设和服务管理，加快促进城市品质提档晋级

——推进土地收储工作。抓紧完成2018年已征地块补偿扫尾工作，落实市新下达任务，加快工业大道西周边地区和香江大道以南片区土地收储，为中心城区扩容提质提供用地保障。加快红草工业园区向周边扩容，为承接好省对口帮扶政策、资金、项目和深圳产业帮扶，打造重要平台。

——加快重点项目建设。全区重点建设项目初步安排76个，年度计划总投资160亿元，其中列入市级项目59个。要抓紧推进比亚迪等一批产业项目早日建成投产，发挥效益；推进保利金町湾旅游休闲度假区、星河湾、华润万象天地、碧桂园商业中心、万升广场、农商行大厦、信利中央广场等项目建设，加快推进和顺上村等一批“三旧”改造项目；协助推进市民服务广场、“三馆一中心”、档案馆、工人文化宫等公共项目建设。

——完善交通等设施建设。配合市推动广汕高铁、汕汕高铁建设，推动深汕西高速公路改扩建，推动工业大道西段、城北路、环城快速干道、珠东快速路城区段等道路建设；确保汕尾大道中（西闸至埔边）和海滨大道西及沿线区域无障碍施工；加快文明路、兴华路、翠园街等综合升级改造，打通金鹏路西段等10条断头路；扎实推进20条市区破旧道路修复改造工程；协助恢复汕尾至香港海上客运航线；落实省、市新一轮信息基础设施建设三年行动计划，协同开展5G网络试点；加快变电站、天然气管网、汽车充电桩建设。

——加强城市精细化管理。统筹推进中心市区“东拓、西延、北扩、中优”，加快中央商务区建设，推动市区与海城、红海湾同城化一体化发展。将“精细化”贯穿中心城区建设和服务管理，推进“五化”“五城”工程，启动市区“见缝插绿”行动，开展城市微改造；并向东涌、马宫、红草等镇村延伸拓展，持续深化“网格化”管理，深入开展干线公路、背街小巷、集贸市场卫生环境综合整治行动，整顿占道经营、乱停乱放等违规行为；加大违建巡查管控力度，坚决遏制新增违法建设；补足消防、技防、人防等安保设施，以及环卫设施设备短板。

——攻坚“创文”“创国卫”。深化“创文”工作的常态化、长效化，加快建设文化馆、美术馆、少年宫等文化教育设施及“社会主义核心价值观主题广场”“爱国主义教育阵地”“一街一巷一主题”等文化工程；深化行业文明创建，着重打造文明窗口单位，努力做到环境优美、秩序优良、服务优质、形象优雅、管理优化，提高服务便民利民水平。巩固提升省卫生城市成果，实施“创国卫”八大攻坚行动，推进示范区、示范街、示范小区等建设，确保年底前基本达到“创国卫”标准，力争2020年成功创建国家卫生城市。

四、深入实施乡村振兴战略，开创农村发展崭新局面

——聚焦精准脱贫。落细落小落实脱贫攻坚的总体要求、重点任务、支撑保障。特别是针对省定贫困村、重点贫困户，强化对特殊贫困群体的精准帮扶，扶贫资金主要向贫困妇女、儿童、老人、残疾人和因病致贫返贫家庭倾斜，确保扶贫项目安排精准、扶贫资金使用精准、扶贫措施到户精准，确保今年1123人相对贫困人口实现脱贫。做好农村最低生活保障工作的动态化精细化管理，把符合条件的贫困人口全部纳入保障范围，确保病有所医、残有所助、生活有兜底。

——推动产业扶贫。在“输血式”扶贫的基础上，结合各贫困村实际情况，把扶贫和扶志、扶智、扶技结合起来，大力推进“一村一企”行动，着力把自然景观、农副产品、历史文化、红色文化、民俗文化等地方资源禀赋转化为特色优势产业，努力做到村村有产业、户户有项目、人人有活干,实现产业规划与贫困户的有效对接,提高产业扶贫成效。围绕地方特色产品，加快推进国家地理标志申报工作，奋力打造地方文化特色产业新农村；推动“旅游+”“互联网+”特色产业发展，大力推广电商扶贫，积极促成更多贫困村、贫困户与电商平台合作，拓宽地方特色产品销路。

——加强新农村建设。深入落实“五个一”工作要求，开展全域推进干净整洁村（社）工程，着重将9个省定贫困村打造成美丽宜居乡村样板村，以点带面、串珠成链推动全区美丽乡村建设。完善编制村庄建设规划，实现所有自然村环境整治规划、新增农房建设、土地利用和基础设施纳入规划全覆盖。加快推进人居环境整治，确保年底前60%以上自然村达到干净整洁村标准。加快“四好农村路”建设，完善“一村一主题公园”“一村一公厕”。启动建设乡村“创客”示范点，选择基础条件较成熟的村，打造创新、创业平台，吸引并扶持青年“创客”进驻发展，为农村注入青春活力。

五、抓好污染防治和环境保护，大力推进生态文明建设

——打好碧水保卫战。实行最严格水资源管理制度，全面深入推行河（库）长制、湖长制，加快推进品清湖（东涌）、黄江河（五雅河）、马宫河、前进河等中小河流专项治理工程。打好黑臭水体歼灭战，配合市完成奎山湖污染区清淤疏浚工程和奎山河整治清淤工程，完善老建成区雨污分流改造；实施整区推进农村污水处理工程；推进黄江河重点流域（城区范围）入河排污口整治、河道清淤疏浚和生态修复工程；加强饮用水源保护区管理，加大对宝楼水库、赤沙水库等饮用水源的综合整治力度，确保水源地水质稳定达标和群众饮水安全。

——打好净土保卫战。从严控制化肥农药使用，大力推广节约型农业技术和测土配方施肥技术，科学合理使用高效、低毒、低残留农药。加强农业面源污染防治，防止禁养区内出现新的畜禽养殖场，推进畜禽养殖废弃物资源化利用。实施农村环境保护和土壤污染防治行动计划，开展土壤分级分类管理和土壤环境动态监控，加强土地环境风险评估，合理调整种植种类。

——打好青山保卫战。全面落实2019年造林任务14612亩，森林抚育49438亩，生态景观林带18公里、1080亩，省级乡村绿化美化工程5个。有序推进山体生态修复，重点做好新建扩建公路的生态景观林带建设，以及芳荣生态公益林示范区、森林公园、湿地公园规划设计建设和乡村绿化美化工作。扎实推行“山长制”，落实森林防火网格化管理，严厉打击破坏山体违法行为。持续开展“三道四区”违规建造坟墓专项整治。加强生态公益林管理和效益补偿工作，加快桉树退出。

六、均衡发展社会事业，补齐补足各项民生短板

——大力提升教育水平。持续深化教育领域综合改革，以教育现代化先进区为新起点，优先保障教育投入，引进社会资本，开展多种办学模式，推进教育优质发展。坚持学前教育公益性和普惠性办学方向，切实解决“入园难”“入园贵”问题。优化完善“县管校聘”管理，促进师资配置更加均衡合理。大力实施学历提升计划，加强师资培训，提高教学水平。办好“感动城区年度教师”活动，发掘师德典型、讲好师德故事，营造全社会尊师重教的良好氛围。

——大力改善医疗服务。持续深化公立医院改革，加快建立现代医院管理制度和综合监管制度；统筹推进“三医”联动，以“强基层、促健康”为目标，以区医疗集团为载体，促进人员、资产、技术、服务、信息、管理一体化，建立健全功能清晰、运行有效、群众受益的医联体。切实提升逸挥基金医院综合实力，打造汕尾市区域医疗中心。力促逸挥基金医院肿瘤防治中心尽早开业运营，加快医学教育中心、区妇幼保健公共卫生服务中心和香洲街道社区卫生服务中心等项目建设进度；全面铺开镇卫生院、社区卫生服务中心、村卫生站标准化建设。加强医疗卫生人才队伍和重点专科建设，积极引进学科带头人。鼓励社会资本发展医疗卫生事业，支持民营医院发展，规范引导社会办医，形成多元化办医格局。做好重大疫病防控，深入开展爱国卫生运动。

——大力发展文体事业。积极培育和践行社会主义核心价值观，以新时代文明实践基地为载体，广泛开展群众性精神文明创建活动及文化惠民系列活动；坚持以人民为中心的创作导向，推动群众喜闻乐见的文艺创作、生产和传播，打造一批具有地方特色的精品力作，推动群众文化繁荣发展。加大红色历史文化资源保护和开发利用力度，系统开展红色史料收集整理研究与革命遗址普查抢修，挖掘红色资源，还原革命历史原貌，争取更多革命遗址和遗迹纳入国家、省级、市级文物保护级别。重点加快推进“海陆丰中心县委”遗址、铜锣寨等红色革命资源的保护与开发，加快沙坑文化博物馆建设。

——大力完善社会保障。稳步提高低保、五保、残疾人、孤儿生活补助标准；落实稳就业工作部署，深入实施“粤菜师傅”工程，推进劳动力技能培训，吸引劳动力就近就地就业，支持外出务工人员返乡创业，加快人力资源市场建设，力争城镇新增就业7200人以上，新增转移农村劳动力5000人以上，妥善解决失业人员再就业和特困人员生活保障问题。大力补齐公益性殡葬基础设施短板，加快公益性骨灰楼修建，积极发动社会资本参与公益性骨灰楼建设。同时，统筹促进统计、物价、工商联、民族宗教、人防、侨联等工作全面发展。

七、构建共建共治共享社会治理格局，营造平安稳定和谐环境

——强化综治维稳。以“雪亮工程”建设为重点，深入推进“平安城区”视频监控系统建设，建立覆盖重点区域、重点部位的视频监控网络和覆盖重要道路的治安卡口系统。大力打击涉毒涉枪、“两抢一盗”、走私、诈骗等违法犯罪行为，着重推进全民禁毒工程，坚决打赢禁毒人民战争。纵深推进扫黑除恶专项斗争，以“零容忍”的态度，深挖彻查，全面净化社会治安环境。加强预防和化解社会矛盾机制建设，加大信访积案化解处理力度。推进人民调解工作规范化建设，及时化解社会矛盾纠纷。深入推进平安城区建设，把城区建设成为全省最安全稳定、最公平公正、法治环境最好的地区。

——强化公共安全体系建设。坚持“稳定压倒一切”，深入开展“大走访、大排查、大整治”活动，找准问题，建立台账，动态管控。全面提高安全生产和应急管理能力，完善三防、预警、应急指挥等现代管理系统，建立健全隐患排查治理体系、安全预防控制体系、质量安全保障体系和网格化智能化公共安全防控体系。坚决防范各类金融风险；提升市场监管和执法办案水平，着重加强食品药品安全管理。

——强化社会基层治理。坚持以党建引领基层治理创新，扎实推进城乡社区治理试点工作，积极发挥基层党组织在社会治理中的战斗堡垒作用。深入推进“放管服”改革，加快一体化在线政务服务平台和“数字政府”“智慧城市”建设；支持和鼓励工青妇等群团组织发挥桥梁纽带作用，推动各类社会组织参与社会治理，加强社工人才队伍和志愿者队伍建设，聚集弘扬社会正能量，建设文明美丽新城区。

八、深化体制机制改革，提高政府工作整体效能

——稳步推进各项改革。严格按照中央、省、市统一部署，确保在3月底前基本完成机构改革，推动政府职能优化。大力推进简政放权，进一步压减政府权责清单，深化商事登记制度和投资项目审批制度改革，开展“减证便民”行动，推进“马上办、网上办、就近办、一次办”审批服务，提升政务服务能力，营造便利化营商环境。妥善推动国有“僵尸”企业出清重组，坚决淘汰落后、过剩产能。加快推进农村集体产权制度改革。

——加快推进法治政府建设。坚持依法行政，坚决维护宪法权威，自觉接受区人大及其常委会工作监督、法律监督，落实区人大各项决议、决定，定期报告工作；积极支持人民政协履职政治协商、民主监督、参政议政，认真听取各民主党派、工商联、无党派人士和各人民团体的意见，切实办好人大议案和政协提案。主动接受群众、媒体和审计监督，加强对公共资金、国有资产、国有资源的管理。强化政府督查督办职能，大力推动重点项目和重点工作。提高政府工作人员法治思维和依法行政能力，做好政务公开、行政复议和行政应诉。落实“谁执法、谁普法”责任制，扎实推进“七五”普法教育，增强全民法治观念。

——加强党风廉政建设。严格执行中央八项规定精神，树立过“紧日子”思想，严控“三公”经费预算和一般性支出，加强审计监督，健全内审机制，抓好审计整改工作。贯彻全面从严治党要求，把党风廉政建设和反腐败工作不断引向深入，坚决整治各种隐形变异的“四风”问题和庸政懒政怠政现象,严肃查处侵害群众利益的不正之风和腐败问题。健全激励机制和容错纠错机制，严格工作责任制，始终保持廉洁本色，弘扬求真务实作风，激励广大干部在新时代改革开放中有新担当新作为，营造风清气正干事创业的良好政治生态。

年度关注

NIANDU GUANZHU

实体经济提质发展

总体经济稳中有进。全年，实现地区生产总值（含市直）277.74亿元，同比增长8.0%，GDP增速高于全市平均水平；工业基础进一步夯实，规模以上工业增加值78.65亿元，同比增长18.7%；农业增加值（含市直）42.84亿元，同比增长4.7%；固定资产投资170.19亿元，同比增长29.2%；社会消费品零售总额134.58亿元，同比增长7.8%；经济质量持续改善，一般公共预算收入（本级）6.37亿元，同比增长9.1%；一般公共预算支出（本级）25.94亿元，同比增长11.7%；外贸进出口总值（本级）8.78亿元（人民币），同比下降9.5%；实际利用外资（本级）1.19亿元，增长182.3%；城镇居民人均可支配收入25863元，同比增长8.1%；居民消费价格总指数3%，保持基本稳定。培育“四上”企业27家，连续四年超额完成市下达培育任务。三次产业结构9.7∶35.7∶54.6。

农业现代化水平提升。全年农业总产值42.84亿元，同比增长4.7%。粮食总产量1.70万吨，同比增长8.3%。积极落实“一村一品、一镇一业”农业产业发展项目，东涌镇的“金傲芬”无花果推广项目成功申报省级“一村一品”项目；成功申报汕尾市城区水产产业园项目，产业园规划建设项目共25个，已开工项目20个，已投入资金5016万元，全面带动水产产业转型升级。

工业经济提质增效。规模以上工业回暖明显，围绕加速产业集聚、企业做大做强，采取措施加强技术改造、要素保障。完成规模以上工业增加值78.65亿元，同比增长18.7%；加快提升企业技术创新能力，支持战略性产业发展，支持加大设备更新和技改投入，工业投资48.41亿元，其中技改投资42.61亿元，同比增长31.8%，推进传统制造业优化升级。全年实现进出口总额8.78亿元，实际利用外资1.19亿元，同比增长182.3%。新增高新技术企业认定1家（累计17家）；新增省高新培育库入库企业2家（累计12家,8家已出库）；新增市级企业技术研发中心6家（累计46家）；新增市级科技企业孵化器1家；新增市级众创空间1家；全区入库科技型中小企业26家。

第三产业发展态势良好。第三产业增加值完成151.62亿元，同比增长6.1%。新增商事登记企业523家，同比增长12.3%。新办理“个转企”324家，新增规上服务业企业6家，培育限上商贸企业13家。大力推动旅游产业发展，全年接待外来游客268.17万人次，同比增长11.5%；旅游收入15.43亿元，同比增长12.9%。

（区发改局）

重点项目建设扎实推进

一、2019年全区重点建设项目基本情况

2019年，全区重点项目79个，计划总投资740.32亿元，年度计划总投资160.03亿元。全年累计完成投资155.97亿元，比2018年减少2.16亿元，完成年度计划97.46%。2019年计划新开工项目35项，全年累计已开工项目27项，开工率为77.14%；2019年计划完工或投产项目27项，全年累计投产投用项目11项，投产率为40.74%。

1.列入市重点建设项目属城区与市共同管理的项目23个，年度计划总投资32.58亿元，已有投资进度的项目15个，已完成投资26.47亿元，完成年度计划81.25%。

2.列入市重点建设项目属城区与新区管委会共同管理的项目20个，年度计划总投资23.66亿元，已有投资进度的项目20个，已完成投资24.28亿元，完成年度计划102.62%。

3.属城区管理的项目36个，计划总投资441.12亿元，年度计划总投资103.78亿元，已全部开工建设，全年累计完成投资105.21亿元，完成年度计划101.38%。全年完成年度投资计划或超额完成年度投资计划项目24项，完工或投产项目6项，分别为信利光电股份有限公司AITD-CG夹层玻璃建设，汕尾市城区生活垃圾压缩二次转运（PPP）项目，熙龙湾，博斯广场项目，大中华二、三期项目，汕尾市铜鼎山旅游区松鼠乐园项目。其中：列入市重点建设项目19个，年度计划总投资77.18亿元，全

年累计完成投资77.48亿元，完成年度计划100.39%；未列入市重点建设项目17个，年度计划总投资26.60亿元，已完成投资27.73亿元，完成年度计划104.25%。

4.从各大领域完成情况看，现代产业领域类处于领先位置，全年计划投资完成率达117.17%，完成投资额41.26亿元，占全区完成投资额的26.45%。环保民生保障及其他类、社会事业类和市政建设类投资情况也完成得比较好，投资完成率分别为92.33%、91.86%、99.33%，完成投资额分别为82.50亿元、14.57亿元、15.49亿元，分别占全区完成投资额的52.89%、9.35%、9.94%。重大发展平台类项目完成投资率为69.36%，完成投资额为0.69亿元。农林水利类项目完成情况相对落后，完成投资率仅为48.23%。

二、2019年重点项目建设主要特点

1.项目总体完成情况良好。2018年，城区列入市重点项目完成投资率为100.39%，区重点项目完成投资率为97.46%，基本完成年度任务，项目建设总体情况良好。在79个项目里面，年度计划完成投资率在90%以上的项目有48个，占全部项目的60.76%。其中：完成投资率在100%以上的项目有41个，占全部项目的51.90%；完成年度投资计划额在1亿元以上的项目有31个，占全部项目的39.24%。全年累计完成年度投资计划额143.09亿元，占全区全年完成投资额91.74%，其中，完成年度投资计划额在3亿元以上的项目有13个，5亿元以上的项目有7个。

2.项目协调处置情况推进见成效。根据《汕尾市城区人民政府关于印发汕尾市城区重点项目建设进度预警及协调处置工作规程的通知》，城区重点项目在2019年继续实行重点项目问题协调处置机制。全年区重点项目办共对重点项目存在问题发出10份催办通知书，作为问题协调处置责任单位各镇（街道）及区直有关单位均对协调处置工作高度重视，协调各方力量帮助项目单位解决项目推进过程中存在的各种问题，市中医院、海汕路西闸至埔边段综合改造工程征地拆迁等重点难点问题得到有效解决。问题的解决对扫清重点项目建设障碍，推进项目开工及建设速度起到关键的推动作用。

3.项目建设助力城区经济社会发展。2019年，为城区重点项目历年来个数和年度投资计划最多的一年，项目涉及社会事业、现代产业、市政建设等六大领域。项目的建设对推进城区建设，对提升中心城区首位度，建设首善之城大美之区、推进城区经济社会事业发展，促进城区协调发展和建设沿海经济带靓丽明珠具有重要的积极意义。

（区发改局）

乡村振兴持续推进

2019年，按照市委、市政府，区委、区政府开展贫困村创建新农村示范村攻坚战和全域农村人居环境整治攻坚战“两大攻坚战”的部署，做好有关文件起草、数据收集上报、督查督办、协调联系等工作，积极推进基础性服务。通过发展特色农业产业园、特色镇（村）产业、培育新型经营“公司+合作社+农户”等方式，增强农村经济实力，拓宽农业发展道路，取得一定成效。

一、新农村示范村创建

2019年，根据城区各贫困村产业特征和区位特点，完成了省定贫困村创建新农村示范村规划编制工作。同时，坚持规划引领，扎实推进贫困村新农村示范村建设。9个省定贫困村共19个自然村（不含3个空心村），完成“三清理三拆除三整治”；完成村头标识、卫生站、综合文化中心、村道硬底化、垃圾屋、饮水安全工程、厕所革命、外立面整治、污水处理雨污分流、美化绿化、村头公园等基础设施项目建设。19个自然村完成农房外立面整治和村头标识设置；完成公厕改建19座；完成户厕新建或改造109户；19个自然村配足保洁员47名、垃圾收集员19名，并建立完善长效管理机制，落实保洁机制，制定村规民约。6月底，9个省定贫困村创建新农村示范村通过了市级验收工作。

同时，开展全域农村人居环境整治工作。全区50个非贫困村除4个市区渔业村被纳入市区规划外，其他46个行政村已编制了村庄规划。50个非贫困村144个自然村完成了“三清理三拆除三整治”工作。全面推进“厕所革命”工作，完成改建新建公厕76座、户厕478户。144个自然村已配足保洁员215名、垃圾收集员65名，落实保洁长效机制。非贫困村2019年计划建设污水处理终端50座，已完成采购招标工作并签订合同，已在开展前期勘探等工作。

二、示范带建设

开展“一个示范片”“六个特色精品村”“四条美丽乡村精品线路”创建活动。确定石洲、洪流、赤古3个村为连片开发建设美丽乡村示范片；确定军船头、沙坑、石洲、宝楼、晨洲、长沙6个村为特色精品村，确定长沙至南汾沿线5个村庄为长沙湾滨海旅游精品线路，红海湾大道为轴线沿线村庄为生态宜居精品线路，海汕公路沿线村庄为农家风情精品线路，军船头村至东坑村沿线7个村庄为生态农业精品线路。通过推进社会主义新农村示范村创建活动，为全区乡村振兴起示范带动作用。截至年底，军船头、沙坑、石洲3个村已基本完成基础设施建设，晨洲村、长沙村美丽乡村建设项目已基本完成，效果明显，村容村貌焕然一新，长沙湾滨海旅游精品线路创建工作顺利推进。石洲、洪流、赤古3个村的连片示范片已完成连片规划和整治任务，按照“一轴、一带、三片区”的空间结构格局，开展示范片创建工作。

三、水产产业园创建

城区省级现代农业（水产）产业园建设范围包括马宫街道、香洲街道、新港街道、红草镇，4个镇（街道）的水产养殖总面积为5.4万亩。水产产业园总体布局为“两区、三心、多基地”。产业园核心区为香洲街道、红草镇，承担水产品加工、冷冻、仓储、配送及科研等功能；产业园示范区包括马宫街道、新港街道，承担水产养殖与示范推广功能。1月31日，城区申报的水产产业园成功入围2019年第一批省级现代农业产业园候选名单。3月29日，省级5000万元财政补助资金已下达到城区水产产业园牵头实施主体汕尾市国泰食品有限公司账户。4月15日至23日，城区政府网址公开了《2019年汕尾市城区水产产业园专项资金项目申报指南》。产业园总投资20040万元，其中，省级财政补助资金5000万元，企业自筹资金10040万元，地方统筹配套5000万元。截至12月底，产业园建设项目已开工21个，开工率为84%（项目总数25个），已完工1个。已使用财政资金2938.9万元（申请财政资金为5000万元），财政资金使用率为59%。产业园总投资资金使用进度为33%。

四、“一村一品、一镇一业”建设

2019年，省、市下达城区“一村一品、一镇一业”建设指标2个。根据项目要求，城区认真做好宣传、实施主体信息录入及遴选、评审等工作，拟定了“一村一品、一镇一业”建设项目承建单位为东涌镇龙溪村的汕尾市城区龙泰种养专业合作社，申报项目为“金傲芬”无花果推广项目；“一村一品、一镇一业”专业镇项目单位为红草镇，申报项目为红草镇晨州生蚝产业建设。2个项目通过区政府批准完成上报。汕尾市城区龙泰种养专业合作社的“金傲芬”无花果推广项目，被认定为2019年省级“一村一品、一镇一业”建设项目，获得省财政扶持资金100万元，扶持资金已于12月拨付到该社。红草镇被认定为2019年省级“一村一品、一镇一业”专业镇。

五、培育新型经营主体

按照市委农办、市农业农村局等11个部门《关于转发开展农村专业合作社“空壳社”专项清理工作方案的通知》（汕委农办〔2019〕27号）要求，以城区市场监督局提供经营异常名录情形的合作社名单和群众举报线索为重点，积极开展“空壳社”摸底排查，经甄别，有4家合作社无实质性生产经营活动，因经营不善停止运行，引导其自愿注销。并以清理“空壳社”为契机，稳步有序地推动了全区合作社规范提升。截至12月底，全区在工商部门登记注册并在农业部门备案的运行的农民专业合作社有46家、家庭农场16家，合作社注册资金为25548.5万元，注册社员763人。加强示范带动。积极向上级部门推荐申报符合条件的农民合作社和家庭农场，指导3家专业合作社及1家家庭农场获得了省级示范称号。通过示范社和示范家庭农场的创建工作，为城区区新型经营主体规范化建设起到了良好的示范引领作用。

（区农业农村和水利局）

全力改善民生福祉

民生保障进一步提升 2019年，全区教育、社会保障和就业等九大民生支出共完成12.55亿元，增长47.75%，占一般公共预算支出的48.39%，其中区十件民生实事支出39029万元。基本公共服务投入持续增加，有力保障各项民生事业发展。

居民收入稳步增加 全区居民人均可支配收入25863元，同比增长8.1%。其中，城镇常住居民人均可支配收入28685元，增长7.8%，农村常住居民人均可支配收入16850元，增长9.8%。实现了城乡居民收入同步增长。

就业形势稳定 全区新增就业人数6630人，就业困难人员实现就业430人，帮扶城镇下岗失业人员实现再就业2302人，完成转移农村劳动力5170人，城镇登记失业率控制在2.35%；零就业家庭动态管理归零，创建充分就业村（社区）94个。培训“粤菜师傅”烹饪技能人才173人、“南粤家政”服务38人，带动就业1038人，超额完成市下达的年度任务。

社保水平不断提高 全年征收各项社保基金30800万元，其中：养老保险企业职工养老保险已参保人数10873人，征收基金8335万元；机关事业单位已参保人数6574人，征收基金21992万元；城乡养老已参保人数66351人，领取待遇人数34501人。

精准扶贫成效显著 全年预脱贫273户1052人，全面落实贫困户100%脱贫，9个省定贫困村100%各项指标达标出列。贫困户安全住房、安全饮用水、用电、电视信号覆盖、网络信号覆盖、教育保障、医疗保障、稳定收入来源或最低生活保障八个方面保障已全面落实。

教育事业健康发展 投入资金3.43亿元，加强学前、基础和高中教育基础设施建设，城区教师发展中心建设项目装修和配套已完成，区特殊学校建设项目已完工，计划2020年上半年交付使用。积极推进汕尾理工学院项目建设，完成首期征地658亩，促进项目尽早动工建设。加强教师队伍建设，新招聘研究生学历教师13名，充实教师队伍力量；深化中小学教师“县管校聘”管理改革，继续优化教师队伍，交流轮岗112人，全区师资配置更加均衡。着力提升教育教学水平，中考成绩连续四年位列全市第一，高考本科优先段各科类上线及本科段各科类上线人数，均超额完成市下达指标。学前三年毛入园率为90.54%，义务教育巩固率为95.54%，高中阶段毛入学率达92.53%。

医疗、文化、体育事业均衡发展 继续深化医联体改革，逐步健全完善分级诊疗机制。完成汕尾市中医院项目征地156亩，积极推进深汕中心医院、汕尾市中医院项目建设。红草中心卫生院、捷胜镇卫生院标准化建设、马宫街道社区卫生服务中心门诊住院综合楼改建3个项目已完工验收并投入使用，并在加紧推进38间村卫生站标准化建设。高标准推动新时代实践文明中心“三级架构、五大系列”建设，成功入选全国新时代文明实践中心建设试点县（市、区），经验做法登上学习强国实践频道栏目首页。开展“文明实践、周末有约——文化传承、百姓舞台”等系列文化惠民活动1064场次，组织开展“展善美之姿 扬时代风采”文化活动、“礼赞新中国 讴歌新时代”文艺下基层巡演、“翰墨丹青颂中华”大型笔会等庆祝中华人民共和国成立七十周年系列文艺文化活动，受到广大人民群众的点赞好评。逐步完善区“两馆”设施配套，全区7个镇（街道）综合文化站已全部建设完成，全区基层综合性文化服务中心建设已基本实现全覆盖。

（区发改局）

政务服务水平不断优化

2019年，城区坚持以“数字政府”改革建设为抓手，继续深化“一门式一网式”政务服务模式改革，“马上办、网上办、就近办、一次办”审批服务和“粤省事”基层应用工作取得显著成效，加强人员队伍建设，不断提升政务服务能力，优化政务服务环境，为城区经济做出了应有的贡献。

深化“一门式一网式”改革工作 一是推进实体大厅标准化建设。区直22个部门共1014项依申

请办理的政务服务事项（包括使用国家级、省级垂直系统事项数）进驻区政务服务中心，其中，行政权力事项723项，公共服务事项291项。“最多跑一次”行政权力事项708项，占全部进驻事项97.93%；实现进驻行政权力事项100%办理跑动不超过2次。二是加强广东政务服务网汕尾厅城区分厅建设。广东政务服务网汕尾厅城区分厅共进驻部门27个，进驻服务事项1255项（包括使用国家级、省级垂直系统事项数），其中，政务服务事项777项（含行政许可事项464项），公共服务事项428项，行政征收事项50项。可网上申办的政务服务事项600项，可网办率为77.22%，实现“最多跑一次”的政务服务事项764项，占全部政务服务事项98.33%；实现100%政务服务事项到现场次数不超过2次。三是深入推进政务服务事项标准化工作。按照省、市的工作要求，推动新一轮政务服务事项标准化工作，城区各部门对应市级通用目录认领和填录区级的政务服务事项要素工作，进一步精简审批流程，减少申请材料，压缩审批时限，提高审批效率，通过数据共享、电子证照应用等，全面疏通政务服务存在的痛点、堵点、难点问题，推进政务服务事项采用即来即办、网上预审等方式进行优化，推进事项“一次办”。四是推进“一件事一次办”模式。组织区市场监督管理局、卫生健康局、公安分局、文化广电旅游体育局、农业农村和水利局、住房和城乡建设局等对照“汕尾市‘一件事’实施清单”相关内容进行核对，并对“一件事”目录清单进行事项分析形成导办指南，为“一件事”顺利实施做好基础性工作。

深化行政审批制度改革 一是推进商事制度改革，不断提高开办企业便利度。取消企业名称预先核准；取消组织机构代码证、税务登记证、社会保险登记证、统计登记证等证件，实行“二十四证合一”；整合银行开户、印章刻制备案以及涉税备案提醒等业务。将开办企业“5个程序7个环节”，减少为“2个程序2个环节”，审批工作日由5个工作日缩短为1个工作日。二是推进投资审批改革，简化投资审批流程。为进一步简化投资审批流程，激发有效投资空间，城区深入推进优化审批流程、缩短审批时限，实现项目审批时限再压缩一半。同时入户、职称评审审核及确认等事项的办理时限也实现再压缩一半。

推进“粤省事”基层应用 为进一步提升政务服务水平，让更多的政务服务实现“指尖办理”，城区扎实推进“粤省事”向基层延伸。群众通过“粤省事”可使用电子证照54种，便民服务540项，涉及公积金、税务、民政、生活缴费（水、电、电视网络）、就医服务等。11月，区政务服务数据管理局牵头区政务服务中心与区卫健局、逸挥基金医院共同推动汕尾逸挥基金医院就医服务事项上线“粤省事·汕尾版”。逸挥医院高频便民医疗事项的上线使城区成为全市第一个有本地事项接入“粤省事”的县区。

政务服务队伍建设不断加强 区政务服务中心组织全体党员干部积极参加“不忘初心、牢记使命”主题教育活动，组织引导党员、干部学原文、读原著、悟原理，以理论滋养初心、以理论引领使命，树牢“四个意识”、坚定“四个自信”、做到“两个维护”。加强对全体工作人员行为规范、文明用语、业务流程等培训工作。继续开展和完善“每月之最”评比活动，不断深化“六制、五心、四常规”的管理服务模式，大力优化政务服务环境。深入开展政务整治、正风肃纪集中行动及纪律教育学习活动；每月至少开展一次业务交流会，进行传帮带，促进工作人员之间相互学习、共同进步。通过落实以上措施，不断提高全体工作人员的业务水平和服务群众质量。

（区政务服务中心）

创建国家文明城市成效显著

一、全力以赴打好创文攻坚战

坚持把干净整洁的市容环境作为文明城市最基本的底色。2019年，全区清理卫生死角23964处（垃圾13698吨），清理“牛皮癣”15722处；对工地和物业小区开展执法3394次，开出整改通知书986份，责令工地清理环境卫生1254宗；拆除清理违章和私设广告设施1584处、乱张挂广告横幅等2360条、拆除乱搭建1187处（89603平方米）、纠正规范乱摆放40912次；处罚违反“门前三包”责任制，乱丢垃圾1130宗，罚款27.21万元；开展各类交通违法行为专项整治行动2022场次，查获交通违法行为30620宗，暂扣违法车辆5404辆；立案处罚“泥头车”239宗，罚款55.43万元；检查食品药品生产经营单位8598家，发出整改通知284份，处理投诉案件381宗，立案33宗，罚款5.9万元，移送公安机关违法线索2起，关停整治脏乱差及无证无照餐饮单位101家；开展校园周边环境、市场、门店、加工作坊、废品收购站整治，责令整改1941户、查封241户，立案调查13宗；检查文化市场单位635家，责令整改26家。经过一系列强有力的举措，在全市创文工作“一月一主题”（3月开展农村环境卫生整治测评，6月开展交通秩序和公共交通服务整治测评，11月开展整顿、规范农贸市场及商场超市秩序）测评中，城区在全市排名第一。继续落实专项整治管理机制和督查测评奖惩机制，对全区村（社区）创文工作开展情况进行综合测评排名12期次，对排名前三名的村（社区）授予“红旗牌”，排名后三名的村（社区）发给“乌龟牌”，助推城区成功创建广东省文明城市的进程。

二、多措并举推进新时代文明实践试点建设

2019年，全区已设立新时代文明实践中心1处、镇街文明实践所7个、村社文明实践站95个、志愿服务队91支、文娱队伍76支、善美讲坛95处、惠民广场66处、文化长廊112处、百姓舞台108处、文明驿站87处，区图书馆和区文化馆已完成升级改造，7个镇（街道）综合文化站和95个村（社区）文化室已全面建成；全区基层综合性文化服务中心建设稳步推进，建成率100%，实现全覆盖。全区开展宣讲会142场次、各类学习宣讲报告会350场次，学习人数达3.8万多人次；各镇（街道）、各村（社区）开展各类学习会、宣讲报告会1701场次，逐步成为全区群众学习践行习近平新时代中国特色社会主义思想的一个重要平台，2019年10月，被定为全国新时代文明实践中心试点单位。全年共开展文艺活动463场次，其中，新时代文明实践中心“百姓舞台”78场次，镇街实践所及村（社区）实践站183场次，各艺术团体下基层表演96场次，镇街实践所及村（社区）实践站组织的文艺活动共106场次。利用新时代文明实践中心五大系列实践点为依托，对标省“七个一百”精品项目，打造“七个一系列”文明实践品牌项目，形成“七个结合”的实践模式，组织志愿者深入基层，到群众身边，开展“我们的节日”“文明交通劝导”“汕尾处处有雷锋”系列志愿服务活动10705场次，人均服务时长约60.8小时，实现新时代文明实践志愿服务体系的全覆盖、有形化。

三、大力培育社会主义核心价值观

选树推广精神文明先进典型。2019年，全区入选广东好人名录3人，新时代广东好少年2人，第五批广东省岗位学雷锋标兵1名；获评中国最美孝亲少年1人，省级最美南粤少年2名，市级最美南粤少年9名，区级最美南粤少年61名；获评“汕尾新时代好少年”2名，“城区新时代好少年”15名；获汕尾市“四有好老师”称号1人，汕尾市优秀教师（教育工作者）称号10名，评选出汕尾市城区优秀校长、优秀教育工作者、优秀教师、优秀班主任85人，评选出2019年“感动城区年度教师”1名，“感动城区年度教师”提名奖5名。联合区委组织部选树5个优秀共产党员（集体）的事迹，通过故事分享会的形式进行大力宣传。联合妇联结合“5·15”国际家庭日开展“弘扬家国情·礼赞新时代”国际家庭日主题活动暨“最美家庭”授牌仪式，授予10户家庭“最美家庭”荣誉称号、16户家庭“美好家庭”荣誉称号。

四、不断丰富人民群众文化生活

大力开展群众性文化活动。2019年，成功举办春节烟花会演、“奋进新时代”——汕尾市城区2019年迎新春创文文化志愿系列活动、“榜样就在身边”——汕尾市城区迎“七一”优秀共产党员（集体）故事分享会等。围绕中华人民共和国成立70周年主线，组织拍摄“‘我爱你中国’庆祝新中国成立70周年快闪”；举办“我们的节日”文化惠民活动；举办“礼赞新中国·讴歌新时代”文化下基层巡演活动5场次；举办“时代新人说——我和祖国共成长”红色故事专题比赛，并推选一名选手参加全市的比赛，其中曾晓容荣获市级比赛第二名；举办汕尾市城区抖音短视频征集活动等。根据省文明办要求，在城区马宫街道、捷胜镇、东涌镇、新港街道等地举办新时代文明实践广东“七个一百”精品项目第四批下基层活动；组织汕尾渔歌专场“渔民心向共产党”到马宫街道、东涌镇等地进行巡演，让群众在家门口就能享受到原汁原味的本土“文化大餐”。

2019年，城区作为创文中心区、主战场，通过抓好创文工作常态长效机制，创文工作成效显著，发挥了积极作用。城市颜值不断升级，城市文明水平显著提升。在全省地级市文明城市2019年度综合测评中，汕尾市以95.05分位列全省第2名。

（区创文办）

创建国家卫生城市有序推进

2019年，在市委、市政府的正确领导下，城区严格按照标准，精心组织，周密部署，有序推进创国卫工作，通过全区上下通力配合、扎实工作、攻坚克难，是年2月以813.2分通过省爱卫办暗访检查，6月25日顺利通过省爱卫办技术评估。为全面实现创建国家卫生城市目标，全区始终坚定思想不动摇，工作不松劲，振奋精神，迎难而上，狠抓薄弱环节的集中整治，落实创国卫各项工作任务，不断取得新的突破。

一、不断加强组织领导。区委、区政府把“创国卫”工作作为中心工作来抓、当成一场硬仗来打，集中全区人力、物力、财力，全力推进，全区发动，全员上阵。成立了以区委书记为组长、区长为第一副组长的创国卫工作领导小组，领导小组下设办公室，分管副区长任创卫办主任。从各成员单位抽调20名工作人员，分为4个工作小组，分别为综合组、资料组、宣传组、督查组，具体负责创国卫各项工作具体组织、协调、指导等工作。

二、建立健全工作机制。主要抓好“六个强化”：1.强化调度工作机制。区委、区政府和区创国卫工作领导小组不定期召开工作会议，全年召开会议12次，研究部署创国卫工作，定期调度掌握全区创国卫工作进展情况，及时协调和解决创国卫工作中遇到的困难与问题。2.强化督导检查。始终把督导检查作为推动全区创国卫工作的重要抓手，确保各项工作符合标准、按期推进。督查组每天对村（社区）环境卫生、食品卫生、“门前三包”、健康教育、病媒生物防治等内容进行专项督查，并将督导检查情况以通报、通知、整改照片打包等形式，下发各镇（街道）、各责任单位，积极督促整改到位。全年已组织专项督查近100次，印发督查通报6期、整改通知20份。3.强化部门联动机制。通过组建联合执法队伍，充分整合执法力量，加大执法力度，确保创国卫工作不留死角。4.强化考评制度。2019年5月16日开始，城区按照《汕尾市城区创建国家卫生城市工作考评办法》的指标要求，每月对全区55个村（社区）进行考核及测评排名，对测评排名前三位的村（社区）、区直挂驻单位授“红榜牌”，排名后三位的村（社区）、区直挂驻单位授“黑榜惩戒牌”，倒逼各镇(街道)、村(社区)落实创国卫各项工作任务。是年，发放考评结果排名通报5份。5.强化爱国卫生投诉机制。建立健全爱国卫生建议与投诉平台，包括微信投诉、电话投诉、邮箱投诉、上门投诉、信件投诉等，选派专职工作人员负责投诉管理工作，处理群众的建议和投诉，对现场能答复的及时细心解答，不能立即解决的进行认真登记，按部门职责分工及时转交相关职能部门处理。是年，处理投诉件64份。6.强化环卫管理体制改革。针对基层环卫站下放到各街道的实际情况，2019年7月中旬，人员转隶和经费划转已全面改革完成，将城区环卫职能移交街道统一管理，充分调动各街道、村（社区）的积极性，进一步提高环境卫生管理能力和作业水平，夯实市容环境基础。

三、突出重点，加强整治。1.深入治“脏”，环境卫生干净整洁。加强主次干道清扫保洁力度，力争实行一级路每天“二扫二保洁”，清扫保洁时间为16小时；二级路每天“二扫二保洁”，清扫保洁时间为12小时。居民生活垃圾收集实行“三定”，即定岗、定点、定时，按平均约每350户配备一个岗位，对工人岗位设定固定的区域和服务范围，按时进行垃圾收集，确保垃圾收集率。对可用扫路车和高压冲洗车清扫与冲洗的道路列出作业安排表，分路段安排责任车辆定时巡回清扫与冲洗，着力推进环境卫生提质增效。2019年9月至10月，开展环境卫生大整治工作，组织环卫工人及时对垃圾进行清理，防止形成固定倾倒点，组织执法人员在重点路段、垃圾黑点进行定点式巡逻和夜间蹲点守候，严防垃圾乱倒行为，组织人员对市区沿街商户住户“门前三包”进行监督教育，集中治理市区主次干道、背街小巷、城乡结合部、闲置土地和施工工地周围道路的环境卫生。据统计，共出动人员近5000人次，劝导教育群众300多人次，各大队专项处理239宗，处罚不落实“门前三包”82宗，处罚金额950元，清理“牛皮癣”7000余处，卫生死角200多处，垃圾杂物约200吨，填坑补洼150多处，清理房前屋后乱堆乱放850多处，拆除乱搭乱建40多间。同时，向沿街经营户及各村（社区）发放《生活垃圾收集告知书》45750份。2.重点治“乱”，市容秩序规范有序。开展创卫“百日行动”，各镇（街道）、各单位通力配合，迅速行动，组织开展对全区创国卫工作的综合整治，坚持每周一晚上、每周三上午、周五下午开展整治行动，加强对老旧社区、城中村及城乡结合部的整治力度，加大村（社区）的保洁力度，重拳整治背街小巷“十乱”，加快推进内街小巷车位划线，推进闲置地整治，加大“六小”（小餐馆、小食品店、小理发店、小沐足、小旅社、小歌舞厅）行业整治力度等，取缔流动摊贩，规范秩序，占道经营、跨门槛经营明显减少，违规店招、破损广告、乱停乱放、违章搭建等现象得到了整治，城市环境更加清爽。3.全面治“弱”，保障能力明显增强。购买环卫工人工作服2540套，并调配发放给7个镇（街道）的9个环卫站使用；投入资金1542万元，配齐市区主次干道果皮箱、保洁车、密闭式垃圾收集车等1000多辆（个），全面实现垃圾收集运输容器、车辆等设备密闭化；投入资金约260万元，对新港垃圾转运站、香洲垃圾转运站、凤翔垃圾转运站、西区垃圾转运站4个垃圾转运站及公厕进行升级改造。4.合力治“渣”，工地乱象有效控制。区住建部门坚持定人巡查和源头管理，落实施工场地规范管理、出入口清水池与车轮冲洗系统，不定期开展夜间巡查，严格查处运输车辆车轮带泥行驶、泄漏抛撒行为，有效减少了对城市道路的污染。5.启动示范社区（村）创建工作。2019年7月22日，下发《关于开展示范社区（村）创建工作的通知》，启动示范社区（村）创建工作。通过打造党员示范社区、人大代表示范村、政协委员示范村等18个示范社区（村），发挥示范效应，以点带面，塑造全区良好的城市形象，推动全区创国卫工作发展进程，全力以赴打赢创国卫攻坚冲刺战。6.招募创卫监督志愿者。2019年11月28日，城区在罗马广场举办以“同创国家卫生城市 共建美丽宜居汕尾”为主题的汕尾市城区创卫监督志愿者上岗启动仪式，仪式的举办预示着创卫监督志愿者正式上岗，是加强城市管理、改善城市环境的一大创举，对于提高城市管理水平，推进国家卫生城市创建工作具有重要意义。各镇（街道）的创卫监督志愿者每天按各自岗位开展行动，严格执法，对城区环境卫生不间断地进行监督检查，对损害、破坏环境卫生的行为进行劝阻、制止和举报，通过文明规范的行为影响人们的生活习惯，在潜移默化中警示人们遵守文明道德，在传、帮、带中发挥积极的引导作用，提升市容环境卫生管理水平，进一步塑造城区良好形象。

四、突出重点，依法监管。1.推进病媒生物防制工作。落实重点区域装置“四防”设施（防蚊闸），建成区156个住宅小区、24个城乡结合部和城中村、50家机关企事业单位装置防蚊闸6528个。以“世界害虫日”“爱国卫生活动月”等为契机，组织各PCO公司消杀队伍开展消杀活动，对市区公共外环境进行消杀，确保病媒生物防制范围全面覆盖，不留死角，真正取得实效，是年未出现登革热病例。二是强化食品安全和公共场所卫生监管。加大执法力度，持续对城区“六小”行业进行全面清理，开展综合执法检查，对每条街、每家店逐一进行规范，确保各店铺的证件办齐并完善相关制度，对条件不具备、卫生状况差、难以整改的限期整改，对屡次不改的依法进行关停取缔。

五、广泛宣传，深入发动。1.举办宣传服务活动。以爱国卫生活动月等为契机，切实开展创建国家卫生城市系列宣传活动,如举办以“争当‘门前三包’合格履责人”为主题的系列宣传活动启动仪式、以“共推厕所革命 共建卫生城市”为主题的第31个爱国卫生月暨创建国家卫生城市征文绘画书法摄影活动启动仪式、除“四害”专项统一消杀活动、“灭蚊防蚊，预防登革热，健康迎国庆”主题秋季爱国卫生运动统一行动日活动、“企业携手·聚力共创”市区企业创建国家卫生城市誓师大会等。2.设立创卫宣传栏及设计印制创卫宣传资料。通过对各单位各部门楼群院落、居民小区、城中村及城乡结合部等设立创卫宣传专栏及张贴创卫有关的海报等形式，切实加大对健康教育及创卫知识的宣传。同时，编印《清积水灭蚊虫、防疾病保健康》《登革热并不可怕》《控烟，刻不容缓》《吸烟三秒，你就已经中毒了》《珍爱生命、远离香烟》等健康宣传折页及《致全区人民的一封信》等共8万份，并下发各镇（街道）。3.利用新媒体进行宣传。通过电视台、微信公众号、网站等平台及时宣传发送创卫有关信息，开拓创卫宣传新阵地。同时，充分利用各单位的LED电子显示屏全天候不间断滚动播放创卫宣传标语，扩大创卫工作的覆盖面和知晓率。4.加强创卫曝光力度。在《今日城区》栏目针对区创卫办对市容环境卫生的督查情况，开设了“创卫曝光台”，对区创卫办在督查过程中发现的市容环境卫生存在问题进行曝光，以此促进各责任单位加大力度、迅速整改，把创国卫各项工作落到实处。5.大力开展健康教育。组织督查组到各单位、各街道（镇）、各社区（村）对健康教育宣传栏的设置进行督查，规范各地、各单位的健康教育宣传栏设置，对健康教育宣传栏设置不规范的单位，发放督查通报，责令整改。重视公共场所控烟工作，在全区各大商场、超市、中小学校、医院、小区等公共场所均设置了醒目的控烟标识，并积极开展创建无烟单位活动，是年申报广东省无烟单位49家。

（区创卫办）

大事记

DASHIJI

1月

2日 市长杨绪松率队到城区传达贯彻习近平总书记视察广东重要讲话精神，调研城区机构改革工作。

4日 召开学习贯彻习近平总书记视察广东重要讲话精神宣讲报告会。

同日 召开区直机关党的政治建设推进会和区直机关模范机关创建活动工作会议。

8日 市委常委、区委书记李庆新主持召开区委八届常委会第一百一十四次（扩大）会议。会议传达学习省委十二届六次全会精神和市委七届七次全会精神，强调要深化细化城区机构改革方案，着力构建系统完备、充满活力、运行有效的地方机构职能体系，为打造首善之城、大美之区提供坚强有力的体制机制保障。

10日 区政府召开全区企业用工服务及禁止燃放烟花爆竹专项行动工作会议。

11日 召开市直有关单位下放城区事权事项意见建议协调会。

12日 市委常委、区委书记李庆新主持召开区委八届常委会第一百一十五次（扩大）会议。会议传达学习市委七届八次全会精神，听取全区“深调研”16个专题调研情况汇报。

17日 区政府召开全区安全生产工作会议。

18日 市委常委、区委书记李庆新主持召开区委八届常委会第一百一十六次（扩大）会议。会议传达学习市两会精神，强调全区各地各部门要坚决贯彻落实好省委十二届六次全会精神和市委七届八次全会工作部署，深刻领会市委书记石奇珠、市长杨绪松在参加市七届人大四次会议城区代表团审议时的讲话精神，全力推进平安法治建设，全力推动营商环境提升，全力推进土地收储工作，全力推动重点项目建设，全力推动乡村振兴。

同日 区长罗光钊主持召开区政府八届三十六次常务会议。会议传达学习省委十二届六次全会、市委七届八次全会精神及市两会精神；讨论通过了《关于加强对河流、水库、湖泊管理的通告（送审稿）》《汕尾市城区2018年度推进依法行政加快法治政府建设情况的报告（送审稿）》《汕尾市城区公开招聘专职人民调解员工作方案（送审稿）》《汕尾市城区农村污水治理工程PPP项目实施方案（送审稿）》；研究了城区农村污水治理工程采用BOT模式进行投资建设及运营维护，解决城区低保、五保、优抚、孤儿、低收入未成年人、重度残疾人、精准扶贫对象参加2019年度城乡居民医疗保险资金等议题。

19日 汕尾市城区首届晨洲蚝美食文化节在红草镇晨洲村开幕。

21日 全市推进村级组织活动场所建设暨党群服务中心改造升级工作现场会在城区召开。市委常委、区委书记李庆新出席会议并致辞，市委常委、组织部部长黎明作讲话。全市226名有关村（社区）党支部书记参加现场会。

22日 区长罗光钊主持召开区政府八届三十七次常务会议。会议传达学习了《中华人民共和国审计法实施条例》；讨论通过了《汕尾市城区2019年重点建设项目（前期预备项目）计划方案（送审稿）》《汕尾市城区2018年国民经济和社会发展计划执行情况与2019年计划草案的报告（送审稿）》《汕尾市城区机关事业单位2018年绩效考核办法》及配套文件（送审稿）；研究了关于盘活地方财政存量资金、红草镇晨洲村申请农村公路专项经费、2018年农村综合改革转移支付资金（美丽乡村建设）项目实施单位等议题。

23日 市委常委、区委书记李庆新到新港街道新港渔村、前进村调研村容村貌并慰问党员。

25日 区委八届八次全会召开。全会以习近平新时代中国特色社会主义思想为指导，深入学习贯彻习近平总书记对广东重要讲话和对广东工作一系列重要指示精神，全面贯彻落实省委十二届六次全会精神、省委书记李希到汕尾调研时的指示要求和市委七届八次全会精神，全面总结2018年工作，谋划部署2019年工作。

26日 市委常委、区委书记李庆新到东涌镇东石村调研。

29日 市委巡察工作领导小组召开城区脱贫攻坚专项巡察反馈会，向区委反馈专项巡察情况，督促进一步提高政治站位，压实巡察整改和管党治党政治责任，推动全面从严治党向纵深发展、向基层延伸，为全市打赢脱贫攻坚战、全面建成小康社会、把汕尾建设成为沿海经济带靓丽明珠提供坚强的政治保障。市委领导李庆新、黎明出席会议。

31日 区长罗光钊主持召开区政府八届三十八次常务会议。会议听取了《关于市委脱贫攻坚专项巡察组反馈意见的情况汇报》《关于非洲猪瘟防控工作的情况汇报》《关于解决城区村级组织活动场所建设配套资金的问题》；传达学习《全省、全市加强非洲猪瘟防控工作电视电话会议精神》；讨论通过了《政府工作报告（讨论稿）》《汕尾市城区2018年预算执行情况和2019年预算草案（送审稿）》《汕尾市城区2019年十件民生实事（送审稿）》《汕尾市城区贯彻落实汕尾市信息基础建设三年行动计划（2018—2020年）配套方案（送审稿）》《汕尾市城区关于开展打击“三无”船舶专项行动的通告（送审稿）》，以及区水产品批发市场管理所与深圳江涛集团公司、南源冷冻厂《共同推进汕尾市城区水产品批发市场项目合作框架协议（送审稿）》等议题。

2月

2日 区委八届九次全会召开。全会以习近平新时代中国特色社会主义思想为指导，全面贯彻中共十九大和十九届二中、三中全会精神，深入学习贯彻习近平总书记重要讲话精神，尤其是总书记关于深化党和国家机构改革的重要论述，全面落实中共中央、省委关于深化机构改革的决策部署与市委有关工作要求，对全区深化机构改革工作进行动员部署。

同日 市长杨绪松到城区检查安全生产和迎春花市工作，区长罗光钊陪同。

3日 区委办印发《中共汕尾市城区委、汕尾市城区人民政府关于印发〈汕尾市城区机构改革方案〉的通知》。根据机构改革方案，共设置党政机构30个。党委机构9个，其中，纪检监察机关1个，党委工作机关8个；政府工作部门21个。

6日 由区委、区政府主办，汕尾星河湾承办的“善美之城贺新春”2019·汕尾市城区春节音乐烟花会演在市区善美广场隆重举行。市、城区干部职工和群众共21万多人观看会演。

12日 区长罗光钊主持召开脱贫攻坚和乡村振兴工作会议。

13日 市委常委、区委书记李庆新主持召开区委八届常委会第一百二十二次（扩大）会议。会议传达学习习近平总书记对做好“三农”工作的重要指示精神和中共中央农村工作会议精神，听取迎接省脱贫攻坚和乡村振兴考核准备工作情况汇报。

同日 市委常委、区委书记李庆新到捷胜镇埔尾村调研指导脱贫攻坚工作，要求坚持以问题为导向，确保全面建成小康路上不漏一户、不漏一人。区领导李辉雄、余正茂参加调研。

14日 市委常委、区委书记李庆新到香洲街道新兴社区调研。

15日 市委常委、区委书记李庆新主持召开区委八届常委会第一百二十三次（扩大）会议。会议传达学习习近平总书记在1月7日中央政治局常委会会议上的重要讲话精神，听取了区人大常委会、区政府、区政协、区法院、区检察院党组工作汇报。

同日 市委常委、区委书记李庆新到东涌镇新地村、马宫街道新北村调研。

16日 区长罗光钊到马宫、凤山、新港3个街道检查和调研扶贫工作。

17日 区委、区政府召开社会主义新农村建设和脱贫攻坚工作会议。

18日 区委、区政府召开全区禁毒工作会议。市委常委、区委书记李庆新主持会议并作讲话。

同日 市委常委、区委书记李庆新到新城中学、区职业技术学校、光明小学调研开学工作情况。

19日 区长罗光钊主持召开《政府工作报告》征求人大代表、政协委员意见座谈会。

23日 市委书记、市人大常委会主任石奇珠到城区调研禁毒工作。

24日 区长罗光钊召开区政府八届三十九次常务会议。传达学习了《中共中央 国务院关于坚持农业农村优先发展做好“三农”工作的若干意见》；听取了区农业农村和水利局关于乡村振兴、脱贫攻坚工作汇报；讨论通过了《全域推进农村人居环境整治建设生态宜居美丽乡村行动方案（送审稿）》

《汕尾市城区关于进一步加强人才工作的实施意见（送审稿）》《汕尾市城区关于加强医疗卫生人才队伍建设的实施意见（送审稿）》《汕尾市城区2017年渔民减船转产项目实施方案（送审稿）》。

25日 市委常委、区委书记李庆新主持召开区委八届常委会第一百二十五次（扩大）会议。会议传达学习省长马兴瑞在粤东片区工作现场会上和到汕尾调研时的讲话精神，以及《粤港澳大湾区发展规划纲要》《中共广东省委 广东省人民政府关于构建“一核一带一区”区域发展新格局促进全省区域协调发展的意见》文件精神。

3月

4日 市委常委、区委书记李庆新到马宫街道马宫中心小学、渔产品交易市场、盐町村调研。

5日 市委常委、区委书记李庆新到城区检察院调研指导工作。

6日 市委常委、区委书记李庆新带队到红草镇就贯彻落实习近平总书记对广东重要讲话和重要指示批示精神进行专题调研。区领导孔卓文、刘学深参加调研。

同日 区委、区政府召开全区乡村振兴战略领导小组成员会议。

8日 区委召开政法工作会议。会议深入学习贯彻习近平总书记在中央政法工作会议上的重要讲话精神，贯彻落实中共中央、省委、市委政法工作会议的部署要求，总结回顾2018年全区政法工作，研究部署2019年和之后一个时期的有关工作。市委常委、区委书记李庆新出席会议并作讲话，区长罗光钊主持会议。区领导张淑娟、黄义丞、郑良斌等参加。

9日 区长罗光钊主持召开区政府八届四十次常务会议。传达学习全市森林防灭火誓师大会暨消防安全隐患专项整治工作会议精神，研究部署城区森林防火和消防安全工作；讨论通过《汕尾市城区2018年度人员计生目标管理责任制工作自评报告（送审稿）》《汕尾市城区人民政府关于清明期间森林防火的通告（送审稿）》《广东省汕尾市城区二类调查成果报告（送审稿）》《广东省汕尾市城区二类调查工作报告（送审稿）》《关于建立学前教育和普通高中生均公用经费拨款制度的通知（送审稿）》；研究将综合视联网系统建设资金列入财政预算有关问题，东涌镇、红草镇、捷胜镇、马宫街道4个镇（街道）环卫保洁、收集人员和工资经费配置有关问题，关于红草镇晨洲村新农村建设工程项目，关于公布2018年全区特困供养人员护理标准，调整优抚对象抚恤和生活补助标准，解决参加对越自卫反击战退伍军人特殊补助等议题。

11日 市委常委、区委书记李庆新到香洲街道调研信访、禁毒、环境卫生、治安管理等工作情况。

同日 区委、区政府开展城区义务植树活动。区四套班子成员，区直各单位主要负责人参加。

同日 区政府召开全区森林防灭火誓师大会暨消防安全隐患专项整治工作会议。

12日 汕尾市“汕尾处处有雷锋”——志愿服务宣传主题活动在城区新时代文明实践中心举行。省委宣传部副部长、省文明办主任蒋斌，市委常委、区委书记李庆新，市委常委、宣传部部长曾晓佳参加活动。

同日 省委宣传部副部长、文明办主任蒋斌率队到城区调研新时代文明实践中心建设工作和文明创建工作。市委常委、区委书记李庆新，市委常委、宣传部部长曾晓佳，市委宣传部副部长郑夏绿，区委常委、宣传部部长叶凯旋等陪同调研。

13日 市委常委、区委书记李庆新主持召开区委实施乡村振兴战略领导小组会议，传达省、市关于实施乡村振兴战略的会议精神，研究部署城区乡村振兴下一步工作。区领导罗光钊、张淑娟、黄义丞、郑良斌等参加会议。

14日 市委常委、区委书记李庆新到新港街道芳荣村和新港村就学习贯彻习近平总书记关于实施乡村振兴战略思想，落实全市实施乡村振兴战略工作推进会精神进行专题调研。区领导王俊锐参加调研活动。

18日 区委办印发《中共汕尾市城区委、汕尾市城区人民政府印发〈汕尾市城区关于全域推进农村人居环境整治建设生态宜居美丽乡村行动方案〉的通知》。

19日　区长罗光钊主持召开区政府八届四十一次常务会议。传达学习了《广东省森林防火条例》；听取了打好三大攻坚战工作汇报、省环保督察反馈意见落实整改情况汇报；讨论通过了《广东省汕尾市城区二类调查成果报告（送审稿）》《广东省汕尾市城区二类调查工作报告（送审稿）》。

22日　市委常委、区委书记李庆新主持召开区委八届常委会第一百二十八次（扩大）会议。会议传达学习习近平总书记在中共中央全面依法治国委员会第二次会议上的重要讲话精神，强调要持续加强法治政府建设，切实维护公正司法，加强法治教育。

23日　市委书记、市人大常委会主任石奇珠到城区调研脱贫攻坚、社会主义新农村建设和全域推进人居环境整治工作。

同日　区长罗光钊主持召开区政府八届四十二次常务会议。会议讨论通过了《汕尾市城区关于防范化解金融风险工作总结（送审稿）》《近三年汕尾市城区污染防治工作情况汇报（送审稿）》《汕尾市城区2013—2018年脱贫攻坚工作总结（送审稿）》《关于进一步加强禁毒工作的意见（送审稿）》《关于向原民办教师和原代课教师发放生活困难补助工作方案（送审稿）》；研究了关于汕尾市城区2017年度税务部门计提征收经费等议题。

25日　市委常委、区委书记李庆新主持召开区委八届常委会第一百二十九次（扩大）会议。会议传达学习习近平总书记在全国两会期间的重要讲话精神。

27日　区委、区政府召开省委第一巡视组巡视汕尾市城区工作动员会议。

28日　市委常委、区委书记李庆新主持召开区委八届常委会第一百三十次（扩大）会议。会议传达学习习近平总书记对江苏响水天嘉宜化工有限公司“3·21”爆炸事故作出的重要指示和李克强总理批示精神，以及全省安全生产专题工作会议精神。

29日　市委常委、区委书记李庆新到红草镇调研企业生产经营、减税降费、安全生产工作和红草工业园区填土平整情况。

30日　区委印发《关于深入学习贯彻习近平总书记视察广东重要讲话精神奋力开创新时代城区改革开放新局面的决定》。

4月

1日　在市区慈云山公园举行“汕尾市为烈属、军属和退役军人等家庭悬挂光荣牌启动仪式暨市城区悬挂光荣牌仪式”。

2日　召开全区安全生产暨森林防火工作会议。区四套领导班子成员、各镇（街道）党政主要负责人、区直各单位主要负责人参加。

4日　区长罗光钊主持召开区政府八届四十三次常务会议。传达学习了习近平总书记关于江苏响水“3·21”特大爆炸事故和四川省凉山州木里县森林火灾作出的重要批示精神，以及全省森林防火灭火工作视频会议精神、习近平总书记关于民政工作的重要指示精神和第十四次全国民政会议精神、全省全民禁毒工程推进会暨全省禁毒工作会议精神；讨论通过了《汕尾市城区打好污染防治攻坚战三年行动计划（2018—2020年）（送审稿）》；研究了区城市管理和综合执法局购置环卫保洁收集车辆、区教师发展中心改扩建工程资金列入财政预算等议题。

6日 市委常委、区委书记李庆新到捷胜镇东坑村调研“创文创卫”、新农村建设工作。

7日市委常委、区委书记李庆新主持召开区委八届常委会第一百三十一次（扩大）会议。会议传达学习习近平总书记关于干部选拔任用工作的重要论述和《党政领导干部选拔任用工作条例》。

8日　区委办印发《中共汕尾市城区委办公室、汕尾市城区人民政府办公室关于印发〈汕尾市城区打好污染防治攻坚战三年行动计划（2018—2020年）〉的通知》。

10日　区委、区政府印发《关于进一步加强禁毒工作的实施意见》。

12日　区委办印发《中共汕尾市城区委办公室关于印发〈汕尾市城区党务公开制度（试行）〉的通知》。

15日　区长罗光钊主持召开区政府八届四十四次常务会议。传达学习贯彻省委书记李希到汕尾调研时的讲话精神、全省农村人居环境整治现场推进会精神、《中共汕尾市委办公室、汕尾市人民政府办公室关于印发〈汕尾市创建全国禁毒示范城市工作实施方案〉的通知》精神、《中共汕尾市委办公室、汕尾市人民政府办公室关于印发〈汕尾市禁毒重点整治工作制度〉的通知》精神；研究了省暗访组暗访“创国卫”工作反馈意见整改工作情况汇报，城区违法建设有关情况汇报，城区近年来审计发现问题整改工作有关情况汇报，新时期精准扶贫、就业扶贫、产业扶贫“以奖代补”实施年度等议题。

16 日 市委常委、区委书记李庆新到区民政局、区退役军人事务局、区政务服务数据管理局和区医疗保障局调研人员转隶工作进展情况。

19 日 市委常委、区委书记李庆新到红草镇拾和村调研软弱涣散党组织情况。

22 日 市委常委、区委书记李庆新主持召开区委八届常委会第一百三十四次（扩大）会议。会议传达学习全市人居环境整治工作汇报会精神。

23 日 召开全区廉政工作会议。

30 日 召开全区拆除违法建设誓师大会。

同日 区政府召开区政府全体（扩大）会议暨全区第一季度经济工作分析会。

同日 区长罗光钊主持召开区政府八届四十五次常务会议。听取了城区办公用房整改情况汇报、城区第二届特色产品推介会筹备情况汇报、城区海洋伏季休渔工作有关情况汇报；讨论通过了《关于打赢脱贫攻坚战三年行动方案（2018—2020 年）（送审稿）》《汕尾市城区关于加强农村集体资产资源交易管理工作的意见（送审稿）》《汕尾市城区农村集体产权制度改革试点实施方案（送审稿）》；研究了关于解决禁毒工作经费、解决“长者饭堂”经费、解决捷胜镇军船头村乡村振兴提升工程资金等议题。

5 月

1 日 市长杨绪松到城区传达贯彻习近平总书记在纪念五四运动 100 周年大会上的重要讲话精神，调研拆违控违工作。市领导李庆新，林少文等参加。

同日 汕尾市城区第二届特色农产品推介会在市区凤山妈祖文化广场开幕。

5 日 市委常委、区委书记李庆新到新城中学调研“创文创卫”、中考、高考备考等工作情况。

6 日 深圳市光明区委副书记、区长刘胜一行到城区调研考察光明区对口帮扶市城区有关项目情况，并召开对口帮扶工作座谈会，举行帮扶资金捐赠仪式。汕尾市委副书记、市长杨绪松，市委常委、城区委书记李庆新，区委副书记、区长罗光钊等出席。

7 日 区委、区政府召开拆违控违专题工作会议。

10 日 区委办印发《中共汕尾市城区委办公室、汕尾市城区人民政府办公室关于〈汕尾市城区打赢脱贫攻坚战三年行动方案（2018—2020 年）〉的通知》。

11 日 市长杨绪松到城区调研市中医医院建设选址工作，区长罗光钊陪同。

13 日 市委常委、区委书记李庆新主持召开区委八届常委会第一百三十六次（扩大）会议。会议传达学习习近平总书记关于老区苏区工作重要论述和重要指示精神、全省推动老区苏区振兴发展工作现场会精神与市委常委会（扩大）会议精神。

同日 区政府召开就业创业会议。

16 日 市委常委、区委书记李庆新主持召开区委领导班子专题民主生活会，深入学习贯彻落实习近平总书记关于巡视工作的重要讲话精神，以“严格执行中央八项规定精神”为主题，深入查找执行中央八项规定精神方面存在的突出问题，严肃认真开展批评和自我批评，驰而不息整治“四风”，提振精气神，凝聚起干事创业的磅礴力量，全力推动全区各项工作迈上新台阶。

同日 区政府召开生猪生产保障会议。

17 日 区长罗光钊主持召开区政府八届四十六次常务会议。传达学习中共中央办公厅、国务院办公厅《法治政府建设与责任落实督察工作规定》,贯彻省委书记李希在省委实施乡村振兴战略领导小组第一次会议上的讲话精神、贯彻全市融湾强带工作现场会会议精神，讨论《汕尾市城区八届人大四次会议议案、建议、批评和意见交办方案（送审稿）》《汕尾市城区完善集体林权制度工作实施方案（送审稿）》《汕尾市城区 2019 年林业生态工程项目实施方案（送审稿）》。

20日 市委常委、区委书记李庆新到新港街道前进村、东风村、红卫村调研渔民休渔期生产生活和培训情况。

21日 市委常委、区委书记李庆新主持召开区委八届常委会第一百三十七次（扩大）会议。传达学习《中共中央关于加强党的政治建设的意见》《广东省贯彻落实〈中共中央关于加强党的政治建设的意见〉实施方案》文件精神。会议强调要坚定政治信仰，保持政治定力，净化政治生态。

同日 召开区委全面深化改革委员会2019年第一次会议，传达学习中央、省委、市委全面深化改革委员会会议精神，审议《汕尾市城区农村集体产权制度改革试点实施方案》。

23日 区委召开全区组织工作会议，深入学习习近平新时代中国特色社会主义思想、习近平总书记对广东重要讲话和重要指示批示精神，全面贯彻落实新时代党的建设总要求和新时代党的组织路线，研究部署城区党的建设与组织工作。市委常委、区委书记李庆新出席并作讲话，区委副书记郑良斌主持会议。

24日 全市“党建带关建”促进“三教结合”创新发展现场会在城区召开。会议研究部署“党建带关建”和“三教结合”（学校教育、家庭教育、社会教育有机结合）创新发展有关工作。市领导李庆新、黎明作讲话。市关工委主任林义君主持会议。

30日 市委常委、区委书记李庆新主持召开区扶贫领导小组扩大会议。深入贯彻落实习近平总书记关于扶贫工作的重要论述和省委书记李希到汕尾调研时的讲话精神、全省脱贫攻坚现场会精神，以及全市脱贫攻坚工作推进会会议精神，研究部署城区脱贫攻坚下一步推进措施。

6月

3日 区长罗光钊主持召开区政府八届四十七次常务会议。传达学习《中华人民共和国政府信息公开条例》；听取全区扫黑除恶专项斗争和禁毒工作汇报、城区河（库）长制、湖长制工作情况汇报；讨论通过《汕尾市城区农村集体经济组织成员资格界定指导意见（送审稿）》《汕尾市城区水产产业园（省级）财政资金使用方案（送审稿）》《汕尾市城区人民政府关于汕尾市城区水产品交易市场搬迁的通告（送审稿）》；研究将《汕尾市城区9个省定贫困村农村污水治理工程EPCO》14个污水处理站后期管营维护纳入城区农村污水治理工程PPP项目、2018年中央财政和省级自然灾害生活救助资金、马宫街道长沙村村容村貌改造提升项目资金等议题。

5日 市长杨绪松到城区调研公益性公墓（骨灰楼）项目建设工作。

7日 区长罗光钊带队到田家炳中学、新城中学、汕尾中学、林伟华中学调研高考备考工作。

同日 区长罗光钊到区卫生健康局调研卫生健康系统工作。

12日 区长罗光钊带队调研市区垃圾转运站建设工作。

14日 市委常委、区委书记李庆新主持召开区委八届常委会第一百三十九次（扩大）会议。会议听取了城区经济运行情况，强调各地各部门要认清形势，努力实现“双过半”目标。

20日 城区领导干部学习贯彻《粤港澳大湾区发展规划纲要》专题研讨班开班。市委常委、区委书记李庆新作动员讲话暨主题报告，罗光钊主持开班式。

同日 区长罗光钊主持召开区政府八届四十八次常务会议。会议听取城区迎接“创国卫”省技术评估工作情况汇报、脱贫攻坚和社会主义新农村建设进展情况汇报、区财税“双过半”工作情况汇报；讨论通过《广汕铁路公司、汕尾市城区人民政府汕汕铁路项目征地拆迁实施协议（送审稿）》《汕尾市城区人民政府2018年履行教育职责自评报告（送审稿）》；研究海汕路西闸至埔边段综合改造工程安置小区项目建设有关问题、调整新建广州（新塘）至汕尾铁路项目拟使用Ⅰ级保护林地等级有关问题、关于2019年第二批新增地方政府债券额度分配有关问题、关于红草镇政府预借红草园区征地平整综合补偿资金的问题、关于拨款支持原中共海陆丰中心县委旧址（郑重旧居）重（扩）建房屋征收及项目建设经费等议题。

26 日　市委常委、区委书记李庆新到城区东涌镇石洲村调研新农村建设工作，实地察看基层党建提升、新农村建设等有关情况。

同日　2019 年“6·26”国际禁毒日禁毒誓师大会暨禁毒游行宣传活动在新时代文明实践中心惠民广场（凤山妈祖广场）举行。

28 日　城区举行主题为“决战脱贫攻坚助力乡村振兴”暨 2019 广东扶贫济困日活动大会。部署全区“6·30”广东扶贫济困日活动各项工作。市委常委、区委书记李庆新出席会议并作讲话，区长罗光钊主持会议，区领导张淑娟、郑良斌等参加。

同日　区长罗光钊到东涌镇看望慰问困难老党员。

29 日　区长罗光钊调研品清湖管理工作，并进行巡湖。

7 月

1 日至 2 日　区长罗光钊到各镇（街道）调研检查禁毒工作以及区渔政大队港口禁毒工作情况。

3 日　区长罗光钊主持召开区政府八届四十九次常务会议。传达学习中共中央办公厅、国务院办公厅《关于深化消防执法改革的意见》；听取上半年全区安全生产、消防安全、防汛防洪等工作汇报；讨论通过《汕尾市城区安全生产委员会 2019 年工作要点（送审稿）》《汕尾市城区 2018 年度耕地保护目标责任履行情况自查报告（送审稿）》《广东省汕尾市城区养殖水域滩涂规划（2018—2030 年）（送审稿）》《共同推进汕尾市城区中小学生综合实践活动教育基地项目合作框架协议（送审稿）》；研究关于各镇（街道）使用财政扶贫开发资金的问题、关于购置环卫作业车辆有关问题等议题。

8 日　市委常委、区委书记李庆新主持召开区委八届常委会第一百四十一次（扩大）会议。会议传达学习省委书记李希在“牢记初心使命、推进自我革命，为新时代开创广东工作新局面提供坚强政治保证”专题党课上的讲话精神。会议强调，要深入学习领会习近平总书记关于推进党的自我革命重要论述，深刻认识推进自我革命的重大意义；要围绕践行党的初心使命，全面准确把握新时代推进自我革命的内在要求；要以开展“不忘初心、牢记使命”主题教育为契机，践行初心使命、推进自我革命，为新时代开创城区工作新局面提高坚强政治保证。

10 日　市委常委、区委书记李庆新就深入开展“不忘初心、牢记使命”主题教育，贯彻落实省委、市委“大学习、深调研、真落实”工作要求，到区纪委监委调研指导工作。区领导郑良斌、王俊锐参加调研活动。

12 日　市委常委、区委书记李庆新到汕尾中学调研“创文创卫”工作。

同日　区委、区政府召开全区创建国家卫生城市工作推进会。

14 日　省委宣传部常务副部长、省电影局局长白洁一行到城区新时代文明实践中心调研指导工作。市委常委、区委书记李庆新，市委常委、宣传部部长曾晓佳等陪同调研。

16 日　李庆新主持召开区委八届常委会第一百四十二次（扩大）会议。会议传达学习习近平总书记在中央和国家机关党的建设工作会议上的重要讲话精神。会议强调不断强化理论武装，压紧压实党建责任，持之以恒正风肃纪反腐。

17 日　市委常委、区委书记李庆新率队就深入学习贯彻习近平生态文明思想，贯彻落实省、市污染防治攻坚战工作推进会的部署，对市区品清湖河开展巡察。

同日　全区开展“不忘初心、牢记使命”主题教育前期工作部署会召开。主要任务是以习近平新时代中国特色社会主义思想为指导，深入学习贯彻习近平总书记关于“不忘初心、牢记使命”的重要论述，全面落实中共中央、省委“不忘初心、牢记使命”主题教育工作会议精神和市委前期工作部署会议精神，对标对表第一批主题教育工作的目标、任务与要求，积极主动、全面部署主题教育前期工作，提前预热升温，动员全区各级党组织和党员干部“守初心、担使命，找差距、抓落实”，确保下来全区开展“不忘初心、牢记使命”主题教育取得更大实效。

同日　市委常委、区委书记李庆新主持召开全区打好污染防治攻坚战工作推进会。

同日 区委、区政府召开全区乡村产业振兴发展工作推进会，抓好污染防治攻坚战工作推进会以及河长制工作会议。

18日 市委常委、区委书记李庆新检查指导区委统战部“不忘初心、牢记使命”主题教育前期开展情况。

19日 区长罗光钊主持召开区政府八届五十次常务会议。传达学习《广东省人民政府关于全面推行行政执法公示制度执法全过程记录制度重大执法决定法制审核制度实施方案》；听取上半年保密工作，迎接耕地保护督察实施督察准备工作的情况汇报；讨论通过《汕尾市城区和顺上村“三旧”改造项目实施监管协议（第二次修改稿）》、关于确定县级治安保卫重点单位的问题、关于教育现代化建设经费专项资金分配的问题、关于实施盐町头小学等6个项目有关问题等议题。

22日 副市长余红到城区调研“创国卫”备检点工作。

23日 市委常委、区委书记李庆新就开展“不忘初心、牢记使命”主题教育，贯彻落实“大学习、深调研、真落实”工作要求，深入红草镇调研指导。

25日 市委常委、区委书记李庆新就深入开展“不忘初心、牢记使命”主题教育，贯彻落实省委、市委“大学习、深调研、真落实”工作要求，到城区宣传思想文化系统调研指导工作，了解干部职工思想、工作及生活情况，并召开座谈会，听取有关工作汇报。

29日 市委常委、区委书记李庆新就贯彻落实“大学习、深调研、真落实”工作要求，到区委办进行调研并召开“不忘初心、牢记使命”主题教育前期工作座谈会，听取有关工作汇报和下一阶段工作安排，进一步了解干部职工工作状态与精神面貌，并指导如何做好主题教育前期工作，建设让党放心、让人民满意的模范机关。区领导郑良斌等陪同。

同日 区政府召开做好国家“互联网+监管”系统数据对接工作会议。

30日 区政府召开体制改革有关事项协调会。

同日 副区长余正茂主持召开全区农村人居环境整治工作推进会。

同日 副区长余正茂主持召开省定贫困村产业扶贫工作会议。

同日 副区长陈景元主持召开全区违法建设和环境卫生整治工作会议。

31日 市委常委、区委书记李庆新主持召开区委八届常委会第一百四十三次（扩大）会议。会议传达学习省委十二届七次全会精神。

8月

1日 区政府召开2019年上半年经济形势研判会暨全区工业经济运行专题工作会议。

同日 区委召开全区公安工作会议。会议深入学习贯彻习近平新时代中国特色社会主义思想，学习贯彻习近平总书记在全国公安工作会议上的重要讲话精神，认真贯彻落实全国、全省、全市公安工作会议各项部署要求，研究部署当前和今后一个时期全区公安工作。市委常委、城区委书记李庆新出席会议并讲话，区委副书记、政法委书记郑良斌主持会议，副区长、市公安局城区分局局长叶伟健传达全省、全市公安工作会议精神。

2日 市委常委、区委书记李庆新到逸挥医院调研城区征兵体检工作，汕尾军分区政委、市征兵领导小组副组长马广驰等领导参加调研。

16日 受区长罗光钊委托，区委常委、常务副区长曾向镇主持召开区政府八届五十一次常务会议。传达学习省审计组对城区党委政府主要领导经济责任审计初步意见反馈会议精神；听取全区上半年食品安全工作情况汇报；讨论通过《汕尾市城区2018年渔民减船转产项目实施方案（送审稿）》、《汕尾市城区人民政府工作规则（送审稿）》、《汕尾市城区2019年上半年国民经济和社会发展计划执行情况报告（送审稿）》、《汕尾市城区贯彻落实关于积极推进政府购买服务加强基层社会救助经办服务能力的实施意见（送审稿）》、关于海汕路西闸至埔边段综合改造工程拆迁补偿安置小区可行性研究报告以及投资估算有关问题、关于2019年省级打好污染防治攻坚战资金使用计划的问题等议题。

同日 2019年汕尾市“开渔节”启动仪式在市

区罗马广场举行，市领导李庆新、林军，深圳对口帮扶汕尾指挥部有关负责人，市、区有关部门和城区各镇（街道）有关负责人、干部职工、渔民群众共500多人参加了开幕式。

22日　全区推进巡视整改工作动员会议召开。会议以习近平新时代中国特色社会主义思想为指导，深入学习贯彻习近平总书记关于巡视工作的重要论述精神，贯彻落实省委书记李希在十二届省委第四轮巡视综合情况汇报会上的讲话精神、省委第一巡视组巡视城区情况反馈会精神和全市推进巡视整改工作动员会精神，结合开展“不忘初心、牢记使命”主题教育，研究部署推进全区巡视整改落实工作，全力以赴做好巡视“后半篇文章”，以高质量的整改成效推动城区各项工作迈上新台阶。市委常委、区委书记李庆新出席并作动员讲话，区领导罗光钊、张淑娟、黄义丞、郑良斌等参加。

同日　市委常委、区委书记李庆新主持召开区控违拆违领导小组全体成员（扩大）会议，听取各镇（街道）近期控违拆违工作进展情况汇报，分析研判全区当前控违拆违工作形势，部署有关工作。区领导罗光钊、郑良斌等出席会议。区控违拆违领导小组成员单位主要负责人参加会议。

同日　区全面深化改革委员会2019年第二次会议召开。学习贯彻习近平总书记关于深化改革的重要论述和对广东重要讲话、重要指示批示精神，传达学习中央、省委、市委有关会议精神，听取区各专项小组改革工作情况汇报，审议有关改革文件，研究部署城区下一阶段改革工作。

24日　市委常委、区委书记李庆新到区应急管理局召开“三防”工作会议，并到东涌镇“三防”指挥部、赤古村、雅居乐建筑工地、群众安全转移安置点、捷胜港口、渔政安全生产管理平台等地，现场指导台风“白鹿”防御工作。

27日　市委常委、区委书记李庆新主持召开区委八届常委会第一百四十七次（扩大）会议。会议传达学习《党政主要领导干部和国有企事业单位主要领导人员经济责任审计规定》文件精神和省审计组对汕尾市自然资源反馈意见会议精神以及省审计组对市城区党委政府主要领导经济责任审计初步意见反馈会议精神。

同日　区长罗光钊主持召开区政府八届五十二次常务会议。学习新修订《党政主要领导干部和国有企事业单位主要领导人员经济责任计规定》（以下简称《规定》），听取全区上半年粮食安全生产工作、慢性病防控工作情况汇报，讨论《汕尾市城区2019年上半年财政预算执行情况报告（送审稿）》《汕尾市城区2019年度公共财政预算调整草案（送审稿）》《汕尾市城区农村“厕所革命”专项行动方案（送审稿）》《汕尾市城区城市管理和综合执法局2019年协管员聘用方案（送审稿）》，研究教育工作、2017年转业士官林孟扬安置的问题。

29日　区委办印发《中共汕尾市城区委办公室印发〈汕尾市城区关于加强城市基层党建工作的实施方案〉的通知》。

9月

2日　区长罗光钊主持召开区政府八届五十三次常务会议。专题研究听取红卫小学旁违法建设“聚和佳居”拆除经费的问题。

3日　市委常委、区委书记李庆新主持召开区委八届常委会第一百四十八次（扩大）会议。会议传达学习《中国共产党农村工作条例》精神。会议强调要增强做好农村工作的政治自觉、思想自觉和行动自觉，加强党对农村工作的全面领导，加强农村人才队伍建设。

5日　全区“创国卫”推进会召开。会议对“创国卫”工作进行再动员、再部署，强调全区上下务必统一思想，抢抓时间查漏补缺，落实有力措施狠抓整改，确保实现“创国卫”各项目标，以饱满的精神面貌和显著的工作效果接受检验，为成功创建国家卫生城市做出应有的贡献。

8日　城区教育系统喜迎中华人民共和国成立70周年文艺晚会暨庆祝第35个教师节表彰大会在市马思聪文化艺术中心举行。市、区有关领导、区直各单位、各镇（街道）主要负责人及各学校教师、学生代表共1200人参加。

9日至10日　市委常委、区委书记李庆新到马宫街道、红草镇调研重点项目及政府投资项目建设情况。

11日　市委常委、区委书记李庆新主持召开区委八届常委会第一百四十九次（扩大）会议。会议传达学习习近平总书记在2019年秋季学期中央党校（国家行政学院）中青年干部培训班开班式上的重要讲话精神。会议强调要加强思想淬炼，加强政治历练，加强实践锻炼。

同日　区委召开全区“不忘初心、牢记使命”主题教育工作会议。主要任务是以习近平新时代中国特色社会主义思想为指导，深入学习贯彻习近平总书记在“不忘初心、牢记使命”主题教育工作会议上的重要讲话精神，认真贯彻落实中共中央、省委“不忘初心、牢记使命”主题教育第一批总结暨第二批部署会议精神和全市“不忘初心、牢记使命”主题教育工作会议精神，充分借鉴运用第一批主题教育成功经验，在总结提升主题教育前期工作的基础上，对全区开展主题教育进行动员部署。市委常委、区委书记李庆新作讲话，市委第一指导组组长彭永新到会指导，区长罗光钊主持会议。

12日至16日　市委常委、区委书记李庆新到捷胜镇、东涌镇、香洲街道、凤山街道和新港街道调研重点项目及政府投资项目建设情况。

16日　区长罗光钊主持召开区政府八届五十四次常务会议。传达部目标367案件现场会暨全省禁毒重点整治工作推进会会议精神，学习全市道路交通安全工作联席电视电话会议精神、全省稳定生猪生产和保障市场供应工作会议精神。听取全区接受省脱贫攻坚和乡村振兴审计有关工作准备情况汇报，研究2019年农村人居环境整治区级补助资金安排、镇（街道）建设公益性骨灰楼、关于拨款支持区医疗集团区域信息化建设项目、轮换地方储备粮的问题。

17日至22日　区四套班子领导成员开展“不忘初心、牢记使命”主题教育集中学习研讨。深入学习贯彻习近平新时代中国特色社会主义思想和习近平总书记关于“不忘初心、牢记使命”重要论述，认真贯彻落实中共中央、省委、市委关于主题教育部署要求，发挥领导干部示范带头作用，推动全区主题教育高质量开展。

19日　按照区委“不忘初心、牢记使命”主题教育领导小组的统一部署，区领导罗光钊、张淑娟、黄义丞、郑良斌等到铜锣寨村革命根据地红色游击区旧址、市区鼎盖山烈士陵园、城区新时代文明实践中心等地开展革命传统教育活动，缅怀革命先烈，重温入党誓词，强化初心使命。

25日　市委常委、区委书记李庆新带队开展“防风险保安全迎大庆”安全生产检查督导，实地察看重点交通路口、中山渡口、小岛渔村渡口、新林社区小区、商户门店、幼儿园、林埠综合市场等地，听取有关情况介绍，针对有关问题提出意见建议和整改措施。

26日　市委常委、区委书记李庆新主持召开全区迎国庆安保暨安全生产工作推进会议。

27日　区长罗光钊到凤山街道香洲头中石化加油站、消防重点单位维也纳酒店兴业路店、红草镇埔边燃气供应点安业储配站、涉氨企业中央冻库、建筑工地华夏东方明珠施工现场检查指导国庆节前安全生产工作。

28日　区长罗光钊主持召开区政府八届五十五次常务会议。讨论通过了《汕尾市城区区级政务信息化服务项目管理办法（送审稿）》《汕尾市城区2019年重点项目计划调整方案（送审稿）》《汕尾市城区农村污水治理工程PPP项目招标文件（送审稿）》《汕尾市城区农村污水治理工程PPP项目合同（送审稿）》；研究关于拨给购买汕尾市城区政府综合救助保险资金有关问题。

29日　召开全区机关事业单位养老保险基金清算及城乡居民养老保险征收工作推进会。

30日　城区在市区凤山街道鼎盖山举行烈士纪念日公祭活动。深切缅怀革命先烈丰功伟绩，祭慰英魂、寄托哀思，不忘初心和使命。李庆新、张淑娟、黄义丞、郑良斌等区四套班子在家领导成员出席公祭活动。

10月

2日　区政府召开全区消防安全工作责任落实问题集体约谈会。

9日　区政府召开消防安全会议。

同日　区政府召开“三旧”改造工作领导小组会议。

10日 城区召开“创文”工作推进会。贯彻落实全市“创文”迎检推进会精神，针对“创文”迎检工作的各个重点领域作了全面部署安排，确保顺利通过“创文”工作检查验收。

11日 中央宣传部、中央文明办在京召开深化拓展新时代文明实践中心建设试点工作电视电话会议，城区被定为全国新时代文明实践中心试点单位。

12日 区政府召开消防安全工作集体约谈会。

同日 区政府召开市城区禁毒示范创建及重点整治汇报反馈会。

13日 区长罗光钊到东涌镇新地村、品清村、新湖村和新港街道红卫渔业村、前进渔业村、东风渔业村就深入推动“不忘初心、牢记使命”主题教育法动，加快推动“创文创卫”、人居环境整治和脱贫攻坚等工作开展调研。

15日 市委常委、区委书记李庆新以普通党员身份到区委办参加党支部活动，并以“学党史、知国史，守初心、担使命，进一步坚定‘四个自信’，奋力走好新时代长征路”为题，谈体会、讲党课。

16日 区长罗光钊主持召开区政府八届五十六次常务会议。研究了拨付各镇（街道）消防整治经费、解决政府雇员（辅警）工作经费、拨给红草镇人民政府新农村建设等项目资金等议题。

18日 市委常委、区委书记李庆新带队到城区奎山河、西洋河、前进河等开展巡河工作，并就巡查中发现的有关问题与市住建局、区城管局、区住建局、区农业农村与水利局等相关部门负责人进行探讨，研究下一步措施。

20日 区长罗光钊到东涌镇石洲村、铜锣寨，捷胜镇军船头村，红草镇埔边村、晨洲村和马宫街道长沙村就深入开展“不忘初心、牢记使命”主题教育活动，推动社会主义新农村建设、红色文化、禁毒、消防安全整治等工作开展调研。

21日至23日 省禁毒办副主任、公安厅禁毒局副局长何伟钦带领省禁毒重点整治工作考评组一行9人，到城区检查评估禁毒重点整治工作。

23日 区政府召开农村人居环境整治督查工作反馈会。

24日 区政府班子成员以普通党员身份参加区政府办公室“不忘初心、牢记使命”主题教育专题党课活动。

30日 省老促会会长陈开枝到城区调研社会主义新农村建设和老区旅遊事业发展情况。区长罗光钊陪同调研。

31日 区委副书记、政法委书记郑良斌到东涌镇指导“不忘初心、牢记使命”主题教育有关工作，并作“铭记革命史，秉承初心使命”专题党课。

11月

1日 区委书记林钢捷到红草镇、马宫街道调研。

同日 区长罗光钊主持召开区政府八届五十七次常务会议。传达学习《习近平关于“三农”工作论述摘编》《关于支持深圳建设中国特色社会主义先行示范区的意见》；讨论通过了《汕尾市城区政府投资项目概算审核工作管理制度（试行）（送审稿）》《汕尾市城区2018年度财政总决算草案的报告（送审稿）》《汕尾市城区人民政府关于做好森林禁火工作的通告（送审稿）》；研究2019年省定贫困村创建社会主义新农村示范村资金安排有关问题，关于东涌镇示范村村容村貌环境提升整治工程立项等议题。

2日 区政府召开全区城市管理工作汇报会。

同日 召开全区做好清理盘活存量资金工作会议。

5日 区委书记林钢捷主持召开区委八届常委会第一百五十五次（扩大）会议。传达学习中共十九届四中全会精神。会议强调，要深刻认识中共十九届四中全会的重大现实意义和深远历史意义，要深入学习领会党的十九届四中全会及其决定的丰富内涵和精神实质，要在营造学习宣传贯彻浓厚氛围。

同日 区委书记林钢捷主持召开区委理论学习中心组（扩大）学习会和区委常委会（扩大）会议，传达学习中共十九届四中全会精神，研究贯彻落实意见。

7日 召开城区企业创建国家卫生城市誓师大会。

同日 区长罗光钊到东涌镇市场监督管理所、碧桂园社区调研指导“不忘初心、牢记使命”主题教育、软弱涣散党组织整顿、“创国卫”等工作。

然后到区税务局调研指导税收工作。

8日　区长罗光钊主持召开区政府八届五十八次常务会议。讨论通过《汕尾市城区全面推行行政执法公示制度执法全过程记录制度重大执法决定法制审核制度的实施方案（送审稿）》《汕尾市城区内部审计工作指导意见（送审稿）》《汕尾市城区促进小微工业企业上规模实施方案（送审稿）》《汕尾市城区促进个体工商户转型升级为企业扶持资金实施暂行办法（送审稿）》《汕尾市城区2018年度国内捕捞渔船油价补贴工作实施方案（送审稿）》；研究关于采购生活垃圾转运站设备有关事项、关于马宫街道长沙村文创新渔村项目建设有关问题等议题。

11日　召开区委主题教育调研成果交流会暨区委领导班子对照党章党规找差距专题会议。

21日　区长罗光钊到捷胜公安派出所、市场监督管理所调研指导扫黑除恶专项斗争、市场监管等工作。

23日　区长罗光钊到东涌镇东涌村指导“不忘初心、牢记使命”主题教育，并作“初心如磐，使命在肩”专题党课。

27日　副区长黄贤锐主持召开区“双拥”工作领导小组暨创建“双拥”模范城工作推进会。

28日　全区卫生监督志愿者上岗启动仪式在市区罗马广场举行。

同日　副市长、市公安局局长李世华一行到市城区马宫街道金町村检查指导“无走私村”基层反走私综合治理示范点建设工作。副区长、分局局长叶伟健，分局党委委员、副局长林春生和市局指挥中心、缉私支队等部门负责人及马宫街道主要负责人陪同检查。

29日　区长罗光钊主持召开区政府八届五十九次常务会议。听取《城区2019年医药卫生体制改革工作汇报》；讨论通过《关于深化汕尾市城区区级预算编制执行监督管理改革实施意见（送审稿）》《汕尾市城区环境保护责任考核办法（送审稿）》《汕尾市城区加快推进“四好农村路”建设实施方案（送审稿）》《汕尾市城区自然保护地调查摸底情况报告（送审稿）》；研究了关于实施汕尾市城区一体化在线政务服务平台服务能力提升和基层减负便民项目有关问题、关于凤山祖庙景区旅客接待中心选址建设有关问题、关于新设立东涌镇金湖（凤凰湾）社区居民委员会有关问题、关于每月增加区福利院财政补助资金有关事项、关于将全区非重度智力、精神残疾人参加社会保险纳入政府补贴有关事项、关于汕尾市城区逸挥基金医院增购数字减影血管造影机有关问题等议题。

同日　区政府召开政府党组领导班子对照党章党规找差距专题会议。

12月

1日　区政府召开推进违法图斑、违建别墅整治工作会议。

3日　区委主要领导到国泰、领峰等企业开展“暖企”行动活动。

6日　区委八届十次全会召开。全会以习近平新时代中国特色社会主义思想为指导，深入学习贯彻习近平总书记在党的十九届四中全会上的重要讲话和四中全会精神，认真贯彻落实省委十二届八次全会和市委七届九次全会精神，就落实《中共中央关于坚持和完善中国特色社会主义制度、推进国家治理体系和治理能力现代化若干重大问题的决定》及省委实施意见、市委实施方案，支持深圳建设中国特色社会主义先行示范区等有关工作进行全面部署。全会审议通过《中共汕尾市城区委关于贯彻落实〈中共中央关于坚持和完善中国特色社会主义制度、推进国家治理体系和治理能力现代化若干重大问题的决定〉及省委〈实施意见〉、市委〈实施方案〉的实施方案》和《中国共产党汕尾市城区第八届委员会第十次全体会议决议》。

7日　区委领导班子召开“不忘初心、牢记使命”主题教育暨落实省委巡视整改专题民主生活会。会议紧扣学习贯彻习近平新时代中国特色社会主义思想主线，聚焦“不忘初心、牢记使命”主题，突出力戒形式主义、官僚主义重要内容，围绕理论学习有收获、思想政治受洗礼、干事创业敢担当、为民服务解难题、清正廉洁作表率的目标，按照习近平总书记关于“四个对照”“四个找一找”的要求，联系班子和个人实际，盘点收获、检视问题、深刻剖析，认真开展批评和自我批评，以钉钉子精神抓好整改，进一步增强“四个意识”、坚定“四个自信”、做到“两个维护”，推动区委领导班子履职尽责、团结奋进、在新时代把党的自我革命推向深入，以更加优良的作风全力打造首善之城、大美之区。区委书记林钢捷主持会议并作总结讲话，市委主题教育第一指导组组长彭永新出席会议并作点评讲话。

10日 由省委宣传部副部长崔朝阳带队的新时代文明实践广东“七个一百”精品项目第四批下基层活动走进城区。市委常委、宣传部部长曾晓佳，城区委书记林钢捷参加相关活动。

13日 区长罗光钊主持召开区政府八届六十次常务会议。传达学习全省生活垃圾分类工作推进会精神；讨论通过《汕尾市城区对标三年取得重大进展硬任务扎实推动乡村振兴的实施方案（送审稿）》《汕尾市城区乡村人才振兴行动方案（送审稿）》《汕尾市城区实施“南粤家政”工程促进就业工作实施方案（送审稿）》《汕尾市城区2018年度环境保护责任暨污染防治攻坚战考核工作自查报告（送审稿）》《2018年度汕尾市环境保护责任暨污染防治攻坚战考核结果报表（送审稿）》《汕尾市城区农村污水治理工程PPP项目合同（送审稿）》《汕尾市城区机关事业单位2019年度绩效考核奖金有关操作说明（送审稿）》；研究关于全区相对贫困人口拟退出有关问题、关于9个省定贫困村拟退出有关问题、关于拨给“银龄安康行动”老年人意外伤害保险资金有关问题、关于2019年教育专项资金（推进教育现代化及农村义务教育寄宿制学校建设用途）学前教育发展资金（第一批）分配方案有关问题、关于拨给捷胜镇控违拆违工作经费有关问题等议题。

16日 深圳市政府秘书长曾湃一行到城区东涌镇洪流村开展对口帮扶活动。

17日 召开全区“创国卫”工作推进会。贯彻落实市委、市政府关于“创国卫”的工作部署，对全区“创国卫”工作进行再动员、再部署、再推进。区委书记林钢捷出席会议并作讲话，区长罗光钊主持会议。

20日 区长罗光钊到红草镇、马宫街道督导违法图斑、人居环境整治等工作。

21日 区长罗光钊到广东银鹏动力设备有限公司、汕尾天贸新能源科技有限公司开展“暖企”活动。

29日 区政府召开全区安全生产暨冬春火灾防控工作会议。

同日 区长罗光钊主持召开区政府八届六十一次常务会议。会议传达学习中央经济工作会议精神；讨论通过《关于汕尾市城区2019年度公共财政第二次预算调整草案的报告（送审稿）》《关于汕尾市城区2018年度区本级预算执行和其他财政收支情况审计查出问题的整改结果报告（送审稿）》《汕尾市城区关于开展质量提升行动方案（送审稿）》《汕尾市城区生猪屠宰厂（场）布点规划工作方案（送审稿）》《青龙山盐场、沙海盐场征地范围设施及附着物补偿和征地工作经费协议书（送审稿）》《汕尾市城区区属企业国有资产收益收缴管理办法（送审稿）》；研究生态文明建设工作、教育工作、关于提高城区2020年孤儿基本生活最低标准有关问题等议题。

30日 城区在市马思聪艺术中心举办“梦扬品清湖畔”2020新年晚会。市领导黄宏伟、刘小静，区领导林钢捷、罗光钊、张淑娟、黄义丞、郑良斌等及党员干部、群众1300多人参加。

31日 主题为“蚝情奋发、美丽晨洲”的汕尾市城区第二届晨洲蚝文化节在红草镇晨洲村开幕。展示城区乡村特色品牌及推动产业兴村战略成果。市、区有关领导、干部、职工，全省各地蚝企业代表及观光游客近1000人参加。

区情概览

SHANWEI SHI CHENGQU YEARBOOK

汕尾市城区年鉴 · 2020

QUQING GAILAN

建置区划

【行政区划】 汕尾市城区[1]（以下简称城区）是1988年1月7日经国务院批准设立的县级区，同年3月29日，区委、区政府正式挂牌办公[2]。城区是中共汕尾市委、汕尾市人民政府的所在地，汕尾市的政治、经济、文化中心。

1988年1月，国务院批准在海丰、陆丰两县区域设立汕尾市，从海丰县东南沿海析出汕尾、马宫、红草、东涌、捷胜、田墘、遮浪7个镇设置城区。1989年2月撤销汕尾镇建制，设置凤山、香洲、新港3个街道。1992年12月，省政府批准从城区析出田墘镇、遮浪镇，设立汕尾市红海湾经济开发试验区。此后城区辖马宫、红草、东涌、捷胜4个镇和凤山、香洲、新港3个街道。2002年，马宫镇改为马宫街道，2005年正式挂牌。

至2019年，城区辖凤山、新港、香洲、马宫4个街道和红草、东涌、捷胜3个镇，共7个乡级政区；36个社区居委会，59个行政村。城区人民政府驻地市区香城路中段，电话区号0660，邮政编码516600。

自然地理

【区域位置·范围·面积】 城区位于广东省东部，汕尾市的东南部，东北与海丰县赤坑镇接壤，东南与红海湾经济开发试验区相邻，西北和西沿黄江河南岸至长沙湾与海丰县联安镇、梅陇镇隔河相对，南濒南海的红海湾，北与海丰县陶河镇毗邻。地理坐标为北纬22°36′~22°54′，东经115°10′~115°29′。城区水陆交通方便，深汕高速公路和厦深铁路横穿全境，陆路西距广州317公里、距深圳200公里，往东距汕头208公里，水路至香港81海里，至澳门120海里。城区设置时区域面积为401.05平方公里，析出田墘镇、遮浪镇后为302.11平方公里，2014年，市区面积24平方公里，海岸线长98公里。区内的汕尾港处于粤东沿海中心位置。海域内有岛屿10多个、海湾2处、较大的海湖6处。

【地质】 城区范围的地质属中生代以来隆起的剥蚀构造区。地质大部分为海相沉积物。断裂构造发育，褶皱构造不发育。北东向有宝楼山断裂，其配套断裂有规模较小的东涌断裂，市区有一条自西北向东南的小型断裂，从境内西北角（石脚桶）附近伸向红海湾到新港地带。境内未曾有过大地震的记载，但有小震级地震，多数以震群形式出现。

【地貌】 城区属东南沿海丘陵半岛地形。山地占地面积较广，海拔200米以上的山峰13座，最高峰为东涌镇与海丰赤坑镇交界处的羊牯岭山峰，海拔527.6米；滨海平原狭窄。东西南三面多港湾和海湖，海域中岛屿众多。海湾有长沙湾、红海湾；海港有汕尾港、马宫港、捷胜港；海湖主要有品清湖、沙坑湖、东坑湖、双石湖、石狗湖等；岛屿主要有龟龄岛、江牡岛、屿仔岛、金屿、菜屿、礁石屿等。城区沿海湖连海，港接湾，岛屿错落，是典型的滨海地貌。

【河流】 城区境内无大江河注入，境内河溪多发源于小山区，源近流短，流域面积10平方公里的溪流共12条，经湾、港、湖等注入南海。

【气候】 2019年，汕尾市城区年平均气温23.7℃，较常年偏高1.3℃，是有气象记录以来最暖的一年；全年最低气温也是有气象记录以来最高，达9.3℃，高温日数偏多。

3月9日入汛，较常年提前近1个月。全年汕尾市降水的空间分布不均，总雨量略少于常年，呈现明显的“北多南少”分布特征。汕尾市城区国家观测站年雨量分别为1741.9毫米，年雨量较常年偏少约5%；根据全市区域自动站观测记录，各乡镇年总雨量介于1075~2668毫米。

年内出现了22次明显的暴雨或强对流天气，全

注：①“城区”本是每个城市的市区域泛称，而本年鉴的城区是汕尾市辖下的一个区域名称。

② 区委、区政府当时驻地在市区二马路东南段原汕尾镇政府，1991年3月搬迁到市区香城路中段。

年降雨呈现明显的“前多后少”分布，其中3—8月就有19次，过程频密，雨量集中。9月中旬开始降水迅速减少，在10月12—14日汛期最后一场暴雨后，曾有长达50天没有降水，到12月才再有降雨出现。2019年汕尾国家观测站雨日130天，较常年多6天。汕尾暴雨日天数9天，较常年少2~3天。全年未发生特大暴雨，每次明显的降水过程都不超过4天。

全年共有5个台风（“木恩”“韦帕”“白鹿”“剑鱼”“巴蓬”）影响汕尾市，台风影响以降雨为主，由于防御得力，总体灾情轻微，台风影响为2012年以来最轻。7月3—4日受初台“木恩”影响，12月29—30日仍受终台“巴蓬”残存环流影响，台风季漫长。2019年1907号台风“韦帕”是对汕尾市影响最大的台风，该台风从季风槽内低压发展而来，具有“结构不对称、外围风雨大、影响时间长”的特点，因此距离虽远但对汕尾依然造成明显的风雨影响，8级以上大风影响时间达到40个小时左右（中间有间歇性中断）。1929号“巴蓬”成为有气象记录以来最晚（12月底）影响汕尾的台风。

（市年鉴资料摘录）

资源物产

【土地资源】 城区属东南沿海半岛地形，是隆起的剥蚀构造地区，地质大部分为海相沉积物，土壤主要为洪积冲积土属和赤红砂土，适宜水、旱耕作，适种范围广。全区陆地面积约为302.1平方公里。2019年，湿地面积4240.47公顷，耕地保有量面积3212公顷（其中基本农田824公顷），园地面积2121.11公顷（包括红海湾），草地面积2696.36公顷（包括红海湾）。

【森林资源】 根据城区2019年森林资源二类调查数据显示，全区森林总面积11956.83公顷；林业用地面积13745.88公顷，其中，有林地面积10647.74公顷，灌木林地1.37公顷，未成年林地1538.66公顷，无立木林地1453.13公顷，宜林地104.98公顷。

【矿产资源】 城区境内探明的矿产有锡、钨、铜、锆镆石、硫铁矿、玻璃砂等。锡矿分布于金町村、东涌村、芦列坑村、大华半岛和西洋村等地，其中金町村、东涌村、芦列坑村等地的锡矿均属C2级储量,计有锡金属储量2590.3吨,锡的品位均在1%~1.5%，条数多且集中；钨矿分布于芳荣山、新地村等地；铜矿分布于石厝村;锆沙分布于捷胜镇等地;硫铁矿分布于马宫镇牛尾山；玻璃砂分布于市区、捷胜镇海滩。境内有或露或藏的大量花岗岩。

【作物资源】 2019年，城区耕地总面积2933.86公顷，主要作物有水稻、番薯、蔬菜、花生、荔枝、龙眼等。2019年，全区农作物种植面积5033.33公顷，其中：水稻播种面积1213.33公顷，总产量约0.68万吨；番薯种植面积866.67公顷，总产量约2万吨；花生种植面积486.67公顷，总产量约0.12万吨；蔬菜种植面积2466.67公顷，总产量约5.6万吨；水果种植面积1206.67公顷，总产量约0.18万吨，其中，荔枝种植面积1033.33公顷，总产量约0.15万吨。

【水资源】 城区区域内蓄水工程有中型水库1座，小（1）型水库13座，小（2）型水库36座，山塘32座，总蓄水量6508万立方米。2019年，区域内年平均降雨量1696毫米。全区水资源（含地下水）总量约3.63亿立方米。

【旅游资源】 汕尾市城区风景秀美，人文荟萃，民风淳朴，百业繁荣，山海湖城相连相拥，海岸线长达110公里，200多个岛礁各具特色,旅游资源得天独厚，丰富而旖旎，素有“粤东旅游黄金海岸”“山海湖城”之称。主要有“一湖二山二湾三岛”等旅游景点。“一湖”即我国最大的滨海泻湖——品清湖；“二山”即凤山和铜鼎山2个国家AAAA级旅游景区；“二湾”是银龙湾和金町湾；“三岛”是屿仔岛、龟龄岛和江牡岛。还有得道庵、关帝庙、黎明洞、坎下城遗址、东涌民俗文化馆、铜锣寨革命遗址、红草晨洲万亩蚝场等旅游景点。

汕尾市城区文化底蕴深厚，民俗风情丰富，拥有国家级“非遗”项目——汕尾渔歌、西秦戏、白字戏、正字戏等。省级“非遗”项目——妈祖庙会、钱鼓舞等多个艺术品牌。

汕尾市城区地处红海湾畔，环境优美，水清沙白，水质优良，盛产的海鲜品质超群，种类众多同，肉质以“鲜、甜、香、嫩”著称，是集旅游观光、海滨娱乐、水上运动、休闲度假、养生康体于一体的旅游胜地。

环境质量

【大气环境】 城市环境空气质量自动监测情况及监测结果 2019年城市AQI达标天数?345天，AQI达标率94.5%，空气质量综合指数2.65，连续五年位列全省第一。环境空气质量自动监测项目年日均浓度值分别为：二氧化硫8微克/立方米，二氧化氮11微克/立方米，一氧化碳0.7毫克/立方米，臭氧99微克/立方米，可吸入颗粒物（PM_{10}）37微克/立方米，均达到《环境空气质量标准》（GB3095—2012）一级（优）标准限值；细颗粒物（$PM_{2.5}$）21微克/立方米，达到《环境空气质量标准》（GB3095—2012）二级（良）标准限值，成为全省唯一一个达到世界卫生组织（WHO）第二阶段控制目标的城市。与2018年相比二氧化硫下降1微克/立方米（11.1%）、二氧化氮下降1微克/立方米（8.3%）、可吸入颗粒物（PM_{10}）下降 4微克/立方米（9.8%）、一氧化碳持平，臭氧下降2微克/立方米（2.0%）、细颗粒物（$PM_{2.5}$）下降2微克/立方米（8.7%）。

城市降水 2019年，实测降水总量2876毫米，全年降水pH值范围为6.63~7.19，pH值年均值为6.86，电导率均值为30.1微西/厘米。全年没有酸雨。

【声环境】 汕尾市区建成区面积为33平方公里，设有5个功能区噪声监测点位、105个区域环境噪声监测点位、26个道路交通噪声监测点位。市区声环境质量保持较好水平。

声环境功能区达标情况 市区共有5个监测点，其中，1类区（居民文教区）、2类区（混杂区）、3类区（工业区）各设1个监测点、4类区（交通干线两侧）设2个监测点，每季度监测1次，分昼间、夜间监测，2019年监测结果除4类区交通干线两侧其中1个监测点夜间均值在三、四季度分别略超0.1分贝、2.8分贝外，其余监测结果均符合功能区噪声标准昼间、夜间的要求，与2018年相比，1类区、2类区较好，4类区交通干线两侧均有略超标现象。

城市区域总体噪声水平 市区共有105个监测点，每年监测1次，2019年昼间平均等效声级为56.9分贝，达到国家规定标准，与2018年相比下降0.2分贝。

道路交通噪声现状 市区共有26个监测点，每年监测1次，2019年昼间平均等效声级为66.8分贝，达到国家规定标准，与2018年相比下降0.6分贝。

【水环境】 2019年度，监测结果表明城市、县级、农村村庄饮用水源达标率为100%，主要江河、湖库、入海河口水质总体稳定，海丰西闸断面等局部水质有所好转，生态环境状况稳中趋好。

城市集中式饮用水源地 地级以上市城市集中式饮用水源地主要是赤沙水库（2个监测点），其次是琉璃径水库、赤岭水库，在出水口各设1个监测点，每月监测1次，每次监测68项，其中3月、7月监测114项。同时对汕尾市乡镇集中式饮用水源地、汕尾市湖泊水库类别进行监测。2019年监测结果表明所监测全部项目均符合国家《地表水环境质量标准》（GB3838—2002）Ⅲ类标准，其中赤沙水库水质全年均符合Ⅱ类标准，水质状况优良。

县级集中式生活饮用水源地 县级行政单位所在城镇集中式生活饮用水源地共有7个，其中，6个为湖库型水源，1个河流型水源，每个水源地各设1个监测点，1月、3月、4月、7日、10月上旬各监测一次，每次监测68项，其中3月监测114项，其余月份监测42项。河流型水源监测项目除叶绿素a和蓝绿藻密度2项外，同时对汕尾市乡镇集中式饮用水源地、汕尾市湖泊水库类别进行监测。2019年监测结果表明所监测全部项目均符合国家《地表水环境质量标准》（GB3838—2002）Ⅲ类标准，水质状况优良。

农村村庄饮用水源地 每个水源地各设1个监测点，2019年7月、10月各监测1次，监测项目28项，监测结果表明所监测项目均符合国家《地表水环境质量标准》（GB3838—2002）Ⅲ类标准，水质状况优良。

河流入库口监测　在河流汇入饮用水源地、进入水库前50米外布设监测点，每月监测1次，其中，五里牌水库大径河流每季度监测1次，每次监测9项，2019年监测结果表明所监测全部项目均符合国家《地表水环境质量标准》（GB3838—2002）Ⅲ类标准，水质状况优良。

湖泊水库（非饮用水源地水库）监测在中型以上湖库，每个湖库设1个监测点，1月、4月、7月、10月上旬各监测1次，每次监测10项，2019年监测结果表明所监测项目均符合国家《地表水环境质量标准》（GB3838—2002）Ⅲ类标准，水质状况优良。

入海河口水质监测　在入海河流入口每月监测1次，每次监测31个项目，2019年监测结果表明均达到国家《地表水环境质量标准》（GB3838—2002）Ⅱ类标准；主要污染物为化学需氧量、高锰酸盐指数和五日生化需氧量。

江河水质监测　每月监测1次，每次监测31个项目，2019年监测结果表明超过国家《地表水环境质量标准》（GB3838—2002）Ⅴ类标准，主要污染物为氨氮。

近岸海域监测　设置9个监测点位，其中功能区点位2个，分别为城区捷胜青屿、市区炮台；质量点位（国控点）2个分别为城区马宫、市区凤飞山，在春季、夏季、秋季各监测1次，所测项目20~26项均达到《海水水质标准》（GB3097—1997）相应功能区标准。

（市年鉴资料摘录）

环境保护

【“清四乱”“五清”整治工作】 2019年，对2018年国家遥感监测到的黄江河城区段乱占、乱采、乱堆、乱建等23宗“四乱”问题，于5月底前，全部清理完成。6月底前，完成了区河长办排查出来的区、镇级河流58宗“四乱”问题的清理工作，其中清理违建建筑物21间，清理影响排洪作物37处。做好218个排污口整治，截至7月中旬，全部完成排污口的整治工作。开展违规网具绝户网、定置网清理整治行动，查获违规铺设定置网船舶7艘，清理违规定置网510张、约8500米，清理网桩5个，浮标1036个，清理沉破船85艘。至2019年底，完成了品清湖及黄江河城区段管理范围划定，涉及岸线总长度45.6公里，其中，品清湖25.6公里，黄江河城区段20公里，明确了河湖管理边界线。

【环境污染防治】 水污染防治行动计划　对黄江河干流城区段及重要支流区域的工业企业、畜禽养殖污染源开展专项执法行动，黄江河两岸所有非法畜禽养殖场全部清理完成。通过采取强化督导、实施一系列截污控源措施等，黄江河水质如期达标，为全省水污染防治攻坚做出了贡献。开展饮用水水源地专项整治工作，县级以上集中式生活饮用水水源水质达标率为100%。对部分饮用水水源保护区进行优化调整，并按《汕尾市入海排污口综合清理整治工作方案》，对入海排污口依法进行报批备案，全面开展全区入海排污口核查分类工作。

大气污染防治行动计划　加强工业污染源整治，深入推进“散乱污”工业企业（场所）综合整治工作，倒逼企业发展转型，促进企业稳定达标排放，对纳入省清单的“散乱污”企业（场所）已全部完成整治。大力推进锅炉综合整治工作,禁止新建10蒸吨/小时以下燃用高污染燃料的锅炉，加快燃料清洁化进程，全面完成了生物质锅炉整治计划目标。全面落实建筑施工工地“6个100%”绿色施工管理。加强污染天气应对，通过联防联控，加强VOCs、NOx等臭氧污染前置污染物的管控；强化抓好全面禁止露天焚烧工作，建立和完善秸秆禁烧工作目标管理责任制，确保冬春“不燃一处火，不冒一处烟”。全区全年未出现需采取Ⅲ级或以上应急处置情况。

土壤污染防治行动计划　稳步推进重点行业企业用地调查，全区基础信息采集阶段工作完成比例100%；编制涉重金属重点行业全口径清单，做好重金属重点行业企业2013年五项主要重金属污染物排放量基数测算，为2020年实现重金属减排目标奠定基础；做好2018年省政府固体废物“三个一”专项督查整改问题反馈和广东省固体废物污染防治三年行动计划（2018—2020年）中期评估工作，全面推进固体废物污染防治。积极做好省生态环境厅、卫生和健康委员会医疗废物专项调研工作，对医疗废物处置中心违规处置医疗废物案件进行调查取证，协调相关部门依法进行处理。总规模 14 吨/日（首期 7 吨/日）的全市医疗废物集中处置中心项目建设有序推进。全区镇级垃圾填埋场已率先全部完成整改，并通过市级验收，在全省排名第二。

【环境管理】 环保督察、省审计反馈意见整改工作按照《汕尾市贯彻落实中央环保督察“回头看”及固体废物环境问题专项督察反馈意见和省级环境保护督察反馈意见整改方案》，并通过市主要媒体向社会公开。中央第四环境保护督察组督察反馈涉及需整改的问题均已完成整改。进一步对环境应急、总量控制、环境统计、危险废物、固体废物、农村环境等管理工作进行规范。

开展生态文明宣传教育　加强新闻媒体宣传，推进饮用水源专项行动与中央环保督察“回头看”宣传工作，并结合实际制作污染防治攻坚宣传片。组织开展广东省“6·5”世界环境日、“6·8”世界海洋日环境保护主题宣传活动主场启动仪式，大力开展关注生态环境、关爱海洋宣传教育，增强公众生态环境保护意识，动员社会各界行动起来积极参与治污攻坚和生态文明建设，自觉践行绿色生产与生活方式；组织开展普法宣传，向群众讲解环境保护知识，着力解读生态环境政策法规，宣传环境法治理念，加大环境保护宣传力度，切实增强公众的环保法律意识。

（市年鉴资料摘录）

人口·语言

【人口】 2019 年，全区户籍总户数 83316 户；总人数 389313 人（其中：男性 201286、女性 188027；农村户口 120692 人、城镇户口 268621 人）。全年全区出生 4964 人，死亡 760 人，迁入 2471 人，迁出 4603 人。外来人口约 8 万人，有登记入册约 2300 人。

【语言】 全区使用的语言有福佬语（属闽南方言）、粤语、潮汕语、客家语、普话，以福佬语为主。

民族·宗教

【民族】 城区有多民族散杂居住。2019年，户籍人口除汉族外，还有23个少数民族，共计488人，人数较多的有壮族、苗族、土家族、侗族、彝族、瑶族等，主要分布在凤山、香洲街道及捷胜镇等地，大部分因工作调动或婚嫁迁入。另有少数民族流动人口100多人，主要从事务工、开饮食摊铺为主。

【宗教】 城区有佛教、道教、天主教、基督教4种宗教。经批准登记开放的宗教活动场所有27处。其中，寺观教堂类场所18处，包括佛教4处、道教1处、天主教11处、基督教2处。固定处所类9处，有佛教4处、天主教2处、基督教1处、道教2处。各教已备案教职人员28人。其中，佛教比丘10人，比丘尼5人；道教道士9人；天主教神父1人，修女2人；基督教牧师1人。

（区民族宗教事务局）

2019年汕尾市城区行政区划一览表

表1

街道（镇）	面积（平方公里）	村（居）委会数（个）	村（居）委会名称	村（居）民小组数（个）
凤山街道	21.09	11个社区 3个行政村	联兴社区居委会	6
			文亭社区居委会	6
			凤照社区居委会	14
			安美社区居委会	7
			凤翔社区居委会	8
			凤苑社区居委会	6
			滨海社区居委会	7
			盐町头社区居委会	3
			奎山社区居委会	2
			香洲社区居委会	4
			新林社区居委会	2
			小岛村委会	0
			芦列坑村委会	2
			革新村委会	3
香洲街道	18.57	12个社区 2个村委	东兴社区居委会	3
			后径社区居委会	0
			城西社区居委会	2
			新兴社区居委会	3
			中区社区居委会	0
			园林社区居委会	0
			新瑶社区居委会	2
			新区社区居委会	0
			城南社区居委会	0
			新城社区居委会	0
			西兴社区居委会	2
			兴祥社区居委会	0
			梧桐村委会	0
			西洋村委会	0

续表 1

街道（镇）	面积（平方公里）	行政村、社区数（个）	行政村、社区名称	村（居）民小组数（个）
新港街道	17.03	5 个社区 5 个村委	海滨社区居委会	5
			金海社区居委会	5
			新园社区居委会	5
			海港社区居委会	5
			立新社区居委会	6
			红卫村委会	0
			芳荣村委会	7
			新港村委会	6
			东风村委会	0
			前进村委会	3
马宫街道	22.63	1 个社区 6个村委	马宫社区居委会	6
			长沙村委会	3
			新北村委会	2
			金町村委会	12
			浪清村委会	2
			盐町村委会	2
			深渔村委会	3
红草镇	69.73	1 个社区 14 个村委	红草社区居委会	6
			梧围村委会	15
			海梧村委会	7
			径口村委会	4
			拾和村委会	6
			青山村委会	4
			光明村委会	2
			五雅村委会	4
			埔边村委会	6
			三和村委会	3
			西河村委会	4
			南汾村委会	8
			新村村委会	0
			晨洲村委会	6
			亚洲村委会	0

续表 1

街道（镇）	面积（平方公里）	行政村、社区数（个）	行政村、社区名称	村（居）民小组数（个）
捷胜镇	49.48	4 个社区 14个村委	东门社区居委会	9
			西门社区居委会	6
			南门社区居委会	7
			北门社区居委会	9
			联星村委会	12
			联安村委会	13
			大流村委会	20
			埔尾村委会	4
			前进村委会	9
			东坑村委会	10
			沙坑村委会	5
			牛肚村委会	3
			石岗村委会	4
			石头村委会	5
			南门外村委会	7
			五爱村委会	9
			沙角尾村委会	3
			军船头村委会	9
东涌镇	103.58	2 个社区 15 个村委	东涌社区居委会	0
			碧桂园社区居委会	0
			东涌村委会	0
			品清村委会	0
			新地村委会	0
			新湖村委会	7
			东石村委会	5
			赤古村委会	5
			洪流村委会	4
			石洲村委会	0
			宝楼村委会	0
			新安村委会	2
			新民村委会	2
			民群村委会	4
			民进村委会	4
			龙溪村委会	2
			安华村委会	5

（区民政局）

政治

ZHENGZHI

中共汕尾市城区委员会

· 区委领导名录

书　记：李庆新（2019年10月离任）
　　　　林钢捷（2019年10月任）
副书记：罗光钊
　　　　郑良斌
常　委：曾向镇
　　　　孔卓文
　　　　李振坚
　　　　李辉雄
　　　　王俊锐
　　　　刘学深
　　　　叶凯旋
　　　　钱　进
　　　　彭　海

概　述

【区委机构概况】 中共汕尾市城区委员会（以下简称区委）设区委纪律检查委员会、城区监察委员会（合署办公，实行一套工作机构、两个机关名称），计入机构限额的有办公室、组织部、宣传部、统一战线工作部、政法委员会、机构编制委员会办公室、直属机关工作委员会、巡察工作领导小组办公室8个工作部门。

区委全面深化改革委员会办公室、区委外事工作委员会办公室、国家安全委员会办公室设在区委办公室，区委全面依法治区委员会办公室设在区司法局，区委网络安全和信息化委员会办公室设在区委宣传部，区委审计委员会办公室设在区审计局，区委教育工作领导小组办公室设在区教育局，区委农村工作办公室设在区农业农村和水利局，区融入粤港澳大湾区建设领导小组办公室设在区发展和改革局。

全区基层党委共13个（分别为3个乡镇党委，区电信公司党委，汕尾逸挥基金医院党委，区税务局机关党委，东涌镇品清村党委、东涌村党委，红草镇南汾村党委、红草社区党委，捷胜镇北门社区党委，香洲街道中区社区党委，另外因机构改革增设区农业农村和水利局机关党委），派出党工委5个（其中街道党工委4个、区直机关工委1个），党组（包括党组性质的党委）33个。

区委办公室内设秘书股、综合股、改革股、调研股、区委督查室、信息股、机要股、保密股、文电法规股、外事股、档案管理股。其下设立信息管理中心、区党政总值班室。对外加挂区委保密委员会办公室（区国家保密局）、区委机要局（区密码管理局）、区外事局、区档案局牌子。

【脱贫攻坚工作】 2月13日，市委常委、区委书记李庆新到捷胜镇埔尾村调研指导脱贫攻坚工作，要求坚持以问题为导向，确保全面建成小康路上不漏一户、不漏一人。区领导李辉雄、余正茂参加调研。

5月6日，深圳市光明区委副书记、区长刘胜率调研组到城区开展对口帮扶工作调研活动。市长杨绪松，市委常委、区委书记李庆新参加相关活动。

5月10日，区委办印发《中共汕尾市城区委办公室、汕尾市城区人民政府办公室关于〈汕尾市城区打赢脱贫攻坚战三年行动方案（2018—2020年）〉的通知》。

5月30日，市委常委、区委书记、区扶贫领导小组组长李庆新主持召开区扶贫领导小组扩大会议，深入贯彻落实习近平总书记关于扶贫工作的重要论述和省委书记李希到汕尾调研时的讲话精神、全省脱贫攻坚现场会精神，以及全市脱贫攻坚工作推进会会议精神，研究部署城区脱贫攻坚下一步推进措施。

6月28日，城区举行主题为“决战脱贫攻坚　助力乡村振兴”暨2019广东扶贫济困日活动大会，部署安排全区“6·30”活动各项工作。市委常委、区委书记李庆新出席会议并作讲话，区长罗光钊主持。区领导张淑娟、郑良斌等参加。

【区委巡察工作】 3月13日，八届区委第六轮巡察动员部署会召开。区委常委、区纪委书记、区监委主任、区委巡察工作领导小组组长王俊锐作动员讲话。

【文化旅游活动】 2月6日晚，由区委、区政府主办，汕尾星河湾承办的“善美之城贺新春”2019·汕尾市城区春节音乐烟花会演在市区善美广场举行。佛山黄飞鸿醒狮、激昂国乐和汕尾渔歌共同拉开烟花会演的序幕，璀璨绚丽的烟花与流光溢彩的滨海夜景交相辉映，市、城区干部职工以及群众共约21万人观看烟花会演。

7月29日，城区举办“聚力强军梦 同叙鱼水情”庆“八一”进军营双拥慰问演出。

8月16日，2019年汕尾市“开渔节”启动仪式在市区罗马广场举行，市委常委、区委书记李庆新，副市长林军出席，深圳对口帮扶汕尾指挥部有关负责人，市、区有关部门和城区各镇（街道）有关负责人、干部职工及渔民群众共500多人参加开幕式。

9月8日，“城区教育系统喜迎新中国成立70周年文艺晚会暨庆祝第35个教师节表彰大会”在市马思聪文化艺术中心举行。市委常委、区委书记李庆新，区长罗光钊，市教育局张志和以及张淑娟、黄义丞、郑良斌、曾向镇等区四套班子领导，各镇（街道）党政主要负责人，区直各单位主要负责人和各学校教师、学生代表共1200人参加。

12月29日，由中国美协藏书票研究会、省美协版画艺委会、区委宣传部主办，城区文联、市版画家协会承办的全国青年藏书票小版画精品展暨汕尾市藏书票小版画优秀作品展在市图书馆展出。

12月30日，城区在市马思聪艺术中心举办主题为“梦扬品清湖畔”2020新年晚会。晚会通过回顾城区历史、展望未来，为市民带来了一场催人奋进的文化盛宴。市领导黄宏伟、刘小静，区领导林钢捷、罗光钊、张淑娟、黄义丞、郑良斌等及党员干部、群众1300多人参加。

12月31日，城区在红草镇晨洲村举办为期2天的主题为“蚝情奋发 美丽晨洲”的第二届“晨洲蚝”文化节，展示城区乡村特色品牌及推动产业兴村战略成果。市领导李庆新、叶健德、吴友深、林军、程书航，区领导林钢捷、罗光钊、张淑娟、黄义丞、郑良斌等以及城区党员干部、全省各地蚝企业代表，观光游客近1000人参加。

【“三防”工作】 8月24日，市委常委、区委书记李庆新在区应急管理局召开“三防”工作会议，会后深入东涌镇“三防”指挥部、赤古村、雅居乐建筑工地、转移安置点、捷胜港口、渔政安全生产管理平台等地，现场指导防御台风“白鹿”工作。

8月24日，城区将防风Ⅳ级应急响应提升为防风Ⅲ级应急响应。全区干部职工取消双休日全员上岗。市委常委、区委书记李庆新，区委副书记、区长罗光钊到区“三防”指挥部现场指挥，对当前防御工作作出部署，并深入各地、各单位检查指导防御工作。区四套班子成员及区直机关单位负责人全部到各挂驻镇（街道）靠前指导、督促防风工作。各镇（街道）党政班子成员及工作组也全部到各挂驻的村（社区）指导、协助做好防台风各项工作，全面动员群众积极防御台风。

【安全生产工作】 9月25日，市委常委、区委书记李庆新带队开展“防风险保安全迎大庆”安全生产检查督导，先后实地察看重点交通路口、中山渡口、小岛渔村渡口、新林社区小区、商户门店、幼儿园、林埠综合市场等地，听取有关情况介绍，针对有关问题提出意见建议和整改措施。

【缅怀革命先烈活动】 9月30日，城区在市区鼎盖山举行烈士纪念日公祭活动，深切缅怀革命先烈丰功伟绩，祭慰英魂、寄托哀思，不忘初心和使命。市委常委、区委书记李庆新，张淑娟、黄义丞、郑良斌等区四套班子在家领导成员出席公祭活动。

【“不忘初心、牢记使命”主题教育】 7月10日，市委常委、区委书记区委“不忘初心、牢记使命”主题教育领导小组组长李庆新就深入开展“不忘初心、牢记使命”主题教育，贯彻落实省委、市委“大学习、深调研、真落实”工作要求，到区纪委监委调研指导工作。区领导郑良斌、王俊锐参加调研活动。

7月17日，城区召开全区“不忘初心、牢记使命”主题教育前期工作部署会议。主要任务是以习近平新时代中国特色社会主义思想为指导，深入学习贯彻习近平总书记关于“不忘初心、牢记使命”的重要论述，全面落实中央、省委“不忘初心、牢记使命”主题教育工作会议精神和市委前期工作部署会议精神，对标对表第一批主题教育工作的目标、任务与要求，积极主动、全面部署主题教育前期工作，提前预热升温，动员全区各级党组织及党员干部“守初心、担使命，找差距、抓落实”，确保接下来全区开展“不忘初心、牢记使命”主题教育取得更大实效。市委常委、区委书记李庆新作讲话，区委副书记、区长罗光钊主持会议。区委、区人大常委会、区政府、区政协领导班子成员，区法院院长，区检察院检察长，区纪委监委副书记，区委各部委、区直各单位、各人民团体主要负责人，各镇（街道）党政主要负责人参加会议。

7 月 23 日，市委常委、区委书记李庆新就开展“不忘初心、牢记使命”主题教育，贯彻落实“大学习、深调研、真落实”工作要求，深入红草镇调研指导。

7 月 25 日，市委常委、区委书记李庆新就深入开展“不忘初心、牢记使命”主题教育，贯彻落实省委、市委“大学习、深调研、真落实”工作要求，到城区宣传思想文化系统调研指导工作，了解干部职工思想、工作及生活情况，并召开座谈会，听取有关工作汇报。

7 月 29 日，市委常委、区委书记李庆新就贯彻落实“大学习、深调研、真落实”工作要求，到区委办进行调研并召开“不忘初心、牢记使命”主题教育前期工作座谈会，听取有关工作汇报和下一阶段工作安排，进一步了解干部职工工作状态与精神面貌，并指导如何做好主题教育前期工作，建设让党放心、让人民满意的模范机关。区领导郑良斌等陪同调研。

9 月 11 日，区委召开全区“不忘初心、牢记使命”主题教育工作会议，主要任务是以习近平新时代中国特色社会主义思想为指导，深入学习贯彻习近平总书记在“不忘初心、牢记使命”主题教育工作会议上的重要讲话精神，认真贯彻落实中央、省委“不忘初心、牢记使命”主题教育第一批总结暨第二批部署会议精神和全市“不忘初心、牢记使命”主题教育工作会议精神，充分借鉴运用第一批主题教育成功经验，在总结提升主题教育前期工作的基础上，对全区开展主题教育进行动员部署。市委常委、区委书记、区委“不忘初心、牢记使命”主题教育领导小组组长李庆新作讲话，市委第一指导组组长彭永新到会指导，区委副书记、区长、区委“不忘初心、牢记使命”主题教育领导小组副组长罗光钊主持会议。

9 月 17 日至 22 日，区领导开展“不忘初心、牢记使命”主题教育集中学习研讨，深入学习贯彻习近平新时代中国特色社会主义思想和习近平总书记关于“不忘初心、牢记使命”重要论述，认真贯彻落实党中央、省委、市委关于主题教育部署要求，发挥领导干部示范带头作用，推动全区主题教育高质量开展。市委常委、区委书记、区委主题教育领导小组组长李庆新，区领导罗光钊、张淑娟、黄义丞、郑良斌等区四套班子成员参加。

9 月 19 日，按照区委“不忘初心、牢记使命”主题教育领导小组的统一部署，区委副书记、区长、区委“不忘初心、牢记使命”主题教育领导小组副组长罗光钊，区人大常委会主任张淑娟，区政协主席黄义丞，区委副书记、政法委书记、区委“不忘初心、牢记使命”主题教育领导小组副组长郑良斌等区领导，到铜锣寨村革命根据地红色游击区旧址、市区鼎盖山烈士陵园、城区新时代文明实践中心等地开展革命传统教育活动，通过缅怀革命先烈，重温入党誓词，开展革命传统教育，强化初心使命。

10 月 15 日，市委常委、区委书记李庆新以普通党员身份到区委办参加党支部活动，并以“学党史、知国史，守初心、担使命，进一步坚定‘四个自信’，奋力走好新时代长征路”为题，谈体会、讲党课。

10 月 26 日，城区举办“不忘初心、牢记使命”主题教育知识竞赛，进一步丰富学习教育形式，活跃学习气氛。

【新时代文明实践中心建设工作】 7 月 14 日，省委宣传部常务副部长、省电影局局长白洁一行到城区新时代文明实践中心调研指导工作。市委常委、区委书记李庆新，市委常委、宣传部部长曾晓佳等陪同调研。

7月27日，城区新时代文明实践中心百姓舞台“礼赞新中国讴歌新时代”汕尾市城区新时代文明实践文艺惠民系列活动正式启动。该活动由区创文办、文明办和汕尾市文艺志愿者协会主办，有舞蹈、渔歌、小品等表演节目。

11月9日，广东广播电视台大型直播节目《飞越广东》摄制组工作人员到城区新时代文明实践中心百姓舞台摄制“文明实践”“周末有约·百姓舞台”“文化传承”系列活动节目并进行采访。

【乡村振兴工作】 3月13日，市委常委、区委书记、区委实施乡村振兴战略领导小组组长李庆新主持召开区委实施乡村振兴战略领导小组会议，传达省、市关于实施乡村振兴战略的会议精神，研究部署城区乡村振兴下一步工作。区领导罗光钊、张淑娟、黄义丞、郑良斌等参加会议。

3月18日，区委办印发《中共汕尾市城区委、汕尾市城区人民政府印发〈汕尾市城区关于全域推进农村人居环境整治建设生态宜居美丽乡村行动方案〉的通知》。

3月23日，市委书记、市人大常委会主任石奇珠到城区捷胜镇检查指导乡村振兴工作。市领导李庆新、余锡群等参加调研。

【荣誉称号】 2019年10月 城区新时代文明实践中心被定为全国新时代文明实践中心试点单位。

（曾俊杰）

【改革工作】 中共汕尾市城区委全面深化改革委员会办公室，设在区委办公室，负责处理区委全面深化改革委员会日常事务工作。改革股作为区委办内设机构，承担区委全面深化改革委员会具体工作，组织开展全面深化改革重大问题的政策研究，协调督促有关方面落实区委全面深化改革委员会决定事项、工作部署和要求等。

改革工作会议 5月21日，区委主要领导主持召开区委全面深化改革委员会2019年第一次会议，传达学习中央、省委、市委全面深化改革委员会会议精神，审议《汕尾市城区农村集体产权制度改革试点实施方案》。8月22日，区委主要领导主持召开全面深化改革委员会2019年第二次会议，深入学习贯彻习近平总书记关于深化改革的重要论述和对广东的重要讲话、重要指示批示精神，传达学习中央、省委、市委有关会议精神，听取各专项小组改革工作情况汇报，审议中共汕尾市城区委全面深化改革委员会专项小组成员名单以及《中共汕尾市城区委全面深化改革委员会工作规程》《中共汕尾市城区委全面深化改革委员会专项小组工作规程》《中共汕尾市城区委全面深化改革委员会办公室工作制度》等有关改革文件，研究部署城区下一阶段改革工作。

改革工作 一是提高政治站位。坚持把学习贯彻总书记关于全面深化改革重要论述作为抓好改革工作的基础，把学习贯彻成果转化为改革创新的强大动力，用改革发展实绩检验学习贯彻成效，确保全区深化改革工作沿着习近平总书记指引的正确方向奋勇前进。二是统筹谋划部署。2019年，共召开2次区委全面深化改革委员会会议，听取各改革专项小组汇报各领域改革工作推进情况，审议通过《区委全面深化委员会2019年改革工作安排》等改革文件，梳理提出40项具体改革任务，明确改革“路线图”“时间表”。以机构改革为契机，进一步配齐改革工作力量，调整充实区委全面深化改革委员会、专项小组成员，设置改革股，全面规范机构设置、职责任务、会议制度以及工作事项，充分发挥党委总揽全局、协调各方的领导核心作用，为全区全面深化改革工作提供坚实保障。三是狠抓工作落实。全面对照改革工作安排，定期不定期收集汇总各领域各项改革任务落实情况，听取重点改革工作情况汇报，进一步强化台账管理，及时更新工作进度，全面掌握全区改革任务，做到底数清、情况明。加大改革督察交流力度，对营商环境改革、农村综合改革等重点改革任务进行了专题督察、交流学习，研究分析、协调解决改革存在的困难问题，确保重点改革任务有序推进确保各项重点改革任务落到实处。

（史银玲）

重要会议

【区委八届全会】 1月25日，召开区委八届八次全会。全面总结2018年工作，谋划部署2019年工作。会议指出，2019年工作的总体要求是：以习近平新时代中国特色社会主义思想为指导，全面贯彻中共十九大和十九届二中、三中全会以及中央经济工作会议精神，学习贯彻习近平总书记对广东的重要讲话和对广东工作的一系列重要指示精神，深入落实省委十二届六次全会精神、省委书记李希到汕尾调研时的指示要求和市委七届八次全会精神，统筹推进“五位一体”总体布局，协调推进“四个全面”战略布局，坚持稳中求进工作总基调，坚持新发展理念，坚持供给侧结构性改革主线，统筹做好稳增长、促改革、调结构、惠民生、防风险、保稳定各项工作，坚定不移深化改革开放、推动高质量发展、提高发展平衡性和协调性、加强党的领导和党的建设，扎实推进“五化”“五城”各项工作，全力打好“六大攻坚战”，加快实现“四大提升”，奋力打造首善之城、大美之区，为把汕尾建设成为沿海经济带靓丽明珠做出新的更大贡献，以优异成绩庆祝中华人民共和国成立70周年。会议强调，一要全面准确把握新起点新形势新方位，始终沿着习近平总书记指引的正确方向奋勇前进；二要以习近平新时代中国特色社会主义思想统领城区一切工作，奋力开创新时代城区工作新局面，为把汕尾建设成为沿海经济带靓丽明珠做出新的更大贡献。

2月2日，召开区委八届九次全会。全会以习近平新时代中国特色社会主义思想为指导，全面贯彻中共十九大和十九届二中、三中全会精神，深入学习贯彻习近平总书记重要讲话精神，尤其是总书记关于深化党和国家机构改革的重要论述，全面落实中共中央、省委关于深化机构改革的决策部署及市委有关工作要求，对全区深化机构改革工作进行动员部署。会议强调，一要坚持以习近平总书记关于深化党和国家机构改革的重要论述为统领，进一步把思想与行动统一到党中央、省委的决策部署上来；二要坚持以中央顶层设计和省委部署为遵循，全面落实深化城区机构改革任务；三要压紧压实工作职责，确保如期高质量完成机构改革任务，为打造首善之城、大美之区、建设沿海经济带靓丽明珠提供有力体制机制保障。

12月6日，召开区委八届十次全会。全会以习近平新时代中国特色社会主义思想为指导，深入学习贯彻习近平总书记在中共十九届四中全会上的重要讲话与四中全会精神，认真贯彻落实省委十二届八次全会和市委七届九次全会精神，就落实《中共中央关于坚持和完善中国特色社会主义制度、推进国家治理体系和治理能力现代化若干重大问题的决定》及省委实施意见、市委实施方案，支持深圳建设中国特色社会主义先行示范区等有关工作进行全面部署。全会审议通过了《中共汕尾市城区委关于贯彻落实〈中共中央关于坚持和完善中国特色社会主义制度、推进国家治理体系和治理能力现代化若干重大问题的决定〉及省委〈实施意见〉、市委〈实施方案〉的实施方案》和《中国共产党汕尾市城区第八届委员会第十次全体会议决议》。会议强调，一要深入学习领会习近平总书记在十九届四中全会上的重要讲话和四中全会精神，切实增强贯彻落实的政治责任感与历史使命感；二要找准抓牢坚持和完善中国特色社会主义制度、推进国家治理体系和治理能力现代化的关键所在，确保中共十九届四中全会精神在城区得到不折不扣贯彻落实；三要积极融入“湾+区+带”全新发展格局，扎扎实实做好城区的事情，全力当好建设沿海经济带靓丽明珠的主力军；四要准确把握中共中央支持深圳建设先行示范区的总体要求、战略定位、目标任务，举全区之力助力深圳创建社会主义现代化强国的城市范例；五要强化党的领导，精心组织安排，全力推动中共十九届四中全会精神和支持深圳建设先行示范区的重大决策部署在城区落地见效。

【区委常委会（扩大）会议】 1月8日，区委八届常委会第一百一十四次（扩大）会议召开。会议传达学习了省委十二届六次全会精神和市委七届七次全会精神。会议强调，要贯彻落实省委十二届五次全会和市委七届七次全会精神及各项工作要求，对标对表、深化细化城区机构改革方案，着力构建系统完备、充满活力、运行有效的地方机构职能体系，为打造首善之城、大美之区提供坚强有力的体制机制保障。

1月12日，区委八届常委会第一百一十五次（扩大）会议召开。会议传达学习了市委七届八次全会精神，听取了城区“深调研”16个专题调研情况汇报。会议强调，全区各级党员干部群众要认真学习领会、宣传贯彻，推动各项工作落实，奋力开创城区工作新局面。一要迅速将思想和行动统一到省委、市委全会工作部署上来，二要迅速掀起学习贯彻热潮，三要扎实推动各项工作部署贯彻落实。

1月18日，区委八届常委会第一百一十六次（扩大）会议召开。会议传达学习市人大、市政协两会精神。会议强调，全区各地、各部门要坚决贯彻落实好省委十二届六次全会精神和市委七届八次全会工作部署，深刻领会市委书记石奇珠、市长杨绪松在参加市七届人大四次会议城区代表团审议时的讲话精神。一要全力推进平安法治建设，二要全力推动营商环境提升，三要全力推进土地收储工作，四要全力推动重点项目建设，五要全力推动乡村振兴。

2月13日，区委八届常委会第一百二十二次（扩大）会议召开。会议传达学习习近平总书记对做好“三农”工作的重要指示精神和中央农村工作会议精神，听取迎接省脱贫攻坚与乡村振兴考核准备情况汇报。会议强调，要认真做好迎接2018年扶贫开发工作成效省级考核和省实施乡村振兴战略实施考核的准备工作。一要高度重视，压紧压实责任；二要坚持问题导向，进行全面梳理和整改；三要加强沟通，形成攻坚合力。

2月15日，区委八届常委会第一百二十三次（扩大）会议召开。会议传达学习了习近平总书记在1月7日中共中央政治局常委会会议上的重要讲话精神，听取了区人大常委会、区政府、区政协、区法院、区检察院党组工作汇报。会议强调，一要在对党绝对忠诚、坚决做到“两个维护”上当标杆；二要在履职尽责、勇于担当上作表率；三要在扛起责任、全面从严治党上做榜样。

2月25日，区委八届常委会第一百二十五次（扩大）会议召开。会议传达学习了广东省省长马兴瑞在粤东片区工作现场会上和到汕尾调研时的讲话精神，以及《粤港澳大湾区发展规划纲要》《中共广东省委　广东省人民政府关于构建“一核一带一区”区域发展新格局促进全省区域协调发展的意见》文件精神。会议强调，各地、各部门要深入贯彻习近平总书记对广东重要讲话和重要指示批示精神，贯彻落实中共中央、省委决策部署与市委工作要求，加快融入粤港澳大湾区建设，推动城区高质量发展。一要牢牢把握重要发展机遇，为汕尾加快融入粤港澳大湾区建设、参与全省构建“一核一带一区”区域发展新格局做出新的贡献；二要深入解读文件精神，加快推动“融珠”向“融湾”升级；三要深刻剖析发展短板和不足，着力打破发展瓶颈。

3月22日，区委八届常委会第一百二十八次（扩大）会议召开。会议传达学习了习近平总书记在中共中央全面依法治国委员会第二次会议上的重要讲话精神。会议指出，习近平总书记在中共中央全面依法治国委员会第二次会议上的重要讲话进一步明确了法治建设对改革发展稳定工作的重要意义，为推进新时代全面依法治国工作提供了重要遵循。会议强调，一要持续加强法治政府建设，二要切实维护公正司法，三要加强法治教育。

3月25日，区委八届常委会第一百二十九次（扩大）会议召开。会议传达学习了习近平总书记在全国人大、政协两会期间的重要讲话精神。会议强调，各地、各部门一要认真把贯彻习近平总书记在全国人大、政协两会上的重要讲话精神，与学习贯彻习近平总书记对广东重要讲话和重要指示批示精神结合起来，全面把握全国人大、政协两会部署要求，切实把思想与行动统一到中共中央决策部署上来；二要奋力打造首善之城、大美之区，为把汕尾建设成为沿海经济带靓丽明珠做出新的更大贡献；三要进一步加强人大、政协工作，推动民主政治建设不断迈上新台阶。

3月28日，区委八届常委会第一百三十次（扩大）会议召开。会议传达学习了习近平总书记对江苏响水天嘉宜化工有限公司“3·21”爆炸事故作出的重要指示和李克强总理批示精神，以及全省安全生产专题工作会议精神。会议强调，要深入学习贯彻习近平总书记重要指示精神和李克强总理批示要求，深刻吸取事故教训，始终坚持以人民为中心的发展思想，牢固树立红线意识、底线思维，始终绷紧安全生产这根弦，杜绝麻痹思想，坚决防范重特大事故，确保全区安全生产形势持续稳定。

4月7日，区委八届常委会第一百三十一次（扩大）会议召开。会议传达学习了习近平总书记关于干部选拔任用工作的重要论述和《党政领导干部选拔任用工作条例》精神。会议强调，一要坚持以习近平新时代中国特色社会主义思想为指导，认真学习贯彻习近平总书记关于干部选拔任用工作的重要论述；二要坚持把条例作为干部选拔任用工作的基本遵循；三要坚决破除圈子文化、码头文化、以籍择人、选边站队、个人攀附和各种潜规则，严厉查处任人唯亲、排斥异己、封官许愿等违反组织纪律的问题。

4月22日，区委八届常委会第一百三十四次（扩大）会议召开。会议传达学习全市人居环境整治工作汇报会精神。会议强调，各地各部门要抓好贯彻落实，全力改善农村人居环境，加快城区乡村振兴步伐。一要增强责任感紧迫感，二要聚焦重点任务，三要强化责任担当。

5月13日，区委八届常委会第一百三十六次（扩大）会议召开。会议传达学习了习近平总书记关于老区苏区工作重要论述和重要指示精神、全省推动老区苏区振兴发展工作现场会精神与市委常委会（扩大）会议精神。会议强调，一要深入学习贯彻习近平总书记关于老区苏区工作的重要论述和重要指示要求，全面贯彻省委书记李希在全省推动老区苏区振兴发展工作现场会讲话精神与市委常委会（扩大）会议精神，提振信心、坚定决心，为老区发展坚决扛起城区应有的政治责任；二要突出重点、抓住关键，找出提高中心城区首位度的重点工作；三要全面加强党的领导和党的建设。

5月21日，区委八届常委会第一百三十七次（扩大）会议召开。会议传达学习了《中共中央关于加强党的政治建设的意见》《广东省贯彻落实〈中共中央关于加强党的政治建设的意见〉实施方案》文件精神。会议强调，一要坚定政治信仰，二要保持政治定力，三要净化政治生态。

6月14日，区委八届常委会第一百三十九次（扩大）会议召开。会议听取了2019年城区经济运行情况。会议强调，各地、各部门要认清形势、保持定力，综合施策、精准发力，努力实现“双过半”目标。一要切实增强责任感和紧迫感，二要抢抓重大发展机遇，三要坚持和加强党对经济工作的领导。

7月8日，区委八届常委会第一百四十一次（扩大）会议召开。会议传达学习了省委书记李希在“牢记初心使命、推进自我革命，为新时代开创广东工作新局面提供坚强政治保证”专题党课上的讲话精神。会议强调，要深入学习领会习近平总书记关于推进党的自我革命重要论述，深刻认识推进自我革命的重大意义。要围绕践行党的初心使命，全面准确把握新时代推进自我革命的内在要求。要以开展“不忘初心、牢记使命”主题教育为契机，践行初心使命、推进自我革命，为新时代开创城区工作新局面提高坚强政治保证。

7月16日，区委八届常委会第一百四十二次（扩大）会议召开。会议传达学习了习近平总书记在中共中央和国家机关党的建设工作会议上的重要讲话精神。会议指出，习近平总书记在中共中央和国家机关党的建设工作会议上的重要讲话，为推动中央和国家机关党的建设高质量发展指明了努力方向、提供了根本遵循。会议强调，一要不断强化理论武装，二要压紧压实党建责任，三要持之以恒正风肃纪反腐。

7月31日，区委八届常委会第一百四十三次（扩大）会议召开。会议传达学习了省委十二届七次全会精神。会议强调，一要深入学习领会全会精神，深刻理解全会报告“五个把握”“六项重点”和工作部署“九个聚焦”，切实把思想与行动统一到全会精神上来。二要迅速掀起学习贯彻热潮，将全会精神传达到每一位党员干部。三要对标对表抓好落实，调频对标、完善措施、狠抓落实，全力推动省委全会作出的决策部署落到实处、取得实效。

8月27日，区委八届常委会第一百四十七次（扩大）会议召开。会议传达学习《党政主要领导干部和国有企事业单位主要领导人员经济责任审计规定》文件精神和省审计组对汕尾市自然资源反馈意见会议精神以及省审计组对市城区党委政府主要领导经济责任审计初步意见反馈会议精神。会议强调，要提高政治站位，要做好审计整改落实工作，要加强党对审计工作的领导。

9月3日，区委八届常委会第一百四十八次（扩大）会议召开。会议传达学习了《中国共产党农村工作条例》精神。会议强调，一要增强做好农村工作的政治自觉、思想自觉和行动自觉；二要加强党对农村工作的全面领导；三要加强农村人才队伍建设。

9月11日，区委八届常委会第一百四十九次（扩大）会议召开。会议传达学习了习近平总书记在2019年秋季学期中共中央党校（国家行政学院）中青年干部培训班开班式上的重要讲话精神。会议强调，一要加强思想淬炼，二要加强政治历练，三要加强实践锻炼。

11月5日，区委八届常委会第一百五十五次（扩大）会议召开。会议传达学习中共十九届四中全会精神。会议强调，一要深刻认识中共十九届四中全会的重大现实意义和深远历史意义；二要深入学习领会党的十九届四中全会及其决定的丰富内涵和精神实质；三要在营造学习宣传贯彻浓厚氛围。

【区委理论学习中心组（扩大）学习会】 1月4日，区委理论学习中心组（扩大）学习会召开。邀请市委宣讲团成员、汕尾职业技术学院经济管理系党总支书记、主任王跃德作学习贯彻习近平总书记视察广东重要讲话精神辅导报告。

1月31日，区委理论学习中心组（扩大）学习会召开。传达学习贯彻习近平总书记在十九届中共中央政治局第十二次集体学习时的重要讲话精神。

3月1日，区委理论学习中心组（扩大）学习会召开。传达学习习近平总书记在省部级主要领导干部坚持底线思维着力防范化解重大风险研讨班开班式上的重要讲话精神、省委书记李希在全省市厅级主要领导干部坚持底线思维着力防范化解重大风险研讨班开班式上的讲话精神。

3月8日，区委理论学习中心组（扩大）学习会召开。传达学习习近平总书记在中共中央党校（国家行政学院）中青年干部培训班开班式上的重要讲话精神。

3月25日，区委理论学习中心组（扩大）学习会召开。传达学习习近平总书记重要讲话精神暨全国人大、政协两会精神。

4月11日，区委理论学习中心组（扩大）学习会召开。邀请市委宣讲团成员、市科协常务副主席杨敏文作学习贯彻《粤港澳大湾区发展规划纲要》辅导报告。

5月31日，区委理论学习中心组（扩大）学习会召开。学习习近平总书记在纪念五四运动100周年大会上的重要讲话精神。

7月31日，区委理论学习中心组（扩大）学习会召开。学习习近平关于“不忘初心、牢记使命”的重要论述，特别是在中共中央政治局第十五次集体学习时的重要讲话精神，谈心得体会，为城区开展“不忘初心、牢记使命”主题教育进行预热学习。

8月30日，区委理论学习中心组（扩大）学习会召开。邀请省委党校党史党建部主任梁道刚教授作学习贯彻《习近平新时代中国特色社会主义思想学习纲要》辅导报告。

9月3日，区委理论学习中心组（扩大）学习会召开。邀请省民族宗教研究院宗教研究所副所长陈延超作学习贯彻习近平总书记关于宗教工作的重要论述辅导报告。

11月5日，区委理论学习中心组（扩大）学习会召开。学习中国共产党第十九届中央委员会第四次全体会议精神。

11月6日，区委理论学习中心组（扩大）学习会召开。邀请中共汕尾市委党校布晓青作学习贯彻《关于支持深圳建设中国特色社会主义先行示范区的意见》的专题辅导报告。

12月25日，区委理论学习中心组（扩大）学习会召开。邀请市委宣讲团成员、汕尾市科协党组书记、常务副主席杨敏文作学习贯彻党的十九届四中全会精神辅导报告。

【区直机关党的政治建设推进会】 1月4日，召开区直机关加强党的政治建设推进会。会议要求，一要深刻认识加强区直机关党的建设极端重要性，把思想和行动统一到习近平总书记关于加强党的政治建设的重要论述上来，突出问题导向，系统全面加强与改进机关党的政治建设。二要切实增强政治意识，扎实推进区直机关党的政治建设。三要强化管党治党政治责任，把区直机关党的政治建设抓细、抓实、抓出成效。会议强调，要更加紧密地团结在以习近平同志为核心的党中央周围，坚持把政治建设作为根本性建设，全面落实新时代党的建设总要求，不断开创城区党的建设新局面,为奋力打造首善之城、大美之区，把汕尾建设成为沿海经济带的靓丽明珠提供坚强的政治保证。

【全市推进村级组织活动场所建设暨党群服务中心改造升级现场会】 1月21日，全市推进村级组织活动场所建设暨党群服务中心改造升级工作现场会在城区召开。市委常委、区委书记李庆新出席会议并致辞，市委常委、组织部部长黎明作讲话。全市226名有关村（社区）党支部书记参加现场会。

【城区脱贫攻坚专项巡察反馈会】 1月29日，市委巡察工作领导小组召开城区脱贫攻坚专项巡察反馈会，向区委反馈专项巡察情况，督促进一步提高政治站位，压实巡察整改和管党治党政治责任，推动全面从严治党向纵深发展、向基层延伸，为汕尾市打赢脱贫攻坚战、全面建成小康社会、把汕尾建设成为沿海经济带靓丽明珠提供坚强的政治保障。市委领导李庆新、黎明出席会议。

【政法工作会议】 3月8日，区委召开政法工作会议。会议深入学习贯彻习近平总书记在中央政法工作会议上的重要讲话精神，贯彻落实中央、省委、市委政法工作会议的部署要求，总结回顾2018年全区政法工作，研究部署2019年和今后一个时期的有关工作。市委常委、区委书记李庆新出席会议并作讲话，区长罗光钊主持会议。区领导张淑娟、黄义丞、郑良斌等出席会议。

【省委巡视组巡视城区工作动员会】 3月27日，省委第一巡视组巡视城区工作动员会召开。会前，省委第一巡视组组长杨汉军主持召开与市委常委、区委书记李庆新，区长罗光钊的见面沟通会，传达了习近平总书记关于巡视工作的重要讲话精神。动员会上，杨汉军作了动员讲话，并就配合做好巡视工作提出要求。李庆新作表态发言，罗光钊主持会议。

5月16日，市委常委、区委书记李庆新召开区委领导班子专题民主生活会，深入学习贯彻落实习近平总书记关于巡视工作的重要讲话精神，以“严格执行中央八项规定精神”为主题，深入查找执行中央八项规定精神方面存在的突出问题，严肃认真开展批评和自我批评，驰而不息整治“四风”，提振精气神，凝聚起干事创业的磅礴力量，全力推动全区各项工作迈上新台阶。

8月10日，省委第一巡视组向城区反馈巡视情况。省委第一巡视组组长杨汉军分别向市委常委、区委书记李庆新和区委反馈了巡视情况。李庆新主持会议并作表态发言。

8月22日，城区召开全区推进巡视整改工作动员会议。会议以习近平新时代中国特色社会主义思想为指导，深入学习贯彻习近平总书记关于巡视工作的重要论述精神，贯彻落实省委书记李希在十二届省委第四轮巡视综合情况汇报会上的讲话精神、省委第一巡视组巡视城区情况反馈会精神和全市推进巡视整改工作动员会精神，结合开展“不忘初心、牢记使命”主题教育，研究部署推进全区巡视整改落实工作，全力以赴做好巡视“后半篇文章”，以高质量的整改成效推动城区各项工作迈上新台阶。市委常委、区委书记李庆新出席并作动员讲话。区领导罗光钊、张淑娟、黄义丞、郑良斌等出席。

12月7日，区委领导班子召开“不忘初心、牢记使命”主题教育暨落实省委巡视整改专题民主生活会。会议紧扣学习贯彻习近平新时代中国特色社会主义思想主线，聚焦“不忘初心、牢记使命”这一主题，突出力戒形式主义、官僚主义重要内容，围绕理论学习有收获、思想政治受洗礼、干事创业敢担当、为民服务解难题、清正廉洁作表率的目标，按照习近平总书记关于“四个对照”“四个找一找”的要求，联系班子和个人实际，盘点收获、检视问题、深刻剖析，认真开展批评和自我批评，以钉钉子精神抓好整改，进一步增强“四个意识”、坚定“四个自信”、做到“两个维护”，推动区委领导班子履职尽责、团结奋进，在新时代把党的自我革命推向深入，以更加优良的作风全力打造首善之城、大美之区。区委书记林钢捷主持会议并作总结讲话，市委主题教育第一指导组组长彭永新出席会议并作点评讲话。

【安全生产暨森林防火工作会议】 4月2日，城区召开安全生产暨森林防火工作会议，传达学习习近平总书记对四川凉山森林火灾重要批示精神和省委书记李希在全省森林防火工作电视电话会议上的讲话精神，部署有关工作。市委常委、区委书记李庆新出席会议并作讲话，区长罗光钊主持会议。区领导张淑娟、黄义丞、郑良斌等参加。

【拆除违法建设誓师大会】 4月30日，市委常委、区委书记李庆新主持召开全区拆除违法建设誓师大会，传达学习市委有关会议精神，部署全区违法建设拆除工作。会议强调，全区上下要以最坚决的态度、最扎实的作风、最严格的要求、最有力的举措，坚决打赢拆除违法建设攻坚战。

8月22日，市委常委、区委书记、城区控违拆违领导小组组长李庆新主持召开区控违拆违领导小组全体成员（扩大）会议，听取各镇（街道）近期控违拆违工作进展情况汇报，分析研判全区当前控违拆违工作形势，部署有关工作。区领导罗光钊、郑良斌等出席会议。区控违拆违领导小组成员单位主要负责人参加会议。

【“创文创卫”工作会议】 9月5日，城区召开全区“创国卫”推进会，对“创国卫”工作进行再动员、再部署。会议强调，全区上下务必统一思想，提高认识，抢抓当前，背水一战，抢抓时间查漏补缺，落实有力措施狠抓整改，以饱满的精神面貌和显著的工作效果接受检验，为成功创建国家卫生城市做出应有的贡献。要三心合一，鼓足干劲，全力攻坚“创国卫”；要强化措施，狠抓落实，强势推进各项工作；要压实责任，勇于担当，确保实现“创国卫”各项目标。

10月10日，城区召开“创文”工作推进会，贯彻落实全市“创文”迎检推进会精神，并针对“创文”迎检工作的各个重点领域作出全面部署安排，确保顺利通过“创文”工作检查验收。会议强调，一是站位要再提高；二是措施要再强化；三是责任要再压实。

10月26日，城区召开“创国卫”工作推进会，明确把创建国家卫生城市工作作为践行“不忘初心、牢记使命”主题教育的具体行动，要求全区上下要进一步压实工作责任，全力以赴做好国家卫生城市“备考”工作。

12月17日，城区召开全区“创国卫”工作推进会，贯彻落实市委、市政府关于“创国卫”的工作部署，对全区“创国卫”工作进行再动员、再部署、再推进。会议要求，全区上下要统一思想、凝聚共识，以必胜的信念、决胜的姿态、强力的举措，全力做好“创国卫”迎检工作，确保如期高质量完成创建目标。城区委书记林钢捷出席会议并作讲话，区长罗光钊主持会议。

（曾俊杰）

附：区委办公室领导名录

主　任：李辉雄

常务副主任：马长乐（2019年2月任）

副主任：马长乐（2019年2月离任）

　　　　施培伟（2019年2月任）

　　　　刘志盛（2019年2月任）

保密工作

【概况】 中共汕尾市城区委保密委员会办公室、汕尾市城区国家保密局为一个机构、两块牌子，并入区委办公室，作为内设机构保密股，既是区委保密工作办事部门，又是区政府职能机构，执行上级保密部门有关的工作方针、政策、决定、指示，完成上级保密部门布置的任务；负责制定城区保密工作的有关规定并组织实施；负责城区各地各部门保密工作的指导和检查、督促工作。2019年，在区委、区政府坚强领导下，以习近平新时代中国特色社会主义思想为指导，深入贯彻落实习近平总书记关于加强保密工作的重要指示批示精神，紧紧围绕省委、市委和区委保密委工作部署，扎实开展工作，圆满完成各项工作任务，全区没有出现失、泄密事件、不稳定因素，充分发挥了保安全、保发展作用，受到上级部门领导的充分肯定。

【保密工作领导】 区委副书记、区政法委书记郑良斌任区委保密委员会主任，切实加强对保密工作的领导。各地、各单位特别是涉改单位也相应调整充实保密组织机构，明确单位主要领导或一名副职专门负责保密工作，落实有关人员负责日常管理工作。

【保密工作会议】 7月，区长罗光钊主持召开区政府党组八届四十三次（扩大）会议，听取城区上半年保密工作情况汇报，研究下一步部署工作。

【保密教育】 各地、各单位认真开展保密教育工作。一是在全区开展“五法”（《中华人民共和国军事设施保护法》《中华人民共和国保守国家秘密法》《中华人民共和国国防法》《中华人民共和国国家安全法》《中华人民共和国反间谍法》）普法知识竞赛活动，通过关注“保密观”微信公众号进行竞赛和学习。二是做好全区保密宣传教育重点资料征订工作，进一步增强保密知识和保密意识。

（黄嘉聪）

附：城区国家保密局领导名录

局　长：廖海娜（2019年2月离任）

　　　　施培伟（2019年8月任）

组织工作

【概况】 区委组织部是区委主管组织、干部和人才工作的职能部门。内设办公室、组织一股、组织二股、干部一股、干部二股、干部监督股、调研室、人才股、公务员管理股、老干部股，下设电教中心、老干部服务中心。2019年，城区组织工作以习近平新时代中国特色社会主义思想为指导，全面贯彻落实中共十九大精神、十九届四中全会精神和习近平总书记重要讲话精神，落实新时代党的建设总要求和新时代党的组织路线，聚焦主责主业，采取有效措施，精准抓好落实，着力加强基层组织建设、干部及人才队伍建设、部门自身建设，扎实推进各项组织工作，为城区打造首善之城、大美之区提供坚强组织保障以及人才支撑。2019年，全区基层党（工）委18个；党组33个，党总支78个，党支部517个。全区有党员11680人，其中女性党员3423人；全区有公务员900人，其中区直机关公务员717人，女性公务员295人。

【党的基层组织建设】 *开展“不忘初心、牢记使命”主题教育活动* 围绕中共中央“不忘初心、牢记使命”主题教育部署要求，发挥领导带头示范作用，创新“主题教育+”扎实推进主题教育各项工作。区委领导坚持“十个带头”，全力推动四项重点措施落到实处，开展为期7天的集中学习研讨；确立了11个专题，深入开展“深调研”，并形成调研报告；到分管单位或挂驻村（社区）、组织关系所在党支部讲专题党课；国庆期间带头开展大走访、大排查、大整治行动，持续开展消防隐患整治行动；区领导班子共梳理问题61个，制定整改措施并整改；区班子成员共梳理问题246个，制定整改措施并整改。对于省委巡视整改的3个方面、12个问题、3点意见建议，相应制定了99条具体整改措施，已有21条具体措施整改完成，78条需长期推进的已取得阶段性成效；按照时间节点全力抓好8个专项整治，确保整改落实到位。在区委领导的示范带动下，全区各基层党支部组织广大党员全覆盖开展主题教育。全年轮训支部书记899人次，246名支部书记讲解专题党课，213名支部书记向所在支部党员报告了个人学习体会，党员开展志愿服务2911人次，为群众办实事好事3479件。

基层党建工作 以抓好“一活动三工程”为重点，全力推进《加强党的基层组织建设三年行动方案》落实落细。

1.开展基层党组织达标创优活动。建立“一周一通报”制度，实行镇（街道）优化基层党组织设置工作情况每周通报，督促各党（工）委严格抓好基层党组织优化设置工作，全年村级党支部升格为党总支的49个、升格为党委1个。5月8日、24日分别召开全区教育系统加强党的建设和意识形态安全工作会议、全市“党建带关建”促“三教”结合创新发展现场会，进一步加强各领域党建工作。

2.实施基层党组织“头雁”工程。以“六个一批”主抓手，选优配强基层党组织书记。2017年5月村级换届以来，已调整村（社区）党组织书记46人，其中，2019年调整村（社区）党组织书记36人（动员乡贤回归5人、区镇机关选派13人、实践锤炼提拔17人、整顿后进撤换1人），储备村（社区）党组织书记后备人员199人。加强村（社区）党组织书记因私出国（境）管理，38名村（社区）党组织书记的50本因私出国（境）证件由区委组织部统一管理。

3.实施“南粤党员先锋工程”。深入开展“亮身份、作承诺、见行动”活动，在重大节日开展党员服务志愿者活动，分别在4月、7月下发了《文明祭祀 党员先行——致全区共产党员的一封信》《带头“创国卫 共建善美城市”——致全区共产党员的一封信》，发挥党员在文明祭祀、“创国卫”工作中的先锋模范作用。6月25日晚，联合区委宣传部举办“榜样就在身边——汕尾市城区迎‘七一’优秀共产党员（集体）故事分享会”，反响良好。以开展“七个一”活动（即组织一次摸底排查、举办一次集中培训、进行一次谈心谈话、开展一次志愿活动、发放一封致党员信、查验一次流动党员活动证）为载体，强化流动党员的身份意识，切实加强流动党员教育管理服务工作。注重党员关心关爱工作，春节前慰问老党员、困难党员和因公殉职干部遗属共105人；“七一”期间慰问老党员、困难党员等111人。

4.实施基层基础保障工程。坚持“一村（社区）一领导挂驻、一支部一堡垒、一村（社区）一策、一标准一特色、一周一跟进”措施，稳步推进村级组织活动场所建设和党群服务中心改造升级工作。全年全区需要新改扩建的36个村（社区）中，已全部完成了建设工作。1月21日，承办召开全市村级组织活动场所建设及党群服务中心改造升级工作现场会，并作了经验介绍，得到市委组织部和兄弟县（市、区）的肯定。

5.强化村级“两委”班子建设。继续落实“一村（社区）一研判、一村（社区）一法律顾问、一村（社区）一大学生、一周一学习、一月一培训、一季一小结”工作要求，不断强化村级“两委”班子建设，推进基层治理。2019年，镇级党校开展“一月一培训”159场次，参训人员13762人次，各村（社区）开展“一周一学习”4399场次，参加人员26986人次。

6.坚持党建引领统筹推进中心工作。强化基层党组织的政治引领作用，扎实推进创文创卫、脱贫攻坚、乡村振兴等中心工作，尤其以“一村一策一方案、一村一图一规划、一村一企一产业、一村一品一特色、一村一园一景致”为主抓手，全力以赴推动乡村振兴战略各项工作落到实处，惠及群众。现完成“一村一策一方案”的有55个，“一村一图一规划”的有55个，“一村一企一产业”的有24个，“一村一品一特色”的有29个，“一村一园一景致”的有27个。

软弱涣散党组织整顿工作 按照上级关于整顿软弱涣散村（社区）党组织的部署要求，对10个软弱涣散村（社区）党组织加以整顿。其中，东涌镇宝楼村、碧桂园社区，香洲街道西洋村，新港街道芳容村4个软弱涣散村（社区）党组织被纳入主题教育集中整顿。结合“四级”联动、一村一方案、互融共促的整顿方式，整顿工作取得了较好的成效。是年，东涌镇宝楼村、东涌镇碧桂园社区、红草镇埔边村、马宫街道盐町村、新港街道芳荣村和香洲街道西洋村等9个党组织已基本完成整顿工作，剩余1个凤山街道芦列坑村党组织正有序推进整改中，预计在2020年6月底前全面整顿完成。

【党员管理工作】 区委组织部认真贯彻落实《中国共产党发展党员细则》相关规定和市委组织部《关于做好2019年发展党员工作的通知》要求，按照“控制总量、优化结构、提高质量、发挥作用”的方针，有力落实全区发展党员工作，确保发展党员质量。

1. 制定好发展党员工作计划。根据市委配给的年度发展党员指标，结合各地、各单位实际精准分解发展党员总量，将指导性结构计划逐一分配到7个镇（街道）党（工）委、区直工委和区电信公司党委。2.确定好发展党员结构标准。注重在农民工群体、高知识群体、非公有制和社会组织群体中倾斜，分领域、分行业、分类别做好发展党员工作，不断优化党员结构，确保在新吸收的党员中，35岁以下的党员、大专以上文化程度党员、妇女党员的比例均有提高，特别是新发展的党员中大专以上文化程度比例对比2018年有显著提高，党员队伍的结构得到进一步优化，素质进一步提高。3.把控好发展党员工作进度。加强对各基层党（工）委发展党员工作的指导，要求各基层党（工）委预判全年发展党员情况，每月上报发展党员进展情况，适时根据各基层党（工）委发展党员工作实际，并结合年度发展计划，及时调整发展党员增减指标，强化动态管理。是年，完成发展党员160名，发展计划完成率达100%。其中，男性111名，女性49名；35岁以下103名，36岁至45岁41名，46岁以上16名；大专及以上学历100名（其中本科学历53名），高中及以下学历60名；任职非公有制经济单位7名，产业工人（含农民工）7名，农牧渔民54名，其他类型92名。

【镇级党校建设工作】 是年，镇级党校开展“一月一培训”159场次，参训人员13762人次；各村（社区）开展“一周一学习”4399场次，参加人员26986人次。同时，深入开展村（社区）“两委”干部学历提升行动，与市开放大学合作开班，切实提高村（社区）“两委”干部的文化程度，已有56名“两委”干部和18名党组织书记后备干部参加了学历提升行动。

【领导班子和干部队伍建设】 以机构改革为契机，大力强化干部和人才队伍建设。1.有序推进机构改革。坚决贯彻落实党中央、省委、市委和区委有关决策部署要求，深入研究制定城区机构改革方案，对各镇（街道）、区直单位开展“深调研”，全面摸清机构编制使用与干部人员配备情况，确保思想不乱、工作不断、队伍不散、干劲不减。以转隶组建为着力点，以“三定”为核心，坚持“先转隶、后三定”的原则，逐步完成涉改部门合署办公、人员转隶、档案移交、机构挂牌等工作。完成全区机构改革的班子配备等工作，撤并整合区直副科级以上机构22个，调整配备科级干部130名。严格干部选拔任用。严格落实《党政领导干部选拔任用工作条例》，是年，区委共召开涉及人事任免议题常委会8次，提拔任用60人次，交流轮岗71人次。提拔任用的60名干部中，副科提任正科19人，科员提任副科41人，提拔女干部14人，35岁以下年轻干部10人，全日制本科以上干部32人，从镇（街道）一线提拔15人。2.认真做好公务员工作。学习新修订的《中华人民共和国公务员法》，把政治标准和政治要求贯穿融入公务员队伍建设全过程各方面，加大公务员和选调生考录力度，充实城区年轻干部队伍。按照有关规定，做好2019年新公务员和2018年选调生招录相关工作，进一步高质量充实城区公务员队伍。共录用选调生18名，区直机关和镇（街道）计划招录45名公务员。规范干部调任转任，调动公务员32人、调动党群口事业干部10人。贯彻实施公务员职务与职级并行工作,组织开展公务员、编制情况摸底、档案专审复核、干部信息更新等前期工作，制定落实《汕尾市城区公务员职务与职级并行制度工作方案》，率先在全市各县（市、区）中完成公务员职级设置和套转工作,套转区管以上干部537人，树立起正确的用人导向，激励广大公务员积极担当作为、真抓实干。

干部教育培训工作　制定实施“八项本领”和新知识新技能专项培训计划，采取“党校+高校”“走出去+请进来”等形式，邀请专家、学者，把专业知识讲深讲透，有针对性对各级各类干部开展轮训。

2019年，举办粤港澳大湾区研讨班，完成全区科级干部培训、40周岁以下的股级干部培训、初任公务员、红色讲解员等专题培训16期，参训近2000人次；组织选派县处级领导干部和镇（街道）正职参加省、市组织的培训班和研讨班13期，参训近100人次，切实提高广大干部的综合素质能力水平。尤其是年轻干部培训班，注重培训内容新颖丰富，精心设计培训课程，科学安排授课内容，为学员提供丰富的“营养套餐”，创新培训形式，培训方式多样化，拓展视野，开阔学员思路。

干部监督工作　严格执行领导干部个人有关事项报告制度，提高填报“一致率”，加强查核结果运用。进一步加强对干部选拔任用工作的监督，3月底完成区委2018年度选人用人“一报告两评议”

工作，5月底完成执行任职回避不严问题专项整治工作。严格贯彻执行《关于防止干部“带病提拔”的实施意见》，落实干部选任工作纪实等制度，推进“带病提拔”倒查常态化。充分运用“12380”举报平台，畅通举报渠道，改进信访举报查核工作，做好数据和结果运用，切实提高信访举报工作效能。2019年，审批同意城区科级干部出国（境）办理因私自费出国或前往香港、澳门旅游69人次，因公临时赴港澳人员经区委组织部备案12人次；共预告干部考察、公示干部提拔任用6批59人次，公示期间没有收到任何影响任用提拔的情况反映；受理信访件17宗，办结15宗。

档案管理工作　机构改革干部人事档案顺利移交。在职公务员（含参公管理）干部人事档案254卷全部接收，所涉及的干部人事档案都按照要求填写了“干部人事档案转递情况登记表”；持续巩固档案专项审核抽查督导成果。按照市委组织部《关于印发干部人事档案专项审核“回头看”工作方案的通知》，继续对照《档案专项审核发现问题及处理办法》所列的问题清单，针对“三龄两历一身份”信息认定存在的问题，安排重新“回头看”并动态更新区管干部“三龄两历”信息。切实提高组织人事审档能力水平。5月，开始组织各地单位对全区股级及以下公务员档案进行专项审核“回头看”，基本完成组织认定全覆盖。10月，召开全区干部人事档案工作会议，传达《干部人事档案工作条例》精神，并对档案材料的分类、专审“回头看”发现问题及处理办法进行详细讲解，推进全区干部人事档案人才队伍建设及人事档案规范化建设。落实省委选人用人专项检查组关于对干部人事档案反馈意见的整改。做好干部档案日常管理工作。9月，制定《干部人事档案查借阅工作规定》，完善干部人事档案借阅有关制度，推进档案日常管理规范化、制度化。

人才工作　坚持服务人才就是服务发展，以优质的人才服务，强化党对人才的引领吸纳。强化政治引领。扩大互联网等新兴领域的党组织覆盖和党建工作覆盖，全力实现党对新兴领域人才的管理。以区、镇两级党校为依托，以基层党支部为基本单元，落实“一周一学习”“一月一培训”等制度，开展大学习、大培训，组织各类人才参加政治学习教育，开展年轻干部专题培训、“红色讲解员”等多期专项人才培训班，重点学习习近平新时代中国特色社会主义思想，进一步提高政治素养，增强人才政治认同感和向心力。构建人才工作平台，对进驻相关企业、园区、村落、专业大户进行科技帮扶，催生一批创新创业团队。2019年，全区申报高新技术企业6家（获批累计16家）、新培育新技术企业3家，申报市级企业技术研发中心5家（获批累计40家）。注重关心厚爱。落实“五个一”关爱工程等措施，扎实做好人才服务工作。进一步激发和调动人才的积极性与创造性，切实打好人才“感情牌”。对高层次专业人才，从家属就业、子女入学、户口管理、医疗和住房保障等方面均给予配套政策。针对卫生、教育等领域紧缺人才的问题，组织有关单位到广西医学院、桂林医学院等重点院校招聘卫健人才，到江苏、东北、山西等省份招聘教育人才，共招录10名全日制本科学历医疗人员，并与13名教育类研究生签订就业协议。继续实施“一村一大学生”工程，完成第一批30名大学生工作人员试用期考核工作；同时完成第二批41名“一村（社区）一大学生”招聘工作，并安排到基层工作。实施乡村人才振兴计划，吸引高校毕业生到基层服务，促进人才“上山下乡”，汇聚乡村振兴发展力量。此外，积极协助省人才办做好“一核一带一区”人才发展规划编制工作，协助完成参加2019年广东中青年科学家汕尾行的科技服务专家与企业对接工作。集聚合力，常态化跟踪管理好各类人才。

（陈泓介）

附：区委组织部领导名录

部　长：孔卓文

副部长：张祥文（2019年2月离任）

卢立对（2019年2月离任）

王茂松（2019年2月任）

庄汉杰（2019年2月任）

赖振亚（兼）

部务委员：王德瀚

刘素君

老干部工作

【概况】 区委老干部局成立于1988年，行政级别为正科级，归属区委组织部管理。2019年，区委老干部局坚持以习近平新时代中国特色社会主义思想为指导，认真学习贯彻习近平总书记关于老干部工作的重要论述及对广东重要讲话和重要指示批示精神，教育引导老干部与老干部工作者增强“四个意识”，坚定“四个自信”，坚决做到“两个维护”。认真贯彻落实全国、全省、全市老干部局长会议精神，以老干部工作努力为党的事业增添正能量为价值取向，激励城区广大离退休干部为实现“两个一百年”奋斗目标和中华民族伟大复兴的中国梦，推动城区加快振兴发展，建设“首善之城、大美之区”奉献智慧和力量。全区有离休干部23名。

【落实老干部待遇】 *离休干部基本医疗费* 离休干部现处于“双高期”（高龄期、多疾病高发期），区委老干部局对此高度重视，为确保离休干部基本医疗费到位，争取离休干部定点医院和区财政局、卫健局的支持配合，以保证离休干部住院治疗费用。2019年，因病住院治疗的离休干部共有36人次，报销审核发放离休干部医疗费共计633542元。文件要求增加离休干部护理费的有11人，共增加发放17.7万元。

已故离休干部配偶补助 认真执行上级文件精神，关心已故离休干部配偶补助，分上下半年两次共发放已故离休干部配偶补助94848元，惠及已故离休干部配偶23人。

探访慰问老干部 坚持做好节日期间对老干部的探访慰问工作，在老人节和春节等重大节日期间，由局领导亲自带领干部职工对全区离休干部、部份退休老干部和老干部遗属开展上门走访慰问活动，或到医院探访慰问。2019年，全区全年探访老干部90人次，共发放慰问金3万元。

【老干部活动】 加强理论学习和思想教育。采取送学上门、通报情况、座谈讨论等方式，组织引导离退休干部深入学习习近平新时代中国特色社会主义思想理论体系。在全区离退休科级以上干部中组织开展以“增添正能量、共筑中国梦”为主题的正能量活动，分3批次给离休干部送学上门，并通报时事政治和城区经济社会发展情况，共分送学习资料200多份。加强离退休干部党员教育管理。激励离退休干部党员始终保持共产党员的情怀，坚定共产党人的信仰信念。加强离退休干部流动党员教育管理，落实流入地党组织管理为主、流出地党组织配合的双向共管责任，方便离退休干部党员参加组织生活。加强离退休干部活动场地、学习阵地建设。积极协助建设市区老干部大学综合楼，做好立项、地质勘察、坐标测定、工程预算等前期工作，实现市区老年大学的共建共享。筹建老干部活动中心，已经进行了规划和勘察设计，并办理国土规划手续以及招投标集资等工作。协助区关工委做好全市“党建带关建”，促进三教结合创新发展现场会；举办全区“翰墨丹青颂中华——庆祝中华人民共和国成立70周年大型笔会”活动。

【建立健全老干部领导工作机制】 加强离退休干部党组织建设。及时调整中共汕尾市城区委离退休干部工作委员会成员，要求各地、各部门把离退休干部党组织纳入党的建设总体布局，进一步理顺镇（街道）离退休干部党组织党建工作领导体制，加强对离退休干部党组织党建工作的领导。全区共成立离退休老干部党支部10个，共有党员239人。

（陈泓介）

附：区委老干部局领导名录

局　长：孔祥文（2019年2月离任）

　　　　赖振亚（2019年8月任）

副局长：邓　光（2019年2月离任）

宣传工作

【概况】 2019年，区委宣传部在区委、区政府的坚强领导下，以习近平新时代中国特色社会主义思想为指导，深入学习贯彻中共十九大及十九届二中、三中、四中全会精神以及习近平总书记对广东重要讲话和重要指示批示精神，全面落实省委书记李希到汕尾调研时的指示要求，紧紧抓住“两个巩固”（巩固马克思主义在意识形态领域的指导地位，巩固全党全国人民团结奋斗的共同思想基础）的根本任务，围绕全区中心工作，不断解放思想，改革创新，认真完成各项宣传思想文化工作任务，为城区打造首善之城、善美之区提供有力的思想保证、精神动力、舆论支持、道德滋养和文化条件。

【思想政治建设】 一是把学习贯彻习近平总书记重要讲话精神作为头等大事和首要政治任务，全力服务好区委理论学习中心组学习，统筹组织各级党委（党组）理论学习中心组开展学习。2019年，共召开区委理论学习中心组（扩大）学习会14场次，并围绕会议主题编印发放学习资料汇编9套730册。二是积极组建队伍参加全市学习《习近平新时代中国特色社会主义思想学习纲要》知识竞赛；向“学习强国”学习平台推送各类稿件27篇，广东学习平台采用27篇，《汕尾城区：“三级架构”“五大系列”实践点打造城市文化名片》登上全国学习平台实践频道栏目首页。

【意识形态建设】 一是压紧压实意识形态工作责任制。2019年，区委3次以理论学习中心组的形式，专题学习“媒体深度融合”“防范化解重大风险”和“宗教工作”等意识形态课题。坚持研判在先，召开意识形态分析研判会4场次，形成意识形态分析研判报告4期。牵头区直有关单位组成调研组，就全区意识形态工作责任制落实情况进行专题调研，形成调研报告，梳理总结出5个方面存在问题，针对性地提出6条对策建议。二是守好筑牢各类意识形态阵地。加大“扫黄打非”工作力度，全年牵头开展5场“扫黄打非”专项整治行动，组织出动执法人员1453人次，检查音像制品店、书报摊、电影院等共405家次，收缴了一批非法出版书籍和43张音响制品。开展2019年汕尾市城区秋季开学专项督导检查，重点内容涉及党建工作、意识形态工作、安全工作等共20大项。组织召开全区境外宗教渗透和非法宗教活动情况分析研判会，对校园传教和非法宗教宣传品、出版物问题进行重点分析研判。

【创新宣传文化】 一是做大做强新闻宣传工作。继续办好《今日城区》内部刊物以及《今日城区》公众号等区级新闻媒介，重点宣传报道城区经济发展、民生保障、文明创建等亮点工作，并积极与省、市主流媒体合作，接待境内外20多家媒体到城区开展大型采访活动，争取城区正面宣传的最大“出镜率”。2019年，《今日城区》编辑部采编人员及通讯员在市级以上报刊、网络发表稿件880多篇；《今日城区》公众号推送各类稿件1266篇（条）。二是广泛发动社会宣传。利用全区400多个宣传栏、150多个LED电子屏，制作张贴海报1万余张、悬挂横幅800余条，对习近平新时代中国特色社会主义思想、中共十九届四中全会精神和“新中国成立70周年”等进行全方位、立体式宣传。精心组织控违拆违、扫黑除恶、清明防灭火等宣传报道，印制宣传资料12万多份。特别是5月16日，牵头28个成员单位在玉台山慈云广场集中举行汕尾市城区扫黑除恶专项斗争宣传月活动，近2000名群众参加活动，营造良好的社会宣传氛围。三是做好庆祝新中国成立70周年各项宣传工作。围绕新中国成立70周年这条主线，先后下发《汕尾市城区庆祝中华人民共和国成立70周年宣传文化系列活动安排》《关于布置庆祝新中国成立70周年主题宣传画的通知》等文件，连续召开会议对国庆期间的宣传文化活动及宣传氛围营造作出进一步部署。国庆期间，全区悬挂国旗将近1.5万面、喜庆灯笼800多串，设立庆祝新中国成立70周年大型宣传牌25个、大型LED屏8个，制作张贴宣传画314幅，悬挂宣传标语337条、LED字幕153条，并在长沙湾高速路口、善美广场、火车站、新时代文明实践中心惠民广场等地设置庆祝中华人民共和国成立70周年的主题景观。

【网络安全】 加强分析研判。在坚持“一天一汇报、一周一总结、一月一研判”工作机制的基础上，建立网络安全一周一专报制度，每周进行汇总、梳理、分析，供区委主要领导掌握第一手情况。坚持研判在先，落实每月定期研判，2019年共召开分析研判会4场，形成分析研判报告4份。加强制度完善。先后制定《汕尾市城区网络内容建设工程实施意见》《汕尾市城区加强网络安全和信息化工作的实施方案》等文件，进一步规范城区网络建设和管理。及时妥善处理了捷胜镇拆违、和顺花园摩托车停车棚起火和马宫渔船失火等突发事件，成功完成了国庆70周年庆典、广东省第八届粤东侨博会等重要时间节点的网络安全工作。

【精神文明建设】 一是全力以赴打好“创文创卫”攻坚战。全区清理卫生死角23964处（垃圾13698吨），清理“牛皮癣”15722处；对工地和物业小区开展执法3394次，开出整改通知书986份，责令工地清理环境卫生1254宗；拆除清理违章和私设广告设施1584处、乱张挂广告横幅等2360条，拆除乱搭建1187处（89603平方米），纠正规范乱摆放40912次，处罚违反“门前三包”责任制乱丢垃圾1130宗，罚款27.21万元；开展各类交通违法行为专项整治行动2022场次。城区在2019年全市创文工作“一月一主题”测评中3次排名第一，东涌镇、凤山街道、香洲街道、捷胜镇各取得1次排名第一，红草镇3次获得第一名。继续落实“一月一主题”测评奖惩机制，对全区村（社区）在环境卫生整治、宣传氛围的营造等工作开展的情况进行测评排名11期次，对排名前三名的授予“红旗牌”，排名后三名的发给“乌龟牌”。

二是多措并举推进新时代文明实践试点建设。以建设“善美讲坛、惠民广场、百姓舞台、文化长廊、文明驿站”五大系列实践点为抓手，全力打造基层理论宣讲平台、教育服务平台、文化服务平台、科技与科普平台、健身体育服务平台。全区已设立新时代文明实践中心1个、镇街文明实践所7个、村社文明实践站95个、志愿服务队91支、文娱队伍76支、善美讲坛95个、惠民广场66个、文化长廊112个、百姓舞台108个、文明驿站87个。2019年，开展文艺活动463场次，组织各类学习宣讲报告会489场次，学习人数达3.6万多人次；各镇（街道）、各村（社区）开展各类学习会、宣讲报告会1701场次，新时代文明实践点逐步成为全区群众学习践行习近平新时代中国特色社会主义思想的一个重要平台，区新时代文明实践中心于2019年10月被定为全国新时代文明实践中心试点单位。组织志愿者开展“我们的节日”“文明交通劝导”“汕尾处处有雷锋”系列志愿服务活动10705场次，人均服务时长约60.8小时，实现新时代文明实践志愿服务体系的全覆盖、有形化。

三是大力培育社会主义核心价值观。2019年经区文明办推荐获评中国最美孝亲少年、广东好人名录等省级以上荣誉称号9人，获市最美南粤少年、汕尾市优秀教师（教育工作者）等市级荣誉称号20人。评选区级最美南粤少年61名，城区优秀校长、优秀教育工作者、优秀教师、优秀班主任85人，“感动城区年度教师”1名，“感动城区年度教师”提名奖5名。联合区妇联授予10户家庭“最美家庭”荣誉称号、16户家庭“美好家庭”荣誉称号。

四是不断丰富人民群众性文化生活。成功举办春节烟花会演、“奋进新时代”——汕尾市城区2019年迎新春创文文化志愿系列活动、“榜样就在身边”——汕尾市城区迎“七一”优秀共产党员（集体）故事分享会等。围绕中华人民共和国成立70周年主线，组织拍摄“我爱你中国”庆祝中华人民共和国成立70周年快闪，举办“礼赞新中国、讴歌新时代”文化下基层巡演活动5场次，举办“时代新人说——我和祖国共成长”红色故事专题比赛及汕尾市城区抖音短视频征集活动等。根据省文明办要求，在马宫街道、捷胜镇、东涌镇、新港街道等地举办包括百姓宣讲、文艺展演、惠民志愿服务、“种文化”培训、走访慰问、电影下乡、主题教育实践等内容的新时代文明实践广东“七个一百”精品项目第四批下基层活动；组织汕尾渔歌专场“渔民心向共产党”到马宫街道、东涌镇等地进行巡演，让群众们在家门口就能享受到原汁原味的当地“文化大餐”。

【重要会议】 2月15日，城区召开全区宣传思想工作会议。区委常委、宣传部部长叶凯旋出席会议并作讲话。各镇（街道）宣传委员、分管宣传思想文化工作的负责人，区直有关单位分管宣传思想文化工作的负责人，区委宣传部、区创文办全体人员参加会议。

9月3日，市委常委、区委书记李庆新主持召开区委理论学习中心组（扩大）学习会，邀请省宗教学会秘书长、民族宗教研究院宗教研究所副所长

（负责人）、副研究员陈延超作专题宣讲报告，深入学习贯彻习近平总书记关于宗教工作的重要论述精神。区委理论学习中心组成员，各镇（街道）党政主要领导、分管宗教工作的负责人，区直副科级以上单位主要领导，区各中小学校校长，各村（社区）党组织书记或主任等300余人参加会议。

10月10日，城区召开“创文”工作推进会，贯彻落实全市“创文”迎检推进会精神，并针对“创文”迎检工作的各个重点领域作了全面部署安排，确保顺利通过“创文”工作检查验收。区长罗光钊主持会议。

11月13日，城区宣传文化系统召开学习宣传贯彻中共十九届四中全会精神会议。会议就如何加强对各地各部门学习宣传贯彻党的十九届四中全会精神的宣传报道、新闻转载，做好网络安全监督、“创文创卫”、红色资源挖掘宣传等工作进行具体部署。

【文化活动】 2月19日，城区新时代文明实践中心大舞台举行“善美汕尾”3D灯光秀，以炫动多姿的光影形式，营造出绚丽华彩的城市之美，让市民群众在喜庆祥和的气氛中领略优秀传统文化的独特魅力，感受祖国的伟大富强与新时代的美好生活。

5月15日，城区妇联、城区文明办联合，在城区新时代文明实践中心开展“弘扬家国情 礼赞新时代”国际家庭日主题活动暨2018年“最美家庭”授牌仪式。

5月16日，城区扫黑除恶专项斗争宣传月系列活动在市区玉台山慈云广场举行启动仪式。区委副书记、政法委书记郑良斌，各镇（街道）、区直各单位干部职工共600多人参加启动仪式。

6月25日晚，城区举办“榜样就在身边——汕尾市城区迎‘七一’优秀共产党员（集体）故事分享会”。李庆新、罗光钊、黄义丞、郑良斌等区领导及各镇（街道）、区直单位党员干部近1300人参加。

11月9日，广东广播电视台大型直播节目《飞越广东》摄制组工作人员到城区新时代文明实践中心百姓舞台摄制“文明实践”“周末有约·百姓舞台”“文化传承”系列活动节目并进行采访。

12月11日，新时代文明实践广东“七个一百”精品项目第四批下基层活动走进城区捷胜镇南门外村。活动现场，省志愿服务队、汕尾市和城区志愿服务队联合在南门外村广场开展政策宣传、健康医疗、法律援助、科学普及、农技培训等惠民志愿服务，同时省、市、区的文艺名家名人还送上了精彩纷呈的文艺精品节目展演，为当地群众送上高品质的文化大餐。

12月29日，由中国美协藏书票研究会、省美协版画艺委会、城区委宣传部主办，城区文联、市版画家协会承办的全国青年藏书票小版画精品展暨汕尾市藏书票小版画优秀作品展在市图书馆展出。

12月30日，城区在市区马思聪艺术中心举办主题为“梦扬品清湖畔”2020的新年晚会。晚会通过回顾城区历史，展望未来，为市民带来了一场催人奋进的文化盛宴。市领导黄宏伟、刘小静，城区领导林钢捷、罗光钊、张淑娟、黄义丞、郑良斌等及党员干部、群众1300多人参加。

（何梓阳）

附：区委宣传部领导名录

部　长：叶凯旋
常务副部长：黄汉家
副部长：韩如沛
　　　　贾继业

统战工作

【概况】 2019年，根据区委关于机构改革工作的部署，区委统一战线工作部重新调整职能设置和内设机构，对外加挂汕尾市城区民族宗教事务局、汕尾市城区台港澳事务局、汕尾市城区侨务局牌子，内设办公室、党派工作与经济联络股、民族宗教股、台港澳事务与侨务股4个股室。主要负责联系区各民主党派、无党派代表人士，领导区工商联党组，管理民族宗教、非公经济、港澳台侨等领域统战工作。自机构改革后，区委统一战线工作部立足新机构、新职能，以开展“不忘初心、牢记使命”主题教育工作为契机，认真落实好各领域统战工作，充分整合统战资源、发挥统战优势、凝聚统战力量，全力服务城区发展大局。

【落实党管统战责任】 调整城区统一战线工作领导小组成员，深入巩固完善民族宗教工作三级网络两级责任制，指导基层村（社区）设置“民族宗教工作联络站”，“村（居）民委员会统战工作联络员职责”和“村（居）民委员会民族、宗教、民间信仰工作职责”上墙，建立各村（社区）统战工作联络员台账，进一步营造大统战工作格局。

【民主党派工作】 加强思想引导聚共识。2019年，组织区各民主党派成员召开学习通报会6场次，指导区各民主党派召开各类学习培训会共56场次。加强调研和建言献策。统筹做好各民主党派、无党派人士联合调研工作和各民主党派自主调研工作，组织区民主党派成员到东涌镇石洲村、捷胜镇沙坑村考察调研新农村建设工作，协助做好致公党省委会到城区捷胜镇军船头村、沙坑村、埔尾村等进行乡村振兴调研的对接工作，引导各民主党派聚焦创新发展、高质量发展、乡村振兴等重点工作和脱贫攻坚、教育医疗、社会保障等民生热点、难点问题，持续调研、跟踪、监督。在2019年区两会上，各民主党派共提出《巩固省级文明城市创建成果，实现未来文明城市管理常态化的建议》等38件提案、议案，为区委、区政府科学决策提供了有效的参考。另外，组织区各民主党派医疗专家到东涌开展“汕尾市城区统战系统送医送药下乡义诊活动”2场次，现场为群众免费发放医疗药物价值共计3万多元，受惠群众达500多人次；跟踪指导、协助区民革做好红草新村“何香凝隐蔽处旧址”修复、保护工作，引导各民主党派成员发挥优势参与社会实践活动，强化民主党派成员对中国特色社会主义的认同感、责任感和使命感。坚实组织建设聚合力。组织召开全区民主党派组织发展工作座谈会，结合实际部署新时期城区民主党派建设工作；联合区委组织部深入到区教育局等有关部门开展专题调研，全面了解全区各民主党派干部队伍建设情况；与民主党派、无党派人士就党外干部队伍发现储备、教育培养、选拔任用和使用管理等工作展开交流探讨，提出工作建议，并形成调研报告，同时将28名党外干部列入后备干部人才库。2019年，在区委高度重视下，提拔了3名党外干部为正、副科级干部，区民盟等发展了3名新盟（党）员。

【民族宗教工作】 强化宗教宣传教育培训。邀请省专家作宗教专题辅导，把宗教培训纳入党校主体班次，强化党员干部和民族宗教代表人士的意识形态教育，提升宗教“三支队伍”理论政策与业务能力水平。依法管理宗教事务。加强对宗教场所的安全监督管理，牵头消防等部门组成宗教场所消防安全联合检查组对宗教场所进行专项检查，压实消防安全工作责任，实现宗教领域安全事故“零”发生；落实意识形态责任制，加强宗教阵地管理。推动宗教工作法治化建设。深入开展宗教活动场所普法工作;完成行政许可、行政处罚权责清单编制梳理工作，推进行政审批标准化、规范化。坚持宗教中国化方向，积极引导宗教界与社会主义相适应。发挥宗教人士的积极作用，弘扬教义中的积极因素，开展“爱国爱教”主题讲经解经活动，引导广大信教群众确立正信、抵制极端，各宗教活动场所基本实现社会主义核心价值观、宪法和法律法规全覆盖。

【非公有制经济工作】 抓思想教育，为非公经济发展赋能。组织非公有制经济人士参加各类学习培训，到爱国主义教育基地参观，引导非公经济人士增强对中国特色社会主义的信念、对党和政府的信任、对企业发展的信心。抓宣传引导，为非公经济人士引路。深入开展“万企帮万村”活动，成功引导9家非公企业成功对接23个乡村（村民小组或村民）和26个帮扶项目，初步实现村企合作、产业扶贫的规模，为各村创造就业200多人，投入帮扶资金约1000万元。引导非公经济人士通过参与“创文创卫”“精准扶贫”活动和开展民生调研、建言献策，服务城区中心大局。2019年，非公经济领域人士撰写政协提案31件，其中《关于清明节文明祭祖绿色扫墓的建议》等8件被评为优秀提案。抓精准服务，为非公经济发展蓄力。举行《粤港澳大湾区发展规划纲要》宣讲报告会和“普法教育暨减税降费政策解读”专题讲座，引导非公经济人士深入了解国家减税降费与融资贷款优惠政策，搭建政策宣传平台。牵头发动非公企业中的专业律师在区工商联建立的网站平台上免费为民营企业提供法律咨询服务，搭建法律援助平台。创建城区工商业联合会（商会）微信公众号和微信小程序，发挥新媒体宣传功效，搭建产品推广平台。抓支持鼓励，为非公企业排忧解难。深入企业开展暖企活动，通过走访调研收集民营企业发展的疑难杂症，围绕企业融资渠道难的问题，举办“政银对接，合力惠企”服务会，推动17家会员企业取得了建行的贷款，贷款金额近500万元。

【港澳台与侨务工作】 在深入开展港澳台同胞和海外侨胞乡情调查工作的基础上，完善联络联谊机制，创新与港澳台交流的载体。2019年，接待港澳台爱国社团来访交流共14批、1100多人次，利用春节、中秋等契机主动赴港澳台进行交流共7次；同时通过对“一国两制”等国家政策宣传，增强广大港澳台同胞的国家观念和民族意识，努力凝聚港澳台同胞人心及力量。

全力协作做好广东省第八届粤东侨博会接待工作，以“主人翁”精神将侨博会的嘉宾接待服务工作做细做实，获得嘉宾的肯定和好评。

加强因公出国（境）的管理，认真履行计划报批，严把出访证件审核审批关，全年共办理因公赴港澳证件6批、9人次。

【新的社会阶层人士工作】 2019年，以“打牢基础、摸清底数”作为切入点，通过联合区直相关单位、行业协会，经充分挖掘、发现、挑选，在全区民营企业和外资企业中高级管理技术人员、中介组织和社会组织从业人员、自由职业人员、新媒体从业人员四类人员中，向上级推选43名具有代表性的人员作为汕尾市新的社会阶层人士联合会会员代表人选，同时举办全区新的社会阶层人士培训会，进一步加强新的社会阶层人士对新身份、新定位的认识。

（赖静维）

附：区委统一战线工作部领导名录

部　长：李振坚

常务副部长：郑和悦

副部长：王晓卫

　　　　黄海蓝

机构编制

【概况】 2019年，在区委、区政府的正确领导下，在市机构编制部门的精心指导下，区编办紧紧围绕“提高中心城区首位度，打造首善之城、大美之区”的目标，有序、有效推进党政机构改革，事业单位改革，乡镇街道体制改革，加强和完善机构编制管理，提高政府效能，为城区发展提供有力的体制机制保障。

【党政机构改革】 2018年10月以来，在市委深化机构改革工作领导小组及其办公室的精心指导下，在区委改革领导小组的正确领导下，不折不扣把深化机构改革的要求落到实处，取得了区级机构改革一定成果。改革前，区党政机构34个，其中，党政工作部门26个，不规范设置机构8个。通过改革，撤并机构18个，新组建机构14个，更名及职责调整机构13个，保留机构3个；改革后共有党政机构30个，与省委批准机构数相比压减1个。借机构改革契机，解决了城区一些机构编制突出问题。

进一步规范机构管理。将机构改革方案的拟定与机构编制问题台账的整改工作同步考虑、同步推进，结合《广东省机构编制委员会关于督办汕尾市机构编制违纪违规问题整改工作的通知》规定，对城区存在的挂牌机构实体化运作、议事协调机构实体化运作、擅自设立事业单位等问题进行逐个整改销号。改革后，城区纳入“汕尾市机构编制违纪违规问题台账整改任务表”中的8个机构问题台账已全部完成整改销号。

进一步盘活编制资源。严格执行上级机构编制纪律，严控编制总量，收回部分编制盘活使用，保障新组建部门的用编之需。根据部门机构整合、职能调整情况，收回区市场监督管理局等部门62名编制，用于解决新组建部门的所需编制。同时针对该次机构改革任务增加较多的部门或围绕区委、区政府的中心工作确需加强的重点领域和关键环节，区委编办根据其工作需要适当增加编制，从其他收回的编制中予以统筹调剂解决。

进一步理顺区与市有关权责关系。借机构改革契机，理顺区与市有关职能部门的权责关系，不断提高中心城区首位度。经多次与市请示沟通协调，城区在国土资源管理、住建、城市管理综合执法、渔业渔政管理、质量技术监督等领域承接市下放事权共28项，相应划转编制81名。事权的承接，解决理顺了区与市之间存在的责职不清、管理服务职能不到位等体制机制历史遗留问题。

【推进事业单位改革】 参照党政机构改革的做法，通过前期深入的调研，加强与有关行政主管部门的沟通协调，形成《汕尾市城区推进事业单位改革方案》。市委编委于7月22日正式批复《汕尾市城区推进事业单位改革方案》后，区委组织部牵头编办迅速研究，按照精简原则，采取分门别类的方式，对职能弱化或消失的事业机构进行调整、撤并，对设置过于分散、规模过小或职责相近、重复设置的事业单位进行整合，草拟“科级事业单位机构编制职数框架表”和“股级事业单位机构编制职数框架表”等文件，经区委编委第一次会议审议并经区委深化机构改革工作领导小组同意，区委编委在9月24日起陆续印发30个科级事业单位机构编制方案、29个部门所属99个股级事业单位的分类改革方案，率先在全市各县（区）中完成事业单位方案的印发工作，全面完成事业单位改革工作。

【群团机关改革】 加强与人大、政协、群团等部门沟通，充分吸纳机构改革的先进做法，借鉴其他县（市、区）人大、政协、群团的改革经验，紧密结合城区实际，拟定《群团“三定”规定框架》，经区委编委第一次会议审议并经区委深化机构改革工作领导小组同意，区委编委在9月24日印发9个群团机关的“三定”方案。

【机构编制管理】 严格控编减编和机构编制核查。严格执行控编减编工作方案，建立完善组织、人事、机构编制、财政、审计、监察等部门协调配合长效机制，开展常态化专项督查，确保完成控编减编目标任务。认真做好机构编制投诉举报、信访和案件查处工作。严格遵照执行《中共汕尾市城区委汕尾市城区人民政府关于加强机构编制管理严格控制机构编制的若干意见》《汕尾市城区控编减编工作方案的通知》等文件，加强对全区编制总量的控制，确保全区行政编制、政法专项编制和行政执法专项编制不突破上级下达的编制数，事业编制数总量不突破2012年底的编制基数。严格履行监督检查职能，建立机构编制问题台账，以2019年机构改革为契机，抓紧整改消化机构编制问题，使各类存在问题得到积极落实整改。

健全完善机构编制实名制管理。严格执行市编委《关于严格控制机构编制加强机构编制实名制管理的实施意见》和区编委《关于印发汕尾市城区机关事业单位补充人员使用编制工作程序的通知》，加强区编办、组织、人社、财政部门的协调机制建设，在人员进出管理上严格执行出入编核准制度，落实机构编制部门核编后，再由组织、人社、财政部门办理相关事项的实名制管理流程；依托省实名制系统，严格执行机构编制出入编登记管理制度，严格落实好月报、季报制度，及时对实名制系统信息进行更新，定期做好机构编制统计分析工作。

【事业单位登记管理】 做好日常事业单位法人登记管理工作。在事业单位法人登记管理工作中，严格政策规定，严格工作程序，严格责任落实，精心组织，统筹推进，严格程序标准，加强对事业单位监督管理。2019年，完成新登记的事业单位5个，变更登记的事业单位25个，注销登记事业单位28个，法人证书遗失声明1个，上报年度报告125个。开展机关和群众团体统一社会信用代码赋码工作。根据《开展机关编办直接管理机构编制的群众团体统一社会信用代码赋码工作的通知》，办开展机关、群团社会信用代码赋码工作，有93个机关群团单位发放了统一社会信用代码证书。

【党建工作】 按照《中共汕尾市城区委办公室关于印发〈汕尾市城区加强党的基层组织建设三年行动方案（2018—2020年）〉的通知》部署要求，加强该办机关党建工作，推进该办党支部规范化建设，提升支部的凝聚力、战斗力。

制定学习计划，完善工作台账。按时完成该办党支部换届工作，认真落实“三会一课”制度，坚持一把手带头讲党课，认真开展民主评议党员。一年来开展各类学习活动20多次。

认真开展主题教育活动，该办召开集中研讨学习、观看教育视频等各类学习会13场次；开展“不忘初心、牢记使命”主题党课2次，提交心得体会7份。认真做好驻村帮扶工作，按照区的工作安排，加强与挂驻村香洲街道西洋村的对接帮扶工作，开展一系列帮扶活动；根据区创文创卫的工作部署，协助西洋村大力开展环境卫生大清理大整治活动，推进“三清三拆三整治”工作；同时，根据区委组织部安排，选派一人到挂驻村任第一书记。

（曾于蓝）

附：区委机构编制委员会办公室领导名录

主　任：孔卓文

副主任：吴义军

　　　　郑作锋

区直机关工委

【概况】 2019年，在区委的坚强领导下，区直属机关工委坚持以习近平新时代中国特色社会主义思想为指导，全面贯彻学习中共十九大精神和习近平总书记系列重要讲话精神、中共十九届四中全会精神，按照新时代党的建设总要求，增强“四个意识”，坚定“四个自信”，做到“两个维护”，坚持以政治建设为统领，认真开展“不忘初心、牢记使命”主题教育，紧紧围绕“服务中心、建设队伍”核心任务，以模范机关创建活动为载体，以严实细的作风抓好机关党的各项工作落实，推动区直机关党建工作走在前、作表率。区直机关工委共有编制9名，其中，机关行政编制6名，机关事业编制1名，事业编制2名。区直机关工委设办公室和组织股，下设信息管理中心1个。

【强化机关党的思想建设】 按照城区委的统一部署，区直机关工委坚持以政治建设统领机关党建工作，深入学习中共十九大和十九届二中、三中、四中全会精神及习近平总书记系列重要讲话精神。开展“不忘初心、牢记使命”“我和我的祖国”等系列主题活动，扎实推进“两学一做”学习教育常态化制度化。区直机关开展“不忘初心、牢记使命”主题教育期间各类学习700多场次，开展革命传统教育主题党日活动120多场次。各党组织理论中心学习组组织学习1250多场次，1.7万多人次参加。

【推进精神文明建设和群团工作】 协调组织区直机关党员志愿者1000多人次参加各类志愿者活动10场次，5月联合团区委、区文明办开展“文明交通我劝导”志愿服务月活动，为“创文创卫”工作做出新贡献。开展走访慰问困难老党员关怀活动。“七一”前夕，通过召开座谈会及走访等方式，慰问党龄超过50年的老党员等33名，及时送去党的关怀和温暖，充分体现了党组织对党员与老干部的关怀、爱护。工委组织党员干部多次到帮扶挂驻的海梧村，做好党建共建、脱贫攻坚、创文创卫等工作。

【强化宣传引导】 采取多种形式宣传推广基层党建工作中的好经验好做法，培育基层党建工作先进典型，推动机关党建和业务工作相互促进，同谋划、同部署、同落实。

【强化提升组织力】 抓好机关各党组织的调整和任期届满党组织的换届工作。调整、更名、新成立、换届等各党组织111个，新任党支部书记、副书记73名，调整委员111名；新成立18个党支部（机关党委）；更名13个党支部；撤销20个党支部；协调成立国资管理中心党支部，负责对全区国有企业党建工作的领导管理。

【推进党支部标准化、规范化建设】 督促指导各基层党组织落实“三会一课”制度，促进党员日常管理科学化、制度化、常态化，进一步完善机关党建工作督促检查，突出抓好“一把手”履行管党治党责任的落实。开展区直机关党组织书记抓基层党建工作专项述职活动。严把党员入口关，做好党员发展工作，新发展党员41名。规范党费收缴，唤醒党员意识，进一步规范党费收缴标准，严格要求各机关党组织及时足额收取。

【强化学习培训】 5月、11月，联合区委组织部、党校举办了2期党务工作者培训班，主要有支部书记或组织委员参加。6月、10月，联合区委党校、组织部举办了2期为期3天的党的基本知识培训班，近150名入党积极分子和发展对象参加培训，期间组织学员前往高潭革命历史陈列馆等地进行现场爱国主义教育。“七一”期间，组织承办党的知识竞赛活动和讲红色故事宣讲比赛。

【落实城区加强党的基层组织建设三年行动方案】 着力解决基层党组织存在的弱化、虚化、边缘化问题，推进模范机关创建活动。组织到区税务局机关党委等党组织就党建和模范机关创建活动进行调研，各党组织以模范机关创建为动力，以查摆问题为契机，对标最高、最好、最优，有的放矢抓整改，大力推进各项工作高质量发展。

【加强机关党的作风和纪律建设】 持续组织开展“亮身份、作承诺、见行动”活动，教育引导党员干部牢记身份，充分发挥党员模范带头作用，深入推进政务整治和形象提升行动，推进区直窗口单位与服务部门开展创先争优活动，着力打造机关党建工作品牌，提升服务效能。强化标本兼治，进一步推进机关纪律作风建设。坚持从严治党，把纪律和规矩挺在前面，教育引导党员干部切实增强“四个意识”，努力使机关政治生态更清明，唤醒、激发机关党员追求理想信念的大担当，把区委的决策与部署真正执行到位、落到实处。

(黄世涛)

附：区直机关工作委员会领导名录

书　记：游远坤

副书记：刘瑜

武装部长：庄雪峰

党校工作

【概况】 2019年，中共汕尾市城区委党校（以下简称区委党校）认真学习贯彻习近平总书记系列重要讲话精神，中共十九大，十九届二中、三中、四中全会精神，认真贯彻落实《中国共产党党校（行政学院）工作条例》和《中共中央关于加强和改进新形势下党校工作的意见》，坚持党校姓党，坚持围绕大局，聚焦主责主业，积极发挥理论宣传主阵地、干部培训主渠道、党性锻炼大熔炉作用，为提高领导干部素质与能力做出积极的贡献。

【干部培训】 区委党校紧紧围绕区委、区政府干部教育培训工作中心任务，明确培训重点，加大培训力度，积极完成干部培训工作，取得良好效果。全年共举办各类班次23期，累计培训2700多人次。一是3月初举办镇级党校师资培训班1期，60人次参加；二是3月中旬到4月中旬，举办年轻干部培训班4期，约240人次参加；三是5月与区委组织部、区委统战部、区直工委、区宗教局联合举办全区党支部书记和党务工作者培训班1期，486人次参加；四是5月与区委组织部联合举办全区公务员初任培训班1期，52人次参加；五是5月与区司法局联合举办汕尾市城区“拆违控违”法治讲座培训班共7期，约1250人次参加；六是6月中旬与团区委联合举办2019年度汕尾市城区共青团系统基础团务知识培训班1期，104人次参加；七是6月下旬与区直工委联合举办党的基本知识培训班1期，120人次参加；八是7月举办汕尾市红色文化讲解员培训班1期，22人参加；九是10月举办汕尾市城区新录用公务员培训班1期，44人次参加；十是10月举办城区党员发展对象培训班1期，107人次参加；十一是8月至11月举办城区科级干部培训班4期，约210人次参加。通过培训教育，较好地提高了学员的政治理论水平和工作能力，增强了他们干事创业的主动性与积极性，为更好地推动城区发展建设打下基础。

【教学质量】 为进一步增强培训效果，党校多方设法提高教学质量。一是突出党的理论教育和党性教育。不断强化主课意识，增加主课份量，在课程安排上保证理论教育和党性教育两类课程占教学总课时70%以上，党性教育占20%以上，把理论讲清、道理讲明、实质讲透。通过坚持读原著、学原文、悟原理，引导党员干部深入学习《习近平谈治国理政》《梁家河》《习近平新时代中国特色社会主义思想三十讲》等书目，坚定道路自信、理论自信、制度自信、文化自信；及时调整完善培训内容。二是创新培训方式。积极开展研究式教学，探索现代培训方法，采用案例式教学、专题研讨等方法，并将现场考察、播放警示片、学员论坛等方式纳入培训过程中，取得良好的效果。如在全区第一期年轻干部培训班中创新加入了红色故事会和歌唱《我和我的祖国》快闪活动；在第二期年轻干部培训班中设置了“线路讲解员”现场辅导讲解环节；在初任公务员培训班及第三期年轻干部培训班开展题为“重走红军路，弘扬海陆丰革命精神”的党性教育活动。使学员坚定了理想信念，增强了党性。三是积极开展红色文化研究工作。高度重视红色文化研究工作，成立了以副校长曾晓容为组长的科研小组，组织骨干教师深入城区铜锣寨革命教育基地、郑重故居等地开展调研工作，形成了初步的调研成果。四是多方聘请教师。为进一步拓宽授课渠道，增强授课实际操作性，提高培训学员的理论水平和业务知识，聘请了上级党校教师、机关领导干部为学员授课，其丰富的学识与实践工作经验为提升培训质量发挥了重要作用。据统计，2019年共有16名外聘教师、机关干部等受邀到党校授课33节。

【学员管理】 为进一步提高教育培训的针对性和实效性，党校注重强化对学员的管理，以铁的纪律确保学风焕然一新。一是严格培训管理。规范教学内容，把学理论、强党性作为培训核心，主课、主题活动进入课表，不随意改变和占用；坚持问题导向，要求学员带着理论问题、思想问题和工作实际问题认真研讨，做到理论上有所提升、思想上有所震撼，思考上有所突破。二是严格培训纪律。延续往年培训班的好做法，实行班主任制，采取固定座位、随机抽查等措施加强学员管理，课堂秩序良好，学员出勤率高。

【主题教育】 9月，“不忘初心、牢记使命”主题教育开展以来，党校高度重视，认真贯彻落实，活动效果良好。一是抓好组织领导。区委“不忘初心、牢记使命”主题教育动员部署会召开后，校党支部高度重视，立即成立了以常务副校长郑晓为组长的区委党校“不忘初心、牢记使命”主题教育领导小组，并按照省市区文件要求，结合自身情况，制定了《中共汕尾市城区委党校关于开展“不忘初心、牢记使命”主题教育的工作方案》《区委党校集中学习研讨方案》等，对活动开展总体要求、时间范围和开展方式、目标任务、主要措施等进行具体安排，推动活动各项工作有序开展。9月16日上午，召开“不忘初心、牢记使命”主题教育动员大会，使全体教职员工明确主题教育的重要意义、内容要求和方法步骤，切实增强全校党员干部的思想自觉与行动自觉，使全体教职员工思想认识及行动得以统一，开展活动的积极性、主动性得以提升，为活动的顺利开展打下了良好的基础。二是抓好学习教育。组织全体党员干部开展集中学习研讨会、观看警示教育片、参观主题艺术展览、外出参加现场教育及基层调研等活动，要求在学习的过程中做到联系实际学、带着问题学，帮助教职员工找差距、明方向，助推活动入心入脑。领导班子成员讲党课2次，召开部署动员会议1次，开展集中研讨学习教育5次、专题学习会6次，参观“不忘初心、牢记使命”主题教育展览1次，观看专题片3次，外出参加党性教育1次，开展基层调研1次。三是抓好干部培训。为充分发挥党校围绕区委、区政府中心工作和本地发展提供智力支持与人才保障作用，助力区委主题教育开展。一方面，在主体班次中突出“不忘初心、牢记使命”主题教育培训。在培训班中设置了“习近平新时代中国特色社会主义思想”“‘不忘初心、牢记使命’主题教育”“党史”“新中国史”等课程，同时依托市内外的现场教学特色基地，组织学员前往深圳改革开放展馆、城区铜锣寨革命教育基地等现场和一线接受直观、鲜活的教育，激励、教育全区广大党员干部发扬革命传统，传承红色基因，勇于担当作为，提升“不忘初心、牢记使命”主题教育工作的针对性、实效性。另一方面，积极开展“红色故事讲坛”活动。通过讲述《中国核潜艇之父黄旭华》《习仲勋平反彭湃亲属冤案》等红色故事，深化党员干部对理想信念、历史使命的认知。先后在区委办、区统计局、区委文明实践中心、各镇（街道）党校等地开展了7场次培训，参加学习辅导600余人次。

【党校建设】 突出抓好干部队伍建设。为更好发挥党校对理论研究和干部教育培训阵地的作用，本着建设“学习型”机关的要求，坚持以提升教职工的工作能力为抓手，不断提高队伍的整体素质与活力。一是组织参加各类外出培训。为提升教师队伍的整体素质，要求教师经常下基层调研，党校积极选派教师外出学习，到上级党校充电，参加观摩学习等。2019年，教师到湖南、延安、浙江、佛山参加学习教育共4场次。通过学习，教师教学水平有所提升。二是组织召开各类学习会。坚持开展“三会一课”活动，通过集中学习、座谈、自学等模式，以党的各种最新会议精神、时事政治、中国特色社会主义理论以及各种先进思想理念为主要内容开展学习活动，进而推动党校干部职工开拓眼界、提升理论水平和党性修养。

积极推动区委党校搬迁建设项目。为进一步提高区委党校办学条件水平，更好适应新时代党员干部教育培训工作新形势、新要求，推动城区干部教育培训工作再上新台阶，党校启动了区委党校搬迁建设项目，该项目正在动工建设，预计2020年春季正式投入使用。

（区委党校）

附：区委党校、市委党校城区分校、汕尾市行政学院城区分院领导名录

校　长：孔卓文（兼）

常务副校长：郑晓

副校长：曾晓容

党史工作

【概况】 2019年，城区机构改革，区委党史研究室（以下简称区委党研室）被定为区委直属正科级事业单位，定编4人，内设综合征研股，设正、副主任各1名。一年来，区委党研室围绕区委中心工作，采取抓重点、促全面的措施，逐步推进城区红色革命资料的挖掘、征集和整理，为弘扬红色文化发挥了积极的参谋作用。

【党史征研】 一是全力参与《汕尾市城区革命老区发展史》的编纂工作。负责日常编辑工作的协调、资料汇总、组稿及总纂、审稿工作。该书在5月初旬组稿成书，共分8章、36节，约22万字，并通过了城区评审小组和编委会的评审；继进一步完善之后，6月初完成送审稿送省统一审核付印，顺利通过广东人民出版社三审和专家的审定。二是进一步补充和完善铜锣寨村红色史料，由原来的500字左右，补充增加到近2000字，内容分为革命事件、革命遗址、革命人物等方面。三是革命遗址普查工作有效开展。10月31日，全市开展革命遗址普查工作，在区革命遗址普查工作领导小组的领导下，区委党研室高度重视，制定了工作方案，明确了工作要求，切实促进各镇（街道）负起主体责任，采取各项措施，扎实推进普查工作。区党研室主动承担起督导责任，寻找史料理线索，召开多场次专门指导会，建立微信工作群，下发普查工作指南和登记表，对各地开展针对性指导。在各镇（街道）的努力下，取得了一定的成效。截至12月底，全区革命遗址普查线索94处，形成了普查初稿上报市审核。

【党史宣传】 积极为区委宣传部、区委组织部等区直部门在开展“七一”红色故事会、编印城区宣传手册等活动中提供革命史料；8月初，积极协助开展“不忘初心、牢记使命”主题演讲比赛活动，负责做好演讲稿的审核，并参加演讲比赛活动的评委工作；积极参与区委宣传部迎新年文艺会演活动，把好有关党史题材的审核关。

（叶秋洁）

附：区委党史研究室领导名录

主　任：许争荣

副主任：李映慧（2019年10月离任）

汕尾市城区人民代表大会

·区人大常委会领导名录

主　任：张淑娟
副主任：余汉生
余鸿群
陈昌利
刘泽扬
刘克敏
王声效
委　员：（按姓名笔划顺序排列）
王惠民
冯振炯
刘留芳
吴可业
邱承杰
何秀泉
陈丽玲
卓永红
郑友明
胡小军
张祥文（2019年1月任）
张永宜
洪少红
洪郁冬
翁贤春
黄生隆
曾昭群
谢晓云
李小燕（2019年1月任）
赖振亚

概述

【区人大机构概况】 2019年，汕尾市城区第八届人民代表大会常务委员会（以下简称区人大常委会）组成人员27名，其中主任1名、副主任6名、委员21名。有区人大代表191名。区八届人大设法制、财政经济、社会建设委员会。区人大常委会下设办公室1个办事机构，以及社会建设工作委员会、监察和司法工作委员会、财政经济委员会、教育科技文化卫生侨务工作委员会、农村与城建环境资源保护工作委员会，选举联络人事任免工作委员会。全区有乡镇人大主席团3个，街道工作委员会4个。

【议案建议办理】 区八届人大四次会议上，议案审查委员会收到代表议案、建议、批评和意见共26件，其中代表10人以上联名依法提出的议案2件，代表联名或个人提出的建议、批评和意见24件。经大会主席团研究通过，将属于城区办理的2件议案连同22件建议、批评和意见共24件均作为建议处理。区人大常委会及时向区政府交办代表议案、建议，由区政府落实承办单位办理。区人大常委会于7月26日组织协调区政府联合召开了集中督办会，搭建人大代表和承办部门领导直接对话的平台，共同研究代表建议的办理办法，督促承办单位采取有效措施，确保办理工作落到实处。同时，印发“区八届人大四次会议代表议案和建议办理情况跟踪督办工作方案计划表”给各领衔人代表、承办单位和区人大常委会各相关工委，进一步强化各相关工委以对口联系渠道方式督办议案、建议的办理工作。截至8月31日，区八届人大四次会议代表提出的属城区办理的24件议案、建议全部办复，并基本按要求书面答复提出议案、建议的代表，代表对议案、建议办理答复的征询意见满意度均在基本满意以上。

【执法检查】 8月，区人大常委会组成执法检查组对《广东省村庄和集镇规划建设管理条例》执行情况开展执法检查。2019年10月，区人大常委会组成执法检查组对城区贯彻实施《中华人民共和国文物保护法》开展执法检查。11月29日，区八届人大常委会第十九次会议听取执法检查组的执法检查报告，作出审议意见，推动法律的贯彻实施。

【履职监督】 2019年9月29日，区八届人大常委会第三十一次会议听取和审议了区发改局、人社局、农业农村和水利局、教育局、司法局局长的履职报告，肯定了工作成绩，指出了存在的问题，提出了依法行政、依法履职、廉洁从政的意见建议与要求。

【代表培训】 采取“走出去学”与“请进来讲”、业务辅导与经验交流相结合的做法，对人大代表和人大干部进行培训。5月29日和9月10日，区人大机关分别组织部分代表远程同步参加省人大代表履职学习班与参加省人大干部培训班，学习习近平总书记关于坚持和完善人民代表大会制度的重要思想及环境与资源保护的相关知识。

重要会议

【区八届人大四次会议】 2月25日至27日，汕尾市城区第八届人民代表大会第四次会议在城区召开，出席大会代表178人。会议听取和审议汕尾市城区人民政府工作报告、汕尾市城区人大常委会工作报告、汕尾市城区人民法院工作报告、汕尾市城区人民检察院工作报告；审查和批准汕尾市城区2018年国民经济和社会发展计划执行情况与2019年计划草案的报告，审查汕尾市城区2018年预算执行情况和2019年预算草案的报告，批准汕尾市城区本级2018年预算执行情况的报告和2019年区本级预算，并作出相关决议。大会补选了区人大常委会委员2名，通过设立区人大社会建设委员会和组成人员。会议期间，共收到代表议案2件，建议批评和意见24件。

【区人大常委会会议】 2019年，区人大常委会召开9次常委会会议。

1月23日，区八届人大常委会召开第二十四次会议。会议议程：1.人事任免事项；2.听取和审议区政府关于2017年度区级财政预算执行和其他财政收支情况审计查出问题的整改结果报告；3.传达市七届人大四次会议精神。

2月16日，第二十五次会议。会议议程：1.传达省十三届人大二次会议精神；2.通过关于召开区八届人大四次会议的决定；3.作出关于补选区八届人大代表的决定；4.通过关于列席区八届人大四次会议人员的决定；5.人事事项。

2月23日，第二十六次会议。会议议程：1.人事任免事项；2.听取和审议区人大常委会代表资格审查委员会关于补选区八届人大代表的资格审查报告；3.讨论通过区人大常委会工作报告。4.讨论区八届人大四次会议有关事项。

5月9日，第二十七次会议。会议议程：1.传达贯彻省委书记李希在汕尾市开展老区苏区振兴发展专题调研时讲话精神；2.听取和审议区政府关于城区农村安全饮用水情况的报告；3.听取和审议区政府关于解决企业用工难工作情况的报告；4.人事任免事项；5.通过许可检察机关对个别区人大代表采取强制措施的决定；6.其他事项。

6月26日，第二十八次会议。会议议程：1.人事任免事项；2.听取和审议区政府关于城区宗教工作情况报告；3.通过关于听取和审议区政府组成部门主要负责人履职情况报告的决定。

8月30日，第二十九次会议。会议议程：1.听取和审议2019年上半年国民经济和社会发展计划报告；2.听取和审议上半年预算执行报告；3.听取和审议2019年度公共财政预算调整报告；4.听取和审议2019年第二批新增地方政府债券额度分配有关事项报告的议案；5.听取和审议推进农业产业化工作情况报告；6.听取和审议旅游产业发展情况报告；7.听取和审议法院刑事审查工作情况报告；8.其他事项。

9月29日，第三十次会议。会议议程：1.听取和审议区政府2018年度区级财政预算执行和其他财政收支情况和审计工作情况报告；2.听取和审议区发改局、人社局、农业农村和水利局、教育局、司法局5位局长履职情况报告；3.通过接受个别区人大代表辞职的决定（草案）；4.政治理论学习；5.其他事项。

11月29日，第三十一次会议。会议议程：1.听取和审议区政府关于办理区八届人大四次会议代表议案、建议的情况报告；2.听取和审议区政府关于2018年财政决算的报告；3.听取和审议区人大执法检查组关于开展《中华人民共和国文物保护法》的执法检查报告；4.听取和审议区政府及两院关于开展“谁执法谁普法”的情况报告；5.听取区人大常委会监司工委关于规范性文件备案审查工作情况报告；6.人事任免事项；7.政治理论学习。

12月6日，第三十二次会议。会议议程：1.政治理论学习；2.人事任免事项。

（冯振炯、吴振业）

人事任免

【选举任免】 区人大及其常委会坚持党管干部和依法选举任免干部相结合原则，依法选举任免。

2019年，区八届人大四次会议依法选举任命国家机关工作人员5名。区人大常委会依法任命国家机关工作人员21名，依法免去职务20名，任命人民法院人民陪审员65人；按照市人大常委会《关于补选市七届人大代表的通知》的要求，补选市七届人大代表3名，接受代表因工作变动辞去代表职务2名。组织选举任命人员向宪法宣示2批、30人次。

2019年汕尾市城区人大及其常委会选举任免干部情况一览表

表2

序号	姓名	任职单位及职务	免职单位及职务	常委会会议时间及任免职文号
一、区人大会议选举情况：				
1	李小燕	汕尾市城区第八届人民代表大会常务委员会委员		2019年2月27日，区第八届人民代表大会第四次会议主席团公告(第一号)
2	张祥文	汕尾市城区第八届人民代表大会常务委员会委员		2019年2月27日，区第八届人民代表大会第四次会议主席团公告(第一号)
3	张祥文	汕尾市城区第八届人民代表大会社会建设委员会主任委员		2019年2月27日，区第八届人民代表大会第四次会议主席团公告(第二号)
4	唐万里	汕尾市城区第八届人民代表大会社会建设委员会委员		2019年2月27日，区第八届人民代表大会第四次会议主席团公告(第二号)
5	罗佩羽	汕尾市城区第八届人民代表大会社会建设委员会委员		2019年2月27日，区第八届人民代表大会第四次会议主席团公告(第二号)
二、区人大常委会任免情况：				
1	叶伟健	汕尾市城区人民政府副区长		2019年1月23日,区八届人大常委会第24次会议,汕市区人常〔2019〕4号
2	陈少华		接受其辞去汕尾市城区人民政府副区长职务	2019年1月23日，区八届人大常委会第24次会议,汕市区人常〔2019〕5号
3	芮耀枢		汕尾市城区人大常委会马宫街道工作委员会主任	2019年1月23日，区八届人大常委会第24次会议,汕市区人常〔2019〕3号
4	凌巧雅		汕尾市城区人大常委会凤山街道工作委员会主任职务	2019年1月23日，区八届人大常委会第24次会议,汕市区人常〔2019〕3号
5	林创龙		汕尾市城区人大常委会新港街道工作委员会主任职务	2019年2月23日，区八届人大常委会第26次会议,汕市区人常〔2019〕8号
6	张祥文	汕尾市城区人大常委会社会建设工作委员会主任		2019年2月23日，区八届人大常委会第26次会议,汕市区人常〔2019〕8号
7	胡小军	汕尾市城区人大常委会监察和司法工作委员会主任	汕尾市城区人大常委会内务司法工作委员会主任职务自然终止	2019年2月23日，区八届人大常委会第26次会议,汕市区人常〔2019〕8号

续表 2

序号	姓名	任职单位及职务	免职单位及职务	常委会会议时间及任免职文号
8	吴春莉	汕尾市城区人大常委会凤山街道工作委员会主任		2019 年 2 月 23 日，区八届人大常委会第 26 次会议,汕市区人常〔2019〕8 号
9	卢友聪	汕尾市城区人大常委会新港街道工作委员会主任		2019 年 2 月 23 日，区八届人大常委会第 26 次会议,汕市区人常〔2019〕8 号
10	黄进英	汕尾市城区人大常委会马宫街道工作委员会主任		2019 年 2 月 23 日，区八届人大常委会第 26 次会议,汕市区人常〔2019〕8 号
11	游建雄	汕尾市城区科技工业和信息化局局长	汕尾市城区经济促进局局长职务自然免除	2019 年 2 月 23 日，区八届人大常委会第 26 次会议,汕市区人常〔2019〕9 号
12	詹胜聪	汕尾市城区司法局局长		2019 年 2 月 23 日，区八届人大常委会第 26 次会议,汕市区人常〔2019〕9 号
13	刘宗锐	汕尾市城区住房和城乡建设局局长		2019 年 2 月 23 日，区八届人大常委会第 26 次会议,汕市区人常〔2019〕9 号
14	陈伦庭	汕尾市城区农业农村和水利局局长	汕尾市城区农业局局长职务自然免除	2019 年 2 月 23 日，区八届人大常委会第 26 次会议,汕市区人常〔2019〕9 号
15	黄　超	汕尾市城区文化广电旅游体育局局长	汕尾市城区科技文体局局长职务自然免除	2019 年 2 月 23 日，区八届人大常委会第 26 次会议,汕市区人常〔2019〕9 号
16	刘克涛	任命为汕尾市城区卫生健康局局长	汕尾市城区卫生和计划生育局局长职务自然免除	2019 年 2 月 23 日，区八届人大常委会第 26 次会议,汕市区人常〔2019〕9 号
17	朱昌明	汕尾市城区退役军人事务局局长		2019 年 2 月 23 日，区八届人大常委会第 26 次会议,汕市区人常〔2019〕9 号
18	罗覃呈	汕尾市城区应急管理局局长	汕尾市城区安全生产管理局局长职务自然免除	2019 年 2 月 23 日，区八届人大常委会第 26 次会议,汕市区人常〔2019〕9 号
19	王建忠	汕尾市城区市场监督管理局局长	汕尾市城区食品药品监督管理局局长职务自然免除	2019 年 2 月 23 日，区八届人大常委会第 26 次会议,汕市区人常〔2019〕9 号
20	叶朝阳	汕尾市城区医疗保障局局长		2019 年 2 月 23 日，区八届人大常委会第 26 次会议,汕市区人常〔2019〕9 号
21	陈焕荀	汕尾市城区政务服务数据管理局局长		2019 年 2 月 23 日，区八届人大常委会第 26 次会议,汕市区人常〔2019〕9 号
22	王金鸿	汕尾市城区城市管理和综合执法局局长		2019 年 2 月 23 日，区八届人大常委会第 26 次会议,汕市区人常〔2019〕9 号
23	林惠雄		汕尾市城区住房和城乡建设局局长职务	2019 年 2 月 23 日，区八届人大常委会第 26 次会议,汕市区人常〔2019〕9 号
24	李树荣		汕尾市城区海洋与渔业局局长职务自然免除	2019 年 2 月 23 日，区八届人大常委会第 26 次会议,汕市区人常〔2019〕9 号
25	郑和悦		汕民尾市城区民族宗教事务局局长职务自然免除	2019 年 2 月 23 日，区八届人大常委会第 26 次会议,汕市区人常〔2019〕9 号

续表 2

序号	姓名	任职单位及职务	免职单位及职务	常委会会议时间及任免职文号
26	周丽钒	汕尾市城区人民检察院检察员		2019 年 5 月 9 日，区八届人大常委会第 27 次会议，汕市区人常〔2019〕12 号
27	陈焕荀		汕尾市城区政务服务数据管理局局长	2019 年 6 月 26 日，区八届人大常委会第 28 次会议，汕市区人常〔2019〕16 号
28	姚伟革	汕尾市城区人民检察院副检察长		2019 年 6 月 26 日，区八届人大常委会第 28 次会议，汕市区人常〔2019〕17 号
29	陈辚	汕尾市城区人民法院人民陪审员		2019 年 6 月 26 日，区八届人大常委会第 28 次会议，汕市区人常〔2019〕18 号
30	施雪燕	汕尾市城区人民法院人民陪审员		2019 年 6 月 26 日，区八届人大常委会第 28 次会议，汕市区人常〔2019〕18 号
31	刘燕玲	汕尾市城区人民法院人民陪审员		2019 年 6 月 26 日，区八届人大常委会第 28 次会议，汕市区人常〔2019〕18 号
32	何务雅	汕尾市城区人民法院人民陪审员		2019 年 6 月 26 日，区八届人大常委会第 28 次会议，汕市区人常〔2019〕18 号
33	陈剑虹	汕尾市城区人民法院人民陪审员		2019 年 6 月 26 日，区八届人大常委会第 28 次会议，汕市区人常〔2019〕18 号
34	陈小贤	汕尾市城区人民法院人民陪审员		2019 年 6 月 26 日，区八届人大常委会第 28 次会议，汕市区人常〔2019〕18 号
35	林修泉	汕尾市城区人民法院人民陪审员		2019 年 6 月 26 日，区八届人大常委会第 28 次会议，汕市区人常〔2019〕18 号
36	卢建炜	汕尾市城区人民法院人民陪审员		2019 年 6 月 26 日，区八届人大常委会第 28 次会议，汕市区人常〔2019〕18 号
37	王汉芳	汕尾市城区人民法院人民陪审员		2019 年 6 月 26 日，区八届人大常委会第 28 次会议，汕市区人常〔2019〕18 号
38	林金泉	汕尾市城区人民法院人民陪审员		2019 年 6 月 26 日，区八届人大常委会第 28 次会议，汕市区人常〔2019〕18 号
39	许永嘉	汕尾市城区人民法院人民陪审员		2019 年 6 月 26 日，区八届人大常委会第 28 次会议，汕市区人常〔2019〕18 号
40	杨潭锡	汕尾市城区人民法院人民陪审员		2019 年 6 月 26 日，区八届人大常委会第 28 次会议，汕市区人常〔2019〕18 号
41	胡佳权	汕尾市城区人民法院人民陪审员		2019 年 6 月 26 日，区八届人大常委会第 28 次会议，汕市区人常〔2019〕18 号
42	张成刚	汕尾市城区人民法院人民陪审员		2019 年 6 月 26 日，区八届人大常委会第 28 次会议，汕市区人常〔2019〕18 号
43	方武兵	汕尾市城区人民法院人民陪审员		2019 年 6 月 26 日，区八届人大常委会第 28 次会议，汕市区人常〔2019〕18 号

续表 2

序号	姓名	任职单位及职务	免职单位及职务	常委会会议时间及任免职文号
44	钟国平	汕尾市城区人民法院人民陪审员		2019 年 6 月 26 日，区八届人大常委会第 28 次会议，汕市区人常〔2019〕18 号
45	杜晓杰	汕尾市城区人民法院人民陪审员		2019 年 6 月 26 日，区八届人大常委会第 28 次会议，汕市区人常〔2019〕18 号
46	周雪莲	汕尾市城区人民法院人民陪审员		2019 年 6 月 26 日，区八届人大常委会第 28 次会议，汕市区人常〔2019〕18 号
47	许正茂	汕尾市城区人民法院人民陪审员		2019 年 6 月 26 日，区八届人大常委会第 28 次会议，汕市区人常〔2019〕18 号
48	黄若峰	汕尾市城区人民法院人民陪审员		2019 年 6 月 26 日，区八届人大常委会第 28 次会议，汕市区人常〔2019〕18 号
49	黄惠敏	汕尾市城区人民法院人民陪审员		2019 年 6 月 26 日，区八届人大常委会第 28 次会议，汕市区人常〔2019〕18 号
50	何雪珊	汕尾市城区人民法院人民陪审员		2019 年 6 月 26 日，区八届人大常委会第 28 次会议，汕市区人常〔2019〕18 号
51	李城好	汕尾市城区人民法院人民陪审员		2019 年 6 月 26 日，区八届人大常委会第 28 次会议，汕市区人常〔2019〕18 号
52	张文华	汕尾市城区人民法院人民陪审员		2019 年 6 月 26 日，区八届人大常委会第 28 次会议，汕市区人常〔2019〕18 号
53	姚晓娟	汕尾市城区人民法院人民陪审员		2019 年 6 月 26 日，区八届人大常委会第 28 次会议，汕市区人常〔2019〕18 号
54	刘升新	汕尾市城区人民法院人民陪审员		2019 年 6 月 26 日，区八届人大常委会第 28 次会议，汕市区人常〔2019〕18 号
55	杨梓煜	汕尾市城区人民法院人民陪审员		2019 年 6 月 26 日，区八届人大常委会第 28 次会议，汕市区人常〔2019〕18 号
56	邱信翰	汕尾市城区人民法院人民陪审员		2019 年 6 月 26 日，区八届人大常委会第 28 次会议，汕市区人常〔2019〕18 号
57	曾雪君	汕尾市城区人民法院人民陪审员		2019 年 6 月 26 日，区八届人大常委会第 28 次会议，汕市区人常〔2019〕18 号
58	陈东生	汕尾市城区人民法院人民陪审员		2019 年 6 月 26 日，区八届人大常委会第 28 次会议，汕市区人常〔2019〕18 号
59	陈可欣	汕尾市城区人民法院人民陪审员		2019 年 6 月 26 日，区八届人大常委会第 28 次会议，汕市区人常〔2019〕18 号
60	陈少君	汕尾市城区人民法院人民陪审员		2019 年 6 月 26 日，区八届人大常委会第 28 次会议，汕市区人常〔2019〕18 号
61	萧晓燕	汕尾市城区人民法院人民陪审员		2019 年 6 月 26 日，区八届人大常委会第 28 次会议，汕市区人常〔2019〕18 号

续表 2

序号	姓名	任职单位及职务	免职单位及职务	常委会会议时间及任免职文号
62	杨位骞	汕尾市城区人民法院人民陪审员		2019年6月26日,区八届人大常委会第28次会议,汕市区人常〔2019〕18号
63	张永裕	汕尾市城区人民法院人民陪审员		2019年6月26日,区八届人大常委会第28次会议,汕市区人常〔2019〕18号
64	曾文静	汕尾市城区人民法院人民陪审员		2019年6月26日,区八届人大常委会第28次会议,汕市区人常〔2019〕18号
65	叶炯岳	汕尾市城区人民法院人民陪审员		2019年6月26日,区八届人大常委会第28次会议,汕市区人常〔2019〕18号
66	刘晓燕	汕尾市城区人民法院人民陪审员		2019年6月26日,区八届人大常委会第28次会议,汕市区人常〔2019〕18号
67	蔡桂华	汕尾市城区人民法院人民陪审员		2019年6月26日,区八届人大常委会第28次会议,汕市区人常〔2019〕18号
68	庄丽君	汕尾市城区人民法院人民陪审员		2019年6月26日,区八届人大常委会第28次会议,汕市区人常〔2019〕18号
69	邹文静	汕尾市城区人民法院人民陪审员		2019年6月26日,区八届人大常委会第28次会议,汕市区人常〔2019〕18号
70	蔡维纺	汕尾市城区人民法院人民陪审员		2019年6月26日,区八届人大常委会第28次会议,汕市区人常〔2019〕18号
71	王报锐	汕尾市城区人民法院人民陪审员		2019年6月26日,区八届人大常委会第28次会议,汕市区人常〔2019〕18号
72	高妙春	汕尾市城区人民法院人民陪审员		2019年6月26日,区八届人大常委会第28次会议,汕市区人常〔2019〕18号
73	江漫雪	汕尾市城区人民法院人民陪审员		2019年6月26日,区八届人大常委会第28次会议,汕市区人常〔2019〕18号
74	何晓鹏	汕尾市城区人民法院人民陪审员		2019年6月26日,区八届人大常委会第28次会议,汕市区人常〔2019〕18号
75	江丹丹	汕尾市城区人民法院人民陪审员		2019年6月26日,区八届人大常委会第28次会议,汕市区人常〔2019〕18号
76	江小彬	汕尾市城区人民法院人民陪审员		2019年6月26日,区八届人大常委会第28次会议,汕市区人常〔2019〕18号
77	穆　童	汕尾市城区人民法院人民陪审员		2019年6月26日,区八届人大常委会第28次会议,汕市区人常〔2019〕18号
78	蔡静慧	汕尾市城区人民法院人民陪审员		2019年6月26日,区八届人大常委会第28次会议,汕市区人常〔2019〕18号
79	林自强	汕尾市城区人民法院人民陪审员		2019年6月26日,区八届人大常委会第28次会议,汕市区人常〔2019〕18号

续表 2

序号	姓名	任职单位及职务	免职单位及职务	常委会会议时间及任免职文号
80	骆丽萍	汕尾市城区人民法院人民陪审员		2019 年 6 月 26 日，区八届人大常委会第 28 次会议，汕市区人常〔2019〕18 号
81	何宝茵	汕尾市城区人民法院人民陪审员		2019 年 6 月 26 日，区八届人大常委会第 28 次会议，汕市区人常〔2019〕18 号
82	唐宇忠	汕尾市城区人民法院人民陪审员		2019 年 6 月 26 日，区八届人大常委会第 28 次会议，汕市区人常〔2019〕18 号
83	陈小群	汕尾市城区人民法院人民陪审员		2019 年 6 月 26 日，区八届人大常委会第 28 次会议，汕市区人常〔2019〕18 号
84	张晓靖	汕尾市城区人民法院人民陪审员		2019 年 6 月 26 日，区八届人大常委会第 28 次会议，汕市区人常〔2019〕18 号
85	黄贤奕	汕尾市城区人民法院人民陪审员		2019 年 6 月 26 日，区八届人大常委会第 28 次会议，汕市区人常〔2019〕18 号
86	陈诗达	汕尾市城区人民法院人民陪审员		2019 年 6 月 26 日，区八届人大常委会第 28 次会议，汕市区人常〔2019〕18 号
87	余金成	汕尾市城区人民法院人民陪审员		2019 年 6 月 26 日，区八届人大常委会第 28 次会议，汕市区人常〔2019〕18 号
88	辛小宪	汕尾市城区人民法院人民陪审员		2019 年 6 月 26 日，区八届人大常委会第 28 次会议，汕市区人常〔2019〕18 号
89	庄文丹	汕尾市城区人民法院人民陪审员		2019 年 6 月 26 日，区八届人大常委会第 28 次会议，汕市区人常〔2019〕18 号
90	马燕文	汕尾市城区人民法院人民陪审员		2019 年 6 月 26 日，区八届人大常委会第 28 次会议，汕市区人常〔2019〕18 号
91	陈永明	汕尾市城区人民法院人民陪审员		2019 年 6 月 26 日，区八届人大常委会第 28 次会议，汕市区人常〔2019〕18 号
92	黄信营	汕尾市城区人民法院人民陪审员		2019 年 6 月 26 日，区八届人大常委会第 28 次会议，汕市区人常〔2019〕18 号
93	谢利雄	汕尾市城区人民法院人民陪审员		2019 年 6 月 26 日，区八届人大常委会第 28 次会议，汕市区人常〔2019〕18 号
94	曾小湖		免去汕尾市城区人民检察院检察员职务	2019 年 11 月 29 日，区八届人大常委会第 31 次会议，汕市区人常〔2019〕37 号
95	吕全闻		免去汕尾市城区人民检察院检察员职务	2019 年 11 月 29 日，区八届人大常委会第 31 次会议，汕市区人常〔2019〕37 号
96	黄信通		免去汕尾市城区人民检察院检察员职务	2019 年 11 月 29 日，区八届人大常委会第 31 次会议，汕市区人常〔2019〕37 号
97	庄建红		免去汕尾市城区人民检察院检察员职务	2019 年 11 月 29 日，区八届人大常委会第 31 次会议，汕市区人常〔2019〕37 号

续表2

序号	姓名	任职单位及职务	免职单位及职务	常委会会议时间及任免职文号
98	郑和悦	汕尾市城区民族宗教事务局局长		2019年12月31日,区八届人大常委会第33次会议,汕市区人常〔2019〕41号
99	陈伦庭		免去汕尾市城区农业农村和水利局局长职务	2019年12月31日,区八届人大常委会第33次会议,汕市区人常〔2019〕41号

【区代表出缺及补选】 区八届人大第三次会议实有代表190名，暂停职务1名，暂缺8名。第三次会议后，刘宗棍、芮耀枢、凌巧雅、彭希流、庄惠娥等11名代表因工作变动等原因辞去代表职务。根据代表出缺情况及工作需要，2019年1月，相关选区先后依法补选了吴春莉、李小燕、林创龙、卢友聪、张祥文、黄进英、钱进、陈德伦、卓雄峰、卓江广、蔡随河、彭海12名代表。至此，汕尾市城区第八届人民代表大会有代表191名。

重要活动

【“更好发挥人大代表作用”主题活动】 按照省人大、市人大关于开展“更好发挥人大代表作用”主题活动的要求，区人大常委会先后开展了“人大代表环保行”“人大代表‘创文’行”“人大代表乡村行”3项主题活动。广大人大代表围绕“我为民，我履职，我行动”，参加区、镇人大组织的“更好发挥人大代表作用”主题活动。7月12日，市委书记、市人大常委会主任石奇珠到城区东涌镇人大代表联络站开展“更好发挥人大代表作用”主题活动，面对面与基层人大代表和干部群众代表座谈交流，听取群众意见建议，帮助解决群众反映的市政道路建设、自来水管网建设、河流整治等问题。

2019年，全区参加活动的各级人大代表248人次，收集群众意见建议109条。

【市代表调研活动和区代表统一活动日】 7月19日，区人大常委会组织180多名驻区的市七届人大代表和区八届人大代表到城区东涌镇石洲村、洪流村实地视察调研新农村建设情况与宝楼河水污染整治情况，听取相关工作介绍。活动结合城区实际，以推进城区“乡村振兴战略”和“新农村建设”为主题，充分发挥人大代表在服务全区工作大局、关注人民群众焦点问题中的作用，为城区扩容提质，振兴发展“问诊把脉”，建言献策。

【市人大代表视察】 根据市人大常委会《关于组织市人大代表开展集中视察的通知》，受市人大常委会委托，区人大常委会于12月6日组织城区选出的市七届人大代表以“人民群众普遍关心、迫切需要解决的问题”为主题开展集中视察活动。活动采取实地察看市区品清湖保护及渔港建设情况，召开座谈会，听取市、区有关部门情况汇报，代表们针对视察情况提出了意见建议。

【区人大代表视察】 区人大常委会委托各镇（街道）人大及市红海湾开发区人大办公室结合当地工作实际，分别组织了驻镇（街道）的区人大代表开展了集中专题视察活动。

（何秀泉、冯振炯、吴振业）

附：（一）城区人大常委会办公室领导名录

主　任：王惠民

副主任：冯振炯

（二）城区人大常委会各工作委员会主任名录

财政经济工作委员会主任：谢晓云

监察和司法工作委员会主任：胡小军

社会建设工作委员会主任：张祥文

教育科技文化卫生工作委员会主任：刘留芳

农村与城建环境资源保护工作委员会主任：张永宜

选举联络人事任免工作委员会主任：何秀泉

汕尾市城区人民政府

· 区政府领导名录

区　长：罗光钊
常务副区长：曾向镇
副区长：钱　进
陈少华（2019 年 1 月离任）
叶伟健（2019 年 1 月任）
胡春莲
陈景元
余正茂
黄贤锐

概　述

【区政府机构概况】 2019 年2 月，经省委机构编制委员会批准，汕尾市城区人民政府设置工作部门 21 个，设置有办公室、发展和改革局、教育局、科技工业和信息化局、民政局、司法局、财政局、人力资源和社会保障局、自然资源局、住房和城乡建设局、农业农村和水利局、文化广电旅游体育局、卫生健康局、退役军人事务局、应急管理局、审计局、市场监督管理局、统计局、医疗保障局、政务服务数据管理局、城市管理和综合执法局。其中，办公室挂金融工作局、信访局、人民防空办公室牌子；发展和改革局挂粮食和物资储备局牌子；自然资源局挂林业局、海洋局牌子；农业农村和水利局挂扶贫开发办公室牌子；市场监督管理局挂知识产权局牌子。民族宗教事务局列入政府工作部门序列，不计入机构限额。

区政府办公室内设秘书股、文电法规股、财管股、综合一股、综合二股、综合三股、区政府督查室、政务公开股、经济研究室、信息和建议提案股、人事股。所属事业单位汕尾市城区人民政府办公室机关服务中心、汕尾市城区政府网站管理中心；直属事业单位汕尾市城区信访服务中心；下属事业单位汕尾市城区地方金融服务中心。

【城区消防救援大队正式授衔和换装】 1 月 5 日，城区消防救援大队举行授衔和换装仪式，区长罗光钊出席并作讲话。

【创建广东省推进教育现代化先进区】 区委、区政府始终把教育放在优先发展的战略地位，围绕教育“创强争先建高地”和提高中心城区教育首位度的总体目标，全力推进教育现代化先进区建设（以下简称“推现”)。一是履行政府责任，保障教育优先发展。切实加强教育“推现”工作的领导。区委、区政府成立汕尾市城区创建推进广东省教育现代化先进区工作领导小组，统筹推进教育现代化进程。全区上下形成了“一把手”负总责的教育“推现”工作机制，确定工作目标，明确工作任务，压实工作责任，坚持政府统筹、分类指导、内涵发展、质量提升的原则，以教育标准化、均衡化、信息化、多样化、优质化、国际化的发展方向，全力创建“广东省推进教育现代化先进区”，全面、强势推进教育现代化建设。全区中小学校、幼儿园办学条件日臻完善，教育综合实力显著增强。二是加强队伍建设，提高队伍整体素质。优化学科教师配置。着力优化教师队伍，按照省定教师编制标准，配齐配足中小学教师。全区中小学教师学历达标率 100%，小学教师本科以上学历占 35.6%，初中教师本科以上学历占 81%，高中教师研究生（硕士生）比例逐年提高。提升教师业务能力。科学制订教师培训计划，将教师培训经费列入区财政预算，每年按教师年度工资总额 1.5%以上安排教师培训经费。建立区域内义务教育学校教师交流制度，实行校长、教师轮岗交流。打造名校长、名师工程。高度重视师德师风建设，制定《汕尾市城区教育系统师德师风建设实施方案》《汕尾市城区基础教育名校长名教师评选管理办法》，积极实施名校长、名教师培养工程，建立名校长、名教师评选机制，提高校长、教师综合素质，并通过开展城区年度教师评选活动，激发广大教师爱岗敬业、无私奉献的工作热情。三是实施素质教育，促进学生全面发展。规范办学行为。全区中小学校严格执行省定课程计划，开齐课程，开足课时；严禁义务教育阶段学校进行选拔性考试招生；实行常态、均衡编班，切实保障适龄儿童、少年平等接受义务教育的合法权益。加强和创新德育工作。将青少年思想道德建设纳入精神文明建设的总体规划，构建学校、家庭、社会三位一体的德育网络，积极培育和践行社会主义核心价值观，积极开展学生爱国、爱家乡、爱人民和法治教育，全区所有中小学校德育工作考核都达标。积极开展多种形式的教育活动。全区中小学校认真落实《国家学生体质健康标准》，积极开展第二课堂活动，加强科技、体育、艺术、环保、安全等教育，促进学生全面发展。近三年，学生参加各类评比、竞赛，有320人次获得省级以上表彰奖励。四是强化校务管理，提高教育教学质量。推进依法治校。各学校以“六五普法”“创建依法治校示范校”等活动为载体，建立健全各项规章制度，规范学校办学行为。同时，各学校都聘任了法律顾问、法制副校长，共同参与学校重大决策。2019年，全区有“依法治校示范校”23所，占全区中小学校30.7%，其中，省级“依法治校示范校”3所，市级“依法治校示范校”20所。深化课程改革。认真落实《汕尾市教研教学常规》，制定《汕尾市城区教育教学常规管理评估细则》，强化教学科研，促进教育教学质量全面提高。打造学校办学特色。各中小学校以“人文德育、个性发展”的德育理念，以“立德树人”为根本目标，全力打造德育创新教育特色，积极开展校园足球、渔歌比赛、阳光体育大课间等文体特色教育，精心打造“一校一品”，不断丰富校园文化的内涵。五是优化资源配置，促进教育协调发展。完善教育体系。学前教育稳步发展。全区公办幼儿园和普惠性民办幼儿园有26所，覆盖率达到81.3%；规范化幼儿园23所，占比71.9%；全区学前教育三年毛入园率达到90.5%。义务教育均衡发展，义务教育阶段保持较高的普及水平，小学适龄儿童入学率达100%，九年义务教育巩固率达95.5%。高中教育优质发展，有省一级普通高中1所，市一级普通高中2所，普通高中优质学位占比达到85%以上。高中阶段毛入学率达92.5%。优化教育资源。把抓好学校布局调整作为创建教育强区，推进教育现代化的基础工程来抓，制定并实施《汕尾市城区义务教育学校布局调整建设规划》，积极稳妥推进学校布局调整工作。通过压实“四个到位”、确保“四个优化”、推进“四个一批”、把好“四道关口”等一系列工作措施，顺利撤并了31所规模小、办学条件差的薄弱学校和教学点，全区教育资源得到了进一步的整合与优化。优化办学条件。多方筹集资金3.4亿元，对照标准化学校和规范化幼儿园的建设标准，对全区中小学校、幼儿园校舍、运动场地、功能室、教学仪器设施设备、教育信息化建设等进行全面改造、升级提升。

【防控非洲猪瘟】 自部份省相继发生非洲猪瘟以来，城区高度重视，迅速行动，采取措施严防死守，防止疫情传入、发生和传播。截至2019年底，全区共出动人员658人次，排查生猪养殖场（户）323场次，生猪定点屠宰企业81场次，排查生猪数量4.5万多头，均未发现临床疑似病例。一是强化组织领导。成立非洲猪瘟等动物疫病防控应急中心，负责协调防控应急工作。同时，区政府和各镇（街道）两级上下联动，分别成立了防控非洲猪瘟等动物疫病应急指挥部，加强防控应急工作。区委、区政府多次召开专题会议，对防控工作作出具体部署，全面强化人员调配，各项防控措施都按照“责任到人，措施到村、到场、到户”的要求全覆盖，确保全面排查到位，不留死角。二是加强宣传发动。加大非洲猪瘟防控知识宣传普及力度，向各屠宰场、养殖场发放《养殖场（户）非洲猪瘟预警告知书》《致广大生猪从业人员的公开信》《广东省规模化猪场和种猪场生物安全隔离带建设指引》《生猪运输车辆承运人告知书》和《关于全面禁止使用泔水（餐厨废弃物）饲喂生猪告知书》等防控挂图、明白纸等类型宣传资料1万多份。全面提升防范意识，防范于未然，同步做好动物疫苗、消毒药等应急物资储备工作。三是深化排查监测。对全区屠宰场、养殖场开展全覆盖的排查和日常巡查，指导做好生物安全管理。全区5家规模养殖场都建立了有效隔离性围栏等屏障。同时，加强疫情监测，严格进出场人员和车辆管理，加强生猪安全防护与消毒灭源，并要求各屠宰场、养殖场（户）一旦发生不明原因生猪死亡的，要以疫情快报形式逐级上报，采样送检。四是全面监管防控。切实加大对辖区生猪及其肉制品生产链条的监管，督促监管养殖场（户）不使用泔水饲喂生猪，与餐饮单位、养猪场、屠宰场签订《告知承诺书》1120份。对生猪运输车辆进行信息登记和备案，并与承运人签订《生猪运输车辆承运人质量安全承诺书》。同时，发函至辖区属地高速收费站，要求高速路口设立检查站，配合查验运输生猪的车辆备案表和动物检疫合格证明；督促生猪屠宰企业落实入场验查制度，加强查证验物。加强对检疫合格证明的监管，统一由区动物卫生监督所开具检疫合格证明，强化生猪及其产品检疫监督。组织对全区冷库冻猪肉开展全面排查，按要求将冻猪肉产品抽样查封送检。

【春节期间社会安保工作】 春节期间，城区各地各部门值班人员坚守岗位，认真履职，全区没有发生重大刑事案件、治安灾害、火灾及交通亡人事故，没有发生安全生产事故，没有发生到省进京上访事件，社会治安秩序、安全秩序持续保持良好态势，城乡环境干净整洁有序，市场供应充足，全区人民度过了一个欢乐安定祥和的新春佳节。一是化解矛盾纠纷，走访慰问群众。严格落实属地管理和“谁主管谁负责”责任，全面加强节日期间矛盾纠纷排查处理。经过全面摸排，全区春节期间未发生征地拆迁、拖欠工资等易发群体事件。区、镇（街道）领导及相关单位分别成立慰问小组，到各村（社区）走访慰问困难群众、困难党员等400多人。在开展送温暖的同时，利用座谈会、个别谈心等方式了解群众的生产生活，倾听群众意见，及时帮其解决实际问题，达到增进感情，促进矛盾纠纷有效化解的效果。二是全面排查整治，有效防范生产安全。结合《关于开展岁末年初及全国两会前安全生产大检查工作方案》，各地、各部门走街串巷、进村入户开展地毯式、拉网式的安全隐患排查整治。2月4日至10日，全区共出动1189人次，深入排查“三小”场所、出租屋、娱乐场所、涉氨企业、各类仓库、煤气销售点、农村老住宅等，共发现隐患320处，现场整改312处，限期整改8处，收缴零散烟花爆竹约23公斤。印发《汕尾市城区2019年除夕开展禁止燃放烟花爆竹专项行动工作方案的通知》，由区公安、安监、工商、消防等部门及各镇（街道）、村（社区）干部职工联合开展禁燃行动，尤其是除夕夜和元宵节，全区范围内开展专项整治行动，对燃放烟花爆竹的行为进行严厉查处，有效防止安全事故的发生。三是抓实治安防控，维护社会稳定。各地、各部门以“大排查、大走访、大整治”为抓手，切实加强社会治安综合治理。尤其是区公安分局每天落实三分之一的警力值班备勤，并备齐备强55名应急处突力量，严格落实24小时勤务，依托站巡制、高峰勤务、机关警力上街等工作机制，组织发动各种巡逻力量参加巡逻防控。加大对可疑人员、车辆和物品的盘查检查力度，有效防止可疑人员、可疑物品流入辖区。加强对公共娱乐场所、旅游景点等人员密集场所和重点部位的监控。强化视频巡控，安排专人到视频监控平台值守，发现可疑现象，及时跟进处置，进一步增强防控效果。春节期间，共投入警力2000余人次，车辆500余车次，接报有效警情142起。四是举办文艺活动，共享文化红利。充分发挥文明实践中心作用，依托区、镇（街道）、村（社区）文化广场、村头公园等举办各类文体文娱活动110多场次。如凤山祖庙旅游区举办了新春文化惠民演出暨原创文艺作品展、迎春祈福活动，铜鼎山旅游区举办侏罗记雪林机器人时代活动。正月初二，举办“善美之城贺新春”2019·汕尾市城区春节音乐烟花会演，约21万人观看。正月十五，在凤山祖庙旅游区举办“元宵民俗活动”，关帝庙举办“欢歌盛世闹元宵”，东涌镇举办“正月半睇新娘”等一系列传统文化活动。各镇（街道）有的舞狮、唱曲，有的演大戏、猜灯谜，有的举行象棋赛、篮球赛、舞蹈表演等，充分展示汕尾文化及民俗特色，营造浓厚的节日氛围，丰富群众节日生活。另外，春节期间全区接待外来游客29.27万人次，同比增长16.6%；创旅游收入1.71亿元，同比增长18.7%。

【首个“长者饭堂”在捷胜镇揭牌】 为深入践行中共十九大精神，“多谋民生之利、多解民生之忧，做到老有所养”，积极探索政府、社会、村（社区）职责共担、持续发展的新型养老服务模式，扎实推进精准扶贫，创新推动民生事业发展。3月1日，城区首个“长者饭堂”在捷胜镇军船头村揭牌并正式对该村特困人员免费开放。一是先行先试，新型养老服务模式正式上线。针对捷胜镇军船头村部分特困人员和残疾、孤寡老人，不同程度地存在“吃饭难”的问题，城区在捷胜镇军船头村设立“长者饭堂”，配备标准化的厨房、餐厅、厨具、餐具等设施，为特困人员免费提供一日三餐，为行动不便的特困长者提供送餐服务，令老人们足不出户便能享用到营养均衡、干净放心的饭菜，满足老年配餐的多样化需求，让长者们真正感受到党和政府的温暖。二是统筹协调，协力推进养老事业发展。“长者饭堂”是发展新型养老模式的有益探索，城区坚持在政策上、资金上为“长者饭堂”的运营解决后顾之忧。同时要求各镇（街道）积极鼓励乡贤、侨胞返乡捐资捐物，助力养老事业发展；要求各村（社区）为“长者饭堂”解决场地问题；鼓励志愿者设立志愿者服务点，带领社会公益组织、爱心义工为长者提供近距离服务，协力推进养老事业发展。三是广泛发动，积极探索养老服务长效机制。公益事业的长效发展离不开社会力量的广泛参与，城区将以军船头村为示范点，继续在具备条件的各村（社区）推广“长者饭堂”，争取让更多的困难老人吃上一碗“长者饭”。加大宣传力度，鼓励更多企业、民间公益组织、爱心人士参与村（社区）养老服务，探索出一条“政府补一点、企业让一点、慈善捐一点、个人掏一点”的长效机制，让老人们花钱少、吃得好，并以此为契机，持续推动更多服务农村、服务群众的民生事业发展，加快乡村振兴，不断提高人民群众的获得感和幸福感。

【森林防火工作】 为切实做好清明期间森林防火工作，保护人民群众生命财产安全，做到早动员、早部署，全面细化落实各项工作任务。3月21日至4月7日，全区重点山头、林区共设关卡137个，出动检查人员57944人次，山林巡查人员21806人次，收缴烟花爆竹15公斤，银锭纸钱等违规物品567.5公斤，教育违规人员4114人，全区发现及扑灭零星火点3处，查处野外违规违法用火行为5宗，未发生森林火灾，取得了建区以来最好的成绩。一是宣传引导到位。坚持把森林防火宣传工作贯穿于森林防火工作的全过程，把增强广大干部群众的森林防火意识和法律意识作为森林防火工作的首要环节来抓，全区共发放各类宣传资料302600份，印发禁火通告122800份，悬挂横幅1000余幅，设立警示宣传点320处，同时充分利用广播、电视、微信、短信等宣传媒体，播放森林防火公益广告，在全区营造浓厚的防火舆论氛围；区宣传、教育、工青妇等部门按照界别特点向社会各界和群众发出《绿色清明、从文明祭祀做起——致全区人民的一封信》《清明节文明祭扫倡议书》《致全区学生和家长的一封信》等宣传资料，促使森林防火工作家喻户晓、人人皆知。二是工作预案到位。机构改革期间，全区坚持思想不乱、队伍不散、工作不断、干劲不减，进一步完善了森林防火应急预案，细化了扑火任务，强化了扑火力量，优化了细节安排，不断提高应急预案的合理性和实用性。严格要求各地、各部门坚持火警就是战斗令的纪律，切实做好应急准备，决不允许任何单位和个人隐瞒或迟报森林火情、火灾，更不允许“关门打火”，贻误扑火时机。全区各级、各部门由主要领导亲自带班，做好防灭火各项工作。同时，区成立防火督导组，加强对各地、各部门工作落实情况的检查督导。3月11日起，全区进入防灭火临战状态。三是队伍建设到位。全区组建8支森林防灭火专门队伍，共计655人，并于3月21日至22日举行森林防灭火集训活动，采取理论学习和现场演练相结合的方式，切实提高防灭火人员科学指挥、科学扑救、火场安全避险技能。四是装备配置到位。大力支持各地各级配齐各类防火设施，全区共配备风力灭火机190台、扑火把4450把、微型消防车42辆、灭火喷水器245部、扬程水泵36部、油锯30把以及各类灭火配置装备等，在各主要山头加设12个瞭望台（点），尤其是投入17架无人机监控山林火情，为强化火情监控提供科技支撑。同时，及时拨付急需购置补足的设施设备和森林防火必要的工作经费，确保各项工作有序开展。五是关卡严查到位。清明节期间，在旅游点、风景区和火灾多发区等重点区以及进山入林路口、墓地等关键部位设立检查岗卡137个，做到“逢人必检，逢车必查，逢火种必缴”，确保火种不上山、火源不入林。严格落实“山长制”，坚决做到“山上有人看、路口有人守、路线有人巡”，确保火情早知道、早准备、早部署、早扑灭。六是依法打击到位。坚持对进山违规用火行为保持高压态势，做到“发生一起、抓住一起、处理一起”，见烟就查、违规就罚。3月24日至4月5日，区公安分局和森林警察大队联合行动，对野外违规违法用火行为进行严肃查处，共查处野外违规违法用火行为5宗，拘留3人，行政罚款2人共5万元；区应急管理局、区市场监督管理局和公安部门联合各镇（街道）着力打击非法生产、经营、储存、运输烟花爆竹等行为，共计出动执法人员1346人次，查封228家店面，缴获烟花爆竹16公斤。

【举办城区第二届特色产品推介会】 5月1日至3日，城区隆重举办第二届特色产品推介会，展现了城区独特的文化魅力和食品特色，深受广大市民与游客朋友的点赞及青睐，现场人山人海、气氛热烈。据统计，“五一”假期全区接待游客15.3万人次，比增28.5%；旅游收入5816万元，比增34.33%。其中，特色产品推介会接待市民和游客共13万人次，比增29.6%；现场销售产品约200万元，签约订单约585万元。该次活动进一步提升了城区特色产品的市场美誉度和品牌知名度，推动了城区乡村产业振兴“旅游+”模式的发展，创造了良好的经济效益与社会效益。一是周密谋划，强化组织保障。为确保该次活动顺利开展，区委、区政府高度重视，印发了《汕尾市城区第二届特色产品推介会活动方案》，成立了城区特色产品推介会领导小组，由区长任组长，区委、区政府有关领导任副组长，相关单位为成员，各镇（街道）及相关职能部门相应成立筹备组，多次组织有关职能部门到实地考察调研，了解参展商家（企业）经营运作、产品特色等情况。提前介入，对参展的地方特色小吃、特色农副产品、特色海产品干货等进行摸底调查、梳理汇总，经多重筛选后最终确定参展产品，全力做好推介会筹备工作。二是多管齐下，全力做好展会保障工作。积极加强同主流媒体的对接协调，不断扩大该次产品推介会的影响力。省“南方+”、广东广播电视台、汕尾电视台、《今日城区》等媒体和栏目进行了全方位的报道，市汕尾通、城市在线网、汕尾手礼网等网络平台滚动播放了活动情况，单《今日城区》微信公众号平台发布的4条活动信息，就获得近5000转发量。活动极大地提升了汕尾城区的知名度和影响力。此外，活动期间累计出动警力50多人、志愿者180多人等全力加强会务保障，全程活动顺利，实现“零事故”。特别是场内场外卫生整洁，人流管控井然有序，活动呈现一片人气兴旺的新气象。三是以特制胜，凸显优势特色产品。推介会以7个镇（街道）为主，设立“7+1”8条特色产品街，汇聚商家（企业）100多家，展示了特色产品9大类、170个品种，涵盖新型产业、食品、保健品、工艺品、文化旅游、商贸服务等领域，现场快检参展农产品72批次，合格率100%。其中，捷胜镇的广泰食品糕点，东涌镇的品清籽角龟、牛肉丸，红草镇的晨洲蚝，凤山街道的豆蓉烧、豆腐花，香洲街道的软油枝，新港街道的红卫粽、渔民丸，马宫街道的鳗鱼饺等特色产品深受广大市民游客的青睐。推介会共举办了6场次文艺会演，主要表演了《汕尾渔歌》等国家“非遗”节目，增加市民、游客互动环节，吸引了大量人气。四是穿针引线，助推产业振兴发展。该次活动紧紧围绕产业振兴发展战略，对各镇（街道）龙头企业产品进行了宣传推介，为城区商家（企业）提供了展示推广产品的交流平台，例如龙泰合作社就拿下了近20万元的订单。同时，积极发挥牵线搭桥的作用，组织多家企业开展乡村振兴结对帮扶行动，助推“一村一品”“一村一企”的乡村振兴战略落地实施。国泰食品有限公司与捷胜镇埔尾村、沙坑村、军船头村、南门村，东涌镇宝楼村及新港街道新港村完成对接，签订产销合同收购农产品，直接上门收购，解决了农产品的销路问题；四海大酒楼完成与红草镇三和村头寮自然村民合作对接，依托景区优势和山坡地资源，打造膳道养生饮食新型农家乐，解决了20多人的就业问题，头寮自然村及周边村民预计每年增收近80万元。

【创建国家卫生城市】 为顺利通过创建国家卫生城市国家暗访，确保如期实现“创国卫”工作目标，全区统一思想，积极迎战，按照国家卫生城市各项目标要求，坚持对标对表，狠补短板漏洞，全力以赴做好“创国卫”各项工作。截至年底，投入资金1542万元，补充全区主次干道果皮箱700个、保洁车200辆、密闭式垃圾收集车110辆以及主干道洒水车2辆等环卫配套设施；督促沿街“门前三包”责任单位和居民区居民签订责任书、落实公示上墙等工作，并开展专项巡查，共巡查责任户1751户、责令整改179户，检查机关事业单位50个，发现问题立行立改23个单位；着力打造4个农贸市场示范点，整治处理农贸市场周边违规占道经营行为140宗，查处车辆乱停乱放46宗。一是强化领导，高位推动。成立以区委书记为组长的“创国卫”工作领导小组，充实“创国卫”工作力量，健全组织机构和工作体系，并制定、完善《汕尾市城区创建国家卫生城市实施方案》《汕尾市城区“八大攻坚行动”实施方案》等方案以及相关配套制度，工作分工明确，责任落实到位。区四套领导班子成员带头到镇（街道）、村（社区）、企业、学校、工作一线，检查、督促、指导“创国卫”工作，现场现时现地查找问题、研究问题、解决问题。同时，区委常委会、区政府常务会多次研究部署“创国卫”具体工作事项。7月12日，召开全区创建国家卫生城市工作推进会，针对省技术评估和省爱卫会专家检查指导中反馈的工作意见，对“创国卫”工作进行再动员、再部署、再安排，确保“创国卫”热度不减、力度不松、强度不降。二是细化分工，压实责任。对照创建标准制定工作计划，着力推进各项任务落实。尤其是为进一步强化“网格化”管理，重新修订《“创国卫”网格化管理工作方案》，细化市区建成区“网格化”管理的责任人和责任单位，以镇（街道）为单位分成6个大网格，以村（社区）为单位分成55个小网格，明确大、小网格内区领导及区直各单位挂驻责任，形成层层有人抓、事事有人管、件件有着落的工作局面。同时，从7月下旬开始，每周一、周三、周五进行3次全区性集中卫生大整治活动。三是对标对表，扎实推进。按照“创国卫”测评标准，把具体工作任务分为“软”和“硬”两个方面。软件方面，主要是“创国卫”资料收集建档和宣传发动工作。建立信息报告制度，明确专人负责信息收集汇总，并按规定时间上报；聘请省“创国卫”专家长期驻守城区，指导各地、各单位按要求做好“创国卫”资料建档和业务开展。硬件方面，在全力开展“创国卫”“八大攻坚行动”的同时，全力打造示范点，明确77个具体示范点，严格按照迎检点位标准要求升级改造。如，全部清除市区居民小区内卫生死角，打造老旧小区改造亮点；协助市有关部门推进市区奎山河、奎山湖综合整治，完成莲塘村、新楼村及华园小区排水整治工程，从源头上治理奎山河等黑臭水体；主动对接市有关部门，积极推动垃圾转运站建设，完成凤翔转运站、香洲转运站、罗马广场转运站和西区转运站4座垃圾转运站的升级改造工程；组织公共外环境“四害”消杀，以“八大攻坚行动”补齐“创国卫”短板。四是加强督查，加大问责。以督导检查作为推动“创国卫”各项工作的重要抓手，确保符合标准、按期推进。采取“4+1”的督查机制，其中，“4”就是成立4个督查小组，对标“创国卫”“八大攻坚行动”，每组负责2项，精准督查，每月测评、排名，兑现奖惩；“1”就是由区纪委监委成立暗访组，发现问题，立即处理，决不含糊。同时，完善问责程序制度，修订《汕尾市城区创建国家卫生城市工作考评办法》，加大问责力度，形成高压态势，确保“创国卫”各项工作落实到位。

【文明城市创建】 严格按照区委、区政府的统一部署，对照“干净、方便、安全、和谐”的创建思路，以强烈的首位度和排头兵意识，主动担当，积极作为，全力打好创建省级文明城市攻坚战，扎实推进城市建设提档升级，奋力打造“首善之城、大美之区”，为全市建设沿海经济带靓丽明珠贡献城区力量。截至年底，共印发宣传资料155万份，发放调查问卷45万份，制作投放墙体公益广告102万平方米，设置宣传栏311个，悬挂宣传标语1.2万条；共投入资金4亿多元。一是领导重视，深入基层督导有力。城区作为汕尾创建广东省文明城市的核心区、主战场，始终把创建省级文明城市当作重要政治任务来抓。成立以区委主要领导为组长的“创文”工作领导小组，各线条责任领域成立以区分管领导为组长的工作推进组，各镇（街道）、区直单位也相应成立了领导机构，构建起“横向到边、纵向到底”，更有执行力和操作性的创建格局。制定《汕尾市城区创建广东省文明城市工作实施方案》《汕尾市城区开展文明镇街创建工作实施方案》等文件，明确工作时间表、路线图、责任单位、责任人。全面落实责任，落实各地各级一把手主体责任和监督责任，区委、区人大、区政府、区政协领导班子成员坚持以身作则，率先垂范，带头到镇街、到机关、到村社、到企业、到学校、到工作一线检查、督促、指导创文工作，增强“创文”工作实效。二是健全机制，层层压实工作责任。通过建立健全工作机制，明确自身职责，对标对表，扎实推进“创文”工作。落实“一月一主题”专项整治管理机制。对交通秩序及公共交通服务、环境卫生、公用设施及建筑工地等进行专项整治。落实常态化管理和联合执法机制。每周一、三、五由镇（街道）组织开展环境卫生整治，行政机关联合执法部门每周二、四、六开展经营秩序与“门前三包”的巡查执法以及红袖章夜间巡查，不断把“创文”工作引向深入。强化督查测评奖惩机制。制定《关于对汕尾市城区建成区村（社区）文明创建工作测评排名末位进行媒体曝光的实施方案》《汕尾市城区实施创文创卫“红黑榜”奖惩机制工作方案》等文件，对全区村（社区）、镇（街道）、区直单位在环境卫生整治、硬件设施建设、“创文”台账建立、“创文”专项工作开展等情况进行测评排名，排名靠前的给予奖励，排名靠后的进行媒体曝光。三是宣传到位，营造良好社会氛围。为确保“创文”工作顺利进行，发动广大人民群众积极支持并主动参与“创文”活动，充分利用电视新闻栏目《今日城区》、报纸、网站、手机平台、微视频、电话彩铃等宣传媒体和手段，以群众喜闻乐见的方式，不断加大对社会主义核心价值观、创文知识、文明礼仪等的宣传力度。通过编印《立德守法 文明汕尾》《城区创文画册》和录制《齐举善美 共建文明—汕尾市城区创文宣传片》，创作《创文知识大家学》《开摩托戴头盔》《文明汕尾靠大家》等微视频，拍摄身边好人、工匠精神、“非遗”文化、汕尾名人等系列公益宣传片，引导群众重视了解创文、积极参与创文、主动宣传创文，为创文工作贡献力量。大力开展志愿服务活动，全区志愿服务组织及团体数785个，注册志愿者41952名，开展志愿服务活动7715场次，人均服务时长50.85小时。四是整治有效，夯实文明创建基础，坚定不移地推动创建文明城市落地落实，以过硬作风把各项工作做深、做细、做出成效。开展清理整治工作。拆除清理违章和私设广告设施2106处、乱张挂广告横幅等7348条，拆除乱搭乱建1424处（18万多平方米），取缔市区废品收购站82家、洗砂场78家，拆除红砖厂10家、养殖场192家。开展校园周边环境、市场、门店、加工作坊整治，责令整改3810户、查封474户，立案调查54宗。检查文化市场单位799个，责令整改37个。严厉打击交通违法行为。开展交通违法整治行动1179场次，查处交通违法行为47453宗，暂扣违法车辆26224辆，回收载客“三轮车”3179辆，努力构建安全、有序、畅通的交通秩序。积极引导文明殡葬。制定《全区“三道四区”清坟专项行动工作方案》，对全区“三道四区”可视范围内的历史旧坟进行集中植树绿化遮蔽。深化殡葬改革，全区火化率达到100%。坚持森林防火与殡葬整治相结合，落实人员巡逻防护，对违反“禁火令”行为进行严厉查处和曝光，清明期间实现零森林火灾。

【商事制度改革】 城区坚持以习近平新时代中国特色社会主义思想为指引，认真按照国家、省、市的工作部署，以优化营商环境为己任，大力推进商事制度改革，有效激发了市场内在活力，释放了经济发展的巨大潜能，推动了市场主体快速增长。截至年底，共新发展个体工商户2379户，注册资本1.59亿元，从业人数5258人，分别比2018年增长9.5%、27.4%、15.8%；新发展企业279家，注册资本4.29亿元，从业人数1886人。共受理食品经营许可1604份，新办理1143份，新办理小作坊证10份；持证食品经营单位达4625家（户），持证率达90%以上，“六小”行业的持证率持续提高。一是全面实施“多证合一”等登记制度。根据《市监总局等十三部门关于推进全国统一“多证合一”改革的意见》，在全面实施企业、农民专业合作社市监营业执照、组织机构代码证、税务登记证、社会保险登记证、统计登记证“五证合一、一照一码”登记制度改革和个体市监户市监营业执照、税务登记证“两证整合”的基础上，将19项涉企证照事项进一步整合到营业执照上，实行“二十四证合一”，进一步降低市场主体创设的制度性成本。同时，以企业办理登记“零见面”、电子营业执照“无介质”为目标，全面推广电子营业执照和全程电子化登记管理。二是推动一门一网式政务服务模式改革。制定行政审批事项标准体系，为每一项行政许可和公共服务事项编制办事指南与业务手册，梳理统一审批要素，清理规范涉企办事证明，确保全区行政审批时限均提速30%以上。同时，采取印制规范表格、在网上公布下载表格网址、开通微信公众号等具体措施，大力推行“一个窗口许可”改革，实行“一站式”服务，申请人办理企业注册登记时只需向“一个窗口”提交“一套材料”，经审核后，直接核发加载统一信用代码的营业执照。三是促进经济类型主体转型升级。紧紧围绕上级决策部署，结合实际，把“个转企”工作作为加快经济发展的重点来抓。通过建立健全领导机制、落实“区域化”主体责任，确保“个转企”工作扎实推进。根据市场主体经营范围、经营规模、行业特点等确定转型标准，开拓“多渠道”升级模式。开辟绿色通道，实现“一体化”办理流程，进一步压缩企业开办时间。同时，实施扶持措施，落实“双轨制”激励机制；大力宣传动员，激发转型升级的意愿和主动性，积极引导个体户转型升级。截至年底，全区共办理“个转企”121户。四是推进动产抵押登记便利化。根据《市场监管总局办公厅关于全国市场监管动产抵押登记业务系统上线运行的通知》，启用全国市场监管动产抵押登记业务系统。新系统改变以往抵押登记必须到工商部门实地登记的做法，企业可以通过互联网登记子系统进行申请，动产抵押登记工作人员及时转变工作方法，在原有窗口为企业录入、审核纸质材料的基础上，增添为企业线上办理动产抵押登记提供咨询和进行相关审批，简化审核材料，进一步推进动产抵押登记信息化、规范化、便利化。全年共办理动产抵押登记3件，抵押人所担保的主债权限额达7874.5万元。

【“民主法治村（社区）”创建活动】 认真贯彻落实省委政法委《关于开展法治建设“四级同创”活动的通知》精神，按照《广东省民主法治村（社区）创建活动标准》，精心组织、认真部署、全面动员，坚持德治、自治、法治“三融合”，扎实开展“民主法治村（社区）”创建活动，进一步推进基层民主法治建设，着力提高基层干部依法行政、依法办事能力，提高村（社区）的法治化管理水平。截至2019年底，全区共有86个村（社区）达到省级创建标准，创建率达91%，其中马宫街道金町村被评为全国“民主法治示范村”；聘请26名律师担任村（社区）法律顾问，参与纠纷调解14宗，上法制课292场次，提供法律咨询836人次，提出法律意见12件，其他法律服务14件。一是坚持一个保障。以加强组织建设为保障，有效发挥组织在“民主法治村（社区）”创建活动中的引领作用。加强组织网络建设。区、各镇（街道）、各村（社区）分别成立创建活动领导小组，明确创建工作的目标、任务、措施，各成员单位具体负责创建活动的日常工作，形成区、镇（街道）、村（社区）三级组织网络。发挥村（社区）党支部的核心作用。切实加强以党支部为核心的村（社区）基层组织自身建设，并逐步健全村（社区）党支部、村（社区）委会及其下属委员会、村（居）民小组、村（居）务监督委员会、村（居）民会议、村（居）民代表会议工作制度。二是突出一个重点。把开展普法教育作为创建民主法治村（社区）的重点，多渠道、多层次、全方位开展法治宣传教育活动。积极开展“送法下乡”和“法律进社区”活动，组织律师、法律工作者与基层司法所工作人员到各重点村（社区）开展法治宣传，采用座谈会、面对面交谈、接受咨询、发放宣传资料、现场解答群众提问等形式提供法律服务。同时，组织全区基层干部每年进行2次以上的法律培训，受训的村“两委”干部、村（居）民小组组长达1100多人次，进一步提高基层干部依法办事和民主管理水平。三是构建一个平台。以完善“两公开四民主”为创建工作的平台，遵循“依法建制、以制治村、民主管理”的原则，强化农村基层民主政治建设。发挥一村（社区）一法律顾问的专业优势，指导、协助各村（社区）依据党的方针政策和国家法律法规修订《村规民约》等规章制度。同时，进一步完善村（居）民会议、村（居）民代表会议议事规则、村（居）务公开、财务公开等民主管理制度，落实《广东省村务公开条例》，设立村务公开栏，坚持每季度公开村务、财务，接受村民监督，着力推进基层自治组织规范化、法律化、民主化管理。四是抓住一个关键。把加强工作指导作为关键环节，保障创建活动有序开展。抓调研，明确工作目标。通过下基层召开座谈会、现场指导等途径，不断总结创建经验，进一步完善“民主法治村（社区）”创建活动制度，全面落实工作目标。抓典型，发挥示范效应。多次组织召开“民主法治村（社区）”创建工作会议，分析、研判村（社区）基层民主法治创建各项工作任务，筛选民主法治示范村。抓质量，克服形式主义。制定“民主法治村（社区）”创建工作方案和工作计划，严格按照《广东省民主法治村（社区）创建标准》开展创建工作，坚持扩大创建数量与保证创建质量相结合，坚决克服形式主义。

【脱贫攻坚】 认真贯彻落实中央、省委、市委关于脱贫攻坚的一系列工作部署，把脱贫攻坚作为最大政治、最大的民生、最大的任务，举全区之力，强化工作措施，全力推进全区精准扶贫各项工作。全区新时期精准扶贫相对贫困户2485户，相对贫困人口6984人。其中，有劳动能力贫困户1297户、5157人，无劳动力贫困户1188户、1827人。2019年底，全区累计使用扶贫资金约8320万元；已落实扶贫项目库项目10个，涉及扶贫资金6240万元。全区共有2485户、6984人达到脱贫退出标准，在年底实现“贫困户100%脱贫、贫困村100%出列”目标任务。一是强化组织领导。高度重视脱贫攻坚工作，坚持高位推动扶贫工作，将精准扶贫、精准脱贫摆在区党政重要议事日程，区党政一把手亲抓扶贫工作，统筹全区精准扶贫工作，并多次在区委常委会、区政府常务会和扶贫开发领导小组会议研究并部署精准扶贫工作；精心制定全区脱贫攻坚工作要点、工作方案和责任清单，进一步明确区领导、帮扶单位、帮扶干部、镇（街道）、村（社区）两委、驻村工作队职责；组织全区扶贫干部、村党组织书记参与扶贫攻坚业务培训，区直各单位选派工作责任心和业务能力强的干部到各帮扶村（社区），充实扶贫工作力量，助推脱贫攻坚工作高质量完成。二是夯实脱贫基础。开展建档立卡贫困生就读学校年级等相关信息核查工作，落实贫困子女读书的生活补助政策，2019年已完成建档立卡贫困户子女在校生1306人，已100%落实发放贫困户子女在校生教育生活费补贴；落实社会保障兜底政策，对患有重大疾病的贫困对象实行“一站式”服务，在定点医院直接报销，确保享受重大疾病医疗救助政策；落实贫困户危房改造任务，根据《广东省住房和城乡建设厅、广东省财政厅、广东省扶贫开发办公室关于下达我省农村危房改造任务和明确补助标准的通知》精神，2019年已完成危房改造61户，全面完成贫困户危房改造任务。三是全力推进产业扶贫。按照“一镇一业、一村一品”发展模式，通过项目支持、资金支持、技术服务等途径，大力支持乡村、贫困户立足自身资源。红草镇初步形成以养殖晨洲蚝为主导特色产业，带动全镇有意愿的贫困户参与合作经营和就业，达到增收脱贫的目标。捷胜镇军船头村沙葛种植项目，南门外村、大流村、洪流村光伏扶贫项目，赤古村农业专业合作电商、石洲村光伏项目、农贸市场、埔尾光伏项目已完成建设。捷胜镇军船头农贸市场、东涌镇赤古村农贸市场、大流幼儿园、捷胜镇荷花莲藕生态园农业观光项目、沙坑村地瓜薯粉厂、南门外村光伏二期、赤古村光伏、捷胜荷塘酒店等产业项目正在动工建设并有序推进。四是扎实做好就业扶贫。坚持把就业扶贫作为脱贫攻坚工作的有力抓手，把促进就业作为增加贫困户收入的重要途径，委托汕尾崇文职业技术学校对有就业意愿、有劳动力的贫困户进行技能培训，提高贫困户的劳动技能，开拓就业门路，参加农村实用技能培训共1795人。同时，通过对16~59周岁贫困劳动者基本情况进行调查摸底和全区内企业用工调查，组织“企业招聘面对面”“乡村招聘会”“夜场招聘会”等送岗位下乡活动，为贫困劳动者和企业搭起桥梁，扎实落实转移劳动力就业政策与措施，已完成转移农村劳动力4779人。

【港口海域禁毒专项整治工作】 城区紧紧围绕省、市关于进一步加强禁毒工作的决策部署，持续推进港口海域禁毒专项整治工作，大力创建“无毒渔港、平安渔港、文明渔港”。2019年，共开展港口海域禁毒专项整治行动729次，出动执法艇732艘次，执法人员3585人次，检查渔船3111艘次，检查码头162个次、港（岔）口152次、船厂70次、制冰厂68次，未发现港口海域涉毒违法情况。一是加强日常管控。实行港口海域“网格化”管理机制，推进禁毒工作责任制落实，坚持每个网格区每周组织不少于2次的清理清查工作；组建港口海域禁毒专柜，对所有港口海域相关文件资料数据等进行整理编排造册归档，加强港口海域禁毒资料档案建档管理工作，并对全区904艘国库、省库渔船和1590艘乡镇生计渔船的基本信息统一标识、编号进行登记造册，建立台账，并纳入统一管理；在港口码头等重点部位架设监控视频，服务港口海域监管和侦查工作，进一步提高对渔船管理的反应能力。二是加强打击力度。始终保持对违法犯罪行为的高压打击态势，严格落实港口海域禁毒专项整治工作。全面实施港口海域禁毒工作部署，明确部门和人员职责，将港口海域禁毒工作纳入日常执法巡查工作中；落实“建立一份档案、签订一份承诺书、竖立一块宣传牌、设立一套监控视频、公布一个举报电话、建立一支巡查队伍”“六个一”整治措施，对海岸线、码头、船舶停靠点、下海点等重点地区进行定期或不定期巡查，与船主渔民签订禁毒承诺书1372份，排查并整治风险点23个，清理拆除非法码头16个。严厉打击取缔“三无”船舶，最大限度减少海上制贩毒品案件发生，共清查“三无”船只78艘。三是加强宣传教育。为确保港口海域禁毒专项整治工作顺利进行，发动广大渔民群众积极支持并主动参与禁毒宣传工作，充分利用报纸、手机平台、电视台、电话彩铃等宣传媒体和手段，进一步增强广大渔民群众远离毒品、拒绝毒品的意识，共发送禁毒宣传短信18947条。同时，在马宫街道、新港街道联合志愿者组织开展港口海域禁毒进社区、进渔村、进学校等宣传活动，通过现场派发宣传资料，讲解禁毒知识，并传达上级有关开展港口海域禁毒工作的文件精神，引导群众重视了解港口海域禁毒工作。据统计，发放《致全区渔民的一封禁毒公开信》宣传资料共9560份，在沿海镇（街道）形成良好的禁毒氛围。

【政务督查】 2019年，区政府督查室围绕市委、市政府的重大决策和重要部署，加大督查督办力度，促进了各项工作全面落实，有效地推动了全区经济建设和社会各项事业又好又快发展。区政府督查室全年共办理交办件303件，转办件242件，市、区下达督办件83件，印发《督查通报》14期。

一是抓中心工作。围绕《区政府工作报告》提出的重点工作任务和目标，年初制定印发《〈区政府工作报告〉2019年重点工作任务清单》《汕尾市城区2019年十件民生实事》，同时根据《〈区政府工作报告〉2019年重点工作任务清单》《汕尾市城区2019年十件民生实事》的具体目标任务，区政府督查室对每季度落实情况进行汇总，通报给区主要领导及各地、各单位；对落实不到位的单位，以《督查通知》的形式督促落实。二是抓决策工作。对区政府的各项决策及区政府常务会议、区长办公会议的议定事项纳入督办范围，努力做到全面掌握决策执行情况，定期将承办单位对议决事项执行的贯彻情况向区政府报告，为领导及时掌握执行情况及进行再决策发挥了积极作用。三是抓重点工作。针对全区重点工作任务进行督查。如“创文创卫”工作、人居环境整治工作和2018年度卫片执法及违法行为查处整改工作等督查任务，区政府督查室对责任单位进行重点督查，并将督查情况向区政府主要领导反馈，有力促进了城区重点工作任务的推进。四是抓进度工作。对市职业技术学院扩建工程、市体育运动学校和业余体育学校新校区建设项目、9个省定贫困村社会主义新农村示范建设项目等进行督查；尤其对项目建设工作推进缓慢地，及时下达《督查立项通知书》，限期有效推进工作。逾期未完成工作目标任务的，向其单位主要负责人下达督查通知书。

（区政府办）

【议案、提案办理】 2019年，区政府办理区八届人大四次会议议案、建议、批评和意见24件；承办市交办的议案、提案44件。这些议案提案主要涉及城建环保类、教科文卫类、农村农业类、社会建设类等方面的内容。经过各相关职能部门的共同努力和市直相关单位的配合，截至2019年底，承办的人大代表建议、政协委员提案和有关意见建议已全部得到办理，办复率100%。

一是加强组织领导，明确办理责任。指定一名副区长分管议案、提案办理工作，并指定区政府办公室负责议案、提案办理和协调工作。根据具体内容，把每件议案、提案逐一落实到各相关职能部门和各镇（街道），各司其职、分工合作，确保件件有落实，件件有答复。召开办理协调会议，要求各相关部门认真研究议案提案的内容，严抓落实，确保办理工作扎实有序开展。二是转变工作方式，增强办理实效。在办理工作上，始终坚持“实事求是，一切从实际出发”的工作原则，对议案、提案中提出的问题作出分析和梳理，拟订调研提纲，深入实地进行调研，使议案提案的办理更加科学合理。如关于加大力度推进农村振兴战略的问题，区相关领导多次带队下基层进行调研，并根据实际编制了乡村振兴规划，为城区实施乡村振兴战略开好局、起好步奠定基础。对人大代表和政协委员提出的议案、提案，有条件解决的力争做到立即解决，暂时不具备条件的积极创造条件解决，如确实因存在限制条件不能及时解决的，也能够认真地按规定程序如实作出答复，并主动与人大代表和政协委员进行沟通，争取理解与支持。如市区新港街道大马路升级改造的问题，区政府一直高度重视，但开展大马路升级改造工作还存在很大困难。就该问题如实向人大代表说明情况，坚决不做表面功夫。在督办力度上，重点抓好各相关职能部门的落实，掌握议案、提案的工作办理情况，并按时间节点对相关部门进行督促。对工作进展缓慢的，建议认真查找原因，及时进行协调，增强相关部门的办理效率。三是强化沟通协商，提高办理质量。为取得人大代表和政协委员的理解，提高对议案提案办理的满意度，把沟通协商作为议案、提案办理工作的必要环节。在具体办理工作中，主动协调涉及多个部门职能的议案、提案，明确各方职责，层层落实责任，级级严格把关，防止推诿扯皮，确保议案、提案办理质量和办理时效。如关于要求修缮保护汕尾市城区新港街道革命遗址的问题，区政府于7月召集区文化、城管、住建、自然资源等部门负责人，就原海陆丰中心县委旧址（沁园）重建进行讨论协调，进一步强化部门协作，共同推进工作开展。同时，通过采取实地调研、电话联系等方式联络代表，主动加强与人大代表和政协委员协商，虚心听取意见及建议，不断改进和完善议案、提案办理工作。并及时送达议案、提案办理答复意见，征询代表和委员意见，提高办理质量，确保办理工作落到实处。

区政府常务会议

【概况】 2019年，区政府共召开30次常务会议，讨论研究了189个议题。

【传达学习】 传达学习省委十二届六次全会、市委七届八次全会精神，研究部署城区贯彻落实意见；传达学习市两会精神，研究部署城区贯彻落实意见；学习《中华人民共和国审计法实施条例》；贯彻全省、全市加强非洲猪瘟防控工作电视电话会议精神，听取全区非洲猪瘟防控工作的情况汇报，研究部署区下一步工作措施；学习《中共中央、国务院关于坚持农业农村优先发展做好“三农”工作的若干意见》；传达全省扫黑除恶专项斗争视频会议精神，研究部署城区下一步工作；传达市委书记石奇珠调研城区禁毒工作时的讲话精神；全市森林防灭火誓师大会暨消防安全隐患专项整治工作会议精神，研究部署城区森林防灭火和消防安全，学习《广东省森林防火条例》；传达学习习近平总书记关于江苏响水“3·21”特大爆炸事故和四川省凉山州木里县森林火灾作出的重要批示精神，以及全省森林防火灭火工作视频会议精神；学习习近平总书记关于民政工作的重要指示精神和第十四次全国民政会议精神；传达全省全民禁毒工程推进会暨全省禁毒工作会议精神，贯彻省委书记李希到汕尾调研时的讲话精神，研究部署贯彻落实意见；传达全省农村人居环境整治现场推进会精神，研究城区贯彻落实意见；学习《中共汕尾市委办公室、汕尾市人民政府办公室关于印发〈汕尾市创建全国禁毒示范城市工作实施方案〉的通知》精神，《中共汕尾市委办公室、汕尾市人民政府办公室关于印发〈汕尾市禁毒重点整治工作制度〉的通知》精神；学习《法治政府建设与责任落实督察工作规定》；贯彻省委书记李希在省委实施乡村振兴战略领导小组第一次会议上的讲话精神；传达全市融湾强带工作现场会会议精神；学习《中华人民共和国政府信息公开条例》；学习《关于深化消防执法改革的意见》；学习《广东省人民政府关于全面推行行政执法公示制度执法全过程记录制度重大执法决定法制审核制度实施方案》；学习《党政主要领导干部和国有企事业单位主要领导人员经济责任审计规定》；传达部目标367案件现场会暨全省禁毒重点整治工作推进会精神；传达全市道路交通安全工作联席电视电话会议精神；传达全省稳定生猪生产和保障市场供应工作会议精神；学习《习近平关于“三农”工作论述摘编》《关于支持深圳建设中国特色社会主义先行示范区的意见》；传达全省生活垃圾分类工作推进会，中央经济工作会议；传达省审计组对城区党委政府主要领导经济责任审计初步意见反馈会议精神等。

【听取汇报】 听取：全区禁毒工作；省、市、区70周年迎大庆信访维稳安保暨安全生产工作；区委农办关于市委脱贫攻坚专项巡察组反馈意见的情况；区农业农村和水利局关于乡村振兴、脱贫攻坚工作，打好三大攻坚战工作汇报；省环保督察反馈意见落实整改情况；区扫黑除恶专项斗争工作进展情况；城区河（库）长制、湖长制工作；暗访组暗访“创国卫”工作反馈意见整改工作情况及城区违法建设有关情况；城区近年来审计发现问题整改工作有关情况；城区办公用房整改情况；城区第一季度应急管理工作情况；城区查违控违有关情况；城区海洋伏季休渔工作有关情况；城区第二届特色产品推介会筹备情况；迎接“创国卫”省技术评估工作；脱贫攻坚和社会主义新农村建设进展；区财税“双过半”工作情况；上半年全区安全生产、消防安全、防汛防洪等工作；迎接耕地保护实地督察准备工作的情况；上半年保密工作；上半年食品安全工作情况；上半年粮食安全生产、慢性病防控工作情况；城区禁毒工作，道路交通安全工作；城区接受省脱贫攻坚和乡村振兴审计有关工作准备；2019年医药卫生体制改革工作等汇报。

【讨论议题】 讨论研究：《汕尾市城区政府投资项目概算审核工作管理制度（试行）（送审稿）》，《汕尾市城区2018年度财政总结算草案的报告（送审稿）》，《汕尾市城区人民政府关于做好森林禁火工作的通知（送审稿）》，《关于加强对河流水库湖泊管理的通告（送审稿）》，《汕尾市城区2018年度推进依法行政加快法治政府建设情况的报告（送审稿）》，《汕尾市城区公开招聘专职人民调解员工作方案（送审稿）》，汕尾市城区农村污水治理工程采用BOT模式进行投资建设及运营维护的问题，《汕尾市城区农村污水治理工程PPP项目实施方案（送审稿）》，《汕尾市城区2019年重点建设项目（前期预备项目）计划方案（送审稿）》，《汕尾市城区2018年国民经济和社会发展计划执行情况与2019年计划草案的报告（送审稿）》，《政府工作报告（讨论稿）》，《汕尾市城区2018年预算执行情况和2019年预算草案（送审稿）》，《汕尾市城区2019年十件民生实事（送审稿）》，《汕尾市城区贯彻落实汕尾市信息基础建设三年行动计划（2018—2020年）配套方案（送审稿）》，《汕尾市城区关于开展打击“三无”船舶专项行动的通告（送审稿）》，《共同推进汕尾市城区水产品批发市场项目合作框架协议（送审稿）》，《全域推进农村人居环境整治建设生态宜居美丽乡村行动方案（送审稿）》，《汕尾市城区关于进一步加强人才工作的实施意见（送审稿）》，《汕尾市城区关于加强医疗卫生人才队伍建设的实施意见（送审稿）》，《汕尾市城区2017年渔民减船转产项目实施方案（送审稿）》，《汕尾市城区2018年度人口计生目标管理责任制工作自评报告（送审稿）》，《汕尾市城区人民政府关于清明期间森林防火的通告（送审稿）》，《关于建立学前教育和普通高中生均公用经费拨款制度的通知（送审稿）》，红草镇晨洲村新农村建设工程项目，公布2018年全区特困供养人员护理标准，《广东省汕尾市城区二类调查成果报告（送审稿）》，《广东省汕尾市城区二类调查工作报告（送审稿）》，《汕尾市城区关于防范化解金融风险工作总结（送审稿）》，《近三年汕尾市城区污染防治工作情况汇报（送审稿）》，《汕尾市城区2016—2018年脱贫攻坚工作总结（送审稿）》，《关于进一步加强禁毒工作的意见（送审稿）》，《关于向原民办教师和原代课教师发放生活困难补助工作方案（送审稿）》，《汕尾市城区打好污染防治攻坚战三年行动计划（2018—2020年）（送审稿）》，《关于打赢脱贫攻坚战三年行动方案（2018—2020年）（送审稿）》，《汕尾市城区关于加强农村集体资产资源交易管理工作的意见（送审稿）》，《汕尾市城区农村集体产权制度改革试点实施方案（送审稿）》，《汕尾市城区八届人大四次会议议案、建议、批评和意见交办方案（送审稿）》，《汕尾市城区完善集体林权制度工作实施方案（送审稿）》，《汕尾市城区2019年林业生态工程项目实施方案（送审稿）》，2019年农村人居环境整治市级补助资金安排方案，《广汕铁路公司汕尾市城区人民政府汕汕铁路项目征地拆迁实施协议（送审稿）》，《汕尾市城区人民政府2018年履行教育职责自评报告（送审稿）》，海汕路西闸至埔边段综合改造工程安置小区项目建设，调整新建广州（新塘）至汕尾铁路项目拟使用Ⅰ级保护林地等级，2019年第二批新增地方政府债券额度分配，《汕尾市城区安全生产委员会2019年工作要点（送审稿）》，《汕尾市城区2018年度耕地保护目标责任履行情况自查报告（送审稿）》，《广东省汕尾市城区养殖水域滩涂规划（2018—2030年）（送审稿）》，《共同推进汕尾市城区中小学生综合实践活动教育基地项目合作框架协议（送审稿）》，《汕尾市城区和顺上村“三旧”改造项目实施监管协议（第二次修改稿）》，确定县级治安保卫重点单位，教育现代化建设经费专项资金分配，实施盐町头小学等6个建设项目，《汕尾市城区2018年渔民减船转产项目实施方案（送审稿）》，《汕尾市城区人民政府工作规则（送审稿）》，《汕尾市城区2019年上半年国民经济和社会发展计划执行情况报告（送审稿）》，《汕尾市城区贯彻落实关于积极推行政府购买服务加强基层社会救助经办服务能力的实施意见（送审稿）》，海汕路西闸至埔边段综合改造工程拆迁补偿安置小区可行性研究报告以及投资估算，《汕尾市城区2019年上半年财政预算执行情况报告（送审稿）》，《汕尾市城区

2019年度公共财政预算调整草案（送审稿）》，《汕尾市城区农村“厕所革命”专项行动方案（送审稿）》，《汕尾市城区城市管理和综合执法局2019年协管员聘用方案（送审稿）》，2017年转业士官林孟扬安置，2019年农村人居环境整治区级补助资金安排，镇（街道）建设公益性骨灰楼、轮换地方储备粮有关问题，《汕尾市城区区级政务信息化服务项目管理办法（送审稿）》，《汕尾市城区2019年重点项目计划调整方案（送审稿）》，《汕尾市城区农村污水治理工程PPP项目招标文件（送审稿）》和《汕尾市城区农村污水治理工程PPP项目合同（送审稿）》，东涌镇示范村村容村貌环境提升整治工程立项有关问题，《汕尾市城区全面推行行政执法公示制度执法全过程记录制度重大执法决定法制审核制度的实施方案（送审稿）》，《汕尾市城区内部审计工作指导意见（送审稿）》，《汕尾市城区促进小微工业企业上规模实施方案（送审稿）》，《汕尾市城区促进个体工商户转型升级为企业扶持资金实施暂行办法（送审稿）》，《汕尾市城区2018年度国内捕捞渔船油价补贴工作实施方案（送审稿）》，马宫街道长沙村新渔村建设项目，实施汕尾市城区一体化在线政务服务平台服务能力提升与基层减负便民项目有关问题，《关于深化汕尾市城区区级预算编制执行监督管理改革实施意见（送审稿）》，《汕尾市城区环境保护责任考核办法（送审稿）》，《汕尾市城区加快推进“四好农村路”建设实施方案（送审稿）》，《汕尾市城区自然保护地调查摸底情况报告（送审稿）》，凤山祖庙景区旅客接待中心选址建设、新设立东涌镇金湖（凤凰湾）社区居民委员会有关问题，汕尾马宫水产品交易市场建设项目业主单位有关问题，《汕尾市城区对标三年取得重大进展硬任务扎实推动乡村振兴的实施方案（送审稿）》，全区相对贫困人口拟退出、9个省定贫困村拟退出有关问题，《汕尾市城区乡村人才振兴行动方案（送审稿）》，《汕尾市城区实施“南粤家政”工程促进就业工作实施方案（送审稿）》，《汕尾市城区2018年度环境保护责任暨污染防治攻坚战考核工作自查报告（送审稿）》，《2018年度汕尾市环境保护责任暨污染防治攻坚战考核结果报表（送审稿）》，《汕尾市城区农村污水治理工程PPP项目合同（送审稿）》，《汕尾市城区机关事业单位2019年度绩效考核奖金有关操作说明（送审稿）》，《关于汕尾市城区2019年度公共财政第二次预算调整草案的报告（送审稿）》，《关于汕尾市城区2018年度区本级预算执行和其他财政收支情况审计查出问题的整改结果报告（送审稿）》，《汕尾市城区生态文明体制改革实施方案（送审稿）》，《汕尾市城区生态文明建设目标评价考核制度（送审稿）》，《汕尾市城区关于开展质量提升行动方案（送审稿）》，《汕尾市城区促进学前教育普惠健康发展行动方案（送审稿）》，《汕尾市城区推动义务教育优质均衡发展行动方案（送审稿）》，《汕尾市城区生猪屠宰厂（场）布点规划工作方案（送审稿）》，《青龙山盐场、沙海盐场征地范围设施及附着物补偿和征地工作经费协议书（送审稿）》，《汕尾市城区区属企业国有资产收益收缴管理办法（送审稿）》，提高汕尾市城区2020年孤儿基本生活最低标准有关问题，《汕尾市城区农村集体经济组织成员资格界定指导意见（送审稿）》，《汕尾市城区水产产业园（省级）财政资金使用方案（送审稿）》，《汕尾市城区人民政府关于汕尾市城区水产品交易市场搬迁的通告（送审稿）》，《汕尾市城区9个省定贫困村农村污水治理工程EPCO》中的14个污水处理站后期管营维护纳入城区农村污水治理工程PPP项目有关问题等。

解决城区低保、五保、优抚、孤儿、低收入未成年人、重度残疾人、精准扶贫对象参加2019年度城乡居民医疗保险资金，盘活地方财政存量资金，红草镇晨洲村申请农村公路专项经费，2018年农村综合改革转移支付资金（美丽乡村建设）项目实施单位，村级组织活动场所建设配套资金，将综治视联网系统建设资金列入财政预算有关问题，东涌镇、红草镇、捷胜镇、马宫街道4个镇（街道）环卫保洁、收集人员和工资经费配置方案，调整优抚对象抚恤和生活补助标准，参加对越自卫反击战退伍军人特殊补助，汕尾市城区2017年度税务部门计提征收经费，区城市管理和综合执法局购置环卫保洁收集车辆，区教师发展中心改扩建工程资金列入财政预算，精准扶贫、就业扶贫、产业扶贫“以奖代补”实施年度，禁毒工作经费，“长者饭堂”经费，捷胜镇军船头村乡村振兴提升工程资金，采购红海西路拆迁安置区生活垃圾转运站设备，2018年中央财政和省级自然灾害生活救助资金，各镇（街道）使用财政扶贫开发资金问题，马宫街道长沙村村容村貌改造提升项目资金，红草镇政府预借红草园区征地平整综合补偿资金，拨款支持原中共海陆丰中心县委旧址（郑重旧居）重（扩）建房屋征收及项目建设经费，购置环卫作业车辆，2019年省级打好污染防治攻坚战资金使用计划，关于预借“聚和佳居”住户解除购房合同临时周转金，拨款支持区医疗集团区域信息化建设，拨给购买汕尾市城区政府综合救助保险资金，拨付各镇（街道）消防整治经费，解决政府雇员（辅警）工作经费，拨给红草镇人民政府新农村建设等项目资金，2019年省定贫困村创建社会主义新农村示范村资金安排，采购生活垃圾转运站设备，每月增加区福利院财政补助资金，将全区非重度智力、精神残疾人参加社会保险纳入政府补贴，汕尾市城区逸挥基金医院增购数字减影血管造影机，拨给“银龄安康行动”老年人意外伤害保险资金，教育专项资金分配方案，捷胜镇控违拆违工作经费等问题。

（区政府办）

附：区政府办公室领导名录

主　任：余少杰

副主任：黄剑雄（2019年2月离任）

王清红

李泗远

范海滨（2019年2月离任）

陈烈进（2019年2月任）

丁晓创（2019年2月任）

黄振启（2019年2月任）

林耿辉（2019年2月任）

投资促进事务

【概况】 汕尾市城区投资促进事务中心为汕尾市城区人民政府直属事业单位，正科级，公益一类，归口汕尾市城区科技工业和信息化局管理。成立于2019年9月24日，内设2个正股级机构，核定事业编制5名，设主任1名、副主任1名，内设机构领导职数2名。人员经费由区财政核拨。主要职能是负责全区投资促进工作，推动进一步完善投资环境，建立全区投资促进协调机制、项目引进和服务联动机制；完成区政府下达的各项招商引资任务；负责研究境内外经济趋势，资本流动、投资动态和投资政策，提出分析报告和政策建议；负责制定全区重点招商项目清单并对外发布；负责城区自然禀赋、区位优势、经济发展、投资政策等区域形象的包装、宣传和推广等。2019年，前期洽谈项目5个，计划投资14.5亿元；签订协议项目4个，计划投资47亿元；注册落户项目6个，计划投资84亿元；开工建设项目3个，计划投资18.05亿元。

【加大招商引资力度】 区委、区政府高度重视招商引资工作，把其作为经济工作的重中之重来抓。区党政主要领导以及分管领导多次听取全区招商引资工作情况、招商引资工作情况汇报，研究部署推进项目建设的相关工作。区招商主管部门牢固树立项目意识，加强对投资意向项目的跟踪洽谈，创造条件，聚集高科技、环保好、实力强的符合入园标准的大项目，多次组织相关人员“走出去”，加强项目的跟踪洽谈，协调项目投资有关事宜，全力推进项目早日落户园区。

【跟踪推进项目进展】 跟踪和推进嘉信游艇会项目、正威国际集团（汕尾）产业园、深圳宝德未来科技城、三盛食品屠宰配送中心、联恒电子商务园、湖山康养、万恒通家具广场、保利地中度假村、汕尾市老区托养康复综合服务中心、中国汕尾沉香文旅小镇等签约及注册落户的工作。不断强化项目落地意识，坚持把项目落地作为扩大招商成果的一个关键环节，加强与有关部门的对接协调，在市投资促进局、市高新区等有关部门的大力支持下，全力以赴协调好项目用地问题，扎实做好每一个项目的落地与推进工作，力促项目早日落户、动工建设。

积极主动做好铜鼎山旅游区松鼠乐园旅游、汕尾华润城、汕尾星合雍悦城等在建项目的服务和对接工作。对已动工在建的项目全力做好服务工作，及时了解掌握项目建设动态，帮助企业解决存在问题，推动项目早日建成投产，早日发挥效益。

（张思聪）

附：城区投资促进事务中心领导名录

主　任：陈伦庭（2019年12月任）

副主任：陈国亮（2019年9月任）

政务服务管理

【概况】 根据《中共汕尾市城区委汕尾市城区人民政府关于印发〈汕尾市城区机构改革方案〉的通知》和《中共汕尾市委机构编制委员会关于汕尾市城区科级事业单位机构调整有关事项的批复》，汕尾市城区政务服务管理中心更名为汕尾市城区政务服务中心，为汕尾市城区人民政府直属事业单位，正科级，公益一类，归口汕尾市城区政务服务数据管理局管理。内设综合信息股、业务管理股及热线管理股3个股室。核定编制7名，设主任1名、副主任1名，内设机构领导职数3名。

【加强对基层党群服务中心业务指导】 加强对马宫街道金町居委、香洲街道城西居委党群服务中心建设的指导，在全区起到示范引领作用；落实每月一次到镇（街道）、村（社区）进行检查指导和业务通报制度，同时将每天在区监控室检查的情况及时向各镇（街道）、村（社区）反馈，督促落实整改；不定期召开党群服务中心建设工作推进会，要求各镇（街道）、村（社区）对存在的问题限时抓好整改落实，完善提高。

【深化“一门式一网式”改革工作】 推进实体大厅标准化建设。区直22个部门申请办理的政务服务事项共1014项（包括使用国家级、省级垂直系统事项数）进驻区政务服务中心，其中，行政权力事项723项，公共服务事项291项。“最多跑一次”行政权力事项708项，占行政权力进驻事项97.93%，实现进驻行政权力事项100%办理跑动不超过2次。

加强广东政务服务网汕尾厅城区分厅建设。广东政务服务网汕尾厅城区分厅共进驻部门27个，进驻服务事项1255项（包括使用国家级、省级垂直系统事项数），其中，政务服务事项777项（含行政许可事项464项），公共服务事项428项，行政征收事项50项。可网上申办的政务服务事项600项，可网办率为77.22%，实现“最多跑一次”的政务服务事项764项，占全部政务服务事项98.33%；实现100%政务服务事项到现场次数不超过2次。

【深化行政审批制度改革】 一是推进商事制度改革，提高开办企业便利度。整合银行开户、印章刻制备案以及涉税备案提醒等业务。将开办企业“5个程序7个环节”，减少为“2个程序2个环节”，审批时限由5个工作日缩短为2个工作日，2019年8月以来再将审批时限2个工作日缩短为1个工作日。二是推进投资审批改革，简化投资审批流程。政府投资项目可研报告审批，在资料齐全的情况下，将审批时限由原20个工作日缩短至5个工作日；企业投资项目备案，将审批时限由5个工作日缩短至3个工作日；企业投资项目核准，将审批时限由20个工作日缩短至10个工作日，对审批办文时间缩短50%以上，实现项目审批时限再砍一半。同时将入户、职称评审审核及确认等事项的办理时限实现再压缩一半。

【推进“粤省事”基层应用】 为进一步提升政务服务水平，让更多的政务服务实现“指尖办理”，区政务中心联合市、区政务服务数据管理局及汕尾“数字政府”建设运营中心，共同推进“粤省事”向基层延伸。群众通过“粤省事”可使用电子证照54种，便民服务540项，涉及公积金、税务、民政、生活缴费（水、电、电视、网络）、就医服务等。11月，与区卫健局、逸挥基金医院等部门共同推动城区事项——汕尾逸挥基金医院就医服务事项上线“粤省事·汕尾版”。逸挥医院高频便民医疗事项的上线使城区成为全市第一个有本地事项接入“粤省事”的县区。同时，做好“数字政府”改革建设宣传工作。

【强化“12345”投诉举报平台建设管理】 根据市的工作安排，6月底完成市“12345”投诉举报办理系统延伸至城区各镇（街道）、区直各办理单位；并组织各职能部门开展系统应用培训，进一步加强“12345”投诉举报平台工单办理工作。对市平台的交办工单认真进行催办、督办，确保工单处理及时、准确。2019年共接工单4636件，平均工作日约18.54单，与上年相比增长了346.2%。

【做好“创文”“创国卫”工作】 积极做好广东省文明城市2019年度测评考核准备工作，严格按照文明城市创建实地考察点考核标准要求，对标完成考核准备工作，政务大厅顺利通过“创文”考核。对照“创国卫”标准，制作完善健康教育宣传栏；做好“创国卫”省技术评估工作，按必检点的要求，严格做好台账资料，落实开展工间操活动，做好环境卫生整治工作。是年，区政务服务中心“创文”“创国卫”工作都受到上级的好评。

【业务办理】 2019年，区政务服务中心各窗口接受群众咨询各类审批和服务事项41076件，接受申请36452件，受理35654件，办结35654件，办结率达到100%，办结时间比原来缩短35%；全区各镇（街道）党群服务中心、村（社区）党群服务中心办理的业务量为29369件；公安、税务2个分中心办理业务量是236942件，业务办结量是236942件。

（王泽扬）

附：城区政务服务中心领导名录

主　任：曾向平（2019年8月任）

副主任：陈达锋

机关事务管理

【概况】 城区机关事务管理办公室负责区委、区政府接待服务工作，正科级事业单位。全年共接待市内外客人369批次、5064人次，参与重大接待活动20次，完成区委、区政府交办接待任务260次。

根据《中共汕尾市城区委汕尾市城区人民政府关于印发〈汕尾市城区机构改革方案〉的通知》《中共汕尾市委机构编制委员会关于汕尾市城区科级事业单位机构调整有关事项的批复》，汕尾市城区直属机关事务科更名为汕尾市城区机关事务管理办公室，为汕尾市城区人民政府直属事业单位，正科级，公益一类。核定事业编制16名。设主任1名、副主任3名，内设机构领导职数4名。人员经费由区财政核拨。

【接待服务工作】 坚持“热情周到、耐心细致、安全规范、高效廉洁”的工作要求，努力提升接待服务工作的水平和质量。一是认真、细致地做好接待前准备工作，制定详细接待方案，按程序实施接待。二是热情周到地做好接待服务工作，及时与相关接待单位沟通协调，掌握到访客人的动态需求，调整服务项目，保证接待不出差错。三是落实车辆安全检查制度，加强车辆的出车检查、日常检查、定期全面检查，确保服务优质、可靠安全。四是及时做好接待服务总结工作，查找不足，建立服务档案，不断提高接待质量和工作效率。

【精准扶贫工作】 全体干部职工定期或不定期到挂驻点新港街道红渔业卫村走访慰问贫困户，为贫困户排忧解难；协助该村开展“创文创卫”工作，扎实推进精准扶贫、精准脱贫工作，夯实打赢新时期脱贫攻坚战基础。

（柯腾峰）

附：区机关事务管理办公室领导成员名录

主　任：王世铭

副主任：李啟铸

政协汕尾市城区委员会

· 区政协领导名录

主　席：黄义丞

副主席：黎炳林

郑前军

洪浩波

李楚云

庄永富

吕小芳

党组成员：黄义丞（党组书记）

黎炳林（党组副书记）

李楚云

庄永富

蔡辉卿

卓红钻

吴小臻

常　委：黄义丞

黎炳林

郑前军

洪浩波

李楚云
庄永富
吕小芳
蔡辉卿
卓红钻
吴小臻
王晓卫
郭少鑫
林义鸿
吴惠芳
卓炎昌
罗世健
洪海燕
林礼标
林孟东
陈庆本
余远霖
林伟强
王茂松
洪志隆
林晓良
吴文播
郑　晓
施镇波
蔡国洲
刘秋生
胡家为

概　述

【区政协机构概况】 政协汕尾市城区委员会（以下简称区政协）由主席，副主席和常务委员会组成。设联络工作委员会、提案工作委员会、经济社会法制委员会、科教文卫体史委员会、农业和农村委员会5个专门委员会。2019年，区政协委员总人数195人。区政协委员界别有：中国共产党20人，民革2人，民盟5人，农工党5人，致公党6人，无党派、总工会、共青团、妇联、工商联11人，教育界10人，经济界60人，科技文体9人，医卫环保10人，侨联台属6人，民族宗教7人，农林水6人，特邀人士36人，社会福利与社会保障2人。

【提案工作】 区政协五届四次会议以来，紧扣城区经济社会发展的重大问题和人民群众关心的社会热点、难点问题，共征集提案64件。其中，涉及经济建设方面的提案20件，已采纳解决问题的有17件；涉及科教文卫体等社会事业方面的提案29件，已采纳解决问题的有25件；涉及社会保障等方面的提案9件，已采纳建议解决问题的有9件。全部提案经审查立案58件，转为意见处理的1件，转为市政协委员提案5件。立案的提案交由26个单位和镇（街道）办理，各承办单位均在规定的时间内办理答复，办复率100%。其中：提案所提问题已经得到解决、正在解决或列入计划逐步解决的有51件，占立案提案总数的88%；暂时不能解决的有7件，占立案提案的12%。

【调研视察】 2019年，区政协科教文卫体史委成立调研组，对长沙炮台的保护开发进行专题调研。调研组通过实地考察，采访村民，召集相关部门举行座谈会，到宁波镇海炮台、上海吴淞炮台学习考察等方式进行了深入调研。

5月中旬，区政协民主监督活动组通过实地视察、个别访谈、召开专题座谈会等形式，对区自然资源局、农业农村和水利局、文化广电旅游体育局、卫生健康局、退役军人事务局、应急管理局、司法局、审计局、市场监督管理局、医疗保障局、政务服务数据管理局11个区人民政府新组建和优化职责的部门执行机构改革“三定”规定情况开展专项民主监督活动。

7月12日至13日，区政协开展区水产品交易市场搬迁规划建设情况专题调研活动。7月12日下午，现场视察区水产品交易市场搬迁规划建设现场（包括港口、码头、临时交易市场、另择址建设点等）。现场视察结束后，在马宫街道召开座谈会。会上，听取区水产品批发市场管理所、马宫街道搬迁规划建设有关情况汇报，区政协委员与区有关部门进行协商交流。7月13日上午，调研组在新港街道、马宫街道分别召开村（社区）干部、各界代表座谈会。

7月中旬，区政协开展“推动土地流转，加快乡村振兴”专题调研活动。组织调研组先后到东涌镇龙溪村、捷胜镇沙坑村、红草镇五雅村、凤山街道芦列坑村、马宫街道浪清村、香洲街道梧桐村等地进行实地视察调研。通过听取村委汇报，与村干部、群众交流，采访种养大户等方式，了解城区土地流转基本情况。召开座谈会，听取了区农业农村和水利局、各镇（街道）的情况汇报和委员的意见建议。

8月2日，组织开展特殊教育专题视察活动。视察组实地视察区特殊教育学校建设工程，听取区教育局和特殊教育学校负责人现场介绍工程进展情况和学校各功能室分布情况，详细了解项目建设存在的问题。同时，召开座谈会，听取区教育局、区残联负责人关于区特殊教育学校建设项目和城区残疾人教育情况汇报。与会政协委员与有关负责人进行交流和互动，提出意见、建议。

8月15日，由区政协副主席黎炳林、副主席洪浩波带视察组，就进一步加强和推进城区禁毒工作开展视察活动。视察组先后赴红草镇、马宫街道、区公安分局等单位现场视察，召开座谈会，听取相关单位情况汇报和委员意见、建议，对全区禁毒工作情况进行了较为详实的考察和了解。

9月5日，区政协开展城区民营经济发展情况专题调研活动。调研组实地到膳道饮食、汕尾雅泰隆食品有限公司、万聪实业有限公司、信诚贸易有限公司、天佳房地产有限公司、香港嘉伦贸易公司开展调研活动。

10月17日，区政协对全区惠普型职业技能培训和帮扶就业创业落实情况开展专项民主监督活动。监督组重点视察了扬帆职业培训学校，详细了解培训学校建设项目情况、职业技能培训情况，听取该学校的情况介绍和发展意见建议。同时，召开全区惠普型职业技能培训和帮扶就业创业落实情况专题座谈会，听取区人社局城区惠普型职业技能培训及帮扶就业创业工作情况汇报，政协委员在前期调研的基础上，与参会各镇（街道）、部门领导进行交流，提出意见、建议。

10月至11月，区政协成立以提案委员会委员为主的“加强品清湖生态环境保护”专题视察组，开展一系列的专题视察活动。视察组首先对品清湖沿岸及湖上生态环境保护情况进行实地视察，现场听取有关部门、镇（街道）、沿岸村委会负责人的有关情况介绍，走访品清湖沿岸村委干部、群众，深入了解掌握品清湖生态环境保护的第一手资料。其次是召开座谈会。市生态环境直属分局和区住建局、农业农村和水利局、自然资源局、城管局、科工信局、文广旅体局及东涌镇、捷胜镇、凤山街道、新港街道等单位负责人对品清湖生态环境保护工作情况进行了详细的汇报，参会人员与视察组成员围绕视察过程中发现的相关问题进行了讨论交流，视察组成员提出了很多比较中肯的对策和建议，区政协主席黄义丞出席座谈会并针对如何加强品清湖生态环境保护工作提出四点指导意见。再次是组织视察组成员外出到江苏省无锡太湖（蠡湖）、浙江省杭州千岛湖、西湖等地学习考察，借鉴他们做好生态环境保护经验做法，形成专题调研报告报区委、区政府。

11月5日，调研组前往无锡市惠山区政协学习交流民营经济发展经验，考察无锡戴卡轮毂制造有限公司等企业发展状况及义乌小商品批发市场的经营现状，为城区提供发展民营经济的有益借鉴。

11月22日下午，区政协召开专场视察活动座谈会，区农业农村局、城管局、住建局、马宫街道、红草镇、捷胜镇及各美丽乡村示范村等单位负责人出席会议，对美丽乡村建设情况进行详细的汇报。视察组成员结合实际踊跃发言，并与汇报单位进行深入讨论交流，摸清发展现状，了解存在问题，探索发展趋势，提出了很多比较中肯的对策和建议，为城区“全力打好乡村振兴攻坚战”提供决策参考。

11月，区政协农业与农村委围绕“美丽乡村建设情况”专题组织开展一系列的专题视察活动。视察组对在实施“美丽乡村”建设中较具代表性的马宫街道浪清村、红草镇晨洲村、东涌镇东石村、捷胜镇南门外村、埔尾村等乡村进行专题视察，通过实地察看、听取汇报、访问群众、交流座谈等方式了解各村“美丽乡村建设情况”。

【思想政治建设】 2019年，区政协坚持以习近平新时代中国特色社会主义思想为统领，强化理论武装和思想政治引领，深刻学习领会习近平总书记重要讲话的丰富内涵、精神实质和实践要求，引导各党派团体与各界人士增强“四个意识”，坚定“四个自信”，做到“两个维护”，在政治立场、方向、原则、道路上同以习近平总书记为核心的党中央保持高度一致。

深入学习贯彻习近平总书记重要讲话精神。2019年，区政协组织召开各类学习会39次，其中，党组理论学习会26次，常委会3次，专委学习会10次。认真学习习近平总书记对广东重要讲话和重要指示批示精神、习近平总书记关于加强和改进人民政协工作的重要思想、习近平总书记在中央政协工作会议上的重要讲话精神等。通过学习，使广大政协委员深刻认识中国共产党领导的多党合作和政治协商制度优势，深刻认识习近平新时代中国特色社会主义思想的强大真理力量、思想力量、实践力量，夯实团结奋斗的共同思想政治基础。

扎实开展“不忘初心、牢记使命”主题教育。区政协党组成员坚持在理论武装中筑牢初心，带头读原著、学原文、懂原理，带头讲专题党课，参加专题研讨、讲座、报告会等各类学习活动。坚持在检视整改中净化初心，党组及成员拉单列条建立问题清单，研究细化举措逐项推动问题解决，进一步提振精神，提升工作质量。

【建言献策资政服务】 2019年，区政协紧扣区委、区政府重大工作部署，充分发挥人才荟萃、视野开阔、联系广泛的优势，精心选择综合性、战略性、前瞻性课题，通过政协提案、大会发言、调研视察、民主监督等多种形式，积极建言献策，拿出务实管用、操作性强的对策建议，为城区改革发展稳定大局出实招、谋良策。

助力推动高质量发展。组织委员就大力发展实体经济、持续抓好生态文明建设等重大课题，开展专题调研视察活动。为推动破解民营经济发展难题，提振民营企业发展信心，营造民营经济良好发展环境，组织开展关于城区民营经济发展情况专题调研活动。通过深入了解城区民营经济发展现状及分析制约因素，前往无锡市惠山区、浙江义乌等地民营企业学习考察，就促进城区民营经济高质量发展，向区委、区政府提出完善和落实惠企政策、优化投资营商环境、大力培育新兴民营产业集群等六个方面的意见、建议。重视城区民营经济发展，建立领导班子成员联系委员企业制度，深入开展“暖企”行动，为委员企业做好相关服务，帮助企业克服困难，提振信心，做大做强企业品牌，为城区经济高质量发展做出贡献。

助力深化改革开放。组织开展城区加快融入粤港澳大湾区建设专题调研活动，针对城区融入大湾区建设的短板和有利因素，向区委建议着眼大局，找准定位，抢抓机遇，发挥区域和资源优势，更加主动融入粤港澳大湾区建设，努力将城区建设成大湾区东岸产业转移的主承接区。为巩固城区机构改革成果，推动区政府组成部门严格按照新“三定”规定履行职责，提高履职能力和工作效能，组织开展执行机构改革“三定”规定情况专项民主监督活动。民主监督组深入区政府新组建和优化职责的部门了解情况，对个别涉改单位执行“三定”规定严肃性认识不足，提出批评意见；将涉改单位存在的人员配备、资产处置等问题和困难，及时向区政府反馈。

助力平安法治建设。多措并举助力城区打造最安全稳定、最公平公正、法治环境最好的地区之一。围绕区委、区政府禁毒工作部署，组织开展关于进一步加强和推进城区禁毒工作专题视察活动，针对城区禁毒工作存在问题，向区政法委、公安部门提出落实工作责任制、强化严打惩治、加强宣传教育、推进戒毒康复4个方面的12条建议，助推城区创建全国禁毒示范城市。区政协委员围绕推进平安城区、法治城区建设，通过深入调查研究，提出《关于建立青少年法治教育实践基地的建议》等12个提案、60多条意见及建议。发挥委员监督作用，有25名区政协委员被区法院、区检察院、区公安分局等部门聘为特邀监督员，还有多名委员受邀参与庭审、陪审、人民调解等活动。

【界别协商】 区政协把加强思想政治引领、筑牢团结奋斗的共同思想政治基础，作为人民政协的历史使命和时代担当，积极组织各党派团体、各界人士参政议政、共谋发展，努力寻求最大公约数，画出最大同心圆。

巩固和发展新型政党关系。加强同各党派团体和各界人士的联系与合作，认真落实区政协党组成员分工联系民主党派、区政协党组重要会议邀请党派主委列席、区政协领导分工联系界别、走访看望委员等制度，了解履职情况、听取意见及建议，积极为民主党派在政协发挥作用搭建更多平台，创造更好条件，提升多党合作制度效能。各民主党派和无党派人士踊跃参加政协的各类调研视察和民主监督活动，在区政协大会、常委会等重要平台上建言献策，在服务城区改革发展大局中发挥了重要作用，在政协舞台上彰显了多党合作事业蓬勃发展的生机活力。2019 年，区民主党派、无党派人士参加调研视察活动 45 人次，提出 32 个提案，大会发言 5 人。

凝聚爱国爱港爱澳人心和力量。2019 年，区政协领导多次参加港澳社团联谊活动，走访进步社团、进步人士与港澳委员，鼓励他们发挥“双重积极作用”，坚决维护“一国两制”和港澳长期繁荣稳定。

与区委统战部接待港澳进步社团及侨胞来访交流 11 批、1000 多人次，做好广东省第八届粤东侨博会接待工作，凝聚侨心侨力。

扎实做好民族宗教工作。加强与区民族宗教局的沟通联系，做好城市民族工作，规范宗教场所管理，引导其依法依规开展活动。组织民族、宗教界委员开展以自我学习、自我教育、自我提高为主旨的学习考察活动，亲身感受城区改革开放的新成就新变化。坚持密切联系民族宗教界代表人士，多做了解诉求、解疑释惑工作，促进了民族团结、宗教和谐。

【区水产品交易市场搬迁调研】 组织调研组往马宫、新港街道开展区水产品交易市场搬迁规划建设情况专题调研活动。通过实地视察，听取区职能部门汇报搬迁规划建设情况，召开 2 场渔业村（社区）干部、各界代表座谈会，向区委、区政府建议搬迁前要综合考虑各种因素，评估马宫港池、航道、交易码头、交易场地、交通、基本配套等是否具备基本的搬迁条件和要求。鉴于马宫各项配套未达到搬迁的基本条件和要求，提请市政协向市委、市政府反映实情，提出建议。市、区两级党政采纳建议，决定暂缓搬迁区水产品交易市场。为关心休渔期间生活困难渔民，发动全区政协委员捐款 13.4 万元购买大米、食用油，慰问新港街道生活困难渔民 590 户、马宫街道生活困难渔民 220 户。

【乡村振兴战略实施调研】 围绕乡村振兴战略积极建言献策，助推区委、区政府实施乡村振兴战略。2019 年，按照区委八届八次全会“全面实施乡村振兴战略”工作部署，组织开展“推动土地流转加快乡村振兴”专题调研活动和城区“美丽乡村建设情况”专题视察活动，针对存在的问题和遇到的困难，向区委、区政府提出 14 条意见建议以，供决策参考。协同市政协对各镇（街道）开展人居环境整治情况督查，了解人居环境整治进展情况和存在问题，及时向市、区有关职能部门反馈情况，助推城区人居环境整治工作顺利开展。广大政协委员及委员企业尽其所能，以各种形式积极参与城区实施乡村振兴战略，贡献自己的力量。如陈海涛委员发挥企业优势，积极参与捷胜镇军船头村乡村振兴，投资荷花池景区项目。区政协围绕民生实事，组织开展全区技能培训和劳力就业帮扶落实情况专项民主监督、特殊教育专题视察、马宫长沙炮台文物保护专题调研活动，为区有关职能部门精准施策提出建设性、创新性意见与建议。协助做好“2019 年市政协委员金秋助学”活动，资助城区籍贫困家庭大学新生 50 人，每人助学金 4000 元。区政协领导班子成员及机关干部职工积极协助挂驻镇（街道）、村(社区）扶贫、“创文创卫”、“三防”、“三清理三拆除”等工作，慰问贫困户 125 户次、6.25 万元。广大政协委员和政协参加单位积极参与扶贫济困、兴教助学等慈善公益活动，助力脱贫攻坚，为城区人民政协事业增光添彩，受到人民群众的赞扬。

【政协机关队伍素质建设】 区政协切实抓好自身建设，推动区政协工作与时俱进、守正创新、提质增效，不断夯实人民政协事业发展的基础。

加强委员队伍管理。抓好委员日常履职管理，修订出台《委员履职工作规则》《委员履职量化综合评价办法》，完善委员履职档案，对委员参加各项履职活动情况进行统计，包括做好记录、归档、统计、综合等工作，作为委员履职依据及是否称职的重要依据，激发委员履职积极性。因机构改革、到龄退休、工作变动等原因，辞去委员14名，增补委员12名。

加强委员学习教育。通过创新委员学习教育方式，着力提升委员履职能力和水平。除组织参加市政协举办的学习培训班外，还采取两种方式开展政协委员学习教育活动，一是以专委会为单位组织集中学习，5个专委会组织2轮集中学习，共10场次；二是与委员企业安信网络服务公司合作，在区政协公众号、微信群推送信息，包括习近平新时代中国特色社会主义思想，习近平总书记重要讲话，政协、统战知识和区政协重大活动等学习内容。全年推送天数250天，共748条信息。

加强政协工作宣传。利用区政协门户网站、“委员之家”网络互动平台、公众号、微信群等信息化媒介，及时传递政协声音，不断扩大政协活动影响面，展现了新时代政协履职风采。2019年，推送各级政协动态信息125条，编发政协简报25期，在汕尾电视台和《汕尾日报》宣传报道区政协及委员履职活动30多次。

加强政协理论研究。组织发动区政协委员参加省、市、区人民政协理论研究活动。活动共征集论文19篇，其中，选送8篇优秀论文参加省、市政协评选，1篇获省政协奖励，3篇获市政协奖励。

加强政协机关建设。以党的政治建设为统领，加强机关党员干部队伍思想政治工作，把准政治方向，强化政治担当，增强政治敏感性，着力推进模范机关建设。机关党员干部参加党组学习会26场次，到东涌铜锣寨、陆丰周恩来渡海处、陆河激石溪、区福利院、挂驻村等地开展主题党日活动8次。在7月1日建党日，区政协党组和机关党支部组织党员到区福利院过党日，并送捐1.3万元的大米、食用油等慰问品。完善机关党支部建设，将区政协办党支部更名为区政协机关党支部。加强机关管理，修订完善15项机关工作制度。

重要会议

【区政协五届四次会议】 2月24日至26日，中国人民政治协商会议汕尾市城区第五届委员会第四次会议在城区召开。会议应出席委员195人，实到183人。市委常委、区委书记李庆新出席开闭幕式。会议听取并审议通过区政协主席黄义丞代表政协第五届汕尾市城区委员会常务委员会所作的工作报告、区政协副主席吕小芳所作的提案工作报告、五届四次会议期间提案审查情况的报告和区政协五届四次会议决议。讨论区政府工作报告、区法院工作报告、区检察院工作报告及其他报告，会议表彰了区政协五届三次会议以来一批优秀提案和承办提案先进单位，听取部分政协委员发言。

【区委政协工作会议】 12月17日，区委政协工作会议召开。会议的主要任务是坚持以习近平新时代中国特色社会主义思想为指导，深入学习贯彻中共十九大和十九届二中、三中、四中全会精神，认真学习贯彻习近平总书记在中央政协工作会议暨庆祝中国人民政治协商会议成立70周年大会上的重要讲话精神，落实中央、省委、市委政协工作会议部署要求，总结城区政协工作经验，研究部署下一步工作，推动新时代城区人民政协工作开创新局面。区委书记林钢捷出席会议并讲话。区委副书记、区长罗光钊主持会议。区人大常委会主任张淑娟，区政协主席黄义丞，区委副书记、政法委书记郑良斌等区领导参加会议。

【常务委员会会议】 2019年1月30日下午，区政协在政协会议室召开政协五届八次常务委员会会议。会议听取区政府通报2018年工作情况及区政协五届四次会议发言材料题目汇报。审议通过区政协五届四次会议议程、日程以及会议时间安排等事项，还审议区政协第五届常委会工作报告（讨论稿）及报告人、提案委员会工作报告（讨论稿）及报告人。会议通报表彰区政协五届三次会议以来优秀提案和承办提案先进单位的决定（草案），协商确定增补政协委员人选及其他人人事事项。

2月24日下午，区政协五届九次常委会议在政协会议室召开。会议协商确定了增补政协委员人选和区政协三个专委会主任人事任免的事项，审议确定区政协专委会机构设置事宜。

2月26日下午，区政协五届十次常委（扩大）会议在区政协五届四次会议期间召开。会议听取各组召集人汇报讨论情况，审议通过了政协汕尾市城区第五届委员会提案委员会关于五届四次会议会议决议（草案）和会议期间提案审查情况的报告。会议还讨论通过了区政协常委会2019年工作要点。

7月5日下午，区政协五届十一次常委会议在政协会议室召开。会议学习了《粤港澳大湾区发展规划纲要》，审议通过了区政协主席会议、专委会等规章制度以及专委会组成人员。

【主席会议】 2019年，区政协召开主席会议共10次。会议讨论确定区政协2019年重点工作任务和各专委会2019年重点工作任务。专题讨论庆祝中华人民共和国成立70周年暨人民政协成立70周年系列活动方案，研究落实省委巡视组反馈问题整改意见等。会议还讨论审议2019年区政协各项人事任免安排事项以及2019年度预算安排。

【人民政协成立70周年座谈会】 2019年9月21日至30日，庆祝人民政协成立70周年座谈会在区政协3楼会议室举行。邀请区委、区政府有关领导，区政协各参加单位，区政协历届老领导、委员，市、区政协委员代表座谈，畅谈中华人民共和国成立、人民政协成立、中国共产党领导的多党合作制度和政协协商制度确立的伟大历史意义，盛赞开展庆祝活动的现实意义，回顾中国共产党团结带领各族人民坚强奋斗取得的伟大成就，明确今后工作重点和努力方向。

文化活动

【人民政协成立70周年文艺晚会】 9月20日晚，区政协庆祝中华人民共和国成立70周年暨人民政协成立70周年大型文艺晚会在汕尾市马思聪艺术中心举行。晚会分为3个乐章，分别是“风雨同舟”“不忘初心”“歌唱祖国”，围绕“不忘初心，同舟共济”主题，以红歌演唱为主要形式，辅以合唱、组诗、舞蹈、重唱、歌舞等艺术表现形式，讴歌人民政协在中国共产党领导下参与建国大业、改革开放、民族复兴等不同历史时期所做的贡献和取得的成就。

【革命英雄故事宣讲会】 2019年8月，区政协组织政协委员和城区文史特约委员组成若干个“讲史”小组，以《城区文史》《老区革命史》中的革命英雄故事为主题，汇编故事讲稿，进农村（社区）、企业、学校等地开展宣讲活动。

【书画作品展活动】 2019年，区政协和市政协联合举办书画作品展。书画展以讴歌中国共产党领导的多党合作事业所取得的巨大成就为主题，展现中华人民共和国成立70周年来的沧桑巨变，展示中国人民在实现中华民族伟大复兴进程中的精神面貌。

【人民政协理论征文活动】 2019年6月上旬，区政协开展以“人民政协在新时代如何贯彻新理念、聚焦新目标、落实新部署，充分发挥作为协商民主重要渠道和专门协商机构作用”为主题的征文活动，向城区政协各参加单位、政协委员以及热心人民政协理论研究的社会各界人士约稿征文。经过评委评审，评选优秀作品15篇，并汇编成册。

（区政协办公室）

附：城区政协机关及各专委会领导名录

办公室
主　任：吴小臻
副主任：叶燕如
联络工作委员会
主　任：郭少鑫
副主任：刘秋生
　　　　洪志隆
　　　　林伟强
　　　　林晓良
提案工作委员会
副主任：王茂松
　　　　刘水照
　　　　郑　晓
　　　　施镇波

经济社会法制委员会
主　任：黄剑雄
副主任：王晓卫
林义鸿
张开宇
陈业伟
农业和农村委员会
主　任：何宏源
副主任：王冬妮
林礼标
罗世健
郑伟雄
科教文卫体史委员会
主　任：郭乃坎
副主任：王金鸿
许争荣
陈壮军
蔡国洲

纪检·监察

概　述

【概况】　中共汕尾市城区纪律检查委员会（以下简称区纪委）是中国共产党的纪律检查机关；汕尾市城区监察委员会（以下简称区监委）是国家的监察机关。区纪委和区监委合署办公，实行一套工作机构、两个机关名称，履行党的纪律检查和国家监察两项职责。

2019年，在市纪委和区委的坚强领导下，全区纪检监察机关增强“四个意识”、坚定“四个自信”、做到“两个维护”，认真贯彻落实中央纪委、省纪委、市纪委全会部署要求，紧紧围绕贯彻落实习近平总书记重要指示批示精神，紧紧围绕服务保障全区经济社会发展大局，积极履行党章和宪法赋予的职责，坚持稳中求进，发扬斗争精神，强化自我革命，深入推进党风廉政建设和反腐败斗争，努力推动纪检监察工作高质量发展，为奋力打造首善之城、善美之区提供了坚强保障。

【监督】　强化日常监督。综合运用教育提醒、谈心谈话、检查抽查、提出纪检监察建议等形式，强化近距离、常态化、全天候的监督，提升监督实效。把明察暗访作为主动出击、严格执纪的重要手段，对全区各镇（街道）、区直各单位开展日常、专项明察暗访行动525人（次），发现并促进整改问题6个、处理27人。用好用活纪检监察建议，全区纪检监察系统向发生突出问题的重点地区和部门发出纪律检查建议书、监察建议书38份，切实提高纪检监察建议工作规范性与实效性。

紧盯“关键少数”。充分发挥监督“探头”作用，对被监督单位开展经常性监督，督促相关职能部门履职到位，共立案查处科级干部21人。落实向新任命“一把手”发送书面提醒函制度和上级党组织“一把手”定期约谈下级党组织“一把手”制度，不断加大谈话、函询工作力度，让“关键少数”发挥“关键作用”，全区各级共开展谈话提醒828人次。区委、区政府、区纪委监委主要领导约谈下级党组织“一把手”60人次，向“一把手”发出书面提醒函77份。建立完善领导干部重大事项报告制度，有17名科级干部向区纪委报告重大事项。

深化运用监督执纪“四种形态”。把落实监督执纪“七个看”、问责“六字诀”作为强化精准思维、提升工作质量的重要要求和工作原则，坚持具体问题具体分析，根据违纪违法和失职失责事实、性质、情节，区别不同情况处理，推动“尺度”与“效果”的统一，最大限度调动、保护干部的积极性。全区纪检监察机关运用“四种形态”批评教育帮助和处理223人（次），“四种形态”分别占比40.4%、31.8%、16.1%、11.7%。

【巡察】　逐步推进巡察全覆盖。强化机制制度保障，修订《中共汕尾市城区委巡察工作规划（2018—2022年）》，出台《关于全区村级党组织巡察全覆盖的实施意见》和巡察工作领导小组、巡察组、巡察办工作规则，完善巡察机构与纪检监察、组织、审计等部门的协作制度。坚定不移深化政治巡察，将坚决全面彻底肃清李某、万某良恶劣影响，落实意识形态工作责任制，推动扫黑除恶专项斗争，选人用人等情况纳入巡察监督的重要内容，扎实开展意识形态和选人用人专项检查。组织开展

3轮对25个区直单位、31个村（社区）党组织的常规巡察。认真做好巡察“后半篇文章”。加强对巡察问题整改情况的跟踪督办，压实被巡察党组织主要负责人“第一责任人”责任，确保巡察整改实效。推进巡察“回头看”，组织实施对八届区委前4轮巡察整改落实情况的督查，形成《区委巡察整改督查情况的报告》。

1月10日至17日，区委巡察组人员组成4个督查组，采取听取汇报、查阅资料、走访入户等方式，对八届区委前4轮开展巡察的区卫计局等20个单位党组织整改落实情况进行“回头看”。

2月15日，八届区委召开第五轮巡察情况反馈会。区委第二和第三巡察组分别对区妇联党支部、团区委党支部、区总工会党支部、区外事侨务局党支部进行第五轮巡察情况反馈。

3月13日，八届区委第六轮巡察动员部署会召开。会上宣读了该轮巡察的人员组成和任务分工决定，部署了对区民政局党组、区司法局党组、区统计局党组、区审计局党组的巡察工作。区委常委、区纪委书记、区监委主任、区委巡察工作领导小组组长王俊锐作动员讲话。

7月19日，八届区委第七轮巡察动员部署会召开。区委常委、区纪委书记、区监委主任、区委巡察工作领导小组组长王俊锐作动员讲话，区委常委、区委组织部部长、区委巡察工作领导小组副组长孔卓文宣读了该轮巡察巡察组人员组成和任务分工决定。会上，巡察组全体成员签订了《巡察干部承诺书》。

11月1日，八届区委第八轮巡察动员部署会召开。区委常委、区纪委书记、区监委主任、区委巡察工作领导小组组长王俊锐作动员讲话，区委常委、区委组织部部长、区委巡察工作领导小组副组长孔卓文宣读了第八轮巡察各巡察组人员组成和任务分工决定。会上，巡察组全体成员签订了《巡察干部承诺书》。

【纪检监察体制改革】 一体推进党的纪律检查体制改革、国家监察体制改革、纪检监察机构改革。加强对各镇（街道）纪（工）委的领导和指导，落实对各镇（街道）纪（工）委“两为主一报告”、对派驻机构“三为主一报告”的工作机制和“三个提名考察办法”。推动监察职能向基层延伸，完成向镇（街道）派出监察组工作，推动把自上而下的组织监督和群众民主监督结合起来，完善监督载体，努力提升基层监察监督的有效性。优化内设机构和运行机制，推动区纪委监委纪检监察室与派驻机构的协作配合，逐步完善“四个全覆盖”的权力监督格局。深化派驻机构改革。协助区委制定《关于深化汕尾市城区纪委监委派驻机构改革的实施方案》，增设派驻区教育局、区卫健局纪检监察组以及区直机关纪检监察工委，全方位加强派驻机构力量，进一步完善派驻机构组织建设和监督工作机制，提升派驻监督全覆盖效能。

12月13日，区纪委监委召开全区推进深化纪检监察派驻机构改革动员部署会。深入学习领会习近平总书记关于深化纪检监察体制改革、加强派驻监督的重要论述，贯彻落实党中央、中央纪委关于派驻机构改革的决策部署和省纪委、市纪委的要求，对区推进深化纪检监察派驻机构改革进行动员部署。区委常委、区纪委书记、区监委主任、深化汕尾市城区纪委监委派驻机构改革工作小组组长王俊锐作动员部署讲话。

【纪检会议】 1月29日上午，中国共产党汕尾市城区第八届纪律检查委员会第四次全体会议召开。市委常委、区委书记李庆新出席会议并讲话。区委副书记、区长罗光钊传达中央、省、市纪委全会精神。区委常委、区纪委书记、区监委主任王俊锐主持会议。全会表决通过王俊锐代表区纪委常委会作题为《坚守政治定位、忠实履职尽责，奋力推动新时代纪检监察工作高质量发展》的工作报告和区纪委八届四次全会决议，听取了凤山街道、区教育局、区发改局、区民政局党委（党组）书记述责述廉并进行书面评议。区四套班子领导成员，区法院院长、区检察院检察长、区纪委委员、区监委委员、各镇（街道）和区直副科级以上单位主要领导等300余人参加会议。

2月21日，区纪委监委召开扫黑除恶专项斗争工作约谈会。会议传达了全省扫黑除恶专项斗争视频会议的精神，各镇（街道）纪（工）委书记汇报了开展扫黑除恶的工作情况。区委常委、区纪委书记、区监委主任王俊锐出席会议并作讲话。

12月9日，区纪委监委班子举行“不忘初心、牢记使命”主题教育暨省委巡视整改专题民主生活会。区委常委、区纪委书记、区监委主任王俊锐主持并作总结讲话，区委主题教育第三指导组组长郑友明到会指导。

【制度建设】 3月3日，区纪委印发《区纪委常委会会议议事规则》《区纪委监委工作规则》，为坚持和执行党的民主集中制，进一步促进工作规范化、制度化、科学化打下基础。

3月8日，区委巡察机构出台《中共汕尾市城区委巡察工作领导小组工作规则》《中共汕尾市城区委巡察组工作规则》《中共汕尾市城区委巡察工作领导小组办公室工作规则》，为巡察工作机构依规依纪、高效规范开展工作提供制度支撑和纪律保障。

9月12日，区纪委监委印发《谈话安全制度汇编》，对近两年委制定的各项谈话安全制度规范进行全面梳理和修订完善，经多次研讨、校对修改后编印成册,发放至委相关室、各派驻纪检监察组学习使用。

【学习教育】 5月27日，区纪委监委召开全区纪检监察系统警示教育大会，深入学习领会习近平总书记在十九届中央纪委三次全会上的重要讲话精神，特别是习近平总书记关于加强纪检监察干部队伍建设的重要论述，贯彻落实省、市纪委关于在全省、全市纪检监察系统开展警示教育的部署要求，教育引导全区纪检监察干部强化自我净化、自我完善、自我革新、自我提高，推动纪检监察干部队伍建设向纵深发展。

6月29日，区纪检监察党总支部组织开展“重温红色历史，明悟党员初心”主题党日活动。区委常委、区纪委书记、区监委主任王俊锐以普通党员身份参加活动。全体党员先后参观了陆丰烈士陵园、红二师碣石作战指挥部旧址、周恩来在金厢革命活动展览馆以及周恩来同志渡海处等地，重走红色路线，缅怀革命先烈，传承革命精神。

7月18日，区纪委监委机关召开“不忘初心、牢记使命”主题教育前期工作部署会，全区纪检监察干部参加会议。

7月25日，区纪委监委“业务实训班”在城区党政办公大楼5楼会议室正式开班。各镇（街道）纪（工）委、机关第一至第四纪检监察室、各派驻纪检监察组和区委各巡察组干部参加培训，集中观看中央纪委第十二审查调查室吴泽刚《审查调查的外查工作》培训视频，区纪委常委、区监委委员林少锋以“谈话突破的技巧和方法”为题作专题授课。

8月9日，区纪委监委组织全区纪检监察干部到汕尾逸挥基金医院开展应急救护技能培训，该院急诊科副主任罗焕荣授课。

8月18日至31日，委托西南政法大学分2期举办全区纪检监察干部素质能力提升研修班，培训涵盖执纪监督多方面的内容，有力地推进全区纪检监察干部专业素能全方位提升。

9月12日，区纪委监委召开“不忘初心、牢记使命”主题教育工作会议，在总结提升主题教育前期工作的基础上，对区纪委监委机关开展主题教育进行动员部署。区纪委监委“不忘初心、牢记使命”主题教育领导小组组长王俊锐作讲话，区委第三指导组组长郑友明到会指导。

9月23日，区纪委监委组织召开委班子成员“不忘初心、牢记使命”主题教育集中学习研讨开班动员会。区委常委、区纪委书记、区监委主任王俊锐出席会议并作动员讲话，对委班子成员集中学习研讨有关工作做了部署要求。委班子成员，委机关各室、各派驻纪检监察组负责人，区委巡察办副主任，区纪委主题教育办有关负责参加了会议。同日，区委常委、区纪委书记、区监委主任王俊锐带领委班子成员、机关各党支部书记、主题教育办相关负责人到东涌镇铜锣寨村革命根据地红色游击区遗址、市区鼎盖山烈士陵园及新时代文明实践中心开展革命传统教育活动，缅怀革命先烈，牢记初心使命。

9月27日晚，区纪委监委以“弘扬好家风，培育好家教”为主题，组织召开纪检监察干部家属座谈会，发出《致全区纪检监察干部家属的一封信》并签订承诺书，树立家庭帮廉意识。

10月21日，区委常委、区纪委书记、区监委主任王俊锐结合主题教育开展以来的所学所见所思，以《不忘初心回归党章本源，牢记使命忠诚履职尽责》为题，为新港街道党员干部讲授专题党课。新港街道机关全体党员、各站所党组织书记，各村（社区）党支部委员近百人参加。

11月4日，区委“不忘初心、牢记使命”主题教育警示教育会议暨全区领导干部党章党规党纪教育培训班在区党政办公大楼9楼会议厅举行，区委书记林钢捷出席会议并做讲话。区委常委、区纪委书记、区监委主任王俊锐围绕守初心、担使命，以自我革命精神深入推进党风廉政建设和反腐败斗争作警示教育专题报告。会议组织观看省纪委监委拍摄制作的警示教育片《浊流之虐——揭阳市惠来县系列腐败案警示片》和市纪委监委拍摄制作的警示教育片《民心向背》。

12月24日，区纪委监委组织区纪检监察系统全体干部共75人进行应知应会知识测试，全面检验纪检监察干部对习近平新时代中国特色社会主义思想和党的建设基础理论，以及《中国共产党纪律处分条例》《中华人民共和国监察法》《中国共产党纪律检查机关监督执纪工作规则》《监督执法工作规定》等法律法规的学习效果。

【工作调研】 6月20日，市委常委、市纪委书记、市监委主任曹小华带队到城区调研检查“创国卫”相关工作。曹小华一行先后深入到新港街道海滨社区、香洲街道西洋村实地察看了环境卫生、公共服务场所建设等工作开展情况，现场查阅资料台账和听取近期“创国卫”工作汇报，并协助解决存在的困难与问题。

7月10日，市委常委、区委书记李庆新就深入开展“不忘初心、牢记使命”主题教育，贯彻落实省委、市委“大学习、深调研、真落实”工作要求，专程到区纪委监委调研指导工作。区领导郑良斌、王俊锐参加调研活动。

10月18日，区纪委监委组织召开整治违反中央八项规定精神突出问题和整治民生领域侵害群众利益突出问题专项工作推进会。贯彻落实区委主题教育领导小组部署要求，研究部署深入推进违反中央八项规定精神突出问题、民生领域侵害群众突出问题的专项整治和整改落实工作。区委常委、区纪委书记、区监委主任王俊锐出席会议并作讲话。

11月29日，联合市纪委举办“举报贪腐共创廉洁”宣传活动，现场接受咨询90多人次，向群众发放宣传资料800多份，优化信访举报环境。

党风廉政建设

【“不忘初心、牢记使命”主题教育】 坚持把学习教育、调查研究、检视问题、整改落实四项重点措施贯穿全过程，有机融合、一体推进，做到把学和做结合起来、查和改贯通起来，边学边研，边查边改。建立“一台账两清单”，开好领导班子对照党章党规找差距专题会和“不忘初心、牢记使命”主题教育暨省委巡视整改专题民主生活会。深化“深调研”工作，开展“关于保持正风肃纪反腐高压态势”专题调研，形成调研报告，为深化党风廉政建设和反腐败工作提供有价值的调研成果。扎实开展区纪委监委牵头负责的三项专项整治，同步抓好区纪委监委机关八项专项整治，推动主题教育取得更大成效。

【政治建设】 充分发挥政治监督的保障作用。紧紧围绕贯彻新发展理念、打好“三大攻坚战”、扫黑除恶专项斗争等强化政治监督，突出抓好对总书记关于减税降费、促进民营经济发展、整治违建别墅、整治利用名贵特产类特殊资源谋利行为等重要指示批示精神和省委、市委、区委重要工作部署落实情况的监督检查，以有力有效的监督，保障推动中央、省委、市委和区委决策部署落地落实。

严明政治纪律和政治规矩。紧盯“七个有之”，坚决全面彻底肃清李某、万某良恶劣影响，推动落实“三个决不允许”。坚持抓典型促整改，深化整治形式主义、官僚主义，针对落实生态环保、脱贫攻坚、扫黑除恶等重大决策部署不担当、不作为问题，加大监督执纪问责力度。全区查处形式主义、官僚主义问题33人。国庆节期间，出动5个监督检查小组、216人次，开展全区消防安全责任落实情况专项监督检查，对马宫街道9名相关责任人在落实消防安全整治工作不到位、履职不力，存在形式主义、官僚主义问题进行追责问责，取得良好效果，有力地推动工作开展。严把选人用人关，区纪委监委回复党风廉政意见177人（次），对13名“裸官”进行立案查处并给予党纪政务处分，其中开除党籍处分5人。

狠抓省委巡视反馈意见整改。把区纪委监委承担的整改任务细化为36项具体措施，逐项推进整改落实。对省委巡视组巡视反馈意见指出的具体问题和移交的问题线索优先办理、集中攻坚，确保整改任务落实率、问题线索处置率、信访事项办理率达100%。

【作风建设】 巩固拓展落实中央八项规定精神成果。以开展违反中央八项规定精神突出问题专项整治工作为契机，以各级领导干部为重点，持续督查落实中央八项规定及其实施细则精神。严肃查处顶风违纪和各种隐形变异“四风”问题，落实领导干部利用名贵特产类特殊资源谋取私利、部分高档酒特殊定制版再升温助长不正之风和“天价烟”背后“四风”问题的整治工作，持续释放执纪必严、越往后越严的信号。针对省委巡视指出的问题，主动与相关部门沟通对接，对相关单位违规发放津补贴情况进行查处；对省委巡视发现的相关问题，认真开展组织核查，对违规使用办公用房相关责任人进行追责问责。全年共查处违反中央八项规定精神问题35人，给予党纪政务处分30人。

围绕区委重点工作强化监督执纪问责。针对省委巡视反馈的问题，成立专门督导组，对控违拆违工作进行检查督促，立案查处在控违拆违进程中工作不力的相关责任人10人。持续发力政务整治、正风肃纪，把查纠形式主义、官僚主义问题摆在更加突出的位置,聚焦“创文创卫”、扫黑除恶、脱贫攻坚等重点工作,加大责任追究力度，坚持以问责倒逼责任落实，查处“为官不为”问题72人，给予党纪政务处分56人。

加强纪律教育和警示教育。推进全区各级党委（党组）开展红色廉政文化教育和“弘扬好家风、培育好家教”主题活动，联合市纪委举办“举报贪腐共创廉洁”宣传活动，举办主题教育警示教育会议暨全区领导干部党章党规党纪教育培训班，组织观看警示教育片《浊流之虐——揭阳市惠来县系列腐败案警示片》《民心向背》。加强通报曝光，印发5期书面通报，集中通报各类典型案件和问题7起、22人，在全区64个“曝光台”更新曝光4期全市查处的典型问题和案件，发挥警醒震慑作用，促进城区政务环境写机关作风持续好转。

【反腐败斗争】 持续保持反腐败高压态势。进一步发挥区委反腐败协调小组作用，聚焦中共十八大以来不收敛、不收手，问题线索反映集中、群众反映强烈，政治问题和经济问题交织的腐败案件。全区纪检监察机关立案121件，比2018年增长21%；给予党纪政务处分125人，同比增长62.3%。加大外逃人员追逃力度，联合市纪委监委成立追逃工作专班，强化对外逃公职人员的追逃，已追回10名外逃人员，充分彰显有逃必追，一追到底的坚定决心。

深入推进基层正风反腐三年行动。以开展民生领域侵害群众利益突出问题专项整治为契机，持续深化扶贫领域腐败和作风问题专项治理，严肃查处贪污挪用、截留私分，虚报冒领等违纪违法行为，坚决斩断伸向扶贫资金的“黑手”，以实实在在的成效取信于民。扶贫领域问题立案34件，结案28件。

纵深推进扫黑除恶专项斗争执纪反腐工作。将协作办案机制延伸至区检察院、区法院等司法部门，形成高效协同查办案件的强大合力，不断强化监督、铁面执纪、严肃问责。专项斗争开展以来，涉黑涉恶腐败和“保护伞”问题立案9件，结案9件。向有关单位发出纪律检查建议书2份，提醒函1份。

（黄映珠）

附：区纪委领导名录

区委常委、区纪委书记：王俊锐

区纪委副书记：罗方俊
钟传鲘

区纪委常委：刘启健
林少锋
曾小湖

区纪委常委、区委巡察办主任：凌巧雅

区监委领导名录

区监委主任：王俊锐

区监委副主任：罗方俊
钟传鲘

区监委委员：林少锋
曾小湖
林莉莉
吕全闻

民主党派和工商联

·民革汕尾市城区支部委员会

【概况】 民革汕尾市城区支部委员会（以下简称区

民革）成立于2017年5月，有党员21人、预备党员7人。党员当选省人大代表1人、区人大代表1人、市、区政协委员3人、区政协常委1人。党员任二级主任科员1人、四级主任科员2人、事业单位股级科员2人，有副高职称2人。

【参政议政】 2019年，区民革党员分别在省、市、区人大、政协会上提出意见、提案共计29条。《关于打造红色遗址，挖掘红色资源》的意见，被区委、区政府列入2019政府工作计划并开发利用。围绕区委八届六次全会提出的“六大攻坚战”，深入调研形成《关于大力发展农村电商推动消费扶贫的调研报告》，助推中心城区扩容提质、乡村振兴发展。党员施镇波在省人大会议中发挥代表作用，提出《关于汕尾市城区享受县级同等基本财力保障政策的意见》《关于加大对汕尾市城区省级财力转移支付力度的意见》，积极为城区发展建言献策。2019年，区民革受省、市等主要媒体报道的各项事迹共23条。

【组织建设】 注重政治教育。2019年，召开区民革领导班子成员及党员学习会16场次，认真学习习近平总书记系列讲话精神，提高政治思想觉悟，提高多党合作、政治协商、新时代参政党的政治站位，做中国共产党的好参谋、好帮手。开展“传承红色教育，弘扬爱国精神”爱国主义教育活动，组织党员到惠州市叶挺故居接受红色教育，感怀革命先烈为中华人民共和国的成立所付出的功勋，学习他们为人民而死的坚贞信仰与牺牲精神。

【社会活动】 助力乡村文明建设。在东涌镇龙溪村设立“民革博爱书屋”，该书屋设置为群众综合型活动场所，提供汕尾特色戏剧、红色电视剧播放，有各类藏书超过1.5万本，全年接待村民及各界人士近6000人次。开展送医送药义诊活动，组织民革党员中的医务人员与广东中山医科大学专家团队为城区群众送医送药义诊活动，并促成中山医科大学在该院设立骨科专家诊室。开展“浓浓民革情”春节慰问活动，发动社会爱心人士筹集资金5.9万元，慰问了城区南汾村、龙溪村、安美社区的173户党员及困难群众，给他们送上节日慰问品、慰问金，鼓励他们增强生活信心，帮助他们过一个平安祥和的春节。开展关爱街头露宿人员活动，1月9—10日，冷空气袭击汕尾，区民革组织党员及义工25人走街串巷寻找露宿者，并通过微信发动市民积极参与等办法找到12名街头露宿人员，送出13套棉被和食物，传递了民革博爱精神。开展文化宣传活动。在东涌镇龙溪村举办中秋“区民革助力创文送戏下乡”文艺晚会，两晚活动共吸引观众近4500人，助力乡村精神文明建设。

【助力红色遗址建设】 修复“何香凝旧居”，助力城区红色文化建设。城区红草镇新村村的何香凝掩蔽处旧址“成兴大院”始建于1918年，占地面积500多平方米，保留有百年历史的古建筑小楼一幢，平房9间，被中共汕尾市委宣传部授予“红色革命遗址”称号，具有历史纪念意义。1941年12月中旬，根据周恩来给八路军驻香港办事处廖承志的指示，广东党组织和广东抗日游击队开展对在香港进步文化界人士和民主人士的大营救行动，海陆丰中心县委参与营救行动。1942年1月19日，何香凝、柳亚子等安全抵达红草镇新村村“成兴大院”，居住了近2个月。2019年3月，区民革在红草镇新村村委的帮助下，取得成兴大院业主无偿捐献的文物、家具、房屋及使用权，历时7个月，按照广东省建筑工程学院的设计方案修旧如旧进行修复，于2019年10月全面修复完工，正在申请将其设立为“统一战线教育基地”和“民革党员爱国主义教育基地”。

【荣誉称号】 2019年，区民革分别被广东省民革委员会授予“全省示范支部”“全省先进集体”“广东省优秀民革党员之家”称号。党员黄晓丹被司法部授予“2018年度全国人民调解工作先进个人”称号。

（叶锦文）

附：民革汕尾市城区支部委员会领导名录

主　委：林铁流

副主委：黄晓丹

　　　　蔡慧敏

·民盟汕尾市城区总支部委员会

【概况】 2019年，民盟汕尾市城区总支部委员会（以下简称区民盟）有5个支部，盟员71人。其中：60岁以上15人，40岁至60岁50人，40岁以下6人；医药界2人，教育界52人，政府机关单位4人，其他界别13人；具有高级职称的29人，中级职称的28人。盟员担任市政协委员3人，区人大代表2人、区政协委员6人。

【思想建设】 区民盟注重学习、重调研、建良言，始终不忘合作初心，坚定不移走中国特色社会主义政治发展道路，扎实有效推进盟员队伍的思想建设、组织建设、作风建设和制度建设，为助推城区全面建成小康社会而不懈努力。

1月22日，区民盟举行2019参政议政工作会议暨总结表彰会，总结2018年度工作和部署2019年工作，表彰2018年度优秀盟员。区委统战部副部长、区民族宗教局局长郑和悦代表统战部通报了2018年城区经济社会发展情况和取得的成绩，鼓励全区广大盟员朋友团结一致，勤勉履职，热情服务党政中心工作，为提高城区首位度、振兴发展再做新贡献。4月20日，区民盟总支组织总支委员和骨干盟员学习市委、区委组织部、统战部关于落实全市各民主党派、工商联、无党派代表人士座谈会精神，号召广大盟员聚精会神谋发展，建功立业新时代。

2019年1月，区民盟被盟中央评为“民盟思想宣传先进集体”；8月，汕尾中学支部被民盟广东省委教育界别评为“基层组织先进集体”；9月，区直支部、汕尾中学支部被民盟汕尾市委评为“民盟汕尾市基层工作先进支部”。

【参政议政】 2019年，区民盟在参加市委、区委，市、区政协举办的各种座谈会、调研会上积极发声，通过撰写网络文章就汕尾市经济社会领域、民生议题建言献策，提出了许多有针对性和建设性的建议，受到党政和社会的好评。在市政协七届三次会议中，区民盟政协委员向大会提交了《关于把红草镇晨洲村打造成社会主义新农村和美丽乡村示范村的建议》《关于巩固省级文明城市创建成果，实现未来文明城市管理常态化的建议》《关于积极推进我市电子商务与实体经济融合发展的建议》《关于强化施工监督，保护地下供水管道不受施工损坏的建议》《发展乡村共享经济、以促进农民增收助推乡村振兴》《关于改造升级市区公园路的建议》《关于市区道路设置摩托车道的建议》7个提案，得到市政协及有关部门的高度好评。在城区政协五届四次会议上，区民盟政协委员向大会提交了8个提案。其中：张庆伟提交了《关于开展文明绿色殡葬，解决殡葬陋习的建议》《关于大力支持农村卫生设施建设，进一步完善农村卫生服务网络的建议》《关于加强师德师风建设的建议》3个提案；叶琼花提交了《关于宝楼村建设旅游民宿的建议》《关于加强我区食用农产品快速检测工作的建议》2个提案；施长文提交了《关于完善汕尾市区环卫体制的建议》（获优秀提案称号）、《关于提高城区教育首位度，大力发展学前教育的教育的建议》、《关于继续推进我区环游旅游新飞跃的建议》3个提案。这些提案受到大会肯定。在区政协五届四次会议上，张庆伟委员代表区民盟作了题为《稳妥推进我区教师“县管校聘”体制改革的建议》的发言，围绕如何真正实现教师从“学校人”到“系统人”的身份转变和深化“县管校聘”制度改革，其提出的问题与对策在大会期间引起关注以及与会委员分组讨论的热议，得到与会领导及委员的高度好评。该建议以《新关注：政协委员拍砖献策》为题，被区政协大会秘书处编入《大会简报》。

【敬业爱岗】 2019年8月，汕尾中学支部黄佛隆荣获“2019年感动城区年度教师”称号。9月21日，民盟汕尾市委员会在汕尾市城区召开“不忘合作初心，继续携手前进”主题教育表彰会议暨庆祝中华人民共和国成立70周年文艺晚会。市政协副主席、市民盟汕尾市委员会主委吕珠龙出席会议并讲话。会议表彰了在参政议政、社会服务、盟务工作以及自身岗位上取得优秀成绩的盟员和基层组织。区民盟2个基层支部被评为“民盟汕尾市基层工作先进支部”；陈友明、马响等6名盟员被评为“民盟汕尾市优秀盟员”；1名盟务专干被评为“民盟汕尾市优秀盟务工作者”。10月，区民盟黄佛隆被推荐为广东省民盟先进典型人物候选人。

【学习交流】 为更好提高盟员的政治站位，增强“四个自信”，做到“两个维护”。12月，组织部分盟员到广东省民盟传统教育基地（广州从化）与当地盟组织开展学习交流活动，并开展教育创强和接受红色革命传统教育。重温了中国民主同盟的光辉历史，诠释了民盟传统的丰富内涵，解读了民盟精神的应有之义，指出民盟自创立之初便是统一战线性质的政团联盟，民盟的颜色是光明的黄色。

【社会服务】 区民盟响应区委统战部号召，组织和动员广大盟员积极投身到城区的“创文创卫”活动中，在各自岗位发挥应有的作用。

为促进城区乡村振兴战略的具体实施和扶贫攻坚工作的进一步推进，6月，区民盟联系广东省农村科技特派员、广东省农科院李育军研究员（民盟盟员）与城区农业农村和水利局、工业科技和信息局联合举办培训班，为捷胜镇分管领导、农办和农技站人员，城区有关村“两委”委员，驻村扶贫工作队成员，村民代表、合作社带头人、种养大户、贫困户等，讲授“休闲农业与乡村旅游产业发展”“乡村振兴典型案例分享”等课程讲座。

10月27日，部分盟员集体到新港街道东风渔业村参加助力创建“国卫”志愿活动，对该村的生活小区、背街小巷进行保洁打扫，督促、劝导沿街铺面经营者落实“门前三包”，带动村民自觉维护环境卫生。

（卓越）

附：民盟汕尾市城区总支部委员会领导名录

主　委：王声效

副主委：刘武明

　　　　唐万里

民盟汕尾市城区各支部主委名录

新城中学支部主委：卓孝义

汕尾中学支部主委：袁绍成

城区区直支部主委：唐万里

田家炳中学支部主委：易光文

凤山中学支部主委：余嘉

·中国农工民主党汕尾市城区支委会

【概况】 2019年，中国农工民主党汕尾市城区支委会（以下简称支委会），有党员39人，其中，男党员25人，女党员14人，党员平均年龄50岁；医药界23人，教育界12人，金融界1人，政府机关单位3人；本科学历16人，大专学历16人；高级职称18人，中级职称19人，其中中高级职称占94%。

【思想建设】 支委会始终把加强思想政治工作作为支部工作的灵魂和向导，牢固树立思想政治工作的主导地位。支委会把加强学习当作头等大事来抓，以习近平新时代中国特色社会主义思想为指导，带领全体党员深入学习贯彻习近平总书记的一系列重要讲话精神、中共十九大精神及农工党中央十六大精神，学习新时期统战理论政策和传达贯彻各有关会议或文件精神。认真学习《前进论坛》《广东农工》《统一战线》及《同舟共进》等该党机关刊物和统战、政协机关刊物。支委会在抓好集中学习的同时，还组织党员积极参加了农工党市委会、中共汕尾市委统战部和市政协组织的报告会、座谈会、研讨会25次，参加区政协、区委统战部组织的调研活动、座谈会、学习会30次。1月，支委会召开了2019年工作会议。会议总结回顾了支委会2018年度工作情况，部署安排了2019年主要工作任务；5月，省政协副主席、农工党省委会主委马光瑜率农工党广东省委会调研组，到农工党汕尾市委开展常务工作调研，支委会骨干党员参加了会议；7月26日，支委会主委洪浩波主持召开支委会学习会议，传达学习贯彻中共汕尾市常委、区委书记李庆新在区委统战部调研讲话精神；8月9日，中国农工党成立89周年纪念日，农工党广东省委会在惠州举办“不忘合作初心，继续携手前进主题教育”活动，支委会选派党员代表参加了会议。9月，支委会专职干部参加了由农工党广东省委会举办的专职干部素质能力提升培训班；11月，支委会组织骨干党员参加了农工党市委会开展的“不忘合作初心，继续携手前进”主题教育活动，前往遵义会议会址等地实地学习。通过学习，进一步提高政治站位，坚决维护以习近平同志为核心的党中央权威和集中统一领导，增强“四个意识”，坚定“四个自信”，用习近平新时代中国特色社会主义思想武装头脑指导实践推动工作，使党员们增强了自觉履行参政党职能的使命感和责任感，为在各自的工作岗位上尽责出力提供了强大的精神动力。支委会还积极开展“党内关怀”活动，春节前夕，对退休老领导、70岁以上老党员进行慰问，让老党员感受到农工党组织的温暖，感受浓浓的农工情。

【组织建设】 一方面通过组织支委会领导班子成员参加中共市、区两级统战部门举办的民主党派领导干部培训班和民主党派党员骨干培训班，提高班子成员与党员骨干自觉服从中国共产党的领导，积极参政议政的全局意识和议政能力，提高支委会班子成员和部分党员骨干的政策理论水平，增强民主党派成员的责任感、自豪感。另一方面，支委会着力抓好队伍建设，积极发展具有一定政治素养、自觉服从共产党的领导，业务能力强，在本行业、本部门和社会上具有一定影响力的优秀中青年党员。支委会严格遵照农工党组织发展的工作规定，经支委会大会讨论，确定对3名申请入党对象（医药界2人、非公有制经济人士1人）进行为期6个月的考察。

【参政议政】 2019年，支委会主要从三个方面做好参政议政工作。一是积极安排相关专业的党员参与区政协、区委统战部组织的调研视察活动。二是根据区委、区政府中心工作拟定年度重点调研课题，抽调精干人员组成调研组，确保调研报告质量。三是充分发挥参政议政的作用，紧紧围绕区委、区政府的中心工作和社会关注，人民群众关心的热点、难点问题，深入调查研究，了解社情民意，广泛收集相关信息，认真进行分类整理、提炼，以人大建议、政协提案的形式，积极建言献策。1月8日，在城区人大、政协两会召开前，支委会组织党员到城区民政局进行调研活动并形成调研报告，作区政协大会发言材料及提案素材。在区政协五届四次会议上提交了4个提案。支委会《关于大力推进我区养老产业发展》提案在政协大会上作发言，形成较大反响。支委会提出的《优化城区教育资源配置，提升教育水平》提案，洪浩波提出的《关于文明扫墓，绿色祭祖的建议》均被评为区政协优秀提案。在区政协组织庆祝中华人民共和国成立暨人民政协成立70周年征文活动中，支委会党员有1篇论文获得二等奖，2篇论文获三等奖。

【社会服务】 支委会充分发挥医务界人才荟萃的优势，每年都积极开展社会服务活动，送医送药下乡、进社区，免费为群众服务。2019年，支委会分别于8月和11月，组织20多位医务党员和志愿者到东涌镇文体广场开展免费送医送药下乡义诊活动，服务群众300多人次，免费赠送药物3万元，为群众做了好事、办了实事，得到了区委、区政府的肯定和广大人民群众的赞扬。

（颜秋萍）

附：农工党城区支委会领导名录

主任委员：洪浩波

副主任委员：林伟强

·中国致公党汕尾市城区总支部委员会

【概况】 中国致公党汕尾市城区总支部委员会（以下简称城区总支部）是中国致公党在汕尾市城区的基层组织。2019年，总支部下辖3个支部，党员数54人，其中女党员21人。

【参政议政】 2019年，在区人大、政协两会召开前夕，城区总支部经精心选题、深入调研，提出《巩固禁毒成果，全力以赴创建全市禁毒示范区》提案，在区政协五届四次会议上作为发言提案。

在该次会议上，城区总支部其他政协委员以个人或联合名义共提交了11件提案。这些都是委员们尽责履职的的成果。城区总支部在2018年区政协五届三次会议上提出的《关于打牢基层综治基础，提升平安城区建设水平》提案，被评为优秀提案。此外，城区总支部的市、区两级政协委员、人大代表还多次参加市、区两级政府、政协、统战部等召开的协商会、视察、调研、意见征询会及其他相关会议等，提出各类建议多条。

【思想建设】 2019年，城区总支部把筑牢思想根基摆在自身建设的首要位置，教育引导全体党员旗帜鲜明讲政治，自觉接受中国共产党的领导，在思想政治上行动上与中共中央保持高度一致，树牢“四个意识”，坚定“四个自信”，坚决做到“两个维护”。一年来，总支部通过全体党员会议、支部会议和专题学习座谈会等形式，组织党员认真学习中共十九大会议精神、中共十九届三中、四中全会精神及习近平总书记重要系列讲话，学习致公党中央、致公党省委会及市委会重要会议精神，学习区委、政府重要文件、会议精神等。2月，总支部召开全体党员新春座谈会，总结2018年度取得的工作成绩，提出了2019年的工作计划，还就有关致公党史、党章、党刊理论学习进行分享讨论。7月26日，召开总支部扩大会议，传达学习7月18日中共汕尾市委常委、区委书记李庆新到区委统战部调研时的讲话精神，学习致公党中央关于印发《致公党中央“我和我的祖国主题宣传教育活动方案”》的文件精神。根据致公党市委会关于开展“不忘合作初心，继续携手前进”主题教育活动安排，11月22日，总支部在汕尾市致公之家——聚阅书吧举办了“不忘合作初心，继续携手前进”主题教育活动读书会，组织全体党员认真学习了中共十九届四中全会精神。围绕习近平总书记对民主党派提出的“四新”“三好”工作要求，积极推荐党员骨干、办公室专职干部参加致公党省委会组织的专题培训班，参加致公党市委、中共市城区委、区政府以及区委统战部、区政协和区人大组织的座谈会、研讨会等多项活动。

【社会服务】 2019年，总支部教育引导全体党员努力发挥自身优势，立足本职工作，脚踏实地，广泛参与社会服务工作。3月，致公党中央委员会开展了以“积极参与扶贫开发、全面助力脱贫攻坚”为主题的“致公党精准扶贫慈善捐款”活动，总支部积极响应，组织全体党员捐款1万元，以实际行动参与脱贫攻坚战，为贫困地区发展和群众幸福贡献力量。根据区委、区政府的工作部署，总支部全体党员配合所在单位的安排，积极参加“创文创卫”工作，深入到各街道、镇和社区、村委开展防火活动。党员、区司法局副局长胡家为扎实做好本职工作，2019年被国家普法办评为全国“七五”普法（中期）先进个人，并在参加城区政协理论征文大赛中获得二等奖；凤山中学的余雪莲、田家炳中学的温飞雁，被城区教育局授予2019年度“优秀教师”称号。

（罗思琦）

附：致公党城区总支部委员会领导名录

主　委：郑前军

副主委：蔡慕玉

　　　　罗善球

致公党城区总支部委员会各支部主委名录

第一支部：胡家为

第二支部：曾志炜

第三支部：罗善球（兼）

·城区工商业联合会（商会）

【概况】 汕尾市城区工商业联合会（商会）成立于1991年10月，其简称为区工商联，亦称区商会。2019年年底，区工商联党组成员3名，其中，党组书记1名，党组副书记1名，党组成员1名。

会员企业共有中共党员145人，已建立党支部23个。区工商联有会员274人，其中，主席（会长）1人，副主席（副会长）27人，常委57人，执委143人。区工商联会员中，有全国人大代表1名，省人大代表1名，省政协委员1名，市人大代表10名，市政协委e员15名，城区人大代表13名，城区政协委员57名。有会员企业254家，其中，制造业32家，信息技术服务业10家，批发零售业员61家，房地产业13家，科学研究和技术服务业1家，居民服务业58家，教育行业5家，卫生和社会工作行业2家，文化、体育和娱乐业12家，租赁和商务服务业7家，农林牧渔业17家，电力燃气水生产和供应业8家，建筑业5家，交通运输、仓储和邮政业4家，住宿餐饮业19家。

【思想建设】 2019年，在区委统战部的领导下，组织工商联机关党员参加党支部专题学习 17 场次，区工商联积极推进非公有制经济健康发展、非公有制人士健康成长“两个健康”发展，组织会员企业党员和相关人员参加各类型专题学习、培训、讲座、论坛等 7 场次。6 月中旬，组织部分优秀会员企业党员代表先后到叶剑英故居、叶剑英纪念馆、东涌镇铜锣寨村等爱国主义教育基地参观学习，缅怀革命先烈遗志，重温入党誓词，强化党性认识，坚定政治立场。7 月，结合中华人民共和国 70 周年和“万企帮万村”行动主题，组织会员企业员工 600 多人次参与“大手拉小手，同心唱祖国”大型闪唱活动，深入 7 家企业厂区和市区文化广场演绎录制，视频资料收录于“学习强国”。结合国庆 70 周年系列活动，开展以“我在祖国怀抱中成长”为主题的“送文艺下企业”活动，于 9 月 24 日、25 日晚分别在信诚商场、五丰水产食品有限公司厂区举行 2 场庆国庆文艺晚会，全区会员企业一线员工 300 多人和近千名群众观看演出，丰富企业员工文娱生活，培育员工们爱国爱企爱家乡的思想情操。12 月，举行学习贯彻中共十九届四中全会精神培训班，机关党员和会员企业党员 36 人参加培训学习。

【参政议政】 2019 年，组织区工商联人大代表和政协委员积极参政议政，建言献策，参加区政协各专委会调研考察活动、植树造林、环境保护活动及庆祝人民政协成立 70 周年征文活动，共有会员 160 多人次参加。区政协委员施长文《资政建言务必担当》获得区政协征文一等奖，黄小粤《谈谈如何发挥汕尾政协委员在“创文创卫”活动中的作用》、黄吉庆《加强思想政治引领，广泛凝聚共识》、施长文《我爱政协——我的母亲我的家》区政协征文分别获得三等奖。

2019 年，区工商联政协委员撰写政协提案 31 件，其中获政协优秀提案 8 件，分别是：施镇波《关于清明节文明祭祖绿色扫墓的建议》，蔡举超《关于进一步巩固城区卫生城市成果，加强卫生死角细化管理的建议》，黄吉庆、施坚武、洪志隆、张小兵、何纯展、何文聪、徐少绵、蔡伟泓《关于加强对汕尾港品清湖海面油污垃圾处理的建议》，陈小滨《关于建立高效机制及实施餐厨垃圾集中处理的建议》，施镇波、施坚武、施长文《关于对市区小餐饮店进行规范改造提质升级的建议》，李文坤《加快完善红草园区服务配套 规范建设物流配货中心》，施长文《关于完善汕尾市区环卫管理体制的建议》，施镇波、陈辉港、陈庆本《关于打牢基层综治基础 提升平安城区建设水平的建议》。

【专题调研】 加强走访调研，助推非公企业稳步发展。6 月，区工商联围绕实施《广东省企业和企业经营者权益保护条例》作专题调研。就企业存在的“招工难，用工荒”“融资少，贷款难”“订单少，市场软”“企业规模小，经济总量不大”“服务联动机制不健全”等问题及短板，提出了优化企业营商环境的建议，向区委、区政府提交 6000 多字调查报告。

【创新工作机制】 一是加强沟通服务，促进融资便捷化。围绕企业“创新发展难”的问题，4 月 19 日，举行《粤港澳大湾区发展规划纲要》宣讲报告会，学习习近平总书记关于粤港澳大湾区的重要论述及对广东的重要指示精神、粤港澳大湾区建设背景及战略意义，助推企业“融湾强带”，了解大湾区建设辐射带给汕尾的发展商机，进一步扩大企业开发生产项目，更好地服务于企业在当前国际经济形势下健康发展。围绕企业“融资渠道难”问题，4 月23 日，开展“访百万企业，助实体经济”专项活动，联合建设银行汕尾市分行，召开“政银对接，合力惠企”城区民营企业普惠金融融资对接服务会，为开展“万企帮万村”行动企业开拓更广的融资渠道，打造政银企服务对接平台，打通民营企业金融服务“最后一公里”，助力实体经济发展。截至 2019 年年底，已有 13 家会员企业取得了建行的贷款，贷款金额近 1400 万元，绑定“惠懂你”30 个，解决了部分企业扩大生产促进发展的燃眉之急。6 月 11 日，举行 “融湾强带，助力企业发展”银企对接讲座，区工商联全体执委参加市工商银行普惠金融知识讲解，了解在大湾区实现企业梯级互补的良好契机，拓宽企业融资渠道，根据企业相关资质，4 家会员企业取得市工行贷款 300 万元。二是加强普法宣传，助推会员守法经营。7 月 17 日，区工商联联合区税务局、司法局举办“普法教育暨减税降费政策解读”专题讲座，构建新型“亲清”政商关系，提高广大会员企业对知识产权重要性和民营经济发展走势的认识，加深对实体经济、个体经济、民营企业、中小微企业等国家减税降费及融资贷款等的优惠政策了解。三是加强商会政治建设，促进商会健康发展。6月11日，区工商联召开六届执委会四次会议。会议以“奋进新征程，奋力新作为”为主题，传达学习2019年全国两会精神，习近平总书记在民营企业座谈会上的讲话，全国工商联十二届二次执委会、省工商联十二届三次执委会，《中国工商业联合会章程》，《推行“万企帮万村”行动实施方案》。会议指出，据统计，2018年，全区工商企业（户）达2万家（户），累计缴纳税收达28亿元，其中，民营企业2957家（户），累计缴纳税收15.4亿元，占全区经济税收的55%；“万企帮万村”行动已有9家企业参与产业扶贫，创造了更多的就业机会，为振兴乡村经济注入动力。会议号召区工商联全体会员和广大非公人士，为把汕尾建设成为沿海经济带靓丽明珠，助力广东实现“四个走在全国前列”而努力奋斗，以优异成绩为伟大祖国70华诞献礼。四是完善平台建设，促进宣传常态化。区工商联开办《城区工商联工作动态》（季刊），开设城区工商业联合会（商会）微信公众号和微信小程序，结合会员微信群、主席（会长）微信群等网络平台，拓宽宣传渠道，并利用《汕尾日报》《今日城区》等地方新闻媒体，大力宣传会员企业生产活动、企业产品和发展愿景等，展示企业风采，汇聚企业力量。2019年，区工商联微信公众号共发布消息38条，搭建3个企业网页链接，刊出《城区工商联工作动态》4期。

【推进光彩事业】 1月，组织区工商联班子成员开展城区商会“情暖寒冬助教扶贫”活动，发动会员企业捐款10.44万元，资助城区光明小学奖教奖学、慰问城区福利院孤寡老人及新港街道前进渔业村、方荣村贫困户；3月，响应区政协组织的“建设梧桐村委员树”募捐活动，动员会员企业踊跃捐款；6月，响应区政府《汕尾市城区2019广东扶贫济困日活动倡议书》的倡议，发动会员捐款10.65万元；7月，助力区慈善会事业，动员会员企业踊跃参加；9月，开展“中秋送暖，爱心接力”中秋节慰问活动，组织妇委会成员捐资3.5万元，为城区福利院老人送上大米、粮油和慰问金。

【精准扶贫】 按照区委、区政府精准扶贫工作部署和要求，实行专人跟踪，建立台账，紧密与精准扶贫户沟通与联系，及时收集精准扶贫户的生活状况、工作状况及家庭成员情况等信息。区工商联对挂驻新港街道前进村的88户精准扶贫对象，组织捐资3万多元，为低保户徐亮修建D级危房1间，捐资2万多元慰问全村贫困户，至2019年年底，完成区工商联精准扶贫对象的贫困村、贫困户2个脱贫100%任务。

【助推“创文创卫”】 2019年，区工商联全面贯彻落实区委、区政府“创文创卫”工作部署和要求，动员会员企业广泛宣传，积极参与。一是启动“汕尾文明，我表态”和“创建全国卫生城市，工商联在行动”系列宣传月活动。在全区各镇（街道）街区商铺、会员企业厂区开展宣传活动，历时1个多月，共开展宣传6场次，参加的会员企业志愿者260人次。二是启动“文明汕尾，我表态”签字活动和开展“参与‘门前三包’，争当合格履责人”活动；三是联合市工商联开展“文明创建，宣传‘人人讲’”活动，促进全区商户树立积极当好“讲文明、革陋习、树新风、塑形象”的市民意识，自觉同破坏环境、损坏公共设施等不文明行为作斗争。四是启动“创建全国卫生城市企业家示范村”活动，共有汕尾市信诚商业连锁、汕尾市五丰水产食品有限公司、汕尾市国泰食品有限公司等23家企业参加创建活动。并向新港街道前进渔业村捐款4.5万元，完善该村卫生设施，增添卫生设备，增聘4名卫生清洁员和1名控烟监督员，增设4个“创卫”宣传栏等，组织会员代表5次下村开展“创卫迎检”自查自纠工作，全面清除该村卫生死角，补齐该村“创卫”硬件短板。

【助推“万企帮万村”行动】 2019年，区工商联围绕“万企帮万村”行动方案，分步推进村企结对帮扶工作，推行全区“万企帮万村，助乡村振兴”脱贫攻坚行动，制订具体工作方案。3月14日，举行全区工商联系统“万企帮万村 助乡村振兴”启动仪式，向全区民营企业发出倡议，举行全区省定贫困村与挂驻帮扶企业现场对接仪式。

以“万企帮万村”为主线，围绕“万企帮万村”行动工作部署，制定每月工作任务清单，坚持“一周一查、一月三家、月月增加”的工作思路推进工作。围绕振兴乡村经济发展，促进农民脱贫致富，共建小康社会为目标，多方联动，共同施策。至2019年12月，有9家会员企业成功对接23个乡村(村民小组或村民)，对接帮扶项目26个。汕尾市国泰食品有限公司、汕尾在线传媒有限公司、汕尾市海珍实业有限公司、汕尾市四海酒家4家会员企业签订12个帮扶项目协议，实现村企合作或产业扶贫，以定制农产品、开办农家乐等模式盘活了各村自然资源、闲散人力资源、乡村文化资源、乡村文物资源和红色旅游资源等，初步为各村创造就业200多人，投入扶持资金约1000万元。

【荣誉奖项】 2019年，区工商联荣获“广东省工商联系统先进集体”“广东省‘五好’县级工商联”“广东省工商联会刊宣传工作先进单位”“汕尾市先进商会”“汕尾市城区文明建设先进单位”“汕尾市三八红旗集体”等荣誉称号。2019年度，会员获全国荣誉16人次、省级荣誉84人次、市级荣誉28人次；27家会员企业获省级以上荣誉。2019年，会员企业汕尾市富珍食品有限公司在“创客广东”汕尾市中小企业创新创业大赛暨第一届“创客汕尾”大赛中荣获创客组六强，汕尾市索思电子封装材料有限公司荣获“企业组金奖”；汕尾市海珍食品有限公司荣获“中国潮菜金牌企业”和“建国70周年广东餐饮行业卓越贡献企业”称号。汕尾市假日国际旅行社有限公司、汕尾市城区流声电器贸易部、汕尾市红海船舶服务有限公司、汕尾市城区沙滩宝贝贸易有限公司、汕尾市国泰食品有限公司等17家会员企业荣获“广东省守合同重信用企业”称号；会员企业汕尾市美顿食品有限公司被中国食品工业协会糖果专业委员会授予“改革开放四十年杰出企业”荣誉称号；副会长吴惠芳被评为“建国70周年广东餐饮行业卓越贡献企业家”，副会长林礼标被评为“致公党广东省社区服务先进个人”，副会长蔡国洲被评为“全国先进个体工商户”和“第五批广东省岗位学雷锋标兵”，常委翁贤春，执委郭胜蓝、徐雪燕分别荣获广东省女企业家协会“创业楷模奖”“新锐力量奖”“创新贡献奖”，执委徐雪燕被评为“广东省2019年优秀女企业家”。

（施长文）

附：城区工商业联合会（商会）领导名录

党组书记：王晓卫

主席（会长）：邱承杰

党组副书记、专职副主席：洪志隆

副主席：林义鸿
黄贤德
林晓良
陈庆本
张小兵
吴海平
施坚武
邹小霖
许剑伟
尤智慧

副会长：黄君铭
黄斗拼
林志权
林礼标
林孟东
林祥群
陈伟荣
陈宏能
黎文祥
何文聪
钟友锡
吴惠芳
许春江
蔡国洲
涂家文

秘书长：洪志隆（兼）

副秘书长：施长文

群众团体

·汕尾市城区总工会

【概况】 2019年，汕尾市城区总工会（以下简称区总工会）在职干部职工6人，退休人员12人。

【城区总工会三届十二次全委会】 6月14日，汕尾市城区总工会第三届委员会第十二次全体会议召开。会议通过区总工会三届委员会委员、经审委员、女工委员替补、人员任免4个决定和区总工会三届委员会第十二次全体会议选举办法，补选区总工会三届委员会常委3名、常务副主席1名。通过不记名投票，罗智冰、蔡奋雄、骆志雄、黄成斌4人当选区总工会第三届委员会委员、常务委员，罗智冰当选区总工会第三届委员会常务副主席。

【工会建设】 2019年，区总工会认真贯彻执行区委《关于新形势下加强基层工会建设的意见》，针对非公企业，区总工会坚持“哪里有职工，哪里就有工会”的建会思路，以区域性、行业性工会联合会建设作为重点，最广泛地把职工组织到工会中来。一是按照工会改革的要求，重新成立7个镇（街道）工会委员会，并配齐工会主席。二是机构改革后，区直相关单位完成工会组织的成立。全年已完成基层工会组建17家，基层工会换届13家。三是完善非公企业建立工会组织机制。截至2019年年底，城区已建立工会组织的非公企业有401家，共有会员35265名。同时，各级工会以建家为切入点，以评先活动为推动力，深入开展基层工会规范化建设。2019年，城区新城中学工会委员会被广东省总工会评为“模范职工之家”，汕尾逸辉基金医院临床工程信息部工会小组被被广东省总工会评为“模范职工小家”。

【劳模工作】 区总工会以实现“中国梦、劳动美”为活动主题，激励和引导全区广大职工辛勤劳动，弘扬劳动精神、劳模精神及工匠精神，为把城区建成“首善之城、大美之区”提供源源不断的动力。“五一”期间，通过单位微信公众号推送“汕尾市城区总工会庆‘五一’励志学劳模”，辑录了一批城区历年获得全国、省、市劳动模范，“五一”奖章、先进个人等荣誉称号的身边典型，旨在让广大职工群众更加直观、形象地了解和学习他们身上所散发出的精神品质，并将其精神品质融入到大家的学习、工作与生活中。4月30日，组织城区各级劳模参加庆祝全市“五一”国际劳动节大会。并组织劳模代表参观海丰县红宫红场和海丰县新山村。10月，组织城区各行业的全国、省劳模、五一劳动奖章获得者8人，参加省总工会在河源巴伐利亚庄园疗休养基地举办的疗休养活动。根据上级工会要求，积极开展推荐评选全国、省五一劳动奖章、劳动奖状活动。2019年，田家炳中学荣获省“五一”劳动奖状，国泰公司工会主席李群芳荣获省“五一”劳动奖章称号，许玲玲劳模创新工作室成功申报“汕尾市劳模和工匠人才创新工作室”。截至2019年，全区有劳模46名，其中，全国劳模2名，全国“五一”劳动奖章3名，省劳模11名，省“五一”劳动奖章10名，市劳模20名。

【维权宣传】 区总工会大力宣传《中华人民共和国工会法》《中华人民共和国劳动法》《中华人民共和国劳动合同法》等法律法规，认真做好职工群众维权法律法规宣传工作，进一步提高广大职工群众的法律素质和依法维权能力，增强职工群众维权意识。突出以协调劳动关系为重点，深入开展职工维权工作。3月4日下午，区总工会联合区妇联、区司法局在城区坎下城举办“尊法守法 携手筑梦”服务农民工公益法律服务活动暨2019年城区反家庭暴力宣传活动，开展法律宣传活动并接受现场法律咨询。12月4日“国家宪法日”，走进国泰食品有限公司开展“宪法进企业”宣传活动，营造全民学法普法氛围。12月13日，联合区人社局、区住建局、区司法局在城区坎下城举办“2019根治欠薪”宣传咨询活动，现场接受法律咨询。2019年顺利调解2起劳资纠纷。

【职工帮扶】 区总工会把困难职工帮扶活动作为一项重点工作来抓，建立困难职工档案，实施精准帮扶。按照致困原因不同，分门别类地开展帮扶工作，实现精准扶贫。5月，对在档的104户困难职工进行帮扶，发放省总工会帮扶款10.4万元。又通过调查摸底，依据上级文件精神，对在档困难职工进行动态管理，帮扶系统在档困难职工更新为94户。12月，对在档94户困难职工通过开展金秋助学活动，为22户困难职工家庭子女缓解上学难的问题，发放助学金15.4万元；医疗救助困难职工家庭31户，发放救助金43万元；生活救助职工家庭41户，发放救助金32.8万元。共帮扶91.2万元。同时，积极开展在职职工住院综合互助保障障活动，为职工购买各类保险。协助区信访局、区政务服务中心购买“广东省职工住院医疗综合互助保障”。为区法院、区检察院等单位购买职工安康互助和“二次医保”，理赔1人。12月，为全区7个镇、街道干部职工共553人购买了“二次医保”。

【职工慰问】 区总工会认真组织开展慰问活动，切实服务好职工，为职工排忧解难。1月16日，分别深入广东银鹏设备有限公司、汕尾雅泰隆食品有限公司等城区企业开展送温暖慰问活动，为企业困难职工和一线工人送上大米及食用油等慰问品，同时也为他们送来了党和政府以及工会组织对企业职工的新春祝福。春节前夕，城区委副书记、区长罗光钊带领区总工会领导班子慰问劳模代表、困难职工。7月至9月，区总工会分别前往汕尾市丽洁服饰有限公司、城区新林环卫站、广东岭峰包装印刷有限公司车间、汕尾高峰房地产有限公司工地和汕尾市天明房地产公司施工现场开展“高温送清凉”活动。活动中，分别为企业生产一线工人、环卫工人等送上饮料，给高温下坚守在一线的劳动者送去清凉和关怀。中秋佳节来临之际，区总工会开展“中秋送温暖”走访慰问活动，深入挂驻社区贫困户和环卫系统等部分困难职工，为他们送上大米与食用油，提前送去深切慰问及节日祝福。12月20—25日，区总工会领导班子成员分别前往雅泰隆食品、国泰食品、广业环保、德昌电子有限公司等企业，为部分一线职工、困难职工送去毛毯慰问品，让企业一线工人感受到党委和政府的温暖。

【职工培训】 2019年，区总工会多种形式组织举办工会干部培训。3月4日上午，市、区两级创文办与总工会联合举办汕尾市女职工“树礼仪形象 展文明风采”文明礼仪知识讲座，组织城区机关、企事业单位女干部职工200多人参加讲座。3月7日下午，与区妇联、新城中学联合举办汕尾市城区“庆三八”女干部职工健康讲座，区直机关、企事业单位女干部职工、女教师代表、各级妇联干部职工共约300多人参加讲座。6月13日上午，区总工会组织各镇（街道）、区直各基层工会主席及财会人员近100人参加了全市工会经审干部培训班，学习《广东省基层工会经费收支管理实施细则（试行）》，加强基层工会经审工作，进一步做好新时期工会工作。

（曾大晋）

附：城区总工会领导名录

主　席：刘泽扬

常务副主席：罗智冰（2019年2月任）

副主席：刘友扬

叶素萍

·共青团汕尾市城区委员会

【概况】 共青团汕尾市城区委员会（以下简称团区委）有机关行政编制5名，事业单位编制1名，在职人员3人。2019年，全区共有379个团组织，包括14个基层团委、1个团工委、15个团总支、347个团支部。

【开展青年大学习】 坚持“党旗所指就是团旗所向”，深入校园和社团组织，持续宣传中共十九大，十九届二中、三中、四中全会精神，习近平总书记系列重要讲话精神，团中央十八大精神。坚持线上和线下相结合，利用“学习强国”平台、主题团课、入团入队仪式教育等，组织党员干部、团干部、少先队辅导员、团员青年、少先队员和青年志愿者，广泛开展“青年大学习”活动。2019年7月，开展新时代文明实践志愿服务“青宣讲”活动，立足于青年向青年宣传讲授习近平新时代中国特色社会主义思想的定位和意义的活动，引导青年团员了解时代发展，感知青年使命。8月，组织基层团干部，在聚阅书吧开展“不忘初心、牢记使命”主题党（团）日活动暨读书分享会。9月，在东涌中学举行“我与祖国共奋进——国旗下的演讲”主题团日活动，大力唱响礼赞新中国、奋进新时代的青春主旋律。

【开展“五四”运动100周年系列活动】 为纪念“五四”运动100周年，全区共青团系统在“五四”青年节前后，组织开展了“青春心向党·建功新时代”主题宣传教育实践活动。开展汕尾市城区“青春心向党·建功新时代”纪念“五四”运动100周年特别主题团日活动暨入团宣誓仪式，区委常委、组织部部长孔卓文参加活动并对广大青年朋友寄予殷切希望。活动通过团旗下团员代表演讲、新团员入团宣誓等活动，突出仪式感教育，引导青少年重温革命历史、传承红色基因，增强听党话、跟党走的思想自觉和行动自觉；举办学习贯彻习近平总书记在纪念“五四”运动100周年大会上的重要讲话精神专题学习会、座谈会，激励和引领全区广大青年持续弘扬“五四”精神，进一步坚定理想信念；举办以“青春心向党·建功新时代”为主题的校园社团文化交流活动，引导青少年坚定理想信念，为建设善美之城贡献青春力量。

【城区第一次少代会】 2019年12月22日，中国少年先锋队汕尾市城区第一次代表大会召开。会议审议通过了团区委书记李小燕所作的工作报告，选举产生了区第一届少工委委员。在区少工委一届一次全会上，团区委书记李小燕、区教育局局长陈小凯当选区少工委主任。

【共青团汕尾市城区第六届委员会第二次全体（扩大）会议】 2019年3月，召开共青团汕尾市城区第六届委员会第二次全体（扩大）会议。会议通过了团区委常委会在共青团汕尾市城区第六届委员会第二次（扩大）会议上所作的工作报告。号召全区各级团组织和广大团员青年要担当作为、开拓进取，更好团结带领青年发挥生力军与突击队的作用，为把汕尾建设成为沿海经济带靓丽明珠贡献青春、智慧、力量。

【服务青少年成长发展】 禁毒普法 2019年，团区委与区禁毒委积极合作，多次开展“绿色无毒 健康生活”禁毒宣传活动。6月，联合区禁毒办举办以“无毒青春，谁与‘筝’锋”为主题的汕尾市城区首届禁毒宣传风筝节公益活动；9月，联合新城中学、汕尾中学、田家炳中学等中学团委开展城区青少年向毒品说“不”禁毒宣传主题活动。团区委禁毒系列活动创新禁毒宣传形式，发放禁毒宣传手册超过2万份，派发禁毒宣传扇子近1万把，取得了良好的禁毒宣传效果。

助学项目 团区委通过开展助学项目活动，帮助留守儿童、单亲青少年、贫困家庭子女圆上学梦，减轻他们的就学升学压力，鼓励优秀学子。2019年，通过“潮青爱心助学”“东莞潮商助学”“鹏城会亲”等项目共资助学生58人。

展翅计划 2019年，团区委积极整合资源，主动联系和有效对接各镇（街道）团委和区直有关单位，完成357个优质实习见习岗位的募集工作，帮助毕业前后大学生做好职业规划，通过参与社会实践和职场体验活动，端正就业观念，提升就业创业能力。

创新创业 5月，团区委举办“融入粤港澳大湾区建设，共商青年发展新机遇”暨汕尾市城区“青春心向党·建功新时代”主题实践活动，城区100多位青年企业家齐聚发展论坛，分享创业心得，共谋乡村振兴。9月，组织开展“青春与梦想齐飞”——城区籍返乡大学生就业创业座谈会，引导返乡大学生积极融入粤港澳大湾区建设，激发返乡青年投身创新创业的活力。

特色活动 3月，举办“百城万人读中国”活动，来自全区各行各业的青年代表参加，齐颂祖国。9月，开展“邂逅团缘，一见青心”汕尾市城区青年联谊交友活动，组织区机关企事业单身青年赴共青团深圳教育基地开展团队建设和联谊交友活动。12月，在汕尾中学举办“青春心向党·建功新时代”中学生十八岁成人礼活动，引领广大青年树立坚定的理想信念，增强公民意识和责任意识。

新时代文明实践 6月，团区委开展以“传承孝道文化，激活感恩之心”为主题的文明实践活动，引导青少年和广大居民孝老爱亲，学会感恩，践行社会主义核心价值观，引导他们树立正确的人生观与价值观。7月，团区委联合广州美术学院到东涌镇、捷胜镇、红草镇及香洲街道光明小学开展2019年汕尾市城区暑期“三下乡”新时代文明实践志愿服务活动，服务内容包括暑期夏令营、文化公园美化设计、新农村建设规划、“非遗”泥塑产品包装推广。8月，团区委举办“新时代文明实践活动之‘青春自护·益起来’”，带领辖区70多名青少年到城区消防大队参观学习消防知识。11月，团城区委在捷胜南门外村、埔尾村开展“文明实践、健康同行”宣教义诊活动，现场为村民进行健康科普讲座、免费咨询及看病、测血压、测血糖等。

【志愿服务工作】 截至2019年年底，城区“i志愿”系统实名注册志愿者人数44907人，注册志愿服务组织及团体数801个，累计开展志愿活动数11352个，累计志愿服务时长271万小时，全年人均志愿服务时长20.48小时。

在壮大志愿者队伍的基础上，团区委常态化组织志愿者，大力开展志愿服务活动，弘扬“奉献、友爱、互助、进步”的志愿者精神，积极营造共建共治共享的社会治理格局。一是开展青春情暖系列志愿服务活动；二是开展学雷锋志愿服务月系列活动；三是开展“文明祭祀 保护绿水青山”志愿宣传活动；四是开展文明交通劝导志愿服务活动；五是开展创文创卫志愿服务活动；六是开展河小青志愿服务活动。

（王晓珊）

附：共青团汕尾市城区委员会领导名录

书　记：李小燕（2019年2月任）

副书记：王晓珊（2019年2月任）

·汕尾市城区妇女联合会

【党建工作】 结合模范机关建设，健全和完善“三会一课”制度，开展“不忘初心、牢记使命”主题教育，深入学习贯彻习近平新时代中国特色社会主义思想，切实增强妇联组织政治性、先进性、群众性。2019年，召开支委会11次，党员大会9次，举行学习贯彻中共十九大精神、全国两会精神专题学习会、新党章专题学习会、巡视整改专题学习会等专题学习会10次，民主生活会2次，组织生活会1次，以“习近平谈论治国理政”“心中无我，不负群众”等为题上党课2次，开展主题党日活动3次。如9月30日，组织区妇联系统党员干部代表在市区鼎盖山烈士陵园举行向烈士敬献花篮活动。同时，把思想政治引领工作贯穿于妇联开展的各种活动，依托遍布城乡村、社区的妇女之家、儿童之家和家长学校，发挥区、镇、村三级妇联干部及执委的力量，组织巾帼宣讲员进农村、进社区、进学校、进公园、进广场、进家庭，以开展讲座、宣讲会、茶话会、文娱活动、田间地头拉家常等灵活方式，在妇女群众中广泛宣传党的路线、方针、政策，传播先进科学的生活方式，引导广大妇女群众听党话、跟党走。如国庆节前夕，在凤山妈祖广场举办“唱响红歌 放飞白鸽 祝福祖国”活动，热烈庆祝中华人民共和国成立70周年，团结凝聚妇女心，把家庭幸福梦和国家富强梦融合在一起。

【节庆活动】 “三八”妇女节 以“巾帼心向党 礼赞新中国”为主题，组织系列文明宣传活动。3月2日，举办“弘扬好家风 传承好家训”故事分享会，通过家庭代表的感人故事分享，展现家庭教育的重要性，号召广大家长要以家风好家教促进孩子健康成长，构建文明和谐幸福之家。3月2日至3日，联合区税务局、区乒乓球协会举办庆“三八”税务杯女子乒乓球赛，在全区营造“我运动 我健康”的良好健康理念。3月4日，举办老妇联干部茶话会，宣传中共十九大精神，鼓励老干部为美好幸福城区的发展建言献策。3月6日，召开纪念“三八”节109周年大会，表彰命名一批“三八红旗手”“三八红旗集体”。3月7日，举办女干部健康讲座，提高广大女干部自身预防保护意识，促进女干部职工身心健康，助力健康促进区创建。3月9日，联合市妇联及市、区文化广电旅游体育局举办“倾情礼赞新中国，巾帼奋进新时代”群众性文艺会演，副市长余红等市领导和区委常委、组织部部长孔卓文以及市直、区直机关女干部，巾帼健身队员，群众代表等约2500人参加活动。活动以大合唱、旗袍秀、渔歌组唱、健身操表演、乐器演奏、男女声合唱、朗诵、儿童舞表演、钱鼓舞和巾帼健身队表演等形式，展现了新时代城区妇女新风貌以及城区广大群众强烈的家国情怀，弘扬了女性自尊、自信、自立、自强的精神。

母亲节　在区新时代文明实践中心，以渔歌传唱、快闪活动、参观文化长廊等多种形式，举办庆祝母亲节汕尾渔歌专场活动，激发城区广大妇女及广大家庭爱国爱家、孝老敬亲、积极向上的家国情怀。

“六一”儿童节　5月25日，开展困境儿童慰问活动，为新港街道50名困境儿童送上大米、食用油、书包文具及慰问金。5月27日，联合汕尾逸挥基金医院在香洲街道光明小学开展儿童健康宣传教育活动。5月29日，市委常委、区委书记李庆新，区长罗光钊在区妇儿工委有关成员单位负责人陪同下，看望了区直机关幼儿园师生，向孩子们送上良好的节日祝愿和慰问金。5月31日，以“相伴同悦读、共抒家国情”为主题，在全区开展丰富多彩的亲子阅读活动，引导广大家长培育良好家风，教导儿童在亲子阅读中陶冶爱国情操，感受阅读快乐，培养社会主义合格建设者和接班人。

中秋节　9月9日，慰问凤山街道香洲社区10户精准扶贫户，送去节日问候和大米、食用油等慰问品及慰问金；9月13日，在凤山妈祖广场开展“中秋夜、家国情、背诗词、送灯笼”亲子庆中秋活动暨“创建国家卫生城市、建设幸福美好家园”宣传活动，践行社会主义核心价值观，宣传文明创建理念，号召广大家长爱国、爱党、爱家，大手拉起小手，带动孩子一起参与到文明城市创建中来。

敬老月　10月18日，联合市妇联走访慰问了新港街道东风村15户孤寡老人，送上棉被、慰问金及政府的关怀。

【巾帼建功活动】 开拓“巾帼建功”活动新领域，促进行业树立文明新风，提高服务水平。培育了一批省、市、区级先进集体、先进个人。2019年，陈雪鸿、苏益加2人获得市“三八”红旗手荣誉称号；城区税务局第一税务分局获得市“三八”红旗集体荣誉称号；东涌镇碧桂园社区志愿服务岗获得市巾帼文明岗荣誉称号。授予卓海激等32人区“三八”红旗手荣誉称号，汕尾市第二人民医院等9个单位区“三八”红旗集体荣誉称号，汕尾市第二人民医院护理部等7个部门区“巾帼文明岗”荣誉称号。

【家庭文化建设活动】 在全区广泛开展寻找“最美家庭”活动，通过推荐上报、调研走访、专家评比等方式，揭晓了2018年全区10户“最美家庭”和16户“美好家庭”。此外，李四化等3户家庭被授予2019年汕尾市“最美家庭”荣誉称号，切实弘扬了家庭美德新风。

【家庭教育工作】 成立家庭教育讲师团队伍，大力开展家长学校建设，全区95个村（社区）全部建立家长学校。2019年，共开展家庭教育指导128次，开展家庭教育大讲堂10次，惠及4000多名家长，有效提高家长家庭教育水平。

【巾帼志愿服务活动】 为助力“创卫创文”工作，共组织开展卫生整洁、安全生产宣传、法治法规宣传、禁毒等巾帼志愿服务活动共64场次、3200多人次。

【法律宣传与信访工作】 以“三八”维权周、国际反家暴日、法治宣传日等节日为契机，通过专题学习会、讲座、发放宣传资料、微信公众号等多种形式，面对广大妇女群众普及法律知识，共发放宣传资料10000多份；全年共接待来访来电41起，并提出建议和解决办法，来访者所提问题，对需要跨部门解决的，帮助联系协调，切实维护妇女儿童合法权益。

【禁毒宣传教育活动】 以“6·26”国际禁毒日为抓手，依托“妇女之家”“家长学校”等阵地，通过设立宣传咨询点、禁毒宣传“六进”活动微信公众号宣传等形式，教育和引导广大妇女、儿童、家庭自觉识毒防毒拒毒，助力禁毒宣传活动。共开展禁毒宣传教育活动20场次，发放禁毒宣传资料约3万多份。

【节日关爱活动】 在春节、“三八”妇女节、“六一”儿童节、母亲节、中秋节等节日期间，发动各方支持，筹集资金及礼品约16万元，慰问了300多名单亲特困母亲、困境妇女、孤儿、困难女党员和困难妇女干部。

【妇女卫生健康行活动】 联合区卫健局、妇幼保健院继续开展2019年妇女“两癌”免费普查项目，活动共向全区7000多名适龄妇女提供了免费“两癌”筛查，强化了广大妇女的自我保健意识，对“两癌”疾病早发现、早确诊、早治疗，提高了广大妇女的健康水平和生活质量。争取上级妇联专项资金支持，为2名“两癌”患者各提供1万元的资金救助。

【乡村振兴 巾帼行动】 广泛开展“美丽庭院”创建活动，共评选挂牌“美丽庭院”1024户、美丽庭院示范村10个，助力美丽乡村建设。联合区人社局开展“南粤春暖”企业用工暨妇女专场招聘会，现场提供女性岗位1205个，当天参加招聘求职的女性有上千人，与招工单位达成初步就业意向的有95人。深化“巾帼脱贫行动”，积极宣传推广妇女创业小额贴息贷款。

【推动妇女儿童发展规划实施】 认真履行区妇儿工委办公室的职责，加大对妇女儿童规划的宣传和实施，协同区妇儿工委各成员单位切实做好2019年度妇女儿童发展规划年度评估监测工作。

（陈晓晓）

附：2019年城区妇女联合会领导名录

主　席：洪郁冬

副主席：罗海恩

陈雅姗(2019年2月任)

·汕尾市城区科学技术协会

【概况】 汕尾市城区科学技术协会（以下简称区科协）是区委领导下的人民团体，负责开展学术交流活动，开展继续教育和技术培训工作，开展科普、咨询活动，管理指导所属各专业学会、协会，指导镇（街道）科协开展工作。区科协机关事业编制3名。其中，主席1名（由区领导兼任），常务副主席1名（正科职，按部门正职配备），内设机构领导职数1名。

2019年，区科协以落实《中华人民共和国科学普及法》《全民科学素质行动计划纲要》为统揽，围绕全区经济社会发展中心，创造性地开展各项活动，充分发挥科协科普工作主力军作用，全区科普工作得到有序、有效地开展。团结带领广大科技工作者围绕中心，服务大局，突出重点，开拓创新，各项工作取得了明显成效。2019年12月，区科协被省科协评为“2019年广东省全国科普日活动优秀组织单位”；区科协组织的“礼赞共和国、智慧新生活”全国科普日进校园主题活动被省科协评为“2019年广东省全国科普日优秀活动”荣誉称号。

【加强组织机构建设】 2019年是机构改革之年。认真贯彻落实《汕尾市城区机构改革方案》文件精神，不折不扣落实好科协的改革任务。一是服从改革大局，理顺区科协独立办公设置。克服困难，做到思想不乱、工作不断、队伍不散、干劲不减。完成办公用房配备修缮、银行开户、人员编制等事项。二是推进基层科协组织“3+1”试点工作，成立各镇（街道）科协领导小组机构，充实“三长”作为科协成员。三是实施《全民科学素质行动计划纲要》，印发《全民科学素质行动工作要点》《城区人民政府办公室关于调整城区全民科学素质工作领导小组的通知》，努力提高全民科学素质。

【智力支持和人才保障服务】 2019年初，配合区文广旅体局、区科工信局、区人社局等单位对全区加快科技创新驱动发展作专题调研工作，起草调研报告。3月5日，组织开展全区公共科普设施专题调查工作，制定相应的工作方案，完成科协普查工作。3月22日，主动配合区委组织部，征集各镇（街道）科技副职挂职岗位需求的专业技术人员4名。4月22日，征集中小企业、乡镇、农村各地急需解决的技术“瓶劲”和有关科技难题。12月8日—10日，在“广东中青年科学家汕尾行”活动中，搭建企业与专家交流合作，成功对接6名省级科学家到城区企事业单位生产一线，把脉问诊，现场技术指导，解决了有关科技难题，并签订合作框架协议，为城区创新驱动发展和乡村振兴发展提供智力支撑。

【建立院士专家（企业）工作站】 推荐前瞻高等理工研究院申报广东省院士专家（企业）工作站。开展“院士专家企业行”活动，推介院士专家项目，把科技要素和科技智力引入企业，为企业技术攻关科技协作和技术咨询提供服务。同时，积极推动校企合作，探索新农村电商——农产品直销社区新模式，助力城区农村电商的发展。11月20日，为市网商协会和区职校搭建校企合作交流平台，推广专业学术和先进科学技术，加强校企之间的交流学习，积极探索“实施电子商务专业实战型技能人才培养模式”，促进职校在未来电商发展的道路上不断成长，为城区农村电商发展助力精准扶贫工作和为新农村建设发展服务打下基础。

【科普活动】 在2019年的科技活动周、全国科技工作者日、全国科普日、新时代文明实践广东“七个一百”精品项目第四批下基层活动走进汕尾市城区等一系列科普活动中，围绕人民群众关心的卫生健康、食品安全、人工智能、科学文明生活等宣传重点，举办了文化科技卫生“三下乡”志愿集中服务活动；举办了“庆祝中华人民共和国成立70周年新时代、新征程、新汕尾”图片展；开展“书香城区·端午诗声”朗诵比赛，大力弘扬中华民族优秀传统文化；开展少年儿童作品科普展暨“不忘初心、牢记使命”主题教育等科普进学校、进社区、进企业系列活动共15场次，12000多人次参加，受到群众好评。

【培养青少年创新意识和实践能力】 举办了以“创新·体验·快乐·成长”为主题的2019年城区青少年科技创新大赛。该次大赛共收到各类作品共100项，经过评审专家认真细致的评审，评选出中小学生青少年科技创新项目一等奖4项，二等奖6项，三等奖23项；评选出优秀科技实践活动一、二、三等奖共11项；科学幻想画一等奖6个，二等奖8个，三等奖42个；优秀科技辅导员3名；优秀组织奖3个。优秀科技获奖作品将全部推荐参加第十八届汕尾市青少年科技创新大赛。

【科技工作者服务工作】 动员和组织广大科技工作者投身城区乡村振兴发展，听取各个领域科技工作的建议和意见，凝聚广大科技工作的智慧和力量。5月30日全国科技工作者日，推选2名具有副高以上职称的优秀科技工作者参加市“科技工作者日”座谈会。推选前瞻研究院、国泰、安信、雅泰隆4家高新技术企业以及具有高学历、高职称、高技术的科技工作者作为市优秀科技者代表大会的代表。

（郑梦霞）

附：区科学技术协会领导名录

主　席：陈焕荀（2019年2月离任）

常务副主席：廖海娜（2019年2月任）

·汕尾市城区归国华侨联合会

【概况】 2019年，汕尾市城区归国华侨联合会（以下称区侨联）以习近平新时代中国特色社会主义思想为指导，认真贯彻落实区委、区政府和上级侨联的工作部署，坚持为侨服务宗旨，围绕中心，主动作为，充分发挥侨联职能作用，在推进侨联改革、加强队伍建设、提升服务水平、为侨排忧解困等方面做了大量富有成效的工作，得到了上级领导和有关部门的肯定。

【作风建设】 2019年，区侨联以学习贯彻落实习近平新时代中国特色社会主义思想，中共十九大和十九届二中、三中、四中全会精神，习近平总书记对广东重要讲话和重要指示批示精神，习近平总书记对侨务工作的重要论述精神为主线，深入开展“不忘初心、牢记使命”主题教育，狠抓党风廉政建设，共组织专题学习会34场次，召开专题民主生活会、组织生活会和民主评议党员会议各1场次，组织“弘扬好家风、培育好家教”主题座谈会1场次，签订《廉洁家庭承诺书》2份，派员参加市侨联组织到珠海、惠州、东莞等地侨联组织交流学习“党建带侨建”和侨界人文社区侨务工作经验，联合东涌镇新湖村党总支组织33名党员到陆河县螺洞村、海丰县红宫红场和新山村革命纪念馆等地开展“不忘初心、牢记使命”主题党日活动，切实增强了干部教育培训的统筹性、针对性、实效性，使侨联干部能够更好的适应党和国家事业新发展以及海内外侨情新变化、新要求。

【参政议政】 区侨联充分发挥侨联界别的履职主体作用，引导侨界政协委员不断强化界别责任意识，积极参与政治协商和民主监督，为侨界群众的切身利益出谋献策。一年来，结合城区中心工作任务和民生热点问题，共组织侨界代表和侨界委员参与调研4次，为城区经济建设、振兴发展、扩容提质发挥积极作用。

【组织建设】 2019年，区侨联着力推进东涌镇新湖村、红草镇南汾村、联星村和马宫社区4个村（社区）试点开展“党建带侨建”，确保基层侨联活动有阵地、工作有活力、作用有发挥，实现党建侨建互动共赢，融合发展，已初步完成新湖村、南汾村、联星村和马宫社区4个村（社区）的侨联工作组的试点工作。同时，进一步加强“党建带侨建”活动阵地建设，设立区侨联机关党建带侨建活动室，为加强对侨联工作的党建引领，更好发挥侨联为侨服务宗旨打下坚实基础。

【为侨服务】 一是积极做好归侨侨眷服务，改善侨界民生。共组织慰问归侨侨眷34户，共计发放慰问金8.43万元。二是积极开拓城区侨文化宣传新阵地。联合东涌镇政府及新湖村委，邀请华侨管区侨文化宣传表演队助阵，在新湖村东家冲村民小组举办侨文化宣传暨庆祝元旦主题文艺晚会，不断丰富广大侨胞的文化生活，为侨服务模式从以单一的走访慰问为主转变为走访慰问与举办各具特色的侨文化活动相结合。三是积极开展归侨普法宣传工作。共开展归侨普法宣传3场次，印发宣传资料5000多份。并通过开展“侨法进侨企”宣传活动，以举行座谈会的形式，与企业员工代表进行面对面的交流，提供侨务政策咨询、法律维权等服务，耐心细致地为他们解答涉侨法律法规问题，普及涉侨政策，切实提高侨界群众对侨务法律法规的认知度、守法经营的自觉性和依法维护合法权益的法律意识。

【扶贫工作】 进一步加大精准扶贫政策的宣传力度，让贫困群众了解到国家扶贫政策的实惠，充分挖掘群众勤劳致富的内生动力，千方百计提高困难群众经济收入，确保驻村工作队保质保量完成东涌镇新湖村各阶段扶贫工作任务。一年来，先后组织区侨联帮扶干部和挂驻村“两委”干部走访慰问贫困户3轮次，共计发放慰问金17200元。10月，以多头集资的形式在品清村为五保户张家成重建一间23多平方米的房子，解决了该五保户住房安全问题。

【配合区中心工作】 一是认真做好“创文创卫”工作和志愿服务活动，共组织志愿者到东涌镇新湖村和城区主要道路开展清洁、宣传、禁毒游行宣传以及“交通劝导志愿服务”行动等志愿服务活动56场次。二是组织侨联干部到东涌镇新湖村开展防山火值班执勤工作和“移风易俗、文明祭祀、绿色清明”宣传志愿服务活动60多人次，积极引导广大群众摒弃生活陋习，树立文明新风，为创建国家卫生城市添砖加瓦。三是积极协助挂驻村做好征地及拆违工作，组织新湖村“两委干部”召开征地工作部署会议8场次，控违拆违工作部署专题会议7场次，安排专人协助新湖村开展 “两违”排查工作25人次，共拆除违章建筑4处，为城区扩容提质、振兴发展做出积极贡献。

（石巧芳）

附：区归国华侨联合会领导名录

主　席：洪少红

·汕尾市城区文学艺术界联合会

【概况】 汕尾市城区文学艺术界联合会（以下简称区文联）成立于2015年2月，由主席、副主席各1人，委员12人组成。区文联致力于建设“文化强区”，营造城区浓厚的文化氛围，充分调动广大文艺工作者的主动性、创造性，立足本土、贴近生活，努力创作一批人民群众喜闻乐见的文化精品佳作。同时，组织开展各类文艺活动，丰富广大群众的精神文化生活，不断加强文艺队伍建设，不断增强吸引力、凝聚力和感召力，使区文联真正成为城区广大文艺工作者的温馨之家，推动城区文艺事业的发展。

【主要活动】 2019年度，在区委宣传部的领导下和区各协会的共同努力下，区文联以习近平总书记在文艺工作座谈会上的重要讲话精神和在全国文代会上的重要讲话精神为指引，振奋精神，团结协作，各项文艺工作有了新的进展和收获。为城区振兴发展，建设首善之城、大美之区，打造沿海经济带靓丽明珠而做出应有的贡献。

1.组织举办“欢聚羊城 喜迎两会”——“渔歌里说——我唱渔歌给党听”汕尾渔歌广州专场演出。1月16日、17日晚，国家级非物质文化遗产汕尾渔歌专场演出在广东艺术剧院献演2场。专场从多个侧面反映往昔汕尾瓯船疍民生产生活情景、人文风习及思想情感，打造了一部汕尾地域风貌与人文气息浓郁、仪式感强烈的艺术诗篇，以全新的艺术面貌呈现了极具地方特色的渔歌文艺盛宴，体现了城区文艺工作者近年来守正创新、勇于探索，大力发掘优秀地方特色文化的丰硕成果。

2.组织举办2019城区迎新春文化志愿惠民活动。2月5日至8日（农历正月初一至初四），组织举办2019迎新春文化志愿惠民活动，连续4天在城区新时代文明实践中心百姓舞台举行，该次活动，由城区委宣传部指导，区文联、区科技文体局主办结合“我们的中国梦——文化进万家”主题活动，旨在大力弘扬社会主义核心价值观，营造浓厚的新春氛围，提倡道德新风尚，共创文明幸福生活，不断满足人民群众对文化生活的新需求，不断提升人民群众的文化获得感、幸福感。

3.组织举办“奋进新时代”城区“非遗”文化图片展活动。2月7日至11日，为进一步提高市民的“非遗”保护意识，传承弘扬中华优秀传统文化，营造“非遗”文化保护的良好社会氛围。在城区新时代文明实践中心惠民广场举办城区“非遗”文化图片展活动，展示城区“非遗”文化项目，丰富群众文化生活。该次展览形式多样、内容丰富，达到了“展示非遗精华，弘扬民族精神；传播非遗文化，承续中华文脉”的目的，进一步树立起全民参与“非遗”保护的意识。

4.组织举办“翰墨颂善美”城区书画家作品展刊展播活动。为展现城区书画家的创作成果，3月，在《汕尾日报》、善为网、汕尾书画公社等官方媒体和社会网站主流媒体开辟专栏专版分期进行作品展示。讴歌改革开放40年的成果，喜看汕尾城区变化，同时也展现了对美好生活的向往。

5.协办城区2019·凤山妈祖文化旅游节活动。4月27日，为进一步繁荣发展城区民间民俗文艺活动，助力提高城区文化品位，协助主办方把关提升文化节目内容和其他相关工作任务。弘扬中华民族传统文化，宣扬妈祖立德、行善、大爱的精神，扎实推进崇德向善、和谐宜居的城市共创工作，加快城区文化旅游发展。

6.举办“青春之我 建功新时代”纪念“五四”运动100周年城区舞蹈快闪活动。5月1日，组织指导城区舞蹈家协会在市区星河广场举行“青春之我 建功新时代”——纪念“五四”运动100周年城区舞蹈快闪活动，组织150多位舞蹈文艺家和爱好者载歌载舞，吸引了不少市民驻足观看。

7.举办“书香城区”新书首发式暨文学创作座谈活动。5月17日，组织指导城区作协举办的《海陆画丰》《海陆戏魂》新书首发式暨文学创作座谈会，近百名文艺界的专家、学者参加。

8.举办“共追中国梦，我爱我的国”——“庆祝中华人民共和国成立70周年文艺快闪活动”。6月23日，为庆祝新中国成立70周年，唱响“我和我的祖国”主旋律，由区委宣传部指导、区文联主办的“共追中国梦，我爱我的国”——“庆祝新中国成立70周年文艺快闪活动”在城区文明实践中心惠民广场举行，20多支文艺队伍近千名文艺工作者和爱好者参加。节目以少年滑轮队高举着五星红旗开场，大合唱《我和我的祖国》《歌唱祖国》，以及舞蹈、小提琴等，表达城区文艺工作者们祝福祖国的心声。

9.举办庆“八一”进军营双拥慰问演出。7月29日晚，为迎接“八一”建军92周年的到来，在捷胜陆军某基地举办“聚力强军梦 同叙鱼水情”——庆“八一”进军营双拥慰问演出。晚会有舞蹈《麒麟鼓舞迎八一》、情景舞《墨韵舞飞扬》、歌曲《红旗飘飘》、白字戏《徐九经升官记》、小品《加油》等精彩节目。

10.组织参加全省“我的红色日记，讲述中国故事”征文大赛活动。为激发文艺工作者创作热情，8月，区文联积极组织文艺家运用接地气文学形式传播城区红色文化，以红色日记唤起红色记忆，追寻红色足迹，传承红色基因，牢记初心使命。

11.协办国庆文艺活动、快闪活动。9月，协办市、区庆国庆文艺活动，负责前期各项筹备工作。并协助拍摄制作庆国庆快闪活动视频等后期工作。

12.出版城区文艺杂志《品清湖》（第四期）。3月起，进行前期征稿、约稿工作。9月，编辑印制完成，并做好放发等交流宣传工作。

13.指导筹备组城区文艺协会社团成立工作。9月29日，经前期酝酿筹备工作，城区书法家协会成立的组织筹组各项工作就绪，举行城区书法家协会成立大会。

14.举办全国青年藏书票小版画精品展览活动。12月29日，由区委宣传部主办、区文联承办的全国青年藏书票小版画精品展暨汕尾市藏书票小版画优秀作品展在市图书馆举办开幕式，共展出来自全国优秀青年版画家的精品力作和城区优秀版画藏书票作品170多幅。这些作品风格多样、形式出新，具有较高的艺术性，体现时代精神与人民心声。展出时间至2020年1月5日。

15.协办“梦扬品清湖畔”2020新年晚会。12月30日晚，由区委、区政府主办，区委宣传部承办，区文联等单位协办的“梦扬品清湖畔”2020新年晚会在市区马思聪艺术中心举行。晚会通过回顾城区历史，展望未来，为市民带来了一场催人奋进的文化盛宴。该场“梦扬品清湖畔”2020晚会内容丰富，表演形式多样，涵盖了歌舞、情景讲述、访谈、小话剧等，为市民群众带来了一场富含城区历史特色的文艺演出。

（候月）

附：城区文联领导名录

主　席：吕业群

兼职副主席：周贵毓

　　　　　　刘金河

副秘书长：吴玉婵

·汕尾市城区残疾人联合会

【概况】 2019年，汕尾市城区残疾人联合会（以下简称区残联）内设机构有办公室、劳动就业服务所。编制6名，党组书记、理事长1名，党组成员、副理长1名；中共党员3名。村（社区）残疾人协会93个，镇、村残疾人专职委员95人。全区登记在册残疾人4789人。

【康复工作】 城区尚未有康复机构，靠借助外地康复机构和委托海丰老区医院对城区籍的残疾人因地制宜进行康复治疗。8月、10月，区残联二次联系省辅具中心专业技师为城区32名残疾人免费安装假肢和儿童矫形器；联系海丰老区医院、市儿童康复中心和外市儿童康复医疗机构，使57名重度残疾儿童得到及时的救助、康复；2名0~6周岁聋儿得到人工耳蜗手术治疗救助，每人获资助1.5万元；免费为残疾人发放辅具174件；利用6家现有康园开展残疾人辅助性康复132人；配合区卫健局开展“家庭医生进万家”惠民工程，截至12月中旬，全区签约1349人；2019年度，城区精准康复服务率75.22%。

【扶贫、教育、文体工作】 切实做好扶贫、教育、文体和宣传工作。区残联于春节期间慰问363名贫困残疾人，发放慰问金12.08万元；协调联系汕尾狮子会慈善机构慰问100户贫困家庭，受到群众好评；做好挂驻亚洲村7户精准扶贫建档立卡贫困户的数据核查工作，帮助贫困户申请扶贫就业、产业“以奖代补”项目；为2018年城区新入学残疾人大学生4人申报广东省“南粤扶残助学工程”助学金，每人1万元；积极开展第二十九次“全国助残日”活动，活动主题为“自强脱贫 助残共享”，市、区二级残联联合汕尾亮睛工程眼科医院在奎山公园设点组织开展大型现场宣传活动，现场免费为残疾人开展眼科义诊和赠送药品义诊，发放宣传册1100多份，康复资料850份，为36名残疾儿童发放慰问金7200元；7月，东涌籍残疾人颜烈兼在全省残疾人职业技能竞赛中获得盲人按摩第一名，受到省残工委、省残联表彰；牵头组织广东省人大委托汕尾市人大常委会对区政府实施《广东省实施〈中华人民共和国残疾人保障法〉办法》执行情况专项检查工作，顺利通过检查考核；做好残疾人“两项补贴”审核新增报送工作，2019年审核报送新增享受两项补贴的护理补贴511人、生活补贴150人；做好6家“社区康园网络”项目工作，以工养疗，以娱代治，增加残疾人康复的途径，带动他们逐步走向社会，接触更多的新人群、新事物；做好全国残疾人基本服务状况与需求信息数据动态更新工作，对全区4789名已办证残疾人的数据进行动态更新，了解他们的基本服务状况与需求信息，为更好地服务残疾人群体，加快推进残疾人小康进程打下良好基础。

【残疾人就业】 做好残疾人职业培训宣传工作，进一步推动残疾人就业，帮助有就业意愿和有就业能力的残疾人更充分参加社会生产。2019年，区残联组织4期培训、151人（次）残疾人实用技术及扫盲和盲人独立行专业培训，提高残疾人就业技能，增加他们的就业机会；多次参与市、区两级人力资源与社会保障局联合举办的大型企业用工招聘会，现场登记就业的残疾人共24人，其中介绍残疾人就业20人；抓好市、区二级残疾人用人单位残保金年审工作，全年征缴入库570.8万元，比2018年度增收2.1倍。

【基层组织建设】 加强残疾人数据库建设，严格办证程序和办证标准，提高办证率。截至年底，全区持证残疾人4789人。招聘镇（街道）专职委员7人，加强对各镇（街道）、村（社区）专职委员的管理和教育；认真开展各项学习教育专题活动，大力推动政务环境和党建工作制度化、常态化和长效化，提高队伍综合素质与服务能力。紧紧配合区委、区政府中心工作，促进城区经济社会的稳定发展。

【信访工作】 重视做好残疾人信访工作，认真贯彻《信访条例》。安排专人负责，领导亲自处理来信来访工作，对残疾人反映的康复、就业、教育、生活困难和权益等实际问题进行登记，有针对性地帮助解决，并进行耐心细致的疏导说服工作，坚持矛盾不上交政府，将问题解决在萌芽状态。

（巫少云、余禹志）

附：城区残疾人联合会领导名录

理事长：施培良

副理事长：王彩

· 汕尾市城区红十字会

【概况】 2019年，汕尾市城区红十字会（以下简称区红十字会）在区委、区政府的领导下，在市红十字会的指导下，坚持围绕中心工作、服务大局方针，发挥自身优势，认真履行法定职责，大力弘扬“人道、博爱、奉献”精神，在募捐筹资、社会救助、推动无偿献血等方面取得了一定成效。

【社会救助】 一是助力精准扶贫。发挥政府人道领域工作助手的作用，积极开展“6·30”扶贫济困日捐款活动。区红十字会作为“6·30”捐款接收单位，2019年区本级接受社会捐款共计188万余元（包括累年结余），已拨付使用180万元，用于东涌镇赤古贫困村雨污管网升级改造项目，为开展红十字公益事业发展提供有力的支撑，越来越多的弱势群体与困难群众感受到党和政府的温暖，区红十字社会美誉度不断提升。二是深入推进“红十字博爱送万家”活动。在元旦、春节前夕重点慰问区精准扶贫户和部分残疾人、孤寡老人、单亲家庭等困难群众。2019年，通过争取到省、市红十字会资助和本级筹集，共安排价值4万余元的物资，慰问困难家庭161户，受益人数500余人。三是以主题教育为动力，继续做好先心病救助工作。11月20日，联合市红十字会和区卫健局在汕尾逸挥基金医院举办“心若好 爱永恒”困难家庭先心病儿童患者救治活动，邀请广州医科大学附属第一医院专家义诊，并将符合救助和手术条件的患儿分批安排到省合作医院实施资助手术。活动当天为38名贫困家庭先天性心脏病儿童集中进行义诊，为困难家庭解决了看病负担。

【理顺管理体制机制】 抓住深化改革的新机遇，依法推进区红十字会理顺管理体制机制工作。在理顺管理体制过程中，区红十字会积极作为，主动争取区委、区政府的重视和支持，区委编办在新一轮机构改革中为区红十字会配备了1名专职副会长，增加1名编制，并由区政府领导兼任会长，组织建设和战斗力得到进一步加强。

【红十字精神及理念的普及宣传】 利用“5·8”世界红十字日、“6·14”献血日、艾滋病预防宣传日等，精心组织策划了以“爱心相伴‘救’在身边”为主题的义诊活动，以“社区动员同防艾、健康中国我行动”为主题等宣传活动，共接受义诊咨询500多余人次，发放宣传材料3000多份。

（李映慧）

附：区红十字会领导名录

专职副会长：李映慧

外事·侨务·台港澳事务

外　事

【机构概况】 中共汕尾市城区委外事工作委员会是区委外事工作议事协调机构，接受市委外事工作委员会和区委领导。区委外事工作委员会的办事机构为区委外事工作委员会办公室，负责处理区委外事工作委员会的日常工作，列入区委工作机关序列，与区外事局合署办公，为一个机构、两块牌子，并入区委办公室，作为内设机构，既是区委外事工作办事部门，又是区政府职能机构。

区委外事工作委员会设主任1名，由区委书记担任；副主任1名，由区委副书记、区长担任；委员若干人，由区委和区政府有关领导、相关部门主要负责人组成。区委外事工作委员会办公室设主任1名，区外事局设局长1名。

【工作要点】 2019年，以习近平新时代中国特色社会主义思想为指引，深入学习贯彻中共十九大精神和习近平总书记的重要讲话精神，紧紧围绕市委关于外事工作的部署和区委中心工作，加强对全区外事工作的组织领导，充分发挥外事职能作用，坚持国家总体安全观，不断拓展对外交流合作，扩大对外开放水平，使外事工作更好地服务于汕尾经济社会发展。一是加强因公出国（境）的管理；二是支持服务企业“走出去”；三是开展海外领事知识宣传活动。

（卢小远）

附：中共汕尾市城区委外事工作委员会领导名录

主　任：林钢捷

副主任：罗光钊

中共汕尾市城区委外事工作委员会办公室领导名录

主　任：马长乐

汕尾市城区外事局领导名录

局　长：马长乐

侨　务

【概况】 按照区委机构改革实施工作部署，原外事侨务局的侨务工作职能划转到区委统一战线工作部，由其挂牌单位城区侨务局履行侨务工作职能。2019年，城区侨务局深入学习贯彻习近平总书记关于侨务工作的重要论述，积极对接上级侨务部门，全力做好基础性工作，最大限度发挥侨务工作优势，深化为侨服务，努力开创侨务工作新局面。

【涉侨法规宣传】 2019年，城区侨务局联合区侨联等相关单位，分别在捷胜镇联星村、马宫街道马宫社区、万聪船厂等开展涉侨宣传“四进”活动3场次，通过现场发放侨法宣传资料和设立侨法咨询服务台的形式，向广大侨界群众普及侨务相关法律法规知识，并提供咨询服务，进一步增强、提升群众与侨资企业的法治意识。

【侨资企业调查】 针对城区侨资企业数据不清晰的问题，积极对接区科工信局和市监局等部门，深入了解摸排全区侨资企业数量和生产经营情况，基本掌握了全区侨资企业状况。

【涉侨事务办理】 全心全力为群众办好涉侨业务，强化为侨服务质量。2019年，共走访慰问了28户困难归侨，协助有归国意愿的老华侨办理回国定居相关手续，进一步凝聚侨胞侨心。

【协助粤东侨博会接待工作】 按照市委和区委的工作部署，全力协助做好广东省第八届粤东侨博会接待工作，以“主人翁”的精神，做细做实侨博会的嘉宾接待服务工作，获得嘉宾的广泛好评。

（张义思）

附：区委侨务局领导名录

局　长：黄海蓝

台港澳事务

【概况】 按照区级机构改革实施工作部署，区委统一战线工作部加挂城区台港澳事务局牌子，由区委统战部一名副部长兼任区台港澳事务局局长，履行台港澳领域统战职能。2019年，城区台港澳事务局坚持以习近平总书记关于港澳台统战工作的重要指示精神为指引，立足融入粤港澳大湾区新格局，牢牢把握对外形势，全力抓好各项工作。

【对台交流工作】 通过电话、微信、走访等方式对辖区内的台胞台属进行政策宣传，重点结合国台办“31条”惠台措施、广东“粤台48条”和《港澳台居民居住证申领发放办法》等内容强化宣传。4月，以妈祖文化节为联谊纽带，在凤山妈祖文化广场开展了“心灵契合，两岸和合”书画笔会交流活动，来自北京和台湾的20多位书画家与城区书画家进行现场交流。5月，应台湾汕尾市乡亲联谊会的邀请，赴台参加台湾汕尾市乡亲联谊会第一届理监事就职典礼，看望汕尾籍“陆配新娘”并拜会了部分台湾乡贤，参访台湾内湖青工会，进一步深化了对台联谊交流。

【港澳联谊工作】 在“请进来、走出去”的传统联谊方法的基础上加以创新，完善联络联谊机制，强化网络联谊载体，采用微信等网络平台加强与港澳爱国同胞的联系和交流，尤其加强与爱国青年的情感交流，通过线上、线下两种方式增进交往交流，促进其对中国特色社会主义的思想认同与情感认同。2019年，接待港澳爱国同胞来访交流共11批、1000多人次，利用春节、中秋等契机主动赴港交流共6次，同时加大对“一国两制”等国家政策的宣传，增强广大港澳同胞的国家观念和民族意识。

【因公赴港澳管理】 严格按照中央八项规定和省、市、区有关出访文件精神，坚持“因事定人”原则，认真履行计划报批，严把出访证件审核审批关。2019年，共办理因公赴港澳证件6批、9人次(其中，澳门4批、6人次，香港2批、3人次)。

（张义思）

附：区委台港澳事务局领导名录

局　长：王晓卫

法 治

FAZHI

政法委及综治

【概况】 中共汕尾市城区委政法委员会（以下简称区委政法委）是区委主管政法工作的职能部门。2019年，在上级部门的大力支持和区委、区政府的坚强领导下，全区政法机关紧紧围绕把城区打造成为全市最安全稳定、最公平公正、法治环境最好地区的目标任务，以创建全省首批“维稳工作示范点”为契机，全面推进平安城区、法治城区建设，纵深推进扫黑除恶专项斗争，坚决打好平安法治攻坚战，为城区经济社会发展提供坚强政法保障。

【维护社会大局稳定】 贯彻落实总体国家安全观，深入开展维护政治安全8个专项行动，没有发生政治安全事件，没有发生涉邪教案件。全国两会、中华人民共和国成立70周年大庆等特防期各项安保任务圆满完成，全区实现“四个不发生”，征地拆迁和项目建设顺利推进，营商环境持续改善。

【工作会议】 6月17日，区委副书记、政法委书记郑良斌在区党政办公大楼5楼会议室主持召开“大走访、大排查、大整治”及“一村一研判”工作推进会，研究部署下一步工作。7月22日下午，市委常委、区委书记李庆新就深入开展“不忘初心、牢记使命”主题教育，贯彻落实省委、市委“大学习、深调研、真落实”工作要求，到区委政法委调研指导工作，了解政法委干部职工思想、工作及生活情况，并召开座谈会，听取上半年政法工作汇报。8月16日下午，区委副书记、政法委书记郑良斌主持召开全区信访工作会议。会议强调，要强化底线思维，加强排查、研判工作，要压实责任，高效推进信访各项工作。9月24日上午，市委常委、区委书记李庆新主持召开区委常委会（扩大）会议，并对做好“全区70周年大庆信访安保暨扫黑除恶工作”作了强调讲话。区委副书记、区委政法委书记郑良斌传达“全市70周年大庆信访安保暨扫黑除恶工作推进会”精神，并对城区信访、安保和扫黑除恶工作作了情况汇报。会议审议并原则同意《汕尾市城区庆祝新中国成立70周年活动安保维稳工作方案》。

【“维稳工作示范点”创建】 区委政法委秉持“党建引领、法治先行、文明塑造、实践规范”的工作理念，全力以赴创建“维稳工作示范点”。通过开展五大排查活动、落实四项处置机制、推进三大基础建设，构建起“五四三”维稳工作体系，打造出示范点创建亮点，有效维护了一村一户的“小稳定”，构建了全区社会管理的“大稳定”。在2019年9月10日的全省“维稳工作示范点”创建工作推进会上，城区创建工作得到省委有关领导的充分肯定，并在省委政法委“维稳工作示范点”创建工作专刊发表文章推广经验做法。10月15日，省委政法委督导组到城区调研“维稳示范点创建”工作，现场调研创建情况并召开座谈会。会上，督导组指出城区“维稳工作示范点”创建成效明显，要切实做好创建迎检及现场会筹备工作。12月10日至11日，省委政法委“维稳工作示范点”检查评审组到城区检查评审，城区“维稳工作示范点”创建工作通过省检查评审组的验收。检查评审组召开座谈会，充分肯定城区“维稳工作示范点”创建成效，并对做好全省粤东片区“维稳工作示范点”创建现场会相关筹备工作提出要求。

【扫黑除恶专项斗争】 推进扫黑、除恶、治乱、打伞、破网、断财、反腐和基层建设“八位一体”同步落实，不断把扫黑除恶专项斗争纵深推进。2019年，全区公安机关共打掉黑恶势力犯罪团伙9个，抓获违法犯罪人员76人（其中，黑社会性质组织1个、34人，破获涉恶犯罪团伙8个、45人）。全区共立涉黑恶犯罪案件65宗、破47宗，刑拘140人，逮捕涉黑恶犯罪嫌疑人115人，投案自首22人，查封、冻结、扣押涉案资产3320.09万元。区检察院共移送审查起诉涉黑案件1件、22人，涉恶案件3宗、38人；区法院审理涉黑恶势力犯罪案件6宗、62人，判决涉恶案件6宗、38人，判决涉保护伞案件2宗、2人。

【扫黑除恶专项斗争会议】 3月31日，市委常委、区委书记李庆新主持召开书记专题（扩大）会议。会议研究通过开展扫黑除恶专项斗争，改善城区营商环境等议题。4月4日下午，区委副书记、政法委书记郑良斌主持召开迎接中央扫黑除恶督导“回头看”暨2018年度法治广东考评准备工作会议。会议对相关工作提出了明确要求。7月3日上午，区委政法委副书记、扫黑除恶办常务副主任张水武主持召开扫黑除恶办全体工作人员会议。区扫黑除恶专项斗争领导小组案件线索组、综合协调组汇报了近期工作情况，讨论研究当前扫黑除恶专项斗争的新动向、新态势，对进一步落实工作任务提出了工作措施、作出了工作安排。10月23日下午，召开全区扫黑除恶专项斗争领导小组第10次全体成员（扩大）会议。会议学习传达习近平总书记重要讲话及指示批示精神、全国扫黑除恶专项斗争第二次推进会会议精神，总结2019年以来全区扫黑除恶专项斗争工作，听取了各部门汇报，研究分析当前存在问题，部署下一步工作。11月5日上午，区委书记林钢捷主持召开区委常委会（扩大）会议。会上，区委副书记、区委政法委书记郑良斌传达全国扫黑除恶专项斗争第二次推进会、全省扫黑除恶专项斗争视频会议和市扫黑除恶专项斗争领导小组全体成员（扩大）会议精神，传达汕尾市扫黑除恶专项斗争领导小组印发的《关于进一步强化扫黑除恶专项斗争工作的督办通知》的文件精神。

【扫黑除恶专项斗争约谈】 4月1日，市委常委、区委书记、区扫黑除恶专项斗争领导小组组长李庆新约谈7个镇（街道）党（工）委书记。4月4日上午，李庆新约谈区纪委监委、区委政法委、区委组织部、区农业农村和水利局、区文化广电旅游体育局分管领导，了解前期部署重点线索摸排情况，要求各部门要做到守土有责、守土尽责，对各涉黑涉恶线索深挖细查，对重点线索要密切关注，掌握最新动态。

【扫黑除恶专项斗争工作督查】 6月6日，区委副书记、政法委书记、区扫黑除恶专项斗争领导小组常务副组长兼办公室主任郑良斌率队到区城管执法局检查督导扫黑除恶工作，区扫黑除恶办有关人员陪同；6月10日，郑良斌率队到凤山街道检查督导扫黑除恶工作，区扫黑除恶办有关人员陪同。7月8日及11日，区扫黑除恶办常务副组长张水武带队，分别督导检查了香洲街道、东涌镇和新港街道扫黑除恶工作，对做好下一步工作提出要求。

【社会治安环境】 全区政法机关坚持“打防结合、预防为主”的方针，围绕中心工作任务，整合社会各方面力量，强化治安管理，严密社会面治安防控，着力构筑全方位、立体化治安防控网络，带来了治安环境和社会风气持续向好。2019年，全区共接报有效警情8627起，同比下降5.2%。其中，刑事警情811起，同比下降20.1%（含“两抢”警情11起，同比下降72.5%；盗窃警情523起，同比下降27.5%）；治安警情1399起，同比下降42.2%；共有356天无发生“两抢”警情，其中最长连续114天无发生“两抢”警情，社会治安秩序持续向好。

【创新城乡社区治理】 加大马宫街道金町村和凤山街道凤翔社区2个先行点创建工作力度，推进创新城乡社区治理专项改革。在既有工作基础上，积极探索更多可复制、可操作、有成效的城乡社会治理新模式，为全区乃至全市铺开试点工作提供更多新鲜经验。是年，建成金町村党群议事厅1个；安装视频监控100个；成功打造便民利民服务网络平台1个；组建夕阳红志愿服务队、矛盾纠纷调解队、急难险重突击队、便民利民服务队。

【法治城区建设】 持续推进法治城区建设，推动全区法治工作全面升级提质，不断提升全区社会法治化水平。2019年，区法院共受理各类案件2635件，办结2457件，同比上升18.52%；结案率93.24%，同比上升1.23%；法官人均结案122.85件，同比上升18.13%，结案数和结案率、法官人均结案数均创历史新高。在原有基础上，年初再次推荐申报省级民主法治村（社区）41个村，其中39个村（社区）被评为省级民主法治村（社区）。2019年，全区共计86个村（社区）达到省级创建标准，创建率达91%。是年3月，城区五丰海洋生物科技有限公司成功创建广东省法治文化建设示范企业，区法援处被省妇联授予“广东省巾帼文明岗”称号；8月，区司法局被授予“广东省依法治省工作先进单位”称号。

【社会综合治理工作】 推进综治信息化，区、镇（街道）、村（居）三级综治视联网会议室建设任务已完成，全区有335名网格员配置手机APP软件，连接省综治信息化应用平台，开展网格化管理。做好对严重精神障碍患者的救治救助工作，是年，全区严重精神障碍患者在册在管1647人，管理率94.38%，共发放严重精神障碍患者监护补助资金1779600元，全区精神病患者情况稳定、动态可控，没有对社会造成不良影响。

【队伍建设】 抓好党风廉政建设，严格队伍纪律。组织机关干部认真学习《中国共产党党章》《中国共产党廉洁自律准则》《中国共产党问责条例》《中国共产党纪律处分条例》和《中国共产党党内监督条例》等党规党纪条款。2019年，机关党员干部没有出现违法违纪行为。加强教育培训工作，组织多形式学习活动，组织召开学习会议18场次，协助党委书记召开党课5场次，组织读书讨论会1场次；6月，先后组织2批人员前往西北政法大学参加学习培训。多次组织党员干部开展主题党日活动，6月30日，组织前往新田镇湖坑红色教育基地、激石溪革命根据地开展“我和我的祖国”“重温红色历史、明悟党员初心”主题党日活动；9月27日上午，到东涌镇铜锣寨革命根据地红色游击区旧址开展“不忘初心 、牢记使命”主题教育革命传统教育活动等。进一步坚定了党员干部的政治信念，增强了党性意识教育。

（王俊伟）

附：区委政法委领导成员名录

书　记：郑良斌

副书记：叶伟健

施友隆

张水武（2019年11月退休）

陈建文

庄汉杰（2019年2月离任）

委　员：陈嘉涛

林建新

陈业伟

詹胜聪

陈寿华

公　安

【概况】 2019年，区公安分局在区委、区政府及市公安局的坚强领导下，全面贯彻落实中共十九届四中全会精神，以习近平新时代中国特色社会主义思想为指引，围绕建设“首善之城、善美之区”主线，扎实开展“扫黑除恶”“飓风2019”“护航金融‘利剑行动’”“铁网5”等专项行动，各项公安工作取得了显著成效，有力地维护了城区社会大局稳定，提升了广大人民群众的安全感和满意度。

【指挥中心工作】 2019年，区公安分局指挥中心按照该局党委的要求，围绕公安中心工作和全局重大部署，认真履职，扎实工作，圆满地完成了各项工作任务。全年，指挥中心起草工作会议报告、工作要点、通知、通告以及领导会议讲话材料168件，编写公安工作简报55期、情况报告75份；签收密码电报519份；在省、市、区各类新闻媒体上发表文章17余篇；服务各级视频会议90场次，检修、维修通信、办公设备650台；同时，树立“精品”意识，严要求，高质量，认真细致地完成了2019区公安分局大事记、2019区公安分局党史大事记、2019年年报及2019年汕尾区城区年鉴区公安分局部分的组稿等编写工作。

【处置不稳定因素和化解矛盾纠纷】 2019年，区公安分局加大对征地拆迁、房产纠纷、房屋质量纠纷、债务纠纷和祠堂重建纠纷等不稳定因素的排查化解及管控力度。全年，共排查各类重大矛盾纠纷37起，其中妥善处置25宗拟进京到省上访事件，适时有效地化解了市区碧桂园房屋质量问题，黄金海岸、荣泰小区办理房产证问题和东涌镇石洲村王姓祠堂重建等纠纷。

【推进智慧新警务建设】 2019年，区公安分局为进一步落实上级公安机关智慧新警务建设的部署，提升刑事打击效能，分别配发给一线民警移动警务终端208部，配备率达80%。同时，加紧扩建改造合成作战中心和加密网公共机房视频系统。截至年底，公安分局在巡防警车上配备了PDT车载台10部，购置PDT数字对讲机110部，为基层一线采购了特种专业技术用车20部，执法记录仪100部，给民警在日常工作及侦查办案中提供重要支撑。

【信访工作】 区公安分局进一步完善日常信访和局领导信访接待日工作，切实为群众解决实际困难和社会矛盾纠纷。2019年，该局信访部门接待来访群众42人次，受理信访案件26起，办结23起，办结率为88.5%；纪检督察部门受理群众投诉、举报73件次，已核实办结69件，办结率为95%。

【巡逻防控】 区公安分局巡警大队充分发挥巡警在社会治安防控体系中的职能作用，在治安防范、预防和制止违法犯罪，以及打击各类违法犯罪等方面做了大量工作。全年，共出动警力16000人次 、车辆5800台次，共侦办各类案件258宗。其中，刑事案件33宗（毒品案件23宗、涉黄案件2宗、赌博案件7宗、盗窃案件1宗），行政案件225宗（涉毒案件208宗、赌博10宗、涉黄案件2宗、非法运输危险物质1宗、扰乱公共秩序4宗），抓获违法犯罪嫌疑人341人（其中刑事38名）。

【刑事案件】 2019年，区公安分局刑侦部门始终保持高压态势，重拳出击，攻关克难，缜密侦查，并利用刑事技术平台，查破刑事案件385宗（立案434宗），破案率为88.7%，同比提高3.7%。其中“八类”暴力性案件破23宗（杀人0宗、放火2宗、伤害14宗、强奸2宗、抢劫5宗）。先后侦破2019年1月14日古某某故意伤害致死案和两起积案（即2001年9月22日袁某被杀案和2004年11月14日何某某被杀案）。

【扫黑除恶专项斗争】 2019年，区公安分局将扫黑除恶专项斗争作为公安工作的重中之重，精心组织，周密部署，全力投入，有力地打击黑恶势力犯罪。是年，公安分局共立涉黑恶案件135宗，破108宗，刑事拘留272人，提请逮捕209人，投案自首32人，查处公职人员、村（居委）干部8人；打掉涉黑恶势力犯罪团伙21个184人，其中涉黑社会性质组织2个，涉黑恶势力犯罪集团4个，一般恶势力犯罪团伙15个，查封、冻结、扣押涉案资产3740.19万。3月7日，区公安分局在省、市公安机关的统一指挥下，组织近300名警力对刘某成等涉黑恶团伙开展统一收网行动，抓获包括刘某成在内的涉案犯罪嫌疑人34人，破获系列刑事案件24宗。行动中，扣押涉案车辆3辆，缴获刀、棍等工具一批。

【“飓风2019”专项行动】 按照上级公安机关的工作部署，区公安分局迅速落实“飓风2019”专项行动的各项工作安排。刑侦、治安、经侦、巡警、各派出所、合成作战中心等部门密切配合，全面推进“飓风2019”专项行动，并取得较好成绩。行动期间，共抓获在逃人员139名，超前完成“云剑”行动和“铁网5”等各项追逃专项行动的任务指标；突出打击针对群众关注的侵财类犯罪、涉食药环犯罪问题，保障人民群众生命财产安全，侦破传统“盗抢骗”案件133宗，刑拘犯罪嫌疑人77名；侦破电信诈骗案件8宗，刑拘犯罪嫌疑人5名；侦破涉食药环案件5宗，刑拘犯罪嫌疑人19名；侦破涉金融领域案件14宗，刑拘犯罪嫌疑人19名。

【追逃工作取得新成绩】 2019年，区公安分局采取智慧新警务技术、公开悬赏通缉、发布追逃公告，上门动员规劝、统一清查抓捕等有效手段，先后抓获在逃人员139名，是上年（35人）的4倍。7月9日，区公安分局专案民警转战多地，在四川省岳池县公安机关的大力协助下，成功将潜逃18年之久的命案逃犯张某成功抓获。

【严厉打击各类经济犯罪】 2019年，区公安分局经侦部门加大对扰乱金融秩序、金融诈骗、涉税、妨害公司企业管理秩序、非法传销、侵犯知识产权、扰乱市场秩序、生产销售伪劣商品等严重经济犯罪活动的打击力度，建立健全防范和打击经济犯罪的预警机制和办案机制，进一步提高主动防范、主动打击经济犯罪的水平。全年，立案14宗，破案1 4起，挽回经济损失3298.7万元，成功破获了何某某集资诈骗案、蔡某某非国家工作人员受贿案、周某某假冒注册商标案、林某某等人非法转让土地使用权案和黄某某职务侵占案，有力地保护了企业和群众的合法权益和经济利益。

【查处治安案件】 全年，区公安分局查处治安案件802宗（其中，扰乱公共秩序21宗，妨害公共安全6宗，侵犯人身财产权利52宗，妨害社会管理秩序723宗），查处人数1066人（其中，治安拘留376人，拘留并予以戒毒642人，其他48人）。

【户口管理】 2019年，区公安分局户政部门共办理户政业务12798条（其中，办理出生4964条，死亡760条，迁出4603条，迁入2471条），办理居民身份证23340张、居住证1225张，注销各类无相片人员、重复（虚假）户口、死亡及出国（境）户口217条，协助政府各部门调查核验各类人员信息19724条。2019年度，在上级业务部门的重视下，通过全体统计工作人员的共同努力，按时、按质、按量完成了人口统计年报工作任务。2019年，全区户籍总户数83316户，总人数389313人（其中，男性201286人、女性188027人，农村户口120692人，城镇户口268621人）。全区出生4964人，死亡760人，迁入2471人，迁出4603人。外来人口约80000人，有登记入册约2300人。

【打击毒品犯罪】 2019年，区公安分局进一步夯实禁毒基础工作，毒品治理能力明显增强，禁毒形势持续向好，关键指标明显下降。全年共查破毒品犯罪案件108宗，抓获毒品犯罪嫌疑人110人，其中刑拘110名，逮捕犯罪嫌疑人109名；缴获海洛因96.01克、冰毒621.12克；查处吸毒人员722名，其中强制隔离戒毒465名。

【禁赌扫黄】 2019年，区公安分局治安大队、巡警大队与各派出所联手，运用信息化、智能化以及明查暗访、发动群众检举、提供线索有奖、集中清查等多种手段，有力地打击聚众赌博和组织卖淫、发卡招嫖、网络涉黄等违法犯罪活动。全年查获赌博案件62宗，抓获违法犯罪嫌疑人150名，投入清查力量500余人次。

【重要会议和重大活动安保工作】 2019年，城区公安机关针对每次大型群众性活动的人数、场地，以及人员是否敏感，有无影响活动安全及社会稳定因素等情况进行深入分析，周密制定安保方案，认真落实安保措施，扎实做好大型群众性活动的安全和管理工作，圆满地完成在汕尾召开和举办的重要会议、节日重大活动，包括中央巡视组住地等在内的安保警卫工作157场次，先后出动警力1.6万人次，车辆5800人次。其中较为大型的会议和活动有区两会、“善美之城贺新春”音乐烟花晚会、“广东红色之旅·汕尾行”、汕尾市城区第二届特色产品推介会、高考安全保卫、海洋日宣传活动、2019年渔业生产安全月现场会、2019年“创卫有约　健康同行”、妈祖文化节、端午节龙舟赛、民俗祈福等。从9月中旬至10月7日，公安分局对中华人民共和国成立70周年大庆期间的安保维稳工作进行了周密部署，先后召开不同层面的会议，并印发了《汕尾市城区公安机关2019年国庆期间武装巡逻工作方案》《关于启动新中国成立70周年大庆安保联勤值守机制的紧急通知》《汕尾市庆祝中华人民共和国成立70周年升国旗仪式安全保卫工作方案》等文件。节日期间，区公安分局共出动警力1848人次、警车576车次、警用摩托车599车次，采取以车巡为主、步巡为辅，屯警街面的“全天候”武装巡逻方式，保障了全区政治安定，社会治安大局稳定，未发生群体性事件，未发生重大交通、火灾和重特大案件，社会秩序井然有序。

【危爆物品管理】 2019年，区公安分局通过开展清查收缴非法枪爆危险物品和安全隐患排查整治工作，重点强化对危险物品、民用爆破物品的使用、储存、运输等环节的管理，全力预防和遏制安全事故的发生。是年，审批、开具购买证、运输证各546份，审批炸药2945吨、雷管32.5万发、导爆索30万米，收缴散装汽油100多公升；对涉爆单位进行30多场次检查，使民爆物品管理更为严格、规范。

【港口船只管理】 港口、捷胜、马宫派出所在加强岸上治安管理的同时，进一步强化海面的船只管理。是年，3个派出所出动警力873人次、车辆208台（次）、船艇126艘（次），清查港口140个（次）、码头82个（次），检查粤港澳流动渔船78艘（次）、国内渔船745艘（次）、渔（船）民2576人（次）。收集、录入渔（船）民信息253条。全年参与海上救助16起，挽回经济损失425万元。在防御台风中，转移群众410人。

【消防监督】 是年，区公安分局治安大队会同各派出所以火灾隐患重点地区整治为契机，有条不紊地开展日常监督检查工作,共发现安全隐患144处，整改1202处，查处2起，罚款500元，行政拘留1人，查封72处，最大程度地消除了火灾隐患和封堵了安全漏洞。

【公安法制】 区公安分局法制部门充分发挥执法监督、执法服务和执法保障职能作用，细化执法制度，强化执法培训，深化执法规范化建设，促进了全局公安执法质量与执法水平的提升。年内，法制部门审核刑事案件365件、497人，其中刑事拘留326件、458人（批捕397人，变更取保候审52人，释放4人，转行政处罚2人，转强制隔离戒毒1人，移送外单位1人），取保候审6人，批捕在逃归案33人（其中变更取保候审2人）。移送审查起诉451人（其中取保候审移送审查起诉23人）；审核行政案件853宗、1035人，其中，聚众扰乱公共场所秩序案11宗、21人，赌博案39宗、149人，盗窃案15宗、17人，卖淫嫖娼案9宗、21人，殴打他人案29宗、34人，阻碍执行职务案15宗、16人，寻衅滋事案18宗、26人，吸毒案680宗、712人，其他案件37宗、39人。行政拘留220人、行政拘留并予以强制隔离戒毒465人、行政拘留并责令社区戒毒203人、行政拘留并处罚款127人、罚款8人、不执行行政拘留12人。

【警务督察】 2019年，区公安分局督察部门深入派出所和重点部位，围绕春运、春节、清明等节日，全国两会、中华人民共和国成立70周年国庆活动、第八届粤东侨博会以及打黑除恶、“飓风2019”、“全民禁毒”等专项行动和各项公安工作，积极开展现场督察和专项督察。全年，出动警力607人次，现场督察151场次，及时纠正问题77人。在查处违法违纪案件方面，纪检监察部门加大对违纪案件的查办力度。是年，区公安分局共有20名民警因执勤迟到等原因受到上级纪检和本局通报批评，其中，有11名民警由该局纪检监察部门作出问责处分和通报批评。

【公安宣传】 2019年，区公安分局充分利用志愿者服务、公益广告、微信、设立宣传点等多种形式，多种渠道、全方位地做好正面宣传和舆论引导工作。是年，“平安汕尾城区”推送微信125条，总阅读量43.5万余人次，关注用户近5000名；“平安城区”官方新浪微博发布推文120余条，总阅读量45万余人次，关注用户近17000名。组织开展了以“1·10”宣传月、“5·15”防骗、“6·26”禁毒等一系列宣传活动，散发各类宣传资料6.2万余份。5月12日上午，汕尾市公安局、城区公安分局联合汕尾市金融局、城区金融局、中国人民银行汕尾市中心支行、汕尾市烟草专卖局等单位在市城区坎下城广场开展以“与民同心 为您守护”为主题的“5·15”打击和防范经济犯罪宣传活动。针对群众关心的集资诈骗、假币犯罪、网络传销、假烟等经济类犯罪问题，通过设置咨询台、摆放宣传展板、悬挂宣传条幅、展览真假商品、赠送礼品等形式，为群众进行现场解答、宣讲相关法律法规和识假防骗知识，现场接受群众咨询300余人次，并发放各类宣传资料6000多份。5月16日，区公安分局在市区慈云山广场设点摆摊派发传单，鼓励引导广大人民群众踊跃举报涉黑涉恶犯罪线索。同时，全区公安机关通过“两微一端”等政务新媒体平台多梯次发布扫黑除恶法律法规、举报奖励办法、悬赏通告、案件通报等相关信息。5月22日，区公安分局在新城中学举行禁毒宣传进校园活动启动仪式，开展禁毒宣传进校园活动。11月20日，区公安分局联合市公安局缉私支队、原城区边防大队、马宫街道、马宫街道金町村委等，在市城区马宫镇金町村公埔文化广场开展汕尾市城区反走私法治宣传活动。

【治安拘留所】 2019年，区公安分局拘留所根据上级监管部门的指示，从社会上聘请了4名政治觉悟高、工作责任心强的人员作为该局治安拘留所的志愿监督员，并赋予监督拘留所民警执法管理、履行职责、遵纪守法情况和被拘留人合法权益保障情况等6项职责和独立行使监督权等6项职权。全年，拘留所共收押违法人员1097人，无发生事故，圆满完成关押任务。在工作中，民警通过开展对关押人员的集体、个人的谈话活动，从中发现18条线索，协助破案15宗。

【队伍建设】 一是业务培训。2019年，公安分局严格落实“轮值轮训、战训合一”和“三个必训”工作，结合维稳工作实际，分批组织民警参加警衔晋升培训、夏季大练兵、武器警械等专项培训等各类培训班12期（批次）620人次。

二是落实警员职务序列改革制度。公安分局政工室按照公安分局党委的部署和要求，经过初核、通报情况、民主测评和考核、公示、报批等工作步骤，落实了全局179名在编民警职务晋升。

【调研检查】 1月12日下午，区公安分局局长叶伟健与政委陈业伟等人到城区红草派出所调研检查公安工作。

1月19日下午，区公安分局局长、区禁毒办主任叶伟健在区禁毒办第一副主任、区公安分局副局长卓汉胜的陪同下到区禁毒大队专题调研禁毒工作，区禁毒办常务副主任、禁毒大队大队长陈宏宽，区禁毒办副主任蔡楚洲以及禁毒大队全体民警参加了调研会。

1月27日，区公安分局局长叶伟健到汕尾火车站、东涌、红草等地检查指导春运安保工作。

7月18日，市禁毒办主任、市公安局副局长李小鹏率市禁毒支队支队长郑少锋、市禁毒办副主任陈小和以及市禁毒办工作人员到城区督导检查禁毒工作。副区长、区公安分局局长、区禁毒办主任叶伟健，区禁毒办常务副主任、区公安分局副局长卓汉胜以及禁毒办、禁毒大队相关负责人陪同检查。

7月16日，公安分局党委委员、副局长林春生带领刑侦大队业务人员到马宫派出所调研推进创建“无走私村（社区）示范点”专项活动，并召开座谈会。

7月26日上午，原汕尾边防支队政委李志群带领支队政治处、干部科、警务保障科、原区边防大队相关人员一行8人，到城区公安分局就城区边防大队转制工作开展座谈交流。副区长、分局党委书记、局长叶伟健，分局党委副书记、政委陈业伟，党委委员、副局长林春生，党委委员、政工室主任吴丹青，指挥中心、警务保障室主要负责人参加座谈。

10月21日至23日，省禁毒办副主任、公安厅禁毒局副局长何伟钦率省禁毒重点整治工作考评组一行9人，到城区检查评估禁毒重点整治工作。

11月18日，区委书记李庆新在区委副书记、政法委书记郑良斌和区委办相关人员的陪同下到区公安分局开展调研活动。副区长、党委书记、局长叶伟健与领导班子成员陪同调研。

11月28日上午，副市长、市公安局局长李世华一行到城区马宫街道金町村检查指导“无走私村”基层反走私综合治理示范点建设工作。副区长、分局局长叶伟健，分局党委委员、副局长林春生和市局指挥中心、缉私支队等部门负责人及马宫街道主要负责人陪同检查。

【机构人事】 1月15日，调整中共汕尾市公安局城区分局保密委员会、密码工作领导小组成员。叶伟健任中共汕尾市公安局城区分局保密委员会主任，陈业伟、卓汉胜、林春生、陈守鑫、翁金荣、欧作为、罗万盛任副主任，成员为罗长骤、唐本钦等27人；叶伟健任中共汕尾市公安局城区分局密码工作领导小组组长，陈业伟、卓汉胜、林春生、陈守鑫、翁金荣、欧作为、罗万盛任副组长，成员为罗长骤、唐本钦等30人。

1月24日，区公安分局成立处置反恐、个人极端行为工作小组和应急处突小组。

3月20日，区公安分局调整“智慧新警务”

推进工作领导小组及办公室成员。

3月22日，区公安分局成立区公安分局大数据智能化建设应用领导小组及工作专班。副区长、区公安分局党委书记、局长叶伟健任组长，局党委副书记、政委陈业伟，局党委委员、副局长翁金荣任副组长，成员为分局有关科室负责人。

6月15日，成立汕尾市公安局城区分局“法治公安行动计划”实施工作领导小组及办公室。

【清查行动】 1月23日至24日，区公安分局在全区范围内组织开展打击整治涉黑恶、涉盗抢、涉枪爆、涉黄赌毒等社会治安突出问题，抓捕各类涉案在逃人员等违法犯罪专项整治统一清查行动。

10月31日至11月1日，在全区范围内开展社会面治安整治统一清查行动。该次行动共出动警力220余人次，清查歌舞娱乐场所、旅馆业、网吧、出租屋等各类重点场所160多处。共抓获犯罪嫌疑人10名，其中在逃人员5名，涉毒犯罪嫌疑人4名，盗窃犯罪嫌疑人1名；查处吸毒违法人员6名。

【工作会议】 1月29日下午，区公安分局召开党委会专题研究巡察反馈情况整改落实意见。区政府副区长、区公安分局党委书记、局长叶伟健主持会议，分局党委班子全体成员、分局巡察办全体成员参加会议。

2月2日，召开全区公安工作会议，传达贯彻上级会议精神，部署2019年春节期间安保工作。

3月6日，召开全区公安工作会议。会议传达贯彻上级有关会议精神，总结2018年全区公安工作，并表彰一批先进单位和个人，部署2019年全区公安工作。区委副书记、政法委书记郑良斌出席会议并讲话。

4月9日晚，召开全区公安机关“大学习、大剖析、大查摆、大整改、见成效”纪律作风教育整顿活动部署会议。会议传达贯彻市委书记石奇珠对全市公安队伍在纪律作风方面提出的指示批示精神及市局“大学习、大剖析、大查摆、大整改、见成效”纪律作风教育整顿活动动员部署会精神，并对区公安分局开展“四大一见”(大学习、大剖析、大查摆、大整改、见成效) 纪律作风教育整顿活动进行详细部署。

7月20日上午，召开全区公安机关“四大一见”纪律作风教育整顿活动总结暨党委理论学习中心组(扩大) 会议。副区长，公安分局党委书记、局长叶伟健主持会议并作讲话。

8月1日下午，区委召开全区公安工作会议。会议学习贯彻习近平新时代中国特色社会主义思想、习近平总书记在全国公安工作会议上的重要讲话精神，贯彻落实全国、全省、全市公安工作会议各项部署要求，研究部署当前和之后一个时期全区公安工作。市委常委、区委书记李庆新出席会议并讲话，区委副书记、政法委书记郑良斌主持会议，副区长、区公安分局局长叶伟健传达全省、全市公安工作会议精神。

8月10日，召开汕尾市公安局城区分局工会第一届第一次会员代表大会，选举产生分局第一届工会委员会。10月2日下午，公安分局召开消防安全工作会议。副区长、局长叶伟健出席并讲话。

11月9日上午，区公安分局召开“飓风2019”专项行动工作推进会。副区长、局长叶伟健主持会议并讲话。11月14日上午，公安分局召开党委（扩大）会议，对侨博会安保工作和全区扫黑除恶“百日追逃”专项行动工作进行再动员、再部署。

【走访慰问】 1月17日下午，省公安厅党委委员、厅长助理孙少斌率省厅禁毒局副局长何伟钦等领导到城区，副市长、市公安局局长李世华，市公安局常务副局长林森以及市公安局政治处、禁毒支队及区公安分局领导陪同。首先听取区公安分局政委陈业伟的工作汇报，孙少斌、李世华对区公安分局2018年的各项公安工作给予充分肯定，并对2019年区公安分局的工作提出殷切期望。随后到区公安分局民警家庭代表吕小强家里进行慰问，详细了解吕小强的身体状况，对他身患重病仍在一线坚持工作的精神表示嘉许，同时鼓励他保持乐观心态、积极治疗，早日恢复健康。

1月30日上午，副区长、区公安分局局长叶伟健率区政府办公室副主任、区海防与打私办主任黄剑雄和指挥中心工作人员，到城区红草镇海梧村走访慰问贫困户，向他们送上新春祝福并送去慰问金。

9月20日，区公安分局副局长翁金荣先后到兴盛针织厂、汕尾市体育运动学校、盐町头社区开展“万警进万家”听民意、知民情、解民难、暖民心活动。

【扶贫工作】 2月13日下午，副区长、分局党委书记、区公安分局局长叶伟健率分局党委副书记、政委陈业伟，分局指挥中心、政工室相关人员到该局挂点扶贫马宫街道浪清村开展精准扶贫工作。

（蔡子良）

附：汕尾市公安局城区分局领导名录

局　长：陈少华（2019年1月离任）

　　　　叶伟健（2019年1月任）

政　委：陈业伟

副局长：卓汉胜

　　　　林春生

　　　　陈守鑫

　　　　翁金荣

　　　　罗万盛

纪委书记：欧作为

检　察

【概况】 2019年，城区检察院坚持以习近平新时代中国特色社会主义思想为指导，紧紧围绕“讲政治、顾大局、谋发展、重自强”的新时代检察工作总要求，忠实履行宪法法律赋予的法律监督职责，积极推进检察工作取得新进展、新成绩。全年共受理各类案件937件，办结859件，结案率91.68%。

【刑事检察】 2019年，共受理审查逮捕各类刑事犯罪案件382件、539人，比2018年分别上升29.5%和28.6%；结案376件、528人，其中，决定逮捕484人，不批捕44人，批捕率91.67%。受理审查起诉案件498件、746人，比2018年分别上升51.4%和49.5%；结案430件、631人，其中起诉407件、594人，不起诉37人，起诉率94.14%。

【扫黑除恶专项斗争】 共批捕涉黑恶案件5件25人；受理涉黑恶案件移送起诉21件、138人，提起公诉的涉黑恶案件9件、74人（其中，1件、15人是2018年积存案件，2件、4人是涉黑“保护伞”案件）。

全力开展涉黑恶案件提前介入工作。对重大涉黑恶案件，在侦查机关提请批捕之前和移送审查起诉之前均组织精干力量主动提前介入侦查，参与公安机关案件讨论会议，积极有效地引导侦查取证工作，解决法律适用、证据收集固定等问题。

严格掌握案件证据标准。部分涉黑恶案件涉案人数多，犯罪宗数多，时间跨度大，案情复杂，侦查机关调查取证难度大，移送审查起诉的证据材料不全。如林某某等人组织、领导“黑社会”性质组织案，犯罪嫌疑人多达28人，涉嫌犯罪30宗，时间跨度长达十余年，区检察院提出补充侦查意见多达36条，完善了必要的起诉证据。

深挖涉黑恶犯罪案件线索。对社会影响大、群众反映强烈、严重扰乱社会治安的重点旧案进行10年倒查，深挖余罪漏犯。全年向市检察院扫黑办移送了9条涉黑恶线索，并已经市检察院移交市监察委依法处理。

加强“以案促治”。结合区检察院办理涉恶犯罪集团在建筑工地涉嫌强迫交易罪、敲诈勒索罪案件，向城区相关行政职能部门发出《检察建议》，建议加强执法监督，及时有效遏制恶势力违法犯罪活动，维护建筑领域正常有序的市场环境。

【加强未成年人司法保护】 一是切实落实省高检院“1号检察建议”。联合城区教育部门走访多所中小学校，及时通报未成年人办案情况；向教育部门发出《检察建议》，建议其提高未成年人防性侵意识及加强相关法治教育，凝聚合力护卫未成年人健康成长。二是加强监督促进规范办案。及时向侦查机关通报侦查取证中存在的不规范行为。如侦查机关带未成年被害人指认现场时，未尽责保护未成年被害人隐私，造成群众围观，对未成年被害人造成二次伤害。针对办理涉性侵害未成年人案件时在证据收集和未成年人权益保护方面存在的问题，5月，向侦查机关发出《检察建议》，要求依法规范办理未成年人刑事案件。三是开展“携手关爱，共护明天”检察开放日活动，促进未成年人牢固树立法治观念。到新城中学、市特殊教育学校开展“预防未成年人犯罪”法治讲座2场。

【刑事诉讼监督】 开展立案监督。对当事人控告执法机关有案不立等问题，及时认真依法审查，全年共办理立案监督案件4件，均已办结。开展侦查活动监督。对侦查机关超过侦查羁押期限的2宗案件分别发出《纠正违法通知书》，督促其纠正违法行为。对疑难复杂案件加强捕后监督，引导侦查机关进一步收集、固定、完善证据，全年共发出《逮捕案件继续侦查取证意见书》18份。开展审判活动监督。全年对刑事判决提出抗诉2件2人。落实检察长列席同级法院审判委员会制度，全年检察长和分管副检察长列席法院审判委员会共3次。继续发挥“两法衔接”信息共享平台作用。城区行政执法机关全年在“两法衔接”平台录入行政处罚案件94件，其中区食药监局向公安机关移送食药领域的涉刑案件2件，公安机关立案后向区检察院提请批准逮捕，区检察院经审查后依法批准逮捕，实现了行政执法与刑事司法的无缝衔接。

【刑事执行检察】 扎实开展社区矫正检察监督。健全社区矫正人员档案；深入城区及红海湾开发区10个镇（街道）司法所就社区矫正工作进行检察监督和业务指导，严防脱管、漏管；积极参与社区矫正人员入矫宣告仪式，促进宣告仪式发挥效能。依法开展羁押必要性审查工作。综合评估犯罪嫌疑人、被告人是否具有继续羁押的必要作为启动羁押必要性审查的依据。全年共受理羁押必要性审查案件16件，其中，立案7件，不立案9件，发出7份《检察建议》，均被采纳。切实履行财产刑执行监督职责。一方面依托子系统对涉财产刑案件及时逐个进行案卡填录；另一方面加强与法院刑事审判庭、执行局、立案庭的沟通联系，对财产刑具体执行情况进行数据收集。定期与城区法院逐案核对，确保全面准确掌握财产刑案件立案、裁判及执行情况。扎实做好中华人民共和国成立70周年特赦检察工作。审查特赦7人，确保特赦依法进行。

【民事行政检察】 2019年，共审查民事监督案件4件，其中发出检察建议2件，审查终结2件。在监督中做到力求精准。如在办理一宗对生效调解的监督案件中，区检察院经对原案件、原调解书的审查及对原告、被告、相关证人进行调查核实后，认为原民事调解书存在认定事实错误，遂依法向区法院发出检察建议，得到法院采纳并启动审判监督程序。

【公益诉讼检察】 重点聚焦水源污染、非法养殖污染、固体废弃物违法倾倒等环境问题及网络餐饮食品安全问题，督促相关行政部门以点带面进行整治，切实发挥公益诉讼在促进依法行政、环境保护和民生改善的作用。2019年，共办理公益诉讼立案审查11件（比2018年上升4.5倍），其中，生态环境领域9件，食品安全领域2件。一是有效保护公共利益。通过办案促成相关行政部门积极采取措施消除危害，守护青山绿水，保护海洋生态环境。如马宫街道金町村埔町水库（东山坑水库）被养殖户非法养鸭造成水污染案、红海湾开发区东洲街道公塔山被非法倾倒煤灰废料案及2宗污水直流入海案，受损环境均得到有效修复。开展网络餐饮食品安全监督，针对“饿了么”“美团”等网络餐饮平台上注册餐饮服务网点提供外卖服务的餐饮类商家，未按要求在其网店经营活动主页面公示“食品经营许可证”“营业执照”等信息的情况，向相关职能部门发出《检察建议》2份，促使违规营运的网络配餐商户下线整改或停业整顿，保障“舌尖上的安全”。二是强力助推依法行政。牢牢把握“诉讼不是目的、维护公益才是目的”的公益诉讼价值目标，坚持双赢、共赢工作理念，从共同做好公共利益保护的角度出发，加强与相关行政机关的沟通联系，依法向行政机关发出诉前检察建议5件，采纳率100%，实现促进依法行政、保护公共利益、加强检察监督等多重效果的统一。三是坚持刑民并举。对3名犯罪嫌疑人非法捕捞水产品提起刑事附带民事公益诉讼，要求违法行为人以增殖放流的方式承担责任，践行“修复性司法”理念。

【控告申诉检察】 全面落实“群众来信件件有回复”制度。发挥化解矛盾功能，做到群众来信在7日内程序回复、3个月内办理过程或结果答复，通过及时处理群众诉求，有效推动矛盾纠纷化解。2019年，共受理群众来信来访22件，其中，来信14件，来访8件。区检察院领导接待来访6件，确保国家重大活动、重要敏感时间节点期间实现“三个不发生”目标。畅通“12309”检察热线，进一步规范热线接听、解答、受理、回访等环节。深入开展国家司法救助工作，将司法救助工作深度融入精准扶贫工程，为因案增贫、因案致贫的困难群众及时提供有效帮扶。办理国家司法救助案件1件，救助对象为一宗涉嫌猥亵、强奸案件的未成年被害人，对其作出司法救助共计22158元，体现了司法人文关怀。

（曾小倩）

附：城区检察院领导名录

党组书记、检察长：林建新

党组副书记、副检察长：张金水

党组成员、副检察长：陈海生

姚伟革(2019年6月任)

党组成员、办公室主任：陈汉治

法　院

【概况】 2019年，城区法院深入学习贯彻习近平新时代中国特色社会主义思想和中共十九大精神，紧紧围绕“努力让人民群众在每一个司法案件中感受到公平正义”的工作目标，忠实履行宪法法律赋予的职责，坚持司法为民、公正司法，各项工作都取得了新进步。全年共受理各类案件2634件（含旧存179件、新收2455件），新收案件数比2018年上升19.2%；办结2452件，同比上升18.28%；结案率为93.1%，同比上升1.04%。法官人均结案116.76件，同比上升12.65%。收、结案数和结案率、法官人均结案数均创历史新高。

【刑事审判】 坚持宽严相济，惩治刑事犯罪。2019年，审结各类刑事案件398件、555人，结案率为94.54%。扎实开展扫黑除恶专项斗争，共审结涉黑恶势力犯罪案件6件、39人（其中城区公安分局侦办恶势力犯罪案件3件、21人），从严判处具有重大影响的市中级法院指定管辖的长期盘踞在陆丰市南塘镇的李某招等16名被告人、城区的梁某安等15名被告人2宗恶势力犯罪集团案；强化“打财断血”，判处罚金和追缴违法所得共1060多万元；注重综合治理，向有关部门发出司法建议2份。切实维护公共安全，依法严惩贩卖毒品、寻衅滋事、聚众扰乱公共场所秩序等妨害社会管理秩序犯罪，审结涉毒案件115件、130人，占已结刑事案件的28.89%。保护群众人身财产安全，依法审结“两抢一盗”、诈骗等侵犯财产罪案件86件、99人，其中惩处盗窃电能犯罪17件、17人。严惩破坏生态环境犯罪，审结非法采砂、盗挖林木、非法捕捞海产品犯罪案件6件、29人。深入推进反腐败斗争，审结职务犯罪案件10件、12人。坚持寓教于审，惩教结合，切实保护未成年人合法权益，审结未成年人犯罪案件17件、25人；坚持罪刑法定、疑罪从无原则，对指控未成年被告人曾某某犯强奸罪一案依法宣告无罪。

【民商事审判】 坚持调判结合，化解民商纠纷。全年办结民商事案件1180件，结案率为89.39%，其中，以调解和撤诉方式结案的案件有639件，调撤率为54.15%。妥善审理婚姻家庭、抚养赡养纠纷等案件，保护妇老幼残者合法权益，共办结家事纠纷案件349件；妥善审理民间借贷、金融借款合同、买卖合同、保险合同等案件，维护公平竞争秩序，保护市场主体合法权益，共办结合同纠纷案件571件；妥善审理道路事故人身损害赔偿、医疗事故损害赔偿、工伤事故损害赔偿等侵权责任纠纷案件，保护当事人合法权益，共办结侵权责任纠纷案件82件。

【行政审判】 坚持平等保护，促进依法行政。全年审结行政诉讼与行政非诉执行审查案件132件，结案率为96.35%。助力生态文明建设，裁定准予执行拆除违规占据基本农田建筑物、对未建设污染防治配套设施即投入使用的养殖场处以罚款等行政处罚案件38件。坚持能动司法，主动延伸司法职能，针对行政机关作出具体行政行为过程存在的问题，及时向行政机关发出司法建议7份。深化行政机关负责人出庭应诉制度，进一步增强行政机关依法行政责任意识，促进司法与行政良性互动，经开庭审理的71件诉讼案件中行政机关负责人出庭应诉的有70件，行政机关负责人出庭应诉率达98.59%。通过开展行政诉讼活动，强化了行政管理相对人诉权保护意识，监督和促进了行政机关依法行政，助推法治政府建设。

【执行工作】 坚持多措并举，破解执行难题。全年执结案件726件，执结率为96.68%。首执案件执行到位金额6287万元，终本合格率100%。充分发挥信息化重要作用，持续深化网络司法拍卖，成交标的物22件，成交总金额达到4050万元，溢价率17.45%。依托失信联合惩戒体系，依法发布失信被执行人62人次（其中包括法人或其他组织），限制高消费579人次，对34名被执行人限制出境，对7名被执行人采取拘留措施，促使被执行人尽快履行义务，从而兑现了申请执行人的胜诉权益。

【司法为民】 创新司法为民模式，主动对接当事人各类诉讼需求。巩固完善新时代人民法院“互联网+诉讼服务”模式，办理网上立案323件，为群众提供更加优质便捷的诉讼服务。建立弱势群体维权“绿色通道”，为7宗案件困难当事人缓交诉讼费52883元，切实让群众感受司法人文关怀。推行跨域立案服务，在诉讼服务大厅设置跨域立案服务专窗，安排专人负责办理。积极参与金融风险防范化解工作，在诉讼服务窗口顺利完成辖区“e租宝”案集资参与人员信息核实登记。充分发挥审判流程、裁判文书、执行信息、庭审直播“四大公开平台”功能，拓展司法公开的广度和深度，保障群众知情权和监督权。积极贯彻落实“谁执法谁普法”普法责任制，组织法治宣讲团开展扫黑除恶专项斗争、“12·4”国家宪法日等普法宣讲活动及举办禁毒专题讲座等活动共14场次，向群众发放《中华人民共和国宪法》等法律单行本近2000本，禁毒、扫黑除恶等宣传资料近万份。精选典型案例以案释法，在《汕尾日报》等媒体刊发新闻稿件17篇，让热点案件的审判执行过程成为全民共享的法治公开课，做到审好一案、教育一片，为城区营造良好法治氛围。

【司法体制改革】 进一步落实“让审理者裁判，由裁判者负责”的司法责任制要求，强化合议庭、法官办案主体地位，切实让法官集中精力尽好责、办好案。强化院领导办案示范引领，落实“入额必办案”要求，6名院领导审结各类案件386件。健全专业法官会议制度，召开专业法官会议39次，为法官办案提供咨询意见。深化刑事诉讼制度改革，适用认罪认罚从宽处理案件56件。坚持“放权”与“监督”相结合，强化院长庭长监督管理职责，不断完善“四类案件”监督措施，形成有效的案件监督制约机制。进一步推动庭审直播常态化，实行庭审直播132次，提高审判透明度，让司法在阳光下运行。

【诉讼制度改革】 深化以审判为中心的刑事诉讼制度改革，落实庭前会议、非法证据排除、法庭调查“三项规程”，完善证人、侦查人员、鉴定人出庭作证机制，促进庭审实质化。认真落实刑事诉讼中认罪认罚从宽制度，适用认罪、认罚、从宽处理案件56件。积极推进刑事案件律师辩护全覆盖，通过法律援助机构为358名被告人指定辩护律师，保障了被告人诉讼权利。深入推进民事案件繁简分流改革，适用民事诉讼简易程序审理案件721件，简易程序适用率61.10%，切实降低司法成本，进一步提高审判质效。

【队伍建设】 狠抓纪律作风建设，院党组书记与党组成员、分管领导与各部门负责人之间签订《全面从严治党主体责任书》；组织全院干警签订《党风廉政建设承诺书》，观看《民心向背》等警示教育片，增强全院干警廉政意识，提高拒腐防变能力。推进司法能力建设，搭建锻炼平台，培养复合型人才，积极组织干警参加各级培训314人次，进一步提高法院队伍素能。是年，城区法院有1篇交通事故责任纠纷的案例入选《中国法院2019年度案例》；青年法务工作团获得2019年度“汕尾市青年文明号”荣誉称号。

（林清扬）

附：城区法院领导名录

党组书记、院长：陈嘉涛

党组副书记、副院长：洪卫京

党组成员、副院长：陈伟星

党组成员：陈小武

党组成员：何世樾

党组成员：胡良岸

司法行政

【概况】 汕尾市城区司法局组建于1988年6月，为正科级单位。

【普法与依法治理工作】 认真制定《2019年全区普法依法治理工作要点》，明确开展普法与依法治理工作的指导思想、目标任务、基本内容、重点对象、形式方法和具体要求。联合区教育局、团区委制定《关于组织落实“宪法在我心中”法治宣传进校园活动方案》，以“尊崇宪法、学习宪法、遵守宪法、维护宪法、运用宪法”为主题，部署在全区各中小学校开展“宪法教育大课堂”活动。印发《汕尾市城区首届“谁执法谁普法”履职评议报告工作方案》，通过开展自评自查、实地考察、社会评议、现场履职报告等方式，对区教育局、区卫健局、区税务局、区民政局落实普法责任进行履职评议。认真组织开展“弘扬宪法精神 推进国家治理体系和治理能力现代化”宪法宣传周暨法治文化节活动。截至12月上旬，共印发拆违控违、禁毒、扫黑除恶、偷电窃电、法律援助等各类普法宣传资料15万份，举办各类法治讲座、法治辅导课250多场次，开展群众普法活动、法律咨询活动近300场、13万多人次参与，逐步形成尊法学法守法用法的浓厚氛围。全区95个村（社区）全面铺开“民主法治村（社区）”创建活动，截至12月底，全区共计87个村（社区）达到省级创建标准。是年3月，五丰海洋生物科技有限公司成功创建广东省法治文化建设示范企业；12月，城区法治文化主题公园被评为省级法治文化主题公园；11月，推荐城区供电局申报广东省法治文化建设示范企业。城区司法局因法治建设工作成绩突出，被中共广东省委授予“广东省依法治省工作先进单位”称号。

11月5日，区委全面依法治区委员会第一次会议召开，会议审议并原则上通过了《区委全面依法治区委员会协调小组成员建议名单（草案）》《汕尾市城区2019年全面依法治区工作要点（送审稿）》《汕尾市城区推进全面依法治区行动方案（送审稿）》等6个文件。12月30日，区委全面依法治区委员会守法普法协调小组召开第一次会议，部署推进全区普法工作。

【人民调解工作】 一是发挥人民调解在法治城区建设中的积极作用。是年，全区共受理、排查矛盾纠纷897件（排查273宗），调处成功882件，调解成功率98.3%，连续多年实现“民转刑”案件“零发生”。二是着力推进公共法律服务实体平台建设。认真贯彻落实市、区《关于进一步加强人民调解工作的意见》和省司法厅《关于贯彻省委省政府推进乡村振兴战略实施意见的行动方案》，按照“五落实、六统一”（五落实：落实人民调解组织、人员、经费、场所、制度；六统一：统一人民调解工作标牌、名称、印章、标识、程序、文书）标准要求，推进镇、村公共法律服务工作站、室建设。是年，捷胜公共法律服务工作站完成建设，各项措施齐全，并被推荐为全国公共法律服务工作先进集体候选单位；东涌、红草、马宫3个工作站建设全力推进之中；捷胜镇南门外村等11个工作室也已经完成建设。三是公开选聘专职人民调解员。制定《汕尾市城区公开选聘专职人民调解员工作方案》，公开选聘14名专职人民调解员充实到7个镇（街道）司法所。是年，全区各级调解组织上报“以案定补”案件数347件，发放补贴5.43万元。编印了《人民调解员培训教材》，统一印制了人民调解格式文书，进一步规范了人民调解档案管理。

【社区矫正工作】 截至2019年11月30日，累计接收社区服刑人员737名，期满已解矫579名，在矫人员158名，建档率100%，监管率100%，重新犯罪率为零。是年，累计开展适刑评估33宗；手机定位率99%；开展集中教育77场次、1696人次；累计完成监狱探视655宗，参与人员1637人次，有效提高服刑人员“监狱改造”质量。一是认真做好社区矫正特赦工作。认真落实第十三届全国人大常委会《关于在中华人民共和国成立70周年之际对部分服刑罪犯予以特赦的决定》精神，7月开始，组织各司法所对照检查上报。二是抓好入矫宣告。入矫宣告仪式是社区矫正工作的重要一步，通过举行入矫宣告仪式，让社区服刑人员更加深刻认识社区刑罚执行的严肃性、规范性和权威性，有利于提高社区矫正监管水平，增强社区服刑人员法律意识，预防、减少社区服刑人员违法犯罪。三是抓好集中教育。按照省司法厅的要求，落实每月一主题活动，组织社区服刑人员集中开展震撼教育活动。四是抓好社区服刑人员公益劳动。社区服刑人员参加公益劳动是加强社区矫正监管的重要手段，通过组织开展公益劳动，使社区服刑人员明确身份，服从管理。是年，组织开展公益劳动77场次。同时，加强对刑满释放解教人员的帮教。区分一般帮教和重点帮教对象，开展走访排查并造册建档，落实帮教、安置措施，预防和减少重新犯罪。是年，全区在册刑释人员976人，其中重点帮教对象108人，基本做到底数清、去向明。

【公共法律服务】 一是法律援助工作得到群众肯定。是年，区法援处共受理群众咨询322人次，办理法律援助案件602件，其中，刑事案件453件，民事案件149件，实现受理、办理率两个100%。城区扎实推进刑事审判律师辩护全覆盖工作，建设完善法院法律援助工作站，完善律师值班制度，调配律师资源，确保刑事审判律师辩护全覆盖工作顺利推进。同时，适应刑事审判体制改革，8月28日，在区检察院设立律师值班室，9月启动“认罪认罚”“快判快审”工作，截至12月上旬，办理“认罪认罚”案件54件。认真落实省厅“法援惠民生 助力农民工”活动，积极主动为农民工提供法律服务。是年，共受理农民工请求支付劳动报酬法律援助案件29宗，其中法院已受理案件10宗，劳动仲裁受理19宗。城区法援处工作成效显著，服务水平得到群众肯定，是年3月，被省妇联授予“广东省巾帼文明岗”称号。二是加强公证法律服务。发挥公证法律服务的政治效应，组织公证员、律师为海汕公路红草段征地拆迁和东涌镇征地提供公证方面的法律保障，及时提供法律服务。是年，共办理公证法律服务631件，其中已发证628件。三是提升驻村（社区）法律顾问在基层治理中的作用。是年1月底，完成全年度驻村（社区）法律顾问聘用工作，共聘请26名律师当任村（社区）法律顾问。截至11月，法律顾问参与纠纷调解14宗，上法制课298场次，提供法律咨询907人次，提出法律意见12件，其他法律服务15件。

【法律顾问工作】 认真落实省、市关于推行法律顾问工作规定，建立和完善政府法律顾问工作长效机制，充分发挥法律顾问在制定重大行政决策、推进依法行政、提高治理水平等方面的积极作用。截至11月止，会同区政府法律顾问对区政府重大决策、重大合同、重要协议等事项出具法律审查意见64件，其中，审查重大行政决策5件，重大项目合同6件；合法性审查政府及部门文件44件，确保政府行为合法、统一。8月，组织方振宏律师出庭应诉东涌镇邹记寸等8名村民诉区政府征地纠纷一案；9月，为区委、区政府依法拆迁城区“聚和佳居”小区，提供法律服务咨询，草拟法律文书，组织工作组协助指导开展拆迁工作，助推拆迁工作顺利完成。组织律师参与信访工作5场次，提供法律意见10件。抽调9名律师成立法律服务团，并针对城区一些历史遗留问题进行研判、分析，提出意见建议。

【依法行政能力建设】 一是开展食品药品监管执法司法督察。5月22日，城区司法局联合区市场监督管理局、卫生健康局、公安分局、教育局组成2个督察组，出动人员20多人次，开展全区首次食品药品监管执法司法督察。督察工作以疫苗安全、药品器械安全、农药兽药残留、食品非法添加、餐饮服务环境卫生、校园食品安全等8个领域作为督察重点，抽查了3个行政机关单位、2所幼儿园、2所医疗机构、3个农贸市场和多家食品药品经营企业，着力推进食品药品领域严格执法、公正司法，提升营商环境，筑牢人民群众食品药品安全屏障。二是开展“优化营商环境，保护民营企业发展”的专项督察活动。10月22日，联合市依法治市办，通过听取汇报、召开座谈会、实地走访、圈阅卷宗等形式，先后走访了穗香食品公司、五丰海洋生物科技公司等企业，开展“优化营商环境”专项司法督察。三是着力推进城区行政执法水平。7月22日至25日，对全区32个行政执法单位进行执法检查，着力推进全区行政执法水平。8月8日，邀请法学专家对全区400多位行政执法人员和骨干进行培训，组织开展执法资格考试。四是认真做好行政复议工作。落实分管领导和专人负责行政复议工作，并安排专人协助办理，确保行政复议工作顺利开展；加强行政复议工作宣传，增加群众知晓率。截至年底，受理行政复议案件5宗。

【宣传教育】 2月1日上午，汕尾市司法局、城区司法局联合在市区坎下城公园开展“为农民工讨薪维权 法律援助帮你忙”专项宣传活动。

2月，城区司法局认真贯彻落实省司法厅《关于社区矫正“每月一主题”教育活动》的工作部署，组织各司法所对全区社区服刑人员开展以“传统文化”教育为主题的学习活动，充分发挥传统文化的感召力、教化力，提高社区服刑人员的文化素养，进一步加强文化教育管理。

3月4日下午，城区总工会、城区妇联、城区司法局等部门在市区坎下城公园举行“你好新时代——巾帼展风采、法治我践行”2019年汕尾市城区反家庭暴力宣传咨询活动。

4月15日下午，汕尾市城区普法办、城区司法局在市区罗马广场举行“4·15”全民国家安全教育日普法宣传活动。

4月，为弘扬爱国主义精神，加强社区服刑人员的思想教育，提高社区矫正工作教育管理质量。根据省司法厅的部署安排，城区司法局组织各司法所对全区社区服刑人员开展以“革命传统教育”为主题的集中学习活动。

5月10日下午，城区司法局、城区委党校、捷胜镇委党校联合在捷胜镇举办“拆违控违”专题法治讲座。

5月15日下午，城区司法局组织新港司法所和马宫司法所全体社区服刑人员到马宫镇长沙村参加公益劳动。

5月29日下午，汕尾市城区“宪法教育大课堂”进校园公开课暨全区法治副校长培训活动在汕尾市城区职业技术学校隆重举行。

6月14日上午，汕尾市城区司法局以“感恩生命 健康生活”为主题，组织香洲、新港、马宫3个司法所辖区内全体社区矫正对象开展禁毒常识教育学习活动。

6月21日下午，汕尾市城区司法局组织律师、法律工作者和普法志愿者，到马宫街道长沙村开展“健康人生 绿色无毒”禁毒宣传进村社活动。

6月21日下午，城区司法局组织部分社区矫正对象开展公益劳动，赴马宫街道长沙村开展环境卫生清理行动。

6月24日下午，城区司法局联合城区教育局在城区法治文化主题公园开展以“健康人生 绿色无毒”为主题的“6·26”禁毒宣传月活动。

6月29日，城区司法局组织局全体党员干部及退休党员前往陆河县激石溪革命根据地、北中村革命遗址参观学习，瞻仰先烈的革命事迹，重温光辉历史，接受爱国主义教育。

7月2日，城区司法局召集全体干部职工及基层司法所负责人开展“红心向党”学习研讨会。

7月17日，城区司法局、城区工商联（商会）、城区税务局联合在城区税务局6楼会议室举行全区民营企业普法教育暨减税降费政策解读讲座。工商联(商会）52家会员企业63名代表参加本次专题培训。

8月8日上午，城区司法局举办2019年深化依法行政加快建设法治政府专题培训班，各镇（街）、区有关单位400多名行政执法人员和业务骨干参加培训。

9月16日下午，城区司法局组织律师、法律援助志愿者、业务骨干和捷胜司法所工作人员，在捷胜镇环城路举行《广东省法律援助条例》颁布20周年暨2019年法律援助宣传月活动，开展法律援助主题宣传。

12月5日上午，汕尾市城区召开2019年国家机关“谁执法谁普法”履职报告现场评议会。

【工作调研】 4月17日上午，省司法厅党委委员、副巡视员朱京平一行，在市司法局局长许昌林，副区长、公安分局局长叶伟健等陪同下，到城区司法局调研指导司法行政工作。

（范静静）

附：城区司法局领导名录

党组书记、局长：詹胜聪

党组副书记、副局长：郑　暾

党组成员、副局长：吴贤义

副局长：胡家为

党组成员、政工室主任：黄文深

军　事

JUNSHI

人民武装

【人武部党委第一书记任职大会】 12月9日，汕尾市城区人民武装部（以下简称区人武部）党委第一书记任职决定大会暨区国动委专业办公室授牌仪式在城区举办，汕尾市军分区政治委员马广驰,区委书记林钢捷，区委副书记、区长、区国防动员委员会主任罗光钊等出席会议。会上，汕尾市军分区政治委员马广驰宣布汕尾军分区党委决定，区委书记林钢捷任区人武部党委第一书记。同时，对城区国防动员委员会各专业办公室进行了授牌。

【开展主题教育】 区人武部坚持把学习贯彻习近平新时代中国特色社会主义思想和强军思想作为重点，紧跟上级党委中心组理论学习，研究制定党委（支部）学习计划，扎实开展主题教育。根据上级《关于2019年全军开展重要教育的通知》《关于军队开展第二批“不忘初心、牢记使命”主题教育的指导意见》等文件要求，依据区人武部实际制定详实的计划，专门召开主题教育形势分析会，认真分析当前全面建设存在的困难，紧扣干部、职工和民兵当前现实思想状况，初步梳理了存在问题的成因，围绕现实问题进行探讨交流，解开一些思想上的疙瘩，进一步澄清干部职工的模糊认识。

【持续开展经常性教育】 区人武部始终坚持经常性教育不放松，把教育列入到年度计划，将理论常识、法制、安全、保密等进行统一归口，按计划抓好落实。注重抓好警示案例教育，吸取别人的教训，增长自己的经验。对上级下发的案件通报第一时间组织学习，开展学习讨论，做到举一反三，教育警示部队官兵。坚持把经常性理论学习作为党员干部的必修课，人人安装“学习强国”APP，做到随时随地学，切实让学习入心入脑。

【规范战备训练秩序】 1月，区人武部结合工作实际，重新修订各类战备方案预案，突出自身安全防范和应急应战任务处置，增强了计划方案的操作性。第二季度，根据形势任务的要求，加大投入对城区民兵应急连、城区各基层武装部、基层民兵营（连）进行规范性试点建设工作，配备完善战备训练基本设施和物资器材，确保能有效应对各种突发事件。加强战备值班制度落实和各种情况研究，结合节日战备与敏感时节，组织营区应急处突及“三防”演练，提高干部职工应急处突能力。加强与区应急管理局、退役军人事务局协调沟通，按照应急应战衔接、军地联动对接要求，构建完备配套的动员预案体系，确保一有情况就能依案行动、有效应对。

【开展机关军事训练】 区人武部根据年度军事训练计划安排，采取半工半训的方式，全年分为4个季度按计划组织现役干部、文职人员开展军事训练，内容包括军事理论和军事技能，促进了军事训练的落实，提高了现役干部、文职人员的军事素质。

【开展兵役登记工作】 2月，根据市征兵办的统一部署，区人武部召开兵役登记任务部署会，就兵役登记工作进行动员部署安排。同时，组织各镇（街道）进行兵役登记业务培训，规范兵役登记流程和标准要求，并要求各镇（街道）、村两级广泛开展兵役登记进村组、社区、企业、学校和家庭“五进”活动；充分利用电视、网络、手机短信和宣传横幅、标语等宣传手段对全体公民进行兵役登记宣传和教育；3月初，区人武部继续走访地方公安、教育、学校相关单位，进一步协调开展兵役登记工作；至5月，全部完成城区适龄青年兵役登记工作任务。

【年度征兵工作】 2019年，区人武部落实“一季征兵、全年准备”要求，做到年初有部署，预征任务及时分配到位。2月，组织汕尾职业技术学院应征报名大学生进行体检政考；4月，结合国防教育进校园活动开展征兵宣传，完成全区所有学校的征兵宣传；6月，针对前几年征兵工作中存在的问题，组织业务培训会，研究解决体检、政审、退兵等有关问题的针对性措施；8月，完成应征青年上站体检、政审和役前训练；9月，完成新兵的摇号定兵和起运新兵工作，圆满完成全年征兵工作任务。10月至11月，做好新兵回访工作，确保新兵在部队思想稳定，安心服役。

【年度民兵整组工作】 1月，区人武部根据民兵组织整顿实施办法，在全区范围内组织开展民兵组织潜力调查，组织力量先后走访市海事局、海洋站、气象、水文、科技与工业信息、市场监督管理局、渔政大队、工商联等部门、企（事）业单位，为抓实民兵整组打下基础；2月，结合城区编兵潜力及上级下达的民兵分队编组任务数，区人武部制定了2019年度民兵组织整顿方案，明确组织领导及整组任务，提出具体要求，全面开展年度民兵整组工作；5月，根据工作方案，城区完成了年度民兵组织整顿工作，全区按三大类型编组基干民兵分队；4月至11月，城区民兵整组工作多次迎接省、市两级军事机关检查，针对检查中发现的问题，区人武部及时制定了整改措施方案，明确整改时间和具体责任人，确保存在问题及时整改到位。根据年度民兵训练计划安排，先后组织全区民兵参加点验拉动和训练，不断强化训练质量，提高应急应战的基本能力，全年组训时间、训练内容和训练效果比往年有较大提高，圆满完成了城区年度民兵训练任务。

【国防动员潜力调查】 5月13日，区国防动员委员会召开年度全区国防动员潜力统计调查任务部署会暨业务培训会，部署年度国防动员潜力统计调查工作任务，区国防动员委员会各成员单位参加会议；5月中下旬，各专业办公室各司其职，根据任务分工进行潜力数据采集；5月底，顺利完成城区国防动员潜力数据收集并上报。

【深入开展国防教育活动】 2月，区人武部制定《汕尾市城区2019年国防教育暨征兵宣传进校园活动方案》。3月，人武部部牵头联合区教育局、退役军人事务局，组织辖区内6所学校以及市属3所学校、驻城区各部队召开“国防教育进校园”联席会议，进一步整合全区现有国防教育资源，协商制定国防教育及军训计划，推进年度国防教育工作在学校深入开展。

【完成山火防护任务】 清明节“防火月”期间，区人武部组织民兵应急分队与区应急局联合开展防灭火集训，并连续22天不间断到挂钩扶助点捷胜镇联星村卡口蹲守，对重点区域进行巡逻警戒，实现挂钩帮扶点清明节期间“零火情”。

【参加“创文创卫”活动】 2019年，区人武部根据区委、区政府工作安排，挂驻城区香洲街道新城居委及凤山街道联兴居委开展“创文创卫”活动，多次组织干部职工、民兵队伍到挂驻社区开展卫生整治、“创文创卫”氛围宣传等活动，为进一步营造干净、安全、和谐的社会环境贡献力量。

【开展精准扶贫工作】 2019年，根据省军区文件和区委、区政府安排，区人武部挂钩捷胜镇联星村的精准扶贫工作，派出扶贫工作组负责驻村帮扶。经捷胜镇扶贫领导小组和驻村工作队对贫困户开展精准识别和民主评议，确认联星村相对贫困户为27户，相对贫困人数55人。区人武部扶贫工作组对此与该镇分管负责人及村干部进行对接，认真商讨联星村扶贫项目计划，逐户走访调查贫困户询查具体致贫原因，将区扶贫部门的就业扶贫、产业扶贫、以奖代补项目办法等政策文件印发送至村委及贫困户手中，根据他们的需求为其推荐相应的培训课程和产业发展方案。同时，为解决贫困户生活的具体困难，结合传统节日数次组织干部职工开展扶贫送温暖活动，为贫困户送去慰问品。

【保障部队演训】 2019年，区人武部辖区内驻训部队较多，演训活动频繁。区人武部针对辖区内的演训保障实际，多次出动民兵参加部队演训保障，并负责海训场范围周边的群众工作。为预防军警民纠纷的发生，区人武部坚持做到：加强与驻训部队的沟通，做到出现矛盾时能及时反馈；指导基层武装部经常性到驻训部队附近居民进行走访，做到发生矛盾及时解决；在驻训部队驻训后进行回访，积极解决遗留问题。

（区人武部、刘哲霖）

人民防空

【概况】 2019年，城区人民防空办公室始终坚持以习近平新时代中国特色社会主义思想为指导，围绕军事斗争人防准备和全面深化改革促进融合发展的总要求，按照“长期准备、重点建设、平时结合”的方针，严格落实省、市人防办部署要求，贯彻落实《中华人民共和国人民防空法》等有关规定，结合城区实际，组织开展人防法规和知识的宣传教育，配合做好人防公共服务等工作。

【人防宣传】 一是逐步完善宣传机制。把人民防空宣传教育纳入普法教育、国防教育、学校教育体系和社区创建规划，拓宽宣传渠道，大力推进人民防空宣传教育进机关、进学校、进企业、进社区、进家庭“五进”活动，全年组织活动11场次，参与人数7000多人。二是开展形式多种的宣传。9月21日上午，协助市人防办成功举行鸣放防空警报活动；定期在《今日城区》和区政府政务公共栏等新闻媒体和公共场所开展人民防空宣传教育工作，全年共刊登或出刊人防知识宣传刊栏6次；组织开展人防知识现场宣传活动2场次，派发人防宣传传单、彩页3万多份。通过各种形式的宣传，提高人民防空知识在社会的覆盖率、知晓率和认知度，增强党员干部、人民群众的国防观念与人防意识。三是加强人防队伍建设。严格落实机构改革要求，贯彻落实区委机构改革工作要求，加强人防干部队伍建设，保持人防队伍稳定。四是协助市人防办开展工作。履行属地责任，协调区相关部门配合市人防办开展试鸣、演练和培训等，做好服务城市地下空间开发利用、服务重要经济目标防护、服务公共安全教育等工作，协调推进人防疏散基础建设。

（区人防办、黄振启）

退役军人事务

【概况】 汕尾市城区退役军人事务局是机构改革新组建单位，于2019年3月8日挂牌成立。主要承担贯彻落实中央、省、市有关退役军人服务保障的政策和法律；拟订并组织实施城区退役军人服务保障相关政策和规范性文件；负责军队转业干部、复员干部、退休干部、退役士兵的移交安置工作及自主择业退役军人服务管理、待遇保障工作；组织开展退役军人教育培训、优待抚恤等；指导全区拥军优属工作，负责城区烈士及退役军人荣誉奖励、军人公墓维护以及纪念活动等方面工作。

【推进退役军人“三级”服务体系建设】 按照“全覆盖”“五有”的要求，推进退役军人区、镇（街道）、村（社区）三级服务保障体系建设，建立服务保障工作机构，明确工作职责及人员编制。5月9日，城区退役军人服务中心挂牌成立，办公场地170平方米，全区7个镇（街道）及95个村（社区）服务站均于2019年完成挂牌，并确定了服务站分管领导、站长或负责人。

【“八一”拥军慰问活动】 “八一”期间，城区几套班子领导成员分别带领拥军慰问团，对驻区的军警部队和海训部队等进行走访慰问，与部队官兵座谈交流，向部队官兵赠送节日慰问品，密切军政军民关系，加强军民共建，激励广大部队官兵保卫祖国、献身国防，维护国家安全与社会稳定，推动城区“双拥”工作及经济社会建设再上新台阶。7月29日晚上，城区退役军人事务局与区人武部、区文联等单位联合在某海训基地举办了“聚力强军梦，同叙鱼水情”庆“八一”进军营慰问演出。晚会节目有舞蹈《麒麟鼓舞迎八一》、情景舞《墨韵舞飞扬》、歌曲《红旗飘飘》、白字戏《徐九经升官记》、小品《加油》等，军地双方欢聚一堂，共同叙写“军爱民、民拥军、军民鱼水一家亲”的深厚情谊。

【落实优待保障政策】 2019年，城区共有各类优抚对象1392人，发放定恤定补资金共1223.63万元，发放价格补差资金共24.03万元；发放2018年应征入伍大学生一次性奖励金共23万元；发放2019年度义务兵家庭优待金共211万元；发放2018年退役军人自谋职业一次性补助共299万元，发放1976年参加对越自卫反击战退伍兵特殊补助共64.8万元。

【启动光荣牌悬挂工作】 4月1日，城区退役军人事务局启动光荣牌悬挂工作，各镇（街道）高度重视、迅速组织上门悬挂。通过将光荣牌悬挂到每一户烈属、军属和退役军人等家庭，增强军属、退役军人家庭的荣誉感，弘扬新时代拥军优属的优良传统，在全区营造了敬军、拥军、爱军的浓厚氛围。全年共为10697户军属家庭悬挂光荣牌，完成率99%。

【开展退役军人全员适应性培训】 从12月13日开始，举办为期一周的2019年度汕尾市城区退役军人全员适应性培训班。培训班开设党性教育、个人职业生涯规划等相关课目，并举办退役军人专场招聘会，助力退役士兵自主就业创业，增强培训的针对性和实用性。

【成立“我是老兵”志愿服务队】 城区退役军人事务局发挥广大退役军人的先锋模范作用，组织了一批参战老兵组建了“我是老兵”志愿服务队，引导老兵们积极参与城区的“创文创卫”工作中，参与公益性志愿活动。

（张怡苗）

附：城区退役军人事务局领导名录

局　长：朱昌明（2019年2月任）
副局长：何世群（2019年2月任）
　　　　卢文霞（2019年2月任）

经 济

JINGJI

经济监督与管理

改革与发展

【概述】 2019年是中华人民共和国成立70周年，是决胜全面建成小康社会关键之年，也是城区加快实现发展高质量发展至关重要的一年。面对多重矛盾叠加、多种困难交织的复杂局面，区委、区政府带领全区人民，坚持以习近平新时代中国特色社会主义思想为指导，全面贯彻落实中共十九大和十九届二中、三中、四中全会精神，协调推进“四个全面”战略布局，坚持稳中求进工作总基调，坚定不移贯彻新发展理念，全力以赴推动经济高质量发展，全区经济社会持续健康发展，经济运行总体平稳、稳中有进、进中向好，发展质量稳步提升，主要指标保持在合理区间，区八届人大四次会议确定的主要目标任务基本实现。

2019年，全区完成固定资产投资170.19亿元，同比增长29.2%，超年度预期增长目标17.2个百分点，比全市平均增幅高14.1个百分点。认真贯彻落实好鼓励和引导民间投资健康发展的政策措施，进一步优化民间投资环境，推动民间投资保持快速增长。全年完成民间投资102.23亿元，同比增长54.3%，增幅全市排名第一，高出全市平均增幅45.2个百分点。从投资领域看，房地产投资和基础设施投资均实现增长。房地产投资88.1亿元，同比增长46.8%；基础设施投资28.43亿元，同比增长7.3%；工业投资48.41亿元，同比下降10.2%。

坚持项目为第一抓手，全力打好重点项目建设“攻坚战”。2019年全区重点项目79个，计划总投资740.32亿元，年度计划总投资160.03亿元。全年累计完成投资155.97亿元，完成年度计划97.46%。属城区管理项目36个，计划总投资441.12亿元，年度计划总投资103.78亿元，已全部开工建设，全年累计完成投资105.21亿元，完成年度计划101.38%。华润万象天地、市高级技工学校江涛创新园等24个项目完成或超额完成年度投资计划。汕尾城乡金融中心大厦、信利光电AITD-CG夹层玻璃生产车间、保利大都会等6个项目已完工或投产。重点推进广汕高铁、汕汕高铁城区段建设。广汕铁路汕尾城区段征地拆迁及相关工作有序、扎实推进，累计交付红线用地576.84亩，完成总任务的78.42%，完成实际交地进度98.36%；完成房屋拆迁2.58万平方米，占房屋拆迁总量的79.87%；交付临时用地173.12亩，100%完成交地进度。7月10日，全线站前工程实体工程正式开始施工，全年完成工程建设投资2.73亿元。汕汕铁路城区段累计交付红线用地20亩，完成总任务的46.34%，中铁三局已在10月底进场施工。积极开展龙汕铁路、深汕西高速改扩建、珠东快速等重大交通工程前期工作。

【经济体制改革】 2019年，区委经济体制改革专项小组按照中央、省委、市委和区委决策部署，坚持新发展理念，落实高质量发展要求，坚定实施创新驱动、产业兴区，积极开展政策对接、产业对接和项目对接，推动城区经济高质量发展。围绕深化供给侧结构性改革、科技体制改革、营商环境综合改革、财政体制改革等重点领域改革，切实履行区委经济体制改革专项小组的职责职能，坚持正确方向，凝聚共识，加大调度协调力度，推动改革落地、并向纵深发展，为全区经济平稳健康发展提供坚强有力支撑。根据区委全面深化改革领导小组会议和全区经济体制改革专项小组工作会议精神，研究部署推进城区经济体制改革的相关工作，以全面深化改革新突破引领城区发展开创新局面。

深入推进供给侧结构性改革，着力推进供给侧结构性改革，提升经济发展质量 一是实施质量强区战略。坚持新发展理念，牢固树立质量第一意识，牢牢把握高质量发展的根本要求，抓重点、补短板、强弱项，切实增强推动城区高质量发展的责任感和使命感，努力推动城区经济发展率先进入质量时代。二是大力推进重点项目建设，截至10月，已完成重点项目投资127.09亿元，完成年度计划79.42%。三是交通基础设施进一步完善。广汕铁路施工单位于4月进驻，7月10日城区段首根桩（东涌特大桥35#墩1#桩）开钻，全线实体工程施工正式开始。截至11月，完成投资约1.96亿元。四是深入推进“三去一降一补”。

促进科技成果转移转化激励机制，探索开展科技改革　一是积极培养科技创新主体。积极发动城区5家企业申报市级研发中心，6家企业（包括3家重审）申报高新技术企业，3家企业申报高新技术企业入库培育，1家企业申报市级科技企业孵化器，1家企业申报市级众创空间。新增高新技术企业认定5家（累计16家），新增省级工程中心2家（累计7家），新增省级新型研发机构1家，新增市级企业技术研发中心10家（累计40家）；全区入库科技型中小企业26家。二是出台《〈汕尾市城区人民政府关于加快实施创新驱动发展战略的若干意见科技成果类补助实施细则（试行）〉等6个文件》，进一步提高创新体系整体效能，为创新驱动发展创造良好的政策环境。三是着力组织申报科技项目。根据汕尾市2018年省级科技创新战略专项资金“大专项+任务清单模式”项目要求，积极组织申报“科技创新服务平台能力建设与提升”项目资金来支持区科技创新平台的建设和升级，力争建成一个更加快速、安全、高效的信息资源共享平台，实现科技信息资源共建和共享，为城区科技创新提供优质服务。同时积极组织汕尾市安信网络服务有限公司对应申报汕尾市2018年省科技创新战略专项资金（“大专项+任务清单”管理模式）项目（第二批）“科技企业创新能力提升”项目和2019年—2020年度科技创新普及专题指南的“科普传播平台运营奖补”项目；发动汕尾市现代健康农业科技发展有限公司申报汕尾市2019年省科技专项资金（“大专项+任务清单”）项目的现代农业科技攻关和农业科技产业基地建设专题。对2018年度取得企业资质认定、平台建设资质、科技成果的企业进行奖补，将30.6万元奖励补助资金列入2019年财政预算为创新驱动发展创造良好的政策环境，着力助推企业能力建设、科研体系建设，进一步提高创新体系整体效能。四是组织开展“创新创业大赛”动员。5月28日，联合城区科学技术协会在城区电信实业综合楼603会议室举办第八届中国创新创业大赛（广东—汕尾赛区）暨汕尾市第三届“红海杯”创新创业大赛城区发动会，会议成功发动33家企业（全部审核进入初赛）报名参赛，在全市（发动89家）排名第一，超额完成了市下达的任务指标。城区33家参赛企业中有16家企业进入汕尾市第三届“红海杯”复赛，参加复赛企业数在全市排名第一；3家企业进入市决赛，1家企业荣获二等奖，2家荣获三等奖；6家企业代表市参加2019年第八届中国创新创业大赛（广东赛区）暨第七届“珠江天使杯”科技创新创业大赛，均荣获优胜奖。

贯彻促进民营经济发展若干政策措施，贯彻落实支持实体经济十条政策　一是开展全区装备制造工业企业的调查摸底，发动比亚迪、德昌、银鹏、万聪等装备制造民营企业开展先进装备制造发展专项资金项目入库申报工作。二是落实国家关于加强民营企业产权保护指导意见和省、市具体措施，完善多元化民营企业产权维权援助机制，推进全市统一的非公有制企业维权工作平台。

深入推进营商环境综合改革，制定出台进一步优化城区营商环境改革行动计划　一是深化“放管服”改革，依法放宽市场准入限制。通过简化登记手续，推进企业登记注册便利各项改革，推进“住改商”。进一步压缩企业开办时间，办理营业执照减少为1个工作日，食品经营许可证减少为10个工作日。推进企业登记注册便利各项改革，推进“住改商”。全年共新发展个体工商户2779户、注册资本1.81亿元、从业人数6028人；发展数、注册资本、从业人数分别比2018年同期增长了2.7%、19.2%、8.1%；新发展企业320家，注册资本4.42亿元，有从业人数2153人。二是优化外商投资商务备案与工商登记“一套表格、一口办理”工作是深化“放管服”改革和创造优良营商环境的重要举措。全面实施外商投资准入前国民待遇加负面清单管理模式，依托政务服务中心网综合服务平台，实现网上审批全过程“无纸化、零见面”，把商务备案与工商登记“一套表格、一口办理”的工作时限缩短为1个工作日，达到改革任务既定目标。三是加大市场监管整治力度，强化事中事后监管。全区“明厨亮灶”数为1306户，已量化分级数1771家，量化率95.1%。全年累计出动检查执法人员16200多人次，检查经营户25500多家次，共现场督促整改5250多次，清理流动摊贩乱摆放863处，其中，检查食品药品生产经营单位5871家，发布食品安全预警公告5期，消费警示8期，发放各类市场安全宣传资料24100多份，发出整改通知254份，关停整治68家，“下线美团”“饿了么”等无证照网络餐饮配送供餐经营单位169家。及时排查市场和产品安全隐患，坚决守住不发生系统性、区域性安全风险的底线。

加快推进“信用城区”平台建设，推进公共信用信息平台和信用网站一体化建设 重点围绕与个人和法人相关的信用信息进行归集。贯彻省、市社会信用条例，实现全区信用主体信息“一网通查”。在全区全面推广信用信息查询使用嵌入行政审批、事中事后监管、公共资源交易等工作业务流程。探索制定城区社会信用体系建设工作联席会议制度和城区社会信用体系建设联合惩戒工作方案，推动全国信息共享平台一体化建设和信用门户网站一体化建设，细化部门分工，扎实推进“信用城区”平台建设。对电子认证服务行业、严重拖欠农民工工资、涉金融严重失信人、严重违法失信超载运输车辆、海关失信企业、旅游领域等严重失信相关责任主体实施联合惩戒，从惩罚性、限制性、准入性等方面入手，推动事项标准化。

深化财税体制改革，完善预算管理制度 全面实施预算绩效管理，逐步实现专项转移支付资金绩效评价全覆盖。建立了一套涵盖项目管理、预算编制、预算执行、预算监督、预算绩效“五位一体”的财政管理系统。制定2019年部门预算，并按程序在网站上进行公示。严格落实《关于深化省级预算编制执行监督管理改革的意见》《关于树立过紧日子思想严控一般性支出的意见》，严控新增支出，坚决纠正年中随意要求追加预算等问题，优先保障最重要和急需的支出。建立健全全区政府性债务风险应急处置工作机制、切实防范和化解金融风险，规范政府举借行为，严格控制债务规模，建立债务偿还机制，防范债务风险，切实加强城区政府性债务管理，促进经济社会持续健康发展。

充分对接利用好中央、省、市各项优惠政策，服务城区经济社会发展 深入学习贯彻习近平总书记关于粤港澳大湾区建设的重要论述和重要指示批示精神，认真贯彻落实全省推动老区苏区振兴发展工作现场会精神和省委书记李希对汕尾工作的指示要求，推动“融湾强带”有关工作。贯彻落实《粤港澳大湾区发展规划纲要》及省实施意见、三年行动方案和《粤港澳大湾区发展规划纲要》、《汕尾市融湾强带工作方案》，推动国家、省的重大决策和工作部署在城区落地落实见成效。成立汕尾市城区融入粤港澳大湾区建设领导小组基础设施互联互通等7个专项小组。出台《汕尾市城区乡村振兴发展规划》，注重增强规划的前瞻性、约束性、指导性、操作性。对全区产业发展和招商情况开展深调研，提出产业规划思路与发展建议，力促城区面向大湾区，立足沿海优势，大力发展战略性新兴产业，构建产业发展新格局。

【发展规划管理】 *积极融入“湾+区+带”发展新格局* 充分利用粤港澳大湾区、深圳建设中国特色社会主义先行示范区“双区驱动效应”，坚定实施“融湾强带”战略。按照市委提出岸线自东向西打造陆丰湖东至碣石片区、碣石至红海湾片区、红海湾至城区片区和马宫片区4个沿海经济功能组团的构想，以及对城区的发展定位、重点项目、建设时序、责任分工的部署，积极推进新城区建设，加强与市沟通对接，立足东西南北中各区域产业基础和优势资源，全力推进“四片区一中心”建设，实现人口扩容、城市提质。全力做好土地收储工作，为项目落地提供建设用地，积极推动华润万象天地、市文化中心、汕尾金融中心、市民服务广场等重大项目建设，加快中央商务区建设，打造“山—湖—海—城”共融共生的滨海生态新城、粤港澳大湾区“后花园”。马宫金町湾旅游度假区规划建设有序推进，希尔顿酒店已正式营业，休闲度假旅游区初具规模，CLUB MED（地中海俱乐部）酒店、民俗馆和网球馆、旅游商业地产等6个新建项目总投资105亿元已完成备案并陆续启动建设。新兴电子信息、新能源汽车、新材料、生物制药等现代产业加快发展、加速集聚，信利高端车载及智能终端显示屏、比亚迪、国信通、旭源升、索思等实现试产投产，高通电子、秋叶原等一批项目动工建设。积极推动海洋产业蓝色崛起，构建现代化渔港产业链，区海产品交易批发市场建设前期工作加快推进，汕尾（马宫）海洋渔业科技产业园项目正在加紧谋划，国泰冷链技改升级项目已启动实施。

积极对接革命老区扶持政策　紧紧抓住海陆丰革命老区前所未有的政策支持，切实履行主体责任，制定了实施方案，明确责任分工，建立革命老区政策对接落实情况报送工作机制，指导督促区直单位与省对口部门做好政策对接工作，在加大财政保障力度、加强基础设施建设、提升基本公共服务水平、人才政策支持等取得明显成效，借力推动城区加快振兴发展。2019年，城区得到各项扶持资金4.22亿元，比2018年增加1.67亿元。其中，对重点老区苏区专项财力补助每年4000万元，均衡性转移支付15658万元，老区苏区发展专项奖补3752万元，生态保护区财政补偿转移支付1053万元，9项基本公共服务事项转移支付补助8754万元，提高重点老区苏区村（社区）办公经费省级补助标准57万元，农村公路交通基础设施建设189万元，其他补助资金737万元，地方政府债券8000万元。全额免除广汕铁路和汕汕铁路资本金。供电部门争取省投资12885万元，加快全区配网投资建设，提高供电可靠性。三大电信运营商加快推进全域网络信息化升级工作，在提前完成2022年宽带光纤全覆盖目标的基础上，优化农村4G基站、光纤升级改造工程和部署5G网络。完成原中共海陆丰中心县委旧址（沁园）的重建工作，对东涌铜锣寨革命遗址实施修复重建工作，通过重点打造红色示范点，坚持以点带面，辐射带动全区红色革命遗址的修缮、保护和利用工作。

强力推进基础设施建设，城市品质持续提升　基础设施加快完善，市区海滨大道至金湖路市政道路升级改造工程已全面完工，海滨大道西段、海汕路西闸至埔边段综合改造工程正全力推进，市区香洲路等六条市政道路升级改造工程加快推进，文明路、翠园街升级改造基本完成，市区金鹏路西段等十路段市政工程、工业大道西段、市区中轴西路市政工程、珠东快速市区段新建工程等项目正加快推进前期工作步伐。加强市区违法建设专项整治，拆除违法建设420宗、面积15.4万平方米，营造良好城市发展环境。城市扩容提质步伐持续加快，中央商务区，金町湾片区日新月异，汕尾金融中心、星河湾、华润万象天地等综合体成为新地标，进一步提升城市品质。同时，配合市成功举办第八届粤东侨博会。

乡村振兴步伐加快，农村面貌持续改观　深入推进乡村振兴战略。制定《汕尾市城区乡村振兴战略规划（2018—2022）》，把推进生态美丽城区建设与实施乡村振兴战略紧密结合起来，完成城区46个行政村的美丽乡村规划编制工作任务，实现城区村庄规划编制“全覆盖”总目标；投入1.12亿元实施村头公园、村头标识、综合文化中心、村道硬底化、垃圾屋、饮水安全工程、厕所革命、外立面整治、美化绿化等149个基础设施项目建设；有序推进“四好农村路”建设，计划建设总里程20公里，红草镇五雅桥等项目已施工。扎实发展特色产业。大力发展“一镇一业、一村一品”，抓好特色农产品的品牌创建，东涌镇“金傲芬”无花果推广项目成功申报省级“一村一品”项目。积极搭建特色农产品推广平台，举办区第二届特色产品推介会和“晨洲蚝”文化节，红草晨洲蚝、军船头村沙葛种植、沙坑村薯类农产品加工等6个产业项目已初步发挥效益。积极争取上级政策和资金支持，扎实推进省级现代农业产业园（水产类）的规划和建设，投入资金5016万元（其中省补助资金3010万元），启动20个项目建设。改善农村居住环境、开展全域推进农村人居环境整治，50个非贫困村、144个自然村全面完成“三清理、三拆除”。推进农村生活污水处理设施建设，全面实现雨污分流，启动农村生活污水处理设施PPP项目，完成资本方采购招标工作，50座污水处理终端设施建设已在年底动工。持续推进“厕所革命”，启动第二批标准化公厕建设，完成587户的户厕建设任务。建立完善长效管理机制，落实保洁机制，制定村规民约，4个镇（街道）配备保洁员262名、垃圾收集员84名。

强力推进生态环境保护，环境质量持续向好　全面落实河长制。将品清湖列入湖长制管理范围，对品清湖避风塘海域的破船、沉船清理。结合“五清”专项行动的总体部署，集中开展入河排污口综合整治工作，对全区26条河流、50座中小型水库及品清湖的水面漂浮物进行全面清理，清理河道68.53公里、水域面积25.1平方公里，218个入河排污口已全部完成整治。大力开展生态修复。治理奎山河、奎山湖等黑臭水体，全面整治“散乱污”工业企业等污染源，严格管控城市扬尘。城市生活垃圾无害化处理率达到100%，城镇生活污水集中处理率完成市下达目标。整体环境质量继续保持良好水平，环境空气质量综合指数为2.65，位列全省第一。全面推进新一轮绿化行动。全年实施林业重点生态工程建设工程项目14个，完成森林碳汇重点生态工程栽植面积8459亩，沿海基干林带建设工程栽植面积1305亩，重点区域美化绿化建设工程栽植面积1500亩。封山育林2000亩，森林抚育面积48810亩，山体复绿面积25200平方米。同时严格落实森林防火网格化管理和山长制，压实森林防火责任，有效减少森林火灾。强化河湖巡查执法力度。完善管理体系、健全执法监管机制、开展河道采砂专项执法治理行动等措施，加强和规范河道采砂管理，确保河道水域岸线和行洪安全，深入开展河湖执法。依法对红草片区尖山水库周边6家及东涌片区5家洗砂场进行拆除取缔。

（区发改局、胡炯森）

物价管理

【概况】 2019年，认真贯彻落实省、市价格工作会议精神及年度工作要点，加快价格职能和管理方式的转变，为城区营造良好价费环境并提供坚强保障。

保持价格总水平基本稳定。进一步完善、健全价格监测联动机制，及时捕捉市场价格异动信息，提升价格监测分析预警能力，加强市场价格调控，确保民生价格的基本稳定。

突出价格监管，保障民生民利。规范客运价格行为，维护票价市场秩序。春运期间，开展春运客运票价检查，积极向各个运输企业经营者发放“春运价格提醒函”，向每位乘车旅客分别发放“春运价格政策法规宣传单”和“价格服务便民卡”，督促车站实行全天候电视屏价格滚动公示、售票点明码标价和营运车辆“一车一标价”，增强广大消费者的维权意识与自我保护能力。重大节日期间，向消费者和经营者分发价格宣传单与价格提醒函各500份，为群众提供价格政策法规咨询解答16人次。做好重大节日的热门商品的价格监管和预测。

严格收费管理。一是改进景区门票价格管理方式；加强清费治乱力度，切实减轻企业和群众负担。公布2019年行政事业收费目录清单、政府定价的涉企经营服务性收费目录清单，严格落实收费公示、公开制度，增加收费政策透明度。二是加强价格诚信体系建设。依托社会信用体系建设，加快落实价格信用联合激励惩戒制度步伐，规范“红黑名单”认定、审核、发现、使用等环节，对价格违法的失信行为实行联合惩戒。

清理规范涉企收费。一是严格执行涉企行政事业性收费优惠政策，进一步清理、精简涉及民间投资管理的涉企收费，规范中间环节、中介组织行为，对行政事业性收费和行政审批前置服务项目收费进行调整完善。二是加强对行政权力中介服务收费监督，重点清理物流、认证、公用事业等领域经营服务性收费。三是持续实施涉企收费清单动态调整机制。按照国家涉企收费政策的调整，及时调整城区区级涉企收费清单。

加强教育收费管理。完成公办非义务教育阶段定价权限的承接工作，根据全市高中、中等职业教育、幼儿园学费实际，确定学费（保育教育费）、住宿费标准。

落实城区困难群众价格临时补贴的发放。

（区发改局、胡炯森）

粮食流通与储备

【概况】 强化机制，进一步落实粮食安全责任制。全区粮食总量平衡和粮食市场稳定，没有出现粮价暴涨、抢购、断供等现象。为确保粮价稳定，保障正常供应，采取了4项措施：一是建立健全粮食流通监督检查长效机制，制定工作方案，各相关部门各司其职，通力合作，确保城区粮油市场稳定。二是对全区粮食经营者进行登记造册，核定最低库存量和最高库存量标准，检查了粮食收购者从事粮食收购活动是否具有粮食收购资格。三是认真执行粮油市场监测报告制度，加大对粮油市场监管和监测，认真按照监测制度的要求，指定专人负责，亲临现场采价，确保数据及时性、准确性，及时掌握粮食市场行情和做好信息数据的收集、审核及本辖区粮油供需和价格形势的分析预测。四是与有关部门开展联合执法，加强对社会粮食流通检查力度，依法规范辖区内从事粮食收购、加工、销售经营者的行为，维护了市场秩序。

强化管理，确保粮食安全。城区储备粮任务已按质按量按期完成轮换采购工作。认真做好储备粮轮换工作，在华南粮网进行依法依规竞价销售，轮换2016年度寄存在普宁7260吨、埔上墩2374吨储备粮共9634吨，于11月29日挂网销售成交，确保在轮换期内保质保量完成入库。成立安全生产领导小组，并与下属单位签订安全管理责任书，开展安全生产专项行动，对所属国有企业从制度建设、药物管理、仓储设施、作业规范、消防安全方面进行专项全面检查，确保安全生产各项措施得到落实，有效消除安全隐患。

加大宣传力度，提升市民粮油食品安全意识。按照市发改局有关文件要求，联合有关部门开展做好10月16日第29个“世界粮食日”宣传活动，6月26日，联合省粮食和物资储备局在城区慈云山广场举办广东省粮食质量食品安全日大型宣传活动，向市民介绍粮油食品质量安全的科学知识，引导广大市民争做勤俭节约倡导者、宣传者、实践者和有力推动者，进一步提升全体市民的食品安全意识，营造人人参与，人人关心食品安全的良好氛围，全力推进新时代粮食工作上新台阶。

（胡炯森）

附：城区发展和改革局领导名录

局　长：黄思平

副局长：蔡举瑜

何世烈

颜焕强

蔡昌流

国有资产监督管理

【概况】 9月24日，区委机构编制委员会《关于印发〈汕尾市城区国有资产管理中心机构编制方案〉的通知》，将汕尾市城区国有资产管理办公室更名为汕尾市城区国有资产管理中心，属副科级事业单位，主要负责区国有企业、集体企业资产的监督管理。

【企业总体情况】 2019年，城区有国有企业36家（含已出清重组“僵尸企业”9家，未改制“僵尸企业”3家），职工总人数1963人，其中退休职工人数993人。

根据《汕尾市城区人民政府关于区国资中心属下企业出清重组“僵尸企业”促进国资结构优化的指导意见》《汕尾市城区国资办属下国企出清重组“僵尸企业”促进国资结构优化的实施方案》，对全区被纳入的12家“僵尸企业”调查摸底后进行归类、统计，“僵尸企业”总职工数914人，其中在职职工522人，离退休职工392人。2019年年底，已注销关停“僵尸企业”9家，企业基本出清，历史遗留问题得到根本性解决，有价值资产得到有效处置。此外，部分特困企业出清重组后基本脱困。

【国有资本投向、布局和风险控制】 *资本投向、布局情况*　城区36家国有企业中，有资产存量的企业21家，各项资产存量为：商业铺面36间、5900平方米，办公用房7716平方米，仓库64521平方米，养殖滩涂1577亩，厂房土地51787平方米。存量资产基本为自用，部分资产对外出租并收取租金，维持企业的正常运营。

风险控制情况　根据区委编委《汕尾市城区国有资产管理中心机构编制方案》，由区国有资产管理中心对全区国有企业进行统一归口管理。为完善国有资本产权登记，建立完整资产管理系统，区国有资产管理中心聘请第三方会计师事务所对全区国有企业进行全面清产核资清查，摸清家底，确保国有资产资源不流失。

【国有企业改革】 按照省下达目标任务，2020年底前城区需改制的“僵尸企业”有12家，已经完成9家，原有职工人数657人，实施整体托管职工122人，安置人员535人，其余3家正在有序的推进中。

（陈宇星）

附：城区国有资产管理中心领导名录

主　任：刘家好

公共资源交易管理

【概况】 汕尾市公共资源交易中心城区分中心（以

下简称中心）原归口城区政府办公室管理，2019年，因机构改革，调整由城区政务服务数据管理局管理，属汕尾市公共资源交易中心分支机构，接受其业务指导。区交易中心主要职能是组织实施区政府集中采购项目采购工作和网上中介服务超市日常运营。2019年，区交易中心以数字政府改革建设为抓手，不断深化公共资源交易“放管服”改革，各项工作取得较好成绩。

【加强运行管理】 一是依法建章立制，完善内外部管理制度。在对外管理方面，制定了“开标纪律”“评标规程”“评审专家工作守则”等相关规定，确保交易工作公平、公正、公开。二是强化信息公开，完善信息发布渠道。将每个依法必须公开的采购项目的采购公告、中标公告等信息都依法依规在省级官方政府采购信息发布平台广东省政府采购网及时公开发布。中介服务项目严格按照《广东省网上中介服务超市管理暂行办法》，在广东省网上中介服务超市平台进行信息公开发布，并保证信息发布的时效性，接受社会监督，确保公共资源交易信息公开、透明。

【公共资源交易业务】 依法依规高效执行公共资源交易业务。

政府采购方面 区交易中心主要业务之一是受理由区财政局审批下达的区级政府采购项目。2019年，共受理城区30家单位采购项目42宗，采购预算金额5794.28万元，实际采购成交金额5690.74万元，节约资金103.54万元，节约率1.79%。采购项目涵盖教育、医疗卫生、劳动就业、民政、财政、市场监督等领域，充分体现了区委、区政府对医疗、教育、劳动就业、食品卫生等与人民群众息息相关民生领域的高度重视。

网上中介服务超市方面 4月底，市级中介超市顺利上线运行。区交易中心根据上级工作部署，迅速开展相关上线筹备工作，于5月上线运行区级中介超市，并于7月初顺利完成第一宗中介服务采购项目（区检察院侦查技术设施综合楼修缮工程造价咨询）。这是城区中介超市第一宗采购项目，也是汕尾市的第一宗。区交易中心全年完成5宗中介服务采购项目，全程实现无纸化、零跑动交易，为城区深化“放管服”改革发挥了应有的作用。区交易中心成立以来，依法依规认真完成采购任务，实现零质疑和零投诉。

绩效考核 2019年，区交易中心以扎实的工作成效通过了区财政局政府采购监督管理股就2018年度机构建设、制度建设、业务建设、档案资料保存等方面的政府采购业绩考核，取得了89.875分良好考核成绩。

（肖晓东）

附：汕尾市市公共资源交易中心城区分中心领导名录

主　任：孙务忠（2019年9月任）

市场监督管理

【概况】 2019年，根据区委机构改革总体部署，在原汕尾市城区工商行政管理局、原汕尾市城区食品药品监督管理局的基础上合并成立汕尾市城区市场监督管理局（以下简称区市监局），2月15日成立中共汕尾市城区市场监督管理局党组，3月3日区市监局正式挂牌。

2019年，区市监局深入学习贯彻落实习近平总书记重要讲话精神和中共十九大及十九届历次全会精神，以“不忘初心、牢记使命”主题教育为内生动力，紧紧围绕区委、区政府工作部署，积极实施质量强区战略，着力防范市场风险，强化监管执法和消费维权，全年累计出动检查执法人员23500多人次，检查经营户41900多家（次），全区市场监管工作得到全面加强，产品质量安全和市场健康秩序得到有效保障。

【党建工作】 一是及时成立了区市监局党总支、局机关支部委员会和老干部支部委员会，并完成了相关选举工作，确保各项党的基层建设工作有序推进。是年，培养入党积极分子4名，发展新党员3名，预备党员3名，转正党员2名。二是全面深入开展肃清李某、万某某流毒影响，深刻吸取教训，强化干部档案审核，着力打造一支团结廉洁实干的干部队伍。认真落实省巡视组反馈意见。及时整改办公用房及如实上报近亲属和“裸官”清理等问题。

【商事制度改革】 依法放宽市场准入限制，推进“一站式”服务，简化登记手续，全面实施“多证合一”等登记制度改革。实行“证照分离”，推行营业执照全程电子化登记管理，取消名称预先核准和营业执照遗失登报声明，实行了名称自主申报。进一步压缩企业开办时间，办理营业执照减少为1个工作日，食品经营许可证减少为10个工作日。

【企业登记注册改革】 提高开办企业便利度，实施“全程电子化”，推进“住改商”。3月1日，城区在全市范围内发放了第一份新版的营业执照。全年共新发展个体工商户3442户、注册资本2.17亿元、从业人7367人，注册资本数、从业人员数分别比2018年增长11.7%、4%；新发展企业523家，注册资本5.39亿元，有从业人数3499人，企业发展数同比增长12.3%。共受理食品经营许可2475份，新办理1819份，新办理小作坊证13份，办结药品经营许可申请68件，全区持证食品经营单位达5050家，持证率达90%以上，“六小”行业的持证率持续提高，持证药品经营单位135家。

【“个转企”工作】 促进企业升级提档，助力城区经济振兴发展，新增“四上”企业3家，新办理“个转企”322家。

【简化流程】 推进简易注销程序，通过简化和完善企业注销登记流程，构建便利、快捷、有序的市场退出机制，全年办结简易注销129户。

【动产抵押】 指导企业依法依规办理动产抵押登记。全年共办理动产抵押登记5件，抵押人所担保的主债权限额达1.42亿元，同比增长31.5%。

【攻坚“创国卫”】 一是紧紧围绕区委、区政府“创国卫”工作部署，把“创国卫”工作纳入重要议事日程。成立专班，制定方案，细化任务。二是100%落实市场监管三级网格化监管和“创国卫”网格化监管，加大KTV、酒吧食品安全、学校（幼儿园）及周边食品安全、网络订餐食品安全、早市夜市食品经营单位整治力度，强化市场经营主体责任意识。三是在全区范围内的市场和食品经营单位集中区域进行拉网式、全覆盖的巡查监管，全面开展食品“三小”行业和农贸市场经营单位专项整治，健全和规范健康教育设施和卫生设施，推进餐饮服务单位“明厨亮灶”与量化分级工作。全区“明厨亮灶”数为1297家（户），已量化分级数为2388家（户），量化率97.9%。四是全力推进备检点打造工作，对公共食堂、餐饮单位、熟食摊档、学校、幼儿园等实行定人定岗抓整改，一包到底，确保备检点的打造工作得到巩固和提升。全年共投入“创卫”经费23万多元，出动各类综合执法人员12477人次，检查商家单位3.7万多家（户）次，发出整改通知书1149份，关停整治166家，纠正规范乱摆放10231次，清理流动摊贩乱摆放1287处，开展志愿服务81场次，参与志愿服务945人次。

【扫黑除恶专项斗争】 一是根据区委、区政府、区扫黑除恶领导小组办公室的工作部署，区市监局把扫黑除恶营造公平良性市场营商环境摆上议事日程，共召党组会议7次、局务会议15次，制定《2019年工作要点和专项治理实施方案》，进一步完善《市场管理制度》和《市场管理机制》，明确工作职责，推进扫黑除恶专项斗争顺利开展。二是与市场业主签订《商品交易市场扫黑除恶专项斗争责任书》，落实市场业主责任，与市场业主签订责任书共计24份。三是制定《汕尾市城区市场监督管理局扫黑除恶专项斗争工作市场管理制度》，印制成市场管理制度牌，悬挂于辖区18个市场内，进一步规范市场秩序。制作2个宣传栏，更换举报信箱31个，印制一批宣传海报、宣传单、宣传展板、宣传横幅、联系卡及《致经营户的一封信》共计20879份，向农贸市场经营户发送扫黑除恶宣传信息共计5096条。共记录线索巡查摸排记录表514份、记录线索摸排走访表1151份。四是强化对区市监局各监管所扫黑除恶专项斗争工作的督导和指导，有效掌握各项工作情况，区市监局领导班子成员及扫黑办人员下沉到各监管所督导次数共计49次。

【产品质量检测及整改】一是强化快检抽检工作。将城区原有运行的5个快检室增加至10个，每天对9个市场完成蔬菜样品90批次和1个蔬菜批发市场完成蔬菜样品30批次以上的快速检测工作。全年开展食用农产品快速检测51765批次，处理不合格蔬菜、水产品数量1360.61公斤。开展药品抽检131批次，化妆品抽检25批次，食品抽检1415批次，按时完成上级安排的抽检工作任务。二是排查生产销售防盗网、电动车等电器产品经营户共1358家次，要求防盗网加工经营户前置开设逃生口342家，对辖区内65家电动摩托车和电动自行车经营户进行不定时抽查，立案查处3起，发放电动摩托车和电动自行车经营者产品质量安全主体责任承诺悬挂牌91块，发放题为“life+指导员”安全手册1000余份。三是加强特种设备知识和监管业务学习培训，加大对压力容器、气瓶充装、电梯、锅炉、游乐设施等特种设备生产经营使用单位的检查，共巡查各类特种设备使用单位21户次，检查特种设备40台次，开出特种设备现场安全监督检查记录表8份，督促商户完善特种设备相关台账，认真落实安全主体责任，提高安全防范意识。四是联合市市监局开展食品生产安全专项整治工作，排查出各类食品生产安全隐患44处，发出责令整改通知书36份。五是加大中药饮片质量、疫苗流通、“保健”市场乱象百日行动等专项整治，规范药品流通秩序，不断提高经营主体责任意识、质量意识和诚信意识。六是圆满完成区两会、五一、中考、高考和重点节假日期间及广东省第八届侨博会的食品安全保障工作。七是全面落实“双随机一公开”制度，共开展4次随机抽查工作，共随机抽查企业252家，通过抽查发现62家企业无法通过登记的住所（经营场所）进行联系，5家企业未按时年报，40家企业不予配合且情节严重，予以采取相应的监管措施。八是强化宣传教育，共发布食品安全预警公告10期，消费警示11期，发放各类市场安全宣传资料27200多份。

【畅通投诉举报】进一步加强合同行政监管工作，严厉打击房地产类、旅游类、汽车销售类企业经营者利用合同格式条款免除或部分免除自身责任、加重消费者责任、排除消费者权利及实施合同欺诈等违法行为，共检查相关企业34家，检查合同34份，尚未发现不合法条款。通过“12315”和“12345”投诉举报电话受理消费举报、投诉、咨询，强化消费维权，及时化解矛盾纠纷，重点抓好消费维权领域信访工作。全年共受理消费者申诉921宗，比2018年增长150%，成功调解510宗，挽回经济损失约230万元；接受群众咨询160件，及时处理群众信访事项8件。

【强化知识产权保护和广告监控】一是强化商标侵权行为整治，共查处商标侵权案件立案5宗，已结案5宗，罚款1.4万元。二是不断加强户外广告专项整治力度，查处违法广告案件1宗，罚款4000元，维护注册商标专用权和市场广告秩序。三是提前完成年度广告业统计工作，全区纳入广告业统计的有效广告企业共246家，较2018年增长28.1%，填报率为100%。四是加强对互联网广告和户外广告的日常监管，借助广东网络市场监管平台加强对261个主体网站和268个网络经济户口的检查，移除31个信息不符或无法打开网站。开展“2019网剑”行动，通过网上检查网站、网店54间，实地检查网站、网店经营者21次，督促商品交易平台删除违法商品信息6条。

【强化稽查办案】一是开展打击传销和规范直销行动。各镇（街道）均已建立了“无传销社区（村）”，辖区内共有32家直销企业经营户，其中，14家正常经营，18家已停业。二是积极开展整治“保健”市场乱象百日行动。对辖区内开办的健康生活馆、养身馆、保健品专卖店、直销企业等经营主体进行重点检查，立案查处2宗，罚没款0.71万元。三是全面建立经营异常名录管理制度。2019年共有50家（户）企业被列入经营异常名录，已有22家（户）改正违法行为后移出。全年来全系统共查处各类市场违法案件317宗，罚没款共计35万元，其中，对各类“四品一械”违法行为立案49宗，结案44宗，罚没款约6.2万元，移送公安部门案件1宗，吊销营业执照1宗。

（张桂嘉、吴细彬）

2019 年度汕尾市城区守合同重信用企业名录表

表 3

序号	企业名称	授予单位	授予时间	法定代表人
1	汕尾市城区文德市场服务管理有限公司	广东市场监督管理局	2020 年 6 月	黄守宝
2	汕尾市红太阳广告装饰工程有限公司	广东市场监督管理局	2020 年 6 月	曾昭建
3	汕尾市城区君凯大酒楼	广东市场监督管理局	2020 年 6 月	魏保巍
4	汕尾市城区捷胜红卫渔网厂	广东市场监督管理局	2020 年 6 月	林志权
5	汕尾市城区佳泰汽车修配厂	广东市场监督管理局	2020 年 6 月	蔡远钳

（区市场监督管理局）

附：城区市场监督管理局领导名录

党组书记、局　长：王建忠

党组成员、副局长：叶志光

杨辉森

曾招肯

林锡良

副局长（市局挂职）：方武坤

审　计

【审计管理体制改革】 根据《汕尾市城区机构改革方案》，组建区委审计委员会及其办公室，办公室设在区审计局，承担区委审计委员会日常事务工作。3 月 8 日，区委审计委员会办公室挂牌。

【审计工作成果】 根据上级审计机关的统一部署，围绕政策落实跟踪审计、财政审计、投资审计、民生审计、经济责任审计等业务板块合理确定审计项目计划。2019 年，共完成审计项目 19 个。审计查出主要问题金额 28858.67 万元，其中，违规金额 352.78 万元，管理不规范金额 28505.89 万元。出具审计报告和专项审计调查报告 25 篇，提出审计建议 59 条。

【重大政策落实情况跟踪审计】 按照审计署和省审计厅工作部署，认真开展重大政策落实情况跟踪审计。将审计工作重点突出在优化营商环境、降费减负、乡村振兴战略实施情况等政策措施贯彻落实上。组织市场监管领域降费减负专项审计、“稳就业”专项审计、医疗系统清理拖欠民营企业中小企业账款审计，推进“放管服”改革和优化营商环境情况审计调查，及时发现和纠正有令不行、有禁不止行为，促进政策落地生根，推动促进城区经济高质量发展。

【预算执行审计】 以促进部门提高依法理财能力和财政资金使用效益为目标，精心组织 2018 年度区本级财政预算执行审计。2018 年，区本级一般公共预算总收入 280195.39 万元，总支出 265166.74 万元。按照审计全覆盖要求，创新审计组织形式，探索运用大数据分析，首次尝试使用大数据对区直 60 多个预算部门财政综合管理信息系统数据进行分析，有效地提高了审计覆盖率。

【公共投资审计】 以加强政府性投资审计监督，提高政府性资金使用效益为目标，稳步开展公共投资审计工作。建立完善全区投资项目数据库，实行动态分析管理。持续对田家炳中学新教学楼建设工程建设情况进行跟踪审计，对区凤飞山至捷胜公路一期建设工程建设情况、区“一村（社区）一主题公园”建设专项资金使用管理情况开展审计，组织实施对9个省定扶贫村污水治理工程延伸审计。及时向区住建部门发出审计整改函，较好地发挥了基层审计机关助推乡村振兴战略精准脱贫工作的提质见效。相关做法得到市审计局主要领导的充分肯定和批示。

【经济责任审计】 以引导领导干部依法行政、科学决策，促进领导干部守法守纪守规尽责为目标，对新港街道办事处原主任、区农业局两任原局长、凤山祖庙旅游管理处原主任、东涌中学原校长5人进行任期经济责任审计。按照《汕尾市城区加强党的基层组织建设三年行动方案（2018—2020年）》的要求，根据《村民委员会组织法》等有关规定，制定《汕尾市城区村（社区）党组书记任期审计办法》，进一步加强对村（社区）党组书记履职情况管理和监督，促进基层党组织领导人员勤政廉政。

【机构审计】 以消除审计盲区，逐步实现审计全覆盖为目标，组织对区直机关工作委员会2012年8月至2019年2月党费管理和使用情况及2012年1至7月和2019年3月党费收缴情况进行审计。审计查出基层党组织越级申请党费等问题，区审计局针对存在问题依法作出审计处理意见。

【内部审计指导和监督】 区审计局对城区内部审计工作现状开展调研，召开内部审计工作座谈会，发放调查问卷，实地走访镇（街道）、区直机关、区属国有企业等单位，深入了解城区内部审计工作开展情况，听取相关意见和建议，形成调研报告。起草《汕尾市城区内部审计工作指导意见》，报区委审计委员会及区政府同意印发，填补了城区内部审计工作制度的空白，对全区进一步规范开展内部审计工作具有一定的指导意义。

【加大审计整改】 根据全市审计整改会议精神及区长罗光钊对落实审计工作的指示要求，坚持把审计整改作为审计工作的“最后一公里”，下足功夫狠抓落实，加大审计整改工作力度，落实审计整改工作责任，建立“问题清单”和“整改清单”台账，对整改工作落实情况实行动态管理，主动开展审计整改“回头看”。全年向被审计单位及时发出整改函6份，责成相关单位及时落实整改。

【上级机关审计工作】 6月至8月，选派审计业务骨干赴惠州市惠阳区参与省审计厅统一组织的2019年县级党委政府主要领导干部异地交叉审计工作，9月至11月选派审计人员赴揭阳市参加省审计厅统一组织的2019年精准扶贫脱贫和乡村振兴跟踪审计；配合市审计局开展2018年汕尾市国有企业和国有控股企业资产负债及经营风险专项审计调查、2018年困难群众基本生活保障政策落实情况审计、汕尾市2018年“红色村”党建示范工程扶持经费管理使用情况和汕尾市2018年党的基层组织建设保障经费管理使用情况的审计。

【监督检查】 联合区委组织部、区人社局等部门开展2018年1至8月违规发放津补贴清退工作；9月上旬联合区纪委、区农业农村和水利局、区政府办督查室等部门开展新一轮精准扶贫督查，加大进村入户调查力度，追踪政策落实和资金使用最末端，助力打好脱贫攻坚战。

【志愿活动】 一是定期组织党员干部职工到挂驻村开展“创文创卫”志愿服务活动，引导村民群众养成讲文明、讲卫生的良好习惯，改善挂驻村文明卫生环境。二是开展“文明交通我劝导”志愿服务活动，定期组织干部职工轮流到指定路口协助交警阻止闯红灯、越线的行人、摩托车、自行车等违反交通规则劝导志愿活动。

【党风廉政建设和队伍建设】 一是开展谈话提醒构建抓早抓小工作机制，制定谈话提醒计划，及时启动对审计干部的谈话提醒机制。二是建立廉政承诺制度，区审计局主要领导与分管领导、分管领导与审计项目负责人、分管领导与各股室负责人签订承诺书，层层压实廉政责任。三是进一步规范审计行为。结合巡察反馈意见，对《汕尾市城区审计局财务管理制度》等4个制度进行完善、修订；进一步加强审计工作质量管理，制定《汕尾市城区审计局审计项目审理办法》等8个管理制度；制定《汕尾市城区审计局行政执法公开制度》等3个制度。有效推动机关管理逐步走向科学化、制度化、规范化。四是以教育培训为抓手，全面提升审计人员综合素质，积极选派审计干部参加区委、区政府和上级审计机关各类业务培训，选派1名业务骨干脱产3个月参加第八期全省计算机审计强化班培训，考试通过审计署计算机审计中级考试；派出8名审计人员到南京审计大学参加为期一周的第二批全封闭审计业务培训，扩大了审计视野，增强了依法审计意识，有效地提升审计业务能力。

（钟华城、林映萍）

附：区审计局领导名录

局　长：陈焕明

副局长：魏小娟

总审计师：林巧文

统　计

【概况】 2019年，区统计局紧紧围绕全区中心工作，以党建统领工作，狠抓统计各项工作，努力提高统计服务能力和水平，不断提高统计数据质量，提升统计数据分析、监测和经济预测、预警能力，积极发挥统计职能作用，为城区经济建设和社会事业的发展做出了积极的贡献。

【组织建设】 认真学习贯彻《中国共产党党组工作条例》，落实党组职责，根据班子成员情况，及时调整领导班子成员分工。按照《中国共产党党章》要求，3月22日举行了换届选举大会，选举产生了新一届党支部班子；此外，按照《中国工会章程》，7月1日召开工会换届选举大会，选举产生了新一届工会委员。

【党风廉政建设】 以落实党风廉政建设责任制为抓手，坚持带头履行“一岗双责”，把反腐倡廉工作融入统计改革和发展之中，切实提高党风廉政建设和反腐败工作成效。

【法治建设】 坚决贯彻落实区委区政府关于法治建设重点部署，切实落实责任，深入依法治统工作，坚决落实“谁执法谁普法”，积极与贯彻落实密切相关的部门进行沟通，主动宣传和解读《中华人民共和国统计法》（以下简称《统计法》）精神，争取部门的配合和支持。严格落实统计造假、弄虚作假专项整治行动，成立专项整治工作领导小组，切实加强对专项行动工作的领导，不断规范工作分工及职责，确保问题有效解决。

【第四次全国经济普查】 2019年，区统计局合理安排，周密布置城区第四次全国经济普查工作，做到机构、人员、经费、宣传四到位。从村（社区）、社会各界聘请了400多名普查指导员和普查员，面向全区共发放4120份《第四次全国经济普查单位普查告知书》，对各普查区开展“地毯式”的单位清查和个体经营户调查。按专业要求明确责任进行普查登记，各专业人员认真履行职责，及时掌握解登记过程中出现的问题，严格按照方案规定，认真审核，进行数据处理，高质量按时上报市普查办，顺利通过省市经济普查质量验收。城区第四次全国经济普查工作得到上级肯定，区统计局获得“广东省第四次全国经济普查优秀集体”的称号。

【统计业务和队伍建设】 及时做好常规统计报表工作。2019年，区统计局认真履行统计监测经济运行职责，强化统计业务培训，严格贯彻实施统计报表制度，深入基层、深入企业，积极开展统计调查，认真收集、整理、审核统计资料。全面、准确、及时完成上级统计部门布置的工业、农业、交通运输、建筑业、贸易、投资、能源、服务业、劳动工资、综合核算等各统计专业，2019年统计年报和2019年1—12月定期统计报表任务，全区经济发展成果得到全面、真实、客观反映。

强化常规统计工作。区统计局加强与区各部门的协调配合，协助城区每季度召开经济运行分析会议，加强报表审核评估，确保统计数据质量。做好企业“升规入统”（即企业由小微企业升为规模以上企业，纳入统计联网直报平台）工作。联合发改、住建、科工信、市监等部门对全区投资项目、拟申规申限企业进行调研摸排，督促达到条件的新增企业及时进行申报入库工作。2019 年全区新增“四上”企业（是指规模以上工业企业、资质内建筑业和房地产开发经营企业、限额以上批发零售住宿餐饮业企业、规模以上服务业企业四类规模以上企业的统称。）29 家。

推进专项调查工作。认真落实国家、省、市布置的各项统计调查工作任务，包括能源、科技、规模以下工业、服务业抽样统计、人口变动抽样调查和企业景气调查等工作。组织全区共 90 户的住户日常记帐的工作，同时完成了市调查队统一部署的畜禽调查。

推进基层统计工作规范化建设。一是加大经费投入。筹集统计专项资金下拨至各镇（街道），用于改善统计办公环境，配置统计专用计算机。二是进一步夯实统计基础。积极争取区委、区政府对统计工作的重视，确保专职统计员集中精力做统计。三是完善经济分析会议制度。每季度召开一次经济分析会议，重点对区域经济发展形势、指标任务进行认真分析，提出相应建议对策。四是建立健全统计工作责任体系。由区政府发文，明确部门和镇（街道）主要领导对统计工作负总责，分管领导负具体责任，调查对象负主体责任。各镇（街道）、部门、企业形成合力，充分发挥统计监督职能，切实做到精准统计、应统尽统。

提升统计服务水平。按照省、市统计部门要求，扎实有效地开展基本单位名录库数据审核，及时对名录库进行了更新维护；开展一套表调查单位全面清查工作，并对存在的问题进行有效整改；协助市统计局开展了“双随机”抽查，未发现城区有统计违法违纪行为单位；精心编印统计资料汇编，及时发布经济指标完成情况，为区党政领导和相关部门掌握全区经济形势提供重要渠道；积极撰写每季度的经济运行分析报告，为重要会议和有关部门提供统计服务，特别是及时、全面地为城区两会以及经济工作会议提供经济运行状况的分析、主要经济指标完成情况以及有关指标的对比等统计资料；积极参与全区乡村振兴实绩考核体系，同时还与区妇联合作，组织了妇儿状况监测。

切实加强统计队伍建设。一是统计人员能力提升培训。9 月，组织该局分管领导、业务骨干赴重庆大学参加统计能力提升培训班，重点培训统计职业道德、统计信息分析、大数据开发利用等；9—10 月，组织该局业务骨干参加广东省统计执法证培训和考试、组织各专业人员参加全省行政执法培训和考试。二是统计人员分类培训。充分利用统计年报培训会，针对乡镇（街道）统计员的培训主要以报表审核、查询、汇总为主；针对企业统计员的培训则以指标讲解、填报为主。三是切实改进工作作风。大力弘扬“真实可信、科学严谨、创新进取、服务奉献”的统计核心价值观，进一步提高统计工作人员的法律意识，坚持实事求是、依法统计，自觉抵制在统计上弄虚作假的行为。

加强法治宣传。加强《统计法》的学习宣传，12 月，区统计局联合市统计局、国家统计局汕尾调查队开展了《统计法》颁布纪念日宣传活动，宣传活动以“弘扬法治精神、全面依法治统”为主题，设立咨询台、现场提供咨询，向过往群众发放《统计法》《中华人民共和国统计法实施条例》等法治宣传资料，进一步拉近统计部门与广大市民的距离，使群众进一步全面了解统计法律法规知识，增强依法统计意识和观念，营造依法治统良好的宣传氛围。

【经济和社会发展】 2019 年，全区实现地区生产总值（GDP）277.74 亿元，同比增长 8.0%;实现规模以上工业增加值 78.65 亿元，同比增长 18.7%;实现农业总产值 42.84 亿元（快报数），同比增长 4.7%;完成社会消费品零售总额 101.40 亿元，同比增长 7.0%；完成固定资产投资 170.19 亿元，同比增长 29.2%；完成一般公共预算收入（本级）63682 万元，同比增长 9.1%。

2019年城区主要经济指标完成情况表

表4

指标名称	计算单位	2019年完成数	同比增长（%）
国内生产总值（GDP）	亿元	277.74	8.0
规模以上工业增加值	亿元	78.65	18.7
农业总产值	亿元	42.84	4.7
社会消费品零售总额	亿元	101.40	7.0
固定资产投资总额	亿元	170.19	29.2
一般公共预算收入	万元	63682	9.1
全体常住居民人均可支配收入	元	25863	8.1

说明：此表数据为初步统计数，并按可比口径计算

【居民收支与消费】 2019年，区政府把稳就业作为“六稳”（指的是稳就业、稳金融、稳外贸、稳外资、稳投资、稳预期）之首，坚持实施就业优先政策，全区就业形势持续稳定，就业规模不断扩大，居民收入稳定；有效激发市场主体活力，促进市场主体收入增长，多措并举促进城乡居民增收，增强消费能力，全区常住居民人均可支配收入与GDP保持同步增长。2019年，全区城镇常住居民人均可支配收入为28685元，同比增长7.8%；全区农村常住居民人均可支配收入为16850元，同比增长9.8%，农村居民收入增长继续快于城镇居民，城乡居民收入差距进一步缩小。2019年，全区城镇常住居民人均消费支出为21723元，同比增长8.1%；全区农村常住居民人均消费支出为14003元，同比增长10.0%。居民服务性消费增长较快，居民生活质量不断提高。

2019年城区常住居民人均可支配收入与人均消费支出情况表

表5

项目	全体常住居民	同比增长（%）	城镇常住居民	同比增长（%）	农村常住居民	同比增长（%）
人均可支配收入（元）	25863	8.1	28685	7.8	16850	9.8
人均消费支出（元）	19882	8.5	21723	8.1	14003	10.0

说明：此表数据由国家统计局汕尾调查队反馈提供

（林伊露）

附：城区统计局领导名录

局　长：陈永潮

副局长：邓　光（2019年3月任）

谢维拉（2019年3月任）

王灯彩（2019年3月离任）

自然资源管理

【概况】 根据《汕尾市城区机构改革实施方案》文件规定，将相关机构的国土资源、城乡规划管理职责，区发展和改革局的配合组织编制主体功能区划职责、区林业局的林业管理职责、区海洋与渔业局的海洋资源管理、区水利局的水资源调查和确权登记管理行政职能整合，组建区自然资源局，为区政府正科级组成部门。根据中共汕尾市委深改办《关于印发〈关于厘清市与城区相关领域事权的意见〉的通知》等文件精神，承接市下放国土资源管理领域的县级地质矿产管理职责、测绘管理县级权限、国土卫片巡查执法、城区征地具体事务、耕地保护、土地利用年度计划编制、土地调查权属纠纷等8个方面的职责，该局成立后于2019年3月8日上午正式挂牌。

【土地资源】 2019年年末，全区土地利用如下：

农用地　城区农用地面积共19860.56公顷，占全区土地总面积28315.96公顷的70.14%。农用地包括耕地、园地、林地、其他农用地四类。

耕地。共3190.57公顷，占当年全区农用地面积的16.06 %，占全区土地总面积的11.27 %。随着经济社会的发展，人口的逐年增加和耕地被建设占用，人均耕地占有量逐年减少。2019年年底，全区人均占有耕地0.01公顷，低于联合国粮农组织确定的人均耕地警戒线0.053公顷的水平。

园地。共2092.49公顷，全部是果园，占全区农用地面积的10.54%，占全区土地总面积的7.39%。由于粮油市场价格持续处于较低的水平，农民改种其他经济作物增加收入而占用耕地。

林地。共13745.88公顷，林地是农用地的主体，也是全区土地利用的主体。

其他农用地。其他农用地面积2929.47公顷，占当年全区农用地面积的14.75%，占全区土地总面积的10.35%。

建设用地　全区建设用地共5954.97公顷，占全区土地总面积的21.03%。建设用地包括城镇村及工矿用地、交通用地、水域及水利设施用地等。

城镇村及工矿用地。包括城市用地、建制镇设施用地、村庄、采矿、风景及特殊用地，面积共4868.29公顷，占全区土地总面积的17.19%。

交通用地。包括公路用地、铁路用地和港口码头用地类，面积为397.43公顷，占全区土地总面积的1.4%。

水域及水利设施用地。包括水库水面和水工建筑两类，面积共689.25公顷，占全区土地总面积的2.43%。

未利用地　未利用土地面积共2500.43公顷，占全区土地总面积的8.83%。

（注：以上数据为2018年数据，因2019年开展“三调”工作，其数据仍未能公开使用。）

【资源管理】 做好用地组件报批工作　截至2019年12月2日，共完成征地组件报批5个批次，报批总面积186.3363公顷，5个批次征地组件都已经市政府出具征地补偿公告，并经公证处公证张贴。

推进水田垦造工作　根据省、市有关文件要求，在区政府高度重视和市自然资源局的支持指导下，全力推进市区垦造水田工作，城区自然资源局管理局联合省建工集团及各相关镇、村进行调查了解和论证，确定对捷胜镇埔尾、联安等4个村位于捷胜粮库附近的333.35亩水浇地进行水田垦造，预计总投资2536.26万元。该局已联合区财政局、区农业农村和水利局对该项目进行立项，制定《汕尾市城区垦造水田拆迁补偿方案》，已与村委确认边界线，施工队于2019年9月底进场。由于该项目涉及农户较多（约1300户），对土地确权和地上物补偿工作带来很大的工作量，进度缓慢，将加快推进该项工作。

补充耕地整改核查　根据自然资源部审核结果及整改要求，城区需整改项目4个，总面积约1457亩。4个项目在2019年底前完成的有：2001年捷胜镇易地开发补充耕地项目13.8亩；另外对2000年捷胜镇补充耕地项目中的问题图斑10亩进行了整改，共申请区财政整改费用11万元，项目整改内容包括拆除房屋约50平方米，挖深沟排水167米，清表犁地23.8亩等。已完成整改，并通过国家审核系统。

开展城区第三次国土调查工作 2018年11月14日完成该项目招标工作，成立了外业调查组和内业调查组，积极与中标作业单位对城区的土地利用现状、土地权属。土地条件进行全面调查，并建立建设用地专项数据库、耕地质量等别和耕地分等定级专项数据库。城区“二上”数据库已通过国家及省级数据库质量检查系统。

加大执法监察力度，开展卫片执法整治工作 1. 检视问题，落实整改。为全面掌握城区卫片执法整改工作落实到位，在2019年度卫片执法违法用地查处工作开展以来，城区政府多次组织各镇（街道）、区自然资源局、区住建局等召开专题工作会议，检视存在问题，严守耕地红线，协调督促各镇（街道）和区各职能部门加快卫片执法整改工作。截至8月10日，城区2019年自然资源部下发第三、第四季度已落实整改违法用地587.8亩（含耕地面积48.6亩），其中，拆除建筑物866.6平方米，完善用地手续面积555.86亩（含耕地面积21.7亩），复耕面积26.9亩，复绿面积5.04亩。2. 逐一梳理，理清原因。全区违法用地占用耕地总面积276.9亩。根据自然资源部关于一户一宅，国家、省重点项目，非新增建设用地占用耕地均不纳入问责比例的统计规则和要求。截至8月10日，剔除非新增建设用地耕地面积24.3亩后，剩余252.6亩，再扣减国家省重点项目耕地面积191.8亩、一户一宅耕地面积11亩、已完善用地手续耕地面积19.5亩、复耕面积23.8亩，剩余耕地面积为6.5亩，在同时加上扣减项目中重复扣减部分耕地面积0.2亩，则城区剩余耕地面积为6.7亩，违法占用耕地红线比例为2.67%。

严厉打击破坏森林资源的违法犯罪活动 森林督查涉及城区的变化图斑共40个，已全部进行实地核查。核查结果为：国家林业与草原局下发汕尾市城区40个图斑面积，共127.3223公顷，属于林地的28个，面积122.2963公顷，属于非林地的12个，面积5.1546公顷。属于林地的28个图斑中，属于误判的图斑4个，均未发现明显变化，属于新农村建设的图斑2个，属于地质灾害后整理的图斑1个；其他21个变化图斑中办理林地审批手续用的图斑6个，审批面积5.8082公顷，违法占用林地未经审批的15个图斑中占用林地违法采伐的图斑10个，对违法违规使用林地的行为进行全面查处，并督促各镇（街道）及时落实整改。

用地规划工作 用地预审方面。2019年完成《关于县道X124线汕遮路至捷胜段改建工程项目建设用地》用地预审和出具《汕尾市区工业大道西段等市政综合工程建设用地》预审初审报告送市自然资源局审批。征地组件报批方面，截至2019年12月2日，共完成征地组件报批5个批次，报批总面积186.3363公顷，都已经市政府出具征地补偿公告，并经公证处公证张贴。

节约集约促进土地利用方式转变 2019年，城区新增“园林片区”“三旧”改造项目，为切实推进该项目建设，按照区“三旧”改造工作领导小组2019年10月22日的工作会议要求，10月25日，城区“三旧”办向市推进“三旧”改造工作领导小组办公室上报《关于园林片区“三旧”改造前期工作及改造范围确认的审查情况》，正在等待市“三旧”办的审核并进行下一步程序。

【林业管理】 做好省级生态公益林落界、精细化管理系统建设准备工作及芳荣示范区建设 及时落实工作经费，并成立工作专班，聘请省岭南院勘查设计院负责技术服务工作，主动做好省级生态公益林落界和精细化管理工作。聘请了芳荣示范区8名专职护林队员，加强日常巡护工作，强化对示范区森林资源的保护力度，同时设置示范区提升建设林业生态科普教育宣传栏1座，设置2个示范区永久性警示牌，制定《汕尾市城区芳荣示范区专职护林员的管理考核办法》，加强管理及工作绩效考核。

大力开展生态修复 2019年，实施森林碳汇、沿海防护林、山体美化绿化等造林面积17005亩；绿化美化建设村9个；中幼林抚育面积48810亩；山体复绿面积25200平方米；投入资金4000多万元。组织实施“3·12”义务植树活动，栽植景观苗木6000多株；加强林业有害生物防控工作，实施薇甘菊防治面积2800亩。全面完成省级林业重点生态工程项目核查工作。

切实抓好森林防火工作 一是实施森林防火网格化管理和山长制。落实85名山长的责任，层层压实责任，实现森林防火工作有人抓，事有人干，山有人巡，火有人扑，问题有人解决。二是加强宣传。通过悬挂横幅标语、张贴通告、媒体报道、派发宣传资料等，使森林防火宣传教育真正入耳、入脑、入心，进一步提高全区群众的森林防火意识。据统计，2019年，印发《广东省森林防火条例》5000多册，《致全区人民的一封信》5万册，悬挂宣传横幅100余条。三是加强巡逻。落实护林队伍坚持全日巡逻，加大巡护力度和野外火源管控，确保火情信息及时传递，做到出现火情早发现、早报告、早处置。全年无发生森林火灾，火情16宗。

编制全区森林资源数据 1.全区共有3个自然保护地，包含3个市级森林公园和1个县级湿地公园，总面积为600公顷。属市级森林公园的有：汕尾市铜鼎山森林（郊野）公园（面积为120公顷）、汕尾市大华山森林公园（面积为320公顷）、汕尾市大鹏山森林公园（面积为160公顷）。经多次与省、市主管部门沟通协调及实地调查，该局提出了全区自然保护地整合优化初步方案。2.开展对红树林现状调查工作，发现全区现有宜种红树林滩涂面积7.6公顷，将计划2020年向省、市林业主管部门申请红树林保护修复专项项目。

（林惠清）

附：区自然资源局领导名录

局　长：李树荣

副局长：郑伟雄

副局长：冯生杰

副局长：郑达生

总工程师：黄捷池

土地征储、开发

【概况】 2019年，根据《汕尾市城区机构改革方案》，城区征地服务中心由原区地产公司和区土地资源开发中心整合组建而成，为区自然资源局属下事业单位，副科级，公益一类。

【土地征收储备工作】 2019年，指导、协助各镇（街道）完成签订征地协议3874亩，含汕尾理工学院（原马宫渔港）、金町湾三期、中轴线片区储备用地；中医院、新衢路、城西大道建设用地及夏楼尾山公共设施用地等重点建设项目。指导配合各镇（街道）完成征地补偿5683亩，并全力开展2019年度之前各项重点项目的征地补偿扫尾工作。对接市征地服务中心做好各片区征地补偿资金结算工作，其中：已结算项目：金町湾二期储备土地，红草园区2017年度4500亩，污水处理点；正在结算：马宫理工学院一期、中医院、保利地块、东涌镇中心医院。

【“创文创卫”工作】 2019年，挂驻凤山街道新林社区开展“创文创卫”各项工作，为社区解决“创文创卫”工作经费8万多元。组织挂驻人员配合社区工作人员进村入户，开展安全生产、森林防火、扫黑除恶、禁毒等宣传工作。

（林海彬）

附：城区征地服务中心领导目录

主　任：郑汉为

财税·金融

财　政

【概况】 2019年，汕尾市城区财政局（以下简称区财政局），坚持新发展理念，继续实施积极财政政策，推动高质量发展，严格按照区委、区政府工作部署，在区人大的监督支持下，聚焦主责主业，扭住收支“牛鼻子”，全区财政收支情况良好，圆满完成了全年财政工作任务，保持全区经济社会持续健康发展，为全区高质量发展提供坚强的财力保障。

【财政收入】 2019年，全区一般公共预算总收入完成29.85亿元。其中，区本级一般公共预算收入6.37亿元，完成年度收入目标的100.07%，比2018年增收0.53亿元，同比增长9.08%，增速全市第二。其中：税收收入4.24亿元，比2018年增收0.17亿元，同比增长4.25%；非税收入2.13亿元，增收0.36亿元，同比增长20.17%。转移性收入

23.48亿元，包括：返还性收入0.45亿元、一般性转移支付收入15.88亿元（含市下达的土地出让金分成收入5亿元和省临时救助资金1.6亿元）、专项转移支付收入2.74亿元、上年结余收入1.50亿元、上级追回专项资金追减数0.11亿元、调入资金1.08亿元、债务转贷收入0.80亿元、动用预算稳定调节基金1.14亿元。

【财政支出】 2019年，全区一般公共预算总支出完成29.57亿元。主要包括：完成一般公共预算支出25.94亿元，增速全市第三（含区本级支出16.07亿元，同比增长13.61%）；转移性支出3.31亿元，包括上解省市支出3.20亿元、安排预算稳定调节基金0.11亿元（其中，2019年超收收入46万元结余补充预算稳定调节基金，清理存量基金304万元，清理满两年未使用资金729万元）；地方政府债券还本0.32亿元。

其中：1.八大类支出完成20.80亿元，比2018年17.89亿元增支2.91亿元，同比增长16.25%，占2019年一般公共预算支出25.94亿元的80.18%，增速全市第三。主要包括：一般公共服务支出4.18亿元占16.11%，同比下降3.55%;公共安全支出0.41亿元占1.60%，同比增长26.62%;教育支出8.06亿元占31.08%，同比增长27.53%;社会保障和就业支出3.03亿元占11.69%，同比增长0.86%;卫生健康支出2.86亿元占11.01%，同比增长11.62%;城乡社区支出2.11亿元占8.15%，同比增长63.71%。

2.农林水支出4.09亿元，同比增长0.43%。

3.文化支出0.68亿元，同比增长3.12%。

收支相抵情况：2019年一般公共预算收支相抵结余及结转0.28亿元，主要是上级追加专款结转2020年使用支出0.28亿元。

【财税管理】 一是积极抓好财税收入。积极应对减税降费等因素带来的减收影响，强化对收入工作的组织协调和目标管理，加强财税收入形势分析和部门联动，在不折不扣落实中央和省出台的各项减税降费措施的前提下，加强对重点行业、主要税种、重点税源的跟踪管理，努力挖掘耕地占用税、契税等地方税种增长潜力，狠抓行政事业性收费、罚没收入、国有资产处置和有偿使用（租金）收入等非税收入征管。二是积极对接市相关部门争取摘牌土地收益分成收入。因经济下行、土地摘牌拍卖滞后、收益不及预期，加强跟班对接，协调市国土、财政、银行落实资金对账，对平衡预算、完成年初收入目标起重要作用。三是积极盘活财政存量资金。完善存量资金清理回收机制，加大财政存量资金清理盘活力度，2019年全区共盘活财政存量资金0.46亿元，及时回收各类存量沉淀资金投向亟需领域。四是积极向上争取资金。抢抓海陆丰革命老区财政扶持政策机遇，积极与省财政厅对接革命老区扶持政策，争取上级资金支持和政策扶持，2019年全区共争取上级各项转移支付资金19.87亿元（含海陆丰革命老区各项扶持资金4.22亿元）。五是积极争取地方政府性债券资金。着力抓好项目遴选，完善新增政府债券项目库，积极组织做好2019年地方政府新增债券需求申报工作。2019年，全区共争取新增政府债券资金0.5亿元、置换债券资金0.3亿元，积极拓宽建设资金来源。

【优化支出结构】 一是投入教育支出8.06亿元，助力深化教育领域综合改革，推进教育优质发展。二是投入医疗卫生与计划生育支出2.86亿元。助力深化公立医院改革，加快建立现代医院管理制度和综合监管制度，做好重大疫病防控，深入开展爱国卫生运动。三是加大基层组织保障。坚持财力向基层倾斜，全区统筹投入4.21亿元（其中区本级投入2.48亿元）支持镇（街道）社会事业发展和基层经费保障。四是大力支持扶贫、脱贫乡村振兴战略。2019年全区农林水科目支出4.09亿元。加强中小河流整治、新农村建设、林业生态建设、危房改造、农业产业园政策支持，落实农业支持保护补贴、农业保险补贴等各项强农惠农财政补贴政策，加强财政扶贫资金动态监控，实现财政扶贫资金的拨付、管理使用情况全过程监督，提升扶贫资金使用绩效。五是落实“创文创卫”等中心工作经费保障，统筹资金13.04亿元投入“创文”、环境卫生整治、“三清理三拆除”、“厕所革命”、“一村（社区）一主题”公园、社区背街小巷保洁、乡村保洁经费等中心工作。

【财政改革创新】 一是深化预算管理改革。出台《关于深化汕尾市城区区级预算编制执行监督管理改革的实施意见》，以深化预算编制执行监督管理改革为重点，将财政管理重心从全流程预算管控转变为聚焦预算编制、优化预算执行、强化预算监管，稳步推广“大专项+任务清单”管理模式，统筹推进零基预算、中期财政规划和项目库改革，促进预算管理优化协同高效。二是推进涉农资金统筹整合改革。建立涉农资金统筹整合长效机制，出台《汕尾市城区涉农资金统筹整合实施方案（试行）》，将涉农资金统筹整合成农业产业发展、农业农村基础设施建设等6大类资金，实现跨部门、跨领域涉农资金整合，促进涉农资金使用由分散到集中、从低效到高效转变。三是全面实施预算绩效管理。全面推开全过程绩效管理改革，制定区级预算绩效目标管理办法，建立全过程预算绩效管理链条，完善预算绩效指标库，推进绩效信息公开和结果应用。

【财政管理】 一是严格支出管理。树立过“紧日子”思想，除刚性和重点项目支出外一般性支出按不低于10%的比例压减，强化预算约束，严格控制超预算支出，加强库款调度管理。二是持续推进财政预决算信息公开。规范预决算公开形式，按照新统一的模板公开预决算信息，落实监督检查机制，确保预决算公开的内容真实、准确、规范，推进“阳光财政”建设。三是深化政府投资项目评审“放管服”改革。优化投资评审流程，放宽区级财政投资项目预结算送审额度的范围，对政府投资单项建安工程金额在50万元以下的政府投资项目采取备案制。四是规范政府采购管理。进一步规范政府采购预算编制和执行，着力做实做细政府采购预算，坚持预算约束，监督指导预算单位依法依规开展采购活动。五是加强财政监督检查。健全日常监督机制，结合省巡视反馈意见整改和“以案促改”，深入开展财政收支真实性、预决算公开、会计信息质量、“小金库”、村居两委“白条账”等专项检查，规范财政资金使用管理行为。六是加强会计业务管理培训。认真贯彻实施政府会计制度，确保新旧制度顺利衔接、平稳过度，稳步推进农村财务管理、公务用车管理等工作，积极做好会计人员的培训、继续教育等工作。

（陈贵层、国子敖）

附：城区财政局领导名录

局　长：吴秋业

副局长：蔡奋雄（2019年2月离任）

　　　　朱钦文（2019年2月任）

　　　　张开宇

税　务

【概况】 汕尾市城区税务局 (以下简称区税务局) 负责汕尾市直和城区的税收征收管理以及由税务机关负责征收的社会保险费等8个费金项目的征收管理。区税务局14个内设机构，4个派出机构（税务分局）。

2019年，城区税务系统围绕“打基础、促规范、抓落实”的总体要求，统筹抓好各项重点工作，圆满完成各项改革发展任务，展现了新时代新税务新担当新作为。2019全年共组织税费收入540671万元，同比增长7.7%。其中：国内税收收入288577万元，增长2.7%；社保收入（含职业年金）157695万元，增长55.7%；海关代征收入85968万元，下降22.78%；非税收入8387万元，与2018年持平。国内税收288577万元，其中：中央级126973万元，增长1.73%；省级55582万元，增长2.55%；市县级106022万元，增长4.25%；区级非税收入（不含工会经费）2524万元，增长21.57%，圆满完成了中央、省、市、区各级税费收入任务，得到各级领导的充分肯定，为促进国家和地方经济社会发展做出应有的贡献。

【群团建设】 群团建设百花齐放。广泛开展“模范职工之家”“青年文明号”“巾帼文明岗”等精神文明创建工作；实施“党建+精准扶贫”工程，让党旗飘在脱贫攻坚第一线；局领导班子亲自带头，组织党员志愿者投身扶贫攻坚值班值守、“创文创卫”等活动，充分发挥党建带群建的连带作用，团结引导广大党员和干部职工坚定不移听党话、跟党走。

【税收职能】 主动担当，推动税费收入增长与经济发展相适应、相协调。2019年，共组织税费收入540671万元，比2018年增长7.7%，圆满完成了中央、省、市、区各级税费收入任务，得到各级领导的充分肯定，为促进国家和地方经济社会发展做出应有的贡献。一是坚持组织收入原则，切实做到“五个坚决”。即：坚决依法收好税，坚决不收“过头税费”，坚决落实减免税，坚决加强税收征管，坚决打击偷骗税，严防虚收空转和突击收税。二是精准收入分析预测。密切关注城区经济发展变化和税制改革情况，深入各行业走访调研，进一步摸清城区税源情况，对常规性税源做到心中有数，对偶发性税源做到密切监控，并抓紧做好减税降费规模测算，做足做好收入预案，始终抓住组织收入主动权。同时，积极开展跨区域、跨部门、跨层级联合分析，优化经济分析应用平台，完善税收经济分析指标体系，围绕社会关注度高的热点、焦点和税收经济改革重点，不断拓宽分析的广度和深度，精心打造税收经济分析拳头产品，完成3篇税收经济调研性文章，得到区政府主要领导的批示肯定。

【减税降费】 把落实好减税降费政策措施作为全年税收工作的主题，摆在重中之重的突出位置。一是贯彻落实“稳”。成立减税降费工作领导小组，抽调精干力量，组成11个工作小组和工作专班，明确责任主体，紧扣时间节点，对标对表开展好每一项减税降费措施，确保减税降费政策落地、落细、落实。二是政策辅导“准”。密切跟踪各种减税降费政策措施实施情况，通过纳税人学堂、上门辅导、专题宣讲等方式开展面对面的政策辅导，开展扣缴义务人及自然人纳税人现场培训，及时帮助重点企业纳税人、缴费人明晰政策口径和适用标准，确保准确理解和充分享受。三是宣传渠道“广”。举办“税务杯”青少年围棋赛、“减税降费措施为促进粤港澳大湾区经济发展服务”“70少年写中国，税法宣传进校园”“减税降费，文明同行”徒步骑行等丰富多彩的宣传活动，确保各项政策措施落实落地。

【税收执法】 坚持依法治税原则，在城区“谁执法谁普法”履职评选活动中综合评分获得全区第一名。一是推行行政执法公示制度，税务执法公开透明。健全公示动态管理机制，依法全面准确及时主动公开税务执法主体基本信息，规范执法“亮证”和告知说明工作，税务执法时，出具执法文书，主动告知当事人执法事由、执法依据、权利义务等内容；规范办税服务场所信息公示，在办税服务场所设置岗位信息公示牌，提供申请材料示范文本、咨询服务、投诉举报等信息，规范事前、事中、事后公开的主要内容、标准、规则、工作机制、监督检查等事项。二是强化执法“三项举措”，提升普法水平。严格执法制度，持续推进税收执法规范，公开透明地接受全社会对税务执法行为的监督；整顿税收秩序，实施规范化的分级分类管理和风险析别应对措施，开展打击虚开增值税发票等各项税收违法行为；实施守信激励和失信惩戒，积极开展纳税信用知识普及，扩大纳税信用管理范围，营造诚信纳税氛围；推行数字防控，上线内控机制防御和管理评价系统，强化对执法过错疑点的监控和税收风险管理，持续提升依法治税水平。

【纳税服务】 深入推进“放管服”，全面落实各项便民惠民利民举措，确保办税更高效、程序更规范、服务更贴心。一是高度整合资源，实现“双提速”。整合办税服务厅办税资源，构建前台大厅和电子税务办税厅双运转格局，办税厅纳税人拥挤现象得到有效缓解；梳理业务事项清单，整合报送资料，统一资料归档，真正实现了“一厅通办”到“一窗通办”的便民办税模式，办税服务厅已经达到全省一类办税厅的标准；借助信息化手段，实现“双提速”，即平均办税时长从2分56秒降至1分50秒，平均等候时间从32分13秒降至4分54秒。二是拓展宣传渠道，实现“全覆盖”。以邮递“减税降费宣传辅导资料”方式实现辖区内万余户纳税人宣传全覆盖，拓展宣传辅导渠道，并借助人工送达的方式，同时达到户籍巡查的效果。三是探索智能办税，解决“两头跑”。在东涌、红草2个基层分局配置自助办税终端，有效解决偏远地区纳税人上门办税（费）不便难题；推出“税务邮你”服务，积极推广发票领用“网上申领、线下配送”便利措施，推出 A 级纳税人“税务邮你”服务。

【征管业务】 持续夯实税费管理基础，抓实工作衔接运转，增强税费治理能力。一是狠抓重点税源管控。紧抓重点税源，严密监控企业原材料购进、产品出厂价格变化情况以及企业申报资料的审核，深化税源分析，摸清税源底数，确保重点税源税收实现有效增长。二是不断提升征管质量。健全税收征管质量能力评价制度，探索“指标+模型+评级”的税收征管质量评价方式；综合运用纳税评估、以票控税、大数据管税等手段，加强发票管理，严格做好对企业日常申报资料的审核。三是推动税种管理科学化精细化。探索建立增值税管理配套办法，突出加强重点行业的税收管理；优化升级增值税发票全链条智慧防控管理，持续开展增值税发票风险快速反应工作；积极应用企业所得税智汇管理服务平台，逐步解决企业亏损面及零申报面居高不下问题。四是超额完成“两居”征缴任务。积极同社保部门进行沟通协调，制定“一站式”服务方案，实现城乡居民参保登记、核定、签约、缴款“一站式”服务，避免缴费人“两头跑”。

（孙冬奇）

附：区税务局领导名录

党委书记、局长：郑　亮

党委副书记、副局长：郑少奕

党委委员、副局长：陈建慧

罗伟锋

蔡锦涛

邓绍润

彭怡生

吴海平

谢　戈

邱海山

党委委员、纪检组长：黄壮龙

2019年度纳税额50万元以上企业一览表

表6 单位：元

序号	企业名称	税额总额
1	汕尾市弘扬碧桂园房地产开发有限公司	163722792
2	汕尾市保利房地产开发有限公司	157040997
3	广东烟草汕尾市有限公司	147113421
4	汕尾星河湾房地产开发有限公司	110075134
5	汕尾市万业房地产开发有限公司	76293773
6	汕尾市润兴房地产开发有限公司	72408777
7	汕尾市誉城房地产开发有限公司	54690883
8	汕尾市建安建筑安装工程有限公司	50222327
9	汕尾市土地开发储备中心	49697973
10	汕尾市鸿景园房地产开发有限公司	47033662
11	汕尾市恒扬房地产开发有限公司	39046790
12	广东电网有限责任公司汕尾供电局	35254394
13	汕尾市城区广华实业有限公司	34946053
14	汕尾市碧桂园房地产开发有限公司	34271192
15	汕尾万盛房地产有限公司	32586433
16	中国工商银行股份有限公司汕尾分行	31459531
17	汕尾富力房地产开发有限公司	28816955
18	广东金粤建设有限公司	22754717
19	广东鸿安送变电工程有限公司	21842621
20	信利电子有限公司	19865291
21	汕尾市恒瑞祥房地产开发有限公司	18751498
22	广东保美西装厂有限公司	18257202
23	中国建设银行股份有限公司汕尾市分行	17686837
24	汕尾市碧桂园实业投资有限公司	16583972
25	汕尾市市政工程有限公司	15810039
26	中国银行股份有限公司汕尾分行	15297086
27	汕尾市富丽混凝土搅拌有限公司	15024670
28	汕尾市雅居乐房地产开发有限公司	14306425
29	汕尾市天豪房地产开发有限公司	13070945
30	汕尾市鸿业服务有限公司	12978205
31	汕尾市碧泰房地产开发有限公司	12647538
32	汕尾市壹加捌房地产开发有限公司	10917833
33	汕尾市润通实业有限公司	10206293
34	誉福实业（汕尾）有限公司	10095308
35	中国人民财产保险股份有限公司汕尾市分公司	9987777

续表 6

序号	企业名称	税额总额
36	广东华夏建安工程有限公司	9707022
37	汕尾市广业建筑安装工程有限公司	9410017
38	汕尾高峰科特纸业股份有限公司	9299549
39	汕尾中燃城市燃气发展有限公司	8646078
40	中国移动通信集团广东有限公司汕尾分公司	8634584
41	汕尾市城区第一建筑工程公司	8590430
42	太平洋建设集团有限公司汕尾分公司	8137457
43	广州市第四建筑工程有限公司汕尾分公司	8088982
44	汕尾市兴业混凝土搅拌有限公司	7735743
45	汕尾比亚迪实业有限公司	7664634
46	中国平安财产保险股份有限公司汕尾中心支公司	7303328
47	广东景翔建设工程有限公司	6790953
48	汕尾市红草产业园投资开发有限公司	6717900
49	汕尾市鑫湾建筑工程劳务有限公司	6598073
50	中国邮政储蓄银行股份有限公司汕尾市分行	6408809
51	汕尾市投资控股有限公司	6227884
52	中国太平洋财产保险股份有限公司汕尾中心支公司	5872689
53	汕尾汇能综合能源服务有限公司	5848664
54	广东省体育彩票管理中心汕尾分中心	5477925
55	汕尾市建城投资有限公司	5424131
56	汕尾市宏祥贸易有限公司	5322752
57	中国农业银行股份有限公司汕尾分行	5179394
58	中国人寿财产保险股份有限公司汕尾中心支公司	5060670
59	汕尾市统宇建设工程有限公司	5005116
60	汕尾市新凯房地产开发有限公司	4859623
61	汕尾市信利广场贸易有限公司	4686669
62	中国石化销售股份有限公司广东汕尾石油分公司	4607734
63	湖南大中建筑工程有限公司汕尾分公司	4575698
64	汕尾市广业环保产业有限公司	4388199
65	汕尾市城区建筑安装总公司	4338151
66	中华联合财产保险股份有限公司汕尾中心支公司	4087967
67	汕尾市大中华实业有限公司	3995783
68	中信汕尾医疗投资管理有限公司	3934504
69	鼎和财产保险股份有限公司汕尾中心支公司	3776829
70	汕尾市金湖贸易有限公司	3594528
71	汕尾市胜佳电气安装工程有限公司	3489731

续表 6

序号	企业名称	税额总额
72	汕尾中升恒通汽车有限公司	3446644
73	太平洋昊诚（汕尾）建设有限公司	3353534
74	汕尾市供水总公司	3232774
75	汕尾农村商业银行股份有限公司	3071972
76	中国电信股份有限公司汕尾分公司	3024521
77	平安普惠投资咨询有限公司汕尾城区分公司	2934009
78	中国平安人寿保险股份有限公司汕尾中心支公司	2761804
79	广东恒宇信息科技有限公司	2761799
80	信利工业（汕尾）有限公司	2722017
81	汕尾骏荣汽车销售服务有限公司	2699658
82	天安财产保险股份有限公司汕尾中心支公司	2672953
83	汕尾市建鑫住房租赁有限公司	2664178
84	广东美景环境科技有限公司汕尾分公司	2654660
85	中油碧辟石油有限公司汕尾分公司	2653592
86	汕尾市福利彩票发行中心	2611349
87	汕尾市汇能电力物业有限公司	2546456
88	安信证券股份有限公司汕尾香洲西路证券营业部	2482026
89	海丰县东辉房地产开发有限公司城区分公司	2477347
90	汕尾万盛针织时装有限公司	2437839
91	汕尾市鸿远建材有限公司	2351102
92	汕尾市粤运汽车运输有限公司汕尾客运分公司	2250352
93	汕尾仲裁委员会	2161333
94	汕尾市汇能电力设计有限公司	2154671
95	汕尾大参林药店有限公司	2049417
96	沃尔玛（广东）商业零售有限公司汕尾香洲西路分店	1967124
97	汕尾市建筑学会	1898579
98	广东邮电人才服务有限公司汕尾分公司	1824721
99	广东鼎讯通信工程有限公司	1764265
100	中广核新能源海上风电（汕尾）有限公司	1699490
101	碧桂园生活服务集团股份有限公司汕尾分公司	1696009
102	汕尾恒大广告装饰有限公司	1692934
103	汕尾市高峰房地产有限公司	1688115
104	汕尾市信诚商业连锁有限公司	1685507
105	保利物业发展股份有限公司汕尾分公司	1610978
106	汕尾市水利水电工程公司	1577432
107	汕尾市中达环保科技有限公司	1512028

续表 6

序号	企业名称	税额总额
108	汕尾市鸿宇劳务服务有限公司	1510523
109	汕尾炜达行塑胶科技发展有限公司	1476897
110	汕尾市城区泰濠房地产开发有限公司	1476768
111	汕尾市金的泰装饰工程有限公司	1453442
112	汕尾市公信建设工程设计审查有限公司	1425122
113	汕尾市城区四方土石方工程有限公司	1376543
114	汕尾市安宏民爆物品有限公司	1375549
115	汕尾市金海明珠房地产开发有限公司	1361991
116	粤财普惠金融（汕尾）融资担保股份有限公司	1361195
117	汕尾市振兴投资有限公司	1341331
118	汕尾市成就科技有限公司	1336740
119	御园景观集团有限公司汕尾分公司	1326545
120	汕尾市金保保安押运有限公司	1286941
121	汕尾市城区永盛针织时装有限公司	1275252
122	汕尾中溢丰田汽车销售服务有限公司	1259685
123	汕尾农村商业银行股份有限公司城区支行	1250574
124	汕尾市万德隆投资有限公司	1237855
125	汕尾市光正实业有限公司	1188532
126	汕尾市天地融通信工程技术服务有限公司	1187442
127	汕尾市粤运汽车运输有限公司	1178953
128	汕尾市君乐汽车销售服务有限公司	1165674
129	中国农业发展银行汕尾市分行	1158637
130	汕尾市江南园林绿化有限公司	1156480
131	汕尾市仁裕轻质砖厂有限公司	1156354
132	汕尾广物福恒汽车销售服务有限公司	1153442
133	汕尾市绿源新型建材有限公司	1150837
134	汕尾市中稳混凝土有限公司	1144085
135	汕尾黄金海岸实业有限公司	1128958
136	盐城永恒工程设备安装有限公司汕尾市分公司	1116887
137	汕尾市和兴药业有限公司	1107964
138	汕尾市汇通水司管道安装工程有限公司	1105087
139	华南师范大学附属中学汕尾学校	1099806
140	汕尾广物汽车销售服务有限公司	1098083
141	汕尾市宏辉爆破工程有限公司	1093558
142	汕尾市兴业水泥制品有限公司	1092342
143	广东省汕尾渔船厂	1075734

续表 6

序号	企业名称	税额总额
144	誉福实业（汕尾）有限公司巴黎半岛酒店	1057490
145	汕尾市福誉科技有限公司	1013530
146	汕尾市营通水泥制品厂有限公司	1004306
147	广东银鹏动力设备有限公司	1000007
148	汕尾市苏宁易购销售有限公司	964982
149	中国人寿保险股份有限公司汕尾分公司	939903
150	汕尾市增达置业有限公司	937736
151	汕尾市教育建筑工程有限公司	920832
152	汕尾市水利水电建筑工程勘测设计室	919480
153	广东穗香食品有限公司	906248
154	汕尾市公安局	900430
155	汕尾市艺强科技工程有限公司	881591
156	汕尾日报社	855612
157	广东正上工程管理有限公司	845957
158	汕尾市博雅印务有限公司	841622
159	汕尾市营基建设工程有限公司	831301
160	广西贺州市民丰实业有限责任公司	826879
161	广东绿荫环艺有限公司	824326
162	核工业赣州工程勘察院汕尾分院	817851
163	广东世纪易信系统集成有限公司	795279
164	汕尾市二运汽车有限公司	791435
165	汕尾市秋叶原实业有限公司	789828
166	国家海洋局汕尾海洋环境监测中心站	786369
167	广东岭峰包装印刷有限公司	779871
168	汕尾市润顺实业有限公司	774077
169	汕尾市建筑工程质量检测站	773441
170	汕尾苏辰建设有限公司	770260
171	汕尾市金叶发展有限公司	761292
172	汕尾市益昌物业管理服务有限公司	745954
173	汕尾市新智源劳务服务有限责任公司	741808
174	汕尾市弘源科技有限公司	739380
175	汕尾广播电视台	727214
176	广东中盈通信息系统工程有限公司	724399
177	汕尾粤海环保有限公司	704111
178	中国邮政集团有限公司汕尾市分公司	682105
179	汕尾市海珍实业有限公司海珍酒楼	681700

续表 6

序号	企业名称	税额总额
180	汕尾中悦汽车销售服务有限公司	672886
181	汕尾市长虹广告装饰有限公司	669901
182	汕尾市君正建筑工程有限公司	668327
183	汕尾锦虹汽车销售服务有限公司	668050
184	惠州市道路桥梁勘察设计院粤东分院	658869
185	广东省基础工程集团有限公司汕尾分公司	652959
186	中广核汕尾新能源有限公司	652046
187	广东易达电子科技有限公司	639219
188	汕尾市红蓝广告有限公司	630202
189	汕尾市华厦物业管理有限公司	616133
190	广东省盐业集团汕尾有限公司	615226
191	华夏人寿保险股份有限公司汕尾中心支公司	610349
192	汕尾市广隆实业有限公司	605528
193	汕尾捷拓管道安装工程有限公司	589949
194	广东明科新材料科技有限公司	589034
195	汕尾市城区医药有限公司	586169
196	汕头市潮阳建设工程监理有限公司汕尾分公司	585569
197	汕尾市春绿洲园林绿化工程有限公司	577075
198	汕尾市索思电子封装材料有限公司	574914
199	汕尾市粤源水利建设监理有限公司	571244
200	汕尾市城区友谊大酒楼	563968
201	汕尾市保安服务公司	549655
202	广东中安人防股份有限公司汕尾分公司	545111
203	汕尾市建造工程监理有限公司	536499
204	汕尾市信诚贸易有限公司	533228
205	汕尾市天成餐饮有限公司	532830
206	中国联合网络通信有限公司汕尾市分公司	526530
207	汕尾市中民建筑基础工程有限公司	517382
208	汕尾市城区东山园林绿化有限公司	517200
209	中升（天津）保险销售有限公司汕尾分公司	515249
210	汕尾市老德头实业发展有限公司	513095
211	汕尾市新能源开发有限公司	512039
212	汕尾市城区恒业纸制品有限公司	510815
213	汕尾市恒正房地产评估有限公司	507077
214	汕尾市城区恒盛泰水产品有限公司	506585

处置地方金融风险工作

【概况】 2019年9月，经新一轮机构改革，整合原汕尾市城区处置地方金融风险办公室公益职责，组建汕尾市城区地方金融服务中心，为汕尾市城区人民政府办公室属下事业单位，副科级。主要工作职责是：督促、指导、协调全区基金会和民间标会遗留问题处置工作，做好维护全区金融领域社会稳定各项工作；开展防范和处置非法集资、金融突发事件应急工作，配合上级和有关部门查处、打击非法金融机构和非法金融业务活动，参与有关部门开展的金融市场、金融机构等风险防范处置工作；对全区小额贷款公司、融资担保公司、区域性股权市场、典当行、融资租赁公司、商业保理公司、地方资产管理公司实施监管；加强与有关部门的协调配合，服务全区金融业发展，培育和发展“三农”“小微企业”等金融服务体系，优化整体金融服务环境，强化金融服务实体经济功能。

【民间借贷和非法集资】 做好民间“标会”和基金会遗留问题工作 20世纪90年代初，城区是民间“标会”的重灾区。近年来市区又陆续出现一些新的“标会”，并有个别会头携款外逃的现象，产生社会不稳定隐患。对于民间“标会”、基金会“两会”遗留问题，根据上级《关于认真做好信访突出问题及群体性事件处置工作的指示》，积极参与区处理信访突出问题及群体性事件联席会议，深入基层了解情况，做好“会脚”、股民等上访群众的说服教育工作。与有关镇（街道）一起调处解决了因“会脚”向“会头”讨“会款”引起的纠纷。通过印发《致广大市民的一封公开信》，告诫市民拒不参会、远离标会、杜绝起会，拒绝参与非法集资，不贪财、不放贷、防骗子，引导“标会”群众认清“民间标会”的欺骗性和危害性，从急功近利和贪小便宜的误区中走出来，通过遵纪守法、辛勤劳动而脱贫致富。

全面做好防范、打击和处置非法集资工作 一是认真履行综治维稳（平安建设）成员单位职责，组织开展宣传月活动。制定《汕尾市城区开展2019年开展防范和处置非法集资宣传月活动方案》，将5月做为集中开展防范和处置非法集资宣传月活动。在宣传月开展活动期间，各镇（街道）、各金融机构、相关部门在区处置非法集资办公室的统一部署下，形成合力，充分利用摆摊宣传、汕尾电视台、报刊、区政府政务网站、户外大型宣传栏、微媒体、宣传手册等手段，提醒广大市民群众加强警惕，提高防范意识。同时结合扫黑除恶工作部署要求，印制涉金融领域扫黑除恶专项斗争倡议书发放给市民，取得较好的社会效果。5月12日上午，联合汕尾市金融工作局、汕尾市公安局、城区公安分局、香洲街道城西居委并邀请市烟草专卖局、市人民银行等单位，在市区香洲街道城西社区坎下城小广场举办主题为“携手筑网·同防共治”的打击经济犯罪、防范非法集资宣传日活动。5月16日，在区玉台山慈云公园参加由区委宣传部主办的涉金融领域扫黑除恶专项斗争宣传活动。5月31日下午，在市区罗马广场举办主题为“抵制高息诱惑、远离非法集资”的打击防范经济犯罪宣传活动。通过系列宣传活动，达到震慑犯罪、树立形象、教育公众、防范风险的目的，提升全社会的风险防控意识和水平。

做好关于“e租宝”案集资参与人信息核实登记工作 根据市金融工作局《关于“e租宝”案集资参与人信息核实登记有关工作准备》的通知，区政府及时召开专项工作会议，区处置非法集资领导小组各成员单位出席会议，会议形成工作方案，成立工作小组，就有关工作进行安排和部署，确保区核实登记工作稳步开展。根据工作部署，从7月2日开始，就城区户籍、红海湾户籍人员参与“e租宝”案集资受损人开展系统登记核实（登记点设在区人民法院），至11月22日结束，登记人数为32人（其中，城区户籍14人，红海湾户籍16人，外省市户籍2人），共涉案金额约162万元，受损金额约76万元，按上级要求完成各项任务。

【城市信用社撤销清算工作】 城区的城市信用合作社（以下简称城信社），是城区政府于1988年提出申请，经汕尾市人民银行批准成立的一家具有法人资格的地方性合作金融机构。其经营范围主要是办理城市集体企业和个体工商户及承包租赁的小型国有企业的存款、贷款、结算、个人储蓄等，还兼营代办保险及其他代收代付、代理发行经人民银行批准的证券及其他金融业务。财务上实行独立核算、自负盈亏、自主经营的方式。行政上归属城区人民政府办公室（后改为城区经委）管理；业务上接受汕尾市人民银行的指导、监督和稽查。该社由于内部管理不善、违规经营，于1998年5月停业关闭。区地方金融服务中心组织有经验的专门人员，积极稳妥做好城信社历史遗留问题涉及人员的说服疏导工作，有效防止出现到省、市集体上访，社会面尚处于可控状态，全年未出现集体上访事（案）件。

【小额贷款公司监管工作】 根据省金融监管局的相关要求，对城区2家小额贷款有限公司（华泽小额贷款有限公司、德成小额贷款有限公司）进行有效监管，使之依法依规经营，发挥了小额贷款公司对城区“三农”和中、小、微型企业的支持作用。为有效防止小贷公司经营出现偏差，多次配合市金融工作局、市银保监局、市人行等职能部门，对2家小额贷款公司进行了现场监管，同时还进行每月1次的非现场监管，确保2家小额贷款公司合法依规经营，不出现超范围放贷和暴力收债等涉黑恶事件，将有限的资金投向“三农”和中小微型企业，有效地缓解了“三农”工作和中小微型企业融资难、贷款难问题，为地方经济发展发挥作用。2家小贷公司注册资金8000万元，截至2019年12月底，华泽小贷贷款余额5289万元，德成小贷贷款余额3326万元。2家小额贷款公司经营正常。

【推进农村普惠金融工作】 为加快推进农村普惠金融建设，提升金融服务“三农”水平，进一步优化金融生态环境，根据市政府金融工作局关于开展推进农村普惠金融工作的通知精神，结合城区实际，坚持“政府推动、金融支持、试点带动、逐步推广”的原则，以深化农村金融改革为动力，大胆作为，主动探索，大力推动以建设区级综合征信中心、信用村、乡村金融（保险）服务站、乡村助农取款点，推广农村产权抵押担保贷款、“政银保”合作农业贷款、妇女小额担保财政贴息贷款、金融扶贫贷款“八项行动”为主要内容的农村普惠金融建设，优化农村金融环境，提升金融服务水平，打通农村金融服务的“最后一公里”，切实解决农村融资难、融资贵的问题，实现农业增效、农民增收、农村发展，全面开展落实农村普惠金融试点工作，在规定时间完成“八项工作”。红草镇、东涌镇、捷胜镇作为首批试点镇，然后在4个街道全面开展农村普惠金融工作，建立信用村、乡村金融（保险）服务站、乡村助农取款点。截至2019年年底，全区已建立区级综合征信中心1个，已建成信用村47个、乡村金融（保险）服务站55个、乡村助农取款点55个，均已通过上级有关部门验收达标。

【扫黑除恶工作】 全力履行好扫黑除恶成员单位工作，认真开展大走访、大排查、大整治，深入基层广泛开展宣传，发动群众积极举报金融领域的黑恶势力线索，做到有黑扫黑、无黑除恶、无恶治乱，为把城区建设成为全省最安全稳定、最公平公正、法治环境最好的地区之一而努力奋斗。2019年度全区没有发生涉金融领域的黑恶势力案件。

（陈汉森）

附：城区地方金融服务中心领导名录

主　任：林寒财

·汕尾农村商业银行股份有限公司

【概况】 经中国银监会批准，汕尾农村商业银行股份有限公司（以下简称汕尾农商银行）于2014年1月26日正式挂牌开业。汕尾农商银行作为汕尾地区唯一一间一级法人金融机构，坚持“阳光、专业、规范”的理念，秉承“审慎经营、创新发展”的思路，致力于为当地经济发展提供全面、高效、优质的金融服务。连续14年荣获“汕尾市重合同守信用企业”称号，是一家集政策性金融、合作性金融于一体的金融机构。自成立以来始终坚定市场定位，深化转型创新能力，以振兴地方经济为已任，努力打造成为群众的“便民银行”、企业的“伙伴银行”、社会的“责任银行”、员工的“家园银行”。2019年，汕尾农商银行辖下营业网点共有16个，其中，营业部1个、支行11个、分理处4个；

布放自助设备27台；在乡镇、行政村设立简易便民服务点30处，遍布城区、红海湾经济开发区各乡镇，网点覆盖率100%，是汕尾辖内服务触角最长、从业人员最多、支农普惠面最广的金融机构。

(黄嘉珊)

附：汕尾农村商业银行股份有限公司领导名录

党委书记、董事长：龚佳田

党委副书记、行长：杜东龙

党委副书记：陈志毅

纪委书记、监事长：龚卫东

党委委员、副行长：郑伟生

党委委员、副行长：刘聪莎

党委委员：黄胜章

行长助理：陈世武

商贸服务业

对外贸易

【概况】 2019年，全区外贸进出口总值人民币8.83亿元，同比下降8.6%，其中，进口3.18亿元，同比增长8.1%；出口5.65亿元，同比下降15.9%；实际利用外资1696万美元，同比增长166.67%。

【投资促进服务与管理】 2019年，城区对外经济贸易工作坚持以习近平新时代中国特色社会主义思想为指导，认真贯彻落实上级的工作部署；坚持经济工作稳中求进总基调，深化供给侧结构性改革，促进外贸高质量稳定发展。围绕做好“六稳”工作（稳就业、稳金融、稳外贸、稳外资、稳投资、稳预期）、牢固树立和贯彻落实新发展理念，进一步提高服务企业能力和水平，积极扩大利用外资和稳外贸，强化政策支撑，优化外商投资与贸易服务，坚持问题导向，坚持精准施策，务求实效，构建更加开放的投资贸易营商环境。全区全年新引进项目8宗，合同吸收外资6779万美元，同比增长104.31%，并为外贸企业出口提供信用保险服务，扩大政策性出口信用保险覆盖面，实现全区全年外贸企业出口信用保值2000多万元。

城区以推进粤港澳大湾区建设为契机，创新招商模式和方式，瞄准重点领域和重点项目，实施精准招商，开展与欧日韩等发达国家和“一带一路”沿线各国的合作交流。拓展利用外资渠道，优化利用外资来源结构。帮助外贸企业开拓市场抓订单，组织外贸企业组团参加“广交会”“进博会”“加博会”“海博会”等国内外知名展会15场次，支持推动外贸企业拓展跨境电商业务，广泛发掘国际客源，开拓“一带一路”沿线国家和新兴国市场。促进进口，扩大内需，实现外贸与内贸互促共进融合发展。

按照国务院外商投资管理体制改革的要求，继续优化管理服务，推动投资促进服务与管理再上新台阶。

(陈若谷、庄保平)

商贸流通

【概况】 2019年，城区以“创文创卫”为契机，做好“三线”（供电线、通信线、广播电视线）整治工作，完善市场升级改造工作，努力创造良好的市容市貌，着力改善城区人居环境。全年累计投入市场改造资金3956多万元、“三线”整治资金1686万元；投入社会主义核心价值观和诚信经商等宣传活动资金20多万元。全区全年完成社会消费品零售总额121.28亿元，增长8.8%。

【扩内需促消费】 根据市商务局《关于汕尾市2019年消费促进工作方案的通知》，区科工信局组织发动商协会、商务团体以及大型商贸企业利用节假日，网络购物节等消费时机，开展多种形式的促消费活动，进一步营造促消费环境和氛围，培育和壮大城区消费群体，扩大内需，促进商贸业平稳较快发展。5月1日至3日，城区在市区凤山妈祖文化广场举办“第二届特色产品推介会”。全区有100多家企业商家、特色产品商户、农户组织推出了170个品种的优秀展品参加，吸引了3万多名市民和游客到现场参观购物体验。

【市场升级改造】 结合创建国家卫生城市、省文明城市工作，全面推动农贸市场升级改造，建立健全农产品市场体系。区科工信局起草并以区政府名义发出《关于印发汕尾市城区全面开展农贸市场升级改造实施方案的通知》，为农贸市场升级改造提供了规范性指导意见。加强对全区农贸市场硬件升级改造工作指导，推进菜市场标准化建设，完善流通设施。全区已完成21家农贸市场的硬件升级改造工作，改善了市场经营环境，进一步健全农产品市场体系，扩大市民消费。

【追溯体系建设】 继续推进肉类、蔬菜流通追溯体系建设，贯彻落实省商务厅、市政府关于肉类、蔬菜流通追溯体系项目建设工作要求，区科工信局按照工作要求加快推进建设。2019年，全区列入肉类、蔬菜流通追溯体系建设的3家企业分别是信利超市、汕尾市赢辉绿色食品贸易有限公司、汕尾肉联厂。通过追溯体系建设工程，利用现代信息技术和手段，建立覆盖肉类、蔬菜批发市场、大中型超市、配送团体消费等流通环节的追溯系统，基本建立“来源可查、去向可追、责任可究”的重要产品追溯体系。

【冷链物流】 进一步推进冷链物流配送体系建设，改善产品流通环境，促进农产品消费增长。2019年汕尾市国泰食品有限公司在厂区现有地块上，投资建设一座面积3万平方米的低温冷库，冷库储存量5500吨，预计该新型冷库将于2020年1月建成投产，实现整体冷藏储存能力2万吨，为汕尾海洋产业基础配套设施建设提供助力。汕尾市高瞻实业有限公司大力推进农产品加工冷链物流中心建设，该项目计划总投资约2.5亿元，占地面积19800平方米，总建筑面积43448.49平方米，已建成9个冷库，库容22500吨，另有10吨急冻库6个。项目已于2019年11月17日部分开业投产，预计2020年3月全面建成，将能够极大推进城区冷链物流服务体系建设进程。

【连锁经营】 为加快发展城区连锁经营，为促进流通现代化的发展，重点培育连锁流通龙头企业。通过培育引导，连锁经营加快向各行业渗透，一些大中型企业陆续开展连锁布局，如汕尾市信利广场贸易有限公司、汕尾市信诚商业连锁有限公司、汕尾黄金海岸实业有限公司、苏宁云商销售有限公司在城区开设多家分店。特别是近两年来东莞的“美宜佳”连锁店着力在汕尾布局，美宜佳便利店覆盖了汕尾市区，在汕尾地区是最成功、覆盖面最广的连锁企业。农村市场方面，大力培育引导大中型流通企业进入农村，发展连锁经营，加强直营农家店、加盟农家店建设。同时，国际餐饮连锁巨头麦当劳、肯德基等企业也在城区得到了很好的发展。连锁经营等现代流通方式已成为城区经济新的增长点。

【商业网点规划】 为推动大型网点建设落地，区科工信局在市商务局指导下，为进一步推进农村物流服务体系建设，加快对物流网点和农村专业类批发市场的规划布局，组织编制《商业网点规划(2016—2030)》，该商业网点规划目前正在进行数据更新和内容完善，待完善后再报规委会审批，将为完善我区物流网点和农村专业类批发市场的规划布局提供依据。同时，继续推进万达广场和粤东水产物流商贸中心(汕尾马宫海洋渔业产业园)、汕尾火车站片区的国际商贸物流城规划建设，进一步壮大经济实体。

【限额以上商贸企业培育】 2019年，该局牵头负责限额以上商贸企业培育工作，深入企业调研，积极协调解决企业经营存在的困难，组织对商贸企业的清理清查，大力发动和培育限上企业，超额完成企业入统任务，提高了社消零核算的企业基数。抓好重点行业单位的清理清查工作，重点清理规模较大的超市、酒类批发公司或专卖店、家电专营店、药店、社会油站、宾馆酒店等，对达到限额以上标准的企业全部纳入统计范围，推进入库管理，切实做到应统尽统。对一些经营规模达到限额以上企业分公司、分店和个体工商户，做好引导与服务，支持其变更注册为市内的独立法人企业，以便这些单位能够进入城区统计。2019年培育限额以上商贸企业20家，其中，城区13家，海丰6家，陆河1家。

【现代物流】 为加快建立扩大消费需求的长效机制，促进城区现代物流业加快发展，大力支持冷链物流发展。依托汕尾火车站片区商贸物流城项目以及汕尾新港的独特地理优势，整合全区物流网点，通过功能整合，技术创新，规模运作，培育区域性陆港联运中心、区域性大宗物资集散平台以及以服务汕尾为主的地方性物流配送中心，提升物流的集约化，降低流通成本，提高供应链整体效率，努力建成与珠三角充分对接的现代物流基地，打造辐射粤东地区的商贸物流节点城市。加快推进汕尾火车站片区的国际商贸物流城项目建设，汕尾万达广场商贸物流项目的商业谈判正在顺利推进。

（陈若谷、方灿杰）

【特色产品推介会】 2019年5月1日至3日，在新时代文明实践中心惠民广场举办了城区第二届特色产品推介会，旨在进一步提升城区特色产品的市场美誉度和品牌知名度，加快打造“一镇一业、一村一品”产业发展模式，大力实施乡村振兴战略，积极融入粤港澳大湾区，促进经济高质量发展。5月1日，市委常委、城区委书记李庆新，市委常委、宣传部部长曾晓佳，副市长余红，区长罗光钊，城区人大常委会主任张淑娟，城区政协主席黄义丞参加了开幕式，一起推动启动仪式启动杆。开幕式当天，吸引了3万多名市民和游客入场参观，共推出展品170多种，有100多家来自全区各镇（街道）的企业、商家、农户参会。

该次推介会产品多，内容覆盖广，主要涵盖新型产业、食品、保健品、工艺品、文化旅游、商务服务等。推介会现场安排了“新汕尾街”和“红草街”“凤山街”等8条街，代表城区8种不同地域文化特色，让市民群众感受城区各地的特色风采，领略城区深厚的文化底蕴和人民群众的勤劳智慧。内设民间工艺品、绿色食材、“汕尾本港鱿”“牛肉脯”等体验展区，为特色产品提供展平台。展区中不乏“晨洲蚝”“疍家服饰”等市民熟悉的展品，还有众多城区当地企业的名牌产品、各镇（街道）推出的无污染、原生态产品，深受广大市民欢迎。各个镇（街道）的展街拱门模型根据镇（街道）的特色设计，如香洲街道是以坎下城为原型的“城墙”模型拱门，体现历史遗留的独特魅力；红草镇是以高新产业园元素为拱门，体现日新月异的工业发展；马宫街道以常年盛产的海产品元素为拱门。

（陈若谷）

附：城区科技工业和信息化局领导名录

局　长：游建雄
副局长：黎文录
　　　　王灯彩（兼任城区二轻集体企业联社主任）
　　　　林永钟

供销合作社

【概况】 汕尾市城区供销合作社联合社（以下简称区联社）于1988年成立。2003年，区联社经汕尾市城区推进国家公务员制度领导小组批准，列入依照公务员制度管理单位，2007年，经省委组织部和省人事厅批准，被列入参照公务员法管理事业单位。根据《中共汕尾市城区委机构编制委员会关于印发〈汕尾市城区供销合作联社机构编制方案〉的通知》，汕尾市城区供销合作社联合社更名为汕尾市城区供销合作联社，为汕尾市城区人民政府直属事业单位，正科级，公益一类。

区联社辖有城区农业生产资料公司、土产公司、日用杂品公司、果菜副食品公司、供销工贸公司、供销综合公司、红草供销社、马宫供销社、东涌供销社、捷胜供销社10家企业。全系统拥有经营网点70多个，经营面积约0.3万平方米，资产价值约2000万元（按账面价值），资产经营主要采取租赁经营方式。

【经营管理】 2019年度，全系统10家社有企业实现总购进4152万元，总销售4683元，分别完成年度计划的101%和103%，完成年初计划经济指标和任务。其中，实现农资销售426万元，销售各项化肥1299吨、农药12.2吨。截至2019年底止，全系统累计亏损27万元。

【站点建设】 利用区域优势，在红草镇、东涌镇、捷胜镇和马宫街道设立“三农”服务站，截至2019

年，累计设立“三农”服务站14个。

2019年10月29日，市供销联社、区供销联社、市雅泰隆食品有限公司签订汕尾市城区供销联社助农服务平台合作共建框架协议。

（许健民）

附：城区供销合作联社领导名录

主　任：洪向金

副主任：孙振江

旅　游

【旅游接待与收入】 2019年年底止，全区共接待外来游客2681677人次，比增11.5%，创旅游收入15.58亿元，比增12.9%。

【旅游节事活动】 1月19日，协助红草镇在晨州村举办“首届晨洲蚝美食节”。

4月27日，联合凤山祖庙旅游区举办2019妈祖文化旅游节暨纪念妈祖诞辰1059年系列活动。

5月1日，举办城区第二届特色产品推介会，吸引近13万人前来参观。

【旅游宣传推介】 5月19日，举办“5·19”中国旅游日宣传推介活动，发放旅游推介折页5000多份，光碟300多张，吸引群众1000多人。

7月29日，参加由广东省文化和旅游厅主办，深圳市文化广电旅游体育局、汕尾市文化广电旅游体育局承办的“活力广东·魅力深圳·滨海汕尾”桂林、遵义专场旅游推介会，发放宣传资料1000份。

8月29日至30日，参加广东省国际旅游博览会，发放旅游宣传折页3000份，旅游风光片300个，旅游歌曲300条。

11月22日，参加中国（深圳）国际旅游博览会，发放“山海湖城、善美之区”宣传折页1000份，旅游风光片300个，旅游歌曲300条。

【申报乡村旅游精品线路】 向省文化旅游厅推荐了城区3条乡村旅游精品线路，分别是“滨海祈福、中国蚝乡2天游”，“滨海祈福、红色乡村2天游”及“非遗”古迹、文化乡村2天游。其中，“滨海祈福、红色乡村2天游”已获“广东省乡村旅游精品线路”称号。

【完善公厕建设】 加快完善旅游设施，加强公厕设施建设及卫生综合整治。铜鼎山旅游区新建厕所、凤山祖庙旅游区改建厕所、保利金町湾新建厕所和保利金町湾景区改建厕已完工。

（区文广旅体局）

·凤山祖庙旅游区

【概况】 凤山祖庙旅游区位于汕尾市区东南面品清湖畔凤山路，三面傍湖海，绿树婆娑，花香鸟语，风景秀丽，是汕尾港的发祥地。

“先有凤山妈祖，后有汕尾港”。几百年前，闽籍渔民飘洋过海捕捞谋生，带着妈祖保护神到汕尾海岸之凤山（原为岛屿）开基创业，并建立妈祖庙。清康熙年间解除海禁，汕尾港得到巨大发展，出现“舟楫云屯、商旅雨集”的兴旺景象，凤山祖庙也因此于清乾隆七年（1742）把原来的小栅庙扩建为三进两院布局，面阔三间，风火式山墙，硬山顶，称“金星抱印，龙虎相护”，主体建筑面积840平方米，特具粤东建筑风格的庙宇。

1991年，凤山祖庙被汕尾市城区人民政府批准为县（区）级文物保护单位。1993年新建天后阁，钟鼓楼，于凤山之巅竖立妈祖石雕像。1994年12月12日，凤山祖庙首期工程竣工暨旅游区成立。2005年，建成60000平方米的妈祖文化广场及城区实践社会主义价值观中心广场，是广场文化展示平台和群众休闲的好去处。凤山祖庙已成为粤东地区乃至广东省的妈祖文化传播中心、中华妈祖文化交流协会常务理事单位、广东省妈祖文化科研基地、民俗文化研究会会员单位、广东省中华传统文化传承基地、国家AAAA级旅游景区、全国文明单位。

【主要活动】 2019年，凤山祖庙旅游区管理处主办了迎春节送春联活动、迎春节庆元宵“非遗”文化活动，“善美汕尾”炫动多彩3D灯光秀，“善美春灯”灯谜会，纪念妈祖诞辰1059周年“心灵契合·两岸和合”书画作品展，书画笔会和文艺晚会，中华妈祖文化旅游节“凤山祖庙炮会”，民间艺术文化巡游，“贺中秋迎国庆”，“非遗”文化项目——《白字戏》《西秦戏》《汕尾渔歌》文艺晚会。为庆祝中华人民共和国成立70周年，唱响“我和我的祖国”主旋律，举办“共追中国梦、我爱我的国”千人快闪活动，20多支文化团体近千人参与，另开展了以“礼赞新中国、讴歌新时代”为主题的文化惠民系列活动。同时，还开展了庆祝“妈祖信俗”申世遗10周年，“汕尾凤山妈祖庙会”申省遗10周年，凤山祖庙重建暨凤山祖庙旅游区成立25周年庆典活动。

【“创文创卫”】 投入资金80多万元，对凤山小公园进行升级改造，铺设水坭彩砖，配饰灯具，美化、净化、亮化环境，增设利民休闲活动场地，重建百姓艺术舞台，整治柴铺井园，环境卫生，大舞台亮化建设，为市民、游客提供健体宜憩的好场所，为城区新时代文明实践中心列为广东省试点单位创造条件。

3月12日，省委宣传部副部长、省文明办主任蒋斌等在市、区领导陪同下，到凤山祖庙旅游区考察城区新时代文明实践中心建设，到百姓舞台与群众一道观看创文活动文艺演出。

7月14日，省委宣传部常务副部长白洁等到凤山祖庙旅游区调研新时代文明实践活动情况时强调，要创新文明实践载体，满足基层群众精神文化生活需求，让新时代、新思想、新文化深入人心。

【精准扶贫】 凤山祖庙旅游区管理处组织干部职工和凤山祖庙理事会执行上级精准扶贫精神，到帮扶单位捷胜镇西门社区开展“春节送温暖”活动，深入贫困户慰问并赠送生活物资，与当地党政干部深入各贫困户家庭送上节日问候。

【文化交流】 凤山祖庙旅游区是中华民族文化传承基地，又是汕尾市文明实践中心体验基地。一年来，有香港长洲惠海陆同乡会，香港妈祖文化同乡会，南澳县天后宫联谊总会，广东省社科院党组书记郭跃文一行，香港汕尾市同乡总会祈福团，中华妈祖文化交流协会常务副会长俞建忠、常务副秘书长周金琰一行，香港城市大学原校董会主席、全国人大代表胡晓明一行，河南省政协参观交流团，中联办驻澳门台湾事务部部长徐莽、副部长罗英春一行，香港汕尾市文康总会，香港沙田区“径口之友”汕尾寻根之旅一行，香港大埔各界社团联盟主席张学明等一行，台湾奎斯特微晶光电有限公司营商考察团，广东省民宗委党组成员、副主任黄忠幸等调研组，东莞市外商投资协会考察团，香港南少林添师国术总会代表队，华南师范大学课题调研文明实践活动和民间文化考察团，广西梧州市政协考察组，香港区潮人联合会义工汕尾学习交流团，广东省台办副主任黄岱芬考察组，澳门海陆丰同乡会、澳门汕尾市总商会，香港汕尾市同乡总会妇女部一行，中华台湾潮汕同乡总会，台北市、基隆市、台中市、台南市、高雄市潮汕同乡会，台湾汕尾市乡亲联谊会等团体，香港汕尾文康总会，深圳市潮青创业促进会寻根考察团，台湾青年汕尾经贸访问团，致公党无锡市委领导一行，广东省文化和旅游厅省级“非遗”代表性项目评估专家组，中华妈祖文化交流协会常务副秘书长周金琰、中华妈祖杂志社编委会副主任翁卫平等一行，福建湄洲妈祖祖庙董事会副董事长庄美华等一行，江西师范大学深港校友会及创新创业俱乐部，江门市新会区政协调研组，马来西亚关丹惠州会馆2019年青少年（汕尾）文化交流营，香港庆云道社儒释道功德同修会等社团、文化团体、各界人士到凤山祖庙参观和文化交流等活动。凤山祖庙旅游区已成为联袂海外华侨、港澳台同胞的纽带和窗口，也是四方游客访问汕尾的文化载体。

（黎元元）

附：凤山祖庙旅游区管理处领导名录

主　任：黎炳林

副主任：陈壮军

　　　　林捷欣

工　业

【红草工业园区建设】 汕尾市城区红草工业园区位于汕尾市城区红草镇三和村周边地带，东至南洋村和石牌村，南临埔边村，西邻亚洲村，北至拾和村，距市中心和汕尾港约10公里，与厦深铁路汕尾站相距12公里，毗邻沈海高速公路及埔边出入口、省道S242线和规划建设的深圳至汕尾轻轨支线，区位优势与交通条件优越。园区规划面积17.3平方公里（首期启动区4.48平方公里）。园区地理位置优越，处于连接汕尾市区和海丰县城两个实力最强建设区的发展主轴上，深汕高速公路、省道S242和规划建设的城际轻轨穿过全境，交通四通八达，十分便利地处长沙湾畔。红草工业园区按照“高端园区、核心园区、创新园区”三位一体的建设理念和“工业新城、产业新园、城园融合”的发展路径。大力实施“1+2+2”产业发展战略，重点发展高端新型电子信息产业，努力提升海洋生物产业和机械装备制造等特色产业，培育发展新能源产业与现代服务业，搭建创新孵化、招商引资、科技金融、人才培养等平台，朝着产业规模较大、产业特色突出、创新能力强大、创业活力显著、生态环境良好、城市功能齐全、社会和谐发展的高新技术产业园区迈进。2019年，埔边工业园新增入园企业2家，累计投产企业24家；红草高新区新增入园企业6家，已投产企业累计17家。

【企业技术改造】 加快推进传统产业技术改造和增资扩产，促进企业转型升级帮助指导一批企业申报国家、省技改专项资金扶持，引导企业实施自主创新和名牌带动战略，努力打造特色品牌，促进企业转型升级。通过开展产业转型升级，全区多数民营企业依靠技术改造，提高装备水平，促进企业淘汰落后工艺技术和设备，推广应用自动化、数字化、网络化、智能化等先进制造系统、智能制造设备及大型成套技术装备，增加产品品种，提高产品档次，扩充产业链，提高竞争力。通过“走出去、请进来”的办法，加强对外经贸交流合作，指导企业开展探索发展新路子，拓宽企业发展空间。同时推进企业实施工业化与信息化融合（即两化融合）。2019年，全区完成技术改造22.64亿元，增速上升205.8%。

【推动节能技术发展】 一是以节能宣传周为契机。对有关企业的能耗工作及节能技术进行指导，大力推进清洁生产审核，通过深入企业进行动员宣传，2019我区已有1家企业登录广东省清洁生产信息服务平台进行注册及做好后续相关工作，并通过了专家验收。二是重点用能单位设备管理。德昌电子有限公司和五丰水产食品有限公司2家企业已启用能源管理中心，实时掌握企业用能情况，对企业实行用能情况在线监测。

【民营中小企业经济发展】 2019年，城区继续紧紧围绕建设现代产业体系提高自主创新的目标，大力发展海洋经济，进一步扶持民营企业发展，积极鼓励企业增资扩产和技术改造，加快海洋产业和临港工业转型升级。全区现有加工企业总户数1925家，其中，工业企业325家，民营企业289家。规模以上工业企业40家，规上民营企业27家。2019年，完成工业生产总值106.69亿元，增速9.73%；工业增加值22.49亿元，增速15.0%。

【企业类型】 城区现有电子信息、食品加工、机械制造、纺织服装、船 舶修造及制冰、工艺品加工、塑料制品、建筑材料以及其他依托海洋资源延伸的加工业等产业。近年来，城区紧紧围绕建设现代产业体系提高自主创新的目标，大力发展实体经济，重点扶持民营企业发展，积极鼓励企业增资扩产和技术改造，加快制造业实体经济转型升级，初步形成了以信利电子、德昌电子、比亚迪电子、信元光电、快捷通导等为龙头的电子信息产业；以五丰水产、五丰海洋、国泰食品、维明生物、雅泰隆、老德头、高瞻实业等为龙头的食品深加工产业；以银鹏机电、艺强科技、信昌机电等为代表的机电机械行业；以万盛针织、兴盛织造、信联针织、鸿懋针织、国润纺织等为龙头的纺织服装业；以万聪船舶、红海船务、建业船舶、鸿业船舶等为龙头的船舶修造行业；以炜达行科技、柏嘉玩具、新雅地毯为龙头的工艺品加工业。这些加工制造业已成为了城区实体经济中的重要支柱产业。工业产品主要有海产食品、电子元器件、机械机电、纺织服装、塑料制品、珠宝首饰、工艺品、船舶修造和建材加工等。近年来，城区电子信息、食品加工、机械机电、纺织服装、船舶修造、工艺品加工等产业发展较快，其中电子信息、食品加工、纺织服装和工艺品加工等共有186家，占全区工业企业总数超50%，产能约占全区比重80%，并成为了城区的工业经济主导产业，带动了其他产业的发展。其中，电子信息企业18家（规上5家），食品加工企业81家（规上8家），纺织服装企业64家（规上8家），工艺品加工企业23家（规上4家）。

【企业投资规模大幅提高】 2019年，全区工业投资规模大幅提高，工业投资规模达到26.03亿元，其中工业技改投资22.64亿元。积极承接珠三角产业梯度转移，已有华信新材料、富达通钢化玻璃、华利电控设备、生利钢化玻璃镜业等一批企业建成投产。

（陈若谷、林永钟）

附：城区科技工业和信息化局

局　长：游建雄

副局长：黎文录

王灯彩（兼任城区二轻集体企业联社主任）

林永钟

电力供销

【概况】 2019年，城区供电局安全生产保持平稳，未发生一般及以上人为责任事故。2019年（购售同期），城区局完成供电量18.28亿千瓦时，同比增长7.41％；完成售电量17.45亿千瓦时，同比增长10.07%。10千伏有损线损率7.56%，同比下降3.87个百分点。2019年配网基建项目总投资12580万元，其中2018年续建项目计划投资5384万元，2019年新建项目计划投资6266万元，紧急、充电桩及业扩配套项目计划投资930万元。

【加快电网规划建设】 2019年，城区组织完成78条10千伏馈线的设备状态评价及风险评估的编制，针对故障类别采取针对性的整改措施，实现中压线路故障率下降60%，重复故障率下降30%，不断提升设备健康水平。完成城区2019年规划问题库的收资和编制，精确寻找电网存在问题，已完成9个紧急项目立项，电网网架完善项目的现场勘察。全年完成11条10千伏架空线路落地改造，不断完善配电网网架结构，环网率提升至92.4%，解决10千伏重过载线路1回，重过载配变18台。全年在城区范围内完成新增24条充电桩建设，逐步完善新能源充电基础配置建设，满足城市发展和客户的需求。

【开展常态化隐患排查和供用电隐患排查】 2019年，全区共排查发现隐患304项，已完成整改304项，整改率100%。圆满完成了2019年春节春运、观澜广场春节大型文艺活动、全国两会、高（中）考、庆祝中华人民共和国成立70周年系列活动、广东省第八届粤东侨博会各类保供电任务数十次，累计出动人员692人次，车辆255车次，派驻发电车138车次，赢得了广大用户的充分肯定。配合全区消防安全检查整治工作，派出专业人员三人脱产配合政府的开展相关工作，派出80人次配合各乡镇街道进行巡查，整改安全隐患20项。

（陈若谷、城区供电局）

农业·水利

农　业

【概况】 2019年，城区下辖7个镇（街道），95个村（社区），75个经济联合社，166个经济合作社，其中有9个省定贫困村。全区耕地总面积44007.83亩，主要作物有水稻、番薯、蔬菜、花生、荔枝、龙眼等。全区生猪存栏量1.88万头，肉羊存栏量200只，蛋鸡存栏量8000只，肉鸡存栏量5000只。全区有水库50座［中型1座、小（1）型13座、小（2）型36座］，山塘32座，河流26条。2019年，农业总产值预计为21.89亿元，比2018年增长4.7%；渔业总产值18.70亿元，同比增长5.2%，占农业总产值85.42%。从总体上看，全区农业GDP稳中有升，运行态势良好。

【农作物生产】 2019年，全区农作物种植面积6.35万亩，其中：水稻播种面积1.82万亩，总产量约0.68万吨；番薯种植面积1.3万亩，总产量约2万吨；花生种植面积0.73万亩，总产量约0.12万吨；蔬菜种植面积2.5万亩，总产量约3万吨。水果种植面积1.81万亩，总产量约0.18万吨，其中，荔枝种植面积1.55万亩，总产量约0.15万吨。

【政策性农业保险】 政策性农业保险涉及承保范围有粮食、水果、畜牧及大棚等。2019年度，城区农业种植参保项目有：

1. 政策性水稻种植保险上级下达参保率为85%以上。2019年全年水稻承保面积为12378亩，顺利完成上级下达的任务目标。

2. 2019年度，政策性岭南特色水果种植保险，全区共承保1300亩，其中，荔技800亩，柚500亩。

3. 2019年度，政策性钢结构大棚保险共承保30亩，该险种是针对城区气候特点而推广的一项惠民险种。

【耕地地力保护】 1. 严格落实好国家惠农政策，做好2020年中央耕地地力保护补贴面积的统计上报工作及落实2019年度耕地地力保护补贴发放工作。由各镇（街道）核对享受补贴的农户的姓名、面积、一卡通账号，对全区的统计信息审核后报区财政局统一发放。2019年度，耕地地力保护补贴标准为每亩84.4元，全区补贴面积为40710.1亩，补贴资金为343.6万元。

2. 落实2019年度全区耕地地力监测和耕地等级调查、肥料使用调查工作（即“两项”调查）。2019年，按时完成上级下达的耕地地力监测任务1个，耕地质量等级调查任务10个，肥料使用调查任务25个，为区域粮食安全和农业可持续发展提供了保障。

3. 完成农产品产地土壤监测任务。2019年，城区承担了国控监测点位任务4个（分布在城区捷胜镇东坑村、红草镇海梧村、东涌镇安华村和红海湾田墘街道二居委）；省控点监测任务5个（分布在城区捷胜镇东坑村、捷胜镇居委、捷胜镇石岗村、红草镇南汾村、东涌镇洪流村）。监测工作严格按照省厅监测要求，通过手机APP完成现场定位、登记、拍照和数据上传，提高了监测点数据采集的及时性和准确性。样品制样按照晾干、制样、寄送指定检测中心等程序，保质保量完成省下达的监测任务，为进一步做好区域农产品产地土壤安全工作提供了依据。

【农情调度统计】 农情调度统计是粮食考评其中的一项指标。为及时、准确、全面地反映种植业生产及农业自然灾害等方面情况，严格按照省厅的要求，按照时间节点做好农情调度的各种报表工作，做到及时上报，坚持不缺报，不漏报、不瞒报、不假报的原则，为各级领导提供及时可靠的农业生产有关情况，发挥应有的参谋作用。

【粮食功能区划定】 省、市下达城区“两区”（粮食生产功能区、重要农产品保护区）划定工作任务0.52万亩，实际划定面积完成率100.16%。“两区”划定范围有3个镇（红草镇划定面积1694.17亩、捷胜镇划定面积2902.88亩、东涌镇划定面积611.28亩）。划定村委会数量15个，划定片块数量13个，划定地块数量22个，完成公告公示点15个，签订管护协议15份,竖立标志牌4个。按照要求完成图斑标识、图纸公示、数据建库等工作。根据省农业农村厅、省农垦总局关于印发《广东省粮食生产功能区和重要农产品保护区划定成果检查验收暂行办法》，成立汕尾市城区粮食生产功能区划定区级核查小组，积极展开粮食生产功能区划定成果自查自验工作。据省农业农村厅和省农垦总局《关于广东省粮食生产功能区和重要农产品生产保护区划定成果省级核查验收结果的通报》，城区内业审查结果为良好，外业抽查结果为优秀。

【“大棚房”整治】 根据上级有关文件精神，2019年，城区重点对龙头企业，农民专业合作社及家庭农场开展“大棚房”问题专项排查清理整治工作。通过排查发现城区红草镇某蔬菜种植专业合作社存在将农用地进行硬底化建设农家乐餐厅、停车场的行为，破坏耕地0.95亩，属于在设施农用地非农化行为。2月28日，责令该社在3月10

日前自行拆除，于3月13日自行拆除，复绿、复耕面积0.95亩。

农业机械化

【概况】 2019年，全区农业机械原值9985万元，农业机械总动力10.56万千瓦。有手扶拖拉机862台，大中型拖拉机21台，水稻联合收割机39台，水稻插秧机8台，机动脱粒机140台，植保机械2780台，烘干机8台，还有灌溉机械、畜牧水产养殖机械、农用运输机械等。

【农机“三率”】 2019年，全区有拖拉机、联合收割机918台，累计注册登记841台（包括公安交警移交原农业机械入户档案），农机入户率为91.61%；拖拉机、联合收割机驾驶员注册706人（包括公安交警移交原农业机械驾驶员档案），农机持证率为76.91%；免费检验120台，检验率为13%。

【农机化投入】 充分实施惠农惠民政策，发挥农机购置补贴效益作用，积极鼓励农民购机，推广农机具和农机化设备设施。2019年度，农机化推广投入约80万元，其中，财政资金投入20万元，农民购买补贴机具投入60万元。

【农机培训】 组织开展农机科技推广培训班和春耕生产现场会。2019年度，培训农机管理人员26人、农机技术人员52人、农机操作人员150人。培训内容主要有农机安全生产知识、作业技能、国家强农惠农政策、农机推广新技术、新机具操作等，努力培育一批有理想、有技术、会经营的新型农民、农机操作能手，打造一支推动新农村振兴战略发展需要的农机队伍。

畜牧兽医

【概况】 2019年，全区有生猪养殖场7家，其中，规模养殖场4家（汕尾宝山猪场有限公司、汕尾市城区锦泰种养场、捷胜镇果林种养场、捷胜镇诚记养猪场），散养专业户3家（王家术猪场、曾招宝猪场、莫海诚猪场）。年底，全区生猪存栏量17990头(其中能繁母猪2155头)。有规模肉羊养殖场1家（汕尾市城区琛成种养专业合作社），存栏肉羊300只。有规模肉鸡养殖场1家（汕尾市城区东涌镇龙溪鸡场），现有存栏肉鸡4500只。2019年，全区生猪出栏量21368头、羊出栏量485只、鸡出栏量42150只。

【重大动物疫病强制免疫工作】 2019年，全面开展春、秋两季畜禽强制免疫工作。春季免疫时间为3月至5月，累计免疫禽流感疫苗3.4万多针次，免疫猪、牛、羊口蹄疫2.45万针次，免疫密度均达100%；秋季免疫时间为9月至10月，累计免疫禽流感疫苗3.3万多针次，免疫猪、牛、羊口蹄疫1.9万针次。确保了全区存栏畜禽处于免疫保护状态，圆满完成了春、秋季强制免疫工作任务。

【疫情监测及消毒灭原工作】 在全区开展畜禽饲养场(户）和屠宰场疫情监测，掌握疫情动态。全年共抽取了畜禽血清620份（其中禽类490份），棉拭子180份，猪淋巴结50份，猪肝10份，猪尿320份，送省、市兽医实验室检验均无阳性。其中4月和11月，国家畜产品检测中心在城区抽取了10份畜禽产品、100份猪淋巴结，40份禽血清，经检测，全都合格。在全区饲养场（户）、屠宰场等场所全面开展消毒灭原工作295次，参加人员2150人次，使用消毒药物3.7吨。是年，全区累计进场屠宰生猪37577头，全部经产地和屠宰检疫合格，出厂屠宰进场检疫率达到100%，确保了出厂肉品质量安全。

【生猪屠宰管理】 2019年，城区农业农村和水利局认真组织协调各有关部门开展对全区生猪屠宰管理工作，牵头公安、食药监等职能部门，依法打击私屠滥宰和制售病害死猪等违法犯罪行为，维护正常的生猪屠宰和肉品经营秩序，确保市民吃上“放心肉”。全年共查处违法生猪屠宰案件3宗，，现场查获私宰生猪产品共1215公斤，待宰活猪40头(4404公斤)，冷冻猪肉产品90公斤，所查获的猪肉产品，按规程进行无害化处理。

【畜禽养殖废弃物资源化利用】 2019年，全区有2家猪场（汕尾宝山猪场、汕尾市荣霖养猪场）向省农业面源污染治理办公室申报世界银行贷款牲畜废弃物治理项目，治理模式是能源环保型（其中荣霖养猪场已停养）。有3家（汕尾市城区锦泰种养场、捷胜镇诚记养猪场、捷胜镇果林种养场）已建设混合式沼气池、固体负离机、三级过滤池等环保设施。有羊、蛋鸡规模场各1家，都采用与第三方签订承包责任协议的方式，将粪便经过干温发酵处理后，由承包方运输销售供给农户的鱼池、果树作为肥料使用，达到废弃物资源化利用的要求。全区畜禽养殖粪污综合利用率达到76.65%，处理设施配套率达到100%。

【非洲猪瘟防控工作】 2019年，全区4家屠宰场（厂）均已购买了PCR检测仪器，开展非洲猪瘟自检工作。监督生猪屠宰场实施“1110”制度，即开展“一日一清毒，一日一清洗，一周一扫除，每天零存栏”行动，全年未发现非洲猪瘟疫情。

（吴伯荣）

渔业

【概况】 2019年，城区渔业坚持“以养为主，养殖、捕捞、加工并举，因地制宜，各有侧重”的方针，以优质、高效、生态、安全和渔区振兴发展为方向，实现城区渔业经济的持续稳定发展。全区渔船数量2498艘，水产养殖面积3814公顷。全年渔业总产量22.01万吨，比2018年增长4.8%，其中：海洋捕捞产量7.46万吨，同比减少5%；海水养殖产量14.26万吨，同比增长10.67%；淡水养殖产量0.27万吨，同比增长4.69%。渔业总产值22.2317亿元，同比增长5.45 %，其中：海洋捕捞产值9.95亿元，同比增长3.19%；海水养殖产值11.93亿元，同比增长7.18%；淡水养殖产值0.3517亿元，同比增长16.5%。

【渔业船舶基础管理】 2019年，完成127艘农业部渔船捕捞许可证的换发工作，其中，汕尾港籍渔船捕捞许可证65艘，马宫港籍渔船捕捞许可证43艘，南沙专项捕捞许可证19艘。结合城区情况，加快渔船更新改造工作，支持淘汰改造一批残旧渔船，撤中小型渔船合并建造大中型渔船。至年底，申请建造钢质捕捞渔船共64艘，总功率29949.3千瓦，其中19艘南沙骨干钢质渔船，总功率15735千瓦，均已建造完工并出具四证。完成2017年度减船转产项目的9艘渔船已全部拆解完成，总功率1899.6千瓦。发放2017年度减船转产项目资金共1329.72万元，其中，中央资金949.8万元，省级配套资金379.92万元。完成了渔船拆解及资金发放工作。完成了2018年度减船转产项目对象渔船27艘的拆解及资金发放工作，总功率4861.5千瓦，发放资金共2916.90万元，其中，中央资金2430.75万元，省级配套资金486.15万元。

【渔业科技推广与资源增殖保护】 根据基层农技推广体系改革与建设实施的要求，围绕池塘鱼虾混养、高位池南美白对虾精养、网箱养殖鱼类、近江牡蛎等主导养殖品种，优化产业结构，突出标准化生态化发展。推广养殖生产经验和先进管理模式，提高技术人员养殖业务技能水平，大力推广“水产养殖专家+示范养殖场—农技管理指导—辐射养殖户”等技术服务模式，提升渔业技术服务功能，确保主要推广品种增长增效。推动红草镇晨洲村“一村一品、一镇一业”特色品牌产品蚝的生态化产业化规模化发展，汕尾市城区晨洲蚝业协会、汕尾市城区晨洲蚝发展有限公司，推进以“产品带产业、产业促发展”的乡村振兴社会主义新农村建设。

【海洋牧场示范区】 广东省捷胜龟龄岛东国家级海洋牧场示范区于2018年4月开工建设，累计投资约2682万元。已投注渔礁体2688个，种植增殖海藻400亩，准备组织验收。

【海洋生物多样性保护】 8月4日，在马宫港水产品交易所码头附近海域实施了渔业资源增殖放流，放流斑节对虾苗约18000万尾、黄鳍鲷约300万尾、黑鲷类约300万尾。通过开展渔业增殖放流活动，修复海洋资源和维护水生生物的多样性，构建海洋生态文明建设，提高渔业资源环境保护意识。

【渔业安全生产监管】 一是按照安全生产“一岗双责”的要求，城区农业农村和水利局成立渔业安全生产工作领导小组，明确责任分工和工作要求。同时，落实24小时值班制度、安全事故及时上报等制度。二是加强宣传教育工作，提高渔业安全生产意识。根据气候特点，及时发送警示短信，提醒渔船主、船长注意海上作业安全防范措施。强化渔业安全生产法律法规宣传，增强渔民群众安全生产的意识。三是加强安全监督检查。坚持以日常巡查、突击检查、联合检查相结合，重点对渔船船员配备和持证上岗、通信和救生设备配备、渔船适航要求、隐患整改落实等方面实施排查整治。据统计，全年共出动渔政执法艇140艘次，执法人员540人次，检查渔船470艘，检查发现渔船船上消防、救生设备不足或过期25宗，船名标识不规范35宗，当场开出整改通知书60份，责令立即整改，并跟踪落实。加强安全生产宣传工作，全年共印发各种宣传资料1500多份，横幅20多幅，宣传标语1600多条，发送短信8000多条，开展各类型座谈会5场次，举办培训班5次，在新闻媒体宣传法律、法规共6次。

【伏季休渔管理工作】 5月，区政府制定《汕尾市城区2019年海洋伏季休渔制度实施方案》，休渔时间为5月1日12时至8月16日12时。共发放2019年度休（禁）渔补助渔业船员701人的补助资金147.21万元。休渔期间，落实休渔渔船防汛、防台、防火“三防”措施。共发放《休渔须知》《关于做好伏季休渔期间渔业船舶安全管理的通知》2000多份，张贴农业部休渔通告30张，利用短信平台发送休渔短信3000多条，悬挂宣传横幅15幅。重点落实渔港参休渔船的动态管控工作。制定实施渔港伏季休渔期渔船安全整治工作方案，完善休渔期24小时值班制度和领导带班制度，设立执勤点，成立执法小组落实海上巡查管控常态机制，加大对涉渔“三无”船舶（无船名船号、无船舶证书、无船籍港的船舶）的打击力度，共查扣“三无”船舶105艘。

【港口海域禁毒】 高度重视港口海域禁毒专项整治工作，切实采取有效措施，加强港口海域管理，始终保持对港口海域毒品犯罪的高压态势，并取得了一定的成效。一是对全区945艘国库、省库渔船和1553艘乡镇生计渔船的基本信息进行登记造册，录入汕尾市城区渔船网格管理系统，落实专人管理。二是制定实施《汕尾市城区港口海域禁毒网格化实施方案》，落实渔船网格化管理，完善禁毒工作网络化管理平台。三是强化港口海域禁毒常态化巡查监管，保持港口海域毒品犯罪的高压态势，实现港口海域无毒化，日常海上检查中未发现渔船涉毒违法情况。

【惠渔政策工作】 成立渔船油补工作领导小组，制定《汕尾市城区2018年度油补工作发放方案》并经区政府批准实施，制定《汕尾市城区农业农村和水利局油补审核程序》，落实责任分工。2018年度，城区有国库渔船455艘，其中，已申请、受理的渔船271艘，老旧船舶184艘。经审核，共有265艘渔船完成审核和公示，发放资金共16261158元。

水　利

【水利工程建设项目】 2019年，城区列入市、区重点建设项目的水利工程共5宗：品清湖（东涌）治理工程、黄江（五雅河）治理工程、马宫河治理工程3宗中小河流治理项目；村村通自来水第三期工程；红草马宫联围海堤达标加固工程。

中小河流治理项目　品清湖（东涌）治理工程、黄江（五雅河）治理工程、马宫河治理工程，列入2018年度广东省中小河流治理（二期）项目，经上级批准的概算总投资10926.93万元，治理河长52.411公里。其中：黄江（五雅河）治理工程4705.67万元，治理河长21.44公里；品清湖（东涌）治理工程4885.18万元，治理河长23.741公里；马宫河治理工程1336.08万元，治理河长7.23公里。2018年4月21日，省财政厅下达第一期省级补助资金6502万元，2018年12月29日下达第二期省级补助资金722万元。3宗工程从2019年3月底开始陆续开工建设，截至2019年底，基本上完成主体工程建设任务，投入资金7224万元。

村村通自来水第三期工程　2019年6月20日，城区政府八届四十八次常务会议在2019年第二批新增地方债券落实了村村通自来水第三期工程建设资金1200万元。该项目于2019年9月25日开工建设，截至2019年12月底主体工程完工，1200万元全部投入到工程建设。

红草马宫联围达标加固工程　该项目经上级批准的概算总投资5107万元，已到位省级补助资金2043万元，2018年底前，上级补助资金2043万元已全部投入到工程建设。2019年4月，省财政厅增拨补助资金561万元，至2019年底，完成红草马宫联围海堤达标加固工程港口段1.2公里的建设任务。

【河（库）制湖长制工作】　“清四乱”“五清”整治工作　一是对2018年国家遥感监测到的黄江河城区段乱占、乱采、乱堆、乱建等23宗“四乱”问题，区委、区政府高度重视，相关的红草镇、马宫街道紧密配合，于2019年5月底前，23宗“四乱”问题全部清理完成。二是在2019年6月底前，完成了区河长办排查出来的区、镇级河流58宗“四乱”问题的清理工作，其中，清理违建建筑物21间，清理影响排洪作物37处。三是做好218个排污口整治，截至7月中旬，全部完成排污口的整治工作。

湖长制工作　2019年，共开展违规网具绝户网、定置网清理整治行动42次，出动执法船艇126艘次，参与执法人员512人次，聘请清网船舶80艘次，聘请人员320人次，查获违规铺设定置网船舶7艘，清理违规定置网510张、约8500米，清理网桩5个，浮标1036个。发放宣传资料600份，悬挂宣传横幅15幅，张贴宣传标语12张。执法人员当场将网具等设施进行破坏销毁，基本上清除了该海域的非法网具。城区渔政大队开展清理拆除专项行动，共清理沉破船85艘。

河湖管理范围划定　至2019年底，城区完成了品清湖及黄江河城区段，涉及岸线总长度45.6公里，其中，品清湖25.6公里，黄江河城区段20公里。区政府落实责任制，落实专项资金开展划界工作。至年底，相关工作已完成，依法划定了河湖管理范围，明确了河湖管理边界线。

【节水型社会建设】　为按期完成第二批县域节水型社会达标建设的任务，城区政府成立了领导小组，制定和印发了工作方案，召开动员大会，并落实本级财政资金100万元，委托第三方建设，完善用水定额管理，提高用水计量水平，开展节水宣传活动，推进节水载体建设。计划到2020年3月城区节水工作达到节水型社会考核申报的要求。

【水土保持工作】　一是加强对生产建设项目水土保持方案的审批监管。2019年，城区水土保持“三同时”制度得到了良好贯彻执行，水土保持方案申报率、审批率比往年明显提高，共审批水土保持方案11件，检查开发建设项目149人次，发出《关于建设项目办理水土保持方案审批手续的通知》63份，发出《责令停止违法行为通知书》11份，基本遏止了人为水土流失恶化趋势，为全区水土保持工作的顺利开展营造了良好的大环境。二是完成2019年度水土保持目标责任考核准备工作。根据省水利厅关于开展2019年度全省水土保持目标责任考核的有关工作要求，开展水土保持图斑现场复核工作以及水土保持信息管理系统录入工作，落实生产建设项目补办水土保持方案及水土保持生态治理任务，完成了2019年度水土保持目标责任考核准备工作。

【万里碧道建设】　高标准建设列入品清湖碧道试点工程的东涌河、品清河中小河流，于2019年底，品清湖碧道试点工程7.0公里已完成建设任务。与此同时，加快推进全区碧道工程规划编制工作，加强谋划和顶层设计，突出城区水情，挖掘红色基因，注重城区人文地理特色，统筹山水林田湖草系统治理，努力打造“河清岸绿、鱼翔浅底”“水草丰美、白鹭成群”的生态廊道，建设成为老百姓美好生活去处。

【水旱灾害防御】　2019年，全区平均降雨量比2018年偏少，有1个台风影响（201911号台风“白鹿”）城区汛期降雨集中，由于前汛期强降雨各蓄水工程的蓄水量大增，部分蓄水工程基本接近汛限水位，为确保安全多次排水泄洪。后汛期由于降雨减少，全区蓄水总量比往年同期偏少约20%。2019年城区的汛期特点主要是入汛早（3月9日），比往年提早了约1个月，旱涝急转，前汛期降雨量偏多，强降雨过程集中、降雨量大，后汛期雨量偏少。2019年全区没有发生水旱灾害灾情，没有出现人员伤亡事件。

（水利建设与河湖管理股、水资源与水保股）

附：城区农业农村和水利局领导名录

局　长：陈伦庭（2019年12月离任）

区委农办常务副主任：林悦钊（2019年2月任）

副局长：刘水照（2019年2月任）

唐泳驰

林维忠

李孝群

温　卉（2019年6月挂职）

冯生杰（2019年2月离任）

区委农办专职副主任：周文开（2019年9月任）

黎友群（2019年2月任

9月离任）

渔政大队大队长：邝学武（2019年9月离任）

蔡宏青（2019年9月任）

渔政大队教导员：蔡宏青（2019年9月离任）

颜烈吉（2019年9月任）

四级主任科员：洪学奋（2019年2月任）

城乡建设

住房和城乡建设

【概况】 汕尾市城区住房城乡建设局（以下简称区住建局）有8个下属事业单位，分别为区建筑工程质量安全监督站（参公单位）、区建筑工程质量检测站、区建筑设计室、区房地产交易管理所、区燃气管理所、区交通事务中心以及马宫（红草）房管站、捷胜（东涌）房管站。

【村镇规划建设与管理】 一是全力推进城区农村污水治理工程PPP项目。根据污水设施建设整体规划，计划投资1.6亿元，实施范围涉及3个镇、3个街道，共37个行政村，服务常住人口约7.5万人，共新建50个农村污水处理站，总处理规模每天2850立方米，配套新建污水收集管网（DN200~DN600）、修复农村排水明沟约99.99公里，并布置14个污水提升泵站。该项目于2019年底启动建设，预计2020年10月竣工。

二是升级改造市区污水管网。总投资约340万元完成夏楼美村生活污水管网改造及雨水收集系统建设，对夏楼美村生活污水进行截流收集；总投资约144万元完成东涌镇东围沟水体污染整治，购置10台微生物污水处理器投放夏楼美村排洪渠和东围沟排洪渠净化水体。

三是督促指导“一村（社区）一主题公园”建设。根据主题公园建设安排，全区需建设主题公园90座（其中，东涌镇22个，红草镇20个，捷胜镇19个，香洲街道11个，新港街道4个，凤山街道4个，马宫街道10个），区住建局通过委托安徽城建设计院等3家设计公司完成了主题公园方案初步设计工作，并交由各所在镇（街道）组织实施建设任务，加强建设过程中的对接指导。年底，已完工的有54个，已开工建设30个，未开工6个。

四是扎实开展城区55个村庄的美丽乡村规划编制成果审查和上报批准工作。2019年，汕尾市政府分四批次批准城区行政村村庄规划编制成果，至此实现了城区行政村全域生态宜居美丽乡村村庄规划编制“全覆盖”总目标。

【基础设施建设】 分批推进“厕所革命”建设，实现了“一村一厕”建设目标。第一批任务总投资1860万元，建设标准化公厕66座（其中，二类标准的厕所14座，三类标准的厕所52座），2019年3月全面通过竣工验收并交付使用。

第二批任务总投资2500万元，按“大村建大厕、中村建中厕、小村建小厕”的原则，建设标准化公厕76座（其中，大厕4座，中厕18座，小厕50座和升级改造4座），已全部交付使用并由各村进行日常保洁管理。抓好市区支路升级改造。2019

年投资约1600万元完成西门街等21条市区20米以下城市支路进行升级改造，主要建设内容包括道路建设、人行道建设、路灯建设、路面行车线划线、铺设给排水管道等。按期完成“四好农村路”建设任务。2019年，共计投资1000多万元，完成全区“四好农村路”里程20公里建设任务。

【建筑业与管理】 一是规范建筑工程报批和备案程序。严格按照国家、省、市等有关建设法律法规的规定，把好建设工程施工许可准入关，不断完善建设工程管理股各项业务办事指南，简化办事程序，缩短办结时限，及时反馈意见，做好企业（或个人）业务咨询服务，提高办事效率，对前来申请办理业务的单位或个人实行一次性告知，给予悉心指导，有效地提高了办事效率和服务质量。2019年，该局严格执行工程竣工验收备案制度，指导和监督已竣工项目相关责任单位合法的验收程序，并按法定期限督促责任主体办理工程竣工验收备案。2019年，区工程竣工验收项目3个，验收合格率100%。

二是推进工程建设项目审批制度改革。积极对接市住建部门和市审改办，加快推进城区工程建设审批事项并入市工程建设项目审批系统平台统一实施，同时，联合区审改办到相关单位对接建筑工程审批改革工作，并通过邀请广东数字公司工程师对区发改、自然资源、城管等部门开展区工程建设项目审批系统试运行培训交流，为工程审批系统有序推广提供技术支持。

三是切实加强建筑安全监管。严格落实安全生产“一岗双责”制度和“管行业必须管安全，管生产必须管安全”的监管责任，持续强化在建工地巡查督导。常态化对区属在建工地安全生产、文明施工、环境卫生等进行督查指导，严格管控深基坑、高支模等危险性较大的分部分项工程施工，对城区10个在建工程组织开展建筑施工安全生产检查近1440场次，共出动人员6000多人次，对存在安全隐患的项目发出整改通知书并限期整改到位。是年，城区在建工地没有发生安全生产事故。

四是抓好在建工地“文明施工”。该局按照“创文”的工作要求，严格督促各施工单位必须加强对在建工地围挡封闭、物料运载、建筑淤泥运输车辆的管理。同时，加强城区报建项目扬尘防治监管，严格推行在建工地文明施工“6个100%”（施工工地周边100%围挡、出入车辆100%冲洗、拆迁工地100%湿法作业、渣土车辆100%密闭运输、施工现场地面100%硬化、物料堆放100%覆盖）工作要求落实扬尘防治工作责任。施工现场落实围挡围蔽约3000米，围挡面积约16830平方米，创文公益广告按照规定比例张贴。

五是认真执行建筑节能、绿色建筑规范。按工作导则、管理办法的规定，积极贯彻执行节能验收规范，重点检查施工图设计文件审查、设计变更，节能专项施工方案和监理规划编制审批，技术交底及示范样板确认，抽查节能材料的送检与实体检验情况，使城区建筑节能、绿色建筑工作规范推进。

【房地产与管理】 2019年，围绕市区重点建设项目中心工作，积极指导协调天豪熙龙湾、瑞城花园、御景壹號等10个房地产开发项目的建设。截至2019年12月，10个在建房产项目累计完成年度投资241965万元，占年度总投资的101%。

【房地产交易管理】 2019年，全区房屋办证宗数为918宗，交易面积为12.71万平方米，成交金额为71539.55万元，其中，存量房454宗，面积为5.3万平方米，金额为34292.7万元；商品房464宗，面积为7.4万平方米，金额为37246.85万元。是年，全区房地产交易稳健进行。

【燃气供应与管理】 强力抓好燃气安全管理，积极联合各镇（街道）、城管、公安、市监等部门开展燃气联合整治行动。2019年累计组织出动检查人员400多人次，发出《整改通知书》30份、《执法决定书》83份，没收不合格气瓶683个，约谈燃气企业3家，询问笔录11份，查获违规运输液化石油气瓶大货车1部，由区公安分局拘留人员1名，有效打击燃气市场的违法行为。

【其他工作】 全面完成全区2019年农村危房改造验收及资金发放工作，全区农村危房改造改造户为70户。其中，建档立卡62户，属D级拆除重建18户

(包含5户分散供养)，属C级修缮加固44户。非建档立卡8户，属D级拆除重建3户（包含1户分散供养)，属C级修缮加固5户。按期完成廉租房补贴发放。2019年，全区保障性住房目标任务60户，实际完成68户，超额完成8户，补贴资金已按期发放给各廉租对象户。

（区住房城乡建设局）

附：区住房城乡建设局领导名录

局　长：刘宗锐

副局长：范海滨

　　　　刘儒彬

　　　　余德荣

总工程师：吴辉波

城市管理

【概况】 2019年3月，汕尾市城区城市管理和综合执法局（以下简称区城管局）挂牌成立，是汕尾市城区人民政府工作部门，正科级单位。主要职能是城市市容市貌、环境卫生等方面的综合执法管理。

【城市环境卫生管理】 2019年，区城管局紧紧围绕区委、区政府“创文创卫”的工作部署，以创建国家卫生城市为目标，以洁净城市环境、提升城市品位、提升居民生活质量为重点，不断完善机制，有序推进各项工作，努力抓好环卫基础设施建设，进一步强化垃圾清扫、清运和处理工作。

推进环卫管理体制改革 进一步加强市区环境卫生管理，提升市区环境卫生管理水平。按照“两级政府、三级管理”的城市管理体制，充分发挥街道、村（社区）在城市环境卫生管理的重要作用。结合汕尾市区环境卫生管理的实际情况，2019年7月，市区5个基层环卫站完成改革，全部转隶到市区香洲、凤山、新港3个街道，市区环卫管理职能移交给市区香洲、凤山、新港3个街道统一管理，充分调动街道、村（社区）的积极性，进一步提高环境卫生管理能力和作业水平，夯实市容环境卫生基础。区城管局主要负责市区环境卫生指导、监督、考核等方面的工作。

创新环卫作业方式 2019年，区城管局进一步加强城市环境卫生管理，对环境卫生“网格化”管理机制再细化、再健全、再完善，健全完善垃圾清运和日常保洁网格化机制。一是落实清扫、保洁岗位责任制。一级路清扫保洁实行每天二扫二保洁，清扫保洁时间为16小时；二级路实行每天二扫二保洁，清扫保洁时间为12小时；三级路实行每天二扫一保洁，扫保洁时间为8小时。确保城市清扫保洁率达到98%以上，实行全时段、全覆盖的清扫保洁网络。二是落实居民生活垃圾收集岗位责任制。居民生活垃圾收集实行“三定”：1.定时。垃圾上门收集每天晚上7时至9时30分一次，摇铃收集垃圾每天早晚各一次，即早上7时至9时30分，晚上7时至9时30分。2.定岗。垃圾收集按每350户配一个岗位核定，对个别片区岗位不足的，及时调整充实工人，确保岗位责任制落实到位。3.定点。对工人岗位设定固定的区域和服务范围，按分配的作业区域落实固定岗位作业，确保保洁质量。三是采用机械化作业方式，落实道路主次干道机械清扫和冲洗责任制。市区现有道路机械清扫面积约180万平方米，道路机扫率达到52%以上，并对可用扫路车和高压冲洗车清扫、冲洗的道路列出作业时间安排表，分路段安排责任车辆定时巡回清扫和冲洗。道路清扫作业每天2次，即上午5时至9时与下午1时至4时30分；果皮箱、垃圾桶点冲洗作业每天2次，即上午8时30分至12时与下午2时至5时30分；高压冲洗车主要冲洗道路和人行道，作业时间为每天晚上12时至第二天早上7时。有效降低了城区道路扬尘污染，营造了更加整洁清新的城区卫生环境，提高了路面清洁度。四是垃圾收集、转运及时。落实垃圾收集日产日清的作业标准，清运率达到100%。加强城区道路、公共广场、背街小巷和住宅小区的清扫保洁管理，加大对城中村及城乡结合部的卫生整治力度，做到全覆盖、无死角，使城市清扫保洁率达到98%以上，垃圾袋装化普及率达到90%以上，生活垃圾无害化处理率达到100%。垃圾转运站的垃圾运输车为密闭车辆，标志清晰，运输过程中密闭不撒漏、不滴漏，实现了转运全过程密闭化。

完善环卫设施设备 一是垃圾转运站及公厕管

理水平明显提高，对市区4座转运站和公厕进行升级改造。2019年7月共投入资金205万元进行升级改造，安装不锈钢密闭卷闸门，保洁车进出站道安装风幕机，垃圾压缩车间安装负压除臭设备和植物液喷淋设备，起到除臭、消毒、密闭作用。对香洲转运站公厕共投入资金18万元进行升级改造达到二类标准以上。二是加大对环卫作业的设备设施投入。2019年，共投入资金1500多万元采购密闭式保洁车662部、密闭式垃圾收集车348部，将工人保洁敞开式运输转变为密闭式保洁收集运输，杜绝二次污染，确保生活垃圾收运达到密闭式，全过程不撒落、不滴漏的“国卫”标准。2019年购买环卫工人工作服2540套，发放给各个基层环卫站使用，环卫工人统一着装作业。

强化督查考评　2019年，区城管局全面开展督查考评工作。一是落实日常巡查长效机制，做好日检月评工作。由区城管局综合管理股工作人员分驻到市区各重点路段，每天早上8时至12时、中午12时至下午2时、下午3时至5时、晚上8时至10时4个时间段，重点督查各路段及居民小区的生活垃圾清扫、巡回保洁和收集岗位落实到位情况。同时做好全程记录登记，形成台账，对存在问题进行登记，反馈给各基层环卫站管理人员，督促各基层环卫站及时进行整改。二是落实考评奖罚机制。明确各基层环卫站正副站长、管理员和环卫工人的片区责任分工，落实考核机制。每天至少5次对一线环卫工人完成作业情况进行考核，并兑现奖罚。对正副站长、管理员岗位责任不落实问题严重的给予通报批评，对一线环卫工人上下班不准时，作业不到位的按一线工人考评办法给予相应处理。

推动生活垃圾处理费收费工作　2019年《关于开征市区生活垃圾处理费收费标准公告（第3号)》正式出台，并于5月1日正式开征市区生活垃圾处理费。区城管局作为征收主体单位，在开征前全力推动宣传普及工作，借助《汕尾日报》、汕尾电视台、汕尾城市在线网等媒体进行公告和宣传，同时印制《汕尾市区开征生活垃圾处理费宣传资料》等宣传资料1万多份，分发到市区凤山、香洲、新港3个街道，落实专人进村入户宣传，确保居民清楚生活垃圾处理费收费标准。

【城市管理与综合执法】　2019年，以推动城管机构改革为核心，理清权力职责、完善工作机制、梳理办事流程，深入开展城市管理和综合执法工作，稳步推进城市管理水平再上新台阶。

推动执法工作规范化　一是进一步规范执法流程，强化与司法部门的联系，修正执法文书表格，规范文书书写格式，加强执法人员法律素养，确保执法过程中做到依法依规。二是积极推动行政执法三项制度落实落细，切实做好行政行为的事前、事中、事后监督管理工作，在广东省行政执法信息数据归集平台进行行政许可和行政处罚的结果公示，接收上级部门及群众的监督，2019年公示行政处罚案件532宗。三是落实重大行政案件集体讨论制度，区城管局成立了重大行政执法案件审理领导小组，确保重大行政执法案件的处理结果合法合理。

妥善处理信访案件　2019年，区城管局接收各类信访案件1451宗，回复1451宗。同时加强环境卫生投诉平台工作力度，保持投诉处理率100%，切实做到有诉必理、有理必果。以“群众信访要做到事事有回声，件件有着落”的工作思路，在信访工作中，畅通各类信访渠道，规范信访程序，维护信访秩序，落实信访责任，依法、及时、合理和有效地处理群众反映的城市管理中出现的问题。

强力治理违法建设　充分发挥违法建设治理主力军作用，克服时间紧、任务重、战线长，一些群众不理解等重重困难，推进违法建设治理。一是提高政治站位，认真落实整改工作。区城管局坚决贯彻《汕尾市人民政府关于依法严厉查处违法建设的通告》文件精神，深化思想认识，提高政治站位，履行牵头职责，各镇（街道）切实履行属地管理责任，合力处置违法建设行为。二是强化部门联合，加强违建查处管控。对刚动工或在建的违法建筑，区城管局联合属地政府（办事处)、自然资源、住建、供电、供水等部门，停止违法建设的水、电和混凝土供应服务，切断违建链条，进行查封控停。2019年8月起，区城管局向有关部门提请39批次“停水、停电、停混凝土

供应”要求，对市区内36处违法建设进行“停水、停电、停混凝土供应”处置，有效整治市区违法建设环境和秩序。三是保持高压态势，开展查违拆违控违工作。区城管局坚决贯彻落实市委、市政府和区委、区政府关于控违拆违的工作部署，强力开展违法建设专项整治行动，取得了阶段性成效。2019年，出动人员1.4万多人次，出动大型机械800多台次，拆除违建400多宗、25万多平方米。

推进城市道路交通安全综合整治工作　一是严厉查处“泥头车”违规行为。区城管局执法人员深入路面执勤一线，在海汕路、站前路、汕可路、汕马路、海滨大道东城路、工业大道、香城路、汕遮路、和顺路等重点路段进行“定点整治”与“流动巡查”，通过“查、截、堵、控”措施，对“泥头车”带泥上路、未密闭行驶、运载过程“抛洒遗漏”等违规行为进行严厉查处。同时，加大夜间巡查、轮流执勤、加强对“泥头车”夜间违规行驶的整治力度，严密监控违规车辆行驶。二是规范人行道摩托车违规行驶及乱停放行为。对通港路、城南路、香城路、香洲路、罗马广场至善美广场海滨大道的摩托车乱停乱放及违规行驶等行为开展专项整治行动。2019年，共查处违规停放车辆436部，暂扣乱停放车辆32部。通过严格管理、严格处罚，城市道路安全秩序明显好转。三是加强道路安全管理，组织人员排查市区20米以下道路存在的安全隐患，更换井盖，修复破损道路，疏通地下排污管道。2019年及时纠正和查处市政道路未经许可擅自挖掘等影响城市道路交通安全的违法行为36宗。

抓好高铁沿线环境安全综合整治　通过重点排查高铁沿线安全保护区外两侧100米范围内可能被大风刮上铁路的漂浮物，依法查处该范围内的违法建筑（搭）物、户外广告牌，坚决消除高铁沿线安全隐患。2019年城区区域内共有铁路周边安全隐患问题24宗，其中，东涌镇18宗，红草镇4宗，马宫街道1宗，香洲街道1宗。经过排查整治，24宗安全隐患点整改完毕，并落实双签销号，城铁沿线环境安全综合整治工作取得显著成效。

持续强化大气污染攻坚防治管控　一是强化精细施工扬尘污染防治工作。区城管局通过加强定时、定点巡查，攻克施工工地扬尘污染动态性强、实时监控难度大等难题，对发现存在“泥头车”未密闭、车厢滴漏、未冲洗车轮和车身及存在扬尘问题的施工单位下达整改通知，督促施工单位加固围蔽围挡和加强“泥头车”冲洗和查验、“泥头车”出入洒水压尘等工作。同时对各建设单位、施工工地存在雇请无证“泥头车”或拖拉机进行作业的问题，通过宣传教育、加大巡查和处罚力度，对建筑工地、砂石场和停车场加大整治。二是严格实施道路扬尘污染防治工作。持续开展道路扬尘污染防治工作，禁止非全密闭式、无覆盖设备、无密封措施的“泥头车”运载上路，全力督促各建设单位、建筑施工单位及运输公司（车队）及个人对“泥头车”设置密闭装置，严禁不符合密闭要求的“泥头车”实施运输工作，严查“泥头车”违规运输行为。

加强“网格化”日常管理制度　2019年，区城管局按照“网格化”管理措施，坚持把执法管理力量压向路面，加强对市区沿街商户各种违章占道经营、店外经营、店外作业行为以及乱堆、乱放等行为进行整治。2019年共规范“门前三包”管理1万多次，取缔占道经营7000多次，暂扣经营物品2000多个（件），整治乱堆放行为1000多宗。通过强有力的整治，确保了市区各主次干道、主要路段两边商铺入室经营进一步规范。

开展市容环境整治行动　一是加强“门前三包”责任制落实。2019年积极开展“门前三包”专项巡查行动，共巡查4万多户（次），对发现存在的问题及时批评教育，责令整改3000多户（次），发出整改通知书100多份，限期责令改正。二是加强“六乱”现象整治力度。2019年共处理卫生死角100多处，查处违反环境卫生行为100多宗，在电视台曝光10多宗，拆除清理违章和私设广告设施40多处，整治乱张贴广告横幅300多处，“牛皮癣”700多处，纠正规范乱摆放摊点3000多宗；加强对工地及周边的环境的执法力度，出动执法队伍300多次，责令清理建筑垃圾100多宗。三是加强农贸市场周边环境监管力度。2019年处理农贸市场周边违规占道经营行为3000多宗，查处车辆乱停乱放1000多宗。四是维护汕尾火车站及周边区域公共秩序。对汕尾火车站站前广场加强执法管理，严厉打击不文明行为，确保汕尾火车站站前广场环境卫生整洁，改善周边道路交通安全秩序及市容秩序。

（区城管局）

附：城区城市管理和综合执法局领导名录

局　长：王金鸿

副局长：庄剑锋（2019年3月任）

　　　　许永斌

　　　　卓永红

文化·卫生

WENHUA · WEISHENG

科　技

【概况】 2019年3月，根据区委、区政府机构改革方案，组建汕尾市城区科技工业和信息化局（以下简称区科工信局）。将区经济促进局的职能，以及区科技文体局的科技管理职能，区人力资源和社会保障局的外国专家管理职能等整合。不再保留区经济促进局、区科技文体局。下辖2个事业单位：汕尾市城区节能中心（公益一类）、汕尾市城区企业服务中心（公益一类）。

2019年，区科技工业和信息化局按照区委、区政府工作部署，认真抓好经济各项工作，实现全区工业、商贸基本保持平稳增长。全年全区工业产值106.69亿元，比增9.73%；完成工业投资26.03亿元，同比增长13.7%。全年完成社会消费品零售总额121.28亿元，同比增长8.8%。

【完善科技政策】 为引领创新发展，促进传统产业转型升级，确保优惠政策符合当地企业发展，区科工信局代修订《汕尾市城区人民政府关于加快实施创新驱动发展的若干意见（试行）》《〈汕尾市城区人民政府关于加快实施创新驱动发展战略的若干意见科技成果类补助实施细则（试行）〉》等6个文件，加快完善产业创新政策，加大特色产业、优势产业的研发力度，为创新驱动发展创造良好的政策环境。将区创新驱动发展战略专项资金30.6万元对2018年度取得企业资质认定、平台建设资质、科技成果的企业进行奖补，为创新驱动发展创造良好的政策环境，着力助推企业能力建设、科研体系建设，进一步提高创新体系整体效能。

【加快创新驱动发展】 紧紧抓住科技创新这一核心，深化供给侧结构性改革，瞄准重点区域、重点产业、重点环节，主动谋划、持续发力，推动城区实施创新驱动发展战略，优化创新创业环境。2019年，新增高新技术企业认定1家，新增省高新培育库入库企业2家，新增市级企业研究开发中心6家，新增市级科技企业孵化器1家，新增市级众创空间1家，全区入库科技型中小企业26家。

【创新创业大赛】 2019年，城区发动33家企业参加第八届中国创新创业大赛（广东-汕尾赛区）暨汕尾市第三届“红海杯”创新创业大赛，参赛企业数全市排名第一，其中，16家企业进入汕尾市第三届“红海杯”复赛，参加复赛企业数在全市排名第一；3家企业进入市决赛，1家荣获二等奖，2家荣获三等奖；6家企业代表市参加2019年第八届中国创新创业大赛（广东赛区）暨第七届“珠江天使杯”科技创新创业大赛，均获优胜奖。通过创新创业大赛活动，培育发展动能，为经济发展注入“源头活水”。

【省级大专项项目成功入库】 根据省级科技创新战略专项项目要求，该局组织汕尾市安信网络服务有限公司对应申报汕尾市2018年省科技创新战略专项资金（“大专项+任务清单”管理模式）项目（第二批）“科技企业创新能力提升”项目；发动汕尾市现代健康农业科技发展有限公司申报汕尾市2019年省科技专项资金（“大专项+任务清单”）项目的现代农业科技攻关和农业科技产业基地建设专题，2个项目均成功通过。推进企业科技创新能力建设，鼓励扶持企业加快科技创新及成果转化。

【市级农村科技特派员成功入库】 为建立健全农村科技服务体系，落实城区辖区内省定贫困村与农村科技特派员对接全覆盖，开展城区省定贫困村与农村科技特派员对接情况调查摸底工作。城区有曾昭阁、黄瀚、王梓充、张志勇4名工作人员成功入库市级农村科技特派员，并推荐报省科技厅入库省级农村科技特派员。为城区省定贫困村当地提供技术和智力支持，助力乡村振兴发展。

（陈若谷）

电信与通信

【概况】 2019年，广东移动汕尾分公司完成5G二期74个5G站点；完成57个FDD1800站点开通建设任务；完成25个新建无线基站选址及协调进场工作，协调完成传输难点任务3处；家庭宽带完成

28片区建设，完成40多个“10086”投诉未覆盖小区及自然村家宽协调进场建设及放号工作。

中国电信汕尾城区分公司完成接入网络以铜缆、光缆组网，承载不同类型的业务；已建成的接入网络、宽带业务已全部覆盖，市区的商业区域、新建住宅小区等重点区域已基本覆盖，提供光纤到户、光纤到办公室的全光接入网络。

中国联通城区分公司完成传输新建24芯光缆42.11公里，48芯光缆19.54公里，光缆投资62.21万元；新建1孔管道1.61公里，新建2孔管道3.35公里，管道投资94.11万元；传输新建共投资156.32万元；完成联通移动网新建19个宏站以及3个室内分布覆盖站点，无线投资124.15万元，总投资280.47万元。

（城区移动、电信、联通分公司）

信息化建设

【加快修复无线网络基站故障】 2019年，完成历史遗留无线基站故障修复79个，梳理网络覆盖弱区。优化管道设施利用率，完成了9条主干道的管道梳通，进一步畅通管道线路、加快光网络的全面覆盖。光缆整治与维护，开展ODN箱体、光（电）接箱整治、主光路和分支光路整治的专项工作，主要完成3条主干光缆的整治，清理满容的光交接箱，是年故障工单签单处理及时率和处理及时率总体都达到95%以上，达到KPI指标考核进一步提高分公司通信网络质量和客户感知。

【完成退铜（电缆改为光缆）退网工作】 全年完成退铜目标的102.92%，完成之后预计每年可节约电费约11.6万元。完成189套传统设备退网下电，并实现含MDF机房的19个机房设备下电退网，顺利完成2019年度传统接入网机房退网工作。

【打造光网维护标杆示范区】 2019年9月底，提前完成保利金町湾区域标杆（省级示范区）整治工作，已在集团智慧光网平台上传标杆整治区域包含的机房、ODF架、光纤交接箱、光分纤箱、人（手）井等190张整治前、后对比照片等基础数据录入系统，按时完成标杆区域整治工作。

（中国电信汕尾城区分公司）

附：城区科技工业和信息化局领导名录

局　长：游建雄

副局长：黎文录

　　　　王灯彩（兼任城区二轻集体企业联社主任）

　　　　林永钟

数字政府改革与建设

【概况】 2019年，城区“数字政府”改革建设工作在区委、区政府的正确领导下，在上级部门的精心指导下，不断深化“一门式一网式”政务服务模式改革，扎实推进“马上办、网上办、就近办、一次办”审批服务，不断提升政务服务能力，优化政务服务环境，各项工作取得了明显实效。

【完善“数字政府”工作机制】 一是成立区“数字政府”改革建设工作领导小组，由区长罗光钊任组长、区委区政府相关领导任副组长、区直有关单位领导任成员，组建区政务服务数据管理局，承担区“数字政府”改革与建设的具体工作，从而形成“数字政府”改革建设齐抓共管的格局。二是明确“数字政府”年度工作要点，对接好省、市“数字政府”改革建设工作安排，印发《汕尾市城区“数字政府”改革建设2019年工作要点》，有力地推动城区“数字政府”各项任务落地见效。三是印发《汕尾市城区区级政务信息化服务项目管理办法（试行）》，进一步规范城区政务信息化项目立项、采购、实施和监督管理，提升集约化建设程度。四是制定出台《汕尾市城区区级政务服务信息化服务项目实施审批细则（试行）》，建立信息化项目立项审批工作机制。

【政务服务模式改革】 一方面推进实体大厅标准化建设。区直22个部门共1014项依申请办理的政务服务事项（包括使用国家级、省级垂直系统事项数）进驻区政务服务中心，其中行政权力事项723

项，公共服务事项291项。“最多跑一次”行政权力事项708项，占全部进驻事项97.93%；实现进驻行政权力事项100%办理跑动不超过2次。另一方面加强广东政务服务网汕尾厅城区分厅建设。广东政务服务网汕尾厅城区分厅共进驻部门27个，进驻服务事项1255项（包括使用国家级、省级垂直系统事项数），其中，政务服务事项777项（含行政许可事项464项），公共服务事项428项，行政征收事项50项。可网上申办的政务服务事项600项，可网办率为77.22%，实现“最多跑一次”的政务服务事项764项，占全部政务服务事项98.33%；实现100%政务服务事项到现场次数不超过2次。

【政务服务事项标准化】 完成区级政务服务事项调整工作。5月30日前，全面完成机构改革后政务服务事项调整工作。调整后，全区在广东政务服务网进驻部门由原来32个调整为27个，事项由原来的5566项调整为5565项。同时按省、市的要求，在10月18日政务服务事项系统上线前，完成全区所有政务服务事项质检工作，处理问题事项703项，累计修复数据质量问题1996个。

【行政审批制度改革】 推进商事制度改革，提高开办企业便利度。整合了银行开户、印章刻制备案以及涉税备案提醒等业务。在将开办企业“5个程序、7个环节”减少为“2个程序、2个环节”，审批时限由5个工作日缩短为2个工作日的基础上，于8月后再将审批时限2个工作日缩短为1个工作日。推进投资审批改革，简化投资审批流程。政府投资项目可研报告审批，在资料齐全的情况下，将审批时限由原20个工作日缩短至5个工作日；企业投资项目备案，将审批时限由5个工作日缩短至3个工作日；企业投资项目核准，将审批时限由20个工作日缩短至10个工作日，对审批办文时间缩短50%以上，实现项目审批时限再减一半。

【“数字政府”改革建设宣传】 组织开展多场次的宣传推广活动，通过制作一批“粤省事”及“粤商通”宣传海报、易拉宝、宣传折页和邀请信，投放到7个镇（街道）、95个村（社区）政务服务中心，进一步提高“粤省事”“粤商通”等政务服务平台的知晓度、使用率，让“数字政府”改革建设成果更好地惠及人民群众。区政务服务数据管理局联合区卫健局、逸挥基金医院推动城区当地事项——汕尾逸挥基金医院就医服务事项，在11月22日上线“粤省事·汕尾版”。逸挥医院高频便民医疗事项的接入，使城区成为全市第一个有本地事项接入“粤省事”的县区。

（王雪莹）

附：区政务服务数据管理局领导名录

局　长：陈焕荀（2019年2月任，4月离任）

副局长：马起凤（2019年2月任）

　　　　陈建坤（2019年2月）

教　育

【概况】 2019年，城区有各类学校60所。其中，完全中学5所，中职学校1所，初级中学10所，公办小学40所，民办小学4所。公办幼儿园8所（含区直机关幼儿园），已办证民办幼儿园48所，同意筹设的民办幼儿园25所。

全区在编教师3705人。其中，中学教师1844人，小学教师1847人，幼儿园教师14人。全区在校学生（含在园幼儿）62164人。其中，中学学生17205人，小学学生32729人，幼儿园幼儿12230人。

【中共汕尾市城区委教育工作领导小组办公室挂牌成立】 3月19日，“中共汕尾市城区委教育工作领导小组办公室”挂牌揭牌仪式在区教育局举行。成立中共汕尾市城区委教育工作领导小组办公室是区委落实中央、省委和区委深化机构改革决策部署的重要举措，是全面加强党对教育工作领导的制度安排。区委教育工作领导小组办公室设在区教育局，接受区委教育工作领导小组的直接领导，承担区委教育工作领导小组具体工作，协调督促落实区委教育工作领导小组决定事项、工作部署等要求。

【推进重点项目建设】 推进学校基础建设，补齐教育短板。一是推进城区特殊学校建设项目。城区特殊教育学校，择址东涌镇桂青村片区（原桂青小学），项目规划占地5000平方米，总建筑面积10278.3平方米，总投资2900万元，2018年5月开工，2019年已完成主体工程。二是推进城区教师发展中心建设项目。城区教师发展中心，在原军船头小学（空壳学校）的基础上进行改扩建，占地面积7045.82平方米，计划投入资金约3000万元，3月26日，该项目开工建设，至2019年年底，已完成主体及砌筑工程，进入装修阶段。三是改扩建2所公办幼儿园。新港中心幼儿园已完成改建，改建面积1775平方米，计划开设6个班；捷胜中心幼儿园，占地8500平方米，计划开设15个班，第一期工程已完成，已进入配套设施建设和配备。推进教育信息化建设，提高科技含量。2019年，投入资金1825.12万元，安装了488套多媒体教学设备。是年，全区中小学（含职业学校）课室都用上含有86吋多媒体交互式智能一体机的信息化教学设备；投入资金448.1641万元，完成了城区教育城域网校级项目“数字校园”的建设，对城区35所规模较大的中小学校校园网络设施、线路进行升级改造，确保了35所中小学校网络畅通。

【提高教育教学质量】 2019年，是城区教育系统教育质量提升年。是年，全区高考本科优先段各科类上线51人，超出市预测指标（31人）20人，完成率164.5%；本科段各科类上线532人，超出市预测指标（494人）38人。中考，全区总平均分447.9分，在全市各县（市、区）连续名列第一。

加强高考备考工作 2019年，城区共有2311人报考普通高校（普通高考考生2132人，社会青年179人），高职类3+证书报名人数为346人。城区高考备考工作坚持“向管理要质量，向教研要质量”的备考理念。一是外聘省内9位名师担任高考备考指导专家，分3次到城区开展高考备考指导工作。二是组织召开汕尾市一模、二模、三模考试质量分析和备考策略研讨会。三是对学校高考备考工作进行教学视导，“汕一模”后组织高三骨干教师配合市教师发展中心到5所学校进行诊断式视导；“汕二模”“汕三模”后再到高中学校深入课堂，对各高中学校冲刺阶段的复习策略和课堂教学进行个性化视导。四是组织高中学校高考备考管理人员和高三各学科骨干教师赴东莞市东莞中学松山湖学校学习高考备考工作经验，并建立常态化帮扶关系。五是坚持实施“过程管理、效果评价”的高考备考工作思路，建立各高中学校高考备考管理档案，记录备考的每项工作，做到精细备考、科学备考。高考备考工作坚持“抓紧抓早”，2019年高考刚刚结束，就启动了2020年的高考备考工作。8月1日，各高中学校高三开课第一天，组织局教科研处人员到各高中学校调研高三开课准备情况、学校新学年高考备考工作计划、措施制定等情况。8月中旬，召开了汕尾市城区2020年高考备考工作会议，部署了新学年高考备考工作，同时聘请深圳市罗湖区教科院专家姚跃勇到城区开设高三全体教师高考备考专题讲座，指导高考备考工作。

加强中考督导工作 2月开始，区教育局教科研处又组织教研员、学科骨干教师对15所初中学校进行了中考备考调研视导，深入课堂听课，召开反馈会，指出存在问题，提出整改指导意见，提出有效的备考思路和方法。在备考冲刺阶段，教科研处举办了全区中考语文、数学学科备考研讨会，共同探讨如何提高备考效果。

开展教研活动 以教研活动为抓手，开展形式多样的教研活动，形成常态化的全员、全程教研格局，提高教研实效性和覆盖度。是年，继续开展片区教研活动。各片区以规模较大的学校为龙头，利用其优质教研资源，组织规模较小学校或教学点开展联片教研活动，努力实现在教育教学资源上共享，该学年度组织开展片区教研活动共60多场次，教师参与达3000多人次。开展全区性学科带头人教学示范活动，该年度开展学科带头人教学示范活动共12场次。

推进城区课题研究的开展 以研促教，组织开展课题研究。积极组织教师参与省、市课题研究。城区该年度共有2个省级课题和15个市级课题结题，并组织了36个“十三五”市级课题申报中期验收，8个课题申报市级的成果奖。组织全区教师参加2019年教育部“一师一优课，一课一名师”活动，全区教师参与晒课1050个，录像课93个，晒课率在全市各县（市、区）排名第一，在省、市优

课评选中，获得市级优课30个。组织学生参加全国、省、市各级各类学科竞赛活动并取得了较好的成绩。是年，城区该年度学生获得市级以上奖项共计138人次，其中，市级112人次，省级26人次。

【提升教师师德师风】 城区教育局把师德师风建设作为树立教育新形象的重要载体，从加强领导、抓住热点、突出重点、强化监督、建章立制五个方面开展2019年的师德师风建设工作，确保新的一年师德师风建设再上新台阶。9月16日，召开全区教育系统传达贯彻全市教育大会精神会议，号召全区教育系统为城区教育取得更大的成绩而努力奋斗，砥砺前行。

【举办2019年“感动城区年度教师”评选活动】 6月，城区教育局启动2019年汕尾市城区教育系统“感动城区年度教师”评选活动。8月29日下午，2019年“感动城区年度教师”评选决赛活动在市马思聪艺术文化中心举行。区委常委、常务副区长曾向镇出席。市教育局，区教育局，全区中小学校长、幼儿园园长、学校管理干部、教师代表、学生代表及家长代表等1000余人参加活动。汕尾中学黄佛隆老师获得2019年“感动城区年度教师”称号；新城中学黄玉红、文璟，田家炳中学钟帝赐，新港街道海滨小学吴燕珠，捷胜镇中心小学曾碧娟5名教师获“感动城区年度教师”提名奖。

该次活动充分展现了城区教师新风采和教育情怀，老师们的事迹令人感动，为城区教育系统树标杆，立典型，传递了教育正能量，展现了城区教师新风采，对提升教师队伍素质，提高教育教学质量具有深远的意义。

【大力实施“名师工程”】 为加大城区中小学校长、班主任和教师培训力度,创新骨干校长、骨干班主任和骨干教师培训模式,建设高素质专业化校长、班主任和教师队伍，城区积极组织选派校长、教师遴选省、市中小学“三名”（名校长、名班主任、名教师）工作室主持人，发挥工作室主持人在教育教学改革中的示范辐射作用。是年，城区已创建市级以上“三名”中小学工作室7个，分别为广东省中小学名教师工作室1个，汕尾市中小学名校长工作室2个、汕尾市中小学名班主任工作室3个、汕尾市中小学名教师工作室1个。

【推进学校布局调整】 新区小学一直租借私人场地办学，是困扰城区教育多年的老大难问题。2月，完成了新区小学并入光明（后径）小学工作任务，新区小学教师、学生全部并入新校，校产归入新校区。调整后，学生已到新校区正常上课，同时确保了两校合并后师生的融合和新学期各项工作都能规范有序地开展。

【推进“县管校聘”管理改革工作】 为进一步推动“县管校聘”管理改革工作落实，科学合理配置城区教师资源，充分调动教师的积极性，实现教育均衡发展。2018年，在成功交流教师411人的基础上，2019年，继续实行教师交流轮岗制度，制定出台了《汕尾市城区2019年教师交流轮岗工作方案》，各超编学校根据城区教育实际，制定“一校一策”方案。是年，共有112人交流轮岗到位，全区学校教师超缺编问题得到基本解决，达到教师资源均衡配置。整个交流轮岗过程严格按要求执行，坚持公开、公平、公正原则，做到了零投诉，零上访，达到了教师交流轮岗的目的。

【精准扶贫献爱心】 2019年，落实学前教育家庭经济困难学生资助1276人，资助金额127.6万元；落实城乡义务教育非寄宿制家庭经济困难学1626人，资助金额47万元；落实普通高中国家助学金1109人，资助资金221.8万元；落实高中建档立卡免学费等贫困学生183人，免费金额48万元；审核确认城区中等职业学校798名学生享受免费资格，落实享受国家中职助学金学生104人，补助资金20.8万元。帮助普通高校家庭经济困难新生正常入学和在校生顺利完成学业，成功办理大学生生源地贷款1078人，贷款金额858.202万元。

【打造安全文明校园】 2019年，城区教育局精心组织了6次全区教育系统消防安全安保大检查大整治，发现安全隐患138处，开具责令整改通知书59份，要求立即整改29处，限期整改109处。

加强安全法治教育工作 开学第一课，城区各中小学掀起学法热潮，用法律陪伴成长。区教育局认真贯彻落实《中小学法制教育指导纲要》，把课堂作为青少年法治教育的主阵地，保证法治教育计划、课时、教材、师资“四落实”。5月，在区职业技术学校组织开展“宪法教育大课堂”进校园公开课暨全区法治副校长培训活动，要求全区中小学校邀请专职律师到校至少开展一堂宪法公开课，引导青少年学生尊崇宪法、学习宪法、遵守宪法、维护宪法。是年，全区共举办60场宪法公开课，直接授课学生人数达到5万多人。落实“谁执法谁普法”责任制，参与区司法局、区普法办主办的“谁执法谁普法”评议活动，获得“优秀”的好成绩。全区共组织开展禁毒教育专题国旗下讲话、交通安全知识讲座共120场次，开展禁毒教育、交通安全知识等安全专题课2300多节，板报1100多期。

加强消防安全教育 全区各中小学校共开展消防安全教育第一课1400多节，开展消防安全疏散演练100多场，参加学生5万多人次，发放《致家长的一封信》5万多份，有效提高了全区中小学校师生的消防安全意识。

加强禁毒宣传教育 组织开展毒品预防教育师资培训，共有564人参加了培训。大力推进石洲中学、捷胜中心小学等6所第三批省级毒品预防教育示范学校创建工作。是年，全区共建成省级毒品预防教育示范学校11所。2019年春、秋两季开学之际，共组织开展毒品预防教育活动120多场次，禁毒签名宣誓活动120多场，举行禁毒专题讲座、报告会60多场，开展禁毒主题班会240节课，发放禁毒告家长书5万多份。发放2200册《青少年毒品预防教育》教材，收集优秀禁毒课件、电子书、微电影等内容并制作成课件光盘向各中小学校推广运用，《阳光之约》定为教育系统禁毒公益歌曲，在全区各中小学校中推广传唱。凤山中心小学等将禁毒知识融入到书画教学中，新港街道渔村小学等创作了禁毒渔歌。

【“青春心向党 建功新时代”校园社团文化交流活动】 4月27日下午，为迎接中华人民共和国成立70周年、纪念“五四”运动100周年，激励和引领广大青少年大力弘扬以爱国主义为核心的伟大民族精神，城区教育局、团区委在“五四”青年节前夕，联合组织开展以“青春心向党·建功新时代”为主题的校园社团文化交流活动，组织城区14所学校在新城中学大礼堂开展校园社团文化交流活动，近1000人参加了该次活动。该次活动由各学校进行社团特色节目展演，节目涵盖演唱、舞蹈、戏曲、渔歌、朗诵、书画、花样跳绳表演、泥塑手工作品展示、现场诗画绘制等。新城中学共青团合唱队演唱《光荣啊！中国共青团》《九礼五气歌》。同时，各学校师生参观了新城中学社团文化建设，并开展了学校社团间学习交流。

【全区教育系统思想政治课教育活动】 5月18日上午，为深入学习贯彻习近平总书记在全国学校思想政治理论课教师座谈会上的重要讲话精神，坚持用习近平新时代中国特色社会主义思想铸魂育人，进一步推动城区教育系统新时代文明实践活动的规范化、制度化、常态化，办好人民满意的教育，城区教育局在城区新时代文明实践中心“善美讲坛”举行全区教育系统思想政治课教育活动。区教育局及各中小学校长参加活动。田家炳中学王亮老师作“学习贯彻习近平总书记在全国学校思想政治理论课教师座谈会上的重要讲话精神”讲座。

【中华人民共和国成立70周年文娱晚会暨庆祝第35个教师节表彰大会】 9月8日晚，城区教育系统喜迎中华人民共和国成立70周年文艺晚会暨庆祝第35个教师节表彰大会在市马思聪艺术中心举行。市委常委、城区委书记李庆新，区委副书记、区长罗光钊，市教育局党组书记、局长张志和，区人大常委会主任张淑娟，区政协主席黄义丞，区委副书记、区委政法委书记郑良斌，区委常委、常务副区长曾向镇等出席活动。会上，区领导为荣获2019年区优秀校长、优秀教师、优秀班主任、优秀教育工作者称号代表及提高教学质量优秀奖学校代表颁奖。

【开展少先队建队70周年主题队日活动】 10月13日是中国少年先锋队建队70周年纪念日。区教育局组织学校在建队纪念日期间开展了“红领巾心向党，争做新时代好队员”主题队日活动。队日活动内容丰富，形式多样，意义深刻。开展了“习爷爷教导记心中”国旗下讲话、“我和红领巾的故事”分享汇、少先队基本知识和标志礼仪教育、“我为新中国唱首歌”等活动。

【2019—2020年汕尾市城区青少年校园足球联赛】 12月21日，城区青少年校园足球联赛开幕式在田家炳中学运动场举行。该本次联赛共有23所学校48支球队参加小学男子组、小学女子组、初中男子组和高中（中职）男子组的比赛。从2019年12月21日开始到2020年3月15日结束。该次联赛是跨年度周末比赛制度，无论是在参赛队、队员数量、质量上，均创历史新高。

【学龄前教育】 2019年，全区有幼儿园56所，在园幼儿10834人，其中，公办幼儿园8所（含区直机关幼儿园），已办证民办幼儿园48所。基本完成每个镇（街道）一所公办中心幼儿园的目标，基本实现了学前教育资源乡镇全覆盖。坚持学前教育的公益性和普惠性，进一步完善以政府为主导、社会参与、公办民办并举的办园体制，保障适龄儿童接受基本的、有质量的学前教育。新港中心幼儿园已完成改建，改造教学用房1825平方米，新建活动场地1102平方米，第一期可开设6个班，容纳幼儿180人。

建立学前教育生均拨款制度。从2019年起，建立学前教育生均拨款制度，全区公办幼儿园年生均公用经费拨款标准为300元，2020年、2021年，全区按每生每年100元的幅度逐年提高生均公用经费标准。2019年，学前教育生均公用经费资金共749600元。

【义务教育】 全区有义务教育阶段学校54所，其中，小学44所（公办小学40所，民办小学4所），初级中学及九年制学校10所，在校学生44306人（小学生32729人，初中生11577人）。2019年，城区教育局继续落实义务教育免试就近入学的规定，实施小升初入学电脑派位，免试就近入学，切实规范招生行为，促进教育公平。全区中考总平均分447.9分，在全市各县（市、区）继续名列第一。

【高中阶段教育】 2019年，全区有全日制高中学校5所，职业技术学校1所，高中生5628人，中职生1188人。

是年，全区共有2311人报考普通高校（普通高考考生2132人，社会青年179人），高职类3+证书报名人数为346人。全区高考本科优先段各科类上线51人，超出市预测指标（31人）20人，完成率164.5%；本科段各科类上线532人，超出市预测指标（494人）38人。

【民办教育】 2019年，城区有注册获办学许可证民办学校4所，已办证民办幼儿园48所，社会培训机构24所。其中，民办小学4所，在校学生1599人；已办证民办幼儿园48所，在园幼儿8760人。社会力量办学校（园）数占比为：小学数为6.89%、学生数为5.1%，已办证民办幼儿园比2018年增加15所，同比增加31.2%。民办教育的发展缓解了城区公办学位紧缺的局面，为城区教育事业的稳步发展发挥了较大的作用。

【特殊教育】 城区特殊教育学校项目，择址东涌镇桂青村片区（原桂青小学），投入资金2900万元，规划占地5000平方米，总建筑面积10278平方米，主要建设教学楼及教学辅助用房、门卫室、运动场、围墙等，中标合同价21740527.95元。2018年5月开工，2019年底已完成主体工程。

1月，城区教育局联合区人社局、区委编办等相关单位到南京市特殊教育师范学院招聘了10名区特殊教育学校专任教师。

（王利捍 罗玢琦）

附：区教育局领导名录

局　长：陈小凯

副局长：何文学（2019年9月任）

　　　　徐子岳

　　　　蔡奋雄（2019年2月任）

吴义军 (2019年2月离任)
罗方辉 (2019年4月离任)

·汕尾中学

【概况】 汕尾中学是汕尾市城区重点中学、汕尾市一级学校、市德育示范学校，首批省现代教育技术实验学校,市级安全文明校园，全国优秀家长学校实验基地，全国青少年校园足球特色学校、国防教育特色学校、广东省基础教育研究实验基地学校“海洋文化跨学科课程实验基地”。2019年，学校共有55个教学班，在校学生2565人，其中，初中24个教学班，学生1130人，高中31个教学班，学生1435人。有教职工255人，特级教师8人、正高级教师2人、高级教师72人、中级教师115人。有省名班主任培养对象1人，省“百千万工程”名师培养对象1人，“南粤优秀教师”4人，省骨干教师培养对象10人，市名校长培养对象1人，市名师培养对象1人，市、区学科带头人16人。有广东省蔡森名师工作室一间，汕尾市刘金魁中学语文教师工作室一间，汕尾市王正国名班主任工作室一间。

【成果业绩】 2019年高考，学校优先投档上线27人，超起点预测上线人数4人；本科上线210人，超起点预测上线人数25人；本科上线率37.6%，总上线率97%；上线人数、上线率、文理总分平均分、各科平均分等各项指标均居城区第一，并且包揽城区理科、文科总分前三名。学校以优异成绩荣获汕尾市“2019年高考优胜奖”。中考成绩从初二年级全区统考第6名进入全区第3名，是该届初三自初一学生统一排位以来，首次进入全区第三名。在汕尾市教育局（北京师范大学未来教育高精尖创新中心）举办的“京汕杯”教师技能大赛、汕尾市城区教育局举办的“汕尾市城区教师教学基本功大赛”、广东省基础教育学会举办的“第五届广东省中小学优秀教研成果评比活动”、广东省中小学德育研究会举办的“2019年广东省中小学优秀德育科研成果（论文）”评比、广东省教育厅举办的“2019广东省中小学物理和小学实验教师实验操作与创新技能竞赛”中均获较好名次。

【重大活动】 2019年，学校举办了多个重大活动。4月1日，学校举行了党政会议室揭幕仪式，该会议室是高中98届校友发动同学们捐款7万多元。4月26日，召开了汕尾中学2019年教职工代表大会，大会表决通过了《学校工作报告》《工会工作报告》《财务工作报告》《2019年中、高考绩效考核方案》。6月29日，组织44位教职工代表前往惠州叶挺纪念园、东江纵队纪念馆等红色教育基地，开展纪念中国共产党成立98周年“我和我的祖国”主题党日活动；9月9日，学校隆重举行庆祝2019年教师节暨优秀教师表彰大会，表彰了各级优秀教师24人；9月30日下午，召开了“不忘初心、牢记使命”主题教育专题党课；10月25日上午，学校中共党总支部组织全体党员和全体行政人员到山海艺术馆参观“革命老区、红色印记——汕尾市庆祝新中国成立70周年美术作品展”。12月4日，由团市委、市教育局、市文明办主办，团区委、区教育局、区文明办承办的2019年第二届中学生十八岁成人礼示范性活动在学校举行。12月5日，学校著名校友杨必成教授回到母校访问交流。

【荣誉奖项】 刘金魁获得正高级教师职称，蔡森入选省级教学名师，黄佛隆荣获2019“感动城区年度教师”称号，林君立被评为“广东省中学共青团导师团导师”，张小虎被评为市“优秀教师”，林和全被评为区“优秀教育工作者”，谢韬被评为区“优主任”，苏建生、黄瑞玲、李熔极、翁丽红被评为区“优秀教师”。

(彭津爵)

附：汕尾中学领导名录

校　长：张竞能
副校长：杨其倍
　　　　王荣辉
　　　　林建好
工会主席：郭佩琴

·新城中学

【概况】 城区新城中学是一所公办全日制完全中学，占地面积156719平方米，其中老校区（含学生生活区）67719 平方米，新校区 89000 平方米，总建筑面积 31858 平方米。为广东省一级学校、广东省普通高中教学水平优秀学校，2009 年 12 月已通过广东省国家级示范性普通高中初期督导验收。2019 年，有 60 个教学班（初中 26，高中 34），有学生 3011 人（初中 1298，高中 1713），教职工 274 人（初中 116，高中 158）。

【办学条件】 学校拥有理化生实验室 12 间，计算机室 5 间，生物标本室、历史、地理、美术、舞蹈、音乐等功能室多间。图书馆藏书 12 万多册，报刊杂志 300 余种，初中部、高中部各有学生阅览室 2 间。建有宽带网络系统、监控系统，教室全部装有最新型多媒体教学一体机，校园网覆盖整个教学区和生活区，实现了网络化、现代化教学，是广东省现代教育技术优秀实验学校。

【党建工作】 发挥学校党总支政治核心作用，坚持“党建+”工作理念，把党建工作延伸到年级、科组、线条，着眼“四有”（有人、有地、有活、有威信），实施“五大工程”（坚持红色引领、筑牢红色阵地、弘扬红色文化、发挥红色示范、用好红色基金），打造“六型”（学习型、实干型、服务型、创新型、和谐型、廉洁型）党组织，努力构建“支部建在一线、党员干在一线、作用发挥在一线”的党建工作新格局。成立了高中组、初中组和后勤组 3 个党支部，每个支部根据不同的科组搭配，各下设 2 个党小组，进一步加强党对学校各项工作的领导，83 名党员在各自岗位发挥骨干中坚力量和示范引领作用。

【教师团队】 学校拥有一支高素质的教师队伍，教师来自全国 24 个省（市、区），师资力量雄厚。学校有广东省特级教师 1 名、国培对象 6 名、省级骨干教师 16 名、“南粤优秀教师”6 名、市名教师培养对象 6 名、区以上学科带头人 18 名。学历 100% 达标，有全日制研究生学历 6 人。高级教师 74 人，一级教师 126 人。

【教学活动】 学校实施“九礼五气”素养教育，注重发展学生核心素养，大力进行课堂教学改革，取得了一定的成效。是年，学校高考完成市下达指标。2019 年中考稳步前进，初三毕业考试以总平均分 517 分名列全区公立学校第一名。

2 月，学校学生参加汕尾市教育局、汕尾市文明办、汕尾邮政“小手拉大手·共创文明城”主题书信活动中，12 人获奖，学校获优秀组织奖。

3 月，汕尾市高考英语模拟命题比赛，黄玉红、陈冬倩、布尔夏三位老师获一等奖。同月，参加第十七届汕尾市青少年科技创新大赛，有 10 个项目获奖。

4 月，参加“精彩擅微人”汕尾市教师微课制作比赛，参赛作品 47 份获奖，学校获优秀组织奖。

5 月，参加汕尾市首届“善美杯”中学生书画大赛，有 18 人获奖，其中叶辅骐同学获软笔书法一等奖。

6 月，高三（9）班陈晓冰同学在团省委、省学联、省文明办第四届寻找“最美南粤少年”活动中，获“美德好少年”称号，同时获 2018—2019 年度“广东省优秀共青团员”称号。

同月，初二年级学生参加 2019 年汕尾市城区英语学科竞赛，11 人获奖，其中，1 人获一等奖，5 人获二等奖，5 人获三等奖，学校获“团体优胜奖”。

同月，学校星辰文学社陈守旗、梁诗雅等 4 名同学参加城区文广体局、文明办、作协主办的“我们的节日——书香城区·端午诗声”诗歌经典诵读比赛获二等奖。

同月，城区教育局 2019 年中小学经典诵读比赛活动（6 月 14 日），张芷绮、陈芷津获中学组一等奖，崔嘉晖等 7 人获二等奖。

同月，学校师生参加汕尾市教育局主办的“汕尾是我家，创卫靠大家”主题征文比赛，5 名学生获奖，其中高三（10）班吴丽柔征文《从每一个小我做起》获市一等奖，6 名教师的作品获市级奖。

同月，参加第十届广东省大中小学学生规范汉字书写大赛（6 月 27 日揭晓），叶辅祺获软笔特等奖、黄泽倍获硬笔特等奖、林碧桂获硬笔一等奖、林炯孝获软笔三等奖。

同月，学校获 2018 年度“全国青少年毒品预防教育数字化平台推广应用”工作优秀组织奖，刘冰宇老师获先进个人。

10月，汕尾市教育局、汕尾市文明办联合举办"庆祝中华人民共和国成立七十周年汕尾市第二届'善美杯'棋类邀请赛"，学校夺得象棋初中组团体季军，魏绮彤获围棋初中组冠军，冯易诚获象棋初中组第五名。

同月，在汕尾市教育系统第一届"京汕杯"教师教学基本功展示活动中，李少卿、陈雅莎获特等奖，梁玉霞等5人获一等奖。

同月，第二届广东省中小学青年教师教学能力大赛汕尾市初赛（汕尾市教育局、汕尾市总工会），洪辉嘉等4人均获三等奖。

11月，2019年汕尾市中小学规范汉字书写比赛，叶辅骐获中学组软笔特等奖，张芝绮获中学组硬笔一等奖。

12月，高一（1）班黄佳维同学被授予汕尾市城区"新时代好少年"称号。

【教研活动】 芮泉老师申报的广东省教育科学"十三五"规划项目《普通高中多样化发展与课程设置研究》（2016ZQJK016）、广东省教育研究院教育研究一般课题《汕尾市红色旅游研学旅行课程教材编写的研究》（GDJY-2019-Y-b049），黄玉红老师申报的广东省教育技术中心2019年教育信息化应用融合创新专项课题《基于英语学科核心素养的微课教学在高中英语教学中的实证研究》（19JX06122），李素静老师申报的汕尾市教育科学"十三五"规划2019年度一般课题《新高考下直观想象能力在数学课堂的有效渗透》都已成功立项。

【学校荣誉】 学校先后被评为全国特色语文示范校、全国普通高级中学特色项目学校、广东省文明单位、广东省绿色学校、广东省安全文明校园、广东省普通高中教学水平优秀学校、广东省中小学心理健康教育示范学校、广东省现代教育技术优秀实验学校、广东省语言文字示范校、广东省中小学校本培训优秀示范学校、广东省依法治校示范学校、广东省中小学教师培训实践基地、广东省中小学知识产权试点学校、广东省青少年科学教育特色学校、广东省中小学艺术教育特色学校、广东省群众体育先进单位、广东省第二届厂务公开民主管理示范单位、广东省艺术教育特色学校、广东省社会科学普及示范学校，是华南师范大学和广东体育职业技术学院教学实践基地、华南农业大学和南方医科大学等高校优质生源基地、美国东洛杉矶学院姊妹学校。

（刘东生）

附：城区新城中学领导名录

党总支书记、校长：林礼祝

党总支副书记、副校长：邱　斌

副校长：邱如君（2019年8月任）

　　　　叶锦雄（2019年8月任）

副校长、工会主席：刘武明（2019年3月离任）

·田家炳中学

【概况】 汕尾市城区田家炳中学坐落于风景秀丽的品清湖畔，是由汕尾市城区人民政府筹资，香港田家炳基金会捐助兴建的一所公办完全中学。学校始建于1995年，最初为凤山二中，后来易名为新湖中学，1998年6月，正式更名为汕尾市城区田家炳中学。2019年，学校有教学班74个，学生3471人，教职工335人。学校是"汕尾市一级学校""广东省绿色学校""广东省现代教育技术实验学校""广东省体育特色学校""全国校园足球特色学校"。

【配套设施】 学校占地面积72465平方米，建筑面积38739平方米。建有教学楼、办公楼、学生宿舍楼、教工宿舍楼、师生食堂、多媒体教室、语音室、电脑室、400米环形塑胶跑道、人工草皮标准足球场以及其他各项场地和设施。教学楼的建设按照省一级学校的标准，在教学楼内建造配套功能室以及教学设施。教学设备设施齐全，绿化率达标，实现校园美观，生活区、运动区及教学区"三区独立"。2019年，计划投资8500万元的图书馆、体育馆、学术报告厅和架空球场建设工程项目已完成立项。

【教学成绩】 教育教学质量稳步提高。2019年，中考成绩居全区前列；高考在生源质量不如意的前提下超额完成市预测的本科奋斗目标任务，向社会展示了一个“低进中出、中进高出、高进优出”的良好形象，成为一所家长信任，学生向往，社会好评的区域性优质学校。

【荣誉称号】 学校先后荣获“全国文明单位”“全国特色语文示范校”“广东省依法治校示范校”“广东省安全文明校园”“广东省工人先锋号”“广东省巾帼文明岗”等50多个荣誉称号。2019年，学校被省总工会授予“广东省五一劳动奖状”，许伟东被市教育局评为市“优秀校长”。

（*颜烈敏、王少贞*）

附：田家炳中学学校领导名录

校　长：许伟东

副校长：蔡海棠

蔡笃雄

庄子校

·东涌中学

【概况】 东涌中学创办于1958年，是城区一所乡镇全日制公立完全中学，区一级学校。学校座落在汕尾市城区东郊的东涌镇，面临风光秀美的品清湖，毗邻五星级豪华商住区碧桂园，背倚宏伟壮观的厦深铁路中转站。校园占地面积52000平方米，校舍建筑面积14657平方米。2019年,有教职工155人（高中90人，初中65人），其中专任教师132人（高中75人，初中57人）。教职工中，研究生学历3人，本科学历144人，专科学历8人，学历达标率为100%；高级职称24人，中级职称72人，初级职称53人，未评聘6人。全校现有30个教学班，学生1245人（其中，高中15个教学班，学生570人；初中15个教学班，学生675人）。

【配套设施】 学校硬件配套设施较为完善。2019年，学校着力争取上级财政资金支持，优化校园环境，改善办学条件。新建1栋教学楼（一期工程12间教室），新建和配套了多媒体会议室，装备了校园广播系统，硬底化了校道，搭建安装了教师电动车辆充电桩设备。这些项目在改善教师办公条件、发展学校书画特色教学、组织智慧团建、加强学校安全保障等方面发挥了重要作用。学校教学设施不断充实,校园环境不断优化，为努力打造市一级学校创造条件，实现学校可持续发展。

【教学成绩】 2019年，学校党总支部以中共十九大精神和习近平新时代中国特色社会主义思想为指导，认真开展党建工作。一是抓好组织建设。班子成员认真履行“一岗双责”，组织全校党员认真落实“三会一课”，推动“两学一做”学习教育活动常态化、制度化，推进师德师风的提升。二是健全学习教育长效机制。促使全校教师“四个意识”“两个维护”入心入脑。三是抓牢学校意识形态工作。建立意识形态工作责任制。四是开展“不忘初心、牢记使命”主题教育活动。年末，接受区委第二巡察组的巡察并取得整改实效，提升了学校党总支部的核心引领作用。五是加强队伍建设，培训吸收预备党员2人，发展对象1人，积极分子4人。

2019年，学校全面提升德育管理的深度和广度，全方位改造“德育差等生”，推行“文明班评选”制度，举行形式多样的诸如安全教育、逃生演练、法制教育、感恩成长、养成教育等主题活动。适时开展仪表、手机、迟到、班级卫生等专项整治。抓住时间节点，利用重要节日活动、主题班会、国旗下讲话、校刊班刊等载体进行激励和规范。校园秩序井然、学生文明礼貌，社会各界对东涌中学学生的评价较前有极大改观。

2019年，学校抓教学常规，促讲台质量，改进科组活动模式，学习新高考改革制度要求，研讨高考、中考取消考试大纲后如何更大发挥《课程标准》的引领作用，针对学校、学生实际引导高一、高二的选科分班，高三、初三的备考分班。加强考试管理和增加教学效果测试和质量分析力度，寻找突破口发挥学校传统学科优势，在美术学科的激励上，2019年高一、高二的美术班和体育生发展势头喜人。2019年高考，本科上线9人，大大超额完成了市、区指标任务，中考总平均分和区排名都大幅进步，其他非毕业年级，进步也相当明显。

【荣誉称号】 2019年，学校党总支部被区委评为“汕尾市城区先进基层党组织”；学校党总支部荣获东涌镇“党的理论知识竞赛”一等奖；学校足球队参加“2019年度汕尾市城区校园足球联赛”分别荣获高中组第一名，初中组第二名；学校师生参加“全国青少年毒品预防教育数字化”竞赛中荣获优秀组织奖；黄伊仪等20名学生分别荣获市、区“优秀学生”称号；黄夏诗等4名学生分别荣获市、区“优秀共青团员”称号；何曼瑜、黄俊荣、刘曼靖等20多名学生不同场次参加城区“中华经典诵读”比赛分别荣获一、二、三等奖；洪妙玲老师荣获“2019年度感动城区年度教师”入围奖，并被评为“城区优秀班主任”；杨泽贤老师被评为“城区优秀教师”；王立才老师被评为“城区教育工作者”；许荣文校长被评为“城区优秀校长”。学校办学成绩明显提升，受到市、区教育局的表扬，得到社会的好评。

（张永聪）

附：东涌中学领导名录

校　长：许荣文

副校长：刘东晓

梁金旦

何秀坤

·捷胜中学

【概况】 汕尾市城区捷胜中学创办于1943年秋，学校数易校址。于1974年定址捷胜镇革命先驱李劳工烈士碑侧，为当时捷城最高学府。二十世纪六七十年代承担高中教育，八十年代起改为初级中学。多年来，几代教工辛勤创业，严谨治学，为捷城培育出了无数品学兼优、励志向上的莘莘学子，驰才四方。2018年2月9日，为进一步优化教育资源配置，打造教育强镇，全面推进教育现代化，原捷胜文昌中学并入捷胜中学，校址迁至捷胜镇大流村委会国防公路联安路段西侧的原文昌中学，为副科级建制的普通完全中学。

2019年，学校在校学生860人，其中，初中14个班、学生620人，高中7班、学生240人；教职员工121人，其中，高级职称教师12人，中级职称教师61人。城区学科带头人3人，市首批名师培养对象1人，省级骨干教师4人，市级骨干教师4人。

【荣誉称号】 2015年，学校被授予“广东省标准化学校”称号。2016年，被教育部认定为全国青少年校园足球特色学校。2017年，被教育部认定为全国首批国防教育特色学校。学校书画教育特色尤为突出，多次获市、区高考优胜奖，学校被评为“省书法教育名校”“高考艺体类优秀学校”。学生书画作品多次参加省、市、区学生书画展，100多人次获奖。

【教学设施】 学校占地约3.5万平方米，校舍建筑面积约1.5万平方米，校园绿化面积9500多平方米。有教学楼2栋，综合实验楼1栋，学生宿舍楼1栋，教师宿舍5栋。设有物理、化学、生物实验室、电脑室、多媒体电教室、语音室、图书室、美术室、文昌艺术馆等20多间功能室。同时，每个班均新装多媒体电教互动平台，初具教育信息化设施。

（何纯平）

附：捷胜中学领导名录

校　长：何纯宾

副校长：黄礼荣

·城区职业技术学校

【概况】 汕尾市城区职业技术学校创建于1984年，前身是由翁域等10位老人自发筹资创办的“私立汕尾公学”，2010年8月转制为公办学校，是一所汕尾地区创办最早、知名度较高、集中专学历和成人培训为一体的中等职业学校。学校座落在城区香洲街道后径村西北侧，占地面积2万平方米，建筑面积近2万平方米。2019年，在校生1200人。有教职工84人，专任教师68人，学历达标率100%，其中具有学士学位的专任教师63人，“双师型”教师比例高达70%。高级职称5人，中级职称17人，助理讲师61人。23人获得区级以上优秀荣誉称号。

【教学科研】 2020届毕业生在春季分类高考中取得

较好成绩，上线率高达97%。截至2020年6月，学校在汕尾市教育教学优秀论文（案例）交流评比中累计有190篇论文获奖，省级刊物上发表文章15篇。康小明和陈赢儿老师在师德师风建设征文评比中分别荣获一等奖和三等奖，陈历明老师在“我爱汕尾教育”征文大赛中荣获优秀奖，徐夏影和苏梦婷老师在汕尾市青年教师能力大赛中荣获一等奖并在广东省青年教师能力大赛中荣获三等奖，黄巧慧和吴镔曼老师在“精彩擅微人”汕尾市教师微课制作比赛中分别荣获二等奖和优秀奖，陈曦耀老师在广东省“创新杯”教学能力大赛中荣获三等奖，苏梦婷老师在广东省思政课教师基本功评比中荣获三等奖，6个科创项目在城区和汕尾市第18届科技创新大赛中荣获二等奖以上奖项，1个科创项目在广东省第35届科技创新大赛中荣获三等奖。课题研究方面，已经完成1个省级教育科学规划课题、2个市级教育科学规划课题和11个省级小课题，还有1个省级教育科学规划课题一般项目正在实施中。

【配套设施】 学校实现了网络全覆盖，班班配有多媒体电教平台并与网络直通，学生实习实训设施设备完善，共有专业实训室26间。学校配有一座现代化图书馆和一间400多席位的学术报告大厅。另外，学校拥有独立运动场，包括200米跑道、田径运动场、篮球场、足球场、排球场、羽毛球场等。

【专业设置与就业】 学校开设有计算机平面设计、会计电算化、电子技术应用、电子商务、美术设计与制作（室内设计）、农村经济综合管理、农村电气技术等7个专业。为了让学生有更多继续深造的机会，学校开设了高职类普通高考班，并与汕尾职业技术学院实行“三二分段”专业对接，对接专业有电子技术应用、电子商务。学校与信利、德昌、老德头、天贸等本地大型企业有着良好的合作关系。在近几年严峻就业形势下，学校毕业生的一次性上岗就业率依然高达97%以上。

【教育成果与荣誉奖项】 建校以来，学校为社会培养了1万多名毕业生，大多数人已成为企业单位的骨干，相当一部分人拥有自己的企业。学校先后荣获“广东省绿色学校”“广东省职业教育先进单位”“广东省成人教育先进单位”“广东省安全文明校园”“汕尾市依法治校示范校”等荣誉称号，是广东省首批规划建设的“骨干示范中等职业学校”、第一批“国家星火计划农民科技培训星火学校”、第二批“广东省青少年校园足球推广学校”、汕尾市首批“1+X证书制度试点院校”。

（陈历明）

附：城区职业技术学校领导名录

校　长：祝小惠

副校长：罗继炳

　　　　林长春

　　　　罗东升

文　化

【概况】 2019年2月，区委、区政府开展机构改革调整优化区级党政机构和职能，组建汕尾市城区文化广电旅游体育局（以下简称区文广旅体局），将原区科技文体局的文化体育、广播电视管理职责，区旅游局的行政职能等整合，将区科技文体局（区知识产权局）的新闻出版、电影管理职责划入区委宣传部，专利管理职责划入区市场监管管理局，科技管理职责划入区科技工业和信息化局，不再保留区科技文体局和区旅游局。

属下单位有区文化旅游体育发展中心、区广播电视站、区文化馆、区图书馆、区业余体育学校。

【健全公共文化设施】 2019年，区图书馆室内设施设备配备到位，并成功申请为广东流动图书馆汕尾城区分馆，馆舍设在区新时代文明实践中心。区文化馆在设施配套到位后充分发挥功能作用，对外免费开放；7个镇（街道）综合文化站已全部建设完成，并对外免费开放。全区94个村（社区）综合性文化服务中心已基本实现全覆盖，并在完善。

【文化惠民】 2019年，全区共开展各种形式文艺活动153场次，各艺术团体下基层表演248场次。

1月15日和27日至28日，在凤山妈祖的百姓舞台举办奋进新时代——汕尾市城区2019年迎新春创文文化志愿系列活动之下基层惠民专场演出，并在凤山妈祖惠民广场举办奋进新时代——汕尾市城区2019年迎新春创文文化志愿系列活动之我们的节日非遗图片展览;2月2日至6日，在市图书馆举办“迎新春贺新岁”翰墨颂文明书画艺术展；2月8日，在东涌品清村举办“品清睇新娘”活动等。

3月24日，区文广旅体局承办“沉睡的历史——麦兆良汕尾考古的贡献”讲座。

4月21日上午，区文广旅体局联合市图书馆举办“全民阅读书香汕尾——2019年‘4·23’世界读书日阅读推广活动”。

4月23日，在世界读书日，区文广旅体局联合市图书馆举办2019年粤港澳“共读半小时”阅读活动。

5月11日，在凤山妈祖百姓舞台举办“巾帼心向党礼赞新中国”汕尾市城区庆祝母亲节汕尾渔歌专场演出。

6月1日，在汕尾市图书馆举办“灾难面前，你可以做得更好——2019年广东省防震减灾科普知识展”和“灾难面前，你可以做得更好——防震减灾基本常识”知识讲座。

6月7日至9日，在区文化馆举办庆祝中华人民共和国成立70周年“新时代新征程新汕尾”——广东省公共文化服务“三百工程”惠民展览下基层图书展。

6月7日，举办城区端午节龙舟赛。

6月7日至9日，利用端午节传统节日期间，在凤山妈祖“精神文明实践中心”举办“庆祝中华人民共和国成立70周年新时代新征程新汕尾图片展”。

6月8日，在城区新时代文明实践中心举办“书香城区.端午诗声”——诗歌经典诵读比赛。

7月18日至8月23日，在区文化馆举办2019年夏季公益艺术培训。

7月29日在捷胜镇海训基地举办“聚力强军梦同叙鱼水情”庆“八一”进军营双拥慰问演出。

8月5日，在马宫街道盐町村组织开展2019年汕尾市城区文化科技卫生“三下乡”志愿集中服务活动。

7月18日至8月23日，举办城区首届夏季公益艺术培训班，共开设舞蹈、艺术创想、古筝、象棋、跆拳道等8个班。

8月26日，在汕尾市城区职业技术学校礼堂举办2019年夏季公益艺术培训汇报演出。

9月12日，在凤山祖庙百姓舞台举办“乐韵飞扬歌盛世”贺中秋迎国庆民乐专场演出。

11月24日，在东涌镇新地村举办2019年广东省公共文化服务“三百工程”文化惠民进基层巡演。

【文化遗产保护】 2019年，全区共收集了“非遗”线索资源561条，项目资源56条。挖掘整理正字戏剧目500多个，西秦戏、白字戏传统剧目各100多个。积极申报各级“非遗”项目，全区入选各级“非遗”项目国家级1项，省级3项，市级2项，县(区）级3项。入选国家级“非遗”项目代表性传承人1人，省级3人，市级4人，省民间文化杰出传承人1人。11月7日，汕尾渔歌传承基地接受省公安厅美术协会采风。12月4日至5日，城区省级“非遗”项目接受省“非遗”项目保护评估组评估并通过评估。

（区文广旅体局）

文化市场监管

【文化娱乐经营单位基本情况】 2019年度，城区文化市场经营单位共116家。其中，网吧13家，歌舞娱乐场所22家，演出单位15家，游艺室3家，广播电视节目单位1家，接受卫星传送境外电视单位2家，艺术品经营单位19家，星级宾馆6家，景区2家，旅行社23家，体育高危场所10家。

【行政审批事项】 城区进驻广东政务服务网的行政权利事项共79项。其中，行政许可53项，行政确认4项，其他行政权力14项，公共服务8项。2019年，共办结行政许可申请18件，其中新设立申请8件，变更申请10件。

【文化市场监管】 2019年，区文广旅体局共出动检查人员1906人次，检查全区文体旅游体育市场经营单位514家次。

春节、元宵前夕召开网吧业主座谈会，要求网吧负责人加强场所内外管理，排查安全隐患等。

2月19日，在文体旅游市场巡查过程中，执法人员发现1家酒吧防毒面罩过期，当场责令其整改。

3月21日，执法人员发现1家游泳场所未经批准，擅自经营高危险性体育项目，当场下发《责令改正通知书》，要求该单位负责人立即改正违法行为。

5月30日下午，在市图书馆召开城区文化广电旅游体育市场2019年度工作会议。区文广旅体局、区委宣传部、市公安局城区分局、区消防大队等部门有关负责人，城区网吧、娱乐场所、旅行社、游泳场所等120余家经营业主参加会议。

【扫黑除恶工作】 印发《汕尾市城区文化广电旅游体育局2019年“扫黑除恶”专项斗争工作要点》，持续对全区文化广电、旅游体育市场经营单位开展“扫黑除恶”宣传工作，确保城区文广旅体市场和谐平安。

【禁毒工作】 发放禁毒宣传单8000余份，宣传横幅10条，宣传海报600余张。全区98%的文化广电旅游体育市场经营单位已通过公共场所电子显示屏、点歌屏、走字屏、宣传横幅等方式开展禁毒宣传工作。

（区文广旅体局）

体　育

【开展全民健身活动】 1月6日，支持举办2019年第五届磨房汕尾40公里徒步，该次活动参加人数共6000余人。

1月25日至2月6日，分别在东涌镇、捷胜镇、红草镇、马宫街道开展广场舞展演、舞狮表演、乒乓球赛、篮球赛、足球赛、象棋赛等系列体育活动，营造春节期间欢乐、祥和、文明、健康的节日氛围。

3月7日晚，联合东涌镇政府、东涌镇妇女联合会、汕尾市城区老年人体育协会在东涌镇文化广场举办了2019年东涌镇“三八”妇女节文艺会演活动。

3月16日至17日，联合区税务局主办汕尾市第十六届“税务杯”少年围棋赛，该次比赛参赛人数近400人。

3月23日，支持中国石化销售有限公司广东汕尾石油分公司举办2019年汕尾红色文化徒步行活动，该次活动参加人数700余人。

3月23日，指导城区乒乓球协会举办城区“乒协杯”男子团体邀请赛，该次活动参加人数50人。

3月30日，由市创卫办、市文化广电旅游体育局、城区政府主办，区文广旅体局和区创卫办承办2019年汕尾市“创卫有约　健康同行”全民健身徒步运动活动，该次活动参加人数共1100人。

4月13日，由市税务局、市文明办主办，区税务局、陆河县税务局、红海湾经济开发区税务局协办，区文广旅体局支持的2019年汕尾市“减税降费文明同行”宣传徒步活动在凤山妈祖文化广场举行，该次活动参加人数1000余人。

4月27日，区总工会主办，区文广旅体局协办2019年汕尾市城区第五届庆“五一”乒乓球比赛，参赛人员来自全区各镇（街道）、机关企事业单位的乒乓球爱好者，共60多人。

5月2日，区总工会主办、区文广旅体局协办汕尾市城区第七届“五一杯”围棋邀请赛，共50多名职工和少年围棋爱好者参赛。

6月23日，由市文广旅体局、市应急管理局指导，区文广旅体局支持的“品清夜色美　安全伴你行”2019年首届汕尾市品清湖荧光夜徒活动在罗马广场举行。此次活动共吸引1000多名来自全市各县（市、区）徒步爱好者热情参与。

6月23日，由区文广旅体局指导，汕尾国家青少年俱乐部主办2019汕尾市城区华威跆拳道第二届“小澎友”杯跆拳道赛，该次比赛吸引了12支队伍，总共150多名参赛者同场竞技。

8月5日，区文广旅体局主办，区老年人体育协会承办2019年乡村“全民健身日”活动，在东涌步美村步美公园和捷胜镇公兴文体广场举行，东涌镇步美村组织130人、捷胜镇公兴村组织80人参加展演。

8月10日，市文广旅体局、区文广旅体局主办，市社会体育指导员协会承办“健康中国你我同行”2019年广东省“全民健身日”汕尾市分会场在汕尾市全民健身广场举行，参演人员来自市、城区各健身站点、协会的700多人在活动中展示了广场舞、健身气功、健身球、广播体操、跆拳道、咏春拳等健身项目，为市民献上一场精彩的运动健身表演，营造了浓厚的健身运动氛围。

8月17至18日，区文广旅体局举办2019年汕尾市城区三级社会体育指导员培训班及社会体育健康知识讲座，参加培训336人。

9月21日至22日，区文广旅体局局与城区棋类协会联合举办2019年广东省第四届“谁是棋王”全民争霸赛暨汕尾市城区“迎国庆”象棋公开赛。

9月28日，在市体育馆举办汕尾市城区2019年百城千村健身气功交流展示活动，参加人数共200人。

10月1日至4日，由东涌镇政府、区文广旅体局指导，东涌村村民委员会主办2019年第二届东涌村“和谐杯”足球赛暨群众文体活动大会演。

10月7日，组织城区老年体协健身气功《八段锦》和广场舞《母亲是中华》2个项目参加汕尾市老年体协举办的“九九重阳天天快乐”文体健身展演。

10月26日，举办星跃体育“国贸杯”平衡车争霸赛。

【体育赛事】 5月10日至12日，城区选派12名运动员参加2019年广东省老年人太极拳、剑比赛暨汕尾市“扬太极文化创卫生城市促全民健康”活动，荣获太极拳、剑个人项目3个第一名，1个第四名，2个获得第七名；集体项目太极剑获得了第一名，集体太极拳获得第四名，全获金牌优胜奖。

6月2日，城区参加2019年广东省陆河县“泰安杯”龙舟邀请赛，荣获了200米直道竞速第三名、500米直道竞速第二名、总成绩第二名的优异成绩。

9月至12月，汕尾市举办汕尾市第二届职工运动会。在游泳比赛中城区共揽收2枚金牌、7枚银牌、5枚铜牌的优异成绩；拔河比赛城区代表队荣获第三名；棋类比赛城区荣获个人奖项（象棋）第三名、团体排名第一；足球比赛（5人制、8人制），城区荣获8人制足球赛第三名、5人制足球赛第三名。趣味项目比赛，城区代表队荣获两人三足第二名；乒乓球比赛城区代表队荣获男子团体第三名、女子团体第四名、男子双打第七名、女子双打第二名、女子单打第一名；羽毛球比赛城区代表队荣获混双第一名、男子单打第三名、男子双打第五名和第六名、女子双打第六名、团体第三名。

【全民健身场地设施建设】 区文广旅体局已为各镇（街道）、村（社区）配建了30套健身路径、13张乒乓球桌、10副篮球架，切实改善村（社区）健身环境，不断推动城乡15分钟健身圈建设。

（区文广旅体局）

附：城区文化广电旅游体育局领导名录

局　长：黄　超

副局长：邓丽娟

陈楚雄（2019年2月任）

陈焕荀（2019年2月离任）

档案、地方志工作

【概况】 2019年，城区机构改革，区档案馆（地方志办）划转到区委工作机构系列，为区委直属副科级事业单位，主要负责档案保管与编研，地方史志、年鉴编纂以及地方志资源的开发利用等工作。

【协调区档案馆建设项目】 按照省、市、区的工作部署，积极参与研究协调档案馆建设工作，负责提供项目建设需要的资料。5月28日，区政府因区直部门人员工作变动，重新调整牵头单位，由区残联作为牵头代建负责单位。是年底，区档案馆建设项目已进入征地工作。

【馆藏档案三期数字化】 2019年，区财政把区档案馆数字化工作列入财政预算。因机构改革，5月，理顺了该项经费的转隶工作；6月底前，对有关的开展程序作了详细的咨询，并对前期工作作了充分的准备，促使依法依规开展；11月，全面启动数字化工作，年度数字化任务基本完成。

【档案库房安全】 落实好防台风和洪涝灾害天气的值班制度和日常安全保卫措施，定期检查档案安全，进一步加强档案防虫、防霉、防尘、防光等“十防”工作。在区党政办公楼修缮后，立即完成了区档案馆防盗门窗的重新修复安装。按照年度档案安全保护的要求，完成更换一批档案盒、目录夹、防虫药等，确保库房和档案安全。

【业务指导】 在机构改革期间，继续做好档案业务指导工作，确保工作不脱节。加强对各单位的现场指导、上门服务、电话咨询、传帮带和代立档等工作，对区直机关、事业单位进行档案业务指导，先后指导区住建局、区公安分局、新港街道等单位做好档案业务工作。

【年鉴编纂按期完成】 4月，区地方志办拟出了《关于做好〈汕尾市城区年鉴（2019）〉编写工作的通知》，5月底由区委办、区府办联合印发各地、各部门执行；8月，完成全部资料收集，进入组稿编纂；11月，送出版社审稿出版。

【《全粤村情·汕尾市城区》审核进展顺利】 《全粤村情·汕尾市城区》在3月市终审后上报省，全市率先。是年底，该稿件已由华南理工大学出版受理审核。

（陈春杰）

附：区档案馆（区地方志办）领导名录

馆　长（主任）：许争荣

副馆长（副主任）：王耿绵

卫生健康

【概述】 2019年，城区机构改革，整合原区卫生和计划生育局的职能，区民政局的老龄工作职能，区安全生产监督管理局的职业安全健康监督管理职能，组建汕尾市城区卫生健康局（以下简称卫健局），是城区人民政府工作部门，正科级。

2019年，全区医疗卫生机构共计169家（所），其中三级甲等综合医院1家、专业公共卫生机构2家、街道社区卫生服务中心4家、乡镇卫生院3家、民营医院2家、村卫生站49所、社区卫生服务站1所、个体诊所98所、中医备案制诊所4所、个体门诊部5所。全区医疗卫生机构实际开放床位共746张，有执业（助理）医师692人，注册护士646人，医护比1∶0.94。区、镇（街道）、村（社区）三级卫生服务网络基本健全。

【持续深化医改】 一是全面取消医用耗材加成。按照市统一部署，城区2家城市公立医院（汕尾逸挥基金医院、城区妇幼保健计划生育服务中心）在1月1日零时启动全面取消医用耗材加成，调整部分基本医疗服务价格，取消医用耗材而减少的合理收入全部通过调整医疗服务价格予以补偿。二是加快推进区医疗集团建设。加强区医疗集团组织建设，完成了区医疗集团总院长、副院长和7所分院院长的聘任工作。开展医疗集团双向转诊工作。区医疗集团设立双向转诊办公室，制定年度分级诊疗工作方案和计划，与成员单位签订双向转诊协议。2019年，医联体内基层医疗卫生机构上转患者5171人次，牵头医院下转患者647人次。大力推进“一镇（街道）一特色”建设。规划将红草分院建设成创伤康复专业特色专科，新港分院建设成老年医学、产科特色专科，东涌镇分院建设成儿科专业专科。开展“强基层、促健康”健康体检工作。区医疗集团总院配置3部医疗巡诊车，配备车载设备和专业技术人员，配合各分院进村（社区）开展基本公共卫生健康体检工作。

【补齐发展短板】 一是补齐卫生健康事业中的基础短板。各项目累计进度：逸挥基金医院肿瘤防治中心建设工程项目完成负2~4层主体结构，二期6~8层施工监理、施工招投标手续在进行中，装饰工程设计招投标控制价和二期建设造价审核经区政府批准，已报区财政局，累计完成投资3464万元。住院医师规范化培训基地，完成大楼主体建设和验收手续，抓紧进行室内装修，累计完成投资1731万元。逸挥基金医院信息化建设项目，已完成主机房、动力机房的装修建设，安装机房内核心设备，剩余30多个软件模块待启动，累计完成投资1545万元。城区妇幼保健计划生育服务中心新院址建设项目完成立项、可研报告、环评备案、建设用地规划许可证（包括规划要点）、建设用地红线图和不动产权等前期工作。红草中心卫生院、捷胜镇卫生院标准化建设项目已完成工程验收并投入使用。东涌镇卫生院标准化建设项目已完成主体工程建设，配套工程因资金未落实，暂未开工。马宫街道社区卫生服务中心门诊住院综合楼改建项目首期工程已完成验收并投入使用，二期建设工程已完成室内装修。凤山街道社区卫生服务中心标准化项目，基本完成建设，在抓紧进行中心污水处理系统建设和医用电梯安装。香洲街道社区卫生服务中心建设项目，择址新建，该项目总建筑面积3750平方米，用地面积5000平方米，已完成规划许可证，在抓紧开展土地征地确权工作。新港街道社区卫生服务中心标准化建设项目2个，其中，中心门诊大楼改造升级工程已完成门诊楼质量评估、环评、工程概算、工程预算，中心综合住院大楼续建工程在抓紧办理开工前期手续。大力推进村卫生站公建规范化建设，完成村卫生站建设15间（其中扶贫村卫生站5间），18间村卫生站在抓紧建设中。二是补齐卫生健康事业人才短板。加大人才引进力度。出台《汕尾市城区关于加强医疗卫生人才队伍建设的实施意见》；参加2019年市卫健系统急需紧缺人才专场招聘项目，现场招聘签订医师聘用协议10人，其中汕尾逸挥基金医院现场招聘的8名医师已向区人社局申请入职聘用；继续做好订单定向培养农村卫生人才工作，落实3名应届农村订单定向毕业生到汕尾逸挥基金医院参加规范化培训，与19名农村订单定向免费医学生签订就业协议。强化人才培养工作。依托医师（转岗）培训项目，抓好医务人员教育工作，派遣医务人员参加全科医生转岗培训29人，全科医生岗位培训9人，产科医生（助产士）转岗培训6人，儿科医生转岗培训4人。有序组织开展卫生专业技术职称考试工作，组织226人参加全国卫生专业技术初中级资格考试，18人参加全国护士执业资格考试，67人参加广东省卫生系列高级专业技术资格实践能力考试。

【推进“两大创建”】 一是深入开展健康促进区创建工作。继续推进健康促进场所创建工作，加大对健康促进学校、医院、机关，健康家庭等建设活动和无烟单位建设的督导工作，确保健康促进创建工作顺利完成。2019年，完成城区健康促进医院、健康家庭创建验收工作，健康促进学校已基本完成建设。认真开展健康教育宣传活动，各类健康教育宣传栏定期更新，印发“中国公民健康素养66条”宣传资料6万份。5月30日，与市卫健局联合举办2019年汕尾市健康发展促进月暨计生协5.29会员活动日宣传服务活动；6月4日，举办公务员健康素养讲座。创新健康素养媒体传播方式，制作“健康素养66条”动漫公益广告，继续做好“汕尾健康促进”公众号运维工作，加强健康教育知识传播。认真组织开展居民健康素养监测工作，抽取东涌镇（碧桂园社区、新安村委）、凤山街道（凤翔、奎山社区）、香洲街道（城南、新兴社区）作为监测点，分别委托东涌镇卫生院、凤山街道社区卫生服务中心、香洲街道社区卫生服务中心开展入户调查工作，同时有序推进创建工作。二是全面推进慢性病综合防控示范区创建工作。建立完善政府主导、多部门协作、全社会参与的慢性病防控工作机制，合力推进各项创建工作。5月13日—14日，组织人员到珠海市学习考察慢性病示范区建设经验；5月31日，召开各成员单位联络员工作会议，对各项工作任务和考核指标进行细化，明确工作任务时间节点、工作措施以及材料清单；7月24日—25日，组织相关单位人员到东莞市寮步镇学习创建慢性病综合防控示范区工作申报工作经验；9月18日，举办创建慢性病综合防控示范区建设工作培训班。落实健康单位、健康社区等支持性环境项目的布点工作，加快建设进度，新港街道海滨社区健康一条街、健康小屋已完成建设，其他示范点建设工作按程序申报中。强化督导，对各示范点和有关单位开展了联合督导。

【健康城区建设】 一是全面实施基本公共卫生服务

项目。细化项目分工，制定年度工作计划、年度培训和宣传方案，强化项目督查，严格按国家新规范开展服务，各项服务数据基本达到工作计划要求。2019年，全区共建立电子档居民档案339140份，建档率80.71%，动态记录208726份，动态使用率60.68%；举办健康教育讲座、公众健康咨询活动共158期，参加人员11490人次；全区预防接种门诊共接种一类疫苗约10.63万针次，单苗接种率为90%以上；新生儿访视率、0~6岁儿童管理率分别为90.89%和86.58%，孕产妇早孕建册率、产后访视率为91.47%与90.38%；高血压患者完成任务9925人，规范管理率62.92%，糖尿病患者完成任务3926人，规范管理率64.47%；老年人管理率35.35%。二是积极开展中医健康管理服务。专设局机关中医业务股室，指导开展全区中医健康管理服务。2019年，全区接受中医药健康管理服务7221人，健康管理率19.86%。不断增加中药品种，全区开展中医适宜技术13种，常用中药饮片品种达356种，中成药118种。继续督促业主单位加快中医馆建设进度，捷胜卫生院、红草中心卫生院和马宫、凤山街道社区卫生服务中心中医馆已完成建设并投入使用。红草中心卫生院“中医适宜技术推广视屏网络平台培训基地”完成建设并投入使用，是年，在该基地举办培训共25场次、1205人次。三是积极开展疾病防控工作。以推进创建广东省慢性病综合防控示范区为契机，落实防治重大疾病工作联席会议制度，统筹实施重大疾病防治专项规划，有效落实慢病防控措施，全力防控重大疾病。加强重点人群宣传教育和综合干预，规范慢性病、高血压、糖尿病、预防接种、精神卫生工作的管理和服务。强化疫情监测预警、风险评估，切实做好人感染H7N9禽流感、流感、手足口病等突发急性传染病防控工作，开展麻诊及不明原因肺炎等监测工作，加强重症病例流行病学调查工作，逐步探索建立慢性病综合防控长效工作机制。按发病日期统计，2019年，全区共报告甲乙类传染病1882例，丙类传染病8656例，网络直报及时率达到97.09%，机构网络运行率100%，有病例报告机构率76.92%，卡片填写完整率达到98.21%以上。强化结核病防治工作，落实新生入学结核病排查体检制度，邀请省结防中心专家在华附汕尾学校开展2期结核病健康讲座，全年共发现266例肺结核患者，已管理的肺结核患者人数263人，肺结核患者管理率98.87%。四是认真抓好综合执法监督。继续规范和优化行政审批运行程序，大力整顿和规范医疗服务市场和公共场所，全区公共卫生监督执法工作不断加强。抓好公共卫生监督检查工作，2019年，检查辖区内“四小场所”634家，开具《限期责令整改通知书》570余份，累计开具卫生监督意见书158份，查处无证经营机构，立案4宗，作出行政处罚决定4宗，已结案4宗。抓好医疗卫生监督执法工作，9月中旬，对辖区内10家医疗卫生机构的预防接种、法定传染病疫情报告、传染病疫情控制、消毒隔离制度执行情况、医疗废物处置等院感情况开展监督检查，开具卫生监督意见书10份，并责令限期整改。开展打击非法行医行动，查封非法行医诊所17家，立案17宗，作出行政处罚决定16宗，结案15宗。抓好饮用水卫生监督检查工作，对辖区内5家自来水厂进行监督检查，开具卫生监督意见书5份，通报2份，并责令限期整改。抓好学校卫生监督检查工作，对辖区7所中小学校、5家托幼机构和5家校外机构进行随机监督执法检查，开具卫生监督意见书17份。五是抓好职业卫生监督检查工作，对辖区内30家职业卫生机构开展监督检查，开具卫生监督意见书2份。六是健全管理制度，切实提高医疗质量。2019年，继续改善全区卫生健康服务，加快重点专科和特色专科建设，加强区胸痛中心和卒中中心建设，继续深入开展“平安医院”建设活动，强化医疗核心制度落实，加强各级各类医疗卫生机构医疗质量安全、医疗费用、药品回扣等重点领域专项监管，切实提升医疗服务水平。组织开展禁止收受“红包”“回扣”、医院感染管理、血液使用安全工作、医疗废物管理等专项整治行动，进一步规范全区医疗秩序。2019年，全区医疗卫生机构共收治诊疗人数783704人次，其中门急诊779494人次，出院人数27786人。医疗业务收入35870.8万元，其中住院收入24703.1万元。门急诊人均费用142.5元，住院人均费用8890.47元，住院人均每日费用1188.3元，药品占医疗收入比重26.14%。

【计生工作】 一是规范计划生育管理工作。认真落实生育登记服务制度，不断深入计划生育服务管理改革。规范统计管理，加强对主要指标执行情况的动态监测。继续加强出生人口性别比综合治理，加强出生人口监测，做好出生人口预报预警，引导居民按政策生育。推进流动人口基本公共卫生计生均等化服务。2019年，全区常住总人口为35.9万人，出生4759人，出生率为13.21‰；自然增长率为8.88‰；政策生育率为83.59%；性别比为116.61。二是提高计生家庭发展能力。落实计划生育利益导向相关政策，全面做好各项计划生育奖励扶助落实工作，保障符合条件的计划生育奖励、扶助对象的合法权益。2019年，全区计划生育家庭奖励政策受益对象共1338人，发放奖励金共1614762.4元，生育奖扶制度及优惠政策落实率100%。三是强化妇幼健康服务。积极实施妇幼重大公共卫生项目，重点推进妇女“两癌”检查项目工作，努力提高全区妇幼健康服务质量。5月24日，联合区妇联举办妇女“两癌”免费筛查工作动员培训会。2019年，全区适龄妇女“两癌”任务数6200人，筛查7337人次，完成率118.33%；孕前优生健康检查任务数4000人次，检查4032人次，完成率100%；出生缺陷防控筛查6577人次，分娩活产数7417人，筛查率88.67%；发放叶酸任务数4000人份，已发放3756人份，发放率93.9%；新生儿遗传代谢病筛查数7149人，分娩活产数7417人，新生儿筛查率为96.38%。四是抓好老龄健康工作。全面贯彻国家老龄方针政策和法律法规，采取有效措施加强老龄健康工作，认真做好“银龄安康行动”投保工作，2019年，全区投保60周岁以上户籍老年人数56046人，每人年投保意外伤害险12元，投保金额共672552元，实现老年人投保全覆盖。

【事记】 1月18日上午，在马宫街道马宫社区联合开展博爱送万家春节慰问活动，走访慰问47户贫困户、孤寡老人和计生特殊家庭，并赠送慰问金和物资。

1月22日，在汕尾逸挥基金医院住院大楼一楼组织开展全区卫计系统春节前无偿献血活动，献血总量达12600毫升。

2月，举办3期中医适宜技术推广培训班，共有50多名中医药医务人员参加。

3月8日，城区卫生健康局举行挂牌仪式。区政府副区长胡春莲出席并致辞。

3月29日，举办乡村卫生站量化绩效考核培训暨开展基本公共卫生项目服务（健康一体机）操作培训班。

4月25日，组织开展“4·25”全国儿童预防接种日宣传活动。

4月29日，联合市级相关部门分别在市疾控中心门诊部、善美加油站及信利电子厂宿舍区举办“健康中国 职业健康同行”宣传活动。

5月8日上午，在新港街道海滨社区开展义诊活动，共接受义诊咨询100多余人次，向群众发放宣传资料300余份。

5月20日，联合市卫生健康局在市区坎下城广场组织开展以“携手家庭医生，共筑健康生活”为主题的世界家庭医生日集中宣传义诊活动。

5月21日上午，召开全区卫健系统“创国卫”攻坚工作推进会。

5月24日，联合区妇联举办2019年汕尾市城区妇女“两癌”免费筛查工作动员培训会。

5月24日，联合市卫生健康局、市教育局在区凤山中心小学举行“关爱眼睛 防控近视 执法护航”宣传活动。

6月1日至26日，开展卫生健康系统2019年“6·26”国际禁毒日宣传教育暨义诊活动。

9月4日下午，区卫健局深入禁毒工作帮扶点马宫街道马宫社区开展督导帮扶禁毒工作。

9月4日至9日，开展迎接中华人民共和国成立70周年安全生产大督查专项活动。

9月18日上午，在汕尾市开放大学多媒体教室举办2019年城区创建广东省慢性病综合防控示范区培训班。

9月至11月，全区卫生健康系统开展“不忘初心、牢记使命”主题教育活动。

9月27日下午，召开全区卫健系统创建广东省慢性病综合防控示范区建设工作推进会。

9月27日下午，在市区墈下城广场组织开展以第13个“全民健康生活方式日”“‘三减三健’助力健康生活方式”宣传周为主题的宣传活动。

9月27日下午，联合相关部门在区墩下城开展以“灭蚊防蚊，预防登革热，健康迎国庆”为主题的秋季爱国卫生运动统一行动日活动。

9月30日，在市区墩下城广场举办打击防控采血鉴定胎儿性别行为和整治“两非”暨关爱女孩专项宣传活动专题活动。

9月30日上午，在市区墩下城举办主题为“普及法律知识、弘扬法制精神”的普法宣传活动。

10月10日上午，在马宫街道马宫社区广场，举办主题为“弘扬法治精神、推进依法治国”普法宣传活动。

11月11日下午，召开全区卫健系统开展严禁医疗卫生机构从业人员收受“红包”“回扣”和滥检查、大处方专项整治行动阶段性总结推进工作会议。

11月11日下午,召开汕尾市城区2019年度国家基本公共卫生服务项目工作会议。

12月12日下午，在汕尾逸挥基金医院医教中心12楼会议厅举行《习近平新时代中国特色社会主义思想学习纲要》宣讲会。

12月27日，组织新港渔歌队老年人渔歌表演节目《咸茶歌》，代表汕尾市参加省“银龄安康杯”粤东片区初赛，获得一等奖。

12月28日，组织20余名干部职工到驻点村马宫社区开展环境卫生整治活动。

（姚秋敏）

附：城区卫生健康局领导名录

局　长：刘克涛

副局长：郑伟雄（2019年2月离任）

林庆和

颜杰凤（2019年2月任）

冯少添

爱国卫生运动

【概况】 汕尾市城区爱国卫生运动委员会办公室（以下简称区爱卫办）在区委、区政府及区卫健局的领导下，在市爱卫办的指导支持下，认真贯彻落实市、区两级爱国卫生工作会议精神，始终坚持以人民健康为中心，政府指导，跨部门协作，全社会动员，预防为主，群防群控，依法科学治理，全民共建共享的新时期爱国卫生工作方针，以创建国家卫生城市为契机，广泛深入开展爱国卫生运动，狠抓病媒生物防制工作，不断强化市容环境卫生综合整治，积极开展健康教育和健康促进活动。

【爱国卫生创建工作】 区爱卫办作为创建国家卫生城市主要协调部门，主动担当，发挥综合协调、技术指导作用,认真落实工作职责，严格对照创建国家卫生城市的标准，逐级逐项落实创卫工作任务。一是抓好台账资料整理工作。统一协调城区创建国家卫生城市工作以及健康宣传教育、信息上报、档案资料收集整理等工作，对城区各街道（镇）、各单位创建国家卫生城市资料进行搜集整理。二是充分发挥爱卫会组织协调作用，不定期召开创卫工作会议，对国家卫生城市创建工作进行总结、安排和部署，及时研究分析、协调处理国家卫生城市创建中出现的新情况、新问题，提出新要求。三是抓好督查指导工作。始终把督导检查作为推动工作的重要抓手，确保各项工作符合标准、按期推进。对社区环境卫生、健康教育、病媒生物等内容进行专项督查，及时发现问题，积极督促整改。目前，已组织专项督查近百次，已印发督查通报6期，整改通知20份。四是开展卫生村创建工作。今年9月20日，区爱卫办组织工作人员对新港街道、凤山街道、香洲街道、马宫街道、东涌镇、红草镇、捷胜镇等申报的18个省级卫生村进行实地察看。同时，组织人员协助市爱卫办完成省级卫生村实地察看工作。共有5个村通过了省卫生村的考核（东涌镇东石村委虎头兰村、东涌村、安华村委郭厝寮村、红草镇红草社区、捷胜镇埔尾村委公兴村）。

【爱国卫生运动】 1.组织开展各种爱国卫生活动。2019年1月31日，在城区坎下城开展以“迎新春，清蚊卵，除鼠害，保健康”为主题的冬春季爱国卫生运动统一行动日活动，主要清理垃圾、清理污泥疏通沟渠，清理卫生死角；清除蚊虫孳生地，清理各类废弃物，落实防蚊设施；组织专业病媒生物防制公司对市区公共场所、外环境和居住小区开展消杀。此次活动，共清理垃圾杂物10多吨，主会场展出宣传栏2张，宣传展板8块，设置宣传咨询台4张，发放宣传资料3000多份，灭蚊片、蚊香、粘蝇贴等“除四害”药物1000多盒，宣传购物袋300多个。2019年3月，在玉台山慈云公园开展以“争当‘门前三包’合格履责人”为主题的系列宣传活动启动仪式。仪式后，各镇（街道）与市区各商户签订“门前三包”责任书，建立直接的卫生责任关系；区城管执法局联合区市场监督管理局开展临街餐饮、熟食摊档、食品销售门店、发廊、宾馆等综合执法，对各类占道经营、乱停乱放、乱搭乱建等不文明现象进行集中整治；党员志愿者及“创卫”志愿者、区直各相关单位干部职工积极行动，向居民和商户分发《致市民的一封信》《创建国家卫生城市宣传手册》《落实“门前三包” 共建美丽汕尾》，讲解“门前三包”的主要内容及责任区管理若干规定等。该次活动，共设置宣传咨询台3处，向人民群众发放折页等宣传资料10000多份，《致市民的一封信》2000份。2019年4月26日下午，开展以“共推厕所革命 共建卫生城市”为主题的第31个爱国卫生月暨创建国家卫生城市征文绘画书法摄影活动启动仪式，活动仪式后到所挂驻的村（社区）开展环境卫生清扫活动。2019年6月6日“世界害虫日”，在城区坎下城举办主题为“社区健康与有害生物防制”的除四害专项统一消杀活动。活动后各PCO公司消杀队伍分为18组，对市区公园、广场、机关单位周边等公共外环境进行消杀，确保病媒生物防制范围全面覆盖，不留死角。各镇(街道)、区住建局密切配合，形成工作合力，组织人员到市区各物业小区清理卫生死角，清除病媒孳生地，并开展除四害消杀活动。2019年9月27日下午，在市区墈下城开展以“灭蚊防蚊，预防登革热，健康迎国庆”为主题的秋季爱国卫生运动统一行动日活动。活动中，发放《清积水灭蚊虫、防疾病保健康》《登革热并不可怕》《控烟，刻不容缓》《吸烟三秒，你就已经中毒了》《珍爱生命、远离香烟》等宣传资料1.5万份，发放蚊香杆20箱、蚊片20箱、蚊水15箱。活动后，组织专业病媒生物防制公司对市政府、区政府、医院、凤山妈祖广场、车站等周边公共外环境开展以灭蚊防蚊为主的全方位消杀，预防登革热。

【病媒生物防制活动】 一是广泛开展以除“四害”为重点的消杀活动。以“世界害虫日”、爱国卫生活动月等为契机，组织各PCO公司消杀队伍对市区重点公共外环境开展消杀活动，对群众反映病媒生物密度高的区域进行应急消杀，对群众反映病媒生物密度高的区域进行应急消杀，确保病媒生物密度控制水平达到国家标准C级，真正取得实效，2019年未出现登革热本地病例。二是落实病媒生物孳生地环境整治。通过委托PCO公司和日常督查过程中对各区域的病媒生物孳生地及环境待整治问题进行勘察，并形成环境整治建议书或整改通知，要求各地各相关单位对标对表，对病媒生物孳生地及卫生死角进行重点整治。

【开展健康教育工作】 一是广泛宣传健康知识。利用发放健康教育宣传资料、悬挂横幅、设置健康教育宣传栏、LED显示屏、各种大型活动、微信公众号等宣传形式，广泛宣传健康知识，教育群众注意卫生、饮食和饮水安全，养成良好的卫生行为习惯。二是规范健康教育宣传栏设置。根据《关于规范设置健康教育宣传栏的通知》，对各单位、各街道（镇）、各社区（村）的宣传栏设置进行定期督导。

（周贵罕）

附：区爱卫办领导名录

主　任：周贵罕

·汕尾市第二人民医院（汕尾逸挥基金医院）

【概况】 汕尾逸挥基金医院（以下简称逸挥医院）建于1997年，是由香港爱国同胞洪逸挥无偿捐资和城区政府出资兴建的一所公立医院，2011年经汕尾市政府同意升格冠名汕尾市第二人民医院，2011年成功创建三级乙等医院，2016年成功创建汕尾首家三级甲等医院，实现零的突破，是汕尾地区集医疗、教学、科研的三级甲等综合医院。医院推行新的管理体制和运行机制，尤其是公立医院法人治理结构的改革管理经验在全省医院交流推广。医院是汕尾市试点医联体建设单位、公立医院薪酬制度改革试点单位、现代医院管理制度试点单位，汕尾市城区医疗集团总院,省定点实施“市级医疗服务提升计划”的龙头医院。

医院占地总面积30000多平方米，总建筑面积40000多平方米，由门诊楼、医技楼、住院楼三座主体建筑和两座附属楼及科研教学大楼组成，加上正在建设中的肿瘤防治中心，医院总建筑面积将达到60000平方米。

建院以来成功创建“无红包医院”，并获得汕尾市政府纠风办颁发“无红包医院”称号，在 百姓中享有良好口碑。医院连续八年四届获得了广东省“文明单位”称号，并先后获得了全国“百姓放心医院”、广东省委“先进基层党组织”、省职业道德建设“百优单位”、省“百家文明医院”、省“白求恩式先进集体”、省“文明窗口单位”、省“物价先进单位”、汕尾市“廉政建设先进单位”等一系列荣誉称号。2016年5月，医院被广东省委、省政府授予“广东省先进集体”称号，并以“现代化平民医院”进行公开报导，2017年，荣获汕尾市“创文创卫文明单位”称号。

【医疗科目】 医院从125张病床起点至现已建成可容纳560张病床，有临床医技科室45个,内设有一级临床科室：内科、外科、妇产科、儿科、急诊科、重症医学科等；设有二级专科：心血管内科、消化内科、呼吸内科、肾内科、普外科、骨科、胸外科、泌尿外科、神经外科等。设有医技科室：医学影像科、功能科（B超、心电图、脑电图、经颅多普勒等)、检验科、输血科、病理科等。其中，心血管内科、急救医学科和中医脾胃病科是省级临床医学重点专科,还设立了胸痛中心、卒中中心。医院拥有心血管、危重急救医学、中医脾胃病科为省级重点专科，市级重点专科为心血管、危重急救医学和骨科，骨科也列为广东省重点扶持建设医学临床专科，妇产科已获得省卫计委四级手术技术准入；还有耳鼻喉头颈外科、眼科、微创手术、肿瘤介入、放射科、B超诊断等具有技术优势的特色专科。

医院目前拥有如64排128层CT机、1.5TMR核磁共振、DSA、DR、CR、钼靶、美国欧美达多功能麻醉机、麻醉监护仪，史赛克腹腔镜系统、输尿管镜系统、德国监护系统、宫腔镜、超声刀、多功能电刀、白内障超声乳化仪、多功能显微镜、以色列快速消毒炉、等离子内镜消毒器、全自动生化仪、快速冰冻切片机、血透机、电子胃肠镜、彩超等，适应三级医院的临床诊疗、教学、科研等的需要。

医院急救设施齐全，配有救护车10部，其中1部具备移动ICU功能的大型救护车，同时在埔边高速公路设置救护站，为高速公路车祸救护赢得时间。设有急救热线120和3379999。急危重症医学部拥有急诊科、急诊病房和ICU重症监护病区，急诊科实行24小时急诊应诊，对急诊的检查、治疗、手术等实行“绿色通道”，能完成各种创伤等急危重症的现场和运送途中的救护，能抢救各种急危重症病人。

【党建工作】 2019年，医院党建工作重点是贯彻落实中共中央办公厅《关于加强公立医院党的建设工作意见》和广东省委《关于加强我省公立医院党的建设工作的实施意见》，按照省卫健委《广东省建立现代医院管理制度实施方案》的有关要求，扎实抓好医院党的建设，实行党委书记和院长分设，落实党委领导下的院长负责制，发挥党委“把方向、管大局、作决策、促改革、保落实”的作用，制定印发了《党委会议议事决策规则》和《院长办公会议议事决策规则》。医院党委结合医院实际，推进党建品牌“铸魂强基”工程，坚持“思想建党、文化兴院”方针，以党建引领，促进医疗业务发展，建设人民群众满意的现代化平民医院。

2019年，医院有党员237名，预备党员8名，入党积极分子22名。其中：高级职称党员69名，中级职称60名，占党员总数的54.4%；研究生学历19名，学士学位75名，硕士3名，本科生学历的130名，大专学历71名，大专以上学历220名，占党员总数的93%。医院党的组织构成是以密集型知识分子为主体。基层党建工作关键在支部，落脚点也在支部，医院党委坚持把支部建在科室上，不断夯实基层党支部的建设。2019年，经过支部换届选举，医院党委下设的支部从8个增加到16个，更加有利于医院的建设与发展，更能充分发挥党员的先锋模范作用和党支部的战斗堡垒作用，涌现了一批优秀医生护士党员，医院党委先后两次荣获“广东省委先进基层党组织”称号。

【医疗科研】 医院是全市医疗机构医护人员的培训中心，是广东省住院医师规范化培训基地协办单位。与中山大学研究生院联办临床在职研究生汕尾班，和汕头大学医学院联办的汕头大学医学院汕尾教学点，填补了汕尾地区医学专科、本科、研究生在职教育的空白，为汕尾地区各医疗卫生单位培养了2000多名本科、专科医疗、护理人员，担负起培养全市医疗卫生技术人才的任务。在三级甲等医院的基础上，继续加大特色专科规模建设，努力创建高水平的三甲医院，更好地为老区人民服务，为建设沿海经济带靓丽明珠贡献力量。

（黄建军　林晓曼）

附：汕尾市第二人民医院（汕尾逸挥基金医院）领导名录

党委书记、总院长：余健儿
党委副书记、院长：何永越
常务副院长：洪浩波
党委副书记、副院长：曾　斌
副院长：彭俊锋
　　　　卓雅淑
党委副书记、纪委书记、工会主席：郭坤营
党委副书记：甘　强
副院长：叶晓东

·汕尾市城区妇幼保健计划生育服务中心

【概况】 汕尾市城区妇幼保健计划生育服务中心于2015年11月18日由原城区妇幼保健院和城区计划生育服务站合并而成，业务用房面积 2625平方米。2019年，在职专业技术人员30名，其中副主任医师1名，中级技术职称人数15名，初级技术职称人数14名。内设办公室、妇幼保健科、围产期保健科、儿童保健科、医教科、后勤科等科室。主要负责全区重大卫生项目的实施，全区妇女儿童保健工作，计划生育技术服务工作，对辖区内妇幼卫生计划生育服务信息进行收集、统计、分析及汇总上报。承担全区预防艾滋病、梅毒、乙肝因素传播的技术指导、检查及检验人员培训，农村孕妇叶酸补服发放、农村妇女免费“两癌”筛查，基层开展公共卫生妇幼保健适宜技术指导和培训工作，计划生育服务技术，计划生育避孕药具免费发放，免费孕前优生健康等工作。全年门急诊25736人次，业务收入160多万元。

【强化医疗安全】 注重医疗安全。进一步加强落实门诊病历书写制度、院感防控制度，改进医疗服务质量和服务流程。增强医疗安全意识，开展医患沟通及医疗纠纷防范培训，提高医务人员医患沟通技能和医疗纠纷防范意识。加强护理管理。提升护理人员的素质和业务技能水平，认真执行护理核心制度，定期开展护理三基培训，护理质量不断持续改进，护理质量有效提高。完善院感管理。加强医院感染的监测及监管，定期不定期对各个科室无菌技术操作、消毒隔离制度的执行及医疗废物处置情况进行考评检查。同时，加大人才引进及培养力度，选派4名医生到逸挥基金医院全科医生转岗培训，1名医生到产科进行转岗培训，参加外出短期培训达近20多人次。加快新技术、新项目实施步伐，购置钼靶，DR等设备，提高中心的诊断水平。

【规范妇幼保健管理】 落实基本公共卫生妇幼保健项目管理。截至12月，城区孕产妇保健管理率为90%以上，住院分娩率、高危孕妇筛查率、高危孕妇住院分娩率均达100%，孕产妇死亡率为每10万13.48人。新生儿访视率93%，出生缺陷发生率、围产儿死亡率和婴儿死亡率分别控制在2.9‰、10.2‰和0.48‰以下。

认真做好重大妇幼卫生项目工作。启动新一轮的农村妇女“两癌”检查工作，截至12月，共为7个镇（街道）的7337名农村妇女开展免费“两癌”检查工作，完成率118%。宫颈癌前病变13例，确诊宫颈癌6例，确诊乳腺癌3例。认真实施农村妇女免费增补叶酸预防神经管缺陷项目工作，免费增补叶酸4000人份。继续做好孕产妇艾滋病、梅毒、乙肝母婴阻断工作，共检测7417例。为辖区育龄夫妇提供免费孕前检查4032人次。开展出生缺陷孕妇早期初筛6577例。

【加快健康促进医院建设进度】 狠抓行业作风建设。一抓工作纪律，组织人员到各科开展工作纪律、工作作风督查；二抓服务态度，对服务态度和服务行为进行集中整治，集中整治语言生硬、脸色难看、推诿病人等不良行为；三抓执行力，加大中层干部执行力的考核，考核执行时间、执行结果，执行效果，提高整体战斗力和运行效率。

加快健康促进医院创建工作进度。按照无烟医院的要求院内严禁吸烟。在通风较好的院门口设立吸烟区，举办吸烟危害健康讲座。按健康教育的要求举行了世界地贫日、出生缺陷周、“两癌”筛查，完善全民健康覆盖，共建共享健康中国的宣传咨询活动。定期更换健康教育宣传栏，举办健康教育讲座。

积极做好创建国家卫生城市相关工作。严格做好控烟、医疗废弃物、医源性污水管理、传染病防治、计划免疫、环境卫生管理、病媒微生物预防控制等工作。

【医疗改革】 贯彻落实城市公立医院综合改革政策，根据国家、省、市相关文件的要求，于2019年1月1日零时正式全面取消医用耗材加成，同时调整医疗服务项目价格，顺利完成系统切换。该次医疗改革按照“总量控制、结构调整、有升有降、逐步到位”的原则进行整体平移，进一步优化调整医疗服务价格结构，使患者就医花费结构合理化。

【提升医院建设标准】 按照《中共汕尾市委、市人民政府关于建设卫生强市的实施意见》《汕尾市人民政府关于印发汕尾市医疗卫生强基创优三年行动计划（2016—2018年）的通知》要求，区妇幼保健和计划生育服务中心需建设成为二级医疗机构。现有的基础设施及规模达不到二级医疗机构的建设标准，需择址另建。为此，城区政府调整了东涌镇品清村原属区地产公司的用地10885平方米作为建设用地，已在办理土地确权手续。

（林义彬）

附：区妇幼保健和计划生育服务中心领导名录

主　任：林伟强

副主任：卓海激

陈裕柱

·汕尾市城区慢性病防治站

【概况】 2019年，汕尾市城区慢性病防治站（以下简称区慢病站）在编在职医务人员16名。其中副主任医师1名、临床主治医师5名、临床执业医师1名、临床执业助理医师1名、检验师2名、护理师4名、医士2名。配备彩色B超、心电图仪、DR-X光机、全自动血球仪、全自动尿液分析仪、全自动生化仪等设备。

【防治工作】 2019年，区慢病站重点做好麻风病防治、肺结核防治、性病监测、性病艾滋病高危人群综合干预、全区重性精神疾病网络管理工作。

麻风病防治。2019年，全区麻风现症病人1例，为多菌型病人，患病率为每10万人0.2025人。城区属麻风病老疫区、高发区。2000年，虽经省考核验收全区基本消除麻风病，但人群中还有一定数量的隐藏病人。

肺部结核病防治。1994年，城区开始实施肺结核病控制项目，对活动性肺结核患者实行全程病情监管，实施免费治疗，直至把患者治愈。2019年，该站为全区904例肺结核可疑患者提供免费检查，发现活动性肺结核患者289例，在册登记结核病患者299例，全年完成治疗273例，完成治疗率达到91.30%。城区网络疫情报告共发现学生和老师结核病患者、疑似结核病患者共52例，其中，结核病患者51例，疑似结核病患者1例。全年开展学生和老师结核病密切接触者PPD筛查2594人次，新生入学PPD筛查共8726人。

性病监测。城区性病疫情报告情况：全区共报告性病627例，其中，梅毒517例，生殖道沙眼衣原体33例，尖锐湿疣64例，生殖器疱疹4例，淋病8例，非淋菌性尿道炎1例。

性病、艾滋病高危人群综合干预工作。为控制性病、艾滋病的流行，开展宣传和培训等形式，现场讲解性病、艾滋病的预防和生殖健康等知识。2019 年，共完成干预工作 87 次，干预不同场所 33 间，干预从业人员 667 人次，免费发放安全套 8800 份，宣传资料和健康教育手册 8900 份，发放并收回有效调查问卷 198 份，举办健康讲座 3 次，发展、培养同伴教育员 8 人。免费进行艾滋病性病初筛检测 58 人次，共检查出艾滋病（HIV）阳性 0 例，梅毒阳性 0 例。

重性精神疾病网络管理工作。全区各镇卫生院，社区卫生服务中心重性精神病人报告情况：2019 年，全区共报告录入严重精神障碍患者 1756 例，其中，马宫街道 108 例，红草镇 260 例，东涌镇363 例，捷胜镇 294 例，凤山街道 225 例，新港街道 217 例，香洲街道 289 例。检出率 4.18‰,管理率为 94.02%，规范管理率为 73.92%，规律服药率为 48.06%。

（林培歆）

附：汕尾市城区慢性病防治站领导名录

站　长：林培歆

副站长：杨瑞璘

社会生活

SHEHUI SHENGHUO

人力资源·劳动就业

【概况】 2019年，城区人力资源和社会保障局（以简称区人社局）在区委、区政府及上级人社部门的正确领导下，全力推动人社系统事业工作，坚持步调一致，做到确保标准、务求实效。一是积极落实机构改革转隶工作。积极推进落实区委深化党和国家机构改革工作，根据《汕尾市城区机构改革方案》，结合自身职责，制定《汕尾市城区人力资源和社会保障局职能配置、内设机构和人员编制规定》，顺利完成医保、公务员、退役军人等相关职能划转及14名人员编制转隶工作。二是设立了所属事业单位汕尾市城区人事考试中心（汕尾市城区职业技能鉴定指导中心），正股级，公益一类。将原汕尾市城区职业技能鉴定指导中心的职能、编制、人员划入汕尾市城区人事考试中心。三是整合汕尾市城区劳动就业服务管理中心（汕尾市城区职业介绍所、汕尾市城区劳动就业培训中心）和汕尾市城区人才服务办公室职责，组建汕尾市城区就业和人才服务中心（汕尾市城区劳动就业服务管理中心），为该局属下事业单位，副科级，公益一类。

【完成全年就业任务】 落实积极就业政策，着力完成就业任务目标。2019年，全区新增就业人数6505人，完成年度任务100.08%；就业困难人员实现就业403人，完成年度任务100.75%；帮扶城镇下岗失业人员实现再就业2302人，完成年度任务100.09%；城镇登记失业率控制在2.35%；零就业家庭动态管理归零，创建充分就业村（社区）94个。

【农村劳动力培训转移】 实施“双转移”战略，做好农村劳动力培训转移。2019年，完成转移农村劳动力5170人，完成目标任务100%，其中就地就近就业2866人，农村劳动力转移就业率88.98%；输出到珠三角地区就业1746人；向深圳市输出农村劳动力1250人，完成任务104.58%，向惠州市输出农村劳动力248人，完成任务107.82%，向东莞市输出农村劳动力248人，完成任务107.82%。

【专题招聘】 举办专题招聘活动，促进供需精准匹配。2019年，举办各类专题招聘会共23场次，特别是利用春节前后举办“南粤春暖”，“三八”妇女节举办妇女专场，休渔期间、端午节等举办重点企业用工暨精准扶贫等招聘会，参加企业累计450家次，提供岗位32000多个次，进场求职24300多人次，达成用工意向4000多人，发放各类就业政策宣传资料近5万份，为城区一些企业解决了用工需求。

【企业招聘网格化管理】 实行企业招工三级网格化管理，充分发挥镇村职能作用。4月起，在全区实行企业招工网格化管理，以村（社区）为单位划分成94个网格，形成全面掌握劳动力实情，明确网格责任人，并落实定期上报制度。通过三级网络化作用，组织输送10车次、565人前往红草园区进行面试，一定程度上缓解了红草园区用工压力。

【加大企业监测】 积极开展企业用工调查，加大企业监测力度。选定辖区内40多家企业进行用工情况调查、30家企业进行就业监测、15家企业进行失业监测，与企业建立定期沟通制度，及时了解用人单位需求等情况，建立企业用工数据库，实时动态掌握各企业用工情况。

【“受影响企业和职工”认定工作】 开展“受影响企业和职工”认定工作。安排专人深入企业、产业园区开展对受国内外复杂经济形势影响的企业和职工认定工作，2019年调查认定受影响企业5家。根据省、市关于失业保险支持企业稳定岗位及受影响企业失业保险费返还的工作要求，积极做好宣传工作，发动符合条件的企业做好申报工作，截至是年底，申报失业保险支持企业稳定岗位的企业1家、受影响企业失业保险费返还的企业1家，共计申请资金664.55万元。

【“粤菜师傅”“南粤家政”工程】 推进实施“粤菜师傅”“南粤家政”工程，加强专业技能培训带动就业。2019年，积极联动相关部门，落实责任分工，充分挖掘地方特色饮食资源，重点对城区委托的职业技能“粤菜师傅”培训机构进行培养和管理，先后制定《汕尾市城区“粤菜师傅”工程实施方案》和《汕尾市城区实施“南粤家政”工程促进就业工作实施方案》。2019年7月，在市人社局牵头下承办汕尾市实施“粤菜师傅”工程技能提升培训暨“送教下乡”活动。是年，全区培训“粤菜师傅”烹饪技能人才173人，深入实施“南粤家政”工程，开展家政服务培训38人，带动就业1038人。

【技能培训及专项资金管理】 全面开展劳动力技能提升培训，加强就业专项资金管理。2019年，城区加大职业技能培训力度，组织劳动力技能晋升培训830人；建档立卡农村实用技术技能培训1795人；使用就业专项资金390.43万元，主要支出的项目有劳动力职业技能提升补贴50万元，灵活就业人员社保补贴资金154.13万元，创业培训补贴5.3万元，一次性创业资助8万元，租金补贴2.8万元，扶持公共就业创业服务支出138.90万元，其他支出31.30万元。

【完成2019年企业薪酬调查】 根据市人社局要求，区人社局及时组织并指导20家样本企业按要求填报数据，督促样本企业按时报送数据，对数据质量进行审核并上报，率先完成市下达任务。

【社会保障工作成效显著】 广泛进行调研 重点围绕治理拖欠农民工工资问题、高质量推进“粤菜师傅”工程、解决企业招工难、提升社保服务群众满意度、基层人社所体制机制等重点工作，领导班子成员结合工作实际，制定调研方案，制定5个专题调研课题，于11月上旬前形成调研成果，并进行梳理分类，形成问题清单和整改意见。

扎实推进社保扩面征缴工作 2019年，区人社局多次牵头召开企业职工基本养老保险扩面征缴工作会议，切实推动城区企业职工基本养老保险扩面征缴工作，基本完成省市下达的各项指标任务。2019年，总征收各项社保基金37023万元，其中，养老保险：企业职工养老保险已参保人数11134人（退休人员6898人），基金征收9306万元，机关事业单位已参保人数6638人（退休人员2149人），基金征收23317万元；城乡养老：已参保人数95602人（其中领取待遇人数42199人），基金征收3883万元；失业保险：参保19502人，征收基金211万元；工伤保险：参保20507人，征收基金104万元；生育保险：参保13431人，征收基金203万元。

全市率先实施提高城乡居民养老保险待遇 多措并举开展城乡居保参保宣传，通过制作汕尾地方方言宣传动画片、致市民的一封信、参保海报、横幅、政策宣传会等多渠道在各影响力较大的公众号、背街小巷、进村入户、超市、市场等进行广泛宣传，取得较好的效果，2019年，城乡居保参保缴费率从42%提至91%，迎头赶上，在全市各县区中名列前茅。积极组织实施《关于2019年提高全省城乡居民基本养老保险基础金最低标准的通知》精神，自2019年1月1日起，城区城乡居民基本养老保险基础养老金从每月每人148元提高到每月每人170元，在全市率先实施；城区从2012年的每月每人55元提高到每月每人170元，共增加115元，增长209%。做好社会保障卡的采集和发放工作，是年累计发放408846张。

做好机关养老补缴及退费工作 城区机关事业单位养老保险制度改革自2017年10月启动征缴以来，机关养老保险与职业年金共正常征缴179个单位，完成率100%，2019年正常征收人数6199人，在职人员100%参保缴费。准备期机关养老保险与职业年金应补缴177个单位、共7005人，已完成机关养老保险个人缴费6919人，完成率98.77%；职业年金已补缴177个单位、6929人，完成率98.92%；剩下76个离职、死亡等特殊群体人员尚未缴费，区人社局已发文向有关单位进行催办。

依法做好工伤认定和鉴定报审工作 2019年，受理申请工伤认定案件26宗，按照《工伤保险条例》《广东省工伤保险条例》的规定，依法进行调查取证，作出工伤认定16宗，不予受理2宗；作出协助调解、撤销共7宗，调解金额共27.7万元；正在调查中1宗。同时，做好劳动能力鉴定报审工作，受理并上报5宗，有效的化解的矛盾，维护了劳动者的合法权益。

做好被征地农民保障名额的核定工作 按照市、区统一安排，认真做好被征地农民养老保障工作，对涉及的村委被征地农民保障人数进行核定，完成征地上报工作。2010年至2019年10月共征地40批次，应参加被征地农民保障人数33566人，计提保障资金30209.4万元，累计落实保障17304名被征地农民的养老保障，累计落实保障资金15573.6万元，其中2019年度落实保障1092人。

开展重点指标核查，保障基金安全　根据市社保局转发《广东省社会保险基金管理局关于报送养老保险待遇领取人员信息核实工作进展情况的通知》，对下发城区疑似死亡人员（461人）、家人信息城乡居民养老（60人）人员名单进行重点核查，对核查出的问题进行认真核查校对，顺利完成省、市的核查任务，对死亡未申报待遇发放的进行暂停，保障了基金的安全。

【组织开展各项执法专项行动】　组织执法人员重点到华夏金沙湾、保利金町湾023地块、御景壹号等工地开展根治欠薪夏季行动、用人单位遵守劳动用工法律法规情况专项检查行动、“治欠保支”专项行动、欠薪冬季攻坚行动等各项专项整治行动10场次，出动执法人员60余人次，取得了较好成效，农民工欠薪风险隐患及时得到化解，年底欠薪案件大幅下降。是年，共受理劳动者投诉劳资纠纷案件125宗，及时调解处理125宗，化解率100%，为1162名务工者追回被拖欠工资达2473.81万元，检查用人单位295家，涉及劳动者约2万人。无发生群体性突发事件，无重大劳动保障违法行为社会公布案件，无移送公安机关案件，实现零复议、零诉讼，实现是年年底至2020年春节前“零欠薪”目标。

【仲裁及基层组织建设】　依法高效处理劳动仲裁案件，加强基层组织建设。2019年，城区劳动人事争议仲裁委员会共立案受理劳动仲裁案件35宗，已结案35宗，涉及劳动者35人，涉及金额3948786元，案外调解13宗，案内调解23宗，案件调解率达78.3%。同时，加强和完善镇（街道）、社区劳动人事争议调解中心的组织建设，设立了镇、街道调解中心7个，社区、行政村调解中心93个，配备调解员100人。

【完成法治广东建设考评】　在2019年法治广东建设考评中，区人社局按照考评内容，以高质量、高标准全面落实迎检准备工作，劳动人事争议仲裁考评分数位列全市第一。

【和谐劳动关系示范区建设】　按照示范区“十个全面”的标准，认真实施《全面推进创建和谐劳动关系示范区工程实施方案》，加强对示范点创建工作的指导。是年底，已建立了红草镇、马宫街道、凤山街道、东涌镇、捷胜镇、香洲街道以及针织行业示范点7个，涉及企业总数247家，职工总数32110人。参加创建工程的企业达到了企业总量的88%，符合和谐劳动关系示范区创建标准的示范点达到78%，基本实现全区和谐劳动关系示范区的目标任务。

【企业改制方案落实】　协助指导区水产供销公司、区药材公司、区医药公司以及区中成药公司全面落实改制方案，并认真审核职工档案，确认职工身份及工龄294名，为有关企业及职工提供政策、法律咨询，研究解决了多起疑难问题，确保改制顺利进行。完善企业用工管理，落实劳动合同制度。积极开展依法签订劳动合同等宣传工作，规范用工关系，督促企业依法管理，加强对集体合同的审查工作，规范企业的用工行为，有效提高了劳动合同的签订率。是年，全区各类用工单位与劳动者签订劳动合同40217人，劳动同签订率达到了96%。

【加强人才引进机制体制】　开展医生、教师现场活动　组织到南京市特殊教育师范学院、广西医学院、桂林医学院、东北师范大学、山西师范大学等高校进行现场招聘医生、教师3场次，共签订就业意向协议33人，其中全日制研究生14人、全日制本科17人、全日制大专2人；从报考2019年广东省公务员选调生的优秀大学生中定向招录事业单位工作人员2人，其中全日制硕士研究生1人、全日制本科1人。

推进乡村人才振兴行动方案落地实施　为贯彻落实乡村振兴战略，区人社局牵头草拟《关于推进乡村人才振兴的行动方案》，明确各类人才引育工程等八个重点任务，经征求各相关单位和公开向社会征求意见并送司法局进行合法性审查后呈政府审定，目前区政府已审定通过，进一步将落地实施。

做好机关事业单位工作人员招录调动工作 依法依规办理人事调动工作，2019 年共办理事业单位人事调动 38 人，其中区内调动 12 人、调出本区 18 人、本区 8 人；受理辞职或解聘备案 17 人，其中辞职 14 人、解聘 3 人。

做好应往届毕业生网上报到及档案转递工作 2019 年，共受理应往届毕业生网上报到人数 1661 人，接受应往届毕业生人事档案共 1789 份，办理档案转递共 272 人，并及时将档案归类、登记、造册、归档、进库。

进一步规范和完善机关事业单位津补贴 规范汕尾市城区机关事业单位工作人员津贴补贴（绩效工资）和离退休人员生活补贴；调整全区机关事业单位工作人员工资标准及离休人员增加离休费，累计合计 6322 人；积极做好全区机关事业单位人员各项工资待遇日常工作，审核红草、东涌、捷胜三镇机关事业单位乡镇补贴合计 1092 人、新进人员确定工资 507 人，确定转正定级后工资待遇 66 人、办理退休手续 134 人、学历变动工资审批 12 人、职务（岗位）变动工资审批 134 人，办理丧葬费、一次性家属抚恤金及遗属生活补助 192 件；做好公务员工资审批移交工作，机构改革后，从 2020 年 1 月起，公务员工资审核管理工作职能划归组织部统一管理。

【加强脱贫攻坚帮扶政策落实】 一是开展精准扶贫技工学校在校生补助工作。省、市下达 2018—2019 年度城区户籍技工学校贫困在校生名单为 68 人，经各相关帮扶单位核实，其中，13 名非在校生，55 名在校生。现已发放 2018—2019 年度全额生活费补贴 55 人，共计 165000 元，全部落实。二是全面落实精准扶贫对象养老待遇。截至年底，完成全区精准扶贫建档立卡贫困人员 6952 人,符合参保条件的 5503 人，其中，16~60 周岁应参保的 3675 人，落实参保 3675 人，参保率完成 100%；应享受待遇人数 1828 人，已享受待遇 1828 人，享受待遇人数完成 100%。推动建档立卡未标注脱贫的贫困人员、低保对象、特困人员等困难群体参保，实现应保尽保，将年满 60 周岁、未领取国家规定的基本养老保险待遇的贫困人员纳入城乡居民基本养老保险制度，并按月发放养老金。

【统筹做好区委、区政府各项中心工作】 一是积极做好“创文创卫”、精准扶贫等中心工作。2019 年，根据区委、区政府的统一部署，组织干部职工到挂驻南汾村开展“创文创卫”、精准扶贫、禁毒宣传活动 23 场次，走访排查 8 次，合计走访 230 余户，组织开展“学习雷锋”“扶贫送温暖”“创建文明城市，争做文明先锋”等主题志愿活动 5 场次，禁毒专题咨询宣传会 1 次，累计参加人数 250 人次，发放“创文创卫”、禁毒宣传资料 3000 多份，支持南汾村新农村建设改造自来水工程工作经费 3 万元，赞助大型创文创卫宣传栏 1 幅，有力推动创建国家卫生城市和省级文明城市。二是做好消防安全生产工作，协助挂驻村做好清明期间值班值守工作。2019 年，该局深入开展消防安全隐患大排查大整治专项行动，组织开展消防安全知识专题培训会，加强全体干部职工消防安全工作，克服麻痹思想，强化巩固预防在先，进一步提高全局干部职工消防安全知识及自救能力。尤其在清明重点节点期间，每天 1 名领导带队及 4 名值班人员到红草镇南汾村协助村委做好值班检查，确保挂驻村清明期间不发生一宗山火。

（魏孝佳）

附：城区人力资源和社会保障局领导名录

局　长：卢立对

副局长：陈春风（2019 年 4 月离任）

吴瑞能

林小青

黄泽霖

党组成员、就业和人才服务中心主任：谢继红（2019 年 4 月任）

主任科员：余立宗

社会事务

【概况】 2019 年，汕尾市城区民政局紧紧围绕区委、区政府中心工作，着力推进民政各项职能工作，切实履行解决民生、落实民权、维护民利的工作职责，促进民政基础建设有效发展，基本民生保障有新提高，基层社会治理有新突破。

【基层政权与社区建设工作】 2019年，城区辖3个镇、4个街道，共有95个村（居）委会，（其中，村委会59个，社区居委会36个）。村（居）民小组409个（其中，村民小组263个，居民小组146个）。村（居）会成员470名，村（居）务监督委员会成员340名，村（居）民小组长409名。

加强城乡社区治理 一是加强民主管理。2019年，制定《关于进一步建立健全村规民约（社区公约）和村民自治章程的通知》《关于做好村规民约和居民公约工作的指导意见》，指导各村（社区）制定村民自治章程、村规民约、居民公约，完善村（社区）民主管理。据统计，全区95个村（社区）都制定了村规民约、居民公约，实现全区村级基层组织自我管理、自我教育、自我服务。二是加强民主决策。制定《全区村民议事决策工作》《汕尾市城区城乡社区协商制度》，为村（社区）民主决策机制提供制度保障。三是加强监督委员会建设工作。下发《关于加强村（居）务监督委员会规范化建设的函》，推进村务监督委员会“九有”建设。加强村（居）务监督委员会班子建设，3月，联合区委组织部、区财政局对全区监委会主任进行业务培训，110人参加培训。

做好社会工作 2月，向省、市申报了东涌镇、捷胜镇、红草镇、凤山街道、马宫街道5个社工站（广东社工“双百计划”第二批社会工作站服务运营项目），5月，省民政厅批准东涌镇、凤山街道、马宫街道开展社会工作站服务运营项目工作。并向区政府申请将社工站运营项目列入财政预算，共计86.4万元。指导镇（街道）选好社工站地址，配合省、市招聘10名社工，向区财政申请拨款30万元作为筹建经费，为社工站购买各种办公设施，3个社工站已挂牌设立运作。3月，联合香洲街道社会工作服务站举办“追梦新征程，社工在行动”岭南社工宣传周服务活动。该次活动在市区墩下城小广场举行，接受群众“两癌”检查、孕前咨询200多人次，发放社工宣传手册、妇女保健知识手册和社工服务内容简介等宣传资料800多份。2019年度的服务活动次数和服务人次与2018年相比，有明显的数量增长与服务成效，主要体现在社区居民参与活动的积极性得到提高，民政对象的困难和实际需要得到一定的改善，社工在社区的宣传及知名度也得到明显的提升。

加强地名普查和管理工作 2019年，区民政局认真做好地名命名工作，对于地名命名的申请按程序认真审批，对符合条件的地名命名申请，在规定的工作日给予批复，并按程序公告。上半年共审批地名申请3条。自开展地名普查工作以来，区民政局成立汕尾市城区清理整治不规范地名工作领导小组（由区民政、公安、自然资源、住建、市场监督局等有关部门组成），并制定出台了不规范地名清理工作方案。3月，与广东省新华影视文化艺术中心签订拍摄合同，争取省级资金15万元摄制了凤山祖庙、沙坑文化遗址等文化地名故事片，同时摄制城区地方戏曲文化片，于10月完成城区地名故事拍摄制工作。

【社会福利和社会事务】 一是落实孤儿保障工作。完成孤儿基本生活费发放工作，2019年1月起，散居孤儿生活费由2018年每人每月950元增加到1025元，机构供养孤儿生活费由每人每月1560元增加到1685元，提标8%。全年共发放孤儿基本生活费180.3万元，其中：集中供养孤儿每月平均1.5人次，发放基本生活费30330元；散居供养孤儿平均每月144.1人次，发放基本生活费177.2万元。二是落实事实无人抚养儿童的福利政策。2019年，城区事实无人抚养儿童城镇户籍每月基本生活费用702元，发放资金29.76万元；农村户籍每人月基本生活费500元，发放资金39.46万元。共发放基本生活费69.22万元。三是落实残疾人“两项补贴”制度。1月起，残疾人生活补贴由原每人每月157.5元提高到每人每月165元，护理补贴由原每人每月210元提高到每人每月220元，提标5%。至12月止，全区护理补贴的对象平均每月2965.5人次，领取护理补贴782.9万元；生活补贴对象平均每月1502.3人次，领取生活补贴297.5万元。共发放

“两项补贴”资金1080.4万元。四是不断完善社会福利机构环境建设。区福利院坚持以人为本，不断提高服务质量和办院水平，为收养人员提供良好的生活环境，特别是为部分行动不便的收养人员生活提供便利，同时区民政局积极筹措资金配套各项设施，进一步优化收养环境。五是坚持依法收养。严格按照《中华人民共和国收养法》规范收养程序，坚持收养条件，确保收养登记工作无错办、漏办的情况发生。2019年共办理收养登记4宗。六是加快推进城区养老服务业发展。进一步探索完善居家为基础、社区为依托、机构为支撑的养老服务体系，积极争取省、市福利彩票公益金支持村（社区）扩建改造升级一批居家养老服务中心，提升养老服务功能。1.积极推进居家养老服务建设。为进一步推进城区养老服务业发展，加快完善以居家为基础、社区为依托、机构为支撑、医养相结合的多层次养老服务体系，按照市民政局《汕尾市镇街居家养老服务中心示范点建设实施方案》的要求，大力推进镇街居家养老服务中心示范点。2019年，完成建设长沙村、梧围村和新兴社区3个居家养老服务中心，目前正在积极推进金海明珠、金玉湾、金町村3个居家养老服务中心建设。加快推进区福利院综合楼（内设居家养老服务中心）项目建设。为加快发展城区养老服务业，提高养老服务床位供给总量，不断满足日益增加的孤寡老人入住需求，为社区老年人提供全方位、多层次的福利服务，大力推进城区福利院综合楼（内设居家养老服务中心）项目建设。该综合楼占地面积440平方米，计划建设10层综合楼1栋，建筑面积5500平方米，养老床位200张，计划投入资金1975万元。目前，该项目已完成了地质勘察、整体设计和审核工作，领取了建设工程规划许可证，完成项目立项手续，并经区财政局复核后核定该项目招标最高上限价，现已进入挂网招投标阶段。

【殡葬管理】 2019年，按照市委、市政府《关于全面推进殡葬改革加强殡葬管理工作的实施意见》工作要求，认真部署殡改工作。

一是落实遗体火化政策。按照区政府的工作部署和要求，坚决贯彻落实遗体火化政策，加强管理，强化督查，采取有效措施，狠抓重点，突破难点，全面提高火化率。2019年，全区火化遗体共1725具，平均火化率100%。二是继续加大宣传力度。为深入宣传殡葬改革政策法规，进一步深化殡葬改革，推动移风易俗，树立文明新风，促进城区精神文明和生态文明建设，定期组织各镇（街道）、区殡改监察队充分发挥宣传作用。特别是在3月殡改宣传月，加大殡改宣传力度，印制宣传横幅250条，全区出动宣传车辆85车次，宣传人员260人次，同时组织开展区殡仪馆“公众开放日”活动。通过加大对殡改工作的宣传力度，逐步引导群众对殡葬陋习的转化，为全区殡葬改革营造良好的社会氛围。

【婚姻登记】 努力实现婚姻登记规范化建设，不断完善各种人性化服务机制，使婚姻登记中心成为展现民政工作的一个文明窗口。建区后，由各镇人民政府、街道办事处办理国内婚姻登记，区民政局负责办理涉中国港澳台地区及涉外婚姻登记工作。为贯彻落实国务院令387号《婚姻登记条例》的有关规定，从2003年10月1日起，城区对国内居民实行集中婚姻登记，即由区民政局统一办理婚姻登记。2016年，开始办理国内、涉外、涉中国港澳台地区、华侨婚姻登记。2017年4月1日起，取消婚姻登记工本费。同时，按照省民政厅的要求，完成了各镇（街道）历年历史婚姻登记档案补录工作。2019年度全区共办理结婚登记3288对（其中，国内结婚登记3046对，涉外、涉中国港澳台地区、华侨结婚登记242对），离婚登记1071对（其中，国内离婚登记1055对，涉外、涉中国港澳台地区、华侨离婚登记16对），补领婚姻登记证书452宗。

【救灾救助工作】 2019年，城区着眼保障困难群众的基本生活权益，不断加强社会救助体系建设，确保民生保障相关政策落实到位，社会救助水平得到逐步提高。

实现低保、特困提标　2019年，全区列入低保救助2565户、6149人，其中，城镇低保827户、1893人，农村低保1738户、4256人。按照政策实行城乡低保提标，2019年，城镇低保标准由原每人月680元提高到702元，农村低保标准由原每人月440元提高到484元；城镇补差由原每人月510元提高到560元,农村补差由原每人月235元提高到285元。全年发放低保金共3054.5万元。

2019年，全区有特困供养对象750户750人，其中，城镇特困人员154人，农村特困供养596人。按政策提高特困供养标准，全区特困供养人员基本生活标准按照不低于2019年城乡最低生活保障标准的1.6倍施行。2019年，城镇特困人员供养标准每人月从1021元提高到1124元，农村特困人员供养标准每人月从704元提高到775元。全年发放特困供养金共698.7万元。

临时救助　严格按照《广东省社会救助条例》，进一步规范临时救助工作，实行信息化管理，科学有效对全区因遭遇突发事件、意外伤害、重大疾病等原因申请临时救助家庭进行认定。2019年，符合临时救助政策的困难群众243户次，发放临时救助金共46.5万元。充分发挥临时救助生活救急作用。

特困供养人员护理费　按照城区特困供养人员护理标准，明确全自理、半自理（半失能)、全护理（失能）的特困人员月人均护理标准，分别按照不低于当地最低工资标准的2%、30%、60%确定，护理标准分别为30元、430元、850元。2019年，全区累计发放照料护理费133.94万元，解决特困供养人员照料护理需求。

精准扶贫　积极推进低保制度与扶贫政策相衔接，认真对照城乡低保制度，结合扶贫工作实际，对全区精准扶贫无劳力对象1827人全部纳入保障，按照政策规定给予兜底并落实不低于每人月425元的生活保障金。

流浪乞讨人救助　联合区公安、城管等部门成立专项行动组到辖区车站、广场、公园、大型建筑楼道等流浪乞讨人员活动频繁和露宿的重点区域进行清查救助。2019年，共出动救助车辆258车次，人员587人次，主动救助流浪乞讨人员51人次；救助临时困难流动乞讨人员54人，全年救助乞讨人员共105人次。其中，救助流浪精神病患者9名，协助2名“三无”流浪精神病患者寻亲返乡，劝导流浪乞讨人员返乡5人。在救助工作中做到区别对待，对于职业乞讨人员进行劝离，对于确实困难残疾流浪乞讨人员，并有意愿接受进站救助的流浪乞讨人员，给以一定数额的交通费和餐费，让其到市救助站接受站内救助。通过加强对流浪乞讨人员的救助工作，大大减少了城市道路上及人流集中地流浪乞讨人员流浪行为，为“创文创卫”活动发挥了积极作用。

【社会组织管理工作】　2019年，全区登记成立社会组织共有125个，其中，民办非企业单位74个，社会团体51个。区民政局社会组织管理工作按照坚持培育发展和监督管理并重，坚持日常检查与专项检查并重的方针。一是强化守规守法意识，确保正确的政治方向。完善和规范社会组织章程，要求社会组织在章程中增加党的建设和社会主义核心价值观有关内容，实行重大事项备案制度。二是严格社会组织年检工作。通过年检，严格审查社会组织执行法律、法规和有关政策情况、党组织建设情况、开展业务活动情况、财务管理和经费收支情况、机构变动及人员聘用情况等，掌握社会组织动态。三是创新社会组织培育扶持。以培育发展为着力点，创新社会组织培育扶持机制，区政府将社会组织列为政府购买服务、转移职能的承接主体；建成区级社会组织培育中心，为社会组织搭建孵化培育、交流合作、公益展示的平台。在促进社会组织健康有序发展过程中，区民政局加快推进社会组织党的建设，已全部实现社会组织党组织和党的工作全覆盖。截至年底，全区社会组织中，已组建党组织5个,党员数91人。

【老龄工作】　随着中国人口年龄结构进入老龄化社会，老龄工作日益受到全社会的重视和关注。按照“党政主导、社会参与、全民关怀”的老龄工作方针，城区积极推进老龄工作。一是加强宣传教育。坚持把宣传教育作为老龄工作的一项重要内容常抓不懈，以持之以恒的宣传教育促进老龄工作的稳步发展，为老龄事业的发展营造了良好的社会环境。二是做好高龄老人津贴的发放工作。2019年，发放80~99周岁高龄老年人平均每季4955人次（其中80~89岁4180人次，90~99岁775人次)，每人每季度90元，全年发放金额178.4万元；100周岁及以上百岁老年人平均每季16.3人次，每人每季度600元，全年发放金额39000元。全年发放高龄老人津贴共182.3万元。三是做好老年人意外伤害保险工作。2019年，区政府投入51万元为全区60周岁以上老年人购买每人每份10元的老年人意外伤害险。

2019年汕尾市城区百岁（含百岁）以上老人名表

表7

序号	村（居）委	姓名	出生年月日	年龄周岁	性别	申请时间	享受金额（元）
1	新安村	陈玉	1916-01-17	103	女	2017年3月	600
2	东涌村	黄氏	1913-11-07	105	女	2017年3月	600
3	宝楼村	王氏	1918-01-20	101	女	2018年12月	600
4	联兴社区	蔡尤	1918-08-23	100	女	2018年12月	600
5	联兴社区	许春梅	1917-11-12	101	女	2018年12月	600
6	南汾村	徐秀	1916-11-12	102	女	2017年03月	600
7	南汾村	林娘铁	1918-08-10	100	男	2018年12月	600
8	石岗村	刘月	1916-01-15	103	女	2017年03月	600
9	前进村	黎梅	1918-09-24	100	女	2018年12月	600
10	马宫长沙村	李二妹	1914-09-09	104	女	2017年3月	600
11	浪清村	陆琴	1917-07-06	101	女	2018年12月	600
12	兴祥社区	李彬	1913-12-16	105	男	2017年3月	600
13	海滨社区	吴乌毛	1913-01-20	106	女	2018年6月	600
14	立新社区	王珍	1918-07-04	100	女	2018年9月	600
15	新港村	蔡香莲	1918-03-15	100	女	2018年9月	600
16	洪流村	罗妹	1919-05-10	101	男	2019年12月	600
17	北门社区	李照	1919-01-07	101	男	2019年06月	600

（区民政局）

附：城区民政局领导名录

局　长：曾昭谋

副局长：陈响友

王冬妮

邝学武

社会保障

社会保险

【概况】 2019年，汕尾市社会保险基金管理局市区分局（以下简称市区分局），围绕机关养老保险改革、医疗监管等重点工作，认真履行主体责任，强化管理，优化服务，不断提升社保经办服务能力。

【参保人数和基金收支】 养老保险：参保人数25199人。其中：企业养老18989人，征收企业养老金9318万元，支付21139万元,累计结余负6385万元;机关养老6210人，征收机关养老金23598万元，支付12249万元，累计结余18155万元。

医疗保险：参保人数30983人，其中退休2139人，征收统筹基金2697万元，支付2997万元，累计结余负5702万元。

失业保险：参保人数8746人，征收215万元，支付1078万元，累计结余1588万元。

工伤保险：参保人数13776人，征收基金104万元，支付263万元，累计结余1440万元。

生育保险：参保人数18535人，征收基金203万元，支付516万元，累计结余负843万元。

城乡居民养老保险：参保人数95602人，征收新农保基金11710万元，财政收入补助7146万元，发放待遇人数30227人/次，支付待遇16344万元，累计结余10097万元。

【强化医疗监控】 联合区医保局、区市监局、区卫健局等单位对所属10家定点医院、31家协议药店进行常态化管理巡查；开展全区2019年度机关事业单位退休人员享受医保个人账户划拨待遇验证工作，已认证154个单位，确认死亡35人。

【做好基本养老金资格认证工作】 全面取消离退休人员集中地点、集中时间认证，推行自助终端机、手机APP等方式，为行动不便的老年人提供上门服务。2019年，全区验证单位共256个，需要验证的离退人数（人）共6112人，其中，通过自助终端机和“汕尾人社”手机APP验证2060人，异地验证241人，上门验证92人。

【加强工伤保险宣传】 于6月24日和7月12日开展以“工伤保险走进扶贫车间”为主题的普法宣传活动，通过悬挂宣传横幅、派发宣传手册、宣传讲解及发放礼品等形式为群众宣传工伤保险政策。

【落实稽核审查工作】 养老保险待遇领取信息核实工作。离退休人员疑似死亡领取养老金的预警信息共600条，已办理死亡待遇手续或停止发放593人，1人其亲属已办理死亡待遇手续，6人确认健在。企业退休人员纳入养老保险省级统筹待遇保障、违规领取失业保险待遇核查工作。经核查2017年1月至2019年2月，全区办理退休人员1434人，其中，正常退休1423人，因病提前退休6人，特殊工种退休5人，都符合领取基本养老金资格认定条件，1393人符合纳入养老保险省级统筹待遇保障，41人纳入机关事业养老保险。有2人违规领取失业保险待遇，已按照相关规定追回违规领取的失业待遇。

【调整增加养老金】 调整退休人员基本养老金。城区机关事业单位基本养老保险参与调待人数2076人，调整后人均工资4228.02元，人均每月增加206.61元，补发放金额共398.55万元；高龄人员倾斜调整859人，补发放金额共99.54万元；企业职工基本养老保险参与调待人数6511人，调整后人均工资2005.98元，人均每月增加134.64元，补发放金额共666.3万元；高龄人员倾斜调整1282人，补发放金额共147.3万元。

调整城乡居民基本养老保险基础养老金。2019年度，城区城乡居民基本养老保险基础养老金由每人每月148元提高至170元，每月新增22元。已于5月全部落实发放到位，当月正常领取养老金35760人，发放金额10081952.29元，其中，补发1—4月每月新增22元的35546人，补发金额3105960元。

【加强精准扶贫工作】 加强挂住点青草社区贫困户精准扶贫工作，引导11户贫困户参加汕尾市城区明研种养专业合作社；帮助23名贫困户劳动者通过就业帮扶实现就业；对20名贫困学生给予相应补贴。加大医疗保险、大病救助、特殊门诊的宣传力度，确保贫困户知悉医疗政策，及时报销医疗费用，防止因病致贫、因病返贫。

【做好“创文创卫”工作】 加强监督管理，做好门前“门前三包”、院落管理、除“四害”管理、美化绿化、环境卫生大扫除等工作，全面实现创建目标。协助做好红草镇青草社区环境卫生大清扫，动员群众积极参与“创文创卫”工作，增强群众文明卫生意识。

【机关养老补缴及退费、清算工作】 全区已实行征收单位154个（因机构改革及单位合并，单位数有所减少）、6762人，累计征收金额34527.05万元，其中，养老21992.16万元，年金12534.89万元；已完成原机关企业缴费退费单位173个、6752人，退费金额14252.88万元；已完成机关养老及职业年金补缴单位177个、6807人，补缴征收金额28542.19万元。机关事业养老保险退休人员2149人，全年共发放离退休养老金10490.04万元，月平均支出874.17万元。完成实施准备期征收和支出待遇清算单位181个，完成率100%

【实行退休人员新老待遇计发对比】 全区需要重核的“退休中人”596人，因职业年金、转移接续、视同年限等政策原因暂时无法按“新老对比”核算养老待遇，从5月开始暂按老办法重新核定。截至12月，按老办法核定待遇的退休人员586人，补发重核金额共223.07万元。

（翁穗妮）

附：汕尾市社会保险基金管理局市区分局领导名录

局　长：陈　衡

副局长：黎洁新

　　　　邓思南

医疗保障

【概况】 汕尾市城区医疗保障局是城区2019年机构改革新组建的机构，整合区人力资源和社会保障局的城镇职工和城乡居民基本医疗保险、生育保险职责，区发展和改革的药品和医疗服务价格管理职责以及区民政局的医疗救助职责等，是汕尾市城区人民政府工作部门，正科级。3月6日，举行挂牌仪式。

【主要职责】 一是贯彻执行国家、省、市关于医疗保险、生育保险、医疗救助等医疗保障的政策规章，拟定城区医疗保障事业发展规划、标准并组织实施和监督检查。二是实施医疗保障基金管理和基金监督管理制度，建立健全医疗保障基金安全防控机构，拟订应对预案并组织实施。三是执行医疗保障筹资和待遇政策，完善动态调整机制，统筹城乡医疗保障待遇标准，建立健全和筹资水平相适应的待遇调整机制。组织拟订并实施长期护理保险制度工作方案。四是执行城乡统一的药品、医用耗材、医疗服务项目、医疗服务设施等医疗保障目录和支付标准。四是组织实施并调整药品、医用耗材价格和医疗服务项目、医疗服务设施收费等政策，合理确定并动态调整医保支付医药服务价格，推动建立市场主导的社会医药服务价格形成机制，开展价格信息监测与信息发布。六是组织实施药品、医用耗材的招标采购政策。七是组织实施定点医药机构协议和支付管理办法，开展医疗保障基金支付方式改革，建立健全定点医药服务评价体系和信息披露制度，监督管理纳入医疗保障范围内的医疗服务行为与医疗费用，依法查处医疗保障领域违法违规行为。八是负责医疗保障经办管理、公共服务体系和信息化建设。完善异地就医管理和费用结算政策，建立健全医疗保障关系转移接续制度。开展医疗保障领域合作交流。九是完成区委、区政府和市医疗保障局交办的其他任务。十是职能转变。推进医疗、医保、医药“三医联动”改革，建立健全覆盖全民、城乡统筹的多层次医疗保障体系，不断提高医疗保障水平，确保医疗保障资金合理使用、安全可控，实施医疗保障区级统筹管理，增强人民群众医疗保障获得感，促进健康城区建设。十一是与区卫生健康局的有关职责分工。区卫生健康局、区医疗保障局等部门在医疗、医保、医药等方面加强制度、政策衔接，建立沟通协商机制，协同推进改革，优化医疗资源配置，提高医疗资源使用效率和医疗保障水平。

【做实群众医保待遇工作】 城区医保局紧紧围绕“保基本、多层次、可持续”的方针，切实做好群众的医保工作，不断提升医保经办服务水平。一是做好参保、报销等工作。2019 年全城参加城乡居民医保 290676 人，医保基金合计支出 23448.13 万元，享受人次数 77203 人次。办理特殊门诊新增及延期约 1600 件，报销人次数 46059 人次，报销支出 2417.13 万元。二是做实医疗救助工作。实施医疗救助 12355 人次，救助金额 668.28447 万元。

【全力做好医保扶贫工作】 一是确保特殊人群应保尽保。对全区经核定特殊人群及精准扶贫对象共 20889 人，已申请汕尾市城区政府财政资金全额兜底参加 2019 年城乡居民医疗保险，确保困难群众 100%参保，享受基本医疗保险待遇。二是落实调整城区大病保险待遇及增加保费的政策。2019 年起，将特困供养人员年度内累计 0.5 万元起、低保对象、建档立卡贫困人员年度内累计 0.75 万元起，纳入“二次补偿”赔付范围，且不设封顶线，其中特困供养人员、建档立卡贫困人员、低保对象“二次补偿”待遇提高至最高 85%，切实减轻特殊人群大病负担，着力提高贫困群众待遇享受的满意度。

【有序推进医保改革工作】 一是全区实行医疗救助与基本医疗保险、大病保险“一站式”结算，全面完成辖区内定点医疗机构医疗救助“一站式”结算接口改造工作。二是按时推进按病种分值付费改革。对辖区内未完成 2018 年度按病种分值付费病案首页、诊断编码及相关字段补传工作的定点医疗机构进行督办，8 月完成全区 2018 年度按病种分值付费清算工作，确保改革政策落地。

【打击欺诈骗保】 2019 年，医保局通过多种方式切实打击欺诈骗保，维护基金安全。一是开展政策宣传。组织人员在主要街道设立宣传咨询点，开展打击欺诈骗保维护基金安全和医疗保险、生育保险、医疗救助等政策宣传，各定点医药机构签订《打击欺诈骗保承诺书》。二是多形式营造氛围。配合市医保局在市体育馆举办欺诈骗保宣传活动，各定点医药机构通过横幅、海报、宣传折页加大宣传力度，在显眼位置公示区医保局举报电话，增强参保人的法制意识。三是统一规范管理。与 10 所定点医疗机构签订《汕尾市基本医疗保险定点医疗机构医疗服务协议书》。四是加强检查巡查。组织相关人员对管辖内 10 所定点医疗机构及 29 家定点零售药店以现场检查、突击检查、暗访等形式开展专项检查，重点检查是否存在骗取、套取医保基金的违法违规行为。五是加大查处力度。对“两定机构”(定点医疗机构、定点零售药店）开展全覆盖稽查。

（林晓勤、陈常辉）

附：城区医疗保障局领导名录

党组书记、局　长：叶朝阳

党组成员、副局长：陈春风

吴沛峰

关心下一代工作

【概况】 2019 年，汕尾市城区关心下一代工作委员会 (以下简称区关工委) 以习近平新时代中国特色社会主义思想为指导，贯彻习近平总书记关于坚持服务青少年的正确方向，推动关心下一代工作更好发展的指示，落实上级关工委和区委的工作部署和要求，坚持“党建带关建”，围绕区委中心工作，创新载体，狠抓落实，切实开展关心关爱青少年健康成长活动，推动关心下一代工作创新发展。

【机制建设】 一是建立健全领导机制。配强区关工委领导班子，落实“双主任”制，以区委常委、组织部长，区政府一名副区长为名誉主任，选派责任心强、经验丰富的处级退休老同志为主任、副主任，科级退休老同志为委员。7 个镇 (街道)、95 个村 (社区)、62 所中小学校 (公办幼儿园)、12 个区关工委成员单位和20家非公企业成立关工委组织，同时发展“五老”人员队伍。二是建立健全部门联动机制。坚持组织联体、阵地联建、资源联用、工作联动机制，区委领导定期主持召开区关工委成员单位会议，研究部署全区关工委工作。加强和整合关心下一代工作力量，明确组织、宣传、工会、妇联、教育、公安、检察、法院、司法、财政等有关部门工作职责，在谋划工作、安排任务、规划项目、调配力量时，有针对性地为关心下一代工作提供支持保障，从人力、物力、财力等方面给予大力支持。三是建立健全日常工作机制。落实“四个一”日常工作机制，确保关工委工作常态化、长效化。坚持“一周一会”，落实“第一议题”制度；坚持“一月一调度”，各单位关工委每月进行一次工作调度，汇报本月工作完成情况和下个月主要工作安排；坚持“半年一总结”，各单位关工委每半年进行一次工作总结，报本级党组织和区关工委；坚持“一年一述职”，各镇（街道）党（工）委、区直机关党组（支部）将关心下一代工作纳入抓基层党建述职评议考核内容，在年初向区委述职，并逐步将这一制度向基层党组织延伸。四是建立健全保障机制。加大对关工委工作的投入力度，确保各级关工委基本实现“五有”，即：有一块牌子、有一支“五老”队伍、有一间办公室、有一套工作制度、有一定工作经费，为开展工作夯实基础保障。将区关工委工作经费纳入区财政预算，保证各级关工委工作正常有效开展。

【思想道德教育】 紧紧围绕区委抓好“教化、净化、绿化、亮化、美化”工程的要求，把实施“教化”工程作为全区各级关工委工作的重中之重，力促学校教育、家庭教育、社会教育有机结合，营造党以重教为先、政以兴教为本、企以助教为荣、民以支教为乐、师以优教为责的浓厚氛围，努力实现“教好一代、幸福三代、惠及五代”的目的。一是突出抓好学校教育。把学校教育作为“教化”工程的前沿阵地，把思想品德、文明礼仪、普法教育、安全教育等作为重要内容，全面提升学生综合素质。重点深入开展“争做社会主义核心价值观的积极践行者”学习教育活动，利用校园内的电子显示屏、宣传橱窗、学习园地等载体，在全区各中小学校普遍设立社会主义核心价值观宣传栏、宣传牌，图文并茂、通俗易懂宣传“24字”基本内容，通过课堂教学、专题讲座、文艺演出、主题团队日、主题班会、征文比赛、评选“美德少年”等形式，将社会主义核心价值观教育有机融入渗透到学生的德、智、体、美、劳等各个育人环节，推动社会主义核心价值观进校园、进课堂、进青少年头脑。同时，在全区中学举办黄旭华院士先进事迹报告会，开展“高扬理想风帆，励志健康成长，做文明进取、奋发有为的中学生”主题教育，教育学生做文明学生、文明公民等。二是突出抓好家庭教育。联合区妇联、教育等单位，引导群众重视家庭教育，深入开展良好家训、家规、家教、家风的宣传、创建和评选活动，组织开展丰富多彩的文体活动，推动形成健康、文明、向上的家庭文化，以良好的家庭教育对青少年进行最直接、最有效的熏陶，成为薪火相传的无声教诲，成为代代受益的精神财富。开展家长学校实验学校创建活动，全区62所中小学、幼儿园家长学校有18所学校被评为全区家长学校实验学校。开展家庭教育讲座活动，举办以“和孩子一起快乐成长”“加强爱与沟通”“做最棒的父母”为主题的家庭教育讲座，邀请教育专家举办家庭教育讲座。三是突出抓好社会教育。通过新时代文明实践中心（站）、“三会一课”、党校培训、理论宣讲等载体，采取“大手拉小手”“小手拉大手”等方式，引领带动广大青少年素质提升。大力弘扬志愿服务精神，推广“社工+志愿者”服务模式，开展“关爱弱势群体”“文明交通”等一系列志愿者活动，让志愿者服务走进每一个家庭，覆盖每一个角落，对青少年进行“无声胜有声”的教育，促进社会和谐文明。深入开展具有城区特色的法治村社创建、“送法下乡”等活动，让普法教育走进千家万户，让普法教育“从娃娃抓起”，有效提升法治意识，让法治成为广大群众的自觉行为。

【服务青少年工作】 围绕中心、服务大局，紧密结合区委、区政府的中心工作、重点任务，把立德树人作为根本任务，坚持服务青少年的正确方向，不断创新载体，力求取得实效。一是服务大局促发展。结合开展“大学习大培训”活动，在中小学举办学习中共十九大精神、习近平总书记系列重要讲话精神、《粤港澳大湾区发展规划纲要》等内容的学习，扩大学生及家长对党的方针政策、习近平总书记系列重要讲话精神的知晓率，推动学习教育全覆盖。结合平安维稳工作，通过开展“无毒校园”创建活动，组织学生进行宣誓、签名。在全区中小学开展“开学第一课”法治教育讲座等形式，把禁毒、交通安全宣传教育等作为主要内容，进一步增强青少年学生崇尚法律、遵守法律，远离毒品的意识，预防和减少违法犯罪，为构建平安城区添砖加瓦。结合脱贫攻坚工作，开展助学奖教扶孤活动，积极发动社会募捐，帮助贫困学生解决就学和圆大学梦，为20名家庭经济困难大学新生发放扶贫助学金10万元。结合教育“创强”“创现”工作，联系企业捐赠现代化教学设备，联合区教育局举办现代化教育培训班，邀请省级专家授课。同时，各基层关工委结合实际，自选动作，建立失业青年创业基地，开展“圆梦助学”行动，开展“平安校园”创建活动，开展校园周边环境治理，创建“五个一”校园特色文化基地，成立“五老”调解委员会等，为青少年成长成才提供实实在在的帮助。二是创新载体促发展。开展“红色文化进校园”系列教育活动，在中小学举办主题为“牵手红领巾，传播正能量”“开展红色教育，培养‘四有’新人”“传承红色基因，争做时代新人”的红色讲座；举办以“长征，光耀未来的精神丰碑”“狼牙山五壮士”“海陆丰革命史”“彭湃传”红色故事讲述会；举办“学两史、爱中华、感党恩、共筑梦”为主题的红色征文比赛；举办红歌合唱比赛和“红歌献给党”大型文艺晚会，营造具有红色特色的校园文化氛围，培养青少年学生正确的世界观、人生观和价值观，得到社会各界的高度肯定。开展“传统文化进校园”活动，举办“墨海同游”——市城区“大手拉小手”书法展，举办“翰墨丹青颂中华”——汕尾市城区庆祝中华人民共和国成立七十周年诗书画大型笔会，让学生了解、体验中华优秀传统文化的魅力，更好传承中华优秀传统文化。

【荣誉称号】 区人大退休干部、区关工委副主任曾昭群，2019年5月荣获省关工委“党史国史教育优秀五老辅导员”称号，12月荣获中共中央组织部“全国离退休干部先进个人”称号。

（区关工委）

附：城区关工委领导名录

主　任：石建平

副主任：曾昭群

信访工作

【概况】 2019年，根据《中共汕尾市城区委汕尾市城区人民政府关于印发〈汕尾市城区机构改革方案〉的通知》《中共汕尾市委机构编制委员会关于汕尾市城区科级事业单位机构调整有关事项的批复》，设立汕尾市城区信访服务中心，为汕尾市城区人民政府直属事业单位，正科级，公益一类，具体负责全区信访工作，归口汕尾市城区人民政府办公室管理，区政府办公室挂汕尾市城区信访局牌子。

2019年，接收群众信访事项345宗（包括国家、省、市、区四级信访事项），比2018年下降12.0%，其中：来访101批、140人次，同比批次下降6.5%，人次下降0.7%；来信85宗，同比下降49.1%；网上信访156宗，同比上升33.3%。全年城区没有群众进京非正常上访。

【开展大接访活动】 为深入贯彻落实中央联席会议《关于深入推进领导干部接待群众来访的意见》文件精神，1月29日，区委办、区府办联合发出《关于2019年度区委书记、区长基层大接访活动及实行区党政领导干部接待群众来访日制度的通知》，规定每月15日和30日（节假日顺延）为区委书记、区长基层大接访活动。要求区党政领导班子成员要深入到各自挂驻镇（街道）中去，进村入户，下访、约访群众，认真倾听群众的呼声和诉求，切实把矛盾纠纷解决在基层，为群众解决一批实际困难和社会矛盾纠纷。及时就地化解矛盾纠纷47宗，受理信访问题42宗。

【切实履行属地责任】 信访矛盾化解攻坚专项行动为贯彻落实习近平总书记对信访工作重要批示精神和省委常委会会议及全市信访工作会议关于开展信访矛盾化解攻坚的要求，按照全国信访局长会议、省信访工作联席会议、市信访工作联席会议的工作部署，以及中央信访工作联席会议信访矛盾化解攻坚战的具体行动要求，按照“四攻坚一聚焦”（打好重点领域、重点群体、重点问题、重点人员四大信访矛盾化解攻坚战，聚焦化解信访存量和新增重点信访问题）的工作思路,以四个专项治理为抓手，全力打好城区信访矛盾化解攻坚战。4月底，省、市交办城区落实领导包案的第一批信访矛盾化解专项案件8宗，7月底，省、市交办城区落实领导包案的第二批信访矛盾化解专项案件6宗，共14宗。其中，11宗已回复办结，其余3宗已移交至区纪检部门。

2019年，上级交办城区三批重点信访案件，省专件10宗，均已落实一件信访事项、一名包案领导、一个化解工作专班、一套化解稳控方案“四个一”的要求办理，落实主体责任，明确包案领导、承办人员、化解措施和办结时限，已全部办结。

11月12日，市委主题教育领导小组办公室、市信访工作联席会议办公室《关于在第二批主题教育宗开展领导干部包案化解信访突出问题的通知》，交办城区第二批主题教育中开展领导干部包案化解信访突出问题共6宗，已全部办结。

【信访法规宣传普及日活动】 根据省、市、区工作部署，为推进《信访条例》《广东省信访条例》宣传活动，每年7月1日为汕尾市信访法规宣传普及日。活动当天，城区信访局在市区罗马广场开展宣传活动，接待群众咨询、讲解信访条例、发放宣传传单。区各镇 (街道) 也在当日设立宣传点，组织志愿者派发信访条例宣传册。通过宣传活动，让群众认识依法信访的重要性，增强群众依法维权意识。

（林木寿）

附：城区信访服务中心领导名录

主　任：余少杰

城区信访局领导名录

局　长：林耿辉（2019年2月兼任）

副局长：林耿辉（2019年2月离任）

扶贫开发

【概况】 2019年，城区下辖7个镇（街道）、95个行政村（社区），有73个行政村（社区）有相对贫困人口。其中：相对贫困村9个（东涌镇赤古村、石洲村、洪流村、东石村，捷胜镇军船头、南门外、沙坑、大流、埔尾村）；深圳市对口帮扶8个村；汕尾市住建局帮扶1个村（东涌镇石洲村）。除相对贫困村外，有分散贫困人口的村有64个。截至12月31日，全区新时期精准扶贫相对贫困户有2483户，相对贫困人口6973人。其中，有劳动能力贫困户1296户、5146人，无劳动力贫困户1187户、1827人。是年，全区脱贫攻坚取得了阶段性成效，实现了“贫困户100%脱贫、贫困村100%出列”的目标任务。

【年度脱贫任务落实】 2019年年底全区实现了贫困户100%退出，9个省定贫困村100%出列的工作任务。全部实现了所有的贫困户安全住房、安全饮用水、用电、电视信号覆盖、网络信号覆盖、教育保障、医疗保障、稳定收入来源或最低生活保障8个方面保障。贫困村贫困发生率、农民收入、集体收入、人居环境、村道建设、饮水安全、水利和电力设施、电视信号和宽带网络、公共服务、党的组织建设10项指标均达到退出标准。

【扶贫资金使用情况】 2016年以来，省、市（含对口帮扶市）财政拨给城区新时期精准扶贫开发“631”资金共计9746.3106万元。其中已使用：贫困户子女教育生活费补贴466.3万元，小额扶贫风险担保金和贴息资金500万元，有劳动力贫困户培训资金46万元，以奖代补奖补资金1530.5537万元，投资固定资产收益项目资金7148.7361万元，光伏项目47.185万元，共计9738.7748万元。据各镇（街道）上报资金使用情况，全区累计使用扶贫资金约9738.7748万元，结余7.5358万元，“631”资金使用率达到99.9%。

【政策性保障兜底到位】 区民政部门按照规定程序，对全区建档立卡无劳动力贫困人口1187户、1827人的兜底情况进行核实，完成率达100%，实现了社会保障兜底脱贫，保障政策落实到位。

【教育保障补贴落实】 2019年，完成建档立卡贫困户子女在校生1232人，均已100%落实发放贫困户子女在校生教育生活费补贴。其中，小学至高中阶段（含职校）学生每年补助3000元，大专以上每年补助7000元。

【落实医疗保险和医疗救助】 截至2019年年底，全区贫困建档立卡人口6973人，已按规定程序由政府资助，全面落实贫困人口100%参加基本医疗保险；落实60岁以上相对贫困户1835人，100%享受城乡居民社会养老保险待遇；16~59周岁3886人，由区政府全额落实城乡居民社会养老保险；贫困人口100%落实贫困人口大病医疗救助。

【贫困户危房改造】 根据《广东省住房和城乡建设厅、广东省财政厅、广东省扶贫开发办公室关于下达我省农村危房改造任务和明确补助标准的通知》精神，2019年已完成危房改造任务建档立卡62户。

【产业、就业扶贫】 一是实施产业扶贫。红草镇初步形成以养殖晨洲蚝为主导特色产业，带动全镇有意愿的贫困户参与合作经营和就业，达到增收脱贫的目标。捷胜镇军船头村沙葛种植项目及南门外村、大流村、洪流村光伏扶贫项目，东涌镇赤古村农业专业合作电商、石洲村光伏项目、农贸市场、埔尾村光伏项目已完成建设。捷胜镇军船头农贸市场，东涌镇赤古村农贸市场、大流幼儿园，捷胜镇荷花莲藕生态园农业观光项目、沙坑村地瓜薯粉厂、捷胜荷塘酒店等产业项目已在动工建设并有序推进。二是实施就业扶贫。举办有劳动力贫困户技能培训班，委托汕尾崇文职业技术学校对有就业意愿的有劳动力贫困户进行技能培训，提高贫困户的劳动技能，开拓就业门路。全区有就业意愿的有劳动力贫困户参加农村实用技能培训1795人，完成了计划培训任务。

【扶贫小额信贷落实】 通过建立小额信贷平台，城区联合区农村商业银行、农业银行共同签订小额信贷合作协议，投入小额信贷风险担保金和贴息资金共计500万元，对建档立卡贫困户扶贫小额信贷给予全额贴息。截至2019年年底，全区累计贫困户申请小额信用贷款有154户，批准贷款额300.8万元。

【扶贫项目库落实】 为进一步强化扶贫项目管理，提高扶贫资金使用效益，区扶贫办转发了《广东省扶贫开发办公室关于印发〈广东省县级脱贫攻坚项目库建设实施意见〉的通知》，各镇（街道）按照文件的要求，加强对扶贫项目库的建设。至年底止各镇（街道）已落实扶贫项目库项目10个，涉及扶贫资金7148.7361万元。

（区农业农村和水利局）

老区建设工作

【概况】 汕尾市城区老区建设促进会（以下简称区老促会）是经中共汕尾市城区委批准成立，由热心老区建设的城区退休干部、企业家、社会有识人士组成的非营利性社会团体，具有法人资格。区老促会主体性质为群团组织，接受区农业农村和水利局的业务指导，附带履行社团性业务行为，按群团和社团性质分列运作。

【区老促会第五届理事会第二次全体会议】 2019年12月19日，区老促会召开第五届理事会第二次全体会议，总结第一次理事会议以来工作，对接下来的工作作出安排和部署。汕尾市老促会副会长兼秘书长马世珍、副区长余正茂出席并作讲话。会议根据年初城区机构改革，区政府组成部门作了调整的实际情况，对区直机关理事作出相应调整，调整后机关理事由原来的19名增至22名。至年底止，区老促会第五届理事会有理事39名，其中，驻会常务理事6名，企业副会长单位成员11名，区直机关理事22名。

【完成全国革命老区发展史丛书·广东卷《汕尾市城

区革命老区发展史》编纂工作】 根据中国老促会关于编纂《全国革命老区县发展史丛书》的部署要求，区委、区政府成立汕尾市城区革命老区发展史编纂委员会，由区委副书记郑良斌任组长，下设编辑部，编写《汕尾市城区革命老区发展史》，于5月底定稿成书，全书分6章、29节及附录，约27万字。6月底，经评审小组评审，并经区革命老区发展史编纂委员会审定后送广东人民出版社审稿及专家组评审。该书结构严谨，脉络分明，图文并茂，史味较浓，是后人了解城区、认识城区的历史文献，填补了城区没有史书的空白。

【推动红色革命遗址保护修缮工作】 在做好调研工作基础上，切实推动重点红色革命遗址保护修缮工作。一是推动位于新港街道海滨社区前卫三巷138号的原海陆丰中心县委旧址（沁园）进行重建，至2019年底止已完成主体工程建设，投入资金近600万元。二是推动区民政局（后移交区退役军人事务局）对市区鼎盖山城区革命烈士纪念碑的维护扩建。三是联合区民革、红草镇等单位，投资200余万元，推动1941年年底“香港大营救”中文化名人何香凝、柳亚子等爱国人士避难暂居地的红草镇新村成兴大院的维护、修缮，促成成兴大院主人后裔无偿捐出何香凝、柳亚子等名人在该大院避难暂居时所赠送书、画作品，并对新村红色革命史料和名人、烈士用过的物品进行收集、整理、布展，争取早日对外开放。通过对红色资源的保护与打造，充分发挥带动效应，更好弘扬革命精神，传承红色基因，加快推进城区旅游产业优化升级。

【发放烈士后裔大学生助学金】 区老促会组织资金65200元，在秋季开学前举行2019年度烈士后裔助学金发放仪式，为全区59位烈士后裔在校大学生发放助学金，其中，本科生31人，每人1200元；大专生28人，每人1000元。学生代表在发言中表示，要继承先烈遗志，发奋学习，成为国家有用之材。

【慰问烈属困难户】 9月底，在国家公祭日和庆祝国庆70周年前夕，区老促会发动汕尾市天明房地产开发有限公司、汕尾市万德隆投资有限公司、汕尾信诚商业连锁有限公司、汕尾红海船舶服务有限公司等副会长单位捐款8万元，组成慰问团对7个镇（街道）、45户革命烈属困难户进行走访慰问，为他们送上慰问金，带去关怀与问候。慰问团一行在走访慰问过程中，认真听取烈士后代讲述革命烈士为争取革命胜利和人民解放抛头颅、洒热血，英勇战斗、光荣牺牲的英雄事迹，使大家肃然起敬，受到一次生动深刻的革命传统和英雄主义教育。

【联合汕尾逸挥基金医院下乡开展宣教义诊活动】 8月30日，区老促会联合汕尾逸挥基金医院下乡开展“不忘初心、牢记使命”主题系列活动之“创国卫、促健康”宣教义诊活动。驻会全体常务理事和逸挥基金医院曾斌副院长及相关科室领导带领18人医疗小分队赴红草镇新村为群众送医送药送温暖。该次义诊活动，逸挥基金医院出动2辆医疗巡诊快车及内科、普外科、儿科、骨科等科室医生、护士，为该村200多位村民进行血常规、血糖、X光等项目的诊查，根据诊查结果免费分发相应药品，热情细致地回答大家提出的问题，并对如何预防疾病、提高自身保健意识等进行宣传。同时，还专门派出巡回诊疗小组，为该村14户老党员、精准扶贫户、行动不便的老人上门诊查和送药。该次义诊活动使革命老区群众在家门口享受到了专家级的优质医疗服务，真正让老区村群众得到了实惠。

【联合亮睛工程眼科医院开展义诊活动】 区老促会联合汕尾亮睛工程眼科医院继续开展进学校爱心义诊活动。全年共为东涌镇、捷胜镇所有中小学和市区部分中小学9597名学生进行眼健康筛查活动，发现其中3910名学生屈光不正（近视、散光），视力不良率达40.7%，眼科医院为这部分学生提供了预防、恢复方案，并有部分学生接受矫正治疗。

【帮扶老区村推进民生项目】 全年筛选上报东涌镇宝楼村等3个民生建设项目（主要是铺设村道、村头公园、改造公厕等），争取上级拨款25万元。区老促会根据老区村实际情况，严格把关，定准项目，发动群众投资投劳，完成近100万元的工程建设，发挥了4倍的投资效应。至2019年年底，3个民生项目工程已完成施工任务并已交付使用。

（刘　衡）

附：汕尾市城区老区建设促进会领导名录

会　长：陈镜炉

副会长：邵银洲

秘书长：刘　衡

民族宗教事务

【概况】 2019年，按照区委机构改革实施工作部署，区委统一战线工作部对外加挂汕尾市城区民族宗教事务局牌子，由区委统战部一名副部长兼任区民族宗教事务局局长，履行民族宗教局工作职能。区民族宗教事务局坚持以习近平新时代中国特色社会主义思想为指导，按照区委、区政府工作部署，认真贯彻党的民族宗教工作方针政策，稳妥推进民族宗教工作，全区民族宗教工作和谐稳定。

【做好城市民族工作】 在春节、中秋节、开斋节等节日期间，通过走访慰问城区散居少数民族人员，关心、了解少数民族人员在城区的工作生活情况，并向他们发放宣传资料，提高他们积极主动参与“创文”、融入“创文”。对全区外来信教人员进行调查登记造册，落实“少数民族干部、专业技术人员基本情况”调查，会同区司法局开展少数民族人员法律援助宣传工作。

【强化宗教工作机制】 建立健全“三级工作网络两级责任制”，在全市率先出台《关于建立三级民族宗教工作网络两级责任制的实施方案》，区与各镇（街道）、镇（街道）与村（社区）分别签订《民族宗教工作责任书》，指导各村（社区）设置民族宗教工作联络站，“村（居）民委员会统战工作联络员职责”和“村（居）民委员会民族、宗教、民间信仰工作职责”牌子上墙，建立健全镇（街道）民族宗教工作力量和村（社区）民族宗教工作力量，基本解决基层民宗事务“有人管、管什么及不善管、管不实”的问题，基本实现民宗事务基层监管全覆盖。

【依法管理宗教事务】 编印《宗教政策法规汇编》1100册发至各相关单位、各宗教活动场所落实普法任务；完成机构改革后行政许可、行政处罚等65项权责清单编制梳理工作，推进行政审批标准化、规范化，指导普照寺等3处宗教场所调整管理组织成员，推动一批爱国爱教、作风正派的信徒充实到管理班子中，依法审批宗教领域行政许可申请8宗；配合区人大开展宗教工作调研，对照问题及时落实整改，推进宗教工作法治化建设。加强对宗教场所的安全监督管理，印发《区宗教活动场所安全生产大检查工作方案》《关于做好近期全区宗教活动场所安全工作的通知》《做好清明期间各宗教活动场所消防安全工作》《关于做好国庆期间全区宗教活动场所消防安全工作的通知》等文件部署宗教领域安全工作；牵头区消防等部门组成宗教场所消防安全联合检查组对宗教场所进行专项检查，排查出安全隐患29项并督导整改落实。指导13处重点场所设置“消防安全责任区域公示牌”“文明敬香通告牌”44个，压实消防安全工作责任。在春节、清明节、国庆节等重要节日领导坚持带班，强化每日带队开展隐患排查工作机制，落实每日一报制度，实现全年宗教领域安全事故“零”发生。依法查处一批宗教领域违法案件，责令建设单位自行拆除违建项目，撤销某民间信仰场所承包代管协议，查处非法宗教活动等。

【宗教领域意识形态工作】 部署开展非法宗教活动专项排查整治工作，召开非法宗教活动研判会7次。抓好省委巡视组反馈问题整改责任落实，进一步规范宗教事务管理和宗教活动，强化宗教阵地思想管理相关工作。通邀请省民族宗教研究院宗教研究所负责人陈延超作宗教专题辅导报告会，会同区委党校将党的宗教理论和方针政策纳入主体班课程，举办全区宗教工作培训班等提高各级干部处理宗教问题和落实宗教领域意识形态责任制的能力与水平，共有近千人次参训。同时，加强宗教教职人员的意识形态教育，用社会主义核心价值观引领、用中华文化浸润宗教界人士，积极引导宗教界人士坚持宗教中国化方向，组织、指导宗教界举办习近平总书记系列讲话精神专题学习会共 11 场次，500 多人次参加，提升宗教“三支队伍”理论政策和业务能力水平，营造良好的社会氛围。

【宗教指导工作】 指导宗教界投入资金 10 多万元美化环境落实“创文创卫”工作，指导宗教界筹资 11 万元开展“感恩·回报”公益慈善活动，引导宗教界投入 8 万元资金落实推进“四进”活动和消防安全整改工作，各宗教活动场所基本实现核心价值观、宪法、法律法规全覆盖，有 7 处场所落实国旗进宗教场所，不断增强信教群众国家意识、法治意识、公民意识。指导推荐 3 名爱国爱教代表参加省道教协会第六次代表会议。发挥宗教人士的积极作用，弘扬教义中的积极因素，开展“爱国爱教”主题讲经解经活动 31 场次，引导广大信教群众确立正信、抵制极端，为城区经济社会发展贡献正能量。

（李嘉琦）

附：城区民族宗教事务局领导名录

局　长：郑和悦

应急管理

【概况】 2019 年,根据区委机构改革工作部署,在原汕尾市城区安全生产监督管理局的基础上设立汕尾市城区应急管理局 (以下简称区应急局) ,于 3 月 8 日成立。区应急局整合了 8 个部门涉应急管理、安全生产、综合防灾减灾救灾的相关职责，承担“三个委员会，两个指挥部”（区突发事件应急委员会、安全生产委员会、减灾委员会，防汛防旱防风“三防”指挥部、森林防灭火指挥部）的日常工作。

【应急救援指挥中心建设】 投入约 32 万元建设区应急救援指挥中心，并入 5 个应急信息系统平台资源（华为视频会议系统、宝利通视频会议系统、森林防火视频监控系统、“三防”指挥系统、地震监测系统）及各种相关的应急指挥所需配套，实行 24 小时领导带班值守制度，形成区、镇（街道）和区直有关单位、村（社区）三级联动联合值班值守，推进建设应急信息互联互通和信息资源共享的区应急指挥中心信息系统平台。

【应急救援队伍和物资建设】 组建区级综合应急救援队伍 1 支，综合应急救援人员 10 人；投入资金 63 万元，建设区应急救灾物资仓库，大量增加应急救援物资和装备，增加配备多用途货车（工具车）2 辆、橡皮艇 2 条、橡皮筏 3 条、救生圈 200 个、帐篷 4 个、电机 1 部、编织袋 50000 个、抽水泵 1 台、应急照明 4 个、铁铲 100 把、铁镐100 把、锄头 100 把、箬箕 200 个、雨衣 300 件、雨鞋 100 双、对讲机 15 台、头盔 100 顶、帆布200 平方米、彩条布 500 平方米、救生绳 10 条；折叠床24 张、棉被 172 床、棉大衣 48 件、风力灭火机 190 台、扑火把 4450 把、微型消防车 42 辆、灭火喷水器 245 部、扬程水泵 36 部、油锯 30 把以及各类灭火配置等物资和装备。各镇（街道）、村（社区）共组建充实“三防”应急救援队伍25 支，应急救援人员 684 人，组建森林防灭火专业及半专业队伍 8 支，共 655 人，并设置 52 个临时安置场所。

【突发事件处置】 2019 年，共处置突发事件 26 起，全部及时处置完成，没有迟报、漏报、瞒报情况。

【森林防灭火攻坚战】 清明节和秋冬季森林防火防护期期间，制定印发了《汕尾市城区 2019 年清明节期间森林防灭火工作实施方案》《汕尾市城区今冬明春森林防灭火工作方案》《关于切实加强森林火灾隐患排查和野外火源管理工作的通知》《关于做好森林禁火工作的通告》《汕尾市城区人民政府关于清明期间森林防火的通告》《致全区人民一封信》《清明期间祭拜活动承诺书》等一系列文件和宣传资料，利用微信公众号、《今日城区》、汕尾市民网、汕尾在线网及宣传车等形式开展“绿色清明，从文明祭祀做起”宣传活动。

2019年，共发放各类宣传资料352600份，印发禁火令通告123300份，悬挂横幅1000余条，设立警示宣传点320处。全区共设立260名山长，组织专职护林员106名，设立检查岗卡137个，投入17架无人机监控山林火情，在全区各主要山头加设瞭望台(点）12个。出动关卡检查人员84323人次，山林巡查人员共计24026人次，累计检查扫墓人员约153000人，收缴烟花爆竹15公斤，银锭纸钱等违规物品724公斤，教育违规人员4144人，拘留3人，行政处罚2人，共罚款5万元；开展市场清理清查共计出动执法人员1346人次，查封228间元宝纸钱销售店，缴获烟花爆竹16公斤；清明节期间，全区无发生森林火灾。

【防汛防旱防风工作】 理顺机构改革后各部门“三防”职责分工，及时提请区政府重新调整汕尾市城区“三防”指挥部成员，召开全区防汛专题视频会商会，分析研判城区“三防”形势，加强与有关部门协调联动，完善应急响应期间的联动机制，严格落实重大灾害应急响应期间联合值守、抗灾救灾保障，立足“防大汛、抗强台、抢大险”，提前谋划和积极开展汛前安全检查，对削坡建房、危旧房、棚户、简易厂房、在建工程等山洪地质灾害防御薄弱环节，山塘、水库、堤防等水利设施，渔船、涉渔“生计”渔船、鱼排养殖场所、避风渔港等的隐患进行排查。汛期期间，严格落实24小时值班值守制度，通过“三防”视频系统抽查全区各镇（街道）和宝楼水库等8个地方值班值守情况，及时转发气象预警信息，接收各地、各单位汛情报告，落实隐患排查和人员转移等措施。全年累计向全区防汛责任人和有关人员发送预警信息与应急响应信息共42267条，取得了良好防御效果。成功应对了多场强降雨和“龙舟水”，没有因自然灾害造成人员伤亡与重大财产损失。

【确保全区安全生产形势总体稳定】 充分发挥安全生产综合协调作用，及时提请区委、区政府调整区安委会组成人员，在区、镇（街道）两级实行“双主任”制度，制定印发《汕尾市城区持续推进七类重点行业领域安全生产专项整治行动方案》《2019年汕尾市城区防范化解安全生产领域重大风险工作方案》《安全生产约谈办法（试行)》《汕尾市城区“防风险保平安迎大庆”安全生产百日攻坚行动方案》《关于开展“迎侨博、保安全”安全生产大检查工作的通知》《汕尾市城区“奋战50天 全年保平安”安全生产重点攻坚战行动方案》《汕尾市城区安全生产集中整治工作方案》等一系列文件。按照上级有关要求和城区实际，发出了各类安全生产、森林防灭火建议函、督办函、提醒函，协调督促相关部门针对行业领域的特点制定相关整治方案，并联合开展对道路交通、水上交通、消防安全、森林防灭火、人员聚集场所、渔业船舶、建筑施工、娱乐场所、旅游景区景点、公共用电设施、水利设施、农业机械、民爆器材、学校(幼儿园)等重点行业和领域的专项整治。检查督促各镇（街道）和区直安委会成员单位履行安全生产责任，督导和联合开展一系列安全生产隐患排查工作。

【安全生产监管和安全生产执法监察】 加强安全生产执法监察和持续推进危险化学品综合治理专项行动，保持安全生产执法监督检查高压态势。制定《汕尾市城区危险化学品安全综合治理实施方案》《汕尾市城区危险化学品安全监管部门职责》《汕尾市城区危险化学品安全生产监管部门联度会议制度》等一系列文件。加强风险点危险源的分级管控，聘请专家组对全区34家危险化学品经营单位(其中4家为重大危险源企业、10家涉氨制冷企业、17家加油站、1家危险化学品零售经营单位、1家民爆仓库、1家涉氨企业）进行安全诊断和隐患排查整治；对23家易制毒化学品使用企业的进货来源、使用情况、流向登记进行检查，推动危险化学品企业落实“一书一签”，有序的推进全区危险化学品安全综合治理。2019年，共出动执法检查人员1200人次，监督监察生产经营企业276家次，发现隐患860多项，发出各类执法文书396份，其中，整改指令书186份，行政处罚立案21宗（其中当场处罚15宗)，处罚款441800元。

【消防安全隐患联合整治】 根据《关于印发〈汕尾市城区2019年火灾风险区域挂牌整治工作方案〉

的通知》《关于印发〈2019年度全区消防安全领域专项整治工作总体方案〉的通知》《关于印发〈汕尾市城区2019年电气和电动自行车火灾综合治理工作实施方案〉的通知》等文件要求，联合相关职能部门开展全区居住类场所电气火灾专项治理、“打通生命通道”和群租房及“三合一”场所消防安全专项整治行动、“六类场所、十项必查”消防安全专项行动“回头看”、大型商业综合体消防安全专项整治“回头看”、电气和电动自行车火灾综合治理、高层住宅消防安全大检查等行动，集中力量对城区新港街道东风渔业村南片区、凤山街道新林社区、捷胜镇西门社区等火灾风险地区开展消防整治试点工作。特别是为深刻汲取“10·1”海丰火灾事故教训，再次开展了地毯式、拉网式安全生产和消防隐患大排查大整治，坚决做到不漏一家一户一个隐患点，重点突出“二合一”、“三合一”、“多合一”、老旧小区、物业小区、“三小”场所、网吧、娱乐场、群租房等场所，针对消防盲区、乱占巷道楼道、电动自行车违规停放或充电、违规住人、疏散通道不畅、安全设施老旧等突出问题，进行排查登记建立工作台账，铁腕整治，落实整改。对存在火灾隐患的汕尾市阿莫纳酒店管理有限公司、汕尾市城区龙源网吧和汕尾市城区凤山街道和顺育优幼儿园3个重大火灾隐患单位进行挂牌督办。截至12月25日，全区共排查各类场所81291个，清理电动车入户充电15704辆，开设应急逃生窗（口）40257个，没有发生亡人火灾事故。

【强化应急支援协调处置能力】 统筹应急预案体系建设，统筹原有预案管理，进一步做好修订完善，并督促重点企业做好预案制定并报送备案。深入开展应急救援演练，多次组织有关部门和企业开展应急演练，积极参加全省森林防灭火技术骨干业务培训、全市抗震救灾演练以及全区森林灭火、消防安全等一系列培训演练10场次，进一步提高队员应急救援和处置能力，锻炼应急队伍协调合作，丰富救援队伍对突发事件的处置经验，提升救援队伍应急处置能力水平。

【安全生产宣传教育】 认真组织以“提高灾害防治能力，构筑生命安全防线”为主题的全国第11个“5·12”防灾减灾日主题活动，以“防风险、除隐患、遏事故”为主题的全国第18个“安全生产月”“安全生产万里行”和“安法宣传周”等活动，采取了开展应急演练、设置咨询展台、举办展览展示、发放宣传品、增设有奖竞猜等多种形式，开展现场宣传、咨询服务、体验交流等活动，营造了浓厚的安全生产氛围。积极推动综合减灾、安全知识进机关、进企业、进学校、进社区、进农村、进家庭、进公共场所，做到家喻户晓，人人皆知，全面提升全民安全意识和事故防范能力。切实抓好安全生产培训工作，加大对企业负责人、管理人员、特种作业人员和企业员工的培训力度，提高企业人员的应急处理、安全逃生、职业病防治、安全作业技术等技能，确保企业的生产安全与员工的生命安全。

（区应急管理局）

附：城区应急管理局领导名录

局　长：罗覃呈
副局长：郭永金
　　　　吴华服
　　　　许捷华

镇（街道）

ZHEN (JIE DAO)

凤山街道

【地理位置】 凤山街道位于北纬22°37′40″至23°38′35″、东经14°54′至116°13′24″，地处广东省汕尾市区东南部，东面濒临品清湖，西面与汕尾大道连接，南面与新港街道毗邻，北面为市汽车总站和芦列坑村。街道总面积为21.09平方公里，街道办事处驻设于市区四马路口。

【人文特点】 2019年，全街道户籍人口85617人，其中，男性44295人，女性41322人，人口出生率11.81‰。由于地缘靠近珠江三角洲和港澳地区，当地居民，特别是年轻一辈，文化方面既保持着海陆丰传统习俗又受港澳大都市文化影响。

【自然资源】 凤山街道辖区主要以平地为主，气候温暖，年平均气温为21℃~33℃，水稻安全生长期260天左右，境内雨量充沛，年平均降雨量为1800~2400毫米，气候温和宜人。辖区内集“三山一湖”（凤山、鼎盖山、屿仔山和品清湖）为一体，人文景观和自然景观较多，吸引着众多海内外旅游者。主要旅游景点有庙前街刻载汕尾港埠发展史的《关帝庙前街碑记》、革命烈士陵园、凤山妈祖庙、关帝庙等，其中市级文物1个、区级文物2个。明末清初兴建的凤山妈祖庙、安美妈祖庙和关帝君庙，其建筑技艺集中体现了清代粤闽文化在汕尾的传承。凤山妈祖庙布局错落有致，前后宫殿建造风格古香古色，具有传统建筑艺术特色，一座16.83米高、重1000吨、由468块福建惠安优质花岗岩石构成的妈祖艺术石雕像，屹立于凤山之巅，凤山祖庙旅游区已成为粤东旅游黄金海岸的重点景区。区域内海域水产资源丰富，盛产海虾、海蟹和多种鱼类。

【基础设施建设】 一是文明路升级改造项目。目前，文明路已完成污水管埋设、人行道铺装、路灯安装等基础设施建设。该路原需拆迁户数91户，房屋144间，后因放点定位更新需增加14户、14间，共需拆迁户数105户、158间。经深入推进，截至10月底已完成97户、150间，拆迁面积12516平方米，剩余8户、8间在推进中，完成率94.9%。二是和顺上村“三旧”改造项目，该项目是全市第一个老村庄整村改造的市重点项目。投资总额41.8亿元，目前已完成投资7.349亿元，完成投资进度17.58%。其中，土地成本6.544亿元，开发前期准备费1347.06万元，主体建安费5634.82万元，开发间接费1071.64万元。2017年8月正式启动房屋征收搬迁，2018年9月底征地拆迁工作已全部完成，完成913户共1265间房屋征收拆迁。项目已正式动工建设，一期住宅已完成桩基174根桩，剩余123根；二期住宅完成超前钻83个孔，剩余17个孔；回迁地块完成超前钻20个孔；小学完成锚杆施工32%；示范区完成底板浇筑30%。三是东城路公共汽车首末站建设项目。该项目首末站台占地面积约450平方米，建设范围定点工作顺利完成，并完成附着物登记和测量工作。经多次与区交通局和汕尾市振兴投资有限公司沟通协商，补偿款已到位，附着物补偿工作已启动。四是金台山公园征地项目。该项目涉及用地246亩，已签订征地协议，前期征地工作基本完成，征地补偿方案已完成制定，附着物补偿工作全面启动，在有序推进中。五是汕尾妇女儿童医院（一期）建设项目。总投资额2亿元，完成投资进度78.9%。门诊楼、医技楼、综合楼框架结构已顺利封顶，内部装修阶段正在进行中。

【扎实推进重点工作】 一是“创文创卫”工作。始终坚持“干净、方便、安全、和谐”的理念，坚持“补短板、塑形象、促创建”，进一步巩固“创文创卫”成果，乘势而上，营造“双创”良好氛围。坚持“镇街吹哨、部门报到”，组织街道安监站、环卫站、综合巡查队和社区干部，联合公安、城管、市场监管等部门，开展“创国卫”百日攻坚行动。坚持每天常规查、每周三次大巡查行动，严格执行网格化管理，整体推动环境卫生工作落实，开展重点区域、重点路段“门前三包”专项整治行动。一年来，街道联合各社区（村）开展创卫百日行动214次，出动工作人员8500余人次，与辖区单位、门店经营户共签订“门前三包”责任书2900余份。凤翔社区在第1期全区村（社区）创文工作测评中排名第一，在第5、第6期创文工作测评中被授红旗奖牌，6月被授红榜奖；凤苑社区在第2期全区村（社区）创文工作测评中排名第一，在第10期全区村（社区）创文工作测评中排名第三。芦列坑村在第3期全区村（社区）创文工作测评中排名第三；联兴社区和凤翔社区在2019年6月建成区55个村（社区）创卫工作考评中获得全区第三，授红榜奖；凤照社区革新渔业和文亭社区分别在7月、8月建成区55个村（社区）创卫工作考评中获得全区排名并列第二。全街道共排查出违法建设56宗、面积34626.41平方米，已拆除违法建筑13宗，拆除建设面积9114平方米。排查出违法图斑12处，拆除面积为2500平方米，在年底已全部清除。在“三清理三拆除三整治”方面，已清理35处，拆除面积4266平方米。二是消防安监工作成效明显。全街道未发生因火灾或安全生产事故造成人员伤亡，10月，在全市消防安全隐患整治现场会上，新林社区消防隐患整治成效受到省消防总队及市委、市政府肯定，成为先进典型范例。针对街道辖区内“三小”及“多合一”场所，在上年专项整治工作验收通过的基础上，继续查漏补缺，“条块结合”治理，新增的166家“三小”场所已全部建档，全力治理，合格率90%。持续推进居住类场所电气火灾专项治理工作，以高层建筑、出租屋、群租房、自建楼为主，对室内电动摩托车库升级改造，共完成109处，建设公共充电车棚2处。全年排查居住场所21278户，其中电线改造或套管3162户，安装漏电开关569个，切割逃生窗口9357个，清理电动车3971辆，各类场所安装智能烟雾报警器1273部，配置消防器材9501件，约谈企业或“三小”场所、居住类场所法人代表或负责人9次、9人，关闭关停场所144处。此外，联合凤山街道中心学校检查无证幼儿园7家，发出整改通知书7份；联合区住建局燃气所开展煤气瓶检查行动检查，共检查57家小档口，收缴过期煤气瓶12个；检查建筑工地安全生产17处，提醒戴头盔安全作业13人，检查发现无特种作业操作人员4人。

【基层党建和机关纪律作风整顿工作】 一是持续优化基层干部队伍。以落实基层“两个80%”为抓手，有序推进革新渔业村、联兴社区、安美社区、凤照社区、凤苑社区5个村（社区）党组织书记与村（居）委会主任“一肩挑”工作进度，逐步提高革新渔业村、联兴社区、安美社区、凤照社区、凤苑社区、凤翔社区、香洲社区、滨海社区8个社区（村）“两委”成员“交叉任职”比例。调配3名街道选调生、4名区直机关新录用公务员、6名大学生“村官”到各社区（村）锻炼，充实基层干部队伍，基层党组织战斗力明显增强。二是提升基层干部队伍素质。以“不忘初心、牢记使命”主题教育为契机，坚持街道领导班子成员带头学，党工委书记在镇级党校讲党课，每个班子成员到挂驻社区（村）带头讲，指导各社区（村）开展好主题教育。通过街道党校和新时代文明实践站、远程教育等平台，开展对广大党员和群众的宣讲学习，利用节假日组织外出党员的集中学习，上党课学党章党纪。三是全力整顿软弱涣散党组织。落实《汕尾市城区加强党的基层组织建设三年行动方案（2018—2020年）》重点任务，结合街道实际情况，严格落实“四个一”，大力整治芦列坑村软弱涣散党组织，成效显著，该村各项工作正常运转。四是深入开展廉政纪律建设。街道党工委主要领导多次召开会议，研究部署党风廉政建设和反腐败工作，要求班子成员要加强“一岗双责”，切实压实工作责任。街道纪工委综合运用监督执纪“四种形态”，对街道干部职工和村（社区）干部进行谈话提醒23人次，批评教育7人次，诫勉谈话3人次，有效督促引导干部职工遵纪守法、思想上时刻绷紧廉洁从政、廉洁用权，廉洁自律。全力推进纪工委规范化建设，按照两个“六有”标准，强化硬件配置，完善工作职责、制度及台账管理，审查调查安全工作进一步得到加强。深入开展机关作风整顿，坚决查处值班制度落实不到位、上下班不正常、不作为、慢作为、乱作为等突出问题，全年纪工委进行明察暗访35次，对相关人员进行谈话30人次，有效巩固和扩大了政务整治、正风肃纪成果。认真贯彻执行中央八项规定，严格按照中办国办印发的《党政机关办公用房管理办法》的规定要求，规范街道班子成员、机关各室办公用房配置。深入落实基层正风反腐三年行动，聚焦解决扶贫领域违纪违法，黑恶势力背后“保护伞”、民生领域“微腐败”问题，加大对侵害群众利益的不正之风和腐败问题的查处力度，处置扶贫领域问题线索1条，追回违规领取低保资金1.88万元，下一步将对该线索涉及的人员进行立案审查。此外，查处了香洲社区盐属居民小组、夏楼美居民小组干部违规出卖村集体土地的问题，有效地维护了农村集体利益和农民的切实利益，从源头上减少了因农村集体资产（包括涉土问题）管理不到位而发生的信访问题。全年处置线索9条，办结7条；立案审查5宗，办结5宗。

【主要经济指标】 2019年，全街道完成规模以上工业产值106亿元，同比增长9.73%；农业总产值1.1亿元，同比增长4.5%。

【工业与贸易业】 辖区内规上企业主要有兴盛针织厂、万盛针织时装有限公司、中燃城市燃气有限公司、营通水泥制品厂和艺强装饰有限公司等企业。贸易零售业比较活跃，主要有显达广场、泰濠材料装饰城、金海明珠广场、东辉批发市场等企业。

【农业】 2019年，粮食作物播种面积64亩，总产量1.5万公斤，蔬菜类播种面积2亩，产量400公斤，花生种植面积2亩，产量300公斤。水果种植1490亩，产量约1400吨。

【综合治理】 扫黑除恶专项斗争和禁毒工作力度不减。街道从历年300多件舆情访情案情中深挖筛选有效线索，共排查出13条线索，其中有价值线索为9条，已办结6条，初步办结2条，1条正在核查处理中。积极开展“一村一研判”“一人一约谈”活动，有14社区（村）已完成研判并定期更新情况。禁毒保持严打高压态势，严格落实“一家一档、一家一相片、家家签订禁毒承诺书”的工作，制作“四本台账”，做到底数清、流向明、资料齐全规范。全面开展涉毒大清查行动，街道辖区内派出所共查获贩毒案件13宗，抓获吸毒人员85名。

【生态文明】 一是全面完成芦列坑、小岛、革新3个村的“三清理、三拆除、三整治”工作。落实垃圾集中收集机制，每个村至少安排1名保洁员。二是推进农村卫生厕所建设和改造，小岛村已建设卫生公厕1座，芦列坑村计划改造公厕2座，同时推进15户农户厕所改造。投入资金47.7万元建设芦列坑2个自然村各1座生活污水处理池，革新渔业村纳入城镇污水处理系统。芦列坑、小岛2个村的村头公园已开始建设。三是加大饮用水源头的保护力度，严格执行《汕尾市全面推行河长制工作方案》，积极开展巡河、护河、治河行动。全街道共设置各级河（湖、库）长12人，共组织街道、社区（村）两级河（库）长开展巡河（库）108次，出动人员308人次。持续开展“清漂”“五清”专项行动，定期清理河道，清理漂浮塑料垃圾、浮水莲及固体废弃物5.5吨以上；投入0.5万元清理芦列坑水库坝体的杂树及阻塞物；投入25.7万元开展夏楼美排水沟清淤工程，提高排洪抗洪能力，确保安汛期安全。

【民心工程和社会保障】 一是实施阳光操作，强化基本民生保障，做好社会救助工作。全街道保障低保户累计391户、795人每月发放救助资金共430108元，其中，城市低保累计保障354户、713人每月发放共402583元，农村低保累计保障37户、82人每月发放27525元。保障特困人员累计77户、77人，每月发放生活补助资金81662元，护理津贴16930元。其中，城市特困累计保障63户、63人每月发放补助70182元，护理津贴13680元；农村特困保障累计14户、14人每月发放补助10850元，护理津贴3250元。根据动态调整，全年新增城市低保对象56户、128人，新增农村低保对象8户、23人，按时发放城乡低保特困救助资金，实现了动态管理下的“应保尽保”。进一步完善动态管理下的应保尽保、应退尽退，全年清退不符合条件的低保户150户、316人。二是加大对困难群众的“救、急、难”救助。在区民政局临时救助资金的安排下，加大对特困人员家庭救助，全年累计救助困难家庭6户、7人、2500元。三是坚定不移推行火葬政策。全年累计火化遗体328具，完成全年任务

98%，无发现丧事大操大办和偷埋土葬的行为。积极引导群众从“入土为安”转变为“入室为尊”的文明殡葬形式。四是严格落实优待抚恤政策，加快推进退役军人服务保障体系建设。每月发放各类优抚对象抚恤金共计168人137524元，发放60岁农村籍退役士兵老年生活补贴21人1260元。已建成街道服务站和社区（村）级服务站14个，全面完成上级安排的工作任务。全街道共登记录入烈属、军属和退役军人家庭1480户，并全部悬挂光荣牌。五是老龄工作取得一定进展。街道对符合领取80岁老人高龄津贴的人员进行摸底调查。全街道共有870名高龄老人符合领取补贴条件，其中80~99岁869人，每人每月增发30元；百岁老人1人，每月增发200元。同时，认真做好“银龄安康”行动服务工作，为辖区60周岁以上的老年人免费购买老人意外保险，受益的老人有1100人。

（曾丽妮）

附：凤山街道办事处领导各录

街道党工委书记: 王海寅

党工委副书记：罗绵龙
庄剑锋（挂职）
李东琴（挂职）
林东佳

委　　员：吴春莉
连清荣
吕碧娱
王伯待
曾冠中
范长河
王瑞明
肖　腾

办事处主任：罗绵龙

副 主 任：吕碧娱
邱小健

香洲街道

【概况】 香洲街道位于汕尾市区西南部，是市、区二级党政办公所在地。辖地依山临海，东连东涌镇和凤山街道，南邻新港街道，西接马宫街道，北与红草镇交界。辖区总面积约20.8平方公里，户籍总人口73414人，外来人口96995人。

香洲街道原属海丰县汕尾镇，1989年5月经汕尾市人民政府批准，撤销汕尾镇，划分为香洲街道、凤山街道、新港街道。香洲街道下辖东兴、中区、园林、后径、城西、新兴、西兴、新区、新瑶、城南、新城、兴祥12个社区和梧桐、西洋2个村委。

【基层党政建设工作】 不断推动学习贯彻习近平总书记系列讲话精神往深里走、往实里抓 发挥好“头雁”效应，规范落实“第一议题”制度，认真开展领学带学督学活动，通过驻村领导到各挂驻村（社区）党支部开展领学、带学、督学，切实把总书记重要讲话精神和市委的学习贯彻要求传达到基层干部群众中去，实现对基层党员干部学习教育全覆盖；同时，街道机关、各村（社区）、直属单位党组织通过“三会一课”、组织生活会、“学习强国”APP以及微信群等多渠道多形式组织传达学习；街道党校充分发挥阵地作用，组织党员进行集中轮训，掀起学习宣传贯彻热潮。2019年，街道共召开党委扩大会议专题学习5场次，街道党校组织培训9期共950多人次。

扎实开展“不忘初心、牢记使命”主题教育 及时成立了街道主题教育领导小组，研究制定主题教育实施方案，认真组织召开动员会，开展为期一周的“习近平总书记关于‘不忘初心、牢记使命’的重要论述”等5个专题的学习研讨，组织党员干部开展革命传统教育，认真开展专题党课活动等。街道党政班子成员带头开展学习教育，带头深入基层调查研究，带头抓好专项整治和整改落实，指导督促各村（社区）党支部扎实开展好主题教育各项工作。精心组织开展“电影党课”进社区活动，精选兼具思想性、教育性、观赏性的党史教育片，使主题教育更加贴近基层、贴近实际、贴近党员，推进主题教育入脑入心。

规范基层组织建设 优化基层组织设置5个，将新兴等4个社区（村）党支部以及香洲中心小学党支部升格为党总支部，并同时配齐配强。另外，督促、指导7个村级组织活动场所改（扩）建工作。对街道6名60岁以上的社区党支部书记进行调整，并及时进行补齐配强，同时，将综合表现较好的新兴、后径社区居委会主任提任为社区党支部副书记。认真组织做好村干部学历培训报名工作，动员16名村干部报名参加学历提升培训；认真开展“一村一研判”，做好“两委”干部联合审查工作，坚决把受过刑事处罚等问题的人员从村干部中清理出去。

【主要经济指标完成情况】 香洲街道坚持新发展理念，注重高质量发展，紧扣交通基础设施建设、产业园区扩能增效、中心城区扩容提质“三大抓手”，促进辖区经济发展。全年实现工农业总产值20.15亿元，其中，工业总产值19.8亿元，同比增长3.1%；农业总产值0.35亿元，同比增长6.0%。固定资产投资总额5.1亿元，同比增长4.0%。社会商品零售额8.44亿元，同比增长1.3%。街道经济保持持续增长态势。

【重点经济项目建设】 香洲街道坚持“项目为王、产业兴街”的工作方针，妥善处理稳和进的关系，充分发挥党组织和党员在城市建设中的“红色引擎”作用，及时调整了各项目征地补偿工作组人员，实行挂图作战，以时间倒迫进度，分解量化日进度，有序推进街道十多个重点项目工程和土地收储任务。截至年底，职院、体校征地已完成地上物补偿，工业大道西征地，已完成作物附着物补偿；东兴、新兴社区段基本完成征地补偿工作，已进行清表平整；海滨大道西建设工程，总征收补偿54户、78亩，已完成征收并清表；开展香江大道以南片区土地收储工作，霞洋村已召开代表大会，同意征地100多亩；市福利中心建设工程，一期涉及埔上墩、梧桐两村34.55亩，均已召开代表会同意征地；沙滩公园建设工程，拟征1150亩土地，涉及的西洋、梧桐村均已召开村民代表大会同意征地；中医院建设工程，涉及西洋村约36亩，西洋村已召开村民代表大会同意征地，作物已全部补偿；西洋片区征地工程，涉及西洋村约1000亩，其中涉及组件报批458亩，西洋村已召开村民代表大会同意征地1000多亩，全力开展征收补偿工作。

【农业】 香洲街道不断加强党对“三农”工作的指导，坚持把解决“三农”问题作为街道工作的重中之重，利用区域自然资源优势，改造升级电网水网路网等农田水利设施，发展生态农业、景观农业和林下种植业，在城乡结合部的后径、新兴、西兴、梧桐和西洋等地引导村民发展果蔬种植基地13个、海淡水养殖场5个、成片果林7个、花卉种植场5个，种养面积4200多亩，经济总量达到4250多万元，有力地促进农户增产增收，成为农民增收、生态改善、村级经济可持续发展的一大亮点产业。

【商业】 香洲街道地处市区商贸圈中心区，是各类商业企业的聚集地和商品集散地，商贸往来较为频繁。辖区内有巴黎半岛酒店、友谊宾馆、海珍酒楼、泰林酒楼、友谊酒楼、富临酒楼等餐饮住宿企业；有信利、协兴、信诚、万盛等大型综合商场；有文德、新楼、永昌、新兴、百汇、西门、兴安等农贸市场；有苏宁、根德、美侨等大型电器商场，是手机、电子产品、家用电器的集散地。商贸的快速发展，为香洲街道的经济社会发展注入新的活力，也带动金融、货运、物流等周边行业的蓬勃发展。城乡接合部的西兴、梧桐、西洋等社区（村）逐步发展起农家乐、乡村会所、休闲运动场所等多种形式的乡村旅游休闲经济。

【基础设施建设】 扎实推进11所主题公园建设，投入18万元对西洋、下洋等河段进行农田排灌渠系统整治；投入460万元建设莲塘村、新楼村及华园小区排污整治工程，从源头上治理奎山河等黑臭水体；投入174万元实施盐屿村排涝改造工程，解决盐屿村的内涝和污水排放问题；投入近30万元全面整治市职院西侧黑臭水沟，铺设了污水管道，根治该处水沟黑臭问题。在市区海港路建设生活垃圾转运站，已完成立项，正在加紧施工建设。

【教育】 香洲街道始终高度重视教育事业发展，不断加大资金投入，努力改善办学条件，优化教育结构布局，全面推进教育均衡发展。在深圳和本地财政的大力资助下，街道香洲中心小学、新楼小学分别新建了1栋教学办公楼，后径小学拆除重建，并投入使用，有效缓解学位紧缺的现象。为辖区中、小学的教师统一每人订制了6套教师服装，塑造富有时代朝气的崭新形象；同时，按照创现的标准，街道8所公立学校已全面实现500兆的互联网光纤接入，教师办公室全部无线覆盖，教室教学平台全部更换为一体机。

【卫生健康】 严格落实“门前三包”。各社区（村）在白天认真开展环境卫生整治的同时，夜间坚持开展“红袖章”活动，对不落实“门前三包”规定、占道经营、车辆乱停乱放行为进行教育和督促。同时，街道联合区城管、市场监管等职能部门执法人员组成综合执法队，形成常态化、长效化工作机制，细查辖区商户的“门前三包”落实情况，严查出现的影响市容环境行为，对各村（社区）巡查时反馈的不听劝阻、拒不整改、屡教不改的商户一律实行顶格处罚，形成严管高压态势，确保辖区环境卫生干净整洁有序。

健全环境卫生长效管理体制。严格落实清扫保洁责任制，对每名保洁员划线定位，实行实名标段，明确工作范围和时段，落实工作职责。在城南、香洲2个环卫站对主次干道进行环卫保洁的同时，街道和各村（社区）共聘请126名保洁人员和20名卫生监督员，对辖区内背街小巷进行日常保洁和监督，逐步实现前街后街环卫保洁无差别、全覆盖、零缝隙。同时，加大环境卫生基础设施配套力度，全面更新了环卫工人保洁收集车辆，配置垃圾桶200个，购置香洲标志的环卫保洁服300多套，高压冲洗车1辆。

【乡村建设】 认真贯彻落实市、区关于农村人居环境整治工作的各项决策部署，鼓足干劲，扎实推进“三清三拆三整治”工作，全面清理房前屋后和村巷道杂草杂物、积存垃圾，清理沟渠池塘漂浮物，对危旧房、废弃养殖场及乱搭乱建等进行彻底拆除。2019年，共清理西洋、梧桐、霞洋等村危破旧房屋54间共3130平方米，拆除乱搭乱建、违章建筑47处共6059平方米，清理沟渠池塘5处，共清除卫生死角472处，清理各类垃圾458吨，有效改善了先前的“脏、乱、差”现象。另外，在辖区内建设了二类公厕4座和三类公厕3座，已全面建设完成并验收。2019年符合农村户用卫生厕所建设和改造的有4户，其中梧桐1户、西洋3户，已基本完成。另外，梧桐、西洋2个行政村已编制了村庄规划，11所主题公园建设正在推进中。

【综合治理】 香洲街道始终坚持“守土有责”“守土尽责”，牢固树立稳定压倒一切和“一盘棋”思想，坚持党工委书记第一责任人职责，建立健全领导包案挂驻责任、矛盾纠纷应急处置等机制，压紧压实各挂驻班子治理责任，将信访工作下移，将工作与解决群众实际困难密切结合起来，带着问题深入基层一线下访，及时掌握社情民意，巩固信访工作的“第一道防线”。另外，不断加大法治宣传力度，组织开展各形式的法治宣传活动，全面推进基层依法治理，在社会各层面各领域培育和弘扬社会主义法治精神，教育引导全社会学法尊法守法用法。2019年，全街道共排查各类信访矛盾纠纷38宗，其中综治中心受理信访件受理矛盾纠纷案件18件，已办结16起，社区工作站受理矛盾纠纷20宗，已办结20宗，调处率达100%。辖区无因各类矛盾纠纷调处不及时或调处不当引发集体上访或群体性事件和酿成重大治安、刑事案件。街道加大矛盾纠纷排查调处力度，以项目征地为契机，积极协调多方沟通联系，做实做好群众工作，全力解决各种历史遗留问题，积极与上级职能部门理顺各村（组）历年留成地问题，精心组织调解组先后妥善解决了后径与盐屿、后径与新楼、西洋与梧桐的等8条历史遗留的边界争议问题；街道人社部门共查处和受理欠薪案件和纠纷11宗、42人，为42名异地务工人员追回工资等24万元。另外，扎实抓好社会治安集中整治，2019年，辖区2个派出所共办理涉毒案件11宗，刑事拘留12人，逮捕11人，起诉9人，行政拘留83人，强戒46人。同时，街道综治办和司法所加强对45名社区矫正人员、115名刑释解教人员等帮教对象的教育和转化工作，对邪教人员做好耐心细致的思想政治工作；做好辖区157名存在精神障碍的患者建档管理工作，落实相关救助措施；扎实做好“8·31”工程社区戒毒社区康复工作。加强对辖区76名社区戒毒社区康复人员的管理，全年执行率100%，尿检率92%，并建立了一人一档的管理制度，有效巩固戒毒成效。认真推进街道新时代文明实践所和村（社区）实践站建设，全力打通联系群众、教化群众、服务群众的“最后一公里”。

认真落实网格化管理，形成全街道工作1个大网格，14个村（社区）划分为14个中网格，按片区划分为54个小网格，网格化管理人员达109人，制作、完成了街道和各村（社区）网格化图，制定完善了网格化综合管理制度，通过“定格、定人、定职”的工作模式，使每位干部都有了自己的一份“责任田”，真正做到一级抓一级，逐级抓落实，层层有任务，人人有责任。同时，为进一步提升工作效率，街道结合区委“大走访、大排查、大整治”行动，将当前的创文创卫、禁毒排查、消防整治、扫黑除恶、意识形态、控违拆违等多方面的重点工作深度融合，统筹推进，有效推动各项工作的落实。2019年以来，通过开展“1+N”综合巡查行动，辖区环境秩序大幅度提升，市民文明素质得到明显提高，公众安全感及群众满意度大幅度提升，商户落实“门前三包”责任意识不断增强，毒品犯罪高压严打态势始终保持，扫黑除恶专项斗争的宣传氛围日益浓厚，违法建设势头得到有效遏制，消防安全整治工作取得明显成效。

【社会民生及社会保障】 香洲街道组织富余劳力3500多人参加招聘活动和技能培训，全年新增就业人员1300人、失业人员再就业415人、就业困难人员再就业85人、转移农村劳动力450人、促进自主创业20人，为330人落实社保补贴等优惠政策，完善了劳动关系协调机制，劳动纠纷得到妥善解决。对全街道627户低保户进行全面重新核查，核查清退了219户，切实做到“应保尽保、应退必退”，确保国家扶贫救济政策落实到位。认真推进2019年度城乡居民基本医疗保险参保缴费工作，截至2019年底，完成参保47500人，参保率98.59%。另外，积极宣传退役军人登记工作，配合区民政部门做好退役军人和其他优抚对象的信息采集工作。同时，严把征兵操作环节，认真完成本年度征兵工作，2019年度送出兵员30人。

【扶贫工作】 2019年，对全街道627户低保户进行全面重新核查，核查清退了219户，切实做到“应保尽保、应退必退”，确保国家扶贫救济政策落实到位。通过深入开展精准扶贫工作，不断深化帮扶力度，拓宽帮扶途径，增强帮扶实效，完善了城镇低保、特困人员救助供养、基本医疗、大病医疗救助等保障性兜底措施，为贫困人口购买基本医疗保险，贫困人口参保率100%；为建档立卡贫困学生39名发放教育资助60500元，实现贫困学生教育资助全覆盖；为贫困户共131人购买养老保险，参保率100%。投入扶贫资金220万元与汕尾市国泰食品有限公司签订合作合同，按“保底收益+按股分红”的原则，年收益加分红达15.4万元以上，贫困人员每人年增加收入700元以上；与职业技术院校合作，加强有劳力户的技能培训，为带动就业，积极组织有劳动能力户参加用工招聘活动，帮助介绍就业岗位，基本达到有劳动能力的贫困家庭至少有一人就行业。截至2019年底，相对贫困人口77户、218人已全部脱贫。

（吴春满）

附：香洲街道办事处领导名录

党工委书记：彭少华

副书记：黄思达

曾昭极

委　员：黄春波

江海航

马腾蛟

刘晓星

郭建群

吴春满

郑广杰

孙振江（2019年8月离任）

徐守宇（2019年9月任）

办事处主任：黄思达

副主任：蔡慧敏

江海航

人大联络室主任：黄春波

纪工委书记：孙振江（2019年8月离任）

徐守宇（2019年9月任）

新港街道

【概况】 新港街道于1989年2月成立，辖区范围以汕尾市区的二马路、通航路、汕马公路为界，沿汕尾港南北两岸分布，总面积20.03平方公里，海岸线长35公里。下辖10个村（社区），其中，有芳荣、新港、红卫、前进、东风5个村委会和海滨、海港、立新、新园、金海5个社区居委会。总人口59046人，其中渔业人口23405人。

【自然资源】 新港街道对面海半岛的新港村、芳荣村土地资源充裕，有将近8000亩可开发土地资源优势。其中大华山还是森林公园，绿色生态资源丰富，私密性较强，属于城市稀有资源。海洋资源丰富，渔业是新港街道的经济支柱，2019年有各类渔船535艘，总功率67824千瓦，总吨位26043吨。常年盛产鲍鱼、龙虾、石斑、海胆、对虾等100多种优质高值水产品，有国家“一级渔港”之称。辖区内的红卫渔业村发展深海渔业，东风和前进2个渔业村发展中海渔业，立新社区、新港村和芳荣村发展半渔业。

【党建工作】 提高政治站位，全面推进基层党组织规范化建设。一是提高政治站位，加强政治理论学习，牢牢把握政治方向。始终把学习贯彻习近平新时代中国特色社会主义思想和中共十九大精神作为统揽新港街道一切工作的总纲，把学习贯彻习近平总书记的重要讲话精神贯穿全部工作的全过程，确保新港经济社会沿着正确的政治方向推进。要求广大党员干部，尤其是街道领导干部对习近平总书记的系列讲话精神要带着深厚感情学、带着使命责任学、带着问题联系实际学，在常学常新中加强理论修养，在真学真信中坚定理想信念，在学思践悟中牢记初心使命，在知行合一中主动担当作为。一年来，街道党工委落实“第一议题”制度，党工委（扩大）会议、街道理论中心学习组组织学习25次，街道党校组织培训22期共1445人次。特别是在“不忘初心、牢记使命”主题教育活动中，认真制定工作方案，开展集中研讨、强化党员自学、进行现场革命教育等，要求党员干部把自己摆进去、把职责摆进去、把工作摆进去、切实增强做好工作的责任感和使命感。二是全面推进基层党组织规范化建设，把党建设得更加坚强有力。街道党工委牢固树立抓党建“主业”意识，切实加强党的领导和党的建设，把全面从严治党向基层延伸、向纵深发展，全力打造坚强战斗堡垒，推动基层党组织全面进步和全面过硬。1.加强街道各支部的组织建设，通过增设党组织方式，优化管理结构，提升基层组织的组织力。优化设置街道党总支9个，增设党支部39个，“两新”党组织6个。2.加大村（社区）党支部的研判力度，突出抓好“头雁”工程，全年调整60岁以上支部书记3名，动员16名村干部报名参加学历提升培训，促进和优化“两委”干部的文化素养和学历结构。3.积极推进村级活动场所建设，投入资金373万元，推进7个村（社区）的建设任务，进一步提高党群服务中心建设水平，提供规范、高效的阵地保障。4.强化政治担当，全面落实村（社区）巡察整改工作任务。街道各村（社区）的巡察工作全面铺开，要求村（社区）切实增强政治责任感和政治敏锐性，对于巡察出来的问题，履行整改主体责任，确保件件有着落、事事有交代。对贯彻落实惠农利民政策不到位，违规使用专项资金、“四议两公开”制度落实不到位，集体资金流失风险较严重、党的领导核心作用弱化等16个问题进行整改。

【主要经济指标】 2019年，全街道完成工农业总产值20.2亿元，比2018年增长8.2%。其中，工业总产值7.7亿元，同比增长22.9%；农业总产值12.5亿元，同比增长0.7%。通过引导渔业村紧抓渔汛，全年渔业产量达10.41万吨，同比增长0.5%，产值达12亿元，同比增长0.5%；消费零售业收入达8亿元，同比增长3%。渔业产业作为街道的主导产业，占全街道工农业产值的60%以上。

【重点项目建设工作】 加大重点项目的投入力度，完善基础设施建设。按照区委、区政府的工作部署和要求，把重点项目建设作为实现经济高质量发展的基石，全力推进重点项目建设顺利稳步有序开展。一是推进市区海滨大道西段市政综合工程建设用地征拆迁工作。至年底，海滨大道西段市政综合工程建设用地（新港段）已签订35户，拆除建筑物及附属物约16500平方米，发出补偿金额约11000万元。同时，推进市区海滨大道东段升级改造建设，新港路段（罗马广场至海军码头）涉及拆迁居民7户，已全面完成协助建设单位对7户拆迁建筑物的拆除，并做好建设沿途群众思想工作，确保零障碍施工。二是推进中共海陆丰中心县委旧址建设项目。该项目总投资645万元，建筑面积约425.11平方米。按照区委、区政府的部署要求，街道成立工作小组，顺利完成周边5户居民楼房的征收工作，并作为业主单位实施搬迁拆除和基建工作，该项工程已全部完成并准备验收。三是推进白石头村村前公园建设。该项目是深圳光明新区帮扶项目，总投资850万元，建设用地面积约9700平方米，建设园林、健身广场、轮渡（沙舌）码头等，已于10月19日竣工验收，极大地改变了沙舌渡口“旧、脏、乱、差”的现状，成为一道亮丽风景，提升了对面海沙舌尾旅游景点的景观形象。四是推进红卫渔业村“三旧”（旧城区、旧村庄、旧厂房）改造建设项目。该项目预计总投资约4亿元，总用地面积约1.5万平方米，拆迁面积约2万平方米，涉及居民150户、近1000人。该项目的建设将实现汕尾开埠以来一直想打通连接二马路的历史梦想，贯通二马路与海滨大道、凤山妈祖旅游区形成连片的商业区，为二马路旧商业圈注入新活力，将带动周边的经济发展，为街道创造新的经济增长点。已完成居民户“三旧”改造的征求意见工作，近90%住户表示支持并愿意配合该项目实施改造。五是加大基础设施改造和建设投入力度。全年投入187万元对渔村大路进行升级改造，打造海滨街道健康一条街，解决海滨社区、前进村、东风村下水道堵塞等问题。

【“创国卫”工作】 多措并举，攻坚克难，全面提升创建国家卫生城市（以下简称“创国卫”）水平。“创建全国卫生城市”是汕尾市的重点工作和重点任务，新港街道作为“创国卫”的主战场之一，以全力实施“创国卫”八大攻坚行动为总抓手，落实属地管理责任，以“五加二”和“白加黑”的工作干劲，压实网格化管理机制，打好“创国卫”攻坚战。将每周一、三、五的集中行动，转变为常态化的整治行动，每星期投入综合执法力量约800多人次，重点加强环境卫生专项整治，开展主干道、背街小巷、市场、门店、加工作坊、校园周边环境等整治行动，落实“门前三包”。加大“创国卫”宣传力度。开展“青春心向党、建功新时代”主题实践活动，在辖区沿街主干道、商铺、集市等人流密集场所派发宣传单，向住户派发宣传画册，通过微信平台、QQ平台、印发宣传资料等形式普及健康知识，提高人民群众对“创国卫”活动的知晓度和参与度，组织干部职工、青年、妇女等志愿者深入村（社区），渗透到街头巷尾的每一个角落，多方位、深层次、全覆盖开展全民“创国卫”活动，形成全力推动、全面开花的氛围，营造全民支持、全民参与的良好氛围。深入开展交通安全秩序大整治，落实道路交通安全主体管理责任，做好宣传工作，落实各村（社区）加强主要路口的交通安全的教育及劝导工作，确保车辆停放有序、交通安全畅通。同时，开展禁烟、控烟宣传活动，加强病媒生物防治工作。

【综治工作】 *切实维护社会和谐稳定，构建平安新港* 加大管控力度，完善网格管理，将10个村（社区）10946户近6万人口分割成36个网格进行管理。全年出动人员9735人次，加强对港口海域、废弃房屋、养殖场、仓库等重点部位的巡查，坚决做到严密监控、堵源截流。2月19日，联合公安、城管、供电等部门150人拆除了一个制毒窝点。建设完善社戒中心规范化建设，8月按社区戒毒社区康复工作站的“七有”标准重新装修完成。努力摘除2016年以来新港街道被列为禁毒重点地区的牌子。

开展扫黑除恶专项斗争 加强组织领导，强化谋划推动，多措并举，充分利用宣传标语、散发宣传资料、入户走访等方式，加大深挖排查力度，累计排查线索36条；其中，区扫黑除恶办移交线索5条（已办结），街道排查线索5条（已办结），新港

派出所13条（已办结），城西派出所9条（已办结6条，正在办理3条），港口派出所4条（已办结1条，正在办理3条）。紧扣“17类”重点打击对象，共破获聚众斗殴案5宗、22人，寻衅滋事8宗、43人，黄赌毒犯罪23宗、46人，网上追捕29人；故意毁坏财物案4宗、8人；抓获吸毒人员135名（其中，强制戒毒86人，社区戒毒40人），缴获毒品冰毒66.28克、海洛因14.75克及咳嗽水5.5瓶。

做好信访工作 做好区两会、70周年国庆、中共十九届四中全会及广东省第八届粤东侨博会等重点时期工作。深入推进阳光信访、责任信访、法治信访建设，力争实现“小事不出村、大事不出镇、矛盾不上交”，努力把问题发现在苗头、处置在早期。全街道立刑事案件53宗，破28宗（其中新港派出所立16宗破8宗、港口派出所立6宗破4宗、城西派出所立31宗破16宗。）；查处治安案件立124宗，查处完结91宗；收戒吸毒人员73名。街道、村（社区）调处社会各类矛盾纠纷和信访案件共34宗，调处成功34宗，办结率100%（其中工作中心受理调处矛盾纠纷及信访案件3宗、网上信访案件12宗、村（社区）受理调处矛盾纠纷案件19宗。）

【安全生产工作】 筑牢消防安全“防火墙”。深入开展地毯式、拉网式安全生产及消防隐患大排查大整治，保障人民群众生命财产安全。结合“大走访、大排查、大整治”活动，全面推进居住场所电气火灾专项治理和消防安全隐患专项整治、电动车集中停放充电专项整治、老旧小区消防安全整治等。全年累计排查整治居住类场所9700多户，“三小”场所1376家，老旧小区59个，群租房32栋，公共区域2个；关停21家、查封120多家；整治电气线路设施2500多处，清理电动车违规停放充电1650多处，清理消防通道1210多条，39家居住小区停车场安装智能充电装置，开设居民户逃生窗口5497个，设增12个巷道消防水栓。全年全街道无发生重大消防安全事故。同时，在消防安全排查整治过程中，对妨碍公务的人员予以行政处罚，确保消防隐患排查工作顺利进行。切实做好清明期间森林防灭火工作，加强生态环境的保护。在清明节近1个月的防护期，严格落实“逢人必检，逢车必查”要求，扎实做到“五个到位”，全员出动，严防死守，并出动无人机进行立体式巡逻，山林防火工作得到保证，取得连续4年（2016—2019年）清明节期间“零”火情佳绩。

【乡村振兴】 全力打好人居环境整治攻坚战，扎实推进社会主义新农村建设。以人居环境整治为抓手，开展“三清理、三拆除”工作。投入70多万元，推进新港村和芳荣村的人居环境整治工作，共拆除破旧房屋100多间，清理杂草杂物1300多吨，复绿补绿面积15000平方米。加快推进“厕所革命”，推动农村公共厕所和户厕的普及，完成了第一批大华、李厝乡及第二批五福、银牌4个自然村公厕标准化建设，完成8户农村户厕建设。

【扶贫工作】 2019年，脱贫攻坚进入决战决胜的关键阶段，该街道紧紧围绕区委、区政府关于贫困村100%出列、贫困户100%脱贫的目标任务，落实贫困推出标准和程序等各项脱贫攻坚工作，着力解决“两不愁三保障”突出问题，为如期全面打赢脱贫攻坚战奋力冲刺。全年全街道共有相对贫困户239户、726人，累计脱贫239户、726人，完成脱贫率100%，并全部落实“八有”保障，有劳动力预脱贫户家庭人均可支配收入达8266元以上；核实危房改造的精准扶贫户共8户，已开展工作5户，1户因病死亡，2户在推进中。同时，在休渔期间，加强民生保障，开展扶贫济困活动，落实资金14万元，对800多户低保户、五保户、孤困儿、建档立卡贫困户、生活困难渔民户进行慰问。

【拆违控违工作】 采取措施，有力有序有效推进拆违控违工作。按照市、区的统一部署，加大对辖区范围违法建设摸底调查力度，及时梳理和汇总违建台账，全面掌握违建图斑情况，开展拆违控违工作。共查处违法建设用地面积约16217平方米，拆除违建30宗，拆除违建面积共18853平方米。出动大型器械累计72台次、出动人员849人次。如5月16日，对芳荣村一处占地4200平方米、建筑面积

1000多平方米、市场价值1000多万元的违建别墅，以及白石头村会所1栋5层小产权房进行依法拆除；5月24日，对位于市区海滨大道汕尾港海域占地面积1291平方米的原“海上明珠”进行依法拆除。特别是对“聚和佳居”违建的拆迁工作，通过深入做艰苦细致的群众工作，在较短的时间内顺利完成了多年来一直无法控停和拆除的违建82户住户的搬迁与拆除工作，彻底解决了“聚和佳居”的重大消防安全隐患问题，较好地完成了省委巡视组的督办任务，对拆违控违工作起到了很大的社会影响。

【作风建设】 一是强化责任意识，落实全面从严治党“两个责任”。年初成立街道党风廉政建设工作领导小组，与各村（社区）签订了党风廉政建设工作责任书。认真落实党政领导班子“一岗双责”，将党风廉政建设工作任务逐条逐项落实到分管领导、责任部门、具体人员，并明确工作进度和完成时限，确保各项工作任务有人抓、有人管，有督促、有检查、有落实。二是强化专项整治，履行监督责任。1.扶贫领域监督。严查经巡察发现的违法违纪问题线索，对未按规定使用“扶贫双到”资金的2名村“两委”干部进行党纪处分，对3名村干部进行诫勉。监督街道、村干部在开展贫困户排查工作过程中，对照省委、市委、区委的要求的落实情况。开展对各村（社区）低保户入户排查工作，累计排查26户。开展对危房改造户入户排查工作，累计排查32户。2.扫黑除恶监督。沉入一线，摸排涉黑涉恶线索，重点对渔菜市场欺行霸市、宗族恶霸势力、乱收费等群众密切关注的民生问题开展排查。3月，对存在违规收费问题的红卫渔业村、前进渔业村2名主要干部进行立案及党纪处分。结合“一村一研判”活动，以街道党工委为主体，街道纪工委协助配合，由党工委书记约谈各村（社区）党支部书记，已约谈3名村（社区）党支部书记。3.拆违控违监督。5月，结合拆违控违大行动，街道纪工委对影响恶劣的被拆除违规建筑所在自然村的2名村干部进行笔录询问及证据调取工作，查清违建事实来源。经查，未发现党员干部涉嫌违法违纪情况。4.抓党员干部作风建设。开展扶贫领域问题专项治理，召开党风廉政建设大会、民主生活会等会议，明确禁止街道党员干部向扶贫领域伸手。街道党工委部署“不忘初心、牢记使命”主题教育活动，街道党工委书记为街道全体党员干部讲授廉政党课，组织党员干部观看警示教育片《民心向背》。强化党员干部在脱贫攻坚中的底线思维和红线意识，增强规矩和纪律意识。严格个人重大事项报告制度。11月，对街道办事处及站所2名未如实报告“裸官”身份的副科级党员干部给予纪律处分。落实中央八项规定，始终坚持把中央八项规定精神的执行情况作为重点任务和经常性工作。对在“创文创卫”工作中存在推诿扯皮情况的街道办事处3名职工、2名村委干部给予通报批评。密切关注“四风”隐性变异，采取公开举报电话、明察暗访和约谈等措施，做好节前和节日期间廉政提醒，在街道微信工作群对全体党员干部进行短信提醒。同时，严肃查处收送节礼、违规公款吃喝、公款旅游、公车私用、违规发放津贴等问题。2019年，街道纪工委共收到问题线索18条，其中上级转来14条，自查4条，立案6宗，均已全部办结。全年给予党纪处分6人，诫勉处理3人，批评教育1人，提醒谈话22人次。

（叶惠珍）

附：新港街道办事处领导名录

党工委书记：曾昭好

副书记：林创龙（2019年2月任）

　　　　叶朝阳（2019年2月离任）

副书记：卢小咏（2019年2月任）

委　员：吴　静

　　　　李　利

　　　　曾彦森

　　　　陈雅姗（2019年2月离任）

　　　　黄　斌（2019年2月任）

　　　　陈锦隆

办事处主任：林创龙（2019年2月任）

办事处副主任：吴　静

　　　　　　　林悦彬

　　　　　　　曾伊妮

人大工委主任：卢友聪（2019年2月任）

副科级干部：余敏玲

马宫街道

【概况】 马宫街道地处红海湾畔、汕尾市区西部，东与红草镇及汕尾市区接壤，西北隔长沙湾与海丰县石安半岛相望，西、南两面濒临红海湾，面积22.63平方公里，海岸线15公里，属亚热带海洋气候，一年四季气候温和，阳光充足，雨量充沛，户籍人口21748人，常住人口15475人。下辖7个村（社区），分别是马宫社区、深渔村、盐町村、浪清村、新北村、长沙村、金町村。

【历史沿革】 马宫建置始于宋代。南宋景炎三年（1278）宋军水师驻泊丽江浦（长沙管区）以后，有许姓先祖择长沙管区后埔村“三布兰”定居。元朝末期徐姓先祖择浪清乡定居。明万历三年（1575），于马鬃山下建成天后庙（贯称“妈祖宫”）。因慕名至者众多，清中叶该地成集镇，先以马鬃山得名“马鬃镇”，后因妈祖宫名盛易称“马宫镇”，一直沿用至今。清代隶属惠州府海丰县金锡都，辛亥革命后几经归属。中华人民共和国成立初，马宫属海丰县第五区，曾与红草镇合称“青马镇”。1959年4月从红草公社析出，设马宫镇人民政府。1988年3月汕尾建市，马宫镇划属市城区。2002年12月，省民政厅批准马宫镇改为马宫街道，区域不变，2005年正式挂牌。

【自然资源】 马宫街道自然条件优越，资源丰富，滩涂广阔，渔场临近，盛产鱼、蟹、虾、蚶、牡蛎等。2019年底，全街道有海水养殖面积876公顷，有渔船609艘，渔船总马力达44282千瓦。马宫三面环水，交通便利，水路由马宫港可通汕尾、汕头、广州、香港等地港口，陆路有深汕高速公路过境并在长沙村设有互通口，厦深铁路过境马宫，汕马公路、海马公路联通汕尾市区、海丰县。马宫拥有妈祖庙、普照寺、倚壁虎炮台、镇海城炮台、浪清烟墩、浪清蚝石栏、碑刻等丰富的人文景观，也有白沙浮、南湖海、金町湾等吸引众多游客的旅游资源。

【基层党政建设】 一是强化组织，夯实规范化建设基础。强化思想认识。马宫街道党工委坚持把全面加强党的思想建设、全面提高党员理论水平、增强党的组织建设作为一项重要任务来抓，突出党性培养，把镇级党校规范化建设与深入学习贯彻习近平总书记重要讲话精神和中共十九大精神紧密结合起来，确保基层党员干部及时全面了解上级会议精神与方针政策，推动办学水平提升。强化组织设置。高规格配置镇级党校领导机构，由街道党工委书记任党校校长，党工委专职副书记任常务副校长，组织委员任副校长，负责具体实施党校的制度、计划、目标，同时在街道党政办、组织等部门抽调业务骨干负责党校日常工作，确保工作有人抓、事情有人办，着力形成主要领导亲抓、分管领导具体抓、业务部门齐抓的工作格局。坚持领导带学制度。街道党政班子成员全员兼任镇级党校教师，在强化自身学习理论水平的基础上，结合分管工作，认真调研并准备教案，为党校学员授课。同时从中小学教师、站所专业技术人员、专业部门、优秀党支部书记、区委党校中聘请相关教员，着力配全配强师资队伍。注重制度建设。坚持以严格的制度抓镇级党校工作，切实推进党校各项工作高效有序运行。落实领导干部讲课制度，将加强街道党校工作纳入党建工作规划，要求街道党政主要领导每年至少要讲1次课；建立镇级党校工作制度，制定《党校兼职教师聘任及管理制度》《党校岗位职责》《党校学员守则》《党校学员管理制度》《党校档案资料管理制度》等工作制度；常态化培训制度，严格执行一月至少两期培训的要求，并按照要求，做到一课一档，及时将所有资料及时收集整理归档。注重内容创新。坚持“学用结合、重在实效、贵在创新”的教学理念。建立“第一议题”学习制度，组织党员干部以习近平新时代中国特色社会主义思想为学习重点，进行持续深入学习，做到习近平新时代中国特色社会主义思想家喻户晓、人人皆知；结合实际，开展有关扫黑除恶专项斗争工作、创文创卫、新农村示范建设等重点中心工作有关的业务知识课程，切实做到学习、工作“两不误、两促进”，达到增强学习效果的目的。

2019年，街道党校举办培训班21期，共培训党员753人/1233人次，还针对外出党员，利用节假日外出党员归乡时，及时组织他们到党校进行集中学习，由党校制定专题课程，围绕主题，为他们授课，确保外出流动党员学习“不掉队”。是年，中秋节、国庆节期间共培训外出党员150人次。

二是突显成效，切实提高党政建设效果。通过学习业务知识，党员干部进一步加强了自身的业务能力和为群众排忧解难的服务能力。党组织凝聚力明显增强。广大党员干部进一步增强党性观念，通过政治理论教育学习，对习近平系列重要讲话精神和中共十九大精神等重要思想理论有更深刻的认识，对党的方针政策有理解。党员的党性观念普遍增强，党员素质明显提高，理想信念更加坚定，广大党员干部识大体、明大局，紧紧围绕街道中心工作，更加积极地参加到街道的各项活动中去。服务群众意识明显提升。党员服务群众意识大为提高。街道各支部成立党员志愿者服务队，积极开展“亮身份、作承诺，见行动”活动，进一步发挥党员的先锋模范作用，积极参与消防排查、乡村振兴、人居环境整治等工作，落实党员责任区,带头在村开展“三清理、三拆除”行动，分片负责补绿建绿工作，确保村庄绿化美化全面到位，号召党员为家乡做一些实事好事，党员们纷纷响应，开展办理包括维修安装路灯、修理小家电、重修破损路面、整治环境卫生及整改落实消防隐患等实事好事，得到群众的一致好评。

【综合经济指标】 2019年，马宫街道认真贯彻落实市、区经济工作会议精神，谋划经济发展工作思路，利用自身海洋优势重点扶持发展远洋捕捞业、养殖业和海产品加工业，扶持发展壮大造船业；紧抓保利大项目带动和辐射效应，发展马宫旅游业、餐饮业等服务行业。截至第三季度，街道完成规模上工业及农业总产值89982万元，同比下降0.01%，其中，规模上工业总产值48099万元，同比下降0.06%；农业总产值41883万元，同比增长0.05%；渔业产量18510吨，同比增长0.02%，总产值39201万元，同比增长0.03%；社会固定资产投资额27036万元；社会商品零售总额32511万元，同比增长0.08%。

持续推进，确保重点项目顺利开展　一是加快推进汕尾理工学院、金町湾三期征地工作。汕尾理工学院、金町湾三期及中医医院征地工作共涉及土地面积约2500亩，其中大学城征地约1500亩，金町湾三期及汕尾中医医院征地1000亩，征地范围共涉及金町村、长沙村、新北村、浪清村4个行政村，共17个村民小组。2019年，所涉及征地的17个村民小组已全部签订征地协议，涉及土地2253.11亩。已签水体或地上附着物赔偿协议293户，涉及土地面积1697.42亩。二是做好乡村振兴新农村建设工作。街道成立专项领导工作小组，选定金町、长沙、盐町3个村为新农村建设示范村，华南创图设计有限公司已完成6个村新农村建设规划修编工作、初审评估等工作。是年，街道重点打造长沙村新农村建设，在长沙村范围内全力推进“三清理三拆除三整治”工作，对渡口景点进行整理修建，开展海旁街开展绿化、亮化工程及观海护栏工程，该村银珠公园已完成升级改造，打造成长沙村主题公园，长沙村“穿衣戴帽”工程已初见成效，人居环境不断优化，群众幸福感和获得感明显提升。三是推动汕尾（马宫）渔港建设工作有序开展。加强摸底调查，对汕尾（马宫）渔港建设工作范围内的相关企事业单位负责人、群众及渔民代表等进行摸底调查，并多次召开座谈会，听取各方意见；开展项目选址论证工作、项目选址论证报告编制和项目建议书编制工作，同时针对相关拟选港址分别进行概念性规划和初步勘探测量工作。四是全力配合保利金町湾市政道路建设工作。街道对加快金町湾旅游度假区周边市政路建设，完善旅游度假区基础设置建设，为游客创造良好体验，促进马宫街道旅游经济发展工作高度重视。在区府协调下，已对接市国土相关部门及金町村委，综合意见，启动路标选址指位放点工作，下一步将继续对接市国土部门、金町村委开展路径测量及测绘工作，并组织骨干力量，积极推进，全力以赴，确保征地任务又快又好落实。五是落实骨灰楼建设工作。骨灰楼已完成选址，选址报告已上报给相关单位，现按上级要求，由原计划组织社会集资建设改为政府基建，正在重新规划中。

加快落实，助力建设靓丽明珠　按照区委、区政府关于推进重点项目建设的工作要求和部署，马宫街道加快推进重点项目落实进度。2019年，大学城（马宫中心渔港）所涉及8个村民小组已全部签订征地协议，已签订水体或地上附着物赔偿协议47户，涉及土地面积771.37亩。其中，长沙村已签订30户，涉及土地面积520亩，新北村已签订17户，涉及土地面积251.37亩。其中，大学城首期建设共需征地658亩，涉及长沙、浪清、新北3个行政村，8个村民小组，共计44户。已完成分界工作，征地范围分界确认图已上报自然资源部门。截至8月22日，大学城首期建设征地工作已全部完成地上作物补偿，涉及面积658亩，44户，其中长沙村已完成地上作物补偿118.9亩，涉及17户，浪清村已完成地上作物补偿101.7亩，涉及6户，新北村已完成地上作物补偿437.4亩，涉及21户。金町湾三期建设所涉及9个村民小组，已全部签订征地协议同意征地，已签订水体或地上作物赔偿协议250户，涉及土地面积926.05亩。其中，金町村已签订176户，涉及土地面积685亩，新北村已签订74户，涉及土地面积241.05亩。其中，汕尾中医医院建设马宫街道辖区内用地面积120亩，涉及村民86户。是年，已全部完成地上作物及建筑物迁移赔补工作。

【工业】 马宫街道继续维持船舶修造、渔业加工、玩具、皮革等为主的工业体系。2019年,辖区内规模以上工业及农林牧渔业总产值达120574万元。

【农业】 一是抓好病虫害的防治，保证农作物的健康生长。针对各个节候的特点，组织农户做好病虫害的防治。深入基层进行技术和培训，减少虫害的侵袭，确保产量稳步增长。加强灾情的预警，保证农业生产安全。二是加强灾情的预警，保证农业生产安全。由于今年上半年，本地雨水多，为确保农作物的按时播种，引导农民种植适应气候特点的品种，同时想方设法改善生产条件，方便农民灌溉，确保春耕生产的顺利进行。三是抓好地力补贴和政策性水稻保险工作。全街道发放2018年地力补贴2351亩，农户户数843户，资金206417.8元，及时将补贴资金发到农户手中。同时，将2019年早造200亩水稻纳入政策性保险，保护农民的利益，从而调动农户耕作的积极性。四是认真推进农村集体土地确权登记颁证工作。紧紧围绕区委区政府的工作部署，扎实有序推进确权工作。全街道共有23个经济组织，其中因整村征地免确权的经济组织有11个，即金町村埔一、埔二、埔三、埔四、深田、岭头、埔美、新塘、新兴、大园以及长沙村的长东，应确权的经济组织有12个，应确权的农户户数1615户，确权土地承包面积1680亩，颁证1615本。是年已全部完成颁证工作，转入档案整理工作，并配合第三方公司逐村档案归档、整理、完善工作。

【马宫渔港】 马宫渔港位于长沙湾出海口，渔港2700米护岸蜿蜒形成耳型半湾，口门朝西敞开，宽1.2公里，港池面积18.6平方公里，水深4~6米，是一个天然的优良渔港，属国家二级渔港，广东省重点渔港。2001年被省海洋与渔业局评为“文明渔港”。渔港有两个千吨级船坞、小型修造厂、制冰厂、冷冻库、供油站、网具等后勤配套设施基本齐全。凭借其优良的自然条件，便利的水陆交通，以及齐全的渔业后勤服务配套，吸引了省内沿海地区以及浙江、福建、广西、香港等地的渔船经常到来装卸渔货和补给。尤其是每年渔讯期，更是渔船云集，渔货交易量具增，港区热闹非凡。万聪、红海二座5000吨级的船舶修造厂。

【基础设施】 以创建文明街道为目标，马宫街道进一步改善群众居住环境、卫生状况和生活质量，切实加大农村基础设施建设力度，2019年,街道持续投资修建了公共健身场所、公园等基础设施建设，进一步改善了村容村貌，并给群众的出行和生产生活带来很大的便利。

【双创工作】 一是狠抓落实，全力推进创文创卫工作纵深开展。马宫街道狠抓整治，狠补短板，全力抓好创卫创文工作。1.提高责任意识，强化组织机构建设。在开展双创工作过程，马宫街道成立创文、创卫工作领导小组，各村（社区）参照成立工作领导小组，制定工作方案，建立街道、村（社区）两级管理机制，各班子成员包片驻村，全体干部职工以驻村工作组为单位进入各村（社区）开展双创工作，村干部分布各自然村落实工作任务，层层签订责任书，级级落实指标任务,一级抓一级，层层抓落实，形成街道、村（社区）干部职工带头干，带动群众齐参与的工作局面。2.狠抓任务落实，确保创文创卫工作出实效。齐抓共管，开展专项整治行动。一是联合城管部门，开展违章建筑清理整治。从3月中旬开始强化城镇住建管理，拆除违法乱建27余家，排查违法建筑总面积21760平方米，查处用地面积24450平方米，消除图斑4处，涉及面积14800平方米。二是联合工商等有关部门，开展占道经营整治。按照疏堵结合、以疏为主的工作原则，对乱摆乱放、无证经营的零散商品经营户和海鲜流动摊档进行了收缴没收；同时，重新划定小码力渔船停靠及流动摊档经营区域，一定程度上遏制了违法占道行为和现象。三是联合交通部门，开展交通秩序整治。对原车站进行整改，解决车辆停靠位置不足的问题；明晰标线，规范车辆停靠位置，规范公交车、出租车运行线路和停放秩序，严禁乱停乱放。经过整治，车辆乱停乱放的现象得到改善。深入开展环境卫生整治。自开展创卫工作以来，该街道投入大量的人力、物力、财力，致力于创建卫生城市工作，按照创建国家卫生城市的标准和要求，在全街道范围内开展了一场声势浩大的爱国卫生运动，使街道环境卫生发生根本性的变化，全街道广大群众的创卫意识也得到了大幅度提高，健康水平得到有效提升。一是严格实行“网格化”管理。建立街道、村(社区) 二级环境卫生和主次干道卫生监管“路长制”，建立一支保洁员队伍，形成环卫保洁长效管理模式。2019年，街道将辖区内清洁工人数由30人充实至61人，由各村（社区）统筹分配，街道开展创文创卫工作测评机制及奖惩机制，确保路路有人管，村村有监督。二是开展乱搭乱建的拆迁、废品回收站取缔，环境卫生大清理，大扫除，河道、溪塘大整治等专项行动，投入挖土机、东风车、铲车、垃圾三轮车等设备，形成马宫街道环境卫生工作步入常态化。三是抽调骨干力量，组成综合执法队伍，开展全街道环境卫生以及农贸市场和重点路段的管理，坚决制止乱摆乱放，占道经营等行为。一方面综合执法队加强巡查力度，发现问题拍相片上报街道领导小组。街道严格按照考核奖惩办法进行处罚和问责，年终作为评先评优的条件；另一方面街道对各村（社区）、企事业单位环境卫生情况和集镇内门前“三包”情况，定期开展督查，表彰先进，曝光落后。四是加大宣传力度，利用宣传栏、横匾、标语、宣传单等宣传方式及开展“全民宣传日”“爱国卫生月”等专题宣传活动，营造良好社会氛围，发动和引导群众共同参与。

【教文体卫】 *教育* 全街道有幼儿园2所，1所公办幼儿园，在校生280人、1所有执业证的幼儿园，在校生120人，共有专任教师43人；小学2所，在校生700人，专任教师68人，小学适龄儿童入学率100%；初中1所，在校生138人，专任教师36人，小升初升学率100%，九年义务教育覆盖率达100%。

文体 马宫街道综合文化站位于马宫集镇内天后祖庙后面，占地面积560平方米，建筑面积350平方米，主楼二层，该街道先后投入资金50多万元，建设主体办公楼以及内部配套设施，站内设置了书报刊借阅室、电子信息阅览室、文化娱乐室、广播影视室、科普培训室、宣传教育室、青少年校外活动室等功能活动室，配备有电脑、网络服务器、电视机、投影仪、音响等基本设备。同时不断完善文化站软件建设，制定站内管理制度，建立免费开放工作台账，组织开展具有地方特色的文体活动。

卫生 马宫街道有卫生院1所，病床24张，专业卫生人员20名，其中，全科主治1名，执业医师3名，执业助理医师3名，注册护士5名。村级卫生站6个。

【综治工作】 *加大矛盾纠纷排查调处力度* 街道党工委、办事处高度重视社会矛盾排查化解工作，由党政一把手亲自抓、负总责，分管党群和政法副书记具体负责。设立信访接待中心、人民调解委员会和有关专项领导小组，紧紧围绕着“发现得早、化解得了、控制得住、处置得好”的总体要求，提高矛盾纠纷排查调处工作实效。落实排查调处责任，严格执行矛盾纠纷排查制度和重大事项报告制度，坚持一旦出现矛盾纠纷，责任领导马上带队前往现场组织处置，及时把矛盾解决在萌芽状态，化解在基层，杜绝影响稳定的群体性事件发生。2019年，该街道综治中心受理信访件9宗，办结5宗，及时妥善调处了渔船出海作业发生工人工亡事故赔偿纠纷。

从严开展禁毒工作　街道与各村（社区）、各责任单位签订禁毒工作责任书，层层压实责任，全力推进“无毒社区”创建活动，强化社区戒毒工作措施，将禁毒工作列入常态化管理。据统计，2019年该街道联合区公安局、区工商局、区海洋渔业局，区打私办、马宫边防派出所，出动街道应急分队、综合执法队、综治部门开展大走访、大排查、大整治及禁毒清理清查专项行动2850人次，对辖区内港口、码头、船舶停靠点、废弃场所、养殖场、出租屋等进行拉网式清理清查，共清查了居民户1900户、出租房350间、养殖场（户）95间、果场8个、废弃厂房25间、旅馆2个、KTV歌舞娱乐场所1个、沐足场所1间、小档口330个、“三合一”场所50个、群租房30间、船厂2个、渔船100多艘，签订禁毒承诺书730份，发放宣传资料1万多份。

铁腕整治社会治安　深入组织开展“国门利剑2019”、打击枪爆违法犯罪、打击盗抢骗、打击应节走私和“飓风2019”等各个专项行动，严厉打击各种违法犯罪活动，着实提升人民群众生命财产安全感。2019年，共立刑事案件6起，破获5起，破案率83%；受理治安案件19起，查处11起，查处率58%；抓获各类违法犯罪嫌疑人6人，其中刑事拘留6人，行政拘留14人，强制戒毒7人；打击走私冻品案件1起，查获12吨。

深化特殊人员的教育、服务和管理　加强对刑满释放人员、社区矫正人员、社区戒毒（康复）人员等特殊群体的安置帮教、行为矫正和日常管理工作；高度重视严重精神病患者救治救助工作，组建工作专班，集中排查摸底，建立工作台账；2019年，与严重精神病患者监护人签订《监护责任书》101人份；社区矫正、刑满释放人员重新犯罪率均为零，青少年犯罪率持续下降。

发挥人民调解、法律顾问作用　着力推行“一村一法律顾问”制度，发挥驻村法律顾问、人民调解员、治保主任的作用，为驻村干部、村（社区）“两委”干部、广大人民群众作法律法规宣传解读，提供免费法律咨询和无偿民事代理服务，使各村（社区）基层法理进一步法治化，切实解决了一些问题。全年成功依法办理人民调解案件13宗。

开展扫黑除恶专项斗争　街道积极开展全方位线索排查行动，组织相关职能部门人员深入港口码头、农贸市场、企业工厂、出租屋、水产品交易所等重点部位，通过进村入户走访、座谈等形式，收集掌握相关线索及时排查分析研判，坚持打早打小，形成高压态势，最大限度挤压黑恶势力滋生空间。

开展法治宣传教育活动　在各村（社区）设立宣传栏、张贴宣传海报及横幅、发放宣传资料等；开展法律“六进”活动（进机关、进乡村、进社区、进学校、进企业、进单位），开展“法制讲堂进农村”、法治示范点现场推进会等活动，广泛宣传法律法规，有效解决了过去群众不懂法、不讲法，个别干部法律意识薄弱、依法履职能力较弱等问题，进一步提升干部群众的法治观念。如在辖区内开展“禁毒”“扫黑除恶专项斗争”等宣传活动，请法律顾问为村（社区）“两委”干部、村民小组长、村民代表开办“侵权责任法”讲座，为中心小学开办“禁毒”“防范邪教”等法治宣传讲座；在各村（社区）发放《致全区渔民的一封禁毒公开信》3000多份，张贴反邪教宣传海报80张，印制发放法治村社宣传折页等。通过各种宣传活动，营造了全民“学法、懂法、守法、用法”浓厚氛围。

【精准扶贫】 找准着力点，精准识别贫困户。在2018年精准扶贫工作的基础上，加大工作力度，进一步规范识别贫困对象工作。经查不符合政策条件共退出低保9户、14人，五保户5户、5人；符合政策条件新增纳入低保19户、31人，五保1户、1人。全街道有低保203户、520人，其中城镇低保35户、62人，农村低保168户、455人，五保40户、40人。

【民生实事】 该街道积极开展春节期间送温暖活动，把党和政府的关怀送到困难群众优抚对象的家中，为使全街道困难群众过上一个祥和的春节，该街道及时将春节的各项救济款物及春节慰问金发放到各村（居）困难家庭、五保、低保、军烈属及残疾人等对象中，对个别重点困难户开展入户走访慰问。春节期间发放到户慰问金共24600元，其中，孤寡五保户44户8800元、精退职工1人200元。

（麦庭铨、康腾飞）

附：马宫街道办事处领导名录

街道党工委书记：林楚城

党工委副书记、办事处主任：杨凯彬

党工委副书记：刘立全

党工委副书记（挂职）：罗建寅

党工委委员、人大工委主任：黄进英

党工委委员、办事处副主任：林奋杰

党工委委员、派出所所长：谢宏斌

党工委委员：石泽旭

党工委委员、武装部部长：梁东东

党工委委员：骆志雄

党工委委员、纪工委书记：麦泽升

办事处副主任：黄晓丹

红草镇

【概况】 红草镇位于汕尾市城区北部，距市区中心约11公里，东接城区东涌镇，香洲街道，西靠长沙湾，北与海丰县陶河镇接壤，南临城区马宫街道，是城区的政治、经济、交通、商贸、农业中心镇，全镇面积69.73平方公里，海岸线13.6公里。东南、东北部多台地和山地，是水果种植基地；中、北部为平原区，盛产粮食、蔬菜、花生等；西北部濒临长沙湾，为黄江、丽江、大液河的交汇处，水生生物丰富，是汕尾海水养殖的重要基地，尤其是晨洲蚝（牡蛎）、对虾、青蟹、金枪鱼等名贵海产品更是享誉中外。交通网络四通八达，海汕路、厦深铁路、深汕高速、省道242线穿境而过，是连接城区和海丰县的桥梁，深汕高速在埔边设置了出入口，距厦深铁路汕尾站仅8公里，距离汕尾港12公里。下辖14个村和1个社区，分别是梧围村、海梧村、径口村、拾和村、南汾村、三和村、亚洲村、晨洲村、新村村、青山村、五雅村、西河村、埔边村、光明村和红草社区，48个村民小组。2019年，总人口8863户、42528人，其中外来人口5993人。

【基层党组织建设工作】 红草镇党委下辖48个党组织，其中，村（社区）党组织15个（其中党委2个、党总支8个、党支部5个）、机关企事业党组织25个，非公企业党组织8个。党员1126名，积极分子92名、发展对象22名。村“两委”交叉率为50%；党组织书记主任“一肩挑”5人，

一是扎实开展“不忘初心、牢记使命”主题教育，全面深入学习贯彻习近平新时代中国特色社会主义思想。紧紧围绕“守初心、担使命，找差距、抓落实”的总要求，扎实开展主题教育。成立组织领导，制定方案，班子集中学习6天6晚，12个班子成员分别谈体会，镇党委书记亲自做动员部署，带头讲党课，带头检视问题9条，已整改8条；镇、村、机关40个党组织检视问题198个，已整改161个，正在整改37个，做到40个党组织全覆盖，推动主题教育真抓实做、高效开展，取得实实在在成效。深入开展“大学习、深调研、真落实”活动，狠抓落实“第一议题”制度，健全完善镇级党校和新时代文明实践所“一月一主题一培训”、村级党组织“一周一学习”和镇班子成员领学带学督学制度，并利用好“学习强国”APP，组织全镇党员干部全面深入学习党的新理论、新思想，推进“两学一做”学习教育常态化、制度化。镇党委召开理论中心组专题学习会24次；班子成员到村带学60次，督学42次；各村（社区）、机关和“两新”党组织共召开专题学习会议486次。

二是抓紧抓牢意识形态工作。坚持党管宣传、党管意识形态，坚决维护政治安全，全面压实意识形态工作责任。镇党委开展意识形态专题学习、专题培训、舆情研判会各4次，对全镇意识形态工作进行研判部署。突出抓好网络意识形态阵地管理，深入推进网络意识形态“护河城”工程，建立应对处置和引导人员队伍，通过网站、微博、微信等媒

介及时回应热点问题13次。开展非法宗教活动专项整治行动2次，持续加大对辖区内的宗教场所商业化问题的排查力度，推动2个民间信仰场所示范点建设，落实文明敬香网格化管理。确保了红草镇政治安全和宗教领域稳定。

三是加强基层党组织建设。加强基层党组织规范化建设，镇成立2个村级党委，10个村、机关党总支，59个党支部118个党小组，全面完成基层党组织规范化建设。严格执行“三会一课”制度，各村召开组织生活会15次，同时对860名党员进行了民主评议。落实“三重一大”事项由党组织讨论决定的机制，健全完善班子联席会议、党群联席会议和“四议两公开”制度。强化村（社区）干部队伍建设。大力实施基层党组织“头雁”工程，调整了8名村党组织书记（其中6名60周岁以上的书记有序退出），调整村副书记、支委13名（其中60周岁支委有序退出8名），新调整书记、副书记、支委全部都是高中以上学历，大专学历以上达到85%。加大对党组织书记后备队伍建设，将16名列入党组织书记后备力量进行重点培养。同时，15个村（社区）都配备“大学生村官”，实现“一村一大学生村官”。通过加强基层党组织建设把素质高、能力强的“大学生村官”和新录用的镇公务员任命为村（社区）党组织书记助理与村（居）委会主任助理。扎实推进基础保障工程，投入资金897万元全面完成红草社区、亚洲、海梧、五雅、光明、拾和6个村（社区）党群服务中心升级改造建设工作，确保基层党组织有平台为群众提供更加优质的服务。深入整顿软弱涣散党支部，提升战斗力。按照“虑近及远、一村一策、起底换人、强核固本”的整顿原则，结合软弱涣散党组织实际情况，制定出整改方案，由镇委书记、镇长、副书记为组长，3支队伍进村入户，找准问题，一村一案，有序推进，奋战两年，促使三和、拾和、埔边3个村通过上级验收成功“摘帽”，埔边村党总支部达到优秀等次。各村（社区）创文创卫、人居环境政治、脱贫攻坚、农村产权体制改革、征地拆迁、重点项目建设等工作基本按时完成，执行力所有提升。

四是持续加强党员教育管理。2019年镇级党校开课27次，并利用远程教育和新时代文明实践站对全镇1161名党员进行全覆盖培训。坚持高标准严要求发展党员23人,其中19人学历在大专以上；按时按标准收缴党费105920元。大力开展党内激励关怀帮扶活动，走访慰问困难党员、老党员371名，发放慰问金86500元。

五是深入推进党风廉政建设和反腐败斗争。红草镇认真履行党风廉政建设和反腐败工作主体责任和监督责任。综合运用监督执纪“四种形态”，认真贯彻执行中央八项规定及其实施细则精神，深入开展机关作风整顿，落实基层正风反腐三年行动，营造了风清气正的政治生态。是年，该镇共受理问题线索47条，初步核实13宗，予以了结34宗，其中立案审理8宗；谈话提醒103人次（其中对村级干部谈话提醒45人次），诫勉谈话2人次，谈话函询10人次；对村（社区）开展明察暗访79次；回复党风廉政意见75人次。狠抓省委巡视反馈问题整改工作。坚持问题导向，认真制定整改方案，落实整改措施，狠抓整改落实，2018年度，该镇基层党建述职评议考核查摆10个方面和省委巡视反馈2个方面问题已整改完毕。

【主要经济指标】 2019年，全镇经济保持健康发展态势，各项经济指标完成情况良好。据统计，全镇累计完成规模以上工业产值43.14亿元，同比增长22.74，占全区工业产值45.8%；完成农业产值5亿元；社会商品零售总额8.37亿元，同比增长11%；固定资产投入38.7亿元。

【工业科技】 红草镇充分利用地理优势，大力构建工业发展平台，工业增速明显加快。至2019年年底，工业发展规模已初步形成，主要从事电子元件、电机、汽车、食品加工等高技术产业。经过多年的发展，电子机械类及汽车销售已成为该镇主要产业支柱。2019年，旭源升、国信通、有记、喜讯、海韵、盛朗等项目已投产。全年累计完成固定资产投资38.697亿元，其中，工业固投25.37亿元，基础设施10.4亿元，非工业0.077亿元，房地产2.85亿元。

【农业】 继续按照“发展特色种养业，稳步推进农村经济产业化”的思路，大力扶持特色养殖业发展，不断增加牡蛎、对虾、青蟹、金枪鱼等名贵海产品养殖面积，海产品养殖总面积达到26901亩；大力发展“一村一品、一镇一业”，盘活晨洲蚝资源，成立了广东晨洲蚝业发展有限公司，积极推进晨洲蚝养蚝基地和晨洲蚝地理标志申报工作，有力推动“资源变资产，资金变股金，村民变股民”农村产业发展模式，成功举办第二届“晨洲蚝”文化节，现场签售订单超千万元，擦亮地方特色品牌。2019年，蚝产业经济总值约3.5亿元，同比增长29.6%，产业兴村初显成效。精心挑选“晨洲蚝”、雅泰隆港式茶点、五丰肽蛋白粉、绿地高新农业有机蔬菜等一大批特色产品参加汕尾市城区第二届特色产品推介会，打造了一条特色鲜明、亮点突出的“红草街”，得到了广大群众的肯定和好评。

【招商引资及园区建设】 按照市、区的总体规划部署，继续协助红草高新区的建设。2019年，红草高新区累计完成填土方量约1282万平方米，覆盖面积约4150亩，全面完成了信利线、家得福、秋叶原、科升、万亨达、葆丰、八佰、高锐、南极块9个地块的填土平整工作，并移交企业使用，为汕尾高新区建设和企业入园落户及时提供用地保障。狠抓基础设施建设、招商引资和项目建设，取得了显著成效，共引进产业项目达52个，已全面开工建设。其中包括比亚迪红草工业园项目、信利国际有限公司TFT5代线、香雪制药有限公司健康产业园项目、江涛集团创新园项目、万亨达热传科技产品生产项目、高锐触控一体机项目等，总投资额超300亿元，投产后预计每年将创造500多亿元的产值和30多亿元的税收。

【基础设施建设】 坚持规划先行，聘请专业公司。14个村进行新农村规划设计，已完成6个村庄编制规划；扎实做好农村垃圾处理、污水治理、“厕所革命”、村头公园建设等工作。启动海汕路拾和村路段两侧外立面改造工程，促进城镇美化、绿化、亮化，塑造红草新形象。

2019年，红草镇大力推进“四好农村路”建设，完成改造位于径口田中央村以及南汾八村2条沙土路，改造里程约1200米，总投资167万元，有效提升群众的获得感和幸福感；全力推进“厕所革命”，完成第二批“厕所革命”建设目标，全年共建成厕所35座所，均已投入使用；推进“一村一公园”建设，规划建设公园20个，目前已完成80%；推进雨污分流建设，完成埔边新区雨污分流管网改造约1900米，晨洲污水处理厂建筑约100平方米。同时，基本完成了青晨路扩建改造工程，正在加紧安装沿路路灯、护栏，绿化等工程，营造便捷交通环境。

【旅游文化体育】 红草镇历史悠久，民风淳朴，旅游资源丰富，拥有多处著名自然景观，红色文化遗址，优美海岸线。辖区内有南阳名胜亭（明代）、民俗风俗文化中心等多处旅游景点。对晨洲村景观进行提升设计，合理划分了三大功能区、十二个节点，并规划出“鹭家蚝门—蚝情文化广场—竹影蚝幽—白鹭码头—风味蚝街—闻蚝小筑”的精品旅游线，其中9个节点已基本完成基础的设施。同时围绕红草镇新村村红色革命遗址，打造红色旅游景点，以讲好红色故事为契机，完善村庄规划，重点规划打造“胜昌大院”“成兴大院”和“杨小岳故居”红色旅游景点，新村村标已完成设计，正在加紧打造；成兴大院已经进行修缮，正在组织编写杨小岳、杨捷江、杨允扯、杨元箱、杨覃在、杨水得、杨娘吉7位烈士的事迹。辖区内还有国家AAAA级旅游景区——铜鼎山旅游区。铜鼎山森林郊野公园区占地面积120万平方米，旅游资源丰富，满足游客“食、住、行、游、购、娱”旅游六大需求。景区内建有游客服务中心，大型生态停车场，消防主题公园、爬山道等；建有羽毛球馆、机动设施（碰碰车、转马、小火车、星际探险、丛林过山车、太空漫步）、儿童天地、儿童王国以及高空滑索等配套设施。山上有铜鼎山旅游区的标志性建筑——铜鼎盛世（高15.8米，长9.8米，宽7米）及黄帝塑像、双台远眺、迎旭亭、趣味廊、林荫溢翠、天垒、心手同天、忘忧亭等13个景点。

红草镇文化生活丰富多彩，民间娱乐生活多姿多彩。西秦戏，白字戏，各种戏曲以及舞龙舞狮唱曲等传统戏艺皆有在节目里在各个村落上演。各村皆建设了村级文化娱乐室。2019年，全镇文化娱乐室超过25家，建筑面积超过1000平方米。

红草镇综合文化站已建成，位于文化底蕴深厚的红草社区，建筑面积约500平方米，内设5个功能室，包括办公室、图书阅览室、多功能活动室、老年人活动室、教育培训室等，配套配备了投影仪、电脑、乒乓球桌、书籍等。

【教育】 红草镇辖区有红草一中、红草二中、逸挥基金学校3所中学，其中逸挥基金学校为九年一贯制学校；中心小学、埔边小学、逸挥拾和小学、三和小学、西河小学、南汾小学、逸挥学校小学部7所小学。共有老师218人、学生2066人。设中心幼儿园1所，民办幼儿园2所。中心幼儿园教职工27人，在园幼儿数为260人。红草镇继续抓好教育创现工作，全面提升办学水平，深入开展师德师风整治，提升教育教学质量。红草镇小学系统举办了“弘扬高尚师德、潜心立德树人”师德师风学习活动，表彰了一批小学系统先进教师。

【卫生健康】 红草镇有红草中心卫生院1所，14个村级卫生站，私人个体医疗站15家，专业卫生医疗人员超过60人，医用床位60个。红草中心卫生院新建公共卫生服务及医技综合大楼建设项目已投入使用，相关办公配套设施基本配齐。14个村级卫生站全面完工，其中4间已投入使用，其他正在进行配套。卫生院配备有较全的医疗器械及具有诊断和治疗经验的医护队伍，各村的个体医疗站作为辅助型医疗，形成社区型配套医疗服务的覆盖体制，农村医疗保险覆盖率100%，全年卫生状况良好。

【乡村建设】 一是全域推进农村人居环境整治。大力开展“三清理、三拆除、三整治”，14个村“三清理、三拆除”完成率100%。全面推进“厕所革命”。完成村厕建设58座，全面实现“一自然村一无害化卫生公厕”目标；投入70万元完成户厕改造140户，实现无害户厕率100%。二是深入推动新农村建设。完善编制村庄建设规划，14个村、1个社区已完成初步规划并报市规委会评审。按规划推进美丽乡村建设，扎实有序推进埔边村、晨洲等7个新农村先行示范点建设。选址并规划了20个村级主题公园，现正在加紧建设，努力实现“一村一景”。

【社会民生及社会保障】 红草镇坚持以人民为中心的发展理念，加大民生领域投入，推动基本公共服务均等化、优质化，持续增强人民福祉。切实改善农村饮用水条件。2019年，以村自筹和镇资助的方式，投入资金约590万元，全面完成三和村、径口村、南汾村、红草社区等村的自来水管网升级改造工程，提高农村饮用水质量，确保群众喝上放心水。积极落实社会保障惠民政策。扩大社会养老保险及医疗保险覆盖面，完成全镇城乡居民医疗参保人数33755人，完成进度排名全区第一。持续抓好被征地农民养老保障工作，完成被征地农民养老保险11513人，现正在抓紧确定新一批的保障名额对象。

【扶贫工作】 紧紧围绕“两不愁三保障”脱贫目标，加强组织领导，真抓实干，精准施策，全力攻坚脱贫，取得良好效果。截至2019年底，全镇394户贫困户、1033人全部实现“八有”标准，100%脱贫退出。一是全面落实“两不愁、三保障”政策，实现无劳力兜底脱贫。全面落实无劳动力贫困人员300人纳入最低生活保障兜底工作，保障率100%；为全镇贫困人口1033人购买了基本医疗保险，16~59周岁744人购买了城乡养老保险，实现应保尽保；40户贫困户危房改造任务全面完成。二是大力推进就业扶贫，稳就业促增收。狠抓就业培训，2019年以来全镇组织贫困户参加“粤菜师傅”工程技能提升等就业培训达520多人次，组织110人参加“南粤春暖”企业用工招聘会。协调联系企业点对点对接沟通，安排公益岗位务工7人，城区企业务工129人，市外省内企业务工95人，共为111户、231人安排了就业岗位，年人均可支配收入达到14766元，推动就业扶贫。三是攻坚产业扶贫取得新成效。推动扶贫小额信用贷款，全镇通过小额信用贷款资金39.7万元，为21户贫困种养殖户解决了资金不足难题。加强种养技术培训、技术指导、技术帮扶，实现89户、146人年人均可支配收人达到 17977 元。四是科学使用扶贫开发资金，扶贫项目有效益。镇、村两级把握运用好政策，按照“保底收益+股份分红”的模式，将扶贫开发资金975 万元投资到红草自来水公司和汕尾市国泰食品有限公司，年投资收益保底 81 万元，确保了扶贫资金来源及贫困人员的收入。

【综合治理】 红草镇树立法治理念，用法治思维和法治方式全面推进基层治理。平安法治红草建设取得了显著效果。一是全力推进综治工作。深入推动民主法治镇、村（社区）建设，落实一村一研判，全面实施一村一法律顾问，大力开展普法教育活动，引导依法行政、依法办事；站稳群众立场，以法治理念、法治思维解决发展中的矛盾和突出问题，稳步攻坚解决了红溪排洪便道 41 户、80 亩征地作物补偿款约 800 万元，684 地块和 294 地块征地约 21 户地上作物补偿等历史征地遗留问题，维护了群众的合法利益；加大信访化解力度，提前化解、解决各类信访件 27 宗，信访秩序进一步好转，实现零越级上访。协调解决劳资纠纷 18 宗，累计金额 2751650 元。二是强力推进扫黑除恶专项斗争。坚持依法严惩、打早打小、除恶务尽，严厉打击 10 类重点打击的涉黑涉恶违法犯罪，通过自查及上级转办的涉黑线索 39 条，已办结 32 条。抓获涉黑、涉恶犯罪嫌疑人 5 人，刑拘 5 人，其中，已逮捕人 4 人，移送司法机关起诉 2 人。三是全面推进全民禁毒工程。层层压实禁毒工作责任，制定完善各村（社区）村规民约，逐级签订《禁毒目标责任书》《禁毒承诺书》，不断传导工作压力。强化重点行业重点场所禁毒宣传，与相关负责人和人员签订《禁毒承诺书》1.5 万份。结合“大走访、大排查、大整治”行动，落实禁毒工作“一周一清理排查”制度，全面排查力争摸清掌握人员信息动态，发放禁毒宣传资料 8.4 万份，不断增强群众参与禁毒斗争的参与度。全力推进社区戒毒社区康复“8·31”工程，按照规范化标准完成了镇社区戒毒（康复）工作站示范点建设。排查并整治海域风险点 3 个，破获毒品案件 3 宗，抓获犯罪嫌疑人 3 人，其中，2 人被执行逮捕，1 人移送起诉；抓获吸毒人员 40 人，29 人强制戒毒，11 人社区戒毒。四是持续强化安全生产、消防安全工作。健全各项工作机制，强化重点行业、重点场所、重点区域的严防、严管、严治，落实常态化巡查管控机制。狠抓重点时段的安全防控，确保社会面持续平安稳定。全面推进居住类场所电气火灾专项治理和消防安全“六类场所十项必查”“回头看”工作，重点对村民自建房、出租房群租屋、“三小”场所严格按照“五个一律”整治标准和“两个 100%”整治要求，坚持零容忍、铁腕整治，切实消除一大批火灾隐患。全年累计累计出动 344 个排查整治组、2087 人次，排查村民住宅 5218 处，“三小”场所 505 间，出租屋、群租屋 233 间，累计发现事故隐患 3002 处，已落实整改 2879 处；发出限期整改通知书 150 份，查封 34 间，行政拘留 1 人，刑事拘留 1 人；安装漏电开关 463 个，开设逃生窗口2274 个，电线套管改造 585 家，配备消防器材 1431 件，推动 416 家“三小”场所安装了智能烟感器，清理电动车入户充电 462 辆，改造、新建电动车集中停放车棚（库）7 个，对梧围等 13 个村增配应急消防器材，全年累计投入消防安全整治经费 160 万元，辖区没有发生安全生产、消防安全事故，安全生产形势持续稳定向好。

（邱振祥、苏奎毓、唐陆）

附：红草镇党政领导名录

区委常委、镇党委书记：刘学深
镇党委副书记、镇长：陈宏开
镇人大主席：韩如初
镇党委副书记、副镇长：洪向泊
镇党委副书记：范远途（2019 年 2 月任）
镇党委委员：黄成斌
镇党委委员、副镇长：黎明静
镇党委委员、武装部部长、城管大队大队长：方武腾
镇党委委员：邱振祥
镇党委委员、纪委书记：赖俊斌
镇人大副主席：吴东琼
副镇长：张圣声（挂职）（2019 年 7 月任）
镇党委副书记：林东佳（2019 年 2 月离任）
李锦楷（挂职）（2019 年 2 月离任）

东涌镇

【地理位置】 东涌镇位于北纬22°47′、东经115°24′，地处汕尾市城区东部，东与海丰县赤坑镇接壤，南与市红海湾开发区毗邻，西与汕尾市区相连，北与海丰县陶河镇相邻，环抱品清湖，海陆地面积106.62平方公里。东涌镇地势北高南低，海拔自0米至41米，东部和西部为平原，南部为修建于泻湖滩涂的盐田，中部为台地，从平原过渡到台地，局部分布有阶地，北部为岗地缓丘，羊古岭山峰为东涌镇的最高点，海拔527.6米。东涌镇属亚热带海洋性气候区。其特点是水、热，光资源丰富，气候终年温暖。境内矿产资源以非金属矿为主，具有优质花岗岩体（安华村等），沉积沙（沙海北沙滩）。

【历史沿革】 相传1000多年前，福建莆田县大井头等地农民移居到此，以种田晒盐为生计。最早的居民点在品清湖东面的河末处形成，而当地称海潮可达之河处为涌，涌处品清湖之东，故取名东涌。海丰方言“涌”与“冲”两字谐音，且“冲”易读易写，群众常将“涌”简写为“冲”，因此曾一度将“东涌”改为“东冲”。明清时代，东涌隶属海丰县，新中国成立后，东涌镇先后隶属红草区和汕尾区（五、七区）；1957年撤区建立高级社（并大乡镇），下设东涌、品清、流安3个乡；1958年将三乡合并成立东涌人民公社，1984年1月撤人民公社建立区公所；1987年4月改区为镇；1988年3月，汕尾市设区，东涌镇隶属汕尾市城区。

2019年末，辖新地、品清、新湖、东石、东涌、赤古、石洲、洪流、新安、宝楼、新民、龙溪、安华、民群、民进15个村和东涌社区、碧桂园社区、凤凰湾3个社区，下设40个村民小组。

【人口·人文】 2019年末，辖区常住人口72253人。其中：男性36819人，占51%；女性36434人，占49%。均为汉族。

辖区山海风光兼备，历史文物众多，既有历史悠久的人文景观，又有风光旖旎的自然景观，蕴藏着丰富的文化遗产，特别是位于东涌镇西北侧的“胡田古刹”始建于明初，清嘉庆十七年（1812）重修，原貌已改变，石匾额为重建时所竖。此外，还有清代建立的天主教堂（町前村、洪桥村、品清村等），品清乡的元朝古墓等。

【基层建设】 一是着力深化理论武装，开展“不忘初心、牢记使命”主题教育活动。深入学习贯彻习近平新时代中国特色社会主义思想，扎实推进“大学习、深调研、真落实”活动，制定年度学习计划，落实每周学习制度。全年镇党委开展镇委理论学习中心组集中学习29场次，各党组织开展理论学习357场次。积极组织开展党章诵读活动、“党的理论知识竞赛”等活动。继续深化“两学一做”学习教育活动，严抓“三会一课”制度落实，基层党组织分别召开党员大会126场次，支部委员会420场次，组织生活会41场次，讲党课126次。持续开展“不忘初心、牢记使命”主题教育工作，成立领导小组及其办公室，制定工作方案，集中研讨6场次，学习713场次，主题教育工作有序推进。开展“心中无我，不负群众”“重温红色历史 明悟党员初心”等主题党日活动312次。

二是深化干部人事制度改革，干部队伍素质得到新提升。认真学习贯彻干部任用条例，把条例纳入干部培训内容，分层次多形式学习领会条例。深化干部选拔任用制度改革，按照“信念坚定、为民服务、勤政务实、敢于担当、清正廉洁”的好干部标准和新修订的《党政领导干部选拔任用工作条例》的规定选人用人，严格执行动议、民主推荐、考察、讨论决定、任职等基本程序，注重看干部的思想政治素质，注重看干部的工作作风，注重看干部的工作实绩，注重看群众的公认程度，切实选好干部、配强班子。2019年，共研究干部5人次，提拔使用5人。扎实开展干部大教育、大培训，对全镇股级干部、选调生、大学生“村官”、社区（村）“两委”干部共128人进行全员轮训，组织到洪流村铜锣寨红色教育基地接受红色教育。完善干部谈心谈话制度，对存在苗头性、倾向性问题的干部及时提醒谈话，督促其规范用权。严格执行“一报告两评议”、述职述廉，严格规范管理干部职工出入境事项，落实好干部职工个人重大事项报告制度，对部门、事业单位主要负责人进行约谈。2019年度，选优配强农村党支部书记5名（其中，巩固提升4名，选派1名），撤换年纪老、不合格党支部书记4名，免去第一书记2名，新任命第一书记3名，新任命党建指导员4名，新招录选调生3名、7名村（社区）工作人员、4名“双百计划”社工。为发展注入新鲜血液，提供有力的人才支撑。

三是注重夯实基层基础，基层组织建设和党员队伍建设取得新突破。加强优化党组织设置。根据《汕尾市城区加强党的基层组织建设三年行动方案（2018—2020年）》精神，2019年，对符合升格条件的党组织进行了优化设置，加强党对一切工作的领导，通过科学地研判，将全镇14个符合升格条件的党组织进行优化设置，并且选强配优支部委员。根据《广东省加强党的基础组织建设三年行动计划》部署，积极推动各党组织和广大党员使用“广东党建云”平台，设置网上支部、党员服务、学教苑地等模块对党组织和党员队伍进行服务、管理、教育等，努力提升党建工作科学化水平。大力做好镇级党校建设，充分发挥党校“教育培训、理论武装、宣讲宣传”的作用，以镇委党校、新时代文明实践站（所）等学习平台为依托，全年镇委党校开展学习培训24场次，党委书记带头上党课5场次，班子成员到挂驻村（社区）讲党课17场次，镇组织流动党员集中学习培训5场次、453人次，全镇参加学习培训党员共6860人次。抓好党群服务中心建设。修缮、改扩建、新建村（社区）党群服务中心5个，统一设置“一厅五室”，落实领导机构、规章制度、培训计划等上墙，配套完善办公设施，完成修缮、改扩建5个。做好发展党员工作，成立了以镇委书记为组长的党的基层组织建设领导小组，并多次召开书记扩大会议。2019年，全镇吸收中共预备党员共18名，其中有青年教师、民办非企业管理技术人员、工人、农民工等各行业领域的先进思想人员，其中事业单位2名、非公有制经济组织1名、村干部3名、社区干部1名、村（居）民11名。

【重点建设项目】 2019年，东涌镇集全镇之力，加快推进土地收储提质增速工作，完成上级交付的征地任务12000多亩，涉及14个行政村31个村民小组。汕尾火车站南片区已完成征地附着物补偿共3432.68亩，其中华润地块项目已完成征地补偿701亩，全部交付使用；南片区剩余约47.32亩未完成。汕尾市城市新中轴线两侧已签订征地协议3500亩，已完成补偿1326亩。环品清湖东南岸征地补偿已全部完成，补偿面积2665.58亩。汕尾火车站北片，已重新启动该片区土地征收工作，正在协调上级有关部门推进征地工作；已签订协议2201亩，已完成补偿32亩。广汕铁路东涌段已召开村民代表大会同意征地414.2亩，已签订征地协议316亩，已完成补偿316亩。万恒通家具广场签订征地协议74亩，已完成地上附着物补偿35亩。沉香小镇已完成地上附着物补偿125亩，可交地125亩。青山仔尚未签订征地协议，在开展征地前期工作。

【主要经济指标】 全镇经济社会保持平稳健康发展，较好地完成各项主要主标。据统计，全年实现地区生产总值37.2亿元，比2018年增长3.7%，工农业总产值33.6亿元，同比增长4.4%；规模以上工业增加值1.3亿元，同比增长5%；固定资产投资3.4亿元，同比增长3.12%。居民人均可支配收入10231元，城镇失业登记率2.38%，就业率97.62%。

【工业经济】 坚持稳中求进的工作总基调，主动适应、把握和引领经济发展新常态，牢固树立新发展理念，以推进供给侧结构性改革为主线，狠抓汕尾中心城区东拓机遇，依托东涌镇先天的土地资源和中央商务区落户该镇的优势，在打造良好营商环境上狠下功夫，加大招商引资力度，做大做强实体经济。2019年，全镇工业总产值33.7亿元，比2018年增长4.5%；规模以上工业产值26亿元，同比增长2.3%；有规模以上工业企业7家，个体户902户。

【农业经济】 东涌镇农产品主要有稻谷、番薯、蔬菜、荔枝、龙眼、青梅、生姜等。2019年，全镇农业总产值44296万元，因汕尾市区东扩，耕地面积减少，产量产值随着减少。

粮食作物以水稻、番薯为主。全年粮食产量7678吨，比2018年减少15.3%。其中：水稻14351亩，产量4600吨，同比增长3.8%；番薯面积1858亩，产量3078吨，同比减少42.3%。经济作物主要有蔬菜、花生、荔枝、龙眼等。蔬菜种植面积14003亩，产量21025吨,同比减少36%；花生种植面积2067亩，产量322吨，同比增长4.5%；荔枝种植面积3225亩，产量3825吨，同比增长5.7%；龙眼种植面积622亩，产量589吨，同比增长18%。该镇名优特农产品有凤山红灯笼荔枝、洋葱、姜。农民年均纯收入12586元。

畜牧业以生猪、家禽为主。2019年，全年生猪饲养量33210头，年出栏24750头，同比增长17.7%；家禽饲养量245196只。年产肉类11247吨。渔业以对虾养殖为主。全年水产品总产量17231吨，同比增长3.9%；渔业总产值13255万元，同比增长16%，占农业总产值的29%。

【基础设施】 东涌镇是汕尾市总体规划（2003—2020）中规划的新城市中心。厦深铁路汕尾火车站位于辖区内，海汕公路、东城路、汕可公路、红海湾大道、品清湖环湖路等级公路穿境而过，市区公共汽车直达镇内各村，全镇100%行政村通水泥路，自然村绝大多数也实现道路水泥化。

2019年，全镇有建设项目29个，其中有17个市、区重点建设项目落户该镇，并全部实现零障碍开工，完成年度投资110.43亿元，完成年度计划的110.4%。汕尾市中心医院、华润万象天地、万恒通家具广场、融创中国、沉香小镇、碧桂园星钻等项目用地已交付使用并动工建设。

【安全生产】 严格落实安全生产责任制，依托“大走访、大排查、大整治”行动，突出重点行业和领域专项治理，全年检查整治居住类及“三小”场所23441家（户），完成问题整改10726家（户），建设村级微型消防站5所。全年未发生较大以上安全生产事故和亡人火灾，安全形势持续稳定。

【科技工作】 重视科技工作，形成协力，上下联动推动科技进步。一是采取多项措施鼓励企业进行技术创新，如信联毛织厂电脑织机的引进和使用。二是培育农业龙头企业，建设现代农业科技示范基地，如良种母猪的引进，优质高产高效农作物应用和推广。三是强化科普宣传，提高人民群众的科技意识和素质，激发全社会的创新意识。

【教育】 认真贯彻落实德、智、体、美、劳全面发展的教育方针，努力培养社会主义建设新人。全镇有完全中学1所（东涌中学），初中1所（石洲中学），在校生1249名、教师187名；小学12所，在校生2430名、教师222名，小学适龄儿童入学率100%。公立幼儿园1所，在校生348名，教师43名。

大力支持开展文明校园和特色名校创建工作，加强师德师风建设。用好东涌中心小学乡村少年宫和中小学校的内外文体场所及文艺特色教育资源，培育学生的德艺双馨。狠抓教学质量提升，高考本科上线人数超额完成区下达的指标。全力开展校园周边环境整治，强化校园安全管理，加强校园意识形态领域、消防安全管控，全年实现学生安全事故零发生、零溺水。

【文化】 狠抓农村文化阵地建设，改造升级17个村（社区）综合文化中心、40个村（社区）居民小组文化室。主打“红、绿”两张牌，亮红透绿，用好铜锣寨红色革命遗址保护利用带动辐射作用，讲好25个红色革命遗址的故事；把新时代文明实践站（所）建在美丽乡村景观带上，实现党群服务中心、农村综合性文化服务中心、卫生站全覆盖；结合“我们的节日”，大力开展文化惠民活动，推动社会主义核心价值观入心入脑；精心呵护青山绿水，邀请省、市、区文学爱好者开展“文化之旅”活动，用文字记录乡村乡愁，写好“绿水青山，就是金山银山”东涌篇章，共发表文章37篇。强化乡风文明建设，开展移风易俗活动，抓好“一约四会”遏制陈规陋习，设有民俗文化馆、文化礼堂各1间，爱心食堂3间，设立村级关爱基金3个，接受社会捐款278万元。有9个村（社区）获得国家、省、市、区荣誉称号，其中，碧桂园社区获得“全国最美志愿服务社区”荣誉称号，东涌社区获得“广东省最美志愿服务社区”荣誉称号。全年开展各类志愿者活动2287场次，人均志愿者服务时长142.5小时。石洲村取得广东省文明村荣誉称号，赤古村、石洲村、洪流村获得城区“美丽庭院”示范村称号；3958户评选为镇级星级文明户，167户获得区级“美丽庭院”荣誉称号。

【卫生】 2019年，有卫生院1所，病床5张，专业卫生人员38人，其中专业技术人员32人，拥有高级职称医生1名，中级职称医生7人。投资700万元占地3500平方米建筑面积3326平方米的镇卫生院门诊住院大楼已完成主体楼房的施工，进入配套设施建设。加快推进医联体分级诊疗改革，新建14个村级卫生站全面竣工投入使用，群众看病难问题得到有效缓解，健康村（社区）建设工作稳步推进。全面推进慢性病综合防控示范点创建，完成东涌公园健康示范点建设；完成城乡居民医保参保任务，全面实行基本医疗保险、大病保险、医疗救助“一站式”结算。

【综治工作】 狠抓综治信访工作不放松，大力开展“大走访、大排查、大整治”行动。一是加强治安防控，全年接处警432起（次），刑事案件立案率下降33.3%，治安警情下降17.12%，实现全年无“两抢”案件。深入开展问题排查化解工作，矛盾纠纷调解成功率达100%；圆满完成区两会、国庆70周年等安保维稳工作任务，实现“四个不发生”。二是扫黑除恶和禁毒工作纵深发展，全年交办排查扫黑除恶线索54条，处理涉黑恶案件53宗，处理率98.1%。全年开展禁毒专项行动36场次，禁毒宣传活动28场次，抓获毒品犯罪嫌疑人22人；查处吸毒人员16人，强戒4人，人民群众的禁毒满意率不断上升。

【民心工程和社会保障】 扎实做好社保扩面征缴工作，稳步提高低保、特困、残疾人、孤儿、优抚对象等生活补贴和城乡居民养老保险待遇标准。新建东石村、洪流村长者食堂2个。落实“稳就业”，新增就业502人，失业人员再就业157人，转移农村劳动力56人，城镇登记失业率控制在2.3%；及时化解劳资纠纷14宗，追回拖欠农民工工资133.6万元。持续做好“双拥”工作。基本完成2019年度市、区、镇十件民生实事。

【美丽乡村建设】 始终坚持以习近平新时代中国特色社会主义思想为指导，深入学习贯彻习近平总书记关于实施乡村振兴战略的一系列重要指示精神，按照产业兴旺、生态宜居、乡风文明、治理有效、生活富裕的“二十字”总要求，全面落实好市委、市政府、区委、区政府的工作部署要求，以党建引领乡村振兴，全力推进美丽乡村建设，取得了阶段性成效。完成了所有行政村战略规划编制，投入资金1700万元完成全镇“三清三拆三整治”工作；投入资金6000多万元完成新农村建设各项基础设施建设，完成省定贫困村道路硬底化、雨污分流、美丽房屋、厕所革命、卫生站、村头公园、见缝插绿等建设工作；投入扶贫资金2209万元，落实“八有”保障，完成“贫困人口100%退出、贫困村100%出列”的脱贫任务；全面实施“5+2”综合改革，农村集体产权制度改革成员资格界定100%完成，农村不断发展，农业不断增效，农民不断增收，群众幸福感、获得感、安全感不断增强。

【精准扶贫】 对照贫困户“八有”条件和贫困村集体收入情况，积极推进产业项目建设，健全扶贫机制，强化扶贫责任，确保脱贫攻坚战取得全面胜利。一是加强协调指导，确保扶贫工作顺利开展。镇党委、政府高度重视扶贫工作，切实提高政治站位，加大对扶贫工作的领导和业务指导，有计划地召开会议研究部署扶贫工作，进一步明确主要领导作为帮扶工作的第一责任人，明确分管领导和驻村领导的责任分工，全年共召开专题会议4场次、工作业务会议15场次。二是继续落实党委书记遍访贫困户制度。为落实五级书记抓扶贫工作，并全面了解贫困户现况，找寻帮扶措施，巩固脱贫成效，切实做好扶贫指导工作，镇党委书记林木利有计划地对全镇644户贫困户开展访问活动，至12月31月，共走访贫困户258户。三是明确工作目标，确保扶贫各项工作任务的落实。继续落实“两不愁、三保障”政策。对23户、84人预脱贫户从经济收入和吃、穿问题进行帮扶。根据对各村的核查情况，所有预脱贫户已达到脱贫标准，已解决了吃穿问题，贫困村的贫困户年经济收入达到11022元以上，非贫困村的贫困户达到8266元以上的要求。全面实现“三保障”政策，全镇建档立卡贫困户新增危房改造户9户，已全部完成改造任务，达到安全住房标准；全镇建档立卡贫困户子女领取教育补贴情况，2019年春季339人、568500元，2019年秋季334人、601000元；全镇建档立卡贫困户644户1801人已全额购买医疗保险，另16周岁至59周岁共946人购买了城乡居民养老保险，647人享受大病医疗二次救助。三是多方设法发展产业，增加贫困户和村集体的收入。经由4个贫困村委托，镇政府整合贫困村和非贫困村扶贫资金1750万元与汕尾市国泰食品有限公司投资合作，以每年不低于5%的投资收益率和折股分红方式，将产生的收益分配给有劳动能力户，以增加他们的家庭收入。据统计，2019年度投资收益资金116万元，实际发放325户、1342人，共986004元。以各村为主实施扶贫产业项目建设。重点以赤古农产品专卖店、赤古村农贸市场、赤古光伏项目、洪流光伏项目、石洲光伏项目、石洲村农贸市场和东石村与汕尾市声武农副产品有限公司开展投资合作，以此推动其它扶贫产业项目的建设落地，达到增加贫困户和贫困村集体的经济收入。四是实施基础设施建设扶贫。在4个贫困村投入6000多万元，落实了村级卫生站、综合文化中心、垃圾屋、无害化公厕、雨污分流及巷道硬底化等基础项目建设；投入3000万元全面完成贫困村人居环境和外立面整治，完成了后队变前队任务。在11个非贫困村投入1100多万元完成了村庄的“三清理、三拆除、三整治”工作，全镇人居环境得到了进一步改善。积极调整产业结构，发展特色产业。2019年，东石村等4个省定贫困村根据本村气候、土壤等特点，大力发展特色农业产业，扩大东石村蔬菜种植面积，强化洪流村水果产业生产，为群众增收脱贫打下了坚实基础。积极组织劳务输出，转移富余劳动力。组织富余劳动力前往汕尾市信利电子厂等企业进厂务工增加收入，要求在东涌镇实施的扶贫开发项目及生产活动等，须优先雇佣该镇贫困户劳动力。全年该镇贫困户就近就业401人，外出就业68人。

截至2019年12月，全镇精准扶贫建档立卡贫困户有644户、1801人。其中：一般贫困户220户、979人，低保贫困户288户、685人，“五保”贫困户136户、137人。全镇有劳动能力贫困户328户、1359人，无劳动能力贫困户316户、442人。2019年度，全镇有预脱贫户23户、84人。东涌镇有4个省定贫困村，即石洲村、洪流村、赤古村和东石村，共有建档立卡贫困户245户、932人，已按照扶贫“两个百分百”要求，所有贫困户已申请核查脱贫，4个贫困村已全部申请出列。

（潘欣宜、何世辉）

附：东涌镇党政领导名录

镇委书记：林木利

镇委副书记、镇长：曾远通

镇人大主席：陈德伦

副书记：郑伟峰（挂职）（2019年9月离任）

镇委副书记：林汉扬
刘焕庚

镇委委员：叶庆添
曾昭钟
吴秀红

镇委委员、纪委书记：吴华勇

镇委委员、副镇长：卢本召
陆海声

镇委委员、组织委员：黄秋业

镇人大副主席：罗　宇

副镇长：王海平

捷胜镇

【地理位置】 捷胜镇位于北纬22°43′至22°44′、东经115°23′至115°24′，距汕尾市区18公里。辖地东与红海湾经济开发区毗邻，西与新港街道大华半岛接壤，北与东涌镇连接，南濒临太平洋。海域中分布有莱屿岛、龟龄岛等，明石暗礁盘踞。境内西北有大伯山、虎洞山，西南有烟墩山，中有云山。自东向西错落有石狗湖、双石湖、沙坑湖、东坑湖等四湖朝海。陆上被九伯岭分隔为两部分，中部地势略高，旱地居多，耕地多为沙质土，有少量淤泥，适耕性较强。

【土地、人口】 全镇辖区陆地面积约 47.96 平方公里，海岸线长 12 公里。有耕地面积约 11250 亩，其中，水田 4439 亩，旱地约 6811 亩，人均耕地面积 0.18 亩。2019 年，全镇户籍人口 55491 人，其中男性 28812 人、女性 26679 人。

【历史沿革】 明洪武二十八年（1395），朝廷为保沿海安全，命“千户”侯良择地捷琅埔建筑城防。城刚建成，倭寇来犯，吏民倚城英勇抗击，大败来犯之敌，大功告捷。为纪念此役，取“捷琅埔”之“捷”字，后加战胜之“胜”字，故名“捷胜”，沿用至今。明清年代捷胜城设城所、镇武司。吏目厅等官方机构，故有“捷胜所城”之称。军事上属陆丰碣石卫管辖，行政上隶属海丰县金锡都。民国 2 年（1913），捷胜属海丰县第七区署。民国 34 年（1945），撤区设镇。1949 年捷胜解放，属海丰县第七区。1953 年改称捷胜区。1958 年成立捷胜人民公社。1984 年撤社设区。1987 年改区为镇。1988 年 3 月建市设区后，隶属汕尾市城区管辖。现辖东门、西门、南门、北门 4 个社区，有 30 个居民小组。辖联安、联星、大流、五爱、埔尾、前进、石岗、石头、南门外、东坑、沙坑、牛肚、沙角尾、军船头 14 个行政村，共有 34 个自然村。

【人文特点】 捷胜镇建城六百多年，人文历史、文化积淀、文化遗风、诗画艺术等源远流长、底蕴深厚，素有“文化古城”之称。

捷胜地处偏壤，海角天涯。恶劣的自然环境、清贫的物质生活，造就了捷胜人勤劳精明的求生本领，熏陶出捷胜人乐天知足的性格。寺庙林立、神宫遍地，是捷胜镇自古以来的另一特色。

捷胜有悠久延续的人文积淀。首先，捷胜城建成以后，成为周边乡村政治、经济和文化的中心，改变了传统的单一的小农生产结构，百工诸业随之兴起。其次，建置之后，屯军戍守，有部分官兵留居捷胜，生息繁衍（现全镇姓氏达 86 个）。驻捷官兵多来自中原、东部各省，他们各自带来了当地的才识、技艺和习俗等文化。数百年来，内外文化相互交融，共同促进，并积淀成比较深厚的颇具包容性的文化底蕴。再次，重视兴学育才。城里的内文阁和城郊的外文祠，是古城作为集中培训应科举考试的学子处所。各大姓氏在自家的祠堂亦都办起了私塾。城里各社区利用公共场所，在东、西、南各城楼设塾，城外各村亦设有村塾。明清以来，该镇在文学艺术，教育科技等领域中，出现了许多取得重大成绩的人士。

白字、西秦、正字等地方戏剧有浓厚的群众基础。清末起，当地群众自办戏班，代代传承，还先后为海陆丰其他地区输送了不少演员，后来成为闻名的艺人。有西秦老生罗益才，“活曹操”林友平，正字名伶张细抱，西秦名丑何念砂，西秦名伶罗宗满，乌面名伶刘妈倩，正字戏名丑赖佛良，著名鼓师刘彩，白字戏何纯禧、赖一心等。民国时期有被鲁迅誉为“最有战斗力的版画家”何白涛，有擅长画竹（国画）的林大蔚，画梅（国画）的许兆寅，被当地群众称为“林厝竹”“许厝梅”。捷胜作为文化艺术之乡，有着悠久的文化艺术脉络。为继承发扬这种传统，建区以后，在 1994 年成立“捷胜诗词社”，至 2019 年底，先后出版《捷胜诗词》《捷胜》期刊等刊物。在 1996 年捷胜成立书画社，连续出版期刊，其作品交流海内外。在 2003 年成立群众乐器组织“群乐社”，经常开展活动，其宗旨是挖掘、整理稀有剧种、传承地方戏曲文化。

清末以来，捷胜古建筑、贝雕、木雕、石雕、泥塑等以其独特的风格而享誉海陆丰。尤以捷胜泥塑等传统工艺颇具特色。捷胜泥塑，历史悠久，以简洁、夸张、传神为特点，具有海洋特色古韵的传统工艺。2012 年经广东省人民政府批准、省文化厅确定“捷胜泥塑”为第四批省级非物质文化遗产名录。捷胜泥塑已走向中国香港、澳门、台湾地区和东南亚地区，并从民间庙堂走进艺术殿堂。作品《飞天》《同寿图》《观音》《海陆丰稀有戏剧脸谱》等获省级以上多种奖项并被省文化厅等单位收藏。其作者周仲富 2009 年被授予“广东省民间文化杰出传承人”称号。

捷胜是一个革命老区。为纪念在第一、二次国内革命战争时期、抗日战争时期、解放战争时期牺牲的革命志士，1956年经海丰县人民政府批准，建造了革命烈士纪念碑。位于捷胜镇北门外，占地面积1000平方米，建筑面积828平方米，分大小2个纪念碑，大碑上列有108位烈士英名，小碑为革命烈士李劳工之碑。

【自然资源】 捷胜自然资源丰富，风光秀丽。南面海岸对开海面3公里处有一个岛屿，状似海龟，名龟龄岛，面积0.27平方公里，周边有牛皮洲、赤腊、鹰屿、青屿、芦菀屿5个小岛。岛上建有一座妈祖庙和高约30米的妈祖石雕像。还有形象逼真的风景地貌：南天门、羊回头、卧佛、蘑菇石等。该岛三面岩岸，西北侧沙岸，可泊大小船只数十艘，避9级以下大风。

【水产资源】 捷胜水产资源丰富，盛产鱼类、贝壳类和藻类。其中鲍鱼、龙虾、石斑、海胆、角螺、蚌蚝、紫菜等水产品以其质优驰名中外。

【矿产资源】 12公里的海沙滩中贮藏有玻璃矿砂和钨矿（储量未探明)。岛屿山坵中花岗石储量较多。

【旅游资源】 捷胜名胜古迹名闻遐迩。它有距今6000年至3000多年的新石器时代中晚期的沙坑北、沙坑南、东坑南、牛肚南、沙角尾等遗址；还有唐宋元时期的海底城寨、大石牯古村落及茅埔墟镇等遗址。城西东坑村有建于南宋末期的白石庵；城内有建于明代初年的观音堂、古城址和具有建城标志的城隍庙、五土四社稷；城西和城南有建于明崇祯年间的云山寺、云海寺；石厝村山岗有明末清初爱国志士廖天佐和刘锷隐居的天然石室“黎明洞”，其摩崖石刻文是汕尾市重要文物古迹之一；牛肚西南的海滩有建于明末为抵御敌寇而牺牲的“七老将祠”；南海岸东西两处还有建于清代的烟墩遗址；西门近郊有建于清光绪年间仿西式建筑造型的天主教堂，该教堂是当时海丰县中心教堂之一；北郊的狗地埔还有纪念第一、二次国内革命战争时期至解放战争时期牺牲的革命烈士纪念碑，这些文物古迹是汕尾市有名的旅游胜迹。

【重点基础设施】 捷胜三级渔港一期工程顺利验收，有效发挥了海洋渔业管理和渔船防灾减灾作用；汕尾国家基本气象站完成征地工作，市消防训练基地和消防后勤保障站和捷胜国防公路双向4车道一级公路扩建工程均完成征地工作并正在加紧建设中；全镇自来水老管网改造工程基本完工，切实保障群众饮水安全问题。

【基层党政建设】 一是坚持思想建党、理论强党。捷胜镇委始终把学习贯彻习近平总书记重要讲话精神作为头等大事和首要政治任务，全年，该镇委召开党委（扩大）会45场次、理论学习中心组学习会31场次、专题研讨班5场次。镇党政领导班子成员坚持带头学、带头讲、带头干，带领全镇53个党组织、1250名党员不断学深学透、学思践悟。各基层党组织贯彻落实“三会一课”APP、“第一议题”“一周一学习”等制度，依托“学习强国”APP、“远程教育网”等平台，是年，开展学习904场次、参加人员5213人次。镇级党校和村级阵地面向全体党员开展全覆盖培训，设置周末党校、节日党校，举办培训班19期，培训2183人次，坚持把开展教育培训和镇中心工作结合起来，推动习近平新时代中国特色社会主义思想在捷胜落地生根、结出丰硕成果。

二是深入开展“不忘初心、牢记使命”主题教育。按照上级部署要求，制定工作方案，成立领导机构，共组织集体学习6次，开展专题研讨4次，镇领导班子带头到村（社区）讲党课14场，受教育人数达1764人次；对如何提高基层治理水平进行专题调研；征集相关意见、建议56条，组织领导班子查摆问题72个，并建立整改台账。结合主题教育和省委巡视整改专题召开镇党委领导班子民主生活会，全面检视查摆问题并深刻剖析，明确具体整改措施，切实在增强党性、提高能力、改进作风、推动工作上取得了较好的成效。

三是坚决做好省委巡视整改工作。围绕省委巡视组提出的问题和提出的意见建议，制定了《捷胜镇关于落实省委第一巡视组反馈意见的的整改工作方案》，明确整改责任人、时间表、路线图，狠抓8个具体问题整改落实。

四是切实加强基层党组织建设。落实“六个一批”和“十七个一”清单工作法，推动“头雁工程”落到实处，2019年，劝退60周岁以上支部书记6人，动员乡贤回归担任支部书记2人，支部委员2人，储备村（社区）党组织书记后备人员36人。大力整顿软弱涣散村党组织，按照“四清楚”“四必审”“四必到”定期研究并督导整顿工作，促使“后队”变“前队”。优化基层党组织规范化建设，完成升格基层党委1个、党总支8个，升级改、扩建村级组织活动场所5个，进一步发挥党建引领作用。捷胜镇军船头村和南门外村成为全市示范参观点。

五是全面从严治党扎实做好党风廉政建设。以正风肃纪工作为抓手，以建设一支廉洁高效的党员干部队伍为目标，把惩治、预防腐败体系建设和落实党风廉政建设责任制作为重要工作抓紧抓实，始终保持惩治违纪违规高压态势，加强党员干部的教育监督管理，推动全面从严治党向纵深发展、向基层延伸。是年，镇纪委立案10件，结案6件，其中给予党内警告2人、党内严重警告3人，开除党籍1人、诫勉处理1人。

六是牢牢把握全媒体时代意识形态话语权。大力宣扬社会核心价值观，用健康文明、积极向上的社会风尚占领农村思想文化阵地，牢牢把握镇域内媒体宣传主导权，打造安全网络阵地。各村（社区）书记加强对辖区大微信群的管控力度，实时对群众言论进行正面引导、教育。

【综合经济指标】 2019年，捷胜镇实现工农业总产值10.74亿元，同比增长5%。其中，工业总产值6.61亿元，同比增长6%；农业总产值2.99亿元，同比增长2%。渔业产量8900吨，产值9464万元。社会商品零售总额1.14亿元，同比增长4%。经济发展动力持续增强。

【工业】 2019年工业总产值6.61亿元（规模上工企业3.44亿元，规模下工企业3.16亿元），同比增长6%。新增企业20家、农民专业合作社4个、个体户165户，工业发展后劲进一步增强。

【招商引资】 在稳步推进原有企业做大做强的基础上，加快推进引进广东海大集团、上海伟大集团、广东京兴航天农业技术有限公司、惠州市远华实业有限公司、汕尾市农首农业科技有限公司、汕尾市景泰水产养殖有限公司等企业，大力发展海产品养殖、乡村旅游、现代农业等产业。至年底，该镇与广东福华集团、深圳檀悦集团、富力集团等企业相继洽谈旅游发展项目，并与广东福华集团签订了《战略合作框架协议》。

【农业】 全力推动农村集体产权制度改革工作，在完成农村集体经济清产核资工作的基础上，全镇36个农村集体的经济组织成员身份界定完成率达到79%。加快改善农村生产条件，盘活农村闲置资源，对南门外村丢荒、撂荒的55亩耕地进行改造并种植高产值作物太空莲藕（一年两季，每亩地可产1500公斤），并逐步打造生态莲藕产业园项目，壮大村集体经济，帮助农民增收，为全镇探索解决土地撂荒问题提供了方式方法。因地制宜开展垦造水田工作，将自然条件好特别是集中连片、适宜规模化开垦的地块优先纳入，以埔尾村250亩为试点加紧推进。

【基础设施】 全镇共有5个省定贫困村完成“三清理三拆除三整治”和外立面整治、标准化公厕、雨污分流、污水处理站、卫生站、村头公园等90个基础设施项目，如期完成人居环境整治和村容村貌提升五项工程，顺利通过了区级验收工作。18个村（社区）完成村头标识设置，完成户改厕44户，新建公厕10座，3条四好农村路正在加紧建设中。

【教育】 全镇学校通过开学第一课、升旗活动、主题班会等形式不间断进行交通安全、防溺水安全、消防安全、禁毒安全的宣传教育引导工作，中小学、幼儿园实现全年无安全事故。围绕创建教育现代化和教育强镇的目标，巩固教育资源整合成果，继续推进镇中心幼儿园的基础建设，推进大流村光明商会幼儿园后续装修工程建设，为做优做强教育打下坚实的基础。

【文化、体育】 2019年，捷胜镇坚定文化自信，充分发挥捷胜历史底蕴深厚、文化遗产丰富的优势，进一步巩固文化阵地，促进精神文明建设。投资1900万元建设沙坑文化博物馆，展示6000多年的沙坑文化和600多年历史的捷胜古城文化。举办第四届捷胜古城风书画展，持续扩大捷胜文化的影响力，展现了捷胜人民的艺术才能和精神风貌。开展第三次革命遗址普查工作，对革命遗址、革命故事和红色文化进行调查、收集、整理，取得了阶段性成果。推进省级非物质文化遗产“捷胜泥塑”进校园活动；加快编纂《捷胜镇志》进度，五易其稿，已完成定稿和初审；开展建党98周年系列活动、“我和我的祖国”群众歌舞晚会等庆祝中华人民共和国成立70周年系列活动和送春联、迎春笔会、新春灯谜会、篮球比赛、足球比赛等文体文化惠民活动达145场次。完善18个村级综合性文化服务中心建设和配套设施，并配备协管员18名，免费向群众开放。

【卫生】 镇卫生院标准化建设项目已经投入使用，不断完善分诊诊疗机制，并与逸挥医院开展远程会诊，实现远程会诊系统运行。军船头、大流、沙坑等9个村级标准化卫生服务站已启用，配足医务人员和必要医疗设备；沙角尾、石头、石岗、牛肚4个村卫生站建设已封顶，联星村卫生站已动工建设，逐步实现 “让百姓愿意在家门口看小病”。

【综合治理】 2019年，捷胜镇始终把平安法治建设摆在全局工作首要位置切实抓好抓实，全年没有发生越级上访，实现连续350天实现零上访、零命案、零安全事故、零火情等目标，连续288天零“两抢一盗”。据统计，全年行政立案24宗，破案20宗，破案率83%，同比增长13.8%；刑事立案5宗，破案3宗，破案率60%，同比增长26.7%。持续开展“大走访、大排查、大整治”行动，共出动人员3058人次，排查民居、出租屋、养殖场、厂房、小档口等各类场所4268间次，查处一赌博窝点，现场抓获6名参赌人员。联合相关部门开展禁毒清查统一行动21场次，抓获吸毒人员10人，其中，实施强制戒毒9人，行政拘留1人，破获贩毒案件1宗，刑事拘留1人，形成对涉毒分子的有力震慑。大力推动社区戒毒社区康复服务，配齐专职工作人员3名，社区康复人员5人，社区戒毒46人。认真做好中央专项督导整改工作，开展“一村（社区）一研判”，严格落实“一月一研讨、一月一汇报，一办四组一周一集中办公”，快速深入排查扫黑除恶线索，办结线索21条。不断加强法治建设，深入开展群众普法活动27场次，增强广大干部群众法治观念。全面加强安全生产、消防、交通安全综合整治，对各类场所开展地毯式消防安全隐患排查整治行动，2019年底顺利摘牌全市火灾高风险区域挂牌整治镇。

【民心工程和社会保障】 全镇享受优抚226人，发放资金18.4万元。农村低保人员561户1360人，发放资金45.8万元；非农低保34户74人，发放资金4.2万元。非农特困人员12人，发放资金1.3万元；农村特困152人，发放资金11.8万元。临时救助89人次，发放资金7.6万元；冬冷救助约3.6万元；残疾“两项补贴”全年210.5万元；高龄补贴914人，发放资金32.9万元。全镇慰问贫困户、贫困党员、特殊困难家庭等，慰问金32.2万元。继在军船头村开办全市第一个长者饭堂之后，大流村长者饭堂接续开张，为农村特困长者提供免费用餐服务，这是该镇老人工作的一项创造性举措，弘扬尊老敬老的优良风尚。

【扶贫工作】 2019年来，围绕“贫困人口100%脱贫、贫困村100%出列”目标，通过实施产业帮扶、就业帮扶及民生兜底政策措施，落实医疗保障、教育保障、住房保障“三保障”和农村低保、五保补助，先后脱贫695户1740人，脱贫率为77.16%，完成阶段性脱贫任务。全镇已建档立卡无劳动力贫困人口411户635人，按照规定程序实现社会保障兜底脱贫。按照“一村一策，一户一法”的原则，实施“以奖代补”发放贫困户奖补资金367户164万元，通过整合扶贫资金1900万元投资合作股份带来每年约133万元固定收益，不断增加贫困户收入。充分利用深圳对口帮扶的资金支持，大力发展“一镇一业”“一村一品”，筑牢脱贫根基。重点打造的荷塘酒店、沙坑红薯粉签厂等产业造血项目均已落地建设；南门外村、大流村、埔尾村分别实施光伏发电扶贫，已建成光伏发电站 3 个，在建 2 个，年收益达到 4.5 万元以上。以 5 个贫困村为示范点，成立专业合作社并启动运作，依托“企业+合作社+农户+网络”创新模式，打造“捷胜特产”，其中沙葛、番薯粉签、海产品等 10 多个产品已在广东“邻居合伙人”电商平台上线，同时与汕尾市国泰食品有限公司签订农产品收购协议，有力促进“一村一品”产品品牌效应和经济效益，在全区特色产品推介会上，“捷胜特产”现场销售订单达 16 万元。军船头村新致富农民合作社的沙葛种植项目、大流村原野山塘种养专业合作社的桑椹种植项目都已实现稳定收益；南门外村的太空莲藕项目预计每年可收益 20 万元。大力推动消费扶贫，建立产销对接机制，动员相关单位购买“一村一品”扶贫产品 2000 公斤收益 14 多万元，有效解决了前期销路问题。

【主要活动】 1 月 3 日，市委政法委常务副书记黄秋强参加捷胜镇南门外村党群服务中心揭牌仪式。1 月 21 日，全市村级组织活动场所暨党群服务中心改造升级现场会在捷胜镇南门外村、军船头村召开，市委常委、组织部部长黎明，市委常委、城区委书记李庆新等领导参加。9 月 30 日，“我和我的祖国”庆祝中华人民共和国成立 70 周年文艺晚会在捷胜镇后山头文体广场举行。12 月 3 日，捷胜中学举行“八一助学奖学金”颁发仪式。

【工作调研】 2 月 11 日，区委副书记、区长罗光钊带队到捷胜镇沙坑村、军船头村调研乡村振兴。12 月 9 日，市政协副主席李秉记带领市致公党到沙坑村调研。

【重要会议】 3 月 29 日，捷胜镇第十六届人民代表大会第七次会议召开。4 月 1 日，市委副书记、市长杨旭松到捷胜镇东坑村调研污水净化厂项目。4 月 7 日，中国美术学院艺术设计研究院常务副院长王茂青一行到捷胜调研文化旅游特色小镇。4 月 10 日，市人大常委会副主任吴友深一行到捷胜镇调研镇人大联络站建设情况。5 月 23 日，中国美术学院艺术研究院常务副院长到捷胜中学、牛肚小学、沙坑文化博物馆调研。5 月 30 日，广州市增城区人大到沙坑村调研乡村振兴。6 月 28 日，区人大常委会副主任刘克敏到军船头村人大联络站调研。7 月 30 日，市政协程书航副主席带领督查组到捷胜督查人居环境整治工作情况。8 月 5 日，中国共产党捷胜镇第十五届代表大会第四次会议召开。

（孙振华）

附：捷胜镇党政领导名录

区委常委、镇委书记：李辉雄
镇委副书记、镇长：吴春磊
镇人大主席：何世海
镇委副书记：范远途（2019 年 2 月离任）
　　　　　　刘锦林
镇委委员、副镇长：曾海生
镇委委员、纪委书记：颜震宇
镇委委员、副镇长：李庆新
镇委委员：黄晓珊
　　　　　莫明进（2019 年 2 月任）
镇委委员、边防派出所所长：邓进逵
镇人大副主席：江海滨

荣誉奖项

RONGYU JIANGXIANG

2019年汕尾市城区获省委、省政府及省直单位表彰先进集体一览表

表8

获奖单位	评定单位	荣誉名称	授予时间
汕尾市城区统计局	广东省第四次全国经济普查领导小组、广东省统计局	广东省第四次全国经济普查优秀集体	2019年12月
田家炳中学	广东省总工会	广东省五一劳动奖状	2019年4月
香洲街道中心小学	共青团广东省委员、广东省教育厅、少先队广东省工作委员会	广东省少先队红期大队	2019年6月
新城中学	广东省教育厅	广东省中小学艺术教育特色学校	2019年12月
新城中学	广东省总工会	广东省模范职工之家	2019年12月
凤山中学凤翼文学社	广东省学生联合会	广东省优秀学生社团	2019年5月

2019年汕尾市城区获汕尾市委、市政府及市直单位表彰先进集体一览表

表9

获奖单位	评定单位	荣誉名称	授予时间
汕尾中学	汕尾市教育局	高考优胜奖	2019年9月
凤山中学	汕尾市教育局	汕尾市“小手拉大手 共创文明城”主题书信活动“优秀组织奖”	2019年2月
凤山中学	汕尾市教育局	汕尾市2019中华经典朗读比赛“二等奖”	2019年4月
共青团凤山中学团总支	共青团汕尾市委员会	汕尾市五四红旗团支部（总支）	2019年6月
汕尾市城区人民法院执行局	汕尾市中级人民法院	集体三等功	2019年1月

2019年汕尾市城区获国家部委以上表彰先进个人一览表

表10

姓名	工作单位	评定单位	荣誉名称	授予时间
曾昭群	汕尾市城区人大常委会	中共中央组织部	全国离退休干部先进个人	2019年12月

2019 年汕尾市城区获省委、省政府及省直单位表彰先进个人一览表

表11

姓名	工作单位	评定单位	荣誉名称	授予时间
曾昭群	汕尾市城区人大常委会	广东省关工委	党史国史教育优秀五老辅导员	2019 年 5 月
林伊露	汕尾市城区统计局	广东省第四次全国经济普查领导小组、广东省统计局	广东省第四次全国经济普查优秀工作者	2019 年 12 月
吴细彬	城区市场监管局	广东省文明办	“广东好人”	2019 年 4 月
简汉波		广东省教科文卫工会	广东省教科文卫工会优秀工会工作者	2019 年 6 月
许碧玉		少先队广东省工作委员会	广东省优秀少先队辅导员	2019 年 6 月
洪卫京	汕尾市城区人民法院	广东省高级人民法院	个人二等功	2019 年 9 月

2019 年汕尾市城区获汕尾市委、市政府及市直单位表彰先进个人一览表

表12

姓名	工作单位	评定单位	荣誉名称	授予时间
许伟东	汕尾市城区田家炳中学	汕尾市教育局	汕尾市优秀校长	2019 年 8 月
叶淑芬	奎山小学	汕尾市教育局	汕尾市优秀教师	2019 年 8 月
邱俊武	香洲街道中心小学	汕尾市教育局	汕尾市优秀教师	2019 年 8 月
林秋燕	捷胜镇中心小学	汕尾市教育局	汕尾市优秀教师	2019 年 8 月
张小虎	汕尾中学	汕尾市教育局	汕尾市优秀教师	2019 年 8 月
陈远钢	汕尾市城区新港街道渔村小学	汕尾市教育局	汕尾市优秀教师	2019 年 8 月
陈文强	凤山中学	汕尾市教育局	汕尾市优秀教师	2019 年 8 月

续表12

姓名	工作单位	评定单位	荣誉名称	授予时间
黄玉红	新城中学	汕尾市教育局	“四有”好教师	2019年8月
张瑞奖	香洲街道中心小学	汕尾市禁毒办 汕尾市教育局 汕尾市人社局	先进个人	2019年1月
安绵城	城区职业技术学校	共青团汕尾市委	汕尾市优秀团干部	2019年6月
杨金雄	新城中学	共青团汕尾市委	汕尾市优秀团干部	2019年6月
余雪莲	凤山中学	汕尾市教育局	汕尾市“一师一优课、一课一名师”活动“优课”	2019年3月
庄海君	凤山中学	汕尾市教育局	2019年汕尾市“汕尾是我家，创卫靠大家”创国卫主题征文比赛中成人组“二等奖”	2019年6月
余雪莲	凤山中学	汕尾市教育局	第一届“京汕杯”教师教学基本功展示活动“特等奖”	2019年10月
杨安秀	凤山中学	汕尾市教育局	第一届“京汕杯”教师教学基本功展示活动“一等奖”	2019年10月
严柳青	凤山中学	汕尾市教育局	第一届“京汕杯”教师教学基本功展示活动“一等奖”	2019年10月
李永忠	凤山中学	汕尾市教育局	第一届“京汕杯”教师教学基本功展示活动“一等奖”	2019年10月
林惠燕	凤山中学	汕尾市教育局	第一届“京汕杯”教师教学基本功展示活动“二等奖”	2019年10月
庄海君	凤山中学	汕尾市教育局	第一届“京汕杯”教师教学基本功展示活动“三等奖”	2019年10月
钟希君	汕尾市城区人民法院	汕尾市中级人民法院	个人三等功	2019年1月
许黛妮	汕尾市城区人民法院	汕尾市中级人民法院	个人三等功	2019年1月
刘嘉芬	汕尾市城区人民法院	共青团汕尾市委员会	汕尾市优秀共青团员	2019年6月
叶俐彤	汕尾市城区人民法院	共青团汕尾市委员会	汕尾市优秀共青团员	2019年6月

附 录

SHANWEI SHI CHENGQU YEARBOOK

汕尾市城区年鉴 · 2020

FULU

2019年中共汕尾市城区委文件一览表

表13

序号	文　　号	标　　题
1	汕市区委办〔2019〕5号	中共汕尾市城区委办公室、汕尾市城区人民政府办公室关于印发《汕尾市城区党政机关公务接待管理规定》的通知
2	汕市区委办〔2019〕7号	中共汕尾市城区委办公室、汕尾市城区人民政府办公室关于印发中共汕尾市城区委、汕尾市城区人民政府《汕尾市城区关于全域推进农村人居环境整治建设生态宜居美丽乡村行动方案》的通知
3	汕市区委办〔2019〕8号	中共汕尾市城区委办公室、汕尾市城区人民政府办公室关于印发《汕尾市城区关于进一步加强人才工作的实施意见》的通知
4	汕市区委办〔2019〕42号	中共汕尾市城区委办公室关于印发《汕尾市城区党务公开制度（试行）》的通知
5	汕市区委办〔2019〕43号	中共汕尾市城区委办公室、汕尾市城区人民政府办公室关于印发《汕尾市城区打好污染防治攻坚战三年行动计划(2018–2020年)》的通知
6	汕市区委办〔2019〕52号	中共汕尾市城区委办公室关于印发《汕尾市城区关于加强城市基层党建工作的实施方案》的通知
7	汕市区委〔2019〕3号	中共汕尾市城区委、汕尾市城区人民政府《汕尾市城区机构改革方案》
8	汕市区委〔2019〕14号	中共汕尾市城区委、汕尾市城区人民政府《关于进一步加强禁毒工作的实施意见》
9	汕市区委〔2019〕19号	中共汕尾市城区委《关于深入学习贯彻习近平总书记视察广东重要讲话精神奋力开创新时代城区改革开放新局面的决定》

2019年汕尾市城区人民政府文件一览表

表14

序号	文　　号	标　　题
1	汕市区府函〔2019〕14号	关于叶伟健同志任职的通知
2	汕市区府函〔2019〕22号	关于游建雄等同志任职的通知
3	汕市区府函〔2019〕38号	关于公布2018年全区特困供养人员护理标准的通知
4	汕市区府办函〔2019〕17号	关于调整区禁毒委员会成员单位组成人员的通知
5	汕市区府办函〔2019〕51号	汕尾市城区人民政府办公室关于调整汕尾市城区爱国卫生运动委员会成员的通知
6	汕市区府办函〔2019〕54号	汕尾市城区创建广东省慢性病综合防控示范区工作领导小组
7	汕市区府办〔2019〕1号	汕尾市城区人民政府办公室转发广东省人民政府办公厅关于印发基本公共服务领域省级与市县共同财政事权和支出责任划分改革方案的通知
8	汕市区府办〔2019〕2号	汕尾市城区人民政府办公室转发汕尾市人民政府办公室关于印发《汕尾市“门前三包”责任制管理办法》的通知
9	汕市区府办〔2019〕3号	汕尾市城区人民政府办公室转发汕尾市人民政府办公室关于印发汕尾市贯彻落实广东省进一步扩大对外开放积极利用外资若干政策措施（修订版）实施意见的通知
10	汕市区府办〔2019〕4号	汕尾市城区人民政府办公室关于印发汕尾市城区贯彻落实《汕尾市信息基础设施建设三年行动计划（2018—2020年）》配套方案的通知
11	汕市区府办〔2019〕5号	汕尾市城区人民政府办公室印发《汕尾市城区关于加快实施创新驱动发展战略的若干意见科技成果类补助实施细则（试行）》等6个文件的通知
12	汕市区府办〔2019〕6号	区府办关于调整汕尾市城区人民政府办公室职责机构编制的方案
13	汕市区府办〔2019〕7号	汕尾市城区人民政府办公室转发汕尾市人民政府办公室关于印发汕尾市2019年十件民生实事的通知
14	汕市区府〔2019〕3号	汕尾市城区人民政府转发汕尾市人民政府关于印发《汕尾市贯彻落实广东省降低制造业企业成本支持实体经济发展若干政策措施（修订版）的实施意见》的通知

续表14

序号	文　　号	标　　题
15	汕市区府〔2019〕4号	汕尾市城区政府转发汕尾市人民政府关于公布汕尾市取消证明事项目录（第二批）的通知
16	汕市区府〔2019〕5号	汕尾市城区人民政府转发汕尾市人民政府关于印发汕尾市贯彻落实广东省进一步促进就业若干政策措施实施意见的通知
17	汕市区府〔2019〕6号	汕尾市城区人民政府转发广东省人民政府关于印发广东省省级财政专项资金管理办法（试行）的通知
18	汕市区府〔2019〕7号	汕尾市城区人民政府转发广东省人民政府关于公布省政府设定的证明事项取消目录的通知
19	汕市区府〔2019〕14号	汕尾市城区人民政府关于下达汕尾市城区2019年国民经济和社会发展计划的通知